> 것만큼 중요한 것이 있다면
> 즐기면서 하는 것이라고 생각합니다.
> 스스로가 재미를 느끼면 남이 알아주지 않아도 기쁘고,
> 남이 알아주었을 때 더 기쁘리란 믿음 때문입니다."

저에게 이번 작업이 그랬습니다.
꼬박 2달 동안 원고 작업에 매달리면서 일하는 재미에 푹 빠졌습니다.
빠지거나 틀린 부분이 없는지 확인하는 과정도 결코 지루하지 않았습니다.
그만큼 행복했던 시간이었습니다.

이 책을 선택하신 분들이 한국사 공부의 재미를 경험할 수 있기를 희망합니다.
여러분의 합격에 도움이 되기를 바라는 마음은 말하지 않아도 아시리라 생각합니다.
가독성이 높고, 혼자 읽어도 70%를 이해할 수 있는 교재를 만들기 위해 애썼습니다.
더불어 중요한 내용은 반복해서 수록하여 암기력을 높이고자 하였습니다.

그럼에도 부족한 점이 많으리라 생각합니다.
좋은 의견 보내주시면 다음에 더 좋은 결과물을 내놓은 밑거름으로 삼겠습니다.
감사합니다.

저자 **이금수**

공무원 채용 필수체크

✪ 응시원서 접수 기간 및 시험 일정(9급 기준)

시험	접수 기간	구분	시험장소 공고일	시험일	합격자 발표일
국가직	2월	필기시험	3~4월	4월	5월
		면접시험	5월	6월	7월
지방직	3월	필기시험	6월	6월	7월
		면접시험	7월	7~8월	8~9월

※ 2022년 시험 일정을 기반으로 한 자료이므로 상세 일정은 변동될 수 있음

❶ 전국 동시 시행되는 지방직공무원 임용시험의 응시원서는 1개 지방자치단체에만 접수가 가능하며, 중복접수는 불가함
❷ 접수 방법: 국가직은 사이버국가고시센터(www.gosi.kr), 지방직은 지방자치단체 인터넷원서접수센터(local.gosi.go.kr)에 접속하여 접수할 수 있음

✪ 응시자격

❶ 응시연령: 18세 이상(9급 공채시험)
❷ 학력 및 경력: 제한 없음

✪ 시험방법

구분		세부사항
제1 · 2차 시험 (병합 실시)	선택형 필기 시험	• 9급 공채시험: 5과목(과목별 20문항, 4지택일형) • 시험시간: 100분(과목별 20분, 1문항 1분 기준)
제3차 시험	면접 시험	• 제1 · 2차 시험에 합격한 자만 제3차 시험에 응시할 수 있음 • 면접시험 결과 "우수, 보통, 미흡" 중 "우수"와 "미흡" 등급에 대해 추가면접을 실시할 수 있음

※ 지방직의 경우, 필기시험 합격자를 대상으로 면접시험일 전에 임용예정기관별로 인성검사를 실시하며, 일정 등 세부사항은 필기시험 합격자 발표 시 공고 예정

15주 ALL-IN-ONE

한국사

SD에듀
(주)시대고시기획

Always **with you**

사람의 인연은 길에서 우연하게 만나거나 함께 살아가는 것만을 의미하지는 않습니다.
책을 펴내는 출판사와 그 책을 읽는 독자의 만남도 소중한 인연입니다.
SD에듀는 항상 독자의 마음을 헤아리기 위해 노력하고 있습니다.
늘 독자와 함께하겠습니다.

합격의 공식
온라인 강의

잠**깐!**

혼자 공부하기 힘드시다면 방법이 있습니다.
SD에듀의 동영상강의를 이용하시면 됩니다.
www.sdedu.co.kr → 회원가입(로그인) → 강의 살펴보기

✿ 2022년 국가직 출제 경향

❶ 작년 국가직 시험보다 비교적 쉬운 난도로 출제되었고 문화사 학습이 상당히 요구되는 편이였으며 사료에 대한 학습이 필수적이었다.

❷ 대체로 평이한 수준의 난도로 고득점을 할 수 있는 시험이었기 때문에 쉬운 난도에서 실수하지 않도록 꾸준하게 학습했다면 좋은 결과가 있었을 것이라 예상된다.

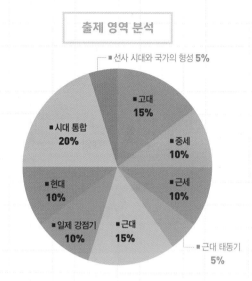

출제 영역 분석

■ 선사 시대와 국가의 형성 **5%**
■ 고대 **15%**
■ 중세 **10%**
■ 근세 **10%**
■ 근대 태동기 **5%**
■ 근대 **15%**
■ 일제 강점기 **10%**
■ 현대 **10%**
■ 시대 통합 **20%**

■ **출제율 순위**

시대 통합 > 고대 = 근대 > 중세 = 근세 = 일제 강점기 = 현대 > 선사 시대와 국가의 형성 = 근대 태동기

✿ 2022년 지방직 출제 경향

❶ 작년 지방직과 올해 국가직보다는 조금 어렵게 출제되었으나 전체적으로 평이한 난도였으며 사료 제시형 문제가 많이 출제되었기 때문에 사료 중심 학습이 중요했다.

❷ 중요 키워드를 찾는 훈련을 하면서 사료를 읽어내는 힘을 기르고 기본 개념과 기출문제를 충실히 학습했다면 고득점이 가능한 시험이었다.

출제 영역 분석

■ 시대 통합 **10%**
■ 고대 **20%**
■ 현대 **15%**
■ 중세 **15%**
■ 일제 강점기 **10%**
■ 근세 **15%**
■ 근대 **10%**
■ 근대 태동기 **5%**

■ **출제율 순위**

고대 > 중세 = 근세 = 현대 > 근대 = 일제 강점기 = 시대 통합 > 근대 태동기

GUIDE
INFORMATION

이 책의 구성과 특징

ALL-IN-ONE 한 권으로 공무원 필기시험 합격하기!

최신 출제 경향에 맞춘 핵심이론과 보충·심화학습 자료

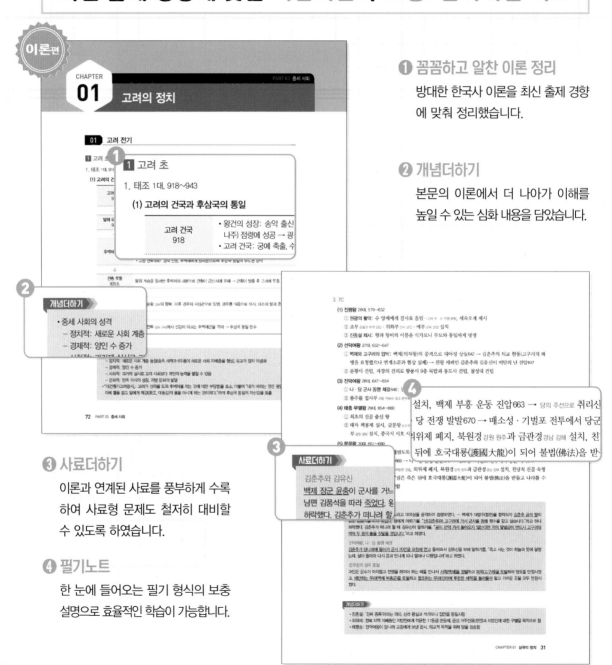

❶ 꼼꼼하고 알찬 이론 정리

방대한 한국사 이론을 최신 출제 경향에 맞춰 정리했습니다.

❷ 개념더하기

본문의 이론에서 더 나아가 이해를 높일 수 있는 심화 내용을 담았습니다.

❸ 사료더하기

이론과 연계된 사료를 풍부하게 수록하여 사료형 문제도 철저히 대비할 수 있도록 하였습니다.

❹ 필기노트

한 눈에 들어오는 필기 형식의 보충 설명으로 효율적인 학습이 가능합니다.

ALL-IN-ONE 한 권으로 기출문제까지 섭렵하기!

핵심 이론과 직결된 Full수록 합격

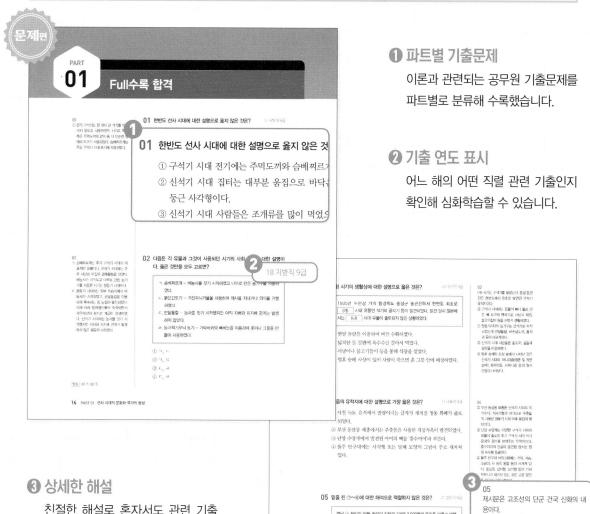

❶ 파트별 기출문제

이론과 관련되는 공무원 기출문제를
파트별로 분류해 수록했습니다.

❷ 기출 연도 표시

어느 해의 어떤 직렬 관련 기출인지
확인해 심화학습할 수 있습니다.

❸ 상세한 해설

친절한 해설로 혼자서도 관련 기출
문제를 독파할 수 있습니다.

이 책의 차례

 혼자 공부하기 힘드시다면 방법이 있습니다.
SD에듀의 동영상강의를 이용하시면 됩니다.
www.sdedu.co.kr → 회원가입(로그인) → 강의 살펴보기

PART

01

선사 시대 문화와
국가의 형성

CHAPTER 01

구석기 시대~철기 시대

01 구석기 시대~철기 시대의 생활 모습

1 구석기 시대와 신석기 시대

1. 구석기 시대: 약 70만 년 전 시작

(1) 자연 환경: 추운 기후에 살던 동물 화석(매머드, 털코뿔이)과 따뜻한 기후에 살던 동물 화석(쌍코뿔이) 발견, 빙하기에는 해수면이 낮아 중국 · 일본과 육지로 연결

(2) 생활: 뼈도구와 뗀석기를 이용해 사냥 · 채집 · 어로 생활, 무리를 지어 이동 생활

2. 신석기 시대: 기원전 8000년경 시작

(1) 자연 환경: 1만 년 전 빙하기가 끝난 후 해수면 높이가 상승함 → 오늘날과 같은 해안선 형성

(2) 생활: 신석기 후기에 농경 · 목축 시작(조 · 기장 재배, 벼 재배 ×, 여전히 사냥 · 채집 · 어로 병행), 정착 생활, 씨족 · 부족 사회(부족장이 있으나 정치적 권력은 없는 평등 사회)

(3) 신석기 시대에서 청동기 시대에 걸쳐 우리 민족의 기틀 형성
　　① 한족: 대체로 한반도 중서부와 남부 일대에 거주, 진국 · 삼한 건국
　　② 예맥족: 요동 · 만주 · 한반도 동북부 지역에 분포, 부여 · 고구려 · 동예 건국

(4) 원시 신앙 등장: 애니미즘_{자연 현상이나 자연물에 정령이 있다고 믿음, 태양 · 물 등 숭배}, 샤머니즘_{무당과 그 주술을 믿음}, 토테미즘_{특정 동식물을 부족의 수호신으로 숭배}, 영혼 숭배_{사람이 죽어도 영혼은 없어지지 않는다고 믿음}

2 청동기 시대와 철기 시대

1. 청동기 시대: 기원전 2000년경에서 기원전 1500년경 시작

(1) 만주에서 청동기 문화 전래_{중국에서 전래 ×}

(2) 청동 무기(비파형 동검) 제작 → 계급 발생과 군장 출현(선민 사상 출현, 돌널무덤과 고인돌 제작) → 부족 간의 정복 전쟁 활발 → 군장 국가 성립(제정일치 사회, 단군 조선)

(3) 벼 재배, 농업 생산력 증가 → 잉여 생산물 발생 → 사유재산제의 등장으로 빈부 격차 발생

(4) 남녀 분업 발생: 남자는 농경과 전쟁 담당, 여자는 집안일 담당

2. 철기 시대: 기원전 5세기경 시작

(1) 중국에서 철기 문화 전래: 중국의 전국 시대 혼란기에 유이민들이 이주하면서 철기가 도입됨

(2) 철제 무기와 철제 농기구 제작 → 정복 전쟁 증가 → 위만조선의 철기 문화 발달, 만주와 한반도에 다양한 국가 등장(부여, 고구려, 옥저, 동예, 삼한)

02 유물 · 유적으로 보는 선사 시대

1 구석기 시대와 신석기 시대

1. 구석기 시대

(1) **찍개**, 아슐리안형 **주먹도끼**: 전기 뗀석기, 큰 석기 한 개를 다용도로 사용(만능 도구)

(2) **밀개, 긁개, 찌르개**: 중기 뗀석기, 격지돌조각를 다듬어 사용, 1석기를 1개의 용도로 사용

(3) **슴베찌르개**: 후기 뗀석기, 자연환경 변화로 작고 날랜 동물이 많아지자 작고 정교한 돌날격지 제작, 이음 도구로 사용

(4) **동굴, 바위그늘, 강가 주변의 막집**: 구석기인의 거주지, 불을 피운 화덕 자리 발견

(5) **고래 조각, 물고기 조각**: 각각 공주 석장리와 단양 수양개에서 출토, 사냥감의 번성을 비는 주술적 의미

(6) **사람 얼굴을 새긴 사슴 뼈와 코뿔소 뼈**: 각각 청원 두루봉 동굴과 제천 점말 동굴에서 출토

주먹도끼

슴베찌르개

단양 금굴 유적

2. 신석기 시대

(1) **돌괭이, 돌보습, 돌낫**: 농경용 간석기돌을 갈아서 제작

(2) **갈돌, 갈판**: 조리용 간석기곡물이나 도토리와 같은 열매를 가는 기구

(3) **돌도끼, 돌화살촉**: 사냥용 간석기

(4) **그물추, 낚싯바늘**: 낚시용 간석기

(5) **이른 민무늬 토기**현존 최고(最古), **덧무늬 토기**표면에 점토를 붙여 장식, **눌러찍기무늬 토기, 빗살무늬 토기**
　※ 빗살무늬 토기: 한반도 전역에서 발견, 바닥면이 뾰족한 첨저형과 평평한 평저형이 있음

(6) **탄화된 좁쌀**: 신석기 후기에 농경과 목축 시작의 증거

(7) **바닷가의 조개더미(패총)**: 신석기 시대에도 강가나 바닷가에서 어로 생활을 지속함

(8) **가락바퀴**실을 뽑는 도구, **뼈바늘**: 원시적 수공업 시작, 옷 · 그물 제작

(9) **강가와 해안의 움집**: 원형이나 방형모서리가 둥근 사각형 바닥, 0.5~1m 정도 땅을 팜, 중앙에 화덕 위치, 화덕이나 출입문 옆에 저장 구덩이 위치, 4~5명 거주, 서울 암사동 유적지가 대표적

(10) **치레걸이, 조개껍데기 가면, 양양 오산리의 토제 인면상**흙을 빚어 구운 얼굴 모습: 신석기인의 예술 생활 흔적

(11) **양양 오산리와 부산 동삼동의 흑요석제 석기**: 각각 백두산과 일본 규슈에서 건너옴, 신석기인의 원거리 교역 증거

갈돌과 갈판

빗살무늬 토기

가락바퀴

조개껍데기 가면

양양 오산리의
토제 인면상

2 청동기 시대와 철기 시대

1. 청동기 시대

(1) **비파형 동검**: 무기로 사용, 요령 · 만주 · 한반도 전역에서 발견되어 만주식 · 요령식 동검이라고도 불림, 중국과 달리 칼 몸체와 손잡이를 따로 제작함, 고조선 건국의 바탕이 됨

(2) **거친무늬 거울**: 청동으로 제작된 의식용 거울

(3) **거푸집**금속 도구를 만드는 틀: 청동기 제작의 증거

(4) **반달 돌칼, 홈자귀, 바퀴날 도끼, 따비, 괭이**: 농경용 간석기, 청동제 농기구는 제작되지 않음

(5) **평양 남경 · 여주 흔암리 · 부여 송국리에서 발견된 탄화미**불탄 쌀: 일부 저습지에서 벼농사가 시작됨

(6) **덧띠새김무늬 토기, 민무늬 토기, 미송리식 토기**손잡이 달림, 청천강 이북에서 발견, **송국리형 토기, 붉은 간 토기**
   ※ 덧띠새김무늬 토기: 가장 이른 시기에 제작, 청동기 시대의 시작 시기를 B.C. 20세기로 올린 근거가 됨

(7) **고인돌, 돌널무덤**: 군장과 지배층의 무덤, 비파형 동검 등 껴묻거리가 출토됨
   ① 탁자식 고인돌(북방식 고인돌): 강화도 부근리 고인돌이 대표적
   ② 바둑판식 고인돌(남방식 고인돌): 전북 고창과 전남 화순 일대에 다수 분포

(8) **구릉지에 위치한 움집(배산임수 취락)**: 직사각형 바닥, 지상 가옥화(주춧돌 이용), 한쪽 벽에 화덕 위치, 저장 구덩이 별도 설치, 방어를 위해 마을 주위에 울타리와 도랑(환호) 조성, 집단 취락 형성, 창고 · 공동 작업장 · 집회소 등 설치

(9) **바위그림(암각화)**: 주술용
   ① 울주 반구대 바위그림: 신석기 말~청동기 시대 제작, 고래 · 호랑이 등을 그림, 사냥 · 어로의 성공 기원
   ② 울주 천전리 바위그림: 동심원(태양) · 사각형 · 방패 모양 등 기하학 무늬를 그림, 풍성한 수확 기원
   ③ 고령 장기리 바위그림: 동심원(태양) · 삼각형 · 십자형(十) 등 기하학 무늬를 그림, 풍성한 수확 기원

2. 철기 시대

(1) **칼 · 창 · 화살촉 등 철제 무기**: 무기 개량으로 정복 전쟁이 활발해짐

(2) **삽 · 괭이 · 낫 등 철제 농기구**: 농업 생산량 증가에 기여

(3) **세형동검**: 의식용 도구로 사용, 독자적 형태(주로 청천강 이남에서 발견되어 한국식 동검으로 불림)

(4) **잔무늬 거울**: 청동제 거울, 의식용 도구로 사용, 국보 141호 다뉴세문경이 대표적

(5) **농경무늬 청동기**: 따비를 이용해 밭을 가는 사람 모습이 새겨져 있음, 풍성한 수확 기원(주술적 의미)

(6) **민무늬 토기, 덧띠 토기**토기 입구에 덧띠를 말아 붙여서 두껍게 만듦, **검은 간토기**

(7) **초가집, 귀틀집, 동예의 凸자형-몸자형 집, 마한의 토실, 온돌 구조, 부뚜막 설치**종전의 화덕을 대체함

(8) **널무덤**나무 널을 넣은 무덤, **독무덤**항아리 무덤

(9) **명도전**중국 춘추전국 화폐, **반량전**중국 진의 화폐, **오수전**중국 한의 화폐, **창원 다호리 붓**: 중국과의 교류를 증명

비파형 동검

미송리식 토기

탁자식 고인돌

세형동검

독무덤

└─────── 청동기 시대 ───────┘ └─────── 철기 시대 ───────┘

3 주요 유적지

1. 구석기 시대

(1) 발굴 시점에 따른 분류

① 함북 종성 동관진: 1933년에 발견된 한반도 최초의 구석기 유적지 _{당시에는 일제가 구석기 유적지라는 점을 부인함}

② 함북 웅기 굴포리: 1963년 발굴, 구석기 시대~청동기 시대의 유물 출토

③ 충남 공주 석장리: 1964년 발굴, 전기~후기 구석기의 다양한 유물 출토, 불탄 화덕 자리 발견

(2) 유물에 따른 분류

① 충북 단양 수양개: 15,000여 점의 뗀석기가 대량 출토, 물고기 조각 발견

② 경기 연천 전곡리: 1978년에 동아시아 최초로 아슐리안형 주먹도끼 발견 → 전기 구석기를 찍개 석기 문화와 주먹도끼 문화로 구분했던 모비우스 이론 폐기

③ 평남 상원 검은모루 동굴: 코뿔이 등 동물뼈 발굴

(3) 구석기 시기에 따른 분류

• 충북 단양 금굴: 구석기 시대 70만 년설의 근거가 됨

(4) 인골 출토에 따른 분류

① 평남 덕천 승리산 동굴: 1970년대에 한반도 최초로 인골 화석(덕천인, 승리산인) 출토

② 평양 역포: 한반도에서 가장 오래된 10만 년 전의 인골 화석(역포아이) 발견

③ 평양 만달리: 만달인 발견

④ 충북 단양 상시리 바위그늘: 1981년에 남한 최초로 인골(상시인) 발견

⑤ 충북 청원 두루봉 동굴: 완전한 어린이뼈(흥수아이)와 사람 얼굴을 새긴 사슴뼈 발견, 꽃을 뿌린 장례 풍습이 남아 있음

2. 신석기 시대

(1) 제주 한경 고산리: 한반도에서 가장 오래된 신석기 유적지, 이른 민무늬 토기 발굴

(2) 강원 양양 오산리: 동해안의 대표적인 신석기 유적지, 한반도 최고의 집터 유적지 발견, 이른 민무늬 토기 발견, 토제 인면상 _{흙으로 빚은 얼굴상} 출토, 백두산 지역에서 전래된 흑요석제 석기 출토

(3) 서울 암사동: 1925년 대홍수 때 발견, 움집터와 빗살무늬 토기 발견

(4) 부산 동삼동: 남해안의 대표적인 신석기 유적지, 빗살무늬 토기와 조개껍데기 가면 출토, 패총 발견, 일 본 규슈에서 건너온 흑요석제 석기 출토

(5) 평양 남경, 황해 봉산 지탑리: 탄화된 좁쌀 발견

3. 청동기 시대

• **충남 부여 송국리**: 비파형 동검 · 송국리형 토기 · 탄화된 쌀 출토, 울산 검단리와 더불어 마을을 둘러싼 환호와 목책 등의 방어 시설 발견

4. 철기 시대

(1) 경남 사천 늑도: 중국과의 교역 증거가 된 반량전_{진나라 화폐}과 오수전_{한나라 화폐} 출토

(2) 경남 창원 다호리: 중국과의 교역 증거가 된 오수전과 붓 발견

CHAPTER 02

고조선과 초기 국가

01 고조선

1 고조선의 성립과 발전

1. 단군 조선 B.C. 2333~

(1) 청동기 문화 바탕, 요령 지역과 한반도 서북부에서 성립

(2) 단군신화 속에 담긴 건국 상황

① 환웅: 선민 사상을 가진 이주 세력을 의미_{하늘의 부족임을 내세워 우월성 과시}, 홍익인간의 통치이념 제시

② 천부인 3개: 청동기 권력자 상징

③ 풍백, 우사, 운사: 농경 사회 발달과 계급 분화 반영

④ 웅녀: 농경 문화에 바탕을 둔 곰 숭배 부족을 의미

⑤ 단군왕검: '단군'은 제사장 의미, '왕검'은 정치적 우두머리 의미, 제정일치 사회 반영

2. 위기 · 성장

(1) B.C. 5세기, 철기 문화 전래 → B.C. 4세기, '왕' 칭호 사용, 요서 지방을 경계로 중국 연나라와 대립 → B.C. 3세기 초, 연나라 진개의 침입으로 서쪽 영토 2,000리 상실 → 대동강 일대로 중심지 이동

(2) 왕권 강화와 체제 정비: 부왕과 준왕의 왕위 세습, 상–대부–장군–박사 등 관직 정비

3. 위만조선 B.C. 194~B.C. 108

(1) 위만의 이주: 중국 혼란기(진–한 교체기)에 위만이 연나라에서 고조선으로 이주

(2) 위만의 집권: 고조선의 서쪽 변경 수비를 담당 → 준왕을 몰아내고 즉위

(3) 위만조선의 발전: 철기 문화의 본격 수용 → 한반도 동부 지역의 진번 · 임둔 등 소국을 복속, 중국 한나라와 남부 지역의 진국을 연결하는 중계 무역으로 번성

(4) 고조선의 멸망: 예나라 남려가 한에 투항하자 한 무제가 요동에 창해군 설치 B.C. 128 → 섭하 사건 B.C. 109 → 한 무제의 대규모 공격을 1년 동안 방어함 → 조선상 역계경이 한반도 남부로 이주함, 니계상 참이 우거왕을 암살, 한의 왕검성 함락 B.C. 108 → 한 군현(낙랑 · 현도 · 임둔 · 진번) 설치 → 유이민은 남쪽의 진국으로 이주, 법률이 60여 조항으로 늘어나 풍속이 각박해짐

> **개념더하기**
> • 고조선 관련 사료 – B.C. 2333년 건국설 주장: 『동국통감』
> • 단군신화 수록 사료: 『삼국유사』(최초 기록, 고려 충렬왕), 『제왕운기』, 『세종실록지리지』, 『응제시주』, 『동국여지승람』
> • 섭하 사건: 한나라 사신 섭하가 우거왕을 회유하기 위해 고구려에 파견됨. 우거왕이 이를 거부하자 돌아가는 길에 고조선의 관리를 죽임. 이를 계기로 한과 고조선의 갈등이 최고조에 이름

2 고조선의 사회 모습

1. 범금 8조: 『한서 지리지』에 수록, 현재 3개 조항만 전해짐

    (1) **사람을 죽인 자는 즉시 죽인다**: 인간의 생명 존중, 보복주의

    (2) **남에게 상처를 입힌 자는 곡식으로 갚는다**: 사유 재산 보호, 노동력 중시, 농경 사회

    (3) **도둑질을 한 자는 노비로 삼는다, 용서받고자 하는 자는 50만 전을 내야 한다**: 형벌과 계급 발생, 화폐 사용

2. 고조선 관련 유물과 유적

    (1) **미송리식 토기, 비파형 동검, 탁자식 고인돌**: 고조선의 세력 범위에서 출토

    (2) **명도전**중국 연나라의 화폐**, 반량전**중국 진나라의 화폐: 고조선과 중국의 교류 흔적

사료더하기

『삼국유사』 속 단군신화
환인이 아들 환웅의 뜻을 알고 인간 세상을 내려다보니 널리 이롭게 할 만하였다. … 환웅은 무리 삼천 명을 거느리고 태백산 신단수 아래에 내려왔다. … 환웅은 풍백, 우사, 운사를 거느리고 곡식, 수명, 질병, 형벌, 선악 등을 주관하였다. 그러던 어느 날 곰과 호랑이가 환웅에게 찾아와 사람이 되게 해 달라고 빌었다. … 하지만 곰은 잘 참아 내어 21일 안에 여인이 되었다. 환웅은 이 여인을 아내로 맞이하여 아들을 낳았는데, 이 분이 단군왕검이다.

『제왕운기』 속 단군신화
"상제(上帝) 환인에게 서자가 있어 웅이라 하였는데, '삼위태백에 이르러 널리 인간을 이롭게 하고자 한다.'라고 하였다. 이에 환웅이 천부인 3개를 받고 귀신 3,000을 이끌고 태백산 정상 신단수 아래로 내려오니, 그를 일러 단웅천왕이라고 하였다. 단웅천왕은 손녀로 하여금 사람의 몸이 되게 하고 단수신과 혼인케 하여 남자 아이를 낳았으니, 이름을 단군이라 하였다. 단군은 1038년을 다스리다가 아사달산에 들어가 신(神)이 되었으니, 죽지 않기 때문이다."

고조선과 연의 대립
『위략』에 보면 이런 말이 있다. 옛날에 주가 쇠하고 연이 자기 스스로 높여 왕이라 칭하며 동쪽으로 땅을 빼앗으려 하자, 조선후(고조선의 통치자)도 또한 왕이라 칭하고 군사를 일으켜 연을 쳐서 주 왕실을 높이려고 하였다. … 그 뒤 자손들이 점점 교만하고 포학해지자 연은 장군 진개를 보내 조선의 서쪽을 쳐서 2천여 리의 땅을 빼앗고 만번한에 이르러 국경을 삼았으니, 마침내 조선은 쇠약해졌다.   - 『삼국지』 위서 동이전 -

위만조선의 성립
『위략』에서 말하기를 … 부(부왕)가 죽자 그 아들 준(준왕)이 즉위하였다. … 노관이 한나라를 배반하고 흉노로 들어가자, 연나라 사람 위만도 망명하여 호복을 하고 동쪽의 패수를 건너 가서 준왕에게 투항하였다. 준왕은 그를 믿고 총애하여 벼슬을 내려 박사로 삼고 백 리의 땅을 봉해 주면서 서쪽 변경을 지키도록 하였다. 위만은 망명자의 무리를 꾀어내어 무리가 점차 많아지자, 준왕을 공격하였다. 준왕은 위만과 싸웠지만 상대가 되지 못하였다.   - 『삼국지』 위서 동이전 -

한 무제의 침입과 고조선의 멸망
누선장군 양복을 파견해 바다를 건너게 하였는데 병력은 5만이었다. 우거왕이 끝까지 성을 굳게 지키니 수개월이 지나도 성을 함락시킬 수 없었다. … 니계상 참이 사람을 시켜 조선왕 우거를 죽이고 항복해 왔지만, 왕검성은 함락되지 않았다. … 좌장군은 우거왕의 아들 장항과 조선상 노인의 아들 최로 하여금 그 백성을 달래고 성기를 주살하도록 하니, 이로써 마침내 조선을 평정하고 4군(郡)을 세웠다.   - 『사기』 -

고조선인의 남쪽 이주
조선상 역계경이 우거왕에게 간하였으나 그의 말이 받아들여지지 않자 동쪽의 진국으로 갔다. 그때 백성으로서 그를 따라 간 자가 2천여 호나 되었다.   - 『삼국지』 위서 동이전 -

범금 8조
대개 사람을 죽인 자는 즉시 죽이고, 남에게 상처를 입힌 자는 곡식으로 배상한다. 도둑질을 한 자가 남자면 그 집의 노, 여자면 비로 삼는다. 단, 스스로 용서받고자 하는 자는 1인당 50만 전을 내야 한다. 비록 용서를 받아 보통 백성이 되어도 이를 수치스럽게 여기는 풍속 때문에 혼인을 하려 해도 짝을 구할 수 없었다. 이로써 그 백성은 끝까지 서로 훔치지 않아 대문을 닫고 사는 일이 없었다. 부인은 곧고 믿음이 있어 음란하지 않았다.   - 『한서 지리지』 -

1 건국과 발전

1. 부여

(1) **(B.C. 4세기)** 동명왕이 만주 송화강 유역의 넓은 평야를 중심으로 건국 → **(1세기)** 왕 칭호 사용, 중국과 우호 관계 형성 → **(3세기 말)** 선비족의 침공으로 수도 함락 → **(4세기)** 전연의 침략으로 왕이 포로가 됨 → **(5세기 초)** 고구려 광개토대왕이 동부여 편입 → **(5세기 말)** 고구려 문자왕이 북부여 병합

(2) **정치 체제**: 5부족 연맹 왕국 체제[왕+마가 · 우가 · 저가 · 구가(加)가축 이름에서 비롯, 윷놀이에 반영]
  ① **왕**: 중앙 지역을 통치, 흉작 · 가뭄의 책임을 왕에게 묻기도 함(왕권 미약), 중앙집권화 단계에 이르지 못함
  ② **마가 · 우가 · 저가 · 구가**: 대군장으로 사출도 통치, 대사자 · 사자 등을 거느리며 독자적 세력 보유

2. 고구려

(1) **(B.C. 37)** 주몽이 부여의 유이민 집단과 압록강의 지류인 동가강 유역의 토착 주민과 연합하여 건국, 졸본의 오녀산성에서 시작 → **(1세기 초)** 유리왕이 압록강의 국내성으로 천도 → **(1~4세기)** 부여 · 한 군현과의 대결 과정에서 영토 확장

(2) **정치 체제**: 5부족 연맹 왕국 체제(계루부 · 절노부 · 소노부 · 순노부 · 관노부)
  ① **왕**: 계루부주몽 집단와 소노부=연노부=비류국에서 배출 → 태조왕부터 계루부에서 독점
  ② **상가 · 대로 · 고추가**: 대가(大加)로 불림, 사자 · 조의 · 선인 등을 거느리며 독자적 세력 보유, 제가 회의 주도, 3세기에 왕권 강화 과정에서 세력 약화

3. 옥저 · 동예

(1) **옥저**: 함경도의 동해안 지역에 위치 → 고구려에 복속

(2) **동예**: 강원도 북부의 동해안 지역에 위치 → 고구려에 복속

(3) **정치 체제**: 왕 無, 읍군 · 삼로가 자신의 읍락을 통치(군장 국가에 그침)

4. 삼한

(1) 진(辰)국의 토착 세력과 고조선에서 남하한 준왕 세력이 융합하여 삼한 결성

(2) **마한**: 충청 · 전라 지역에 위치, 54개 소국(목지국 · 백제국 등)으로 구성, 삼한 중 가장 강성, 목지국의 왕(진왕)이 삼한의 왕으로 군림

(3) **진한**: 낙동강 동쪽 지역에 위치, 12개의 소국(사로국 등)으로 구성

(4) **변한**: 김해와 마산을 중심으로 위치, 12개의 소국(구야국 등)으로 구성

(5) **정치 체제**: 제정 분리
  ① **군장의 읍락 통치**: 신지 · 견지 · 읍차 · 부례로 불리며 정치적 지배권 장악
  ② **천군의 소도 관장**: 제사장인 천군은 제천 행사 등의 종교 의례 주관

부여 동명왕 신화

북방 탁리국 왕의 시비가 임신하였다. 왕이 시비를 죽이려 하니, 시비가 "달걀만 한 기(氣)가 하늘로부터 내려온 까닭에 임신하였습니다."라고 하여 살려 주었다. 그 후에 아들을 낳자 돼지우리 안에다 버렸더니 돼지가 입김을 불어 주어 죽지 않았다. … 동명이 궁술에 능하자 왕이 죽이고자 하였다. 동명이 남쪽으로 도망쳐 엄호수에 이르자, 물고기와 자라들이 떠 올라 다리를 만들었다. 도읍을 정하고 부여의 왕이 되었다.
- 『논형』 -

부여

• 나라에는 임금이 있었다. 모두 가축 이름으로 관직명을 정하였는데, 마가(馬加)·우가(牛加)·저가(豬加)·구가(狗加)·대사(大使)·대사자(大使者)·사자(使者)였다. … 이 여러 가는 별도로 사출도(四出道)를 다스렸는데, 큰 곳은 수천 집, 작은 곳은 수백 집이었다.

• 옛 부여의 풍속에는 가뭄이나 장마가 계속되어 오곡이 영글지 않으면 그 허물을 문득 왕에게 돌려 '왕을 마땅히 바꾸어야 한다.'라고 하거나 '죽여야 한다.'라고 하였다.
- 『삼국지』 위서 동이전 -

고구려

• 주몽이 졸본 부여에 이르렀다. 그 왕에게 아들이 없었는데 주몽을 보고는 범상치 않은 사람인 것을 알고 그 딸을 아내로 삼게 하였다. 왕이 죽자 주몽은 왕위를 이었다. … 주몽이 비류국에 도착하였다. 그 나라 왕 송양이 보고 말하기를 … "나는 여러 대에 걸쳐 왕 노릇을 하였다. … 그대가 나에게 붙는 것이 어떤가." 하자 왕이 분하게 여겨 말다툼하고 또한 서로 활을 쏘아 재주를 겨루었는데 송양이 대항할 수 없었다.
- 『삼국사기』 -

• 본래 연노부가 왕을 하였지만 차츰 미약해져 지금은 계루부가 이를 대신한다. … 연노부는 본래 국주(國主)였으므로 지금은 비록 왕이 되지 못하지만 적통대인(適統大人)은 고추가라고 칭할 수 있으며, 또한 종묘를 세우고 신령스러운 별과 사직에 제사 지낼 수 있다. 절노부는 대대로 왕과 혼인하였으므로 고추가의 칭호를 더해 준다. 여러 대가는 스스로 사자·조의·선인을 두고 명단을 모두 왕에게 보고하는데, 회동의 좌석 차례에서는 왕가의 사자·조의·선인과 같은 대열에 앉을 수는 없다.
- 『삼국지』 위서 동이전 -

• 감옥이 없고, 범죄자가 있으면 제가들이 모여 회의를 하여 사형에 처하고, 처자는 노비로 삼는다.
- 『삼국지』 위서 동이전 -

동예

대군장이 없고 한(漢) 시대 이후로 후·읍군·삼로라는 관직이 있어 하호(下戶)를 다스렸다.
- 『삼국지』 위시 동이전 -

삼한

• 한(韓)은 대방의 남쪽에 있는데, 동쪽과 서쪽은 바다로 경계를 삼고 남쪽은 왜와 접경하니, 면적이 사방 4,000리쯤 된다. 한에는 세 종족이 있는데, 하나는 마한, 둘째는 진한, 셋째는 변한이다. … 나라마다 각각 장수가 있어서, 세력이 강대한 사람은 스스로 신지라 하고, 그 다음은 읍차라고 하였다.
- 『삼국지』 위서 동이전 -

• 마한이 가장 강대하여 그 종족들이 함께 왕을 세워 진왕으로 삼았다. (진왕은) 목지국에 도읍하여 전체 삼한 지역의 왕으로 군림하였다.
- 『후한서』 -

• 국읍마다 한 사람씩을 세워 천신에 대한 제사를 주관하게 하는데 이를 천군이라 한다. … 소도에는 큰 나무를 세우고 방울과 북을 매달아 귀신을 섬긴다. 도망하여 그 안으로 들어온 사람은 누구든 돌려보내지 아니한다.
- 『삼국지』 위서 동이전 -

• 동명왕: 북부여의 건국 시조로 주몽은 그를 따라 동명성왕이라 불림. 동명왕의 탄생 설화는 주몽 신화와 구조 면에서 매우 유사한데 이는 고구려 건국 세력이 부여의 한 계통임을 자처하는 데서 비롯됨
• 사출도(四出道): 가(加)가 다스린 4개 곳의 지방
• 가(加): 부여와 고구려의 지배 세력으로 부족장이나 유력 세력에서 기원함. 부여의 가(加)들은 사출도를 통치했고, 고구려의 가(加)들은 제가 회의를 열어 국정에 영항력을 행사함
• 마가, 우가, 저가, 구가, 상가, 대로, 고추가, 읍군, 삼로, 신지, 견지, 읍차, 부례: 각 지역별 군장 호칭
• 대사자, 사자, 조의, 선인: 부여와 고구려의 대가들이 보유한 관리
• 진국: 초기 철기 문화를 배경으로 B.C. 3~2세기경 한반도 중남부 지역에 성립해 있던 정치집단
• 소도: 천군이 주관하는 지역으로 솟대를 세워 신성한 공간임을 표시함, 죄인이라도 이곳으로 도망가 숨으면 군장의 군대가 잡아가지 못함

2 여러 나라의 생활 모습

1. 부여

(1) **경제**: 밭농사, 목축 발달(반농반목), 말·주옥_{구슬과 옥} 모피를 중국에 수출

(2) **엄격한 법률(4조항)**: 살인자는 사형에 처하고 그 가족을 노비로 삼음, 1책 12법_{12배 배상}, 간음·투기한 여성은 사형에 처함, 투기한 여성의 시체는 소와 말을 바쳐야 받을 수 있음

(3) 형사취수제_{형이 죽으면 형수를 아내로 삼음}, 후장_{장례를 후하게 치름}·순장_{왕이 죽으면 주변 사람을 함께 묻음}, 우제점법_{전쟁이 일어나면 소를 죽여 그 굽으로 길흉을 점을 침}, 영고(12월에 열리는 제천 행사, 수렵 사회의 전통 반영), 흰옷을 즐겨 입음

2. 고구려

(1) **경제**: 밭농사 발달, 부경_{약탈물 저장 창고} 존재(산간 지역에 위치해 식량이 부족했기 때문)

(2) **엄격한 법률**: 반역자·반란자는 화형 후 참형에 처함, 그 가족은 노비로 삼음, 1책 12법

(3) 형사취수제, 서옥제_{데릴사위제}, 후장, 동맹(10월에 열리는 제천 행사, 국동대혈에서 주몽과 유화부인에 제사 지냄)

3. 옥저

(1) **경제**: 토지 비옥, 어물·소금 등 해산물 풍부, 고구려에 공납을 바침

(2) 민며느리제(매매혼), 가족 공동 무덤(골장제)

4. 동예

(1) **경제**: 토지 비옥, 단궁_{짧은 활}·과하마_{키 작은 말}·반어피_{바다 표범 가죽}를 중국에 수출, 명주와 삼베 짜는 방직 기술 발달

(2) **씨족 사회의 전통 강함**: 족외혼_{같은 성씨끼리 결혼하지 않음}, 책화(다른 읍락을 침범했을 시에 소와 말로 배상)

(3) 동맹(10월에 열리는 제천 행사), 호랑이를 산신으로 숭배, 여(呂)자형·철(凸)자형 집터에서 거주

여러 나라의 성장

5. 삼한

(1) **경제**: 변한은 철 생산 활발(덩이쇠를 제작해서 화폐처럼 사용하기도 함, 낙랑·왜에 수출), 벼농사 발달, 저수지 축조(김제 벽골제, 제천 의림지), 5월 수릿날과 10월 계절제(제천 행사), 두레 조직

(2) 마한의 주구묘 제작, 진한과 변한은 큰 새의 깃을 함께 묻음

(3) 반움집(토실)·귀틀집에 거주

(4) 문신 풍습, 변한과 진한의 편두 풍습_{아이가 태어나면 돌로 눌러서 머리를 납작하게 만듦}

(5) **중국과 교류**: 사천 늑도와 여수 거문도에서 출토된 오수전_{한나라 화폐}을 통해 알 수 있음

부여

- 이 나라는 평지와 호수가 많아 오곡을 가꾸기에 알맞지만 오과(五果)는 생산되지 않았다. 사람들의 체격이 매우 크고 성품이 강직 용맹하며 근엄하고 후덕하여 다른 나라를 노략질하지 않았다. — 『삼국지』 위서 동이전 —

- 은력(殷曆) 정월에 지내는 제천 행사는 국중 대회로 날마다 마시고 먹고 노래하고 춤추는데 그 이름은 영고라 한다. 이때는 형벌을 중단하고 죄수를 풀어 주었다. 국내에 있을 때 옷은 흰옷을 즐겨 입고 … 외국에 나갈 때는 비단옷, 수놓은 옷, 모직 옷을 즐겨 입고 대인은 그 위에 모피 갓옷을 입고 금과 은으로 모자를 장식하였다. … 형이 죽으면 형수를 아내로 삼는 풍습이 있다. — 『삼국지』 위서 동이전 —

- 여름에 사람이 죽으면 모두 얼음을 넣어 장사 지낸다. 사람을 죽여 순장하는데 많을 때는 백 명가량이나 된다. 장사를 후하게 지낸다. 미리 옥갑을 현도군에 가져다 놓고 왕이 죽으면 현도군에서 가져다가 쓰게 했다. — 『삼국지』 위서 동이전 —

고구려

- 좋은 땅이 없어 부지런히 농사를 지어도 식량이 넉넉하지 못하다. … 부여의 별종이라 하는데 말이나 풍속 따위는 비슷하지만, 기질이나 옷차림이 다르다. 집집이 창고가 있는데 이름을 부경이라 한다. … 대가들은 농사를 짓지 않고, 앉아서 먹는 자가 1만여 명이나 된다. 하호가 멀리서 쌀, 곡물, 물고기, 소금을 져서 날라 공급한다. … 혼인할 때는 말로 미리 정하고 신부집 뒤편에 작은 별채를 짓는데 이를 서옥이라 한다. 아들을 낳아 장성하면 아내를 집으로 데리고 간다. — 『삼국지』 위서 동이전 —

- 고국천왕이 죽었을 때 왕후 우씨가 몰래 국상을 발설하지 않고 밤에 왕의 동생 발기의 집으로 갔다. 발기는 사실을 모르고 말하기를, "부인이 밤에 돌아다니는 것을 어찌 예라고 하겠습니까?"라고 하였다. 왕후는 부끄러워하며 곧 연우의 집으로 갔다. 연우가 일어나서 의관을 갖추고, 문에서 맞이하여 들여앉히고 술자리를 베풀었다. … 다음 날 새벽 선왕의 왕명이라 속이고, 여러 신하들에게 명령하여 연우를 왕으로 삼았다. … 왕(산상왕)은 본래 우씨의 도움으로 즉위하였으므로 다시 장가가지 않고 우씨를 세워 왕후로 삼았다. — 『삼국사기』 —

옥저

- 고구려 개마대산 동쪽에 있는데 개마대산은 큰 바닷가에 맞닿아 있다. 땅은 기름지고 산을 등지고 바다를 향해 있어 오곡이 잘 자라며, 농사짓기에 적합하다. — 『삼국지』 위서 동이전 —

- 사람이 죽으면 시체는 모두 가매장을 하되 겨우 형체가 덮일 만큼 묻었다가 가족과 살이 다 썩은 다음에 뼈만 추려 곽 속에 안치한다. 또한 질그릇 솥에 쌀을 담아 곽의 문에 매달아 놓았다. — 『삼국지』 위서 동이전 —

- 여자 나이 10살이 되기 전에 혼인을 약속한다. 신랑집에서는 여자를 맞이하여 다 클 때까지 길러 아내로 삼는다. 여자가 어른이 되면 친정으로 다시 돌아오는데, 여자 집에서 돈을 요구한다. — 『삼국지』 위서 동이전 —

동예

- 예부터 '고구려와 같은 종족'이라 하였다. 언어와 법속이 고구려와 거의 같았으며 의복은 달랐다. 풍속은 산천을 중시하고, 산천에 각기 구분이 있어 함부로 서로 들어갈 수 없었다. 동성은 서로 혼인하지 않았다. — 『삼국지』 위서 동이전 —

- 해마다 10월 제천 행사에서 밤낮으로 가무 음주하는데, 이를 무천이라 하였다. 또한 호랑이를 신으로 모셔 제사지낸다. — 『삼국지』 위서 동이전 —

삼한

진한과 변한에서 철이 생산되는데 한, 예, 왜에서 모두 와서 가져갔다. 사고팔 때에 모두 철을 사용하였으니, 마치 중국에서 돈을 사용하는 것과 같았다. 또한 그것을 (낙랑과 대방의) 두 군에 공급하였다. — 『삼국지』 위서 동이전 —

- 민며느리제: 며느리가 될 여자아이를 남자 집에서 데려다 키운 후, 성인이 되면 남자 쪽에서 여자 쪽에 예물을 건네주고 결혼하는 풍습
- 가족 공동 무덤: 사람이 죽으면 임시로 매장하였다가 나중에 뼈만 추려 커다란 목곽에 안치하였는데 한 집안 식구를 한 곽에 묻음
- 주구묘: 중앙에 널무덤을 두고 그 둘레에 도랑(해자)을 판 형태의 무덤
- 토실: 『삼국지』 위서 동이전에 '짚으로 지붕을 덮은 흙집에서 사는데, 그 모양이 마치 무덤과 같으며, 문은 윗부분에 있다.'고 기록됨. 즉, 겉에서는 낮은 초가집처럼 보이고 내부로 들어가면 지하로 연결된 방이 있는 형태임

I wish you the best of luck!

개념확인

○, ×

01 양양 오산리 유적에서 덧무늬 토기가 발견되었다. (○, ×)　　21 국가직 9급

02 공주 석장리 유적에서 미송리식 토기가 발견되었다. (○, ×)　　21 국가직 9급

03 부산 동삼동 유적에서 아슐리안형 주먹도끼가 발견되었다. (○, ×)　　21 국가직 9급

04 양양 오산리 유적에서 토제 인면(人面)상이 발견되었다. (○, ×)　　21 경찰 2차

선택하기

05 연천 전곡리에서 사냥도구인 (찍개, 주먹도끼)가 동아시아 최초로 출토되었다.　　19 국가직 9급

06 부산 동삼동의 흑요석 출토 사례로 보아 (구석기, 신석기) 시대에 원거리 교류나 교역이 있었음을 알 수 있다.　　15 국가직 9급

07 눌러찍기무늬 토기를 제작하던 시기에는 (가락바퀴, 슴베찌르개)와 뼈바늘을 이용하여 옷이나 그물을 만들어 사용하였다.　　18 지방직 9급

08 (청동기 시대, 철기 시대)에 권력을 가진 지배자가 처음 등장하였다.　　21 법원직 9급

09 고조선의 세력 범위를 추정할 수 있는 유물로는 (세형 동검, 비파형 동검), 미송리식 토기, (탁자식 고인돌, 바둑판식 고인돌)이 있다.　　22 법원직 9급

빈칸 채우기

10 (　　)에는 상, 대부, 장군 등의 관직이 있었다.　　22 법원직 9급

11 (　　)에서는 왕이 죽으면 옥갑(玉匣)을 사용하고 많은 사람을 순장하였다.　　21 경찰 2차

12 (　　)와/과 (　　)은/는 읍군, 삼로 등이 하호를 통치하였다.　　17 국가직 9급

13 (　　)에는 읍락의 경계를 중시하여 책화라는 풍습이 있었다.　　22 법원직 9급

14 (　　)은/는 은력(殷曆) 정월에 나라에서 영고를 열어 날마다 먹고 마시고 노래하고 춤을 추었다.　　21 지방직 9급

15 (　　)은/는 해마다 씨를 뿌리고 난 5월과 추수를 마친 10월에는 계절제를 열어 하늘에 제사를 지냈다.　　21 계리직

16 (　　)에서는 모든 대가(大加)들은 스스로 사자, 조의, 선인을 두었는데, 그 명단을 모두 왕에게 보고하여야 했다.　　22 법원직 9급

정답확인

01 ○　**02** ×　**03** ×　**04** ○　**05** 주먹도끼　**06** 신석기　**07** 가락바퀴　**08** 청동기 시대　**09** 비파형 동검, 탁자식 고인돌
10 고조선　**11** 부여　**12** 옥저, 동예　**13** 동예　**14** 부여　**15** 삼한　**16** 고구려

01
① 전기 구석기는 한 개의 큰 석기를 여러 가지 용도로 사용하였던 시기로 찍개 혹은 주먹도끼와 같이 좀 더 단순한 형태의 도구가 사용되었다. 슴베찌르개는 주로 구석기 시대 후기에 사용되었다.

01 한반도 선사 시대에 대한 설명으로 옳지 않은 것은? 17 지방직 9급

① 구석기 시대 전기에는 주먹도끼와 슴베찌르개 등이 사용되었다.

② 신석기 시대 집터는 대부분 움집으로 바닥은 원형이나 모서리가 둥근 사각형이다.

③ 신석기 시대 사람들은 조개류를 많이 먹었으며, 때로는 장식으로 이용하기도 하였다.

④ 청동기 시대의 전형적인 유물로는 비파형동검 · 붉은간토기 · 반달돌칼 · 홈자귀 등이 있다.

02

오답의 이유

ㄱ. 슴베찌르개는 후기 구석기 시대의 대표적인 유물이다. 구석기 시대에는 주로 사냥과 채집의 경제활동을 하였다. 벼농사가 시작되고 나무로 만든 농기구를 사용한 시기는 청동기 시대이다.

ㄷ. 청동기 시대에는 일부 저습지에서 벼농사가 시작되었고, 반달돌칼을 이용하여 추수하는 등 농업이 발전하였다. 이에 따라 잉여생산물이 축적되면서 사유재산이 생기고 계급이 발생하였다. 농사를 짓기 시작하고 지배와 피지배 관계가 발생하지 않은 평등한 사회였던 시기는 신석기 시대이다.

02 다음은 각 유물과 그것이 사용되던 시기의 사회 모습에 대한 설명이다. 옳은 것만을 모두 고르면? 18 지방직 9급

> ㄱ. 슴베찌르개 – 벼농사를 짓기 시작하였고 나무로 만든 농기구를 사용하였다.
> ㄴ. 붉은간토기 – 거친무늬거울을 사용하여 제사를 지내거나 의식을 거행하였다.
> ㄷ. 반달돌칼 – 농사를 짓기 시작했지만 아직 지배와 피지배 관계는 발생하지 않았다.
> ㄹ. 눌러찍기무늬 토기 – 가락바퀴와 뼈바늘을 이용하여 옷이나 그물을 만들어 사용하였다.

① ㄱ, ㄴ

② ㄱ, ㄷ

③ ㄴ, ㄹ

④ ㄷ, ㄹ

정답 01 ① 02 ③

03 (가) 시기의 생활상에 대한 설명으로 옳은 것은?

20 국가직 9급

> 1935년 두만강가의 함경북도 종성군 동관진에서 한반도 최초로 (가) 시대 유물인 석기와 골각기 등이 발견되었다. 발견 당시 일본에서는 (나) 시대 유물이 출토되지 않은 상황이었다.

① 반달돌칼을 이용하여 벼를 수확하였다.

② 넓적한 돌 갈판에 옥수수를 갈아서 먹었다.

③ 사냥이나 물고기잡이 등을 통해 식량을 얻었다.

④ 영혼 숭배 사상이 있어 사람이 죽으면 흙 그릇 안에 매장하였다.

04 다음의 유적지에 대한 설명으로 가장 옳은 것은?

17 사복직 9급

① 사천 늑도 유적에서 반량이라는 글자가 새겨진 청동 화폐가 출토되었다.

② 부산 동삼동 패총에서는 주춧돌을 사용한 지상가옥이 발견되었다.

③ 단양 수양개에서 발견된 아이의 뼈를 '흥수아이'라 부른다.

④ 울주 반구대에는 사각형 또는 방패 모양의 그림이 주로 새겨져 있다.

05 밑줄 친 ㉠~㉣에 대한 해석으로 적절하지 않은 것은?

21 법원직 9급

> 옛날 ㉠ 환인의 아들 환웅이 천부인 3개와 3,000명의 무리를 이끌고 태백산 신단수 밑에 내려왔는데, 이곳을 신시라 하였다. 그는 ㉡ 풍백, 우사, 운사로 하여금 인간의 360여 가지의 일을 주관하게 하였는데 그중에서 곡식, 생명, 질병, 형벌, 선악 등 다섯 가지 일이 가장 중요한 것이었다. 이로써 인간 세상을 교화시키고 인간을 널리 이롭게 하였다. 이때 ㉢ 곰과 호랑이가 사람이 되기를 원하므로 환웅은 쑥과 마늘을 주고 …… 곰은 금기를 지켜 21일 만에 여자로 태어났고 환웅과 혼인하여 아들을 낳았다. 이가 곧 ㉣ 단군왕검이었다.

① ㉠ – 천손 사상으로 부족의 우월성을 과시했다.

② ㉡ – 고조선의 농경 사회 모습이 반영되어 있다.

③ ㉢ – 특정 동물을 수호신으로 여기는 샤머니즘이 존재했다.

④ ㉣ – 정치적 지배자와 제사장이 일치된 사회였음을 알 수 있다.

03

(가) 시기는 구석기를 일컫는다. 종성 동관진은 한반도에서 최초로 발견된 구석기 유적지이다.

③ 구석기 시대에는 동물의 뼈나 뿔로 만든 뼈 도구와 뗀석기로 사냥과 채집, 물고기잡이 등을 하면서 생활하였다.

오답의 이유

① 청동기 시대의 농기구는 간석기로 제작되었는데 반달돌칼, 바퀴날도끼, 홈자귀 등이 대표적이다.

② 신석기 시대 사람들은 돌도끼, 갈돌과 갈판을 이용하였다.

④ 영혼 숭배와 조상 숭배가 나타난 것은 신석기 시대로, 애니미즘(영혼 및 자연 숭배), 토테미즘, 샤머니즘 등의 원시 신앙이 나타났다.

04

오답의 이유

② 부산 동삼동 패총은 신석기 시대의 유적이다. 직사각형의 바닥으로 주춧돌의 사용은 청동기 시대 이후 움집의 형태이다.

③ 단양 수양개는 다양한 구석기 시대의 유물이 출토된 후기 구석기 시대 석기 문화의 정수를 보여주는 유적지이다. 흥수아이의 인골이 발견된 장소는 청원 두루봉 동굴이다.

④ 울주 반구대 바위그림에는 거북, 사슴, 호랑이, 새 등의 동물 등이 새겨져 있다. 동심원, 십자형, 삼각형 등의 기하학무늬가 새겨져 있는 것은 고령 양전동 장기리 바위그림이다.

05

제시문은 고조선의 단군 건국 신화의 내용이다.

③ 특정 동물을 수호신으로 여기는 원시 신앙은 토테미즘이다. 샤머니즘은 인간과 영혼, 하늘을 연결해 주는 존재인 무당을 믿는 원시 신앙이다.

오답의 이유

① 고조선 건국 설화에서는 환웅이 하늘의 아들이라는 천손 사상을 내세워 자기 부족의 우월성을 과시했다.

② 환웅이 인간 세상에 내려올 때 거느렸던 풍백(바람)·우사(비)·운사(구름)는 농경과 밀접한 관계가 있는 날씨를 주관하는 존재이다. 이를 통해 고조선이 농경이 매우 발달한 사회였음을 알 수 있다.

④ 단군은 제사장, 왕검은 정치적 지배자를 의미한다. 단군 왕검이라는 이름을 통해 고조선이 제정 일치 사회였음을 알 수 있다.

정답 03 ③ 04 ① 05 ③

06
③ 이규보의 『동명왕편』은 고구려의 건국
자인 동명왕(주몽)과 고구려의 전통을
노래한 대서사시이다.

오답의 이유
② 숙종 때 홍만종이 저술한 『동국역대총
목』은 단군 정통론의 입장으로, 단군
조선으로부터 기자 · 위만조선 · 삼
한 · 한시군 이부(二府) 삼고 고
려 · 조선의 사적을 사건만 간추려 편
년체로 서술하였다.

06 단군에 대한 인식을 설명한 것으로 옳지 않은 것은?

① 이승휴의 『제왕운기』에서는 우리 역사를 단군부터 서술하였다.

② 홍만종이 『동국역대총목』은 단군 정통론의 입장에서 기술하였다.

③ 이규보의 『동명왕편』은 단군의 건국 과정을 다루고 있다.

④ 기미독립선언서에는 '조선 건국 4252년'으로 연도를 표기하였다.

07
(가) 시기는 위만 집권 이전의 고조선, (나)
는 위만 집권 이후 위만조선이다.

오답의 이유
ㄴ. 창해군은 중국 한이 요동에 설치한 군
으로 기원전 128년에 설치하였다. 예
맥의 군장 남려가 우거왕에 반기를 들
고 약 28만의 인구를 이끌고 한의 요
동군에 복속해오자, 예맥 지역에 창해
군을 설치하였다는 기록이 전해진다.
이러한 창해군은 재정 문제로 인하여
2년 만에 폐지되었다.
ㄹ. 비파형 동검과 고인돌을 통하여 통치
지역을 파악할 수 있는 시기는 위만
집권 이전의 고조선인 (가) 시기이다.

07 (가)와 (나) 시기 고조선에 대한 〈보기〉의 설명으로 옳은 것만을 고른
것은?

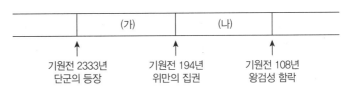

	(가)	(나)	

기원전 2333년 기원전 194년 기원전 108년
단군의 등장   위만의 집권   왕검성 함락

보기

ㄱ. (가) – 왕 아래 대부, 박사 등의 직책이 있었다.

ㄴ. (가) – 고조선 지역에 한(漢)의 창해군이 설치되었다.

ㄷ. (나) – 철기 문화를 본격적으로 수용하며, 중계 무역의 이득을 취하였다.

ㄹ. (나) – 비파형 동검과 고인돌의 분포를 통하여 통치 지역을 알 수 있다.

① ㄱ, ㄷ

② ㄱ, ㄹ

③ ㄴ, ㄷ

④ ㄴ, ㄹ

08 밑줄 친 '이 나라'에서 볼 수 있는 모습으로 적절한 것은?

20 지방직 9급

> 이 나라는 대군왕이 없으며, 읍락에는 각각 대를 잇는 장수(長帥)가 있다.
> …… 이 나라의 토질은 비옥하며, 산을 등지고 바다를 향해 있어 오곡이 잘 자라며 농사짓기에 적합하다. 사람들의 성질은 질박하고, 정직하며 굳세고 용감하다. 소나 말이 적고, 창을 잘 다루며 보전(步戰)을 잘한다. 음식, 주거, 의복, 예절은 고구려와 흡사하다. 그들은 장사를 지낼 적에는 큰 나무 곽(槨)을 만드는데 길이가 십여 장(丈)이나 되며 한쪽 머리를 열어 놓아 문을 만든다.
>
> – 『삼국지』 위서 동이전 –

① 민며느리를 받아들이는 읍군
② 위만에게 한나라의 침입을 알리는 장군
③ 5월에 씨를 뿌리고 하늘에 제사를 지내는 천군
④ 국가의 중요한 일을 논의하고 있는 마가와 우가

08

제시된 자료는 옥저에 대한 내용이다. 옥저는 고구려와 같이 부여족의 한 갈래였기 때문에 음식·주거·의복 등이 고구려와 유사하였다. 또한 장사를 지낼 적에는 시체를 가매장하였다가 나중에 목곽(가족 공동 묘에 옮기는 골장제(세골장)가 행해졌는데, 크기가 크고 문이 달린 것은 식구들을 모두 같은 곽에 넣어두었기 때문이다.

① 옥저에는 왕은 없고 '읍군·삼로·후·거수'라는 군장이 각자 자신의 읍락을 다스렸다. 또한, 혼인 풍습으로 어린 여자를 남자 집에서 대가를 주고 데려다 길러 며느리로 삼는 민며느리제(예부제)가 실시되었다.

오답의 이유

② 고조선(위만조선 시기)에 해당하는 설명이다.
③ 삼한에서는 5월 수릿날과 10월 계절제가 있었다.
④ 부여에서는 왕 아래에 여섯 가축의 이름을 딴 마가·우가·저가·구가 존재하여 자신들의 사출도를 각자 지배하였으며, 왕의 중앙과 합쳐 5부를 이루었다.

09 (가), (나)의 특징을 가진 국가에 대한 설명으로 옳은 것은?

17 지방직 9급

> (가) 옷은 흰색을 숭상하며, 흰 베로 만든 큰 소매 달린 도포와 바지를 입고 가죽신을 신는다.
> (나) 부여의 별종(別種)이라 하는데, 말이나 풍속 따위는 부여와 많이 같지만 기질이나 옷차림이 다르다.
>
> – 『삼국지』 위서 동이전 –

① (가) – 혼인풍속으로 민며느리제가 있었다.
② (나) – 제사장인 천군이 다스리는 소도가 있었다.
③ (가) – 남의 물건을 훔쳤을 때에는 12배로 배상하게 하였다.
④ (나) – 단궁이라는 활과 과하마·반어피 등이 유행하였다.

09

(가)는 부여, (나)는 고구려에 대한 설명이다.

③ 부여에는 남의 물건을 훔쳤을 때에 물건 값의 12배를 배상하게 하는 1책 12법이 있었다.

오답의 이유

① 옥저에는 민며느리제라는 혼인풍습이 있었는데, 남녀가 혼인할 것을 약속하고 여자가 어렸을 때 남자 집에 가서 성장한 후, 남자가 여자 집에 예물을 치르고 혼인을 하는 것을 말한다.
② 삼한은 제정분리 사회였기 때문에 제사장인 천군이 신성시되는 소도를 따로 지배하였고 소도에는 군장세력이 미치지 못하였다.
④ 동예는 10월에 무천이라는 제천행사를 성대하게 열었으며, 단궁·과하마·반어피 등이 특산품으로 유명하였다.

정답 08 ① 09 ③

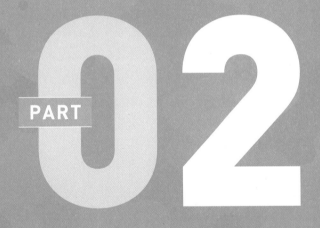

PART

02

고대 사회

CHAPTER 01

삼국의 정치

01 삼국의 정치 발전

연맹 왕국	족장 족장 왕 족장 족장	• 왕과 군장[고구려의 가(加), 신라의 간(干), 독자적 세력 보유]의 통치 • 초기 고구려의 5부: 소노부, 계루부, 절노부, 순노부, 관노부 • 초기 신라의 6부: 양부(탁부), 사량부, 본피부, 점량부, 한기부, 습비부

⇩

중앙집권국가	귀족 귀족 왕 귀족 귀족	• 고구려는 2세기 이후, 백제는 3세기 이후, 신라는 4세기 이후 • 왕위 세습: 특정 부(部)에서 독점 → 형제 상속 → 부자 상속 • 왕권 강화: 관등·관복 제정, 율령 반포, 불교 수용, 대외 영토 확장 • 군장은 중앙 귀족으로 편입

1 고구려

1. 건국~3세기

(1) **동명성왕(주몽, 추모왕)**1대, B.C.37~B.C.19

① 부여계 이주민과 압록강 토착민이 연합하여 건국

② 주몽 신화: 광개토대왕릉비·모두루묘지·『삼국사기』·『삼국유사』·「동명왕편」에 기록

③ 졸본 도읍지, 흘승골성(오녀산성) 축조 → 유리왕 때 국내성 천도 → 장수왕 때 평양성 천도

(2) **태조왕**6대, 53~146: 옥저 정복, 서안평 공격하여 요동 진출 시도, 계루부 고씨의 왕위 세습

(3) **고국천왕**9대, 179~197

① 5부의 행정화 5부의 부족적 성격 약화, **부자 왕위 상속 확립**: 귀족 견제 시도

② 진대법 실시: 국상 을파소가 건의, 춘대추납 봄에 빌리고 가을에 거두는 방식의 곡식 대여로 빈민을 구제

(4) **동천왕**11대, 227~248: 서안평 공격 시도 → 위의 유주자사 관구검의 공격으로 수도 함락 → 왕의 옥저 피난

> **사료더하기**
>
> 주몽 신화
> 시조 동명성왕은 성은 고씨이고, 이름은 주몽(추모)이다. … (하백이 딸 유화를) 가두었는데, 그녀에게 햇빛이 비쳤고, 그녀가 몸을 피하면 햇빛이 또한 그녀를 따라가면서 비쳤다. 이로 인하여 태기가 있어 큰 알을 낳았다. … 부여 금와왕의 일곱 왕자들은 주몽을 시기하여 없애려고 하였다. … 주몽이 강을 향하여 말했다. "나는 천제의 아들이요, 하백의 손자이다.". 졸본에 도착하여 국호를 고구려라 하고, 이에 따라 고를 성씨로 삼았다. - 『삼국유사』 -

2. 4세기~5세기(전성기)

(1) 미천왕15대, 300~331

① 서안평 점령: 요동 진출 시도

② 낙랑 · 대방 축출: 한나라 세력을 한반도에서 완전 축출하고, 대동강 유역 확보

(2) 고국원왕16대, 331~371

① 전연(선비족)과의 갈등: 요동을 둘러싸고 전연과 갈등 → 전연 모용황의 침입으로 수도 함락, 미천왕의 시신 약탈 당함

② 백제의 침입: 남진 정책 시도 → 근초고왕의 평양성 공격으로 고국원왕 전사

(3) 소수림왕17대, 371~384

• 중앙 집권 체제 강화: 불교 수용(전진의 순도가 전래, 초문사 · 이불란사 창건), 태학 설립, 율령 반포

(4) 광개토대왕19대, 391~413

① '영락' 연호: 우리나라 최초로 연호 사용

② 백제 공격(→ 아신왕의 항복, 한강 상류 차지), 신라에 침입한 가야 · 왜 연합군 격퇴(→ 금관가야 공격, 신라 내정을 간섭, 호우명 그릇), 거란 · 숙신 · 후연 · 동부여 복속(→ 만주와 요동 장악)

③ '태왕'으로 불림, 고구려 중심의 천하관 확립

(5) 장수왕20대, 413~491

① 중국과의 균형 외교: 중국 남북조 시대의 분열된 정세를 이용하여 북조(북위) · 남조와 교류

② 평양 천도427: 안학궁 건립, 남진 본격화 → 나제 동맹 체결433 → 북위 국서 사건 → 백제 공격(승려 도림의 백제 이주, 개로왕 전사, 위례성 함락475) → 한강 이남의 아산만~영일만까지 확장

③ 광개토대왕릉비와 충주 고구려비 건립

(6) 문자왕21대, 491~519: (북)부여 복속, 고구려 최대 영토 확보

개념더하기

• 호우명 그릇
  - '을묘년국강상광개토지호태왕호우십(乙卯年國岡上廣開土地好太王壺釬十)': '을묘년인 415년, 3년 전 돌아가신 국강상광개토지호태왕을 기념하여 만든 열 번째 그릇'이라는 글자가 그릇 하단에 새겨져 있음
  - 장수왕 때 제작: 중국 지안에 있는 광개토대왕릉비문과 글씨체 동일
  - 경주에서 발견: 5세기 신라와 고구려 관계사 연구의 중요한 근거 자료가 됨

호우명 그릇

• 광개토대왕릉비
  - 중국 지안, 높이 6.39m, 예서체로 된 44행 1,800여 자 기록
  - (서두) 주몽(추모)의 출생 · 건국과 광개토대왕의 일반적인 치적 기록 → (본문) 광개토대왕의 영토 확장 기록 → (말미) 무덤을 관리하는 묘지기의 출신 지역과 이름 기록
  - '신묘년 조'를 둘러싼 해석 차
    ① 정인보의 해석: '왜가 신묘년에 침입해오자, (고구려가) 바다를 건너 (왜를) 격파하였다. 그런데 백제가 (왜와 연결하여) 신라를 침략하여 그의 신민으로 삼았다.'고 주장
    ② 일본 측: '왜가 백제와 신라를 정복하여 신민으로 삼았다.'고 주장, 1900년대 초 한반도 침략의 정당성의 근거로 내세움, 임나일본부설 합리화 시도

광개토대왕릉비

- 북위 국서 사건: 백제 개로왕이 '같은 부여에서 출발한 고구려가 근초고왕 때 사건 이후 앙심을 품고 있다. 근래 30년을 괴롭히니 벌해달라'며 북위 왕에게 고구려 공격을 요청함. 이러한 백제의 요청에 대하여 북위는 고구려와의 전통적인 우호 관계를 내세워 응하지 않고 오히려 국서를 고구려에 전달함
- 충주 고구려비
  - 한반도에서 발견된 유일한 고구려비: 고구려가 남한강 유역까지 진출한 사실을 알려줌
  - "신라 토내 당주(新羅 土內 幢主)" 기록: 당주는 지방군의 지휘관을 의미, 고구려 군대가 신라 영토에 주둔했음을 알 수 있음
  - "동이 매금" 기록: 고구려 중심의 세계관이 있었기 때문에 신라를 '동이'라 부름, '매금'은 신라왕을 부르는 당시의 용어임
- 모두루총 묘지: 광개토대왕 시대의 인물인 모두루의 무덤, 묘지에 주몽 신화와 광개토대왕 관련 기록이 남아 있음

충주고구려비

사료더하기

고국원왕의 사망
왕(근초고왕)이 태자와 함께 정예군 3만 명을 거느리고 고구려에 침입하여 평양성을 공격하였다. 고구려왕 사유 필사적으로 항전하다가 화살에 맞아 사망하자, 왕이 군사를 이끌고 물러났다.

소수림왕의 불교 수용
5년에 비로소 초문사를 창건하고 순도를 머물게 하였다. 또 이불란사를 창건하고 아도를 머물게 하였다. 이것이 해동 불법(佛法)의 시작이었다.

광개토대왕의 백제 정벌
- 영락 6년에 왕이 몸소 수군을 이끌고 백잔국을 토벌하였다. … 백잔은 의리를 따르지 않고 감히 군사를 동원하여 덤볐다. 왕은 크게 노하여 아리수를 건너 선봉군을 백잔성으로 진격시켰다.
- 고구려왕 담덕이 4만 명의 군사를 거느리고 와서 북쪽 변경을 침공하여 석현성 등 10여 성을 함락시켰다. (백제) 진사왕은 담덕이 용병에 능통하다는 말을 듣고 대항하기를 회피하였다. 한수 북쪽의 여러 부락을 빼앗겼다. 겨울 10월. 고구려가 관미성을 쳐서 함락시켰다.
- (백제) 아신왕 4년, 왕이 좌장 진무 등에게 명하여 고구려를 치게 하니, 고구려왕 담덕이 직접 군사 7천 명을 거느리고 패수에 진을 치고 대항하였다. 우리 군사가 크게 패하였으니 사망자가 8천 명이었다.

광개토대왕의 신라 지원
영락 10년 왕이 보병과 기병 5만을 보내 신라를 구원하게 하였다. (고구려군이) 남거성을 거쳐 신라성에 이르니, 그곳에 왜적이 가득하였다. 고구려군이 막 도착하니 왜적이 퇴각하였다. 그 뒤를 급히 추격하여 임나가라의 종발성에 이르니 성이 곧 항복하였다. … 예전에는 신라 매금이 몸소 (고구려에 와서) 보고를 하며 명을 받든 적이 없었는데, … 신라 매금이 … 조공하였다.
― 「광개토대왕릉」 비문 ―

장수왕과 승려 도림
백제 왕 근개루는 장기와 바둑을 좋아하였는데, 도림이 고하기를 "제가 젊어서부터 바둑을 배워 꽤 묘한 수를 알게 되었으니 개로왕께 알려드리기를 원합니다."라고 하였다. … 근개루가 (도림의 말을 듣고) 나라 사람을 징발하여 흙을 쪄서 성을 쌓고 그 안에는 궁실, 누각, 정자를 지으니 모두가 웅장하고 화려하였다. 이로 말미암아 창고가 비고 백성이 곤궁하니, … 그제야 도림이 도망을 쳐 와서 그 실정을 고하니 이 왕이 기뻐하여 백제를 치려고 장수에게 군사를 나누어 주었다.

장수왕의 위례성 함락
고구려왕 거련(장수왕)이 군사 3만 명을 거느리고 와서 수도 한성을 포위했다. 백제왕이 성문을 닫고 있었다. 고구려 사람들이 군사를 4부로 나누어 협공하고 또한 성문을 태웠다. … 백제왕은 성문을 나가 도주하려 하였으나 고구려 군사가 추격하여 왕을 죽였다.
― 「삼국사기」 ―

충주 고구려비
고려 대왕의 상왕공과 신라 매금은 대대로 형제같이 지내기를 원하여 동으로 왔다. … 신라 매금이 신하와 함께 대사자 다우환노를 만났으며, 이곳에 주둔하고 있던 고구려 군대로 하여금 신라 국내의 중인(衆人)을 내지(內地)로 옮기게 하였다. … 매금의 의복을 내리고 상하에게 의복을 내리라는 교를 내리셨다.

3. 6세기~7세기

(1) 양원왕24대, 545~559: 백제와 신라의 압박으로 한강 유역 빼앗김551

(2) 영양왕26대, 590~618

① **온달**25대 평원왕의 사위 **전사**: 죽령 이북 영토 수복을 시도

② **1차 여·수 전쟁**598: 말갈과 손잡고 요서를 선제 공격 → 수 문제의 침입 격퇴

③ **2차 여·수 전쟁**612: 신라 원광의 걸사표 작성빌다 乞+군사 師+글 表, 수나라에 고구려 공격을 부탁함 → 수 양제가 113만 명을 동원하여 침입 → 요동성의 군센 저항에 부딪치자, 수가 별동대를 조직(30만 명 선발, 우중문 지휘) → 을지문덕의 활약으로 수 격퇴(우중문에게 오언시 보냄, 청천강에서 살수 대첩 승리)

④ **3·4차 여·수 전쟁 승리** 수 양제는 연이은 패전으로 왕위에서 쫓겨나고 수나라는 멸망함

⑤ 이문진의 『신집』 5권 편찬, 혜자와 담징의 도일수와 신라 견제 등을 위해 일본과의 관계 개선 시도

(3) 영류왕27대, 618~642

• **당 침입 대비**: 천리장성 축조(요동의 부여성~비사성 연결, 연개소문 주도), 대당 온건책 실시

(4) 보장왕28대, 642~668

① **연개소문의 정변**642: 보장왕을 옹립하며 대막리지에 오름 → 의자왕의 공격으로 위기에 처한 선덕여왕이 김춘추를 보내 군사 지원 요청했으나 거절, 당에 대해 강경 외교 펼침, 도교 장려(귀족 견제 목적)

② **여·당 전쟁**645: 당 태종의 침략 → 요동성·개모성·비사성 등이 함락되어 공경에 처함 → 안시성 전투 승리

③ **고구려 멸망**: 연개소문 사망665 → 연남생연개소문의 장남의 당 투항, 연정토연개소문의 동생의 신라 투항 → 나·당 연합군의 공격으로 고구려 멸망668 → 당의 안동도호부 설치(평양668 → 요동의 신성670 → 요동성676)

사료더하기

온달
출전에 즈음하여 맹세하며 말하기를, "계립현·죽령의 서쪽 지역을 우리나라로 되돌려 놓지 못한다면, 돌아오지 않겠다!"라고 하였다. … 날아오는 화살에 맞아 쓰러져 죽었다. (온달의) 장례를 치르려고 하였지만 관이 움직이지 않았다. 공주가 와서 관을 어루만지며, "죽음과 삶이 이미 결정되었으니, 아이! 돌아가시지요."라고 말하자 드디어 관을 들어서 장례를 지낼 수 있었다. 대왕(영양왕)이 이를 듣고 비통해 했다.　　　　　　　　　　　　　　　　　　　　　　　　　　　　　　　　　－『삼국사기』－

2차 여·수 전쟁
좌익위 대장군 내호아(수나라 장수)가 수백 리에 달하는 선단을 이끌고 바다를 통하여 패수로부터 들어오니, 평양과의 거리가 60리였다. … (고구려군이) 내호아와 싸우다가 거짓으로 패하는 체하였다. … 군사들이 출동하니 내호아의 수군이 대패하였다.　　－『삼국사기』－

2차 여·수 전쟁과 을지문덕의 오언시(여수장우중문시)
신묘한 계책은 천문을 꿰뚫었고 / 오묘한 꾀는 지리를 꿰뚫는구나.
싸워서 이긴 공이 이미 높았으니 / 만족할 줄 안다면 이제 그만 돌아가시구려.　　　　　　　　　－『삼국사기』－

연개소문의 도교 진흥
그가 왕에게 아뢰었다. "삼교는 솥의 발과 같아서 하나라도 없어서는 안 됩니다. 지금 유교와 불교는 모두 흥하는데 도교는 아직 번성하지 않으니, 소위 천하의 도술(道術)을 갖추었다고 할 수 없습니다. 엎드려 청하오니 당에 사신을 보내 도교를 구해 와서 나라 사람들을 가르치게 하소서."　　　　　　　　　　　　　　　　　　　　　　　　　－『삼국사기』－

고구려의 멸망
왕 25년 개소문이 죽고 그의 맏아들 남생이 부천을 대신하여 막리지가 되었다. 처음 장사를 맡아 여러 성을 순행하면서, 그의 두 아우 남건과 남산으로 하여금 조정에 남아 뒷일을 처리하게 하였다. … 남건은 스스로 막리지가 되어 남생을 토벌하였다. 남생이 국내성으로 도주하여 웅거하면서 그 아들 헌성을 보내 당 나라에 구해줄 것을 애원하였다.

2 백제

1. 건국~3세기

  (1) **온조**1대, B.C. 18~ 28

   ① 고구려계 이주민과 한강 토착민이 연합하여 건국

   ② 백제가 고구려 유이민에 의해 건국되었다는 증거: 백제 왕족의 부여씨 명칭 사용, 서울 석촌동 돌무지 무덤의 고구려 양식 계승

   ③ 위례성 도읍지 → 문주왕 때 웅진성으로 천도 → 성왕 때 사비성으로 천도

  (2) **고이왕**8대, 234~286

   ① 한강 유역의 대부분 차지, 목지국 병합, 낙랑·대방과 대립

   ② 6좌평 16관등제 마련, 공복 제정(자−비−청색), 주요 율령 반포, 남당 설치 귀족 회의 장소

2. 4세기(전성기)~5세기

4세기 백제의 대외 활동

  (1) **근초고왕**13대, 346~375

   ① **영토 확장**: 평양성 공격하고 황해도 진출(→ 고국원왕 전사), 마한 통합

   ② **외교 관계**: 남조의 동진과 국교 체결(→ 중국과의 직접 교류 확대), 가야에 대한 영향력 확대, 일본에 '칠지도' 하사, 요서 경략설(중국의 『송서』, 『양서』에 '고구려가 요동을 차지하니 백제가 요서와 진평을 차지하였다'고 기록)

   ③ 왕위의 부자 상속 확립, 고흥의 『서기』 편찬

  (2) **침류왕**15대, 384~385: 동진의 마라난타가 불교 전래

  (3) **비유왕**20대, 427~455: 장수왕의 남진 정책 견제를 위해 나·제 동맹 체결433

  (4) **개로왕**21대, 455~475: 북위 국서 사건 → 고구려 출신 승려 도림의 계략으로 무리한 토목 공사 벌임 → 장수왕의 침입으로 전사, 위례성 함락

  (5) **문주왕**22대, 475~477: 웅진성 천도 → 왕과 귀족의 갈등으로 피살

  (6) **동성왕**24대, 479~501: 금강 유역을 기반으로 한 연씨·사씨·백씨 등의 신진 세력 등용, 신라와 혼인 동맹 체결(이벌찬 비지의 딸과 혼인), 탐라국 복속

  사료더하기

  백제 건국

  오간·마려 등 10명의 신하들과 함께 남쪽으로 가니, 따르는 백성이 많았다. … 비류는 듣지 않고 백성을 나누어 미추홀에 가서 살았다. 온조는 하남 위례성에 도읍을 정하고, 국호를 십제라 하였다. … 비류의 신하와 백성들은 모두 위례성으로 돌아왔다. 나라 이름을 백제라고 고쳤다.

  고이왕

  27년, 6품 이상은 자줏빛 옷을 입고 은꽃으로 관을 장식하고, 11품 이상은 붉은 옷을 입으며, 16품 이상은 푸른 옷을 입게 하라는 명령을 내렸다.

  29년, 관리로서 뇌물을 받거나 도적질한 자는 그 세 배를 배상하며, 종신 금고형에 처하라는 명령을 내렸다.

  나·제 동맹 체결

  7년, 신라에 사신을 보내 화친을 요청하였다.

  8년 봄 2월, 신라에 사신을 파견하여 좋은 말 두 필을 보냈다. 9월에 다시 흰 매를 보냈다.

3. 6세기~7세기

(1) 무령왕 25대, 501~523

① 22담로 지방 행정 구역 설치: 왕족을 파견하여 지방 통제 강화

② 대가야 압박(→ 소백산맥을 넘어 하동 일대 장악), 중국 남조의 양에 사신 파견(→ 양직공도 중국 양나라에 온 외국 사신을 그린 그림에 기록됨), 단양이와 고안무의 일본 파견

양직공도

(2) 성왕 26대, 523~554

① 무령왕릉 축조: 벽돌로 만든 전축분

② 사비성 천도 538, 국호를 '남부여'로 변경, 중앙에 22부 설치, 지방 행정의 5부 5방제 실시

③ 불교 중흥: 전륜성왕 불교의 이상적인 왕 표방, 겸익이 인도에서 율장을 들여옴

④ 중국 남조의 양과 교류, 노리사치계가 일본에 불교를 전파

⑤ 신라(진흥왕)와 연합하여 한강 회복 551 → 신라에 한강 빼앗김 553 → 관산성 전투에서 사망

(3) 위덕왕(창왕) 27대, 554~598: 백제 금동 대향로 · 왕흥사지 사리기 · 창왕명 석조사리감 제작

(4) 무왕 30대, 600~641

① 궁남지 건설: 충남 부여, 왕실 연회 장소

② 왕권 강화를 위해 익산 천도 시도: 미륵사 창건, 미륵사지 석탑 건립, 왕궁리 조성

(5) 의자왕 31대, 641~660

① 초기: '해동증자'로 불림, 충신 성충과 흥수 등용, 대야성 포함 신라 40여 성 획득
    → 김춘추의 사위 김품석 사망

② 후기: 귀족과의 갈등, 왕자 41명의 좌평 임명, 성충과 흥수 축출

③ 백제 멸망: 황산벌 전투에서 계백의 결사대가 김유신 군대에 패배 660 → 나 · 당 연합군의 사비성 함락
    → 의자왕의 당 압송, 당의 웅진도독부 설치

사료더하기

대야성 전투
장군 윤충을 보내 군사 1만 명을 거느리고 신라의 대야성을 공격하였다. 성주 품석이 처자를 데리고 나와 항복하자 윤충이 그들을 모두 죽였다.　　　　　　　　　　　　　　　　　　　　　　　　　　　　　　　　　　　　　 -『삼국사기』-

관산성 전투
왕이 신라를 습격하기 위하여 직접 보병과 기병 50명을 거느리고 밤에 구천에 이르렀는데 신라의 복병이 나타나 그들과 싸우다가 왕이 난병들에게 살해되었다.　　　　　　　　　　　　　　　　　　　　　　　　　　 -『삼국사기』-

미륵사지 석탑 금제 사리봉안기(記)
우리 왕후께서는 좌평 사택적덕의 따님으로 … 기해년 정월 29일에 사리를 받들어 맞이하셨다. 원하오니, 우리 대왕의 수명을 산악과 같이 견고하게 하시고 치세는 천지와 함께 영구하게 하소서.

황산벌 전투
당 고종이 소정방을 대총관으로 삼아 … 성산에서 바다를 건너 나라 서쪽 덕물도에 이르자, 왕이 김유신을 보내 정예군 5만 명을 거느리고 당 군사와 합세하게 하였다. … 의자왕은 당나라와 신라 군사들이 이미 백강과 탄현을 지났다는 소식을 듣고 장군 계백을 시켜 결사대 5천 명을 거느리고 황산으로 가서 신라 군사와 싸우게 하였다.　　　　　　　　　 -『삼국사기』-

4 신라

1. 건국~5세기

(1) 박혁거세 1대, B.C.57~4 : 이주 세력과 경주의 6부 족이 연합하여 금성에서 건국

(2) 1~3세기

① 박-석-김씨 세력의 왕위 차지: 박혁거세에서 박씨 세력 기원, 석탈해(4대 탈해왕, 대장장이)에서 석씨 세력 기원, 김일시(큼빛 상사에서 태어남)에서 김씨 세력 기원

② 중앙집권화가 늦음: 동남쪽에 위치해 중국과의 교류가 늦고 가야와 왜의 잦은 침입 때문

③ 왕호 변경: 거서간(1대 박혁거세, 군장 의미) → 차차웅(2대 남해, 제사장 의미) → 이사금(3대 유리 ~16대 흘해, 연장자 의미)

(3) 내물왕 17대, 356~402

① 낙동강 동쪽의 진한 지역 차지

② 고구려와의 관계: 실성 내물왕의 조카을 인질로 보냄 → 광개토대왕의 파병으로 가야·왜 격퇴 고구려의 내정 간섭을 받음

③ 김씨의 왕위 독점, 왕호를 '마립간(대군장 의미)'으로 변경

(4) 눌지왕 19대, 417~458

① 고구려와의 관계 변화: 고구려 견제를 위해 나·제 동맹 체결 433 → 고구려 군대 축출 462

② 불교 전래: 고구려 묵호자가 전래

③ 박제상이 복호와 미사흔 눌지의 동생들을 고구려와 일본에서 귀국시킴

④ 왕위의 부자 상속 확립

(5) 소지왕 21대, 479~500

① 금성에 처음으로 시장 설치, 우역 郵驛 교통·통신 기관 설치

② 백제와 혼인 동맹 체결: 백제 동성왕과 이벌찬 비지의 딸 혼인

③ 6부의 행정화 6부의 부족적 성격 약화

> **사료더하기**
>
> **박혁거세**
> 진한 땅에는 옛날에 여섯 촌이 있었다. … 번개처럼 이상한 기운이 땅에 닿도록 비치고 있다. 그리고 흰 말 한 마리가 땅에 꿇어 앉아 절하는 형상을 하고 있었으므로 그곳을 찾아보았더니 거기에는 자줏빛 알 한 개가 있었다. 알을 깨고 어린 사내 아이를 얻으니 단정하고 아름다웠다.　　　　　　　　　　　　　　　　－『삼국유사』－
>
> **석탈해**
> 사내아이(석탈해)가 말하되, "나는 용성국 사람으로 … 붉은 용이 배를 호휘하여 여기에 다다른 것이요."라고 하였다. … 탈해가 호공의 집에 몰래 숫돌과 숯을 묻어놓고 … 이곳은 우리 조상들이 살던 집이다. 본래 대장장이었는데 … 땅을 파보면 알 것이다."라고 하였다. 과연 숫돌과 숯이 있으므로 그 집을 차지하였다.　　　　　　－『삼국유사』－
>
> **김알지**
> 탈해왕 9년(65) … 금빛 나는 조그만 궤짝이 나뭇가지에 걸려 있고 흰 닭이 아래서 울고 있었다. 사내아이가 그 속에 있었는데 … 이에 알지라 이름하고 금 궤짝에서 나왔기 때문에 성을 김이라 하였다.　　　　　　　　　　　　　－『삼국사기』－
>
> **소지왕, 백제와의 관계**
> 왕 15년, 백제왕 모대(동성왕)가 사신을 보내 혼인을 청하였다. 임금은 이벌찬 비지의 딸을 그에게 보냈다.
>
> 왕 16년 가을, 장군 실죽 등이 살수 벌에서 고구려와 싸웠으나 승리하지 못하고 퇴각하여 견아성을 지키고 있었다. 고구려 군사가 그들을 포위했다. 백제왕 모대가 군사 3천 명을 보내 포위를 뚫고 그들을 구원하였다.

2. 6세기(전성기)

(1) 지증왕22대, 500~514

① 중국화 정책: 국호 '신라', 왕호 '왕', 지방에 주·군·현 설치

② 금성에 동시市場 설치, 우경 보급, 순장 금지(토용으로 대체)

③ 우산국 정복: 하슬라주의 군주 이사부가 주도

④ 포항 중성리비와 포항 냉수리비 건립

　㉠ 포항 중성리비: 가장 오래된 비석(추정), 재산 분쟁의 판결문 형태

　㉡ 포항 냉수리비: 재산권 분쟁의 판결문 형태, 지증왕을 갈문왕으로 표기, 6부 유력자들을 왕으로 표기, 이는 당시까지 '왕과 6부 대표의 합의'에 따라 주요 문제가 처리되었음을 보여줌, 신라를 사라(斯羅)로 표기

(2) 법흥왕23대, 514~540

① 병부 설치, 율령 반포, 17관등과 관복(자−비−청−황색) 제정, 상대등 설치(→ 화백 회의 주관)

② 불교 공인: 이차돈의 순교(→ 백률사 석당기에 기록), 불교식 왕호 시작(법흥왕~진덕여왕)

③ 대가야와 혼인 동맹(가야 이뇌왕+이찬 비지배의 딸)522 → 금관가야 정복532

④ 울진 신라 봉평비 건립: 봉기 사건에 대한 처벌 기록, 17관등제·율령 기록, 신라왕을 '매금왕'이라 부름, 편입된 지방민을 노인(奴人)으로 표기

⑤ 연호 '건원'536: 신라 최초로 독자적 연호 사용

(3) 진흥왕24대, 540~576: 연호 '개국' → '대창' → '홍제'

① 한강 상류 장악551 → 단양 적성비 건립

② 한강 하류 장악553 → 신주경기도 일대에 설치한 행정 구역 설치, 관산성 전투 승리(→ 백제 성왕 전사, 김무력 주도), 북한산비 건립

③ 창녕비 건립(비화가야 정복)561 → 대가야 정복(이사부와 사다함 주도)562

④ 함흥평야 진출 → 황초령비와 마운령비 건립568

⑤ 단양 적성비: 적성 점령에 공을 세운 적성 출신 야이차 등에 대한 포상을 기록, "적성의 야이차에게 교(敎)하시기를, 옳은 일을 하는 데 힘을 쓰다가 죽게 되었으므로 이 까닭으로 이후 그의 처에게는 이로움을 허한다.", 신라의 한강 상류 지역 점령을 입증

⑥ 4개의 순수비돌 巡+정벌할 狩+비석 碑: 북한산비, 창녕비, 황초령비, 마운령비

　㉠ 북한산비: 신라의 한강 하류 지역 점령을 입증, 조선 후기 김정희가 판독

　㉡ 창녕비: 신라의 비화가야 점령을 입증, '순수관경(巡狩管境)' 비문이 없어 척경비라고도 함

　㉢ 마운령비: 신라의 함경도 지역 점령을 입증, 최남선이 판독

⑦ 국원경 설치: 충북 충주, 가야의 지배층을 이주, 경덕왕 때 중원경으로 개칭5소경 중 가장 오래됨

⑧ 거칠부의 『국사』 편찬, 품주최고 행정기관 설치, 화랑도 조직

⑨ 불교 진흥: 흥륜사와 황룡사 건립, 두 아들의 이름을 동륜·금륜이라 함, 불교 교단의 정비(국통−주통−군통 순으로 승관직 정리)

(4) 진지왕25대, 576~579: 정치적 무능을 이유로 화백 회의에서 폐위

개념더하기

- 갈문왕: 왕과 일정한 관계를 가진 신라 최고 성씨 집단의 씨족장 혹은 가계(家系)의 장에게 준 칭호, 왕에 준하는 특별한 위치에 있음
- 순수비: 진흥왕이 새로 개척한 국경 지역을 순수한 것을 기념해 각지에 세운 비석, '순수관경(巡狩管境)'이 기록되어 있음

지증왕, 지방 제도 개편
6년 봄, 왕이 직접 국내의 주와 군과 현을 정하였다. 실직주를 설치하고 이사부를 군주로 임명하였다. 군주라는 칭호는 이에 시작되었다.

지증왕, 울릉도 복속
여름 6월, 우산국이 항복해 와 해마다 토산물을 공물로 바치기로 하였다. … 땅은 사방 100리인데, 지세가 험한 것을 믿고 항복하지 않았다. 이찬 이사부가 하슬라주 군주가 되어 … 나무 사자를 많이 만들어 전선에 나누어 싣고 그 나라의 해안에 이르러 거짓으로 말하기를, "너희가 만약 항복하지 않으면 이 사나운 짐승을 풀어 밟아 죽이겠다."라고 하니, 그 나라 사람들이 두려워하며 곧 항복하였다.

포항 냉수리비
사훼부의 지도로(지증왕) 갈문왕·사덕지·자숙지, 훼부의 이부지·지심지, 본피부의 두복지, 사피부의 모사지, 이 일곱 왕 등이 함께 의논하여 교(教)하셨다. … 재물을 다 절거리로 하여금 얻게 한다는 교(教)였다. 별도로 교(教)를 내려 절거리가 만약 먼저 죽은 후에는 그 아우 사노로 하여금 이 재물을 얻게 하라고 명하였다.

울진 봉평비
별도의 교(教)에서 명령하시기를 거벌모라와 남미지는 본래 노인(奴人)이었다. … 이야은성이 실화(失火)로 성을 태워 우리 대군을 일으키게 되었다. 만약 이와 같이 한 자들은 모두 맹세하게 된다면, 사람들은 국토를 지키고 왕을 받들 수 있었을 것이다. 그런데 임무를 수행하지 못하여 이에 대노촌은 오(五)를 부담케 하고 나머지 일들은 모두 노인법에 따라 조처하라.

법흥왕, 금관가야 복속
금관국 왕 김구해가 왕비 및 그의 세 아들인 맏아들 노종, 둘째 아들 무덕, 막내아들 무력과 함께 금관국의 보물을 가지고 항복하였다. 왕이 예에 맞게 그를 대우하여 상등 직위를 주고 금관국을 그의 식읍으로 주었다. 아들 무력은 벼슬이 각간에 이르렀다.

진흥왕, 한강 하류 점령
14년, 백제의 동북 변경을 빼앗아 신주를 설치하였다. 아찬 김무력을 그곳의 군주로 임명하였다.

15년, 백제왕 명농(성왕)이 가량과 함께 와서 관산성을 공격하였다. 군주 각간인 우덕과 이찬 탐지 등이 이들과 싸웠으나 불리하게 되었다. 신주의 군주 김무력이 주병을 이끌고 와서 이들과 교전하였는데, 비장인 산년산군의 고간 도도가 재빨리 공격하여 백제왕을 죽였다.

18년, 국원을 소경으로 삼았다. … 신주를 폐지하고 북한산주를 설치하였다.

진흥왕, 대가야 복속
23년, 가야가 모반하였다. 왕은 이사부로 하여금 그들을 토벌케 하고, 사다함으로 하여금 이사부를 돕게 하였다. 사다함이 기병 5천을 거느리고 먼저 전단문으로 들어가서 흰기를 세우자, 성 사람들 전체가 두려워하여 어찌할 줄 몰랐다. 이사부가 군사를 인솔하고 그곳에 도착하니, 마침내 그 나라를 멸망시켰다.

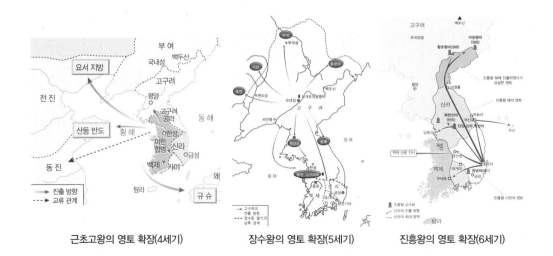

근초고왕의 영토 확장(4세기)　　　　장수왕의 영토 확장(5세기)　　　　진흥왕의 영토 확장(6세기)

3. 7세기

(1) 진평왕26대, 579~632

① 원광의 활약: 수 양제에게 걸사표 올림2차 여·수 전쟁 발발, 세속오계 제시

② 조부공물과 부역 담당 · 위화부인사 담당 · 예부교육 담당 설치

③ 진종설 제시: 왕과 왕비의 이름을 석가모니 부모와 동일하게 명명

(2) 선덕여왕27대, 632~647

① 백제와 고구려의 압박: 백제(의자왕)의 공격으로 대야성 상실642 → 김춘추의 외교 활동(고구려의 파병을 요청했으나 연개소문과 협상 실패) → 친왕 세력인 김춘추와 김유신이 비담의 난 진압647

② 분황사 건립, 자장의 건의로 황룡사 9층 목탑과 통도사 건립, 첨성대 건립

(3) 진덕여왕28대, 647~654

① 나·당 군사 동맹 체결648: 김춘추-당 태종 주도, 이후 당에 '태평송'을 올리고 당 연호로 변경

② 품주를 집사부국왕 직속의 최고 관부와 창부재정 담당로 분리

(4) 태종 무열왕29대, 654~660

① 최초의 진골 출신 왕

② 태자 책봉제 실시, 갈문왕소수의 왕족에게 부여한 칭호 제도 폐지, 집사부와 시중집사부의 장관 기능 강화, 사정부감찰 담당 설치, 중국식 시호 시작, 백제 정복660

(5) 문무왕30대, 661~680

① 삼국 통일 완성: 당의 계림도독부 설치, 백제 부흥 운동 진압663 → 당의 주선으로 취리산에서 부여융과 회맹665→ 고구려 정복668 → 나·당 전쟁 발발670 → 매소성·기벌포 전투에서 당군 격퇴676

② 통일 정책: 외사정 파견지방관 감찰, 외위제 폐지, 북원경강원 원주과 금관경경남 김해 설치, 친당적 진골 숙청

③ 수중릉(대왕암)에 묻힘: "짐은 죽은 뒤에 호국대룡(護國大龍)이 되어 불법(佛法)을 받들고 나라를 수호하고자 한다."라고 유언함

> **사료더하기**
>
> 김춘추와 김유신
> 백제 장군 윤충이 군사를 거느리고 대야성을 공격하여 점령하였다. … 백제가 대량주(합천)를 함락하자 <u>김춘추 공의 딸이 남편 김품석을 따라 죽었다.</u> 왕에게 아뢰기를, "신(김춘추)이 고구려에 가서 군사를 청해 원수를 갚고 싶습니다."라고 하니 허락했다. 김춘추가 떠나려 할 때 김유신이 말하기를, "공이 만약 가서 돌아오지 않는다면 저의 말발굽이 반드시 고구려와 백제 두 왕의 뜰을 짓밟을 것입니다."라고 하였다.
>
> 진덕여왕, 나·당 동맹 체결
> <u>김춘추가 당나라에 들어가 군사 20만을 요청해 얻고 돌아와서 김유신을 보며 말하기를,</u> "죽고 사는 것이 하늘의 뜻에 달렸는데, 살아 돌아와 다시 공과 만나게 되니 얼마나 다행입니까."라고 하였다.
>
> 문무왕의 삼국 통일
> 과인은 운수가 어지럽고 전쟁을 하여야 하는 때를 만나서 <u>서쪽(백제)을 정벌하고 북쪽(고구려)을 토벌하여 영토를 안정시켰고, 배반하는 무리(백제 부흥군)를 토벌하고 협조하는 무리(신라에 투항한 세력)를 불러들여</u> 멀고 가까운 곳을 모두 안정시켰다.

> **개념더하기**
>
> • 진종설: '진짜 종족'이라는 의미, 신라 왕실과 석가모니 집안을 동일시함
> • 외위제: 정복 지역 지배층인 지방민에게 적용한 11등급 관등제, 금성 거주민(왕경인)과 지방민에 대한 구별을 목적으로 함
> • 태평송: 진덕여왕이 당나라 고종에게 보낸 한시, 외교적 목적을 위해 당을 칭송함

1 경과

선덕여왕	백제의 대야성 점령642 → 고구려가 안시성에서 당군 격퇴645
진덕여왕	• 나·당 동맹 체결648: 김춘추–당 태종 주도, 당나라에 대동강 이북 땅의 점령을 약속 • 십자 외교 형성: 당–신라의 동서 세력 vs 돌궐–고구려–백제–왜의 남북 세력
무열왕	황산벌 전투 후 백제 멸망660 → 당의 웅진도독부 설치 → 당이 부여융의자왕의 아들을 도독에 임명663~671
문무왕	• 당의 계림도독부 설치663: 문무왕을 도독에 임명 • 나·당의 백제 부흥 운동 진압663: 백강 전투 승리 → 주류성 함락 → 임존성 함락 → 취리산 회맹 – 취리산 회맹665: 당의 강요에 따라 문무왕과 부여융이 영토를 다투지 않겠다고 맹세함 • 나·당의 고구려 멸망668 → 당의 안동도호부 설치(평양, 설인귀를 도호에 임명) • 나·당 전쟁670~676 – 백제·고구려 유민 세력과 연합하여 당에 대항 – 안승을 고구려왕에 봉함670 신라가 당 격퇴를 위해 고구려 부흥 운동 세력을 지원함 – 사비성 수복671 → 백제 사비성 지역을 소부리주로 지정하고 웅진도독부를 폐지 – 안승을 보덕국의 왕에 봉함674 – 마전·적성 전투 승리675 → 당 이근행의 군대를 매소성 전투 경기 양주에서 격파675 → 당 설인귀의 수군을 기벌포 전투 금강 하구에서 격파676

2 백제와 고구려의 부흥 운동

1. **백제 부흥 운동660~663**

   (1) 복신·도침·부여풍이 주류성충남 서천에서 봉기, 흑치상지가 임존성충남 예산에서 봉기

   (2) 부흥군의 200여 성 수복 → 내분으로 도침·복신 피살 → 백강 전투금강 하구에서 부흥군과 왜군이 나당 연합군에게 패배663 → 주류성 함락 후 흑치상지의 당 투항 → 임존성 함락 후 지수신의 고구려 투항

2. **고구려 부흥 운동**

   (1) **1차**: 검모잠·안승이 한성에서 봉기, 고연무가 오골성에서 봉기670 → 내분으로 검모잠 피살, 안승의 금마저전남 익산 이동670 → 신라가 안승을 보덕왕으로 책봉함674

   (2) **2차**: 보장왕이 요동에서 주도681 → 당에 의해 진압된 후, 유민은 요서 영주로 강제 이주함

   (3) **3차**: 걸걸중상·대조영이 요서 영주에서 봉기696 → 발해 건국698

3 삼국 통일의 역사적 평가

1. **의의**: 우리 민족 최초의 통일, 민족 문화 발전의 토대 마련, 당을 축출하여 자주성 확립

2. **한계**: 당과 연합(신채호가 「독사신론」에서 혹평), 고구려 영토의 대부분을 상실(대동강~원산만 이남에 그침)

> **사료더하기**
>
> 신채호의 삼국 통일에 대한 평가
> 다른 종족을 끌어들여 같은 종족을 멸망시키는 것은 도적을 불러들여 형제를 죽이는 것과 다를 바 없는 것이다. … 그가 우리나라뿐 아니라 중국도 통일하고 일본도 통일하며 기타 동서 여러 나라들을 빠짐없이 통일하였더라도 그 공으로 그 죄를 덮지 못하는데, 하물며 삼국 통일한 공으로 그 죄를 덮을 수 있으리오.
> – 「독사신론」 –

03 삼국의 정치 제도

1 중앙 정치 제도

1. 고구려

    (1) 총 10관등 → 14관등: 형-사자 명칭 사용, 1관등 대대로가 국사 총괄(→ 연개소문 때 막리지로 변경)

    (2) 제가 회의: 5부의 대가와 귀족이 참여, 대대로 선출 및 국가 중대사 결정

2. 백제

    (1) 총 16관등: 좌평-솔-덕 명칭 사용, 1관등 좌평 중 상좌평이 국사 총괄, 자색-비색-청색 관복 착용

    (2) 정사암 회의: 주요 귀족 참여, 상좌평 선출 및 국가 중대사 결정

    (3) 고이왕의 6좌평 설치: 내신좌평(인사와 왕명 출납, 상좌평 겸직) · 내두좌평(재정) · 내법좌평(의례) · 위사좌평(왕궁 숙위) · 조정좌평(형벌) · 병관좌평(국방)을 두고 국정 운영, 중국 주나라의 6전제 모방

    (4) 성왕의 22부 설치

3. 신라

    (1) 경위제의 총 17관등: 찬-나마 명칭 사용, 자색-비색-청색-황색 관복 착용, 상대등이 국사 총괄

    (2) 외위제의 총 11관등: 간-척 명칭 사용, 문무왕 때 폐지

    (3) 화백 회의: 주요 귀족 참여, 상대등이 주관, 만장일치로 국가 중대사 결정

    (4) 10부 설치: 병부(법흥왕) → 품주(진흥왕) → 집사부(진덕여왕) → 사정부(무열왕) 순으로 설치

> **사료더하기**
>
> 고구려의 제가 회의
> 감옥이 없고, 범죄자가 있으면 제가들이 모여서 논의하고 사형에 처하고 처자는 몰수하여 노비로 삼는다.　　　－ 『삼국지』 －
>
> 백제의 정사암 회의
> 호암사에 정사암이란 바위가 있다. 국가에서 재상을 뽑을 때 후보자 3~4명의 이름을 써서 상자에 넣어 바위 위에 두었다. 얼마 뒤에 열어 보아 이름 위에 도장이 찍혀 있는 자를 재상으로 삼았다. 이 때문에 정사암이란 이름이 생기게 되었다.
> 　　　－ 『삼국유사』 －
>
> 신라의 화백 회의
> 큰일이 있을 때에는 반드시 중의를 따른다. 이를 화백이라 부른다. 한 사람이라도 반대하면 통과하지 못하였다.
> 　　　－ 『신당서』 －

2 지방 행정 제도

구분	수도	지방	특수 행정 구역	특징
고구려	5부	5부(욕살 파견) – 성(처려근지 파견)	3경: 국내성, 평양성, 한성	행정과 군사 조직 일치: 지방관이 군대의 지휘관까지 담당
백제	5부	5방(방령 파견) – 군(군장 파견) – 성	22담로: 무령왕 설치	
신라	6부	5주(군주 파견) – 군(태수 파견) – 성	2소경: 국원경(충주, 진흥왕 설치, 경덕왕 때 중원경으로 개칭), 북소경(강릉, 선덕여왕 설치, 무열왕 폐지)	

가야

1 가야의 선립과 발전

1. **정치**: (1세기) 건국 → 연맹 왕국 단계에 그침 → (6세기) 신라에 병합

가야 연맹

(1) **전기 가야 연맹**3~4세기

① 금관가야 주도: 김해 지역을 중심으로 수로왕이 건국(구지봉 신화), 왕비 허왕후
㉠ 철과 중계 무역(낙랑, 대방, 왜와 교역)을 바탕으로 성장
㉡ 3세기 초, 신라의 도움으로 포상 8국의 난 수습

② 금관가야의 쇠퇴
㉠ 낙랑 축출로 중계 무역 쇠퇴4세기 초
㉡ 신라 압박 시도 → 오히려 광개토대왕 군대의 공격을 받아 맹주로서의 지위 상실400

(2) **후기 가야 연맹**5~6세기

① 대가야 주도
㉠ 고령 지역 중심, 철과 벼농사를 바탕으로 성장
㉡ 6세기 초 소백산맥을 넘어 호남 동부 지역까지 진출, 중국 남조에 사신 파견

② 대가야의 위기
㉠ 무령왕의 침입으로 호남 동부 지역 상실 → 법흥왕과 혼인 동맹(이찬 비지배의 딸과 혼인)522
㉡ 금관가야 멸망532: 법흥왕 시기, 구해왕 일가는 신라에 투항함
㉢ 백제 성왕과 연합하여 관산성 전투에 참여 · 패배554
㉣ 대가야 멸망562: 진흥왕 시기, 이사부와 사다함의 군대에 패함

2. **유물, 유적**

(1) **김해의 대성동 고분**: 금관가야가 조성, 덧널무덤 형태, 판 갑옷과 덩이쇠 발견

(2) **고령의 지산동 고분**: 대가야가 조성, 돌덧널무덤 형태, 대규모 순장 발견

(3) **뛰어난 철기 제작 기술**: 철제 무기와 갑옷 · 덩이쇠(철정) 제작

(4) **수레형 토기, 기마인물형 토기**: 일본 스에키 토기에 영향 줌

(5) **허황후의 파사 석탑**허황후가 아유타국에서 가져온 것으로 전해짐

> **사료더하기**
>
> 김수로의 구지봉 신화
> 이 나라에는 왕이 없어서 아홉명의 족장이 백성을 다스리고 있었다. 어느 날 북쪽 구지에서 이상한 소리로 부르는 것이 있었다. … 구간(九干)들은 '거북아 거북아, 머리를 내밀어라. 만일 내밀지 않으면 구워먹으리.'라고 노래하고 춤을 추었다. 그러자 하늘에서 금으로 만들어진 상자가 내려왔고, 그 상자에는 해처럼 둥근 황금알 여섯 개가 있었다. 알 여섯이 모두 변하여 어린아이가 되었다. … 가장 큰 알에서 태어난 수로(首露)가 왕위에 올라 금관가야를 세웠다. — 『삼국유사』 —
>
> 허왕옥
> 문득 바다의 서남쪽에서 붉은색 돛을 단 배가 붉은 기를 매달고 북쪽을 향해 오고 있었다. … "저는 아유타국의 공주인데, 부왕과 모후께서 말씀하시기를, '가락국의 왕 수로를 하늘이 내려보내서 왕위에 오르게 하였으니 … 공주를 보내서 그 배필을 삼게 하라'고 하였습니다." — 『삼국유사』 —

CHAPTER 02

남북국의 정치

01 통일 신라

1 시대 구분

구분	신라 중대	신라 하대
왕	• 무열왕29대~혜공왕36대 • 무열왕계의 왕위 세습, 전제 왕권 강화	• 선덕왕37대~경순왕56대 • 무열왕계 왕위 단절, 왕위 쟁탈전 격화 150년간 20명 교체
정치	• 집사부와 시중의 기능 강화 • 지방 통제 강화: 9주 5소경 설치	• 화백 회의와 상대등의 권한 강화 • 지방 통제력 약화 → 지방 호족의 성장
진골	왕권 강화에 따라 위축, 김흠돌 숙청	왕위 다툼 빈번, 김헌창의 난
6두품	전제 왕권에 협력: 설총, 집사부 시랑차관 담당	반신라화: 최치원, 최승우, 최언위
불교	교종 유행: 원효, 의상	풍수지리설과 선종 유행

1. **신라 중대**7세기 중~8세기

   (1) 신문왕31대, 681~692

   ① **진골 귀족 억압**: 김흠돌 세력 숙청 → 관료전 지급 → 녹읍 폐지 → 달구벌대구 천도 시도

   ② **왕권 강화 시도**: 14부중앙 관청 설치, 서원경 · 남원경 설치, 9주 5소경제 마련, 9서당 10정 설치, 국학 설립, 6두품 유학자 등용(설총 「화왕계」 올림)

   ③ 만파식적 이야기, 감은사 완공(문무왕 추모 목적)

   (2) 효소왕32대, 692~702

   ① 금성에 서시 · 남시 설치

   ② 대조영이 동모산에서 진국(발해) 건국

   (3) 성덕왕33대, 702~737

   ① 최초로 문묘공자를 모시는 사당 설치, 정전 지급

   ② 당의 요청으로 발해 공격: 대당 관계 회복, 대동강 이남 영유권 인정받음발해 무왕 시기, 추위로 인해 실패

   (4) 경덕왕35대, 742~765

   ① **한화 정책**: 국학을 태학으로 개칭, 중시를 시중으로 개칭, 지역명의 한자화

   ② 국학에 박사와 조교 파견, 불국사 · 석굴암 · 성덕대왕 신종 제작

   ③ 귀족의 요구로 녹읍 부활 ∴ 농민의 유랑화

   (5) 혜공왕36대, 765~780

   ① 대공의 난 → 96각간의 난 → 김지정의 난으로 혜공왕 피살

   ② 불국사 · 석굴암 · 성덕대왕 신종 완성

신문왕의 왕권 강화
1년, 내가 위로는 천지 신령의 도움을 받고 아래로는 종묘 영령의 보살핌을 받아, 흠돌 등의 악행이 쌓이고 가득 차자 그 음모가 탄로나게 되었다. … 이제는 이미 요망한 무리들을 숙청하여 멀고 가까운 곳에 염려할 것이 없으니, 소집하였던 병마를 돌려보내고 사방에 포고하여 이 뜻을 알게 하라.

3년, 김흠운의 딸을 부인으로 책봉하고 … 양부·사량부 여자 각 30명씩을 데리고 가서 부인을 맞아 오게 하였다.

만파식적
'왕(신문왕)'이 행차에서 돌아와 그 대나무로 피리를 만들었는데, 이 피리를 불면, 적병이 물러가고 병이 나으며, 가뭄에는 비가 오고 장마는 개며, 바람이 잦아지고 물결이 평온해졌다.
― 『삼국유사』 ―

「화왕계」
화왕(花王)에게 아름다운 장미와 지팡이를 짚고 노쇠한 백두옹(白頭翁)이 왔다. 그때 어떤 사람이 말하기를, '두 사람이 왔는데 누구를 취하고 누구를 버리시겠습니까?'라고 하였습니다. 화왕이 말하기를, '백두옹의 말에도 합당한 것이 있으나 아름다운 사람은 얻기 어려운 것이니 이를 어떻게 함이 좋겠는가?'라고 하였습니다. 백두옹이 다가가 말하기를, '저는 왕께서 총명하여 이치와 옳은 것을 알 것으로 생각하여서 왔는데, 이제 보니 그것이 아닙니다. 무릇 임금이 된 자가 사특하고 아첨하는 자를 가까이하고 정직한 사람을 멀리하지 않음이 드뭅니다.'라고 하였습니다. 화왕이 이르기를, '내가 잘못하였구나! 내가 잘못하였구나!'라고 하였다.
― 『삼국사기』 ―

경덕왕
6년 봄 정월에 중시를 시중으로 고쳤다.

6년 국학의 여러 학업 과정에 박사와 조교를 두었다.

혜공왕 시기의 정치 혼란
대공의 반란이 일어나자 왕도 및 5도·주군의 96각간이 서로 싸우게 되어 크게 어지러워졌다. … 난리는 석 달이 지나서야 그쳤다.
― 『삼국유사』 ―

이찬 김지정이 반란을 일으키고 반도를 모아 대궐을 포위하여 침범하였다. 상대등 김양상이 이찬 김경신과 함께 군사를 동원하여 지정 등을 죽였다. 왕과 왕비는 이 난리 중에 군사들에게 살해되었다.
― 『삼국사기』 ―

- 신라의 시대 구분
  - 왕실의 혈통에 따라 구분: 『삼국사기』에서 제시, 상대(성골의 즉위, 박혁거세~진덕여왕) → 중대(무열왕계의 세습, 무열왕~혜공왕) → 하대(내물왕계의 세습, 선덕왕~경순왕)
  - 왕호의 의미에 따라 구분: 『삼국유사』에서 제시, 상고(박혁거세~지증마립간, 신라 고유식 명명) → 중고(법흥왕~진덕여왕, 불교식 왕명) → 하고(무열왕~경순왕, 중국식 왕호)
- 호족
  - 지방의 군사권·징세권·행정권 장악 → '성주'·'장군'으로 불림
  - 촌주 세력(아자개)+군진 세력+해상 세력(왕건)+초적 세력 (기훤, 양길, 궁예)+군관 출신(견훤)+낙향 귀족 등
  - 선종과 풍수지리설 수용, 6두품과 결합: 새로운 사회 건설 시도
- 군진
  - 군사적 요지에 설치한 군사적 지방 행정 구역
  - 황해도 평산의 패강진, 완도의 청해진, 화성의 당성진, 강화도의 혈구진 등
  - 신라 하대에 중앙의 통제력이 약해지자 군진 세력이 호족으로 발전
- 「화왕계」: 설총이 신문왕에게 바친 우화, 이 부유함과 즐거움에만 빠지는 것을 삼가고 경계해야 하며 아첨하고 간사한 사람은 멀리하고 충신을 가까이해야 한다는 교훈을 담고 있음
- 문묘 설치: (통일 신라 성덕왕) 최초 설치 → (고려 충렬왕) 재설치 → (조선 태조) 한양에 재설치
- 한화 정책(漢化 政策): 관청 이름과 고을 이름을 중국식으로 고침, 중국식 제도를 수용하여 왕권을 강화하고자 하였으나 진골의 반발로 혜공왕 때 중단됨

2. 신라 하대8세기 후~10세기 초

(1) 선덕왕37대, 780~784: 신라 하대 시작, 내물왕 10대손인 상대등 김양상이 국왕에 오름

(2) 원성왕38대, 785~789

　① 무열왕계 김주원을 물리치고 내물왕계 김경신이 즉위

　② 독서삼품과 실시: 국학 졸업자 대상, 왕권을 뒷받침하는 관료 양성을 시도

　③ 발해(문왕)에 일길찬 백어를 사신으로 파견

(3) 헌덕왕41대, 809~825

　① 발해(정왕)에 급찬 숭정을 사신으로 파견

　② 김헌창김주원의 아들의 난822: 웅천주충남 공주 도독 출신, 장안국 표방, 연호 '경운' → 김범문의 난825

　③ 선종 승려 도의선사 귀국

(4) 흥덕왕42대, 826~836

　① 장보고의 청해진 건립: 전남 완도, 해적 소탕 후 해상 무역권 장악, 당에 견당매물사 보냄, 일본에 회역사 보냄 → 신무왕45대 왕 즉위에 도움 → 진골의 반발로 문성왕46대 왕 때 피살

　② 사치금지령 발표

(5) 진성여왕51대, 887~897

　① 원종과 애노(최초의 농민 봉기, 사벌주경북 상주), 적고적(경주 인근까지 확대), 양길(북원경강원 원주), 기훤(죽주경기 안성)의 봉기: 정부의 세금 독촉으로 전국적인 농민 봉기 발발, 이 과정에서 호족 급성장

　② 최치원: 시무 10조 건의 → 「해인사 묘길상탑지」 작성 → 골품의 한계로 인해 은둔함

　③ 각간 위홍과 대구화상의 『삼대목』 편찬: 향가집, 왕명에 따라 편찬, 현존하지 않음

(6) 효공왕52대, 897~912

　• 후백제와 후고구려 건국: 후삼국 시대 시작

(7) 경애왕55대, 924~927

　① 발해가 거란의 침입으로 멸망

　② 견훤의 금성 침입으로 경주 포석정에서 사망

(8) 경순왕927~935

　① 고려에 투항 → 금성을 식읍으로 받아 통치

　② 아들 마의태자는 경순왕의 고려 귀부에 반대 → 금강산으로 들어감

2 후삼국 시대900~936

구분	후백제900~936	후고구려901~918
건국자	견훤: 상주 출생 → 서남해 지역의 군인 → 무진주광주 점령하며 세력 확장 → 후백제 건국	궁예: 진골 출신 → 기훤의 부하 → 양길의 부하 → 왕건 집안의 지원 받으며 성장 → 후고구려 건국
성장	• 도읍지: 완산주전북 전주 • 우수한 경제력을 토대로 군사적 우위 확보 • 중국의 5대 10국인 후당 · 오월과 외교 관계 수립	• 도읍지: 송악황해도 개성 → 철원 • 국호: 후고구려 → 마진 → 태봉 • 독자적인 연호: 무태, 성책, 수덕만세, 정개 • 광평성 설치, 9관등제 실시 • 왕건이 수군을 거느리고 후백제의 금성전남 나주을 점령
한계	• 농민에게 대한 지나친 조세 부과 • 신라에 적대적(경애왕 피살), 호족 포섭에 실패	• 농민에게 지나친 조세 부과 • 미륵 신앙을 이용한 전제 정치 도모

원성왕의 즉위

이름은 경신이고, 내물의 12세손이다. … 선덕왕이 죽자 아들이 없으므로 여러 신하가 의논한 후 왕의 조카뻘 되는 주원을 왕으로 세우려 하였다. 이때 주원은 서울 북쪽 20리 되는 곳에 살았는데, 마침 큰비가 내려 알천의 물이 불어서 주원이 건널 수가 없었다. … 이에 여러 사람의 의논이 단번에 일치하여 그(김경신)를 세워 왕위를 계승하게 하였다.

김헌창의 난

헌덕왕 14년 3월, 웅천주 도독 헌창은 그 아비 주원이 앞서 왕위에 오르지 못한 것을 이유로 반란을 일으켜 국호를 장안이라 하고 연호를 경운 원년이라 하였다. 무진, 완산, 청주, 사벌주 등 4주의 도독과 국원경, 서원경, 금관경의 사신 및 여러 군현의 수령을 협박하여 자기 소속으로 삼았다. 　　　　　　　　　　　　　　　　　　　　　　　　　　　　　－ 『삼국사기』 －

장보고

궁복은 대왕(흥덕왕)을 뵙고 아뢰기를, "중국을 두루 돌아보니 우리나라 사람들을 노비로 삼고 있습니다. 청해에 진영을 설치하여 도적들이 사람을 붙잡아 서쪽으로 데려가지 못하게 하기 바랍니다."라고 하였다. … 대왕이 장보고에게 군사 1만 명을 주었다. 그 후 해상에서 우리나라 사람을 파는 자가 없었다. 　　　　　　　　　　　　　　　　　　　　　－ 『삼국사기』 －

이 엔닌은 대사(장보고)의 어진 덕을 입었기에 삼가 우러러 뵙지 않을 수 없습니다. 저는 이미 뜻한 바를 이루기 위해 당나라에 머물러 있습니다. 부족한 이 사람은 다행히 대사께서 발원하신 적산 법화원에 머물 수 있었던 것에 감사한 마음을 달리 비교해 말씀드리기가 어렵습니다. … 청해진을 경유해 본국(일본)으로 가려고 합니다. 　　　　　　　　　　－ 『입당구법순례행기』 －

흥덕왕의 사치금령조치

왕이 교지를 내려 "사람은 상하가 있고 지위는 존비가 있어서, 그에 따라 호칭이 같지 않고 의복도 다른 것이다. 그런데 풍속이 점차 경박해지고 백성들이 사치와 호화를 다투게 되어, 오직 외래 물건의 진기함을 숭상하고 도리어 토산품의 비루함을 혐오하니, 신분에 따른 예의가 거의 무시되는 지경에 빠지고 풍속이 쇠퇴하여 없어지는 데까지 이르렀다. 이에 감히 옛 법에 따라 밝은 명령을 펴는 바이니, 혹시 고의로 범하는 자가 있으면 진실로 일정한 형벌이 있을 것이다."라고 하였다. 　　　　　　　　　　　　　　　　　　　　　　　　　　　　　　　　　　　　　－ 『삼국사기』 －

진성여왕 시기의 농민 봉기

국내의 여러 주군에서 공부를 바치지 아니하여 관청의 창고가 비고 국가의 재정이 궁핍하니 왕이 사신을 보내 독촉하였다. 이로 말미암아 각지에서 도적이 봉기하였다. 이에 원종, 애노 등이 사벌주를 근거로 하여 반란을 일으켰다. 왕이 나마 영기에게 명하여 이들을 잡도록 하였으나 영기가 적진을 보고 두려워 능히 나아가지 못하였다.

도적들이 나라 서남쪽에서 일어났다. 붉은 바지를 입어 구분하였기에 사람들은 적고적이라고 불렀다. 주와 현을 도륙하고 서울(경주)의 서부 모량리까지 와서 사람들을 위협하고 노략질하고 돌아갔다. 　　　　　　　　　　　　　　　　　　　　　　　　　　－ 『삼국사기』 －

최치원

당나라 소종 황제가 중흥을 이룰 때 전쟁과 흉년 두 가지 재앙이 서쪽(당)에서 멈추어 동쪽(신라)으로 왔다. 어디고 이보다 더 나쁜 것이 없었고, 굶어 죽고 싸우다 죽은 시체가 들판에 즐비하였다. 　　　　　　　　　　－ 「해인사 묘길상탑기」 －

최치원이 서쪽에서 당나라를 섬기다가 동쪽의 고국에 돌아온 후부터 계속하여 혼란한 세상을 만나 발이 묶이고 걸핏하면 허물을 뒤집어쓰니 때를 만나지 못한 것을 스스로 가슴 아파하여 다시 관직에 나갈 뜻이 없었다. … 가야산 해인사에 은거하였다. 　　　　　　　　　　　　　　　　　　　　　　　　　　　　　　　　－ 『삼국사기』 －

장보고
- 당에서의 활동: 서주 무령군 소장에 오름, 산둥반도 적산에 법화원 설치, 일본 승려 엔닌의 귀국 지원(→ 『입당구법순례행기』에 수록)
- 신라에서의 활동: 흥덕왕 때 완도에 청해진 설치, 당과 일본에 각각 견당매물사와 회역사를 보내 중계 무역을 함, 신무왕 즉위에 개입, 장보고 딸과 왕의 혼인을 두고 진골의 반발이 커지자 문성왕 때 피살

1 발해의 성립과 발전

1. 정치 발전

(1) **고왕**1대, 698~719

    ① **발해 건국**: 당의 지배를 받던 요서 영주 지역에서 거란족 이진충이 반란을 일으킴 → 걸걸중상대조영의 아버지 · 대조영 · 걸사비우말갈족 추장 등이 고구려 유민들을 모아 영주를 탈출 → 천문령 전투만주 송화강 인근에서 당군 격퇴 → 만주 지린성 동모산에 발해 건국(연호 '천통')

    ② **국호**: 진국 → 발해(713, 당이 '발해 군왕'으로 책봉)

    ③ **돌궐과 통교**: 당 · 신라 견제 목적

(2) **무왕**2대, 719~737

    ① **연호** '인안'발해는 국초부터 독자적인 연호를 사용

    ② **영토 확장**: 북만주 일대 회복 → 흑수말갈이 당과 연결하여 발해에 저항 → 대당 정책을 두고 무왕과 갈등을 빚은 대문예무왕의 동생가 당으로 망명 → 장문휴와 수군을 파견하여 당의 등주를 공격하고 자사 위준을 살해 → 당의 요청을 받은 신라(성덕왕)가 발해 남쪽을 공격하였으나 폭설로 실패

    ③ **일본과 통교**: 당 · 신라 견제 목적, 국서에 '고구려 계승국'임을 명시

(3) **문왕**3대, 737~793

    ① **연호** '대흥' → '보력'

    ② **대당 친선 정책**: 사신 · 유학생 파견, 3성 6부제와 주자감 수용, 발해관산둥반도 등주에 위치을 통한 교류

    ③ **신라와의 관계 개선**

        ㉠ 신라도육로를 통한 교류: 동경 용원부−남경 남해부−금성 연결

        ㉡ 신라(원성왕)가 일길찬 백어를 발해에 파견

    ④ **수도 천도**: (고왕) 만주 동모산 → (?) 중경 현덕부 → (문왕) 상경 용천부 ※ 배경: 당에서 안록산의 난이 일어나 수도 뤄양이 함락당함 → (문왕) 동경 용원부 → (성왕) 상경 용천부

    ⑤ 당으로부터 '발해 국왕' 칭호를 받음, 일본에 보낸 국서에 '고려 국왕'임을 자처

    ⑥ **황제국 표방**, 강한 자주 의식 드러냄

        ㉠ 정혜공주 묘와 정효공주 묘의 묘지석: '황상' · 연호 '보력'과 '대흥' 표기

        ㉡ 일본에 보낸 국서: '천손' 표기

    ⑦ **불교 진흥**: 스스로 전륜성왕이라 일컬음

(4) **선왕**10대, 818~830

    ① **연호** '건흥'

    ② **최대 영토 확장**: 흑수부를 제외한 거의 모든 말갈 복속, 요동 장악, 신라와 국경을 맞닿음

    ③ 5경 15부 62주의 지방 제도 완비

    ④ 당으로부터 '해동성국'이라 불림

(5) **애왕**15대, ~926

    ① **발해 멸망**: 거란 야율아보기의 침략 → 거란군의 상경 용천부 함락 → 거란의 동단국 수립

    ② 세자 대광현과 발해 유민의 고려 망명: 고려 태조가 대광현에게 왕씨성 하사

    ③ **발해 부흥 운동**: 후발해−정안국−흥요국−대발해국 건국

고왕의 발해 건국

발해 말갈의 대조영은 본래 고구려의 별종이다. 고구려가 망하자, 대조영은 그 무리를 이끌고 영주로 이사하였다. 거란 이 진충이 반란을 일으키자 대조영은 말갈족장 걸사비우와 힘께 각각 무리를 이끌고 동쪽으로 망명하였다. … 대조영은 드디어 그 무리를 이끌고 동쪽 계루의 옛 땅으로 들어가 동모산에 성을 쌓고 살았다. 대조영은 용맹하고 병사 다루기를 잘하였으므로 말갈 및 고구려 유민들이 점차 그에게 들어갔다. ─『구당서』─

발해는 원래 속말말갈로서 고구려에 붙은 자로 성은 대씨이다. ─『신당서』─

무왕과 흑수말갈의 갈등

왕이 신하들을 모두 불렀을 때 누가 말하였다. "흑수가 처음에는 우리에게 길을 빌려서 당과 통했습니다. … 지금 당나라한테 관직을 청하면서 우리에게 알리지 않았으니 이것은 반드시 당과 더불어 꾀를 내서 우리를 배반하여 우리나라를 공격하려는 것입니다."고 하였다. 왕은 그의 아우 대문예와 외수 임아에게 군을 일으켜 흑수를 공격하게 하였다. ─『발해고』─

무왕의 등주 공격

• 발해 대무예(무왕)와 동생 문예가 나라에서 싸워 문예가 (당나라로) 왔다. 조서를 내려 태복경 김사란과 함께 범양ㆍ신라의 군사 10만으로 발해를 공격하도록 하였으나, 공이 없었다. 무예가 자객을 보내 동도에서 문예를 습격하게 하고, 군사를 이끌고 마도산에 이르러 성읍을 공격하였다. ─『신당서』─

• 10년 뒤에 무예가 대장 장문휴를 파견하여 해적을 거느리고 등주를 치니, 현종이 급히 문예를 파견하여 유주의 군사를 동원시켜 이를 공격하는 한편, 태복경 김사란을 사신으로 신라에 보내어 군사를 독촉하여 발해의 남부를 치게 하였다. 마침 날씨가 매우 추운데다 눈이 한 길이나 쌓여서 군사들이 태반이나 얼어 죽으니, 공을 거두지 못하고 돌아왔다. ─『신당서』─

무왕의 일본과 통교

"무예(무왕)가 아룁니다. 산하가 다른 곳이고 국토가 같지 않지만 어렴풋이 풍교도덕을 듣고 우러르는 마음이 더할 뿐입니다. … 무예는 황송스럽게도 대국을 맡아 외람되게 여러 번을 함부로 총괄하며, 고려의 옛 땅을 회복하고 부여의 습속을 가지고 있습니다. 그러나 다만 너무 멀어 길이 막히고 끊어졌습니다. 어진 이와 가까이하며 우호를 맺고 옛날의 예에 맞추어 사신을 보내어 이웃을 찾는 것이 오늘에야 비롯하게 되었습니다. 때때로 아름다운 소리를 이어받아 길이 이웃과의 우호를 돈독히 하고자 합니다."고 하였다. ─『속일본기』─

문왕, 일본의 답서

"천황은 삼가 고려 국왕에게 문안한다. … 보내 온 글을 살펴보니 갑자기 부친이 행하던 법식을 고쳐 … 천손임을 참칭하는 칭호를 써 놓았다. … 고씨의 때에는 병란이 그치지 않아 (우리) 조정의 위엄을 빌리기 위하여 그쪽에서 형제를 칭하였다. … 이제 돌아가는 사신 편에 이러한 마음을 표하고, 아울러 별도와 같이 물건을 보낸다."라고 하였다. ─『속일본기』─

문왕, 정효공주 묘지석

공주는 우리 대흥보력효감금륜성법대왕의 넷째 딸이다. … 아아, 공주는 대흥 56년 여름 6월 9일 임진일에 외제에서 사망하니 시호를 정효공주라고 하였다. … 황상은 조회를 파하고 크게 슬퍼하여, 정침에 들어가 자지 않고 음악도 중지시켰다.

• 동단국: 926~982, 발해 유민을 회유하기 위해 설립한 괴뢰 정권
• 상경성: 중국 장안성을 본뜬 계획 도시, 금성(왕 거주지)+황성(관청거리)+주작대로 등으로 구성, 온돌장치ㆍ불상ㆍ기와 등 다수 출토

2. 발해사를 둘러싼 각국의 입장 차

(1) '고구려 계승국'이라는 우리 주장

① 고구려 유민이 건국 주도, 고구려인이 지배층의 대부분을 차지

② 『구당서』기록: 대조영을 '고구려의 별종'으로 봄

③ 일본에 보낸 외교 문서 속 기록: (무왕) "고구려 옛 땅을 수복하고 부여의 풍속을 이어받았다."라고 작성 → (문왕) '고려 국왕 대흠무'라고 스스로 밝힘

④ 고구려 문화 계승: 굴식 돌방무덤(정혜공주 묘), 모줄임 천장 구조(정혜공주 묘, 정효공주 묘), 돌사자상, 온돌 장치, 연꽃무늬 기와, 치미, 이불병좌상, 흥륭사 석등 등

⑤ 동족 의식: 발해 왕자 대광현과 유민의 고려 이주

(2) '당의 지방 정권'이라는 중국 주장: 당의 3성 6부제 수용, 당의 장안성을 모방한 상경 용천의 구조(외성과 주작대로 조성), 벽돌 무덤(정효공주 묘), 정효공주 묘의 벽화 속 화풍

(3) '말갈족의 나라'라는 러시아 주장: 말갈족이 다수 차지, 일반 백성의 말갈식 흙무덤 조성, 말갈식 토기 제작

3. 발해 기록

(1) 고려 시대: 『제왕운기』(우리 역사로 최초로 인식) ※『삼국유사』: 발해를 말갈 역사로 기록

(2) 조선 후기: 『발해고』(남북국 용어 최초 사용), 『동사강목』, 『동사』, 『해동역사』, 『대동지지』, 『아방강역고』

(3) 주변국 사료: 『구당서』(중국), 『신당서』(중국), 『유취국사』(일본)

2 발해의 대외 관계

1. 통일 신라와의 관계

(1) 적대, 경쟁

① 신라(성덕왕)가 당의 요청으로 발해(무왕)에 군사 파견

② 쟁장 사건: 신라 사신과 발해 사신이 당에서 상석 다툼을 벌임

③ 등제 서열 싸움: 당 빈공과 합격자 간의 서열 경쟁, 이동과 오소도의 경쟁(1차), 최언위와 오광찬의 경쟁(2차)

(2) 교류

① 신라(원성왕) → 발해(문왕): 신라가 일길찬 백어를 발해에 파견

② 신라(헌덕왕) → 발해(정왕): 신라가 급찬 숭정을 발해에 파견

> **사료더하기**
>
> 『발해고』
> 옛날에 고씨가 북쪽 지역을 차지하여 고구려라 하였고, 부여씨가 서남 지역을 차지하여 백제라 하고, 박·석·김씨가 동남 지역을 차지하여 신라라 하였으니, 이것이 삼국이다. … 부여씨가 망하고 고씨가 망함에 이르러 김씨가 그 남쪽을 차지하고, 대씨가 그 북쪽을 차지하고 발해라 했으니, 이를 남북국이라 한다. 마땅히 남북국의 역사책이 있어야 했는데, 고려가 이를 편찬하지 않은 것은 잘못된 일이다.
>
> 신라와 발해의 외교 관계
> • 원성왕 6년 3월, 북국에 사신을 보내 빙문하였다. … 요동 땅에서 일어나 고구려의 북쪽 땅을 병합하고 신라와 서로 경계를 맞대었지만, 교빙한 일이 역사에 전하는 것이 없었다. 이때 와서 일길찬 백어를 보내 교빙하였다.
>
> • 헌덕왕 4년 9월에 급찬 숭정을 북국에 사신으로 보냈다.   — 『삼국사기』 —

구분		통일 신라	발해
중앙 정치		• 14부 　– 집사부: 최고 관부, 시중(중시)가 총괄, 국왕 직속 기관 　　으로 왕명 출납과 기밀 사무 담당, 진덕여왕 설치, 무열 　　왕 이후 세력 확대 　– 위화부 인사 담당, 이부 역할, 조부 공물과 부역 담당, 창부 재정 　　담당, 예부 교육 담당, 병부 국방 담당, 사정부 관리 감찰, 　　공장부 수공업 담당, 공부 담당 등 　– 법흥왕~신문왕 시기에 걸쳐 완성	• 3성 6부 　– 문왕의 당 제도 수용: 독자적 방식으로 운영 　– 3성: 정당성(최고 관부, 대내상 주도, 정책 집행), 선조 　　성(정책 심의), 중대성(정책 입안) 　– 6부(충·인·의·지·예·신부): 유교적 명칭 사용, 이 　　원적 운영(좌사정과 우사정이 각각 3부씩 관할) 　– 중정대: 관리 감찰 　– 문적원: 책·문서 관리, 외교 문서 작성
귀족회의		화백회의	정당성
지방 행정		• 9주: 총관(→ 도독) 파견, 아래에 군·현 설치하고 태수· 　현령 파견, 촌은 토착 세력인 촌주가 통치 • 5소경 　– 중원경(충북 충주, 진흥왕 설치), 북원경(강원 원주, 문무왕 설 　　치), 금관경(경남 김해, 문무왕 설치), 서원경(충북 청주, 신문왕 　　설치), 남원경(전남 남원, 신문왕 설치) 　– 중앙 귀족과 삼국 귀족의 이주: 수도의 편재성 보완과 　　지방민의 회유·통제 목적 • 향·부곡: 특수 행정 구역, 조세 부담 큼 • 상수리 제도: 지방 상층 향리를 금성에 머물게 함, 외사 　정과 더불어 지방 감시·견제 목적	• 5경 　– 상경 용천부: 가장 오랫동안 수도, 문왕 때 천도 　– 중경 현덕부: 용두산 고분군 위치(정효공주 묘) 　– 동경 용원부: 신라도 시작 　– 남경 남해부 　– 서경 압록부 • 15부(도독 파견, 지방 행정 중심지) → 62주(자사 파견) 　→ 100여 개 현(현승 파견) • 촌: 말갈 토착 세력(수령이라 부름)이 자치적으로 통치
군사 제도		• 9서당 맹세할 誓+기 幢: 중앙군, 신라인·고구려인·백제 　인·말갈인으로 편성, 왕권 강화와 민족 융합 목적 • 10정: 지방군, 8주에 1정씩 설치, 한주 국경 지역엔 2정 설치	10위: 중앙군, 왕궁과 수도 경비
교육기관		국학	주자감

사료더하기

신문왕의 지방 행정 개편
5년 봄에 다시 완산주를 설치하고 용원으로 총관을 삼았다. 거열주를 승격하여 청주를 설치하니 비로소 9주가 갖추어져서
대아찬 복세로 총관을 삼았다. 3월 남원소경을 설치하고 여러 주와 군의 백성들을 옮겨 살게 하였다.　　　　　－『삼국사기』－

발해의 지방 행정
그 넓이는 2,000리이고, 곳곳에 마을이 있는데, 대다수가 말갈의 마을이다. 백성은 말갈인이 많고 토인(고구려인)은 적다.
모두 토인을 촌장으로 삼는데, 큰 마을은 도독이라고 하고 그 다음 마을은 자사라 한다. 백성들은 마을의 우두머리를 수령
이라고 부른다.　　　　　－『유취국사』－

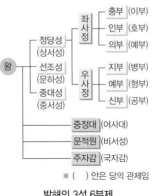

발해의 3성 6부제

통일 신라의 5소경

발해의 5경

CHAPTER 03

고대의 경제

01 경제 생활

1 농업, 수공업, 상업

1. 삼국시대

- **농업**: 철제 농기구 보급, 우경 장려, 김제 벽골제 · 제천 의림지 축조, 시비법 미비로 휴경 일반화

2. 통일 신라

(1) **농업**: 농업 생산력 증가, 흥덕왕 때 남부 지방에서 차 재배

(2) **수공업**: 신문왕 때 공장부_{관청} 설치, 방직 기술(명주 · 삼베)과 공예 기술(금 · 은 세공) 발달

(3) **상업**: (소지왕) 금성에 시장 설치 → (지증왕) 동시_{시장} · 동시전_{감독 관청} 설치 → (효소왕) 서시 · 남시 설치

3. 발해

(1) **농업**: 밭농사 중심, 목축업 활발(돼지 · 말 · 소 · 양 등 사육, 솔빈부의 말 유명)

(2) **수공업**: 금속 공업(철 · 구리 · 금 · 은 등)과 방직 기술(명주 · 삼베) 발달, 발해 삼채_{도자기} 제작

2 무역

1. 삼국 시대

고구려는 남북조 · 유목 민족과 교류, 백제는 남조 · 왜와 교류, 신라는 당항성을 통해 중국과 직접 교역

2. 통일 신라

(1) **통일 신라와 당**

① 공무역과 사무역 발달: 견직물 · 금은 세공품 수출, 비단 · 서적 · 귀금속 수입_{주로 귀족 사치품}

② 울산항 번성: 최대 무역항, 이슬람 상인까지 왕래

③ 청해진 번성: 전남 완도, 장보고가 서남해안의 해상 교통을 장악하고 당 · 일본과의 중계 무역 장악

④ 신라촌_{마을}, 신라원_{사찰}, 신라소_{관청}, 신라관_{여관} 형성: 산둥반도와 화이어 하류에 위치

(2) **통일 신라와 일본**: 8세기 이후 교류 증가, 신라도_칼 · 원효와 의상의 불교 전래

(3) **통일 신라와 서역**: 울산항에 왕래, 향료 · 모직물 · 유리그릇 수입, 흥덕왕의 사치금지령 발표

3. 발해

(1) **발해와 당**: 산둥 반도에 발해관 운영, 5도 중 영주도_{육로}와 조공도_{바닷길} 이용, 솔빈부의 말 수출

(2) **발해와 일본**: 당과 신라 견제를 위해 무왕 때부터 교류, 5도 중 일본도를 통해 왕래

1. 수취 제도

구분	삼국 시대	통일 신라
조세	• (고구려) 조 징수: 上·中·下戶 고려 → 1섬·7말·5말을 차등 부과 • (고구려) 인두세 징수: 1년에 5섬과 5필 부과	• 생산량의 1/10 징수: 결부제 적용 • 인두세 폐지
공납	현물 징수	현물 징수: 촌 단위
역	(백제) 15세 이상의 남자 동원왕궁·성 등을 쌓음	16세 이상~60세 미만의 양인 남자(정남) 동원

2. 통일 신라의 민정 문서(촌락 문서)

(1) 작성

① 서원경청주 근처의 4개 촌락(사해점촌, 살하지촌 등)에 대한 문서

② 조세 수취와 노동력 징발의 기준을 설정하기 위한 목적

③ 촌주가 작성: 매년 조사하고 3년마다 작성

④ 제작 시기를 둘러싼 다양한 설 존재: 효소왕 또는 경덕왕 또는 헌덕왕

민정 문서

(2) 발경 장소

일본 도다이사 쇼소인(정창원)에서 1933년에 발견

(3) 조사 대상

① 촌락 단위로 호구·인구 변동 내용·토지의 종류와 면적·과실 수·가축 수 등에 대해 기록

② 호구: 9등급(상상호~하하호)으로 구분

③ 인구: 남녀를 성별에 따라 각각 6등급(평민, 노비5.4% 차지, 어린이, 노인 포함)으로 구분

④ 토지

㉠ 내시령답: 중앙 관료인 내시령에게 분급된 토지, 녹읍 또는 관료전으로 봄

㉡ 관모답: 관아의 경비 충당 목적으로 분급된 토지

㉢ 마전: 촌락 공유지, 주민들이 공동으로 마을 경작하여 공납으로 납부하는 토지

㉣ 촌주위답: 촌주가 국가의 역을 수행한 대가로 지급 받은 토지

㉤ 연수유답: 농민이 소유한 토지(민전), 즉 성덕왕 때 지급된 정전으로 봄, 전체 토지의 97% 차지

> **사료더하기**
>
> 민정 문서
> 본 고을 사해점촌은 넓이가 5,725보이다. 호수는 모두 11호이다. 사람 수는 모두 147명이다.
> 정(丁) 29명[노(奴) 1명 포함], 조자(助子) 7명(노 1명 포함), 추자(追子) 12명, 소자(小子) 10명이며, 3년 사이에 태어난 소자 5명, 제공(除公) 1명이다.
> 여자는 정녀(丁女) 42명[비(婢) 5명 포함], 조여자 9명, 소여자 8명이며, 3년간에 태어난 소여자 8명(비 1명 포함), 제모(除母) 2명, 노모(老母) 1명 등이다. 3년 사이에 이사 온 사람은 둘인데, 추자 1명, 소자 1명이다.
> 논은 전부 102결 2부 4속인데, 관모전이 4결, 내시령답이 4결, 연수유답이 94결 2부 4속이며 그중 촌주가 그 직위로 받은 논이 19결 70부가 포함되어 있다.
> 호두나무는 모두 112그루이고, 3년 사이에 심은 것이 38그루, 전부터 있던 것이 74그루이다.

1. 토지 종류

(1) **녹읍**: 신라~고려 초에 존재, 관직 복무 대가로 '읍(邑)'을 지급, 수조권조세 징수권과 노동력 징발권 인정

(2) **식읍**: 삼국~조선 초(세조 폐지)에 존재, 왕족·공신에게 '읍(邑)'이나 '일정량의 호'를 지급, 수조권과 노동력 징발권 인정, 원칙적으로는 세습 금지

(3) **관료전**: 관직 복무 대가로 토지를 지급, 수조권만 인정

2. 토지 제도의 변화

(1) **통일 전에 녹읍 지급**

(2) **신문왕의 관료전 지급 후 녹읍 폐지**: 왕권 강화와 귀족의 경제적 기반 약화 목적

(3) **성덕왕의 정전 지급**: 농민에 대한 지배력 강화 목적

(4) **경덕왕의 녹읍 부활**: 귀족의 반발 때문

사료더하기

식읍

금관국의 왕 김구해가 왕비와 세 명의 아들, 즉 큰아들 노종, 둘째 아들 무덕, 막내 아들 무력을 데리고 나라의 창고에 있던 보물을 가지고 와서 항복하였다. 왕이 예로써 대접하고 상등의 벼슬을 주었으며, 본국을 식읍으로 삼게 하였다. 아들인 무력은 벼슬이 각간에 이르렀다.　　　　　　　　　　　　　　　　　　　　　　　　　　　　　－『삼국사기』－

경순왕의 고려 투항과 식읍

"외롭고 위태로움이 이와 같아 형세가 (나라를) 보전할 수 없다. 이미 강해질 수 없고 또 약해질 수도 없으니, 잘못 없는 백성들의 간과 뇌장이 땅에 쏟아지듯 참혹하게 죽게 하는 일은 내가 차마 할 수 없다." 시랑 김봉휴에게 서신을 가지고 가서 태조에게 항복하기를 청하게 하였다.

11월에 태조가 왕의 편지를 받고 대상 왕철 등을 보내 그를 맞았다. 왕은 모든 관료를 거느리고 왕도에서 출발하여 태조에게 귀순하는데, 구경하는 사람들이 담장 같이 늘어섰다. 태조가 교외로 나와 맞이하고 위로하며 궁궐 동쪽의 제일 좋은 거처 한 곳을 내려 주고, 맏딸 낙랑공주를 그에게 시집보냈다.

12월에 왕을 정승공으로 봉하여 지위가 태자보다 위에 있게 하고, 봉록 1,000석을 주었다. 시종하던 관원과 장수들을 모두 채용하였으며, 신라를 고쳐 경주라 하고 공(公)의 식읍으로 삼았다.　　　　　　　　　　　－『삼국사기』－

토지 제도의 변화

신문왕 7년(687): 5월에 문무 관료전을 지급하되 차등을 두었다.
신문왕 9년(689): 1월에 내외관의 녹읍을 혁파하고 매년 조를 내리되 차등이 있게 하여 이로써 영원한 법식으로 삼았다.
성덕왕 21년(722): 8월에 처음으로 백성에게 정전을 지급하였다.
경덕왕 16년(757): 3월에 여러 내외관의 월봉을 없애고 다시 녹읍을 나누어 주었다.
소성왕 원년(799): 3월에 청주 거로현을 국학생의 녹읍으로 삼았다.　　　　　　　　　　　－『삼국사기』－

CHAPTER 04 고대의 사회

01 신분 제도

1. 삼국 시대

(1) **연맹 왕국**: 고구려의 가(加)/신라의 간(干)군장 − 부여의 호민/고구려의 좌식층부유층 − 하호농민 − 노비

(2) **중앙 집권 국가**

① 귀족

㉠ 주요 관직 독점, 율령 제정으로 특권 보장, 녹읍 · 식읍 · 전장개인 소유의 농장 · 노비 소유

㉡ 신라의 골품제: 지배층 내에 별도 신분제 운영

② 평민

㉠ 대부분 농민: 자영농(수확량의 1/10을 조세로 납부)+소작농(수확량의 1/2을 지주에게 납부)

㉡ 조세 · 공납 · 역 부담

㉢ 평민 보호를 위한 구휼 제도: 고구려의 진대법(춘대추납 방식), 백제의 좌관대식기 목간

③ 노비

㉠ 매매 · 상속 · 증여의 대상+조세 · 공납 · 역의 부담 無

㉡ 노비의 종류: 전쟁 노비, 부채 노비, 형벌 노비

㉢ 노비의 변화: (삼국 시대) 전쟁 노비 위주 → (통일 이후) 부채 노비 위주

2. 통일 신라: 향 · 부곡의 성립(특수 행정 구역, 일반 촌민보다 조세 부담 큼)

3. 발해

(1) **지배층**: 고구려계(왕족 대씨와 귀족 고씨 등) > 말갈계

(2) **피지배층**: 고구려계 < 말갈계(말갈계 수령에 의해 통치)

> **사료더하기**
>
> 귀족과 농민
> 고구려의 대가들은 경작지하지 않고, 먹는 자(좌식자)가 1만 명이나 되며, 하호(평민)는 먼 곳에서 쌀, 낟알, 물고기, 소금 등을 져서 날라다 대가에게 공급하였다.
> − 『삼국지』 −

> **개념더하기**
>
> • 호민 · 좌식층: 족장의 명을 받아 읍락의 하호를 지배하는 세력
> • 좌관대식기 목간: 2008년 부여에서 발견, 좌관직의 관리가 백성에게 30~50%의 이자를 받고 곡식을 빌려줬음이 기록 되어 있음

1. 고구려

(1) 사회 기풍: 산간 지역에 위치해 식량 부족 → 대외 정복 활동 활발 → 상무적 기풍 형성, 부경 설치

(2) 엄격한 법률: 반역자·반란자는 화형 후 참형, 그 가족은 노비, 항복자·패전자·살인자는 사형, 절도자는 12배 배상

(3) 지배층

① 계루부: 주몽 집단, 태조왕부터 왕위 독점, 고씨

② 절노부(연나부): 2~3세기에 왕비 배출(고국천왕의 우씨 왕후), 우씨와 명림씨

③ 소노부(연노부): 전왕족, 해씨

④ 관나부: 동천왕과 중천왕의 소후 배출, 중천왕 시기 왕비와 관나 부인이 갈등 빚음

⑤ 대가(상가, 고추가): 5부의 부족장과 유력가에게 부여한 지위·관등, 제가 회의 참여, 사자·조의·선인 등의 관리를 거느림, 자신의 지역을 독자적으로 통치하였으나 왕권 강화로 점차 독자성 상실

2. 백제

(1) 사회 기풍: 고구려와 비슷, 상무적 기풍 형성, 중국과 교류로 선진 문물을 일찍 수용

(2) 엄격한 법률: 반역자·패전자·살인자는 사형, 절도자는 2배 배상과 귀양, 뇌물·횡령 관리는 3배 배상과 종신 금고

(3) 지배층

① 왕족 부여씨와 8성의 귀족[해씨·진씨·목씨·국씨·사씨(사택씨)·연씨·협씨·백씨]

② 사씨, 연씨: 동성왕 때 신진 세력으로 성장

3. 신라

(1) 화랑도(풍월도, 국선도)

① 기원: 씨족 사회의 청소년 집단 → 진흥왕 때 원화제 실시 → 진흥왕 때 화랑도 조직

② 조직: 화랑(진골 1인, 미륵보살의 화신으로 인식)+낭도(다수의 귀족~평민으로 구성)

③ 활동: 전통적 사회 규범 학습, 산천 숭배, 전쟁에 관한 교육, 협동과 단결심 함양

④ 김유신의 용화향도 대표적

⑤ 진평왕 때 원광법사의 세속 5계: 사군이충, 사친이효, 붕우유신, 임전무퇴, 살생유택

⑥ 최치원의 「난랑비 서문」: 유·불·도 3교가 화랑 사상의 바탕을 이루고 있음을 알 수 있음

(2) 골품제

① 골품에 따라 관등의 상한선 규정: 진골은 1관등 이벌찬까지, 6두품은 6관등 아찬까지, 5두품은 10관등 대나마까지, 4두품은 12관등 대사까지 승진 가능

② 골품에 따른 승진 한계는 중위제로 보완: 4중 아찬, 9중 대나마, 7중 나마

③ 개인의 생활까지 규제: 가옥 규모, 장식물, 복색, 수레 크기 제한

④ (초기) 왕경인과 소경인으로 국한 → (통일 과정) 외위제 폐지하고 지방민 포함, 3두품 이하는 평민화 됨

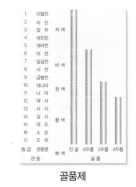

골품제

⑤ 성골: 왕족, 진덕여왕을 끝으로 단절

⑥ 진골: 왕족, 무열왕 이후에 왕위 계승

   ㉠ 5관등 이상의 고위직 독점: 상대등 · 중시 · 각 부의 령(令)장관 독점, 자색 · 비색 · 청색 · 황색 공복 가능

   ㉡ 민족 융합을 위해 김유신계(금관가야 왕족)와 안승(고구려 왕족)을 진골에 편입

⑦ 6두품: 대족장 후예, '득난'으로 불림

   ㉠ 6관등 아찬까지만 승진 가능: 자색 공복 불가능, 주로 학문과 종교 분야에서 활약

   ㉡ 설계두: 진평왕, "신라는 골품에 따라 사람을 가려 쓴다."라고 한탄하며 당으로 이주

사료더하기

고구려의 엄격한 법률

중천왕 4년, 관나부인은 얼굴이 아름다워 왕이 사랑하였다. 왕이 총애하여 장차 소후(小后)로 삼으려 하였는데, 왕후 연씨는 그가 왕의 사랑을 독차지할 것을 걱정하여 위나라에 진상하자고 하였다. 관나부인이 이 말을 듣고 해가 미칠까 겁을 내어 거꾸로 왕에게 왕후를 참소하였다. 왕이 거짓임을 알고 노하여 부인을 가죽주머니에 넣어 바다에 던지게 하였다.

원화제

봄에 비로소 원화를 받들었다. … 마침내 남모와 준정이라는 미녀 2명을 뽑았는데 무리 300여 명을 모았다. 두 여자가 아름다움을 서로 시기하여 다투었는데, 준정이 남모를 자기 집에 유인하여 억지로 술을 권하여 취하게 하여 끌고 가 강물에 던져 죽였다. 준정이 사형에 처해지자 무리들은 화목을 잃고 흩어지고 말았다.

화랑도

• 진지왕 대에 흥륜사에 진자라는 승려가 있었다. 그는 항상 미륵상 앞에 나아가 맹세하기를, "원컨대 부처님께서 화랑으로 변해 세상에 출현하셔서 일이 잘되도록 도와주소서."라고 하였다. … 꿈에 한 승려가 나타나 말했다. "웅천의 수원사에 가면 미륵선화를 볼 수 있으리라." … 이에 진자는 소년을 가마에 태우고 들어가서 왕께 보여 드리니, 왕은 그를 공경하고 사랑하여 받들어 국선으로 삼았다.   – 『삼국유사』 –

• 원광이 귀산 등에게 말하기를 "세속에도 5계가 있으니, 첫째는 충성으로써 임금을 섬기는 것, 둘째는 효도로써 어버이를 섬기는 것, 셋째는 신의로써 벗을 사귀는 것, 넷째는 싸움에 임하여 물러서지 않는 것, 다섯째는 생명 있는 것을 죽이되 가려서 한다는 것이다. 그대들은 이를 실행함에 소홀하지 말라."라고 하였다.   – 『삼국사기』 –

• 김유신 공의 나이 15세에 화랑이 되었는데, 당시 사람들이 아주 잘 따랐으며 용화향도라고 불렀다.   – 『삼국사기』 –

• 최치원은 「난랑비」 서문에서 다음과 같이 말하였다. 나라에 현묘한 도(道)가 있으니, 풍류라고 한다. 가르침의 근원은 곧 삼교(三敎)를 포함하여 뭇 백성을 교화하는 것이다. 효를 행하고 나라에 충성하는 것이 노나라 사구(공자)의 가르침이요, 자연 그대로 일하면서 말없이 가르침을 실천하는 것이 주나라 주사(노자)의 근본이요, 모든 악을 만들지 말고 선을 행하는 것이 축건 태자(석가모니)의 가르침이다.   – 『삼국사기』 –

골품제

4두품에서 백성에 이르기까지는 방의 길이와 너비가 15자를 넘지 못하고 느릅나무를 쓰지 못하며, 우물천장을 시설하지 못하고 … 금 · 은 · 유석 · 동랍으로 장식하지 못한다. 담장은 6자를 넘지 못하고, 또한 들보를 가설하지 못하며 석회도 바르지 못한다. 대문과 사방문은 만들지 못하며, 마구간은 말 2마리를 넣을 수 있게 한다.   – 『삼국사기』 –

골품제의 모순

설계두는 신라 귀족 가문의 자손이다. 일찍이 친구 네 사람과 술을 마시며 각기 그 뜻을 말할 때 "신라는 사람을 쓰는 데 골품을 따져서 그 족속이 아니면 비록 뛰어난 재주와 큰 공이 있어도 한도를 넘지 못한다. 나는 중국에 가서 출중한 지략을 발휘하고 비상한 공을 세워 화를 누리며, 높은 관직에 어울리는 칼을 차고 천자 곁에 출입하기를 원한다."라고 하다.

개념더하기

• 원화제: 화랑 이전의 신라 청소년 단체로, 300~400명으로 구성, 단체를 이끄는 원화는 남모와 준정이라는 여자가 맡았음

• 신라의 공복: 자색(1관등 이벌찬~5관등 대아찬), 비색(6관등 아찬~9관등 급벌찬), 청색(10관등 대나마~11관등 나마), 황색(12관등 대사~17관등 조위)

1. 통일 신라

(1) 중대

① **민족 통합 시도**: 백제와 고구려 옛 지배층에게 관등 부여, 9서당에 백제와 고구려 유민 포함

② **귀족의 호화 생활**: 금입택과 사절유택에서 거주, 농장 소유 → 흥덕왕의 사치금지령 발표

③ **6두품의 성장**: 학문적 식견과 실무 능력 바탕으로 국왕의 개혁 보좌

ㄱ 강수: 무열왕·문무왕, 한문 실력이 뛰어나 「청방인문표」·「답설인귀서」 외교 문서 작성

ㄴ 설총: 이두 정리, 신문왕에게 「화왕계」 올림

(2) 하대

① **지방 호족의 성장**

② **6두품의 반신라화**: 도당유학생·빈공과 합격자의 다수 차지

ㄱ 최치원: 당 유학(빈공과 합격) → 당에서 관리 생활(「토황소격문」 작성) → 귀국 후 진성여왕에게 시무 10조 건의 → 「해인사 묘길상탑지」 작성 → 은둔 생활

ㄴ 최승우: 당에서 귀국 후 후백제에 귀화, 「대견훤기고려왕서」 작성

ㄷ 최언위: 당에서 귀국 후 고려에 귀화, 「대고려왕답견훤서」 작성

③ **농민 봉기 빈번**: 진성여왕, 원종과 애노(최초 봉기, 사벌주경북 상주), 적고적(경주 인근까지 확대), 양길(북원경강원 원주), 기훤(죽주경기 안성) 등이 정부의 조세 독촉에 반발하여 봉기

2. 발해

(1) 상층 사회: 당 유학 → 빈공과 응시, 신라인과 수석을 다투기도 함

(2) 하층 사회: 고구려나 말갈 사회의 전통적인 생활 모습 유지

사료더하기

강수
태종대왕이 즉위하자 당의 사신이 와서 조서를 전했는데, 그 가운데 해독하기 어려운 부분이 있었다. 왕이 그를 불러 물으니, 그가 왕 앞에서 한번 보고는 설명하고 해석하는데 의심스럽거나 막히는 데가 없었다. 왕이 성명을 묻자, "신은 본래 임나가량 사람이며 이름은 우두입니다."라고 하였다.　　　　　　　　　　－「삼국사기」－

개념더하기

• 「청방인문표」: 당에 인질로 가 있던 무열왕의 아들 김인문의 석방을 요청하는 글
• 「답설인귀서」: 당나라의 행군총관 설인귀의 서신에 대한 답서, 강수의 글로 추정됨
• 최치원의 글
　– 「토황소격문」: 당나라에서 일어난 황소의 난을 치기 위하여 지은 격문
　– 「계원필경」: 당에서 쓴 시와 산문 모음집, 현존 최고 문집
　– 「제왕연대력」: 중국과 신라 제왕의 계보와 연표 수록 추정
　– 「해인사 묘길상탑지」: 진성여왕 시기의 혼란상이 기록, '어디고 이보다 더 나쁜 것이 없었고, 굶어 죽고 싸우다 죽은 시체가 들판에 즐비하였다.'라고 기록
　– 「난랑비 서문」: 신라의 대표적 화랑이었던 난랑을 위해 쓴 글, 화랑도가 유·불·도 3교를 따랐음을 기록
　– 「4산비명」: 왕명을 받아 4곳의 산에 있는 쌍계사 진감선사탑비·성주사 낭혜화상탑비·봉암사 지증대사탑비·숭복사탑비의 글을 지음
• 「대견훤기고려왕서」: 최승우가 후백제 견훤을 대신하여 927년에 고려 왕건에게 보낸 글, 고려와 신라가 연합하여 후백제를 치는 것에 대한 부당함을 호소
• 「대고려왕답견훤서」: 「대견훤기고려왕서」를 받고 고려왕을 대신해 견훤에게 답하는 글

CHAPTER 05

고대의 문화

01 불교

1 삼국 시대의 불교

1. 삼국 시대 불교의 특징

(1) 왕실 불교

① 중앙집권화와 왕권 강화를 위해 불교 수용

② 신라: 진종설 제시, 왕즉불 사상, 법흥왕~진덕여왕의 불교식 왕명

(2) 귀족 불교: 인과응보설에 근거한 업설 · 윤회설 주장 → 귀족의 특권 옹호

(3) 미륵 신앙 유행

① 불교를 통해 현세의 고통과 재앙에서 벗어나고자 함

② 백제의 미륵사 창건, 신라의 화랑도 조직, 삼국의 미륵보살 반가사유상 제작

(4) 호국 불교

① 장수왕과 도림의 이야기도림은 개로왕이 바둑을 좋아하는 점을 이용해 친분을 쌓고 국정을 혼란케 했다고 함

② 진흥왕: 불교 교단 정비(국통 – 주통 – 군통으로 승관직 정비), 고구려에서 온 혜량을 국통으로 삼음, 팔관회와 인왕백고좌회백좌강회 개최

2. 나라별

고구려	• (소수림왕) 중국 전진의 순도가 불교를 전수함 → (5세기) 묵호자가 신라에 불교 전파 • 삼론종 발달, 혜자와 담징의 일본 이주 7세기, 수와 신라 견제 등을 위해 일본과의 관계 개선 시도 • 보덕: 열반종 창시, 연개소문의 불교 억압책으로 인해 백제로 망명
백제	• (침류왕) 중국 동진에서 마라난타가 건너와 불교를 전수함 → (성왕) 노리사치계를 일본에 보내 불교 전파 • 겸익: 성왕, 인도에서 율장을 들여와 율종 발달 • 노리사치계: 성왕, 일본에 불교(불상과 불경) 전파
신라	• (눌지왕) 고구려로부터 불교 수용 → (법흥왕) 이차돈의 순교로 불교를 공인함 • 원광: 진평왕, 수나라에 걸사표 바침 수나라에 고구려 공격을 부탁 → 2차 여 · 수 전쟁 발발, 세속 5계 작성 • 자장: 선덕여왕, 당 유학 후 대국통에 오름, 계율종 창시, 통도사 건립, 황룡사 9층 목탑 제안

> **개념더하기**
>
> • 진종설: '진짜 종족'이라는 의미, 신라 왕실과 석가모니 집안을 동일시함
>   – 진흥왕의 아들 이름을 동륜, 금륜이라 함 / 진평왕과 왕비의 이름을 백정과 마야부인(석가모니의 부모 이름)으로 함
> • 인왕백고좌회: 세상이 어지럽거나 나라가 위태로울 때 고승을 모시고 연 법회
> • 율종과 계율종: 계는 불교도가 지켜야 할 규범이며, 율은 불교 교단의 규칙으로 출가자(승려)의 규범
> • 통도사: 우리나라 삼보 사찰 중 불보사찰, 대웅전 뒤편에 마련된 금강계단('계'는 불자가 지켜야 할 생활규범+'단'은 의식을 진행하기 위해 높이 쌓아올린 곳)에 부처의 진신사리를 모시고 있음, 고려 시대에 12개의 장생표를 설치

2 통일 신라의 불교

1. 신라 중대: 교종 중심

(1) 교종: 경전 연구 중심

- 교종 5교 성립: 보덕의 열반종(전주 경복사), 자장의 계율종(양산 통도사), 원효의 법성종(경주 분황사), 의상의 화엄종(영주 부석사), 진표의 법상종(김제 금산사)

(2) 대표 승려와 업적

원효	• 6두품 출신, 당 유학 × • 일심(一心) 사상: '모든 것은 사람의 마음에 기초하고 있고, 마음이 모든 존재의 근거'라는 사상, 일체유심조 • 화쟁(和諍) 사상(원융 회통 사상): 여러 종파의 대립 융화, 삼국의 불교 종파 간 대립 해소 시도 → 의천과 지눌 사상에 영향, 우리나라 통합 불교의 전통 마련 • 무애(無碍) 사상: 요석공주(무열왕의 딸)와 결혼하여 설총을 낳은 후 속인의 옷으로 갈아입고 보잘 것 없는 사람이란 의미로 소성거사라 칭함, 무애가 제작 • 정토종 보급: 아미타 신앙 기반, "나무아미타불"을 염불하면 내세에 서방 정토에 태어난다는 내세적 신앙관 제시, 불교의 대중화 기여 • 『대승기신론소』, 『금강삼매경론』, 『십문화쟁론』 등 저술: 경주 분황사에서 저작 활동 • 법성종 창시

의상	• 진골 출신, 당 유학(지엄의 문하에서 화엄 사상 연구)
	• 화엄종 개창
	  – 일즉다 다즉일(一卽多 多卽一): '모든 존재가 상호 의존적인 관계에 있으면서 서로 조화를 이루고 있다'는 사상, 삼국 통일 직후에 사회 통합 기여
	  – 『화엄일승법계도』에서 화엄 사상의 요지를 210자로 축약
	• 관음 신앙: "관세음보살"을 염불하면 현세의 고통에서 벗어날 수 있다는 현세적 신앙관 제시, 불교의 대중화 기여
	• 부석사 창건: 경북 영주, 다양한 계층 출신의 제자 양성
	• 선묘 이야기, 문무왕과의 일화(성곽 공사 중단 건의, 왕의 토지와 노비 하사를 사절)

원측	당 현장의 문하에서 유식 불교 연구 → 법상종 성립 기여

혜초	『왕오천축국전』 집필
	  – 바닷길과 비단길을 이용해 인도와 중앙아시아 순례
	  – 인도와 중앙아시아 지역의 불교, 정치, 풍속, 기후 등의 정보 기록
	  – 현재 프랑스 국립도서관에 소장

2. 신라 하대: 선종 발달

전파	• 호족의 지원을 얻어 지방에 선종 9산 성립 • 가지산파: 9산 중 최초로 설립, 도의선사가 조직, 전남 장흥 기반 • 수미산파: 9산 중 마지막으로 설립, 이엄이 조직, 황해도 해주 기반 (왕건의 후원 받음)	
특징	• 실천적: 참선 수행을 통한 깨달음 강조 → 승탑 건립 • 개혁적: 기존 교종의 권위에 도전	
핵심 교리	• 견성오도: '인간의 본성을 바라보면 곧 진리를 깨친다.' • 교외별전: '말이나 문자를 쓰지 않고, 마음에서 마음으로 진리를 전한다.' • 불립문자: '불교의 깨달음은 문자로 설명할 수 없다.' • 이심전심: '(스승의) 마음에서 (제자의) 마음으로 뜻이 전해진다.'	

자장과 황룡사 9층 목탑

신인이 묻기를, "너희 나라는 어떤 어려움이 있는가?"라고 하였다. 자장이 말하기를, "우리나라는 북쪽으로는 말갈과 닿아 있고 남쪽으로는 왜국을 접하고 있고 고구려와 백제, 두 나라가 번갈아 변경을 침범하여 이웃 나라의 침략이 그칠 줄 모르니, 이것이 백성의 근심거리입니다."라고 하였다. … 신인이 말하였다. "황룡사의 호법룡이 내 큰아들인데, 범왕의 명을 받아 이 절에 와서 호위하고 있으니 본국으로 돌아가 9층탑을 절 안에 세우면 이웃 나라가 항복하고 9한(九韓)이 와서 조공하여 왕조가 길이길이 편안할 것이오."라고 하였다.

― 『삼국유사』 ―

원효의 일심 사상

크다고 말하고자 하니 속이 없는 곳에 들어가도 남음이 없고, 작다고 말하고자 하니 밖이 없는 것을 감싸고도 남음이 있다. 있다고 하자니 비어 있고, 없다고 하자니 만물이 다 이것을 타고 태어난다. 이것을 무엇이라 이름을 붙일 수 없으므로 억지로 대승이라 한다. … 이 논(論)을 지어서 … 도를 닦는 자에게 온갖 경계를 없애 '일심(一心)'으로 되돌아가게 하고자 한다.

― 『대승기신론소』 ―

원효의 정토 신앙 보급

원효는 이미 계를 범하고 설총을 낳은 후로는 속인의 옷으로 바꾸어 입고, 스스로 소성거사라 일컬었다. 우연히 광대들이 놀리는 큰 박을 얻었는데 그 모양이 괴이했다. 그 모양대로 도구를 만들어 화엄경의 "일체 무애인은 한 길로 생사를 벗어난다."란 문구에서 따서 이름 지어 무애라 하며 곧 노래를 지어 세상에 퍼뜨렸다. 일찍이 이것을 가지고 많은 촌락에서 노래하고 춤추며 교화하고 음영하여 돌아왔으므로, 가난하고 무지몽매한 무리들까지도 모두 부처의 호를 알게 되었고, 모두 '나무아미타불'을 부르게 되었으니 원효의 법화는 컸던 것이다.

― 『삼국유사』 ―

의상의 화엄 사상

하나 가운데 일체의 만물이 다 들어 있고, 만물 속에는 하나가 자리 잡고 있으니, 하나가 곧 일체이며, 한 작은 티끌 속에 시장이 있는 것이요, 한 찰나가 곧 영원이다. 양에 있어서 셀 수 없이 많은 것이지만 그것은 실은 하나이며, 공간은 시방으로 너르게 되어 있지만 그것은 실은 하나이며, 공간은 시방으로 너르게 되어 있지만 그것이 한 작은 티끌 속에 포함되어 있으며, 시간에 있어서 영원한 것도 한 찰나이다.

― 『화엄일승법계도』 ―

의상과 문무왕

문무왕이 도성을 새롭게 짓고자 하니, 의상이 말하기를 "비록 궁벽한 시골의 띳집에 있다고 해도 바른 도를 행하면 복된 일이 오래갈 것이고, 만일 그렇지 못하면 사람을 수고롭게 하여 성을 쌓을지라도 아무 이익이 없을 것입니다." 하니, 왕이 곧 그 성을 쌓는 것을 그만두었다.

혜초의 '왕오천축국'

한 달 뒤에 구시나국에 도착하였다. 석가가 열반에 드신 곳이다. 부처님이 열반하신 곳에 탑을 세웠는데 한 스님이 그곳을 깨끗이 청소하고 있었다. … 그때 여행하면서 느낀 감정을 오언시로 읊었다.

내 나라는 하늘 끝 북쪽에 있고, 다른 나라는 땅끝 서쪽에 있네.
해가 뜬 남쪽에 기러기가 없으니 누가 계림(鷄林)으로 나를 위해 소식을 전할까.

도의선사

장경(821~824) 초기 도의가 서쪽으로 바다를 건너 중국에 가서 서당지장의 심오한 법력을 보고 지혜의 광명을 지장선사에게 배워 돌아왔으니, (선종의) 현묘한 뜻을 최초로 말한 사람이다. … 흥덕왕께서 왕위를 계승하시고 선강태자께서 감무를 하시게 됨에 이르러, 사악한 것을 제거하여 나라를 바르게 다스리고, 선(善)을 즐겨 왕가의 생활을 기름지게 하였다. … 중원에서 득도하고는 돌아오지 않거나 득법(得法)한 뒤에 돌아왔는데, 그중에서 거두(巨頭)가 된 사람을 손꼽아 셀 만하다.

― 최치원, 「지증대사탑비」 ―

- 무애 사상: 어디에도 걸림이 없는 일체의 자유에 대한 사상
- 무애가: 불교 교리를 쉽게 풀어 누구나 부를 수 있게 만든 노래
- 정토 사상: 누구나 염불하면 높은 학문과 지식 없이도 정토(불교의 이상사회)에서 왕생할 수 있다는 생각
- 선묘 이야기: 의상대사가 당나라에 유학할 때 선묘라는 여인이 그를 연모함. 하지만 마음을 표현하지 못하고 결국 의상대사가 신라로 돌아오게 되자 선묘는 바다로 뛰어들었고, 용이 되어 의상의 배가 신라에 무사히 도착하도록 도움. 그 후 의상이 절을 창건하기 위해 부석사 터를 찾았을 때 사악한 무리들이 방해를 하자 용이 된 선묘가 나타나 큰 바위를 들어 공중에서 빙빙 돌리는 기적으로 보여줌. 덕분에 의상은 부석사를 창건할 수 있었음

1. 불상

금동 연가7년명
여래 입상(고구려)

서산 마애 여래 삼존불(백제)
백제의 미소로 불림

경주 배동
석조여래삼존입상(신라)

금동 미륵보살
반가사유상(삼국) 국보 83호

석굴암 본존불
(신라 중대)

철원 도피안사 철조 비로자나불 좌상
(신라 하대) 신라 말부터 철불 제작

이불병좌상(발해)
두만강 유역에서만 발견, 고구려 문화 계승의 흔적

2. 범종

(1) **상원사종**: 통일 신라 성덕왕, 현존 최고(最古)

(2) **성덕대왕 신종(봉덕사종, 에밀레종)**: 통일 신라 경덕왕~혜공왕, 아름다운 소리와 비천상으로 유명

3. 백제의 사리 장치

(1) **창왕명 석조 사리감**감실 龕: 창왕, '창왕의 여자 형제인 공주가 사리를 공양했다'고 기록

(2) **왕흥사지 출토 사리기**그릇 器: 창왕, '창왕이 죽은 왕자를 위해 사찰을 세웠다'고 기록

(3) **미륵사지석탑 사리장엄구와 사리봉안기**기록 記: 무왕, 사택 왕후의 발원으로 조성되었음을 기록

4. 사찰

(1) **미륵사**: 백제 무왕, 3탑3금당 가람 양식(서탑 현존), 전북 익산

(2) **감은사**: 통일 신라 신문왕이 문무왕을 추모하며 건립, 쌍탑식 가람 양식, 경북 경주

(3) **불국사**: 통일 신라 경덕왕~헌덕왕, 김대성이 현생의 부모를 위해 건립, 불국토의 이상을 구현, 청운교 · 백운교 배치, 쌍탑식 가람 양식(다보탑, 불국사 3층 석탑), 경주 토함산

(4) **석굴암**: 통일 신라 경덕왕~헌덕왕, 김대성이 전생의 부모를 위해 건립, 인공 석굴사원, 본존불상을 중심으로 보살상 · 나한상 · 인왕상 배치, 경주 토함산

5. 탑: 목탑 → 석탑

(1) 고구려: 주로 목탑 건립, 현존하지 않음

(2) 백제

① 익산 미륵사지 석탑: 무왕, 현존 최고(最古), 목탑 양식 유지, 동탑과 서탑으로 구성(서탑 현존), 2009
년에 금동제 사리장엄구와 사리봉안기 記 발견

② 부여 정림사지 5층 석탑「대당평백제국비명」에 기록

(3) 신라

① 경주 황룡사 9층 목탑: 선덕여왕 때 자장이 건립 제안, 백제 장인 아비지 참여, 몽골 3차 침입 때 소실

② 경주 분황사 모전 석탑: 선덕여왕 ※ 모전 석탑: 돌을 벽돌 모양으로 다듬어 쌓은 탑

(4) 신라 중대

① 경주 감은사지 3층 석탑, 경주 불국사 3층 석탑무구정광대다라니경 발견: 이중 기단의 3층 양식이 전형적임

② 경주 불국사 다보탑, 구례 화엄사 4사자 3층 석탑: 이형(異形) 양식

③ 보은 법주사 쌍사자 석등

(5) 신라 하대

① 양양 진전사지 3층 석탑: 탑신과 기단에 부조로 불상 조각

② 선종의 영향으로 승탑승려의 사리 보관 제작

　　㉠ 진전사지 승탑: 석탑형, 현존 최고(最古)

　　㉡ 흥법사지 염거화상탑, 쌍봉사 철감선사 승탑: 팔각원당형

(6) 발해

· **영광탑**-전탑벽돌탑 양식

익산 미륵사지 석탑(백제)

경주 분황사 모전 석탑(신라)

불국사 3층 석탑(신라 중대)

구례 화엄사
4사자 3층 석탑(신라 중대)

보은 법주사
쌍사자 석등(신라 중대)

양양 진전사지
3층 석탑(신라 하대)

흥법사지
염거화상탑(신라 하대)

영광탑(발해)

1. 유학: 정치 이념화 ×

(1) 고구려

　① 태학 설립: 수도 / 소수림왕 때 설립, 귀족 자제 대상

　② 경당 설립: 지방 / 5세기에 설립, 유학과 무술 교육 실시

(2) 백제: 5경 박사 · 의박사 · 역박사를 두어 유학과 기술 교육 담당

(3) 신라

　• 임신서기석: "임신년에 두 사람이 함께 맹세하기를, 시경, 상서, 예기, 춘추 좌씨전을 3년 안에 차례로 습득하기를 맹세하다."라고 기록

(4) 통일 신라

　① 국학 설립

　　㉠ 하급 귀족 자제 대상: 주로 6두품 대상, 15~30세, 10관등 대나마와 11관등 나마에 이르면 졸업

　　㉡ 교육 기간 9년, 『논어』와 『효경』 등 교육

　　㉢ (신문왕) 설립 → (경덕왕) 박사와 조교 파견, 태학감으로 개칭 → (혜공왕) 국학으로 개칭

　　㉣ 국학 활성화를 위한 노력: (원성왕) 독서삼품과 실시, (소성왕) 청주 거로현을 녹읍으로 지정

　② 독서삼품과 실시: 원성왕, 국학 졸업자를 대상으로 유교 경전의 이해 정도를 상 · 중 · 하품으로 구분하여 관리 채용, 왕권을 뒷받침하는 관료 양성 시도

　③ 도당 유학생: 주로 6두품, 당의 빈공과 응시, 김운경 · 최치원 · 최승우 · 최언위 등

　④ 김대문: 진골, 『고승전』 · 『화랑세기』 · 『한산기』 등 저술 (현존하지 않음), 신라 문화를 주체적으로 파악

(5) 발해

　① 주자감 설립: 문왕, 유교 교육 담당

　② 문적원 설립: 유교 경전과 역사서 관리

　③ 도당 유학생: 당의 빈공과 응시, 신라인과 빈공과 합격자 간에 서열 경쟁을 벌임, 이동과 오소도의 경쟁(1차), 최언위와 오광찬의 경쟁(2차)

　④ 정혜 · 정효공주 묘지석: 4 · 6 변려체

　⑤ 양태사의 시: 일본에 사신으로 파견, 고향의 그리움 기록

> **사료더하기**
>
> **경당**
> (고구려의) 사람들은 학문을 좋아하여 마을 궁벽한 곳의 보잘것없는 집에 이르기까지 또한 (학문에) 부지런히 힘써서 거리 모서리마다 큰 집을 짓고 경당이라고 부르는데, 경전을 읽으며 활쏘기를 연습한다. 　　　　－ 『신당서』 －
>
> **국학**
> 박사나 조교 1인이 『예기』, 『주역』, 『논어』, 『효경』을 가르치고, … 모든 학생은 관등이 대사 이하로부터 관등이 없는 자이며, 나이는 15세로부터 30세까지 모두 이를 충족하다. 9년을 기한으로 하되, … 재주와 그릇됨이 성취할 만하되 미숙한 자는 9년을 넘어도 재학하게 하여, 관등이 대나마나 나마에 이른 다음에 내보낸다. 　　　　－ 『삼국사기』 －
>
> **독서삼품과**
> 자옥을 양근현의 소수로 삼으니, 집사사 모초가 논박하여 말하기를, "자옥은 문적(국학)으로 등용되지 않았으니 지방 관직을 맡길 수 없습니다."라고 하였다. 시중이 의논하여 말하기를, "비록 문적으로 등용되지는 않았지만 일찍이 당나라에 들어가 학생이 되었으니 역시 써도 좋지 않겠습니까?"라고 하였다. 왕은 이에 따랐다.

2. 역사서

(1) **고구려**: 『유기』 100권 → 이문진의 『신집』 5권(영양왕)

(2) **백제**: 고흥이 『서기』(근초고왕)

(3) **신라**: 거칠부의 『국사』(진흥왕)

(4) **통일 신라**: 김대문의 『화랑세기』와 『고승전』, 최치원의 『제왕연대력』_{신라사 연표}

3. 도교

(1) **산천 숭배와 신선 사상**_{무위자연, 불로장생}**의 결합, 귀족 사회에서 유행**

(2) **고구려**: 사신도(주작, 현무, 청룡, 백호), 연개소문의 도교 장려(당으로부터 공식 수용, 도사 입국, 귀족 억압 목적)

(3) **백제**: 산수무늬 벽돌, 무령왕릉 지석(매지권 기록), 금동대향로(도교의 봉황과 봉래산과 불교의 연꽃 표현, 부여 능산리 고분군에서 출토), 사택지적비(의자왕 시기, 지난 세월의 덧없음과 무위자연의 삶을 추구하는 내용 수록)

(4) **신라**: 화랑도[최치원이 「난랑비 서문」에서 '유·불·도의 현묘한 도'를 풍류도(화랑도)라고 기록]

사신도[현무도](고구려)   산수무늬 벽돌(백제)   금동대향로(백제)

> **사료더하기**
>
> 무령왕릉 지석
> 을사년 8월 12일 영동대장군 백제 사마왕은 전(錢) 1만 문(文)으로 매주인 토왕, 토백, 토부모, 상하 2,000석 이상의 여러 관리에게 문의하여 신지를 매입해서 능묘를 만들었기에 문서를 작성하여 명확한 증험으로 삼는다.
>
> 사택지적비
> 갑인년 정월 9월 나지성의 사택지적은 몸이 날로 쉬이 가고 달로 쉽게 돌아오기 어려움을 한탄하고 슬퍼하여, 금을 뚫어 진귀한 집을 세우고 옥을 깎아 보배로운 탑을 세우니, 그 높디높은 한 자애로운 모습은 신령스런 빛을 토하여 구름을 보내는 듯하고 …

> **개념더하기**
>
> 부여의 문화유산
> 능산리 고분군, 금동대향로, 창왕명 석조 사리감, 왕흥사지 출토 사리기, 정림사지 5층 석탑, 궁남지, 산수무늬 벽돌

4. 풍수지리설

(1) **신라 말 도선에 의해 당으로부터 전래**

(2) **영향**: 중앙 정부의 권위 약화 초래, 호족의 지원받음, 송악 길지설 등장

5. 밀교: 신라 말, 민간 사회에서 유행, 질병 구제나 자식 출산 혹은 침략자 격퇴 등 기원(현세구복적)

1. 고분 형태

(1) **돌무지 무덤**: 피라미드 형식, 벽화 없음, 도굴 가능성 높음, 고구려의 초기 무덤과 백제의 한성 시대 무덤

(2) **굴식 돌방무덤**: 1개 이상의 돌방 조성하여 벽화 제작, 도굴 가능성 높음

(3) **돌무지 덧널무덤**: 벽화 없음, 도굴 가능성 낮음, 신라에서만 조성

굴식 돌방무덤

돌무지 덧널무덤

2. 나라별 고분

고구려	• 초기의 돌무지 무덤: 장군총 • 3세기 말~5세기 초의 굴식 돌방무덤: 모줄임 천장, 생활상 위주의 벽화 제작, 덕흥리 고분의 견우직녀도, 안악 3호분의 대행렬도, 각저총의 씨름도, 무용총의 무용도와 수렵도, 쌍영총의 기사도, 수산리 고분의 시녀도 • 6세기 중~7세기 초의 굴식 돌방무덤: 모줄임 천장, 사신도 위주의 벽화 제작, 강서대묘 · 진파리 4호분 · 오회분 4호묘
백제	• 한성 시대의 돌무지 무덤: 고구려의 영향을 받음, 서울 석촌동 고분군 • 웅진 시대의 굴식 돌방무덤: 공주 송산리 1~5호분 • 웅진 시대의 벽돌 무덤(전축분): 중국 양나라의 영향, 송산리 6호분(사신도) · 송산리 7호분(무령왕릉) • 사비 시대의 굴식 돌방무덤: 사신도 제작, 부여 능산리 고분군(금동대향로 출토)
신라 · 통일 신라	• 5~6세기의 돌무지 덧널무덤: 벽화 無, 부장품 다수 출토, 경주 대릉원에 위치, 호우총의 호우명 그릇, 천마총의 천마도, 황남대총의 금관, 서봉총의 금관, 대체로 마립간 시기에 조성 • 6세기 말 이후 굴식 돌방무덤: 어숙묘(신라 최초로 벽화 제작, 경북 영주), 김유신묘 · 성덕대왕릉 · 괘릉(둘레돌에 12지 신상 조각) • 통일기에 와서 불교의 영향으로 화장이 유행: 문무왕의 수중릉
가야	3세기의 덧널무덤 → 4~5세기의 돌덧널 무덤
발해	• 육정산 고분군: 만주 동모산에 위치, 정혜공주 묘(고구려식 굴식 돌방무덤, 고구려식 모줄임 천장, 돌사자상 출토, 4 · 6 변려체의 비문) • 용두산 고분군: 중경 현덕부에 위치, 정효공주 묘(중국식 벽돌 무덤, 고구려식 모줄임 천장, 당풍의 인물 벽화, 4 · 6 변려체의 비문)

3. 무령왕릉

(1) **충남 공주, 웅진 시대에 조성**

(2) **무령왕과 왕비의 합장 능**

(3) **지석 출토**: 무령왕을 '영동대장군 백제사마왕'으로 기록, 매지권 기록(토지신에게 무덤 터를 매입하는 증서, 도교 영향)

(4) **벽돌 무덤**: 중국 남조 양의 영향, 연꽃무늬 벽돌 장식 사용, 벽화 無

(5) **1971년 송산리 고분군의 배수로 공사 중 미도굴 상태에서 발견**: 진묘수(무덤을 지키는 상상 속의 동물) · 오수전(중국 양의 동전) · 금제 관식 · 일본 금송으로 제작한 관 등 다양한 유물 출토

1. 고대

(1) 고구려: 안학궁(장수왕, 평양), 천문도와 별자리 그림(조선의 천상열차분야지도에 영향), 왕산악의 거문고

(2) 백제: 풍납토성과 몽촌토성(서울), 공산성(충남 공주), 부소산성(충남 부여), 왕궁리 유적(전북 익산)

(3) 가야: 뛰어난 철기 제작 기술(철제 무기와 갑옷·덩이쇠), 수레형 토기와 기마인물형 토기, 허황후의 파사 석탑, 우륵의 가야금(진흥왕 때 신라에 투항, 이후 충주로 이주)

(4) 신라: 첨성대(선덕여왕), 기마인물형 토기, 위홍과 대구화상의 『삼대목』(향가집, 진성여왕, 현존 ×)

2. 통신 신라와 발해

(1) 통일 신라

① 무구정광대다라니경 : 불국사 3층 석탑에서 발견, 현존 최고의 목판 인쇄물

② 월지(안압지로 불림, 문무왕, 귀족의 화려한 생활 반영), 김생의 글씨, 솔거의 그림

(2) 발해

① 고구려 문화 계승: 굴식 돌방무덤(정혜공주 묘), 모줄임 천장 구조(정혜공주 묘, 정효공주 묘), 돌사자상, 온돌 장치, 연꽃무늬 기와, 치미, 이불병좌상, 흥륭사 석등

② 당 문화 수용: 상경 용천부 구조(외성과 주작대로), 발해 삼채, 영광탑(벽돌탑), 벽돌무덤(정효공주 묘)

돌사자상

이불병좌상

영광탑

06. 대외 문화 교류

1. 일본과의 교류 증거

(1) **고구려**: 혜자(영양왕, 쇼토쿠 태자의 스승), 담징(영양왕, 종이와 먹의 제조법 전수, 호류사의 금당 벽화 제작), 혜관(삼론종 전파), 다카마쓰 고분 벽화(고구려의 수산리 고분 벽화와 흡사)에 영향

(2) **백제**

① 일본 문화에 가장 크게 기여

② 아직기(근초고왕, 일본 태자에게 한자 교육), 왕인(근초고왕설 또는 근구수왕설, 『천자문』·『논어』 전래), 단양이와 고안무(무령왕, 5경 박사 출신으로 유학 보급), 노리사치계(성왕, 불상과 불경 전파)

③ 호류사 백제 관음상, 호류사 5층 목탑_{정림사지 5층 석탑과 유사}, 고류사 목조 미륵보살 반가 사유상, 칠지도, 일탑일금당식의 백제 가람 양식 전래, 아스카 문화 성립에 기여

칠지도

(3) **가야**: 스에키 토기에 영향을 줌

(4) **신라**: 7세기부터 본격 교류_{백제와 일본을 단절시키기 위한 목적}, 조선술과 축제술 전파, '한인의 연못'

(5) **통일 신라**: 원효·의상·강수·설총의 학문이 전파, 하쿠호 문화 성립에 기여

(6) **발해**: 양태사·왕효렴(일본에 다녀옴)

> **개념더하기**
>
> - 칠지도
>   - 60여 자 기록: "백제 임금과 그 아들이 태○ 4년에 백 번 담금질한 쇠로 칠지도를 만들어 일본 임금에게 선물하다."
>   - 제작 시기를 둘러싼 논란: 근초고왕 시기 제작설(가장 우세)
>   - 현재 일본 이소노카미 신궁 소장
>   - 의의: 당시 백제의 제철 기술의 높은 수준 증명, 4세기 후반 백제와 일본의 친선 관계 증명
> - 일탑일금당형: 탑을 1기만 조성하는 형식, 문–탑–금당–강당을 일직선상에 차례로 세움, 백제에서 완성되어 일본의 사찰 건립에 영향을 줌

2. 서역·북방과의 교류 증거

(1) **고구려**: 아프라시아브 궁전 벽화(조우관 쓴 관리 그림, 우즈베키스탄), 각저총 벽화의 서역인 모습

(2) **가야**: 청동 솥, 호랑이 모양 띠고리

(3) **신라**: 경주 계림로 보검, 고분 속 유리 제품_{사산 왕조 페르시아에서 제작됨}

(4) **통일 신라**: 서역 상인의 울산항 왕래, 원성왕릉과 흥덕왕릉의 서역인 닮은 무인석

(5) **발해**: 중앙 아시아의 소그드 은화, 네스토리우스교(경교)의 십자가

MEMO

I wish you the best of luck!

개념확인

빈칸 채우기

01 (　　　)왕은 낙랑군을 점령하고 한 군현 세력을 몰아내었다. 　　　22 국가직 9급

02 (　　　)왕은 군사 5만 명을 보내어 가야와 왜의 침입에 시달리던 신라를 도와주었다. 　　　18 국가직 9급

03 (　　　)왕 때 을지문덕은 수나라의 군대를 살수에서 격퇴하였다. 　　　21 지방직 9급

04 (　　　)왕은 남으로 마한을 통합하였다. 　　　21 법원직 9급

05 무령왕은 (　　　)에 왕족을 파견하여 지방에 대한 통제를 강화하였다. 　　　21 경찰 1차

06 (　　　)왕 때 노리사치계가 일본에 불경과 불상을 전하였다. 　　　21 국가직 9급

07 (　　　)왕 때 처음으로 시장과 우역을 설치하였다. 　　　22 계리직

08 (　　　)왕 때 대가야를 정복하여 가야 연맹을 해체시켰다. 　　　22 법원직 9급

09 (　　　)왕 때 김춘추는 당나라와 동맹을 체결하였다. 　　　21 지방직 9급

10 헌덕왕 때 (　　　)은/는 웅주를 근거지로 반란을 일으켜 장안(長安)이라는 나라를 세웠다. 　　　17 지방직 9급

11 (　　　)은/는 국호를 태봉, 연호를 수덕만세로 정하였다. 　　　22 계리직

12 (　　　)왕은 장문휴를 시켜 당의 등주를 공격하였다. 　　　22 국가직 9급

13 (　　　)왕은 전륜성왕을 자처하고 황상이라는 칭호를 사용하였다. 　　　18 서울시 9급

14 (　　　)은/는 진평왕 때 수나라에 군사를 청하는 글을 지어 바쳤다. 　　　21 지방직 9급

선택하기

15 백제 성왕은 중앙 관청을 (14, 22)개로 확대하고, 수도와 지방을 (5부 5부, 5부 5방, 6부 5주)(으)로 정비하였다. 　　　17 지방직 9급

16 통일 신라는 (사정부, 중정대)를 두어 관리를 감찰하였다. 　　　17 지방직 9급

17 신라 촌락문서는 인구를 연령에 따라 (6, 9)등급으로 나누어 파악하였다. 　　　16 지방직 9급

18 신라에서 자색 공복을 착용할 수 있는 세력은 (진골, 진골과 6두품)에 한정되었다. 　　　17 국가직 9급

19 (호우총, 쌍영총, 무용총, 각저총, 천마총)에는 고분 벽화가 남아 있다. 　　　22 계리직

정답확인

01 미천　**02** 광개토대　**03** 영양　**04** 근초고　**05** 담로　**06** 성　**07** 소지　**08** 진흥　**09** 진덕여　**10** 김헌창　**11** 궁예
12 무　**13** 문　**14** 원광　**15** 22, 5부 5방　**16** 사정부　**17** 6　**18** 진골　**19** 쌍영총, 무용총, 각저총

01
① 제시문은 광개토대왕릉비의 내용으로 밑줄 친 ㉠을 통해 신라에 침입한 가야, 백제, 왜의 침입을 내물왕의 요청으로 격퇴하여 신라가 고구려 영향 아래 놓이게 되었다는 사실을 알 수 있다.

오답의 이유
② 백제 근초고왕은 고구려의 평양성을 공격하여 · 고국원왕을 전사시켰다 (371).
③ 백제 성왕은 신라 진흥왕과 연합하여 한강 유역을 되찾았지만 진흥왕의 배신으로 백제 점령지를 상실하자 신라와 관산성 전투를 벌였다(554).
④ 금관가야 중심의 전기 가야 연맹이 성립된 때는 3세기이다.

01 밑줄 친 ㉠의 결과에 해당하는 사실로 옳은 것은? 18 국가직 9급

> (영락) 6년 병신(丙申)에 왕이 직접 수군을 이끌고 백제를 토벌하였다. (백제왕이) 우리 왕에게 항복하면서 "지금 이후로는 영원히 노객(奴客)이 되겠습니다."라고 맹세하였다. …(중략)… ㉠ 10년 경자(庚子)에 왕이 보병과 기병 5만 명을 보내어 신라를 구원하게 하였다.

① 고구려가 신라 내정간섭을 강화하였다.
② 백제가 고구려의 평양성을 공격하였다.
③ 신라가 관산성 전투에서 백제 성왕을 살해하였다.
④ 금관가야가 가야 지역의 중심 세력으로 대두하였다.

02
ㄹ. 6세기 지증왕 때 주군현의 제도를 정비하였고 현재 강원도 삼척 지역에 실직주를 두었다.
ㄷ. 6세기 법흥왕은 병부를 설치하고 율령을 반포하는 등 통치 질서를 확립해 왕권을 강화하였다.
ㄱ. 대가야를 정복한 것은 6세기 진흥왕 때의 일이다.
ㄴ. 황룡사 9층 목탑은 7세기 선덕여왕 때 자장의 건의로 만들어졌다.

02 신라의 발전 과정에 대한 사실들을 시대순으로 바르게 나열한 것은?

21 계리직

> ㄱ. 고령의 대가야를 병합하여 영토를 확장하였다.
> ㄴ. 호국의 염원을 담아 황룡사 9층 목탑을 세웠다.
> ㄷ. 행정기관인 병부(兵部)를 설치하여 왕권을 강화하였다.
> ㄹ. 주군현(州郡縣)의 제도를 정하고 실직주(悉直州)를 두었다.

① ㄷ - ㄹ - ㄱ - ㄴ
② ㄷ - ㄹ - ㄴ - ㄱ
③ ㄹ - ㄷ - ㄱ - ㄴ
④ ㄹ - ㄷ - ㄴ - ㄱ

정답 01 ① 02 ③

03 밑줄 친 '그'에 대한 설명으로 옳은 것은?

22 지방직 9급

> 이날 소정방이 부총관 김인문 등과 함께 기벌포에 도착하여 백제 군사와 마주쳤다. …(중략)… 소정방이 신라군이 늦게 왔다는 이유로 군문에서 신라 독군 김문영의 목을 베고자 하니, 그가 군사들 앞에 나아가 "황산 전투를 보지도 않고 늦게 온 것을 이유로 우리를 죄주려 하는구나. 죄도 없이 치욕을 당할 수는 없으니, 결단코 먼저 당나라 군사와 결전을 한 후에 백제를 쳐야겠다."라고 말하였다.

① 살수에서 수의 군대를 물리쳤다.
② 김춘추의 신라 왕위 계승을 지원하였다.
③ 청해진을 설치하고 해상 무역을 전개하였다.
④ 대가야를 정벌하여 낙동강 유역을 확보하였다.

04 (가)~(라)의 시기에 해당하는 백제 역사에 대한 설명으로 옳지 않은 것은?

16 국가직 9급

| (가) | (나) | (다) | (라) |

기원전
18년 건국

475년
웅진 천도

538년
사비 천도

660년
사비성 함락

665년
문무왕과
회맹

① (가) – 관등제를 정비하고 공복제를 도입하는 등 국가 통치 체제의 근간을 마련하였다.
② (나) – 남쪽의 마한 잔여 세력을 정복하고, 수군을 정비하여 요서 지방까지 진출하였다.
③ (다) – 신라와 연합하여 한강 유역 일부 지역을 수복했으나 얼마 후 신라에게 빼앗겼다.
④ (라) – 복신과 도침 등이 주류성에서 군사를 일으켜 사비성의 당나라 군대를 공격하였다.

03
제시문에서 '기벌포', '황산 전투' 등의 내용을 통해 밑줄 친 '그'가 김유신임을 알 수 있다.
② 진덕여왕 사후 귀족 회의에서 알천과 김춘추가 왕위를 놓고 경쟁한 결과 김춘추가 왕위에 오르게 되었다. 이때 김유신은 진골 출신인 김춘추를 도와 신라의 왕이 될 수 있도록 많은 지원을 하였다.

오답의 이유
① 고구려 영양왕 때 수 양제가 우중문의 30만 별동대로 평양성을 공격하였으나 을지문덕이 살수에서 2,700여 명을 제외한 수군을 전멸시켰다(612).
③ 통일 신라 장보고는 완도에 청해진을 설치하고 해적을 소탕하여 당과 신라, 일본 간 해상 무역을 전개하였다(828).
④ 신라 진흥왕은 고구려가 차지하고 있던 한강 유역을 빼앗고 대가야를 병합하여 영토를 확장하였다(562).

04
② 전라도 지역에 잔존하던 마한 세력을 정복하고 수군을 통해 요서 지방에 진출하여 백제군을 설치한 인물은 근초고왕이다. 근초고왕은 4세기 중·후반에 재위하였으며, 한성 백제 시대의 왕이다. 따라서 (나)가 아니라 (가) 시기의 왕이다.

정답 03 ② 04 ②

05

오답의 이유
ㄴ. 고구려는 지방을 5부로 나누고 각 부는 욕살이 다스렸다. 각 부에는 여러 성을 두어 처려근지 또는 도사라고 불리는 성주가 통치하였다.
ㄹ. 10정은 신라가 삼국을 통일한 이후 지방에 두었던 군사조직이다.

05 삼국시대의 정치제도에 대한 설명으로 옳은 것만을 모두 고르면?

18 지방직 9급

> ㄱ. 삼국의 관등제와 관직제도 운영은 신분제에 의하여 제약을 받았다.
> ㄴ. 고구려는 대성(大城)에는 처려근지, ㄱ 다음 규모의 성에는 욕살을 파견하였다.
> ㄷ. 백제는 도성에 5부, 지방에 방(方) 군(郡) 행정제도를 시행하였다.
> ㄹ. 신라는 10정 군단을 바탕으로 영역을 확장하고 삼국 통일을 이룩하였다.

① ㄱ, ㄴ
② ㄱ, ㄷ
③ ㄴ, ㄹ
④ ㄷ, ㄹ

06
제시문에서 '김흠돌의 난'과 '달구벌 천도' 등을 통해 신문왕 때임을 알 수 있다.
③ 신문왕은 국학을 설립하여 유교 교육을 강화하였다.

오답의 이유
① 소지왕에 대한 설명이다.
② 효소왕에 대한 설명이다.
④ 신라 하대에는 왕권이 약화되고 귀족 세력이 강화되면서, 경덕왕 때 관료전을 폐지하고 녹읍을 부활하였다.

06 다음 왕의 재위 기간에 있었던 사실로 옳은 것은?

18 국가직 9급

> • 왕 원년: 소판 김흠돌, 파진찬 흥원, 대아찬 진공 등이 반역을 도모하다가 사형을 당하였다.
> • 왕 9년: 달구벌로 서울을 옮기려다 실현하지 못하였다.
>
> – 『삼국사기』 –

① 사방에 우역을 설치하였다.
② 수도에 서시와 남시를 설치하였다.
③ 국학을 설치하여 유학을 교육하였다.
④ 관료에게 지급하는 녹읍을 부활하였다.

정답 05 ② 06 ③

07 (가), (나) 국왕의 재위시기에 있었던 사실로 옳은 것만을 〈보기〉에서 모두 고르면?

14 지방직 9급

> (가) 대조영의 뒤를 이어 즉위하였다. 영토 확장에 힘을 기울여 동북방의 여러 세력을 복속하고 북만주 일대를 장악하였다.
>
> (나) 대부분의 말갈족을 복속시키고, 요동 지역으로 진출하였다. 이후 전성기를 맞은 발해를 중국에서는 해동성국(海東盛國)이라고 불렀다.

보기

> ㄱ. (가) – 수도를 중경에서 상경으로 옮겼다.
> ㄴ. (가) – 장문휴가 수군을 이끌고 당(唐)의 산둥(山東) 지방을 공격하였다.
> ㄷ. (나) – '건흥' 연호를 사용하고, 지방행정조직을 정비하였다.
> ㄹ. (나) – 당시 국왕을 '대왕'이라 표현한 정혜공주의 묘비가 만들어졌다.

① ㄱ, ㄴ   ② ㄱ, ㄹ
③ ㄴ, ㄷ   ④ ㄷ, ㄹ

08 통일 신라의 지방 행정 조직에 대한 설명으로 옳지 않은 것은?

15 국가직 9급

① 신문왕 대에 9주 5소경 체제로 정비하였다.
② 주(州)에는 지방 감찰관으로 보이는 외사정이 배치되었다.
③ 5소경을 전략적 요충지에 두고, 도독이 행정을 관할토록 하였다.
④ 촌주가 관할하는 촌 이외에, 향·부곡이라는 행정 구역도 있었다.

09 한국 고대국가의 경제에 대한 설명 중 가장 적절하지 않은 것은?

20 경찰 1차

① 삼국 시대에는 개인 소유의 토지가 사실상 존재했으며 일반 백성은 이를 경작하거나 남의 토지를 빌려 경작하기도 했다.
② 통일 신라에는 녹비법, 퇴비법 등의 시비법이 발달하고 윤작법이 보급되어 생산력이 증가하였다.
③ 삼국 시대에는 점차 국가 체제가 정비되면서 관청을 두고 여기에 수공업자를 배정하여 무기나 비단 등 필요한 물품을 생산하였다.
④ 삼국 통일 후 인구 증가와 상품 생산의 확대에 따라 경주에 서시와 남시가 설치되었다.

07
(가) 발해를 세운 대조영에 이어 즉위한 왕은 무왕(8세기 초)이다.
(나) 발해가 해동성국이라고 불리는 시기에 재위한 왕은 선왕(9세기 초)이다.
ㄴ. 무왕 재위시기에 장문휴가 수군을 이끌고 당의 산둥 지방을 공격하였다 (732).
ㄷ. 선왕의 연호는 '건흥'이었고, 지방행정조직을 정비하여 5경 15부 62주의 지방제도를 확립하였다.

오답의 이유
ㄱ. 수도를 중경에서 상경으로 옮긴 왕은 문왕이다.
ㄹ. 정혜공주는 문왕의 딸로 문왕보다 먼저 죽었는데 그의 묘비에는 문왕을 '대왕'이라 칭하고 있다.

08
③ 5소경은 사신이 관할하였으며, 장관이나 군주(총관, 도독)가 행정을 관할하도록 한 곳은 9주였다.

09
② 고려시대에는 시비법의 발전으로 휴경지가 점차 줄어들었고, 밭농사에서는 2년 3작인 윤작법이 보급되었다.

오답의 이유
① 모든 토지는 왕의 것이라는 왕토사상이 있었지만, 사실상 귀족과 자영농민은 자기 소유의 토지를 보유하였다.
③ 삼국은 수공업 제품을 생산하는 관청을 두고, 여기에 수공업자를 배정하여 무기, 장신구 등을 생산하였다.
④ 지증왕 때 동시와 동시전을 설치하였고, 삼국 통일 후 농업 생산력이 증가하자 서시와 남시를 더 설치하였다.

정답 07 ③ 08 ③ 09 ②

10
- 국호 '신라' 확정: 6세기 초 신라 지증왕
- 9주 5소경 설치: 7세기 후반 신라 신문왕
- 내응의 반난: 8세기 중엽 신라 혜통왕
- 독서삼품과 실시: 8세기 후반 신라 원성왕

① (가) 시기는 7세기 후반 신문왕과 8세기 중엽 혜공왕 사이이며, 일반 백성에게 정전을 지급하여 국가의 토지 지배력을 강화한 것은 8세기 초인 성덕왕 때의 일이다.

오답의 이유
② 6세기 초(508) 신라 지증왕(500~514) 때의 일이다.
③ 2세기 후반 고구려 고국천왕(179~197) 때의 일이다.
④ 8세기 말 신라 소성왕(799~800) 때의 일이다.

11
③ 신라 말에는 왕권이 다시 약화되고 귀족 세력이 강화되면서 경덕왕 때(742~765)에 관료전을 폐지하고 다시 녹읍이 부활하게 되었다(757). 헌강왕의 재위 기간은 875년부터 886년까지이다.

오답의 이유
① 신문왕은 녹읍을 폐지하고 관료전을 지급하였는데, 이로 인하여 국가 재정의 확보와 왕권의 강화를 동시에 실현하였다.
② 성덕왕은 정전을 지급하여 농민에 대한 국가의 토지지배권을 강화하였고 역의 파악이 용이해졌다.

12
신라 민정 문서는 1933년 일본 도다이사(東大寺) 쇼소인(正倉院)에서 발견된 통일 신라 당시 서원경(청주)의 4개 촌의 장적(帳籍) 문서로 당시 촌락의 경제 상황과 국가의 세무 행정을 알 수 있는 자료이다.
④ 촌주는 지방관이 아닌 지방 토착 세력이었다. 대개 1명의 촌주가 4~5개 촌락의 조세, 공물, 역 징수를 담당하였다.

정답 10 ① 11 ③ 12 ④

10 (가) 시기의 경제 상황에 대한 설명으로 옳은 것은? 19 국가직 9급

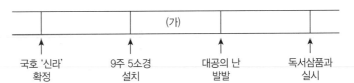

① 백성에게 정전을 처음으로 지급하였다.
② 시장을 감독하는 관청인 동시전을 신설하였다.
③ 백성의 구휼을 위하여 진대법을 제정하였다.
④ 청주(菁州)의 거로현을 국학생의 녹읍으로 삼았다.

11 다음 중 통일 신라 시대의 사회와 경제 관련 내용으로 가장 옳지 않은 것은? 17 사복직 9급

① 신문왕은 관료전을 지급하고 녹읍을 폐지하였다.
② 성덕왕 대에는 일반 백성들에게 정전을 지급하였다.
③ 헌강왕 대에 녹읍이 부활되고, 경덕왕 대에 관료전이 폐지되었다.
④ 일본 정창원에서 발견된 '신라 촌락 문서'는 서원경 부근의 4개 촌락을 대상으로 한 것이다.

12 '신라 촌락(민정) 문서'를 통해서 알 수 있는 내용으로 옳지 않은 것은? 17 지방직 하반기 9급

① 인구를 중시하여 소아의 수까지 파악했다.
② 내시령과 같은 관료에게 토지가 지급되었다.
③ 촌락의 경제력을 파악할 때 유실수의 상황을 반영했다.
④ 촌락을 통제하기 위해서 지방관으로 촌주가 파견되었다.

13 ㉠과 ㉡ 두 인물의 공통된 신분상의 특징으로 옳은 것은?

17 국가직 9급

> • ____㉠____ 은/는 신문왕에게 『화왕계』를 통하여 조언하였다.
> • ____㉡____ 은/는 진성여왕에게 시무책 10여 조를 올렸다.

① 왕이 될 수 있는 신분이었다.
② 자색(紫色)의 공복을 착용하였다.
③ 중앙 관부의 최고 책임자를 독점하였다.
④ 관등 승진에서 중위제(重位制)를 적용받았다.

13

㉠ 설총은 유교적 도덕 정치를 강조하고 화왕계를 저술하여 신문왕에게 바쳤으며 이두를 정리하여 한문 교육에 공헌하였다. 설총은 강수 · 최치원과 함께 신라 3문장으로 꼽힌다.

㉡ 최치원은 진성여왕에게 유교 정치 이념과 과거 제도 등의 내용이 담긴 시무 10조를 건의하였으나 진골귀족들의 반대로 시행되지 못하였다(894). 최치원은 12세에 도당 유학생이 되었으며, 빈공과에 합격하여 당에서 관직 생활을 하였다.

④ 설총과 최치원은 모두 6두품 출신으로 사중아찬까지 오를 수 있는 중위제의 적용을 받았다. 중위제는 진골 중심의 골품제를 유지하면서 비진골인 6두품 이하의 관료제를 활성화하기 위한 제도이다. 6두품의 상한인 아찬에는 중아찬에서 사중아찬까지의 중위를 설정하였다.

오답의 이유

① 신라에서 왕이 될 수 있는 신분은 성골 또는 진골뿐이었다.
② 자색의 공복은 진골만이 입을 수 있었다. 6두품은 비색(緋色)의 공복까지 착용할 수 있었다.
③ 중앙 관부의 최고 책임자는 진골이 독점하였다. 6두품은 시랑 또는 경과 같은 차관직까지만 진출할 수 있었다.

---

14 밑줄 친 인물들이 속한 신분층에 대한 설명으로 옳은 것은?

17 지방직 하반기 9급

> • 진덕여왕 2년, 김춘추가 돌아오는 길에 고구려의 순라병을 만났는데, 종자인 온군해가 대신 피살되었고 그는 무사히 신라로 귀국했다.
> • 마침 알천의 물이 불어 김주원이 왕궁으로 건너오지 못하니, 상대등 김경신이 왕위에 올랐다.
>
> - 『삼국사기』 -

① 관등과 상관없이 특정 색깔의 관복을 입었다.
② 골품제의 모순을 비판하며 과거제 도입을 주장하였다.
③ 죄를 지으면 본관지로 귀향시키는 형벌이 적용되었다.
④ 중앙 관부와 지방 행정 조직의 장관직에 오를 수 있었다.

14

제시문에서 밑줄 친 인물들인 김춘추, 김주원, 김경신의 공통적 신분은 신라의 진골 귀족이다.

④ 신라는 골품제하에서 오로지 중앙의 진골 귀족만이 요직인 1관등에서 5관등까지의 장관직에 오를 수 있었다.

오답의 이유

① 신라는 관등에 따라 관복의 색깔이 정해져 있었다. 진골은 자색, 비색, 청색, 황색 모두 착복이 가능하고, 6두품은 자색을 제외한 비색, 청색, 황색, 5두품은 청색과 황색, 4두품은 황색만 입을 수 있었다.
② 신라 하대의 6두품은 골품제의 모순을 비판하고 새로운 이념을 제시하였다. 대표적 인물로 진성여왕에게 시무 10조를 올린 최치원이 있다.
③ 죄를 지으면 본관지로 보내는 귀향은 고려 시대의 형벌이다.

정답 13 ④ 14 ④

15

(가) 신라 승려인 의상은 영주 부석사를 창건하여 많은 제자를 양성하였으며, 문무왕 재위 말기에 경주 도성 주위에 내내석인 토목 공사인 성력을 쌓으려고 하자 만류를 간언하여 왕이 그만둔 일화로도 유명하다.

(나) 신라 선덕여왕 때 승려 자장이 주변 9개 민족의 침략을 부처의 힘으로 막기 위한 목탑 건립을 건의하여 황룡사 9층 목탑을 건립하였다(645).

② 의상은 당에 가서 지엄으로부터 화엄에 대한 가르침을 받고 돌아와 신라에서 화엄 사상을 펼쳤으며 「화엄일승법계도」를 만들어 화엄 교단을 세웠다.

오답의 이유

① 원효는 일심 사상을 바탕으로 종파 간의 사상적 대립·분파의 의식을 극복하려는 노력에서 「십문화쟁론」을 저술하고 화쟁 사상을 주장하였다.

③ 신라의 승려 혜초는 인도와 중앙 아시아 지역을 답사한 뒤 「왕오천축국전」을 지었다.

④ 의천은 교종과 선종의 통합 운동을 뒷받침하기 위한 사상적 바탕으로 이론의 연마와 실천을 강조하는 교관겸수를 제시하였다.

15 다음 (가), (나) 승려에 대한 설명으로 옳은 것은? 22 국가직 9급

(가) 중국 유학에서 돌아와 부석사를 비롯한 여러 사원을 건립하였으며, 문무왕이 경주에 성곽을 쌓으려 할 때 만류한 일화로 유명하다.

(나) 진골 귀족 출신으로 대국통을 역임하였으며, 선덕 여왕에게 황룡사 9층탑의 건립을 건의하였다.

① (가)는 모든 것이 한마음에서 나온다는 일심 사상을 제시하였다.
② (가)는 「화엄일승법계도」를 만들었다.
③ (나)는 「왕오천축국전」이라는 여행기를 남겼다.
④ (나)는 이론과 실천을 같이 강조하는 교관겸수를 제시하였다.

16

제시문의 ㉠은 원효, ㉡은 의상이다.

① 원효는 불교 대중화를 위하여 미륵 신앙이 아닌 아미타 신앙을 전도하였다.

16 신라 승려 ㉠과 ㉡에 대한 설명으로 옳지 않은 것은? 15 국가직 9급

(㉠)은/는 불교 서적을 폭넓게 이해하고, 일심(一心) 사상을 바탕으로 여러 종파들의 사상적 대립을 조화시키며, 분파 의식을 극복하려고 노력하였다. 한편 (㉡)은/는 모든 존재가 상호 의존적인 관계에 있으면서 서로 조화를 이룬다는 화엄사상을 정립하고, 교단을 형성하여 많은 제자를 양성하였다.

① ㉠은 미륵 신앙을 전파하며 불교 대중화의 길을 열었다.
② ㉠은 무애가라는 노래를 유포하며 일반 백성을 교화하였다.
③ ㉡은 관음 신앙과 함께 아미타 신앙을 화엄 교단의 주요 신앙으로 삼았다.
④ ㉡은 국왕이 큰 공사를 일으켜 도성을 새로이 정비하려 할 때 백성을 위해 이를 만류하였다.

정답 15 ② 16 ①

17 다음과 같은 불교 사상의 영향을 받아 만들어진 문화재는?

18 지방직 9급

> 이 불교 사상은 개인적 정신 세계를 추구하는 경향이 강하였기 때문에 지방에서 독자적인 세력을 이루어 성주나 장군을 자처하던 자들로부터 큰 호응을 받았다.

① 성덕대왕 신종
② 쌍봉사 철감선사탑
③ 경천사지 십층석탑
④ 금동미륵보살 반가사유상

17

제시문에서 설명하고 있는 불교 사상은 신라 하대에 유행한 '선종'이다.

② 신라 하대에는 선종의 영향으로 승려의 사리를 봉안한 승탑이 유행하였는데, 쌍봉사 철감선사탑은 팔각원당형의 대표적인 승탑이다.

오답의 이유

① 성덕대왕 신종은 경덕왕이 아버지 성덕왕의 업적을 알리기 위해 제작을 시작하여 혜공왕 때 완성되었다(771).

③ 경천사지 십층석탑은 원 간섭기 충목왕 때 원의 라마 불교의 영향을 받아 제작된 것으로 화려한 조각이 특징이다.

④ 삼국 시대에는 불교가 성행하면서 미륵보살 반가사유상이 많이 만들어졌다.

---

18 삼국의 사회 · 문화에 관한 설명으로 가장 옳지 않은 것은?

19 서울시 9급

① 고구려는 영양왕 때 이문진이 『유기』를 간추려 『신집』 5권을 편찬했다.
② 백제의 승려 원측은 당나라에 가서 유식론(唯識論)을 발전시켰다.
③ 신라의 진흥왕은 두 아들의 이름을 동륜 등으로 짓고 자신은 전륜성왕으로 자처했다.
④ 백제 말기에는 미래에 중생을 구제한다는 미륵신앙이 유행하기도 하였다.

18

② 원측은 통일 신라기의 승려로, 당에 유학하여 유식학을 배우고 당의 수도에 있는 서명사에서 스스로 학설을 강의하며 서명학파를 형성하였다. 원측의 유식학은 법상종 성립에 영향을 주었다.

오답의 이유

③ 신라 진흥왕은 자기 자신을 전륜성왕이라 칭하고, 두 아들의 이름을 동륜(銅輪)과 금륜(金輪 또는 舍輪, 진지왕)이라 하였다.

정답 17 ② 18 ②

PART

03

중세 사회

CHAPTER 01 고려의 정치

01 고려 전기

1 고려 초

1. 태조 1대, 918~943

(1) 고려의 건국과 후삼국의 통일

고려 건국 918	• 왕건의 성장: 송악 출신 호족, 중국과의 해상 무역을 통하여 성장 → 궁예의 신하로서 금성군(전남 나주) 점령에 성공 → 광평성 시중에 오름 • 고려 건국: 궁예 축출, 수도 송악(개경), 연호 '천수'
⇩	
발해 유민 수용 926	• 세자 대광현과 수만 명의 남하 → 대광현을 왕족으로 우대, 조상에 대한 제사 받들게 함 • 발해 유민의 관직 등용
⇩	
후백제와 대립	• 공산 전투 927: 대구, 견훤이 신라 경애왕을 살해하자 신라 지원을 위해 태조가 출병함 → 후백제군과 격돌(패배, 신숭겸 전사) → 최승우의 「대견훤기고려왕서」 작성 → 최언위의 「대고려왕답견훤서」 답신(추정) • 고창 전투 930: 경북 안동, 후백제에게 승리함으로써 후삼국 통일의 주도권 장악
⇩	
견훤 투항 935.6.	왕위 계승을 둘러싼 후백제의 내분으로 견훤이 금산사에 유폐 → 견훤이 탈출 후 고려에 투항
⇩	
신라 통합 935.11.	신라 경순왕김부 의 항복: 이후 경주의 사심관으로 임명, 경주를 식읍으로 하사, 태조의 딸과 혼인
⇩	
후백제 멸망 936	일리천 전투경북 구미 에서 신검이 이끄는 후백제군을 격파 → 후삼국 통일 완수

> **개념더하기**
>
> • 중세 사회의 성격
>   – 정치적: 새로운 사회 계층 등장(호족 세력과 6두품이 새로운 사회 지배층을 형성), 유교의 정치 이념화
>   – 경제적: 양인 수 증가
>   – 사회적: 과거제 실시로 고대 사회보다 개인의 능력을 펼칠 수 있음
>   – 문화적: 민족 의식의 성장, 지방 문화의 발달
> • 「대견훤기고려왕서」: 고려가 신라를 도와 후백제를 치는 것에 대한 부당함을 호소, 더불어 "내가 바라는 것은 평양의 누각에 활을 걸고 말에게 패강(浿江, 대동강)의 물을 마시게 하는 것이외다."라며 후삼국 통일의 자신감을 표출

(2) 통치 정책

민생 안정책	취민유도(取民有度, 비옥도에 따라 토지 3등전으로 구분, 1/10세 징수), 흑창 설치구휼책
호족 융합책	• 회유책: 정략 결혼(29명 부인), 사성 정책 왕씨성 하사, 중폐비사예물은 무겁게 하고 자신을 낮춘다, 역분전 지급, 호족에게 향촌 사회 지배권을 부분 허용 • 견제책 　− 사심관 제도: 개국 공신과 중앙 관리를 자기 출신 지역의 사심관으로 임명하여 민심 수습과 지방 세력의 회유 · 통제 시도지방 거주 ×, 지역마다 2명 이상 지정, 부호장 이하의 향직 임명권 부여, 지방 행정과 치안에 대한 연대 책임을 짐, 김부(경순왕) 최초, 조선의 경재소와 유향소로 계승 　− 기인 제도: 호족의 자제가 수도에 머물면서 지방 행정 자문에 응함. 통일 신라의 상수리 제도와 유사
북진 정책	• 국호 '고려'(고구려 계승 강조), 서경 중시(평양을 서경으로 승격, 분사 제도 실시) • 발해 유민 포섭 • 만부교 사건거란의 사신 30명을 귀양 보내고, 거란이 보낸 낙타 50필을 만부교에서 굶겨 죽임 • 국경선 확대: 대동강~원산만에서 청천강~영흥만으로 북상
숭불 정책	• 연등회 중시: 불교 행사, 정월 대보름에 실시부활 이후에는 2월 보름에 실시, 성종 때 폐지, 현종 때 부활 • 팔관회 중시: 도교 행사(토속신 제사)이자 국제 교류의 장(송 상인과 여진 · 탐라 · 왜의 사신 방문), 주로 10~11월 실시, 성종 때 폐지, 현종 때 부활 • 풍수지리 사상 중시: 비보사찰도을 禪+도을 補 건립
통치 방향 제시	'정계'와 '계백료서'(신하 대상), '훈요 10조'(후대 왕 대상)

사료더하기

궁예와 견훤

궁예는 본래 신라의 왕자로서 도리어 제 나라를 원수로 삼아 심지어는 선조의 화상(畫像)을 칼로 베었으니 그 어질지 못한 것이 너무 심하였다. 견훤은 신라의 백성으로 일어나서 신라의 녹을 먹으면서 화심(禍心)을 품어 나라의 위태로움을 다행으로 여겨 신라의 도읍을 쳐서 임금과 신하를 마치 짐승처럼 죽였으니 참으로 천하의 원흉이다. 때문에 궁예는 그 신하에게 버림을 당했고, 견훤은 그 아들에게서 화가 생겼으니 모두 스스로 취한 것인데 누구를 원망한단 말인가. … 궁예와 견훤 같은 흉한 자들이 어찌 우리 태조를 대항할 수 있었으랴. 　　　　　　　　　　　　　　 − 『삼국유사』 −

견훤의 고려 투항

왕(견훤)께서 부지런히 힘쓴 지 40여 년에 큰 공이 거의 이루어졌는데, 하루 아침에 집안사람들의 화로 인하여 설 땅을 잃고 투항하였습니다. … 충신은 두 임금을 섬기지 않는다고 하였습니다. 만약 자기의 임금을 버리고 반역한 아들(금강)을 섬긴다면 무슨 얼굴로 천하의 의로운 선비들을 보겠습니까. 하물며 듣자니 고려의 왕공(왕건)께서는 마음이 어질고 후하며 근면하고 검소하여 민심을 얻었다고 하니 하늘의 계시인 듯합니다. 반드시 삼한의 주인이 될 것이니 어찌 편지를 보내 우리 왕을 문안, 위로하고 겸하여 왕공에게 겸손하고 정중함을 보여 장래의 복을 도모하지 않겠습니까. 　　　　　 − 『삼국사기』 −

사심관

김부로 하여금 경주의 사심이 되어 부호장 이하의 임명을 맡게 하였다. 이에 여러 공신이 이를 본받아 각기 출신 지역의 사심이 되었다.

기인

건국 초에 향리의 자제를 뽑아 서울에 볼모로 삼고, 또 출신지의 일에 대하여 자문에 대비하게 하였는데, 이를 기인(其人)이라 한다.

훈요 10조

1조 불교의 힘으로 나라를 세웠으므로, 사찰을 세우고 주지를 파견하여 불도를 닦도록 하라. 불교 중시
2조 도선의 풍수사상에 따라 사찰을 세웠으니, 함부로 짓지 말라. 풍수지리설 중시
4조 우리나라와 중국은 지역과 사람의 인성이 다르므로 중국의 문화를 반드시 따를 필요가 없으며, 거란은 짐승과 같은 나라이므로 그들의 의관 제도는 따르지 말라. 자주성 강조, 거란 배척
5조 서경은 우리나라 지맥의 근본이 되니, 백일 이상 머물러라. 서경 중시, 북진 정책
6조 연등은 부처를 섬기는 것이고, 팔관은 하늘, 산, 물, 용신을 섬기는 것이므로 소홀히 하지 말라. 불교 중시

2. **혜종**2대, 943~945: 외척 간 왕위 계승 다툼으로 왕규의 난 발생, 왕권 불안정

3. **정종**3대, 945~949

   (1) 광학부 설치: 불법 공부 목적

   (2) 거란 대비를 위해 광군 설치와 광군사광군 지휘부 **조직**

   (3) 서경 천도 시도: 서경 왕식렴의 군사력을 이용하여 개경 세력 견제를 시도함

   > **개념더하기**
   >
   > 서경
   > (태조) 분사 제도 마련 → (정종) 천도 시도 → (문종) 서경기 4도 설치 → (인종) 묘청의 서경 천도 운동 이후 쇠퇴 → (무신정권 초) 조위총의 난 발발 → (원종) 동녕부 설치 → (충렬왕) 서경 반환

4. **광종**4대, 949~975: **왕권 강화 정책**

   (1) 호족 견제

   ① 주현공부법: 주현의 조세 · 공물 액수 설정호족의 과다 징수 경계

   ② 노비안검법: 불법적으로 노비가 된 자를 양인으로 풀어줌

   ③ 과거제 실시: 후주 출신 쌍기의 건의, 공신 자제의 우선 등용 억제와 신진 인사 등용 시도

   ④ 4색 공복 제정: 자색 · 단색 · 비색 · 녹색 순

   ⑤ 공신 · 호족 숙청: "구신 중에 살아남은 자가 겨우 40여 명이었다"

   (2) 칭제건원: 외왕내제

   ① 연호 '광덕' · '준풍'

   ② 개경을 '황도', 서경을 '서도'라 부름

   (3) 숭불 정책

   ① 승과 설치, 왕사 · 국사 제도 설치, 사원전 지급(면세 해택), 승려의 역 면제, 귀법사 창건

   ② 균여(화엄종), 제관(천태종), 의통(천태종)의 활약

   (4) 송과 수교: 이후 송 연호 사용

   > **사료더하기**
   >
   > 노비안검법
   > (광종은) 명령하여 노비를 안검하여 시비를 살펴 분별하게 하였다. (이 때문에) 종이 그 주인을 배반하는 자가 헤아릴 수 없을 정도였다. 이 때문에 윗사람을 능멸하는 기풍이 크게 행해지니, 사람들이 모두 원망하였다. 왕비가 간절히 말렸는데도 듣지 않았다.　　　　　　　　　　　　　　　　　　　　　　　　　　　　　　　　　　　　　　－『고려사절요』－
   >
   > 광종에 대한 평가
   > 왕의 이름은 소(昭)다. 치세 초반에는 신하에게 예를 갖추어 대우하고 송사를 처리하는 데 현명하였다. 빈민을 구휼하고, 유학을 중히 여기며, 노비를 조사하여 풀어 주었다. 밤낮으로 부지런하여 거의 태평의 정치를 이루었다. 중반 이후로는 신하를 많이 죽이고, 불법(佛法)을 지나치게 좋아하며 절도가 없이 사치스러웠다.　　　　　　　　　　　－『고려사』－

   > **개념더하기**
   >
   > 외왕내제
   > • 내적으로는 황제를 자임하고 중국과의 관계에서는 제후를 자처
   > • 하남 교산동 마애 약사여래 좌상: '황제 만세원' 글씨 기록
   > • 칭제건원: 태조와 광종의 독자적 연호 사용, 묘청의 서경천도 운동에서 주장

5. **경종**5대, 975~981: 시정 전시과 실시

6. **성종**6대, 981~997: **중앙 집권 체제 확립**

(1) 통치 조직 정비

① 최승로의 5조정적평과 시무 28조 올림: 유교 이념에 바탕한 정책 제안현재 22조만 전함

② 2성 6부제 마련, 문산계문관과 무관의 관계와 무산계향리 · 탐라 왕족 · 여진족 추장에게 부여한 관계 정비

③ 12목 설치(지방관 파견), 향리 직제 마련, 개성부 설치, 동경 설치(3경 정비)

④ 노비환천법 실시원주인을 모독하거나 언행이 불량한 경우, 의창 · 상평창 설치

(2) 유학 강화

① 팔관회와 연등회 폐지현종 때 부활

② 개경에 국자감 설치, 지방에 경학박사 · 의학박사 파견, 문신월과법 실시매월 글쓰기 과제 부여

③ 종묘와 사직 건설, 환구단에서 풍년기원제 시행

(3) 1차 거란 전쟁

• 서희 활약: 소손녕과의 외교 담판으로 강동 6주 획득압록강 일대까지 영토 확장

(4) 경제, 사회

① 건원중보 제작(최초의 화폐, 철전)

② 의창 설치, 상평창 설치(개경, 서경, 12목)

사료더하기

최승로의 5조정적평
성상께서 만약 태조의 유풍을 힘써 쫓으실 수 있다면 당 현종이 태종의 옛 일을 사모하여 따랐던 것과 무엇이 다르겠습니까. … 혜종께서는 골육을 보전하신 공이 있으니 우애하신 의리라고 할 수 있습니다. 정종께서는 반란의 싹을 미리 알아서 내부의 변란을 평정하시셨으니, 지모가 뛰어나셨다고 할 만합니다. 광종의 처음 8년간의 다스림은 삼대에 견줄 만하고, 또 조정의 의례와 법식은 자못 볼만한 것이 있었으니, 이른바 '좋음과 좋지 못함이 골고루 있다'는 것입니다. 경종께서는 선왕 때 억울하게 옥에 갇힌 자 수천 명을 풀어주시고 수년 동안 쌓인 참소와 비방의 글을 불태우셨으니, 이른바 '너그럽고 어짊이 지극함'이라는 것입니다.

최승로의 시무 28조
6. 불보(佛寶)에 배정된 돈과 곡식은 여러 사찰의 승려들이 각각 주 · 군에 사람을 파견하여 담당하게 하는데, 해마다 절반에 달하는 이자를 받아 백성들을 고되고 어지럽게 하고 있으니, 모두 금지시키기를 바랍니다. 불교 폐단 시정 촉구
7. 국왕이 백성을 다스림은 집집마다 가서 돌보고 날마다 이를 보는 것이 아닙니다. … 초창기의 일이 많아서 미처 수령을 파견할 겨를이 없었습니다. 지금 삼가 향리의 토호들을 살피건대, 항상 공무를 핑계 삼아 백성들을 침학(侵虐)하므로 백성들이 그 명령을 감당하지 못하고 있으니, 청컨대 외관을 두시기를 바랍니다. 지방관 파견 건의
11. 풍속은 각기 그 토질에 따라 다른 것이므로 모든 것을 반드시 구차하게 중국과 같게 할 필요는 없습니다. 자주적인 문물 수용 태도 강조
13. 우리나라는 봄에는 연등회를 설행하고 겨울에는 팔관회를 개최하기 위해 널리 사람들을 징발하는데, 그 노역이 매우 번거로우니, 감축하여서 백성들의 노고를 덜어주시기 바랍니다. 불교 폐단 시정 촉구
19. 공신의 등급에 따라 그 자손을 등용하여 업신여김을 받고 원망하는 일이 없도록 하소서. 광종의 공신 억압 비판
20. 불교를 행하는 것은 몸을 닦는 근본이며, 유교를 행하는 것은 나라를 다스리는 근원이니, 몸을 닦는 것은 내생을 위한 것이며, 나라를 다스리는 것은 곧 오늘의 일입니다. 오늘은 지극히 가깝고 내생은 지극히 먼 것이니, 가까운 것을 버리고 먼 것을 구하는 일이 또한 그릇된 일이 아니겠습니까. 유교 정치 이념 채택 요구
22. 광종이 노비들을 자세히 살펴서 그 옳고 그름을 판별하게 하니 … 대목왕후께서 간절하게 간언하셨으나 받아들이지 않았습니다. 천민과 노비들이 힘을 얻어서 존귀한 이들을 능멸하고 짓밟았으며, 앞을 다투어 거짓을 꾸며내어 본래의 주인을 모함한 것이 이루 다 셀 수가 없을 정도였습니다. 노비안검법의 폐단 지적

2 문벌 귀족 사회 11세기~1170

1. 현종 8대, 1009~1031

(1) **강조의 정변으로 즉위**: 목종 폐위, 천추태후의 김치양 제거

(2) **거란과의 전쟁**

  ① 2차 침입 1010: 현종의 나주 피난 → 격퇴, 양규의 활약 → 초조대장경 조판 시작

  ② 3차 침입 1018: 강감찬의 귀주 대첩 → 개성에 나성 축소, 천리장성 축소(압록강~노린포 연결, 덕종 ~정종 시기)

(3) **지방 제도 정비**: 5도·양계·경기·4도호부·8목 확립, 향리의 정원과 공복 제정, 주현공거법 실시

(4) **연등회와 팔관회 재개, 현화사 건립, 7대 실록 편찬** 왜란으로 소실

2. 문종 11대, 1046~1083: 문벌 귀족의 전성기

(1) **경원 이씨가 외척이 됨**: 문종~인종 80여 년 동안 왕비 배출

(2) **지방 행정 개편**: 개성부 복구, 남경 설치(남경길지설 영향), 서경기 4도 설치, 9등급 향리제 확립

(3) **불교 장려**: 흥왕사 건립, 아들 의천 출가

(4) **최충의 문헌공도 설립**: 이후 사학 12도 융성

(5) **경정 전시과 실시**

3. 숙종 15대, 1095~1105

(1) **남경에 궁궐 건설**: 김위제의 건의, "개경, 서경, 남경의 3경을 두고 각각 4개월씩 머무르면 36개국이 조공을 바치게 될 것이다."고 주장, 남경개창도감 설치 후 궁궐 건설 공민왕과 우왕 때 남경 천도 시도

(2) **화폐 주조**: 의천 '화폐론'을 지어 올림의 제안 → 주전도감 설치 → 은병·삼한통보·해동통보·동국통보 발행

(3) **의천의 해동 천태종 창시**: 경원 이씨와 손잡은 법상종 등을 견제하기 위해 후원, 국청사 창건

(4) **서적포 설치**: 국자감 내에서 도서 간행 담당, 관학 교육 진흥 시도

(5) **윤관의 별무반 조직**: 여진족 견제 시도, 신기군(기병)+신보군(보병)+항마군(승병)으로 구성

사료더하기

연등회 재개
예전에 성종이 팔관회 시행에 따르는 잡기가 정도에 어긋나는데다가 번거롭고 요란스럽다 하여 이를 모두 폐지하였다. … 이것을 폐지한 지가 거의 30년이나 되었는데 이때에 와서 정당문학 최항이 청하여 이를 부활시켰다.

최충의 문헌공도
현종 이후 전쟁이 겨우 멈추었으나 문치로 백성을 교화하는 데는 아직 힘이 미치지 못했다. 최충이 후진들을 불러 모아 부지런히 가르치자 배우려는 무리들이 모여들어 거리를 메우게 되었다. … 그를 해동공자라고 불렀다.
유신(儒臣)으로서 공도(公徒)를 세운 자가 11명 있었는데 … 이들을 문헌공도와 함께 세상에서 12도라 불렀다. 그중 문헌공도가 가장 흥성하였다.

개념더하기

문벌 귀족
- 성립: 지방 호족과 6두품 출신 중 여러 세대에 걸쳐 고위 관직자를 배출한 가문
- 대표적 문벌귀족: 인주 이씨(경원 이씨, 이자겸), 경주 김씨(김부식), 해주 최씨(최충), 파평 윤씨(윤관) 등
- 문벌 귀족의 세력 기반: 과거와 음서를 통한 관직 독점+과전, 공음전, 사전(賜田), 토지의 불법 겸병+왕실과의 혼인

4. 예종 16대, 1105~1122

(1) 윤관의 동북 9성 축조: 척경입비도에 기록, 1년 만에 반환_{방어의 어려움 때문}

(2) 국자감 진흥: 7재(유학 6재＋무예의 무학재)_{전문 강좌} 설치, 양현고_{장학 재단} 운영, 청연각과 보문각_{도서관 겸 학} 문 연구소 설치

(3) 무과 실시 _{예종~인종. 일시적}

(4) 일부 군현에 감무 파견 _{＝속현 감소 ※감무: 조선에서는 현감으로 개칭}

(5) 복원궁 설치: 우리나라 최초의 도교 사원으로 초제를 주관, 도교를 통해 귀족 세력 견제 시도

5. 인종 17대, 1122~1146 _{초반 4년 동안 이자겸의 섭정}

(1) 북진 중단: 금(여진족)의 성장 → 고려에 군신 관계 요구 → 이자겸이 금의 사대 요구 수용

(2) 이자겸의 난 1126**:** 이자겸이 예종에 이어 인종의 외척이 됨 → 인종의 이자겸 축출 시도 → 이자겸과 척준경의 반격으로 궁궐 소실 → 이자겸과 척준경의 반목을 이용해 이자겸을 제거 → 왕실의 권위 추락

(3) 묘청의 서경 천도 운동 1135

배경	• 개경파: 김부식 등 보수적 세력, 민생 안정을 위해 금과 사대를 주장, 서경 천도 반대 • 서경파: 묘청·정지상·윤언이 등 개혁적 세력, 칭제건원·금국 정벌·서경 천도 주장(풍수지리설 바탕)
경과	서경 천도 추진(대화궁 건설) → 개경파의 반발에 천도 취소 → 묘청의 봉기(국호 '대위국', 연호 '천개') → 1년여 만에 김부식이 이끄는 관군에 진압
영향	• 서경의 지위 약화: 서경파 몰락, 서경의 분사 제도 폐지, 3경 제도 폐지 • 김부식 등 문벌 세력에 의해 보수적 유교 질서 강화 • 신채호는 묘청의 자주성을 높이 평가함: 『조선사 연구초』에서 "조선 역사상 일천년래 제1대 사건"으로 봄

(4) 송나라 서긍의 『고려도경』 편찬: 순청자 극찬, 계단식 경작지에 대해 기록

(5) 김부식의 『삼국사기』 편찬: 왕명에 따라 편찬, 현존 최고(最古)의 역사서

> **사료더하기**
>
> **예종**
> 4년 7월 국학에 7재를 두었는데 『주역』 전공을 여택, 『상서』를 대빙, 『모시』를 경덕, 『주례』를 구인(求仁), 『대례』를 복응, 『춘추』를 양정, 무학을 강예라 하였다.
> － 『고려사』 －
>
> 경인년에 천자께서 저 먼 변방에서 현묘한 도를 듣고자 하는 뜻을 헤아려, 고려에 사신을 파견하면서 도사 2인을 딸려 보내 교법에 통달한 자를 골라 가르치도록 하였다. 왕우(예종)는 신앙이 돈독하여 복원관을 처음 세워 도가 높고 참된 도사 10여 명을 받들었다. … 예종이 재위 시에 항상 도가의 서적을 보급하는 데 뜻을 두어 <u>도교로 불교를 대체하려는 생각을</u> 가지고 있었는데, 그 뜻이 이루어지지는 못했지만 무엇인가 기대하는 바가 있었던 것 같다. － 『고려도경』 －
>
> **이자겸**
> • <u>이자겸은 스스로 국공이 되어 왕태자와 대등한 대우를 받았다. 자신의 생일을 왕과 같이 인수절이라 불렀다.</u>
>
> • 이자겸, 척준경이 말하기를 <u>"금이 예전에는 작은 나라여서 요와 우리나라를 섬겼으나, 지금은 갑자기 흥성하여 요와 송을 멸망시켰습니다. … 작은 나라로서 큰 나라를 섬기는 것은 선왕의 도이니, 마땅히 우선 사절을 보내야 합니다."</u>라고 하니 왕이 따랐다. － 『고려사』 －
>
> **묘청의 서경 천도 운동에 대한 신채호의 평가**
> 묘청의 천도 운동은 낭가(郞家)와 불교 양가 대 유교의 싸움이요, 국풍파 대 한학파의 싸움이며, 독립당 대 사대당의 싸움이며, 진취 사상 대 보수 사상의 싸움이니, 묘청은 전자의 대표요 김부식은 후자의 대표였던 것이다. 묘청의 천도 운동에서 묘청 등이 패하고 김부식이 이겼으므로 조선사가 사대적, 보수적, 속박적 사상인 유교 사상에 정복되고 말았다. 만약 김부식이 패하고 묘청이 이겼더라면, 조선사가 독립적, 진취적으로 진전하였을 것이니 이것이 어찌 <u>1천년래 제일 큰 사건</u>이라 하지 아니하랴. － 『조선사 연구초』 －

3 무신 정권기 1170~1270

1. 무신정변의 원인

(1) 숭문천무 전책: 무반은 정3품 상장군까지 승진, 문반이 재추 승진 불가, 전시과 지급에 차이, 무과와 강예재 폐지

(2) 하급 군인들의 생활고: 군인전이 제대로 지급되지 않음

(3) 의종의 실정: 측근 세력에 의존, 향락에 도취

2. 초기 무신 정권: 명종 시기

(1) 정중부 · 이의방 · 이고

① 무신정변 1170: 수박희 사건(문신 한뢰가 상장군 이소응의 뺨을 때림) → 보현원에서 봉기 → 의종 폐위, 명종 즉위

② 중방의 최고 기구화: 상장군 · 대장군 등 최고 무신들로 구성된 회의 기구

③ 무신 간의 권력 쟁탈전: 이의방의 이고 축출 → 정중부의 이의방 축출

④ 사회의 동요

㉠ 김보당의 난: 동북면 병마사 출신, 무신정권 타도 시도, 거제도에 유배된 의종의 복위 시도

㉡ 조위총의 난: 서경 유수 출신, 다수의 농민 참여, 중앙 무신들에게 3년간 항거

㉢ 교종 승려의 난: 귀법사 · 흥왕사 등의 문벌 귀족과 연결되었던 교종 계통의 승려들의 반발

㉣ 망이 · 망소이의 난: 충남 공주 명학소, '소'에 대한 차별에 저항, 1년 반 지속, 충순현으로 승격

(2) 경대승

① 정중부 축출, 도방 사병 집단 설치

② 전주 관노의 난(죽동의 난): 가혹한 부역 동원(관선 제조 노역)에 반발

(3) 이의민

① 천민 출신 아버지는 소금장수, 어머니는 사찰 노비, 조위총의 난 진압, 의종 암살

② 김사미 · 효심의 난: 경상도의 운문과 초전, 연합 세력 형성, 이의민의 수탈에 저항, 신라 부흥 표방

3. 최씨 정권 1196~1258: 4대 60여 년, 최충헌 – 최우 – 최항 – 최의

(1) 최충헌

① 20여 년 집권: 명종(폐위) → 신종 → 희종(폐위) → 강종 → 고종

② 이의민 숙청 후 집권, 봉사 10조 최충헌이 명종에게 올린 개혁안 건의, 도방 부활 · 확대

③ 교정도감 설치: 국정 총괄 인사권, 재정권, 감찰권 등 행사, 장관인 교정별감은 최씨 정권의 집권자가 세습

④ 만적의 난: 개경, 최충헌의 사노비 출신, 신분 해방 시도, 사전 적발로 실패

⑤ 최광수의 난: 서경, 고구려 부흥 표방

(2) 최우(최이)

① 정방 설치: 최우의 사저에 설치, 모든 관직에 대한 인사권 장악, 고려 말까지 유지

② 서방 설치: 최우의 사저에 설치, 문인의 숙위 기구, 이규보 · 최자 등 등용

③ 삼별초 설치: 좌 · 우별초(수도의 치안 담당)+신의군(몽골 포로 출신)으로 구성, 사병적 기능도 담당

④ 몽골과의 전쟁 1231~1270: 몽골군의 1차 침입 후 강화도로 천도 → 『상정고금예문』, 『향약구급방』 편찬 → 팔만대장경 조판, 이연년의 난(전남 담양, 백제 부흥 표방)

(3) 무신정권 붕괴: 최의 피살 후 몽골과 강화 1259 → 김준~임유무 정권 붕괴 → 개경 천도 1270

보현원 사건

왕이 대장군 이소응으로 하여금 수박희를 시켰다. 이소응이 이기지 못하고 달아나려 하자 이때 한뢰가 갑자기 나서 이소응의 뺨을 때려 섬돌 아래로 떨어지게 하다. 왕과 여러 신하들이 손뼉을 치며 크게 웃었다. ··· 정중부가 "이소응이 비록 무관이나 벼슬이 3품인데 어찌 이렇게 심한 모욕을 주는가." 날카로운 소리로 한뢰를 꾸짖었다.
— 『고려사』 —

김보당의 난(정중부, 이의방, 이고 시기)

동북면 병마사 김보당이 동계에서 군사를 일으켜 정중부, 이의방을 치고 전왕(의종)을 복위시키고자 하였다. ··· 김보당은 장순석 등을 거제로 보내 전왕을 받들고 계림에 나와 살도록 하였다. ··· 이의방이 그들을 저자거리에서 죽였으며 모든 문관을 다 살육하였다.
— 『고려사』 —

조위총의 난(정중부, 이의방, 이고 시기)

조위총이 군사를 일으켜 ··· 동북 양계의 여러 성에 격문을 보내어 불러 말하기를, "소문을 들으니 서울에서는 중방에서 의논하기를 '북계에 가까운 여러 성에는 대체로 거세고 나쁜 사람들이 많으니 마땅히 가서 토벌해야 한다.'고 하고 군사를 이미 크게 동원하였으니, 어찌 가만히 앉아 있다가 스스로 주륙을 당하겠는가? 마땅히 각각 병마를 규합하여 속히 서경으로 나오라."라고 하였다. 이에 철령 이북의 40여 성이 와 호응하였다.
— 『고려사절요』 —

망이·망소이의 난(정중부, 이의방, 이고 시기)

우리 고향(명학소)을 현으로 올려 주고 수령까지 보내 백성을 위로하더니, (봉기 해산 후) 곧 군사를 보내 우리 고을을 치고 어머니와 아내를 잡아 가두니 이것은 무슨 까닭인가? 차라리 싸우다 죽을지언정 끝까지 굴복하지 않을 것이며, 반드시 개경까지 가고야 말겠다.
— 『고려사』 —

전주 관노의 난(경대승 시기)

명종 12년. 처음에 전주사록 진대유가 형벌을 가혹하게 집행하여 백성들이 매우 고통스러워했다. 기두 죽동 등 6인이 난을 일으켜서 관노와 많은 불순분자들을 불러 모아서 ··· 도내의 모든 병력을 동원하여 토벌에 나서자 반란적들은 성문을 닫고 굳게 지켰다. ··· 일품군 대정이 승려들과 함께 죽동 등 10여 인을 죽여서 반란이 평정되었다.
— 『고려사』 —

최충헌

적신 이의민은 성품이 사납고 잔인하여 윗사람을 업신여기고 아랫사람을 능멸하여 재앙의 불길이 성하여 백성이 살 수 없었습니다. 신 등이 단번에 쓸어버렸으니, 원컨대 폐하(명종)께서는 낡은 것을 개혁하고 새로운 정치를 도모하시기 바랍니다. 이에 삼가 열 가지 일을 조목으로서 아뢰나이다.

1. 새 궁궐로 들어갈 것. 2. 관원의 수를 줄일 것. 3. 선량한 관리를 임명할 것. 4. 관리가 빼앗은 토지를 돌려줄 것. 5. 관리의 사치를 금할 것. 6. 지방관의 공물 진상을 금할 것. 7. 탐관오리를 징벌할 것. 8. 대성 관리는 언론 임무를 다할 수 있는 자로 임명할 것. 9. 승려의 궁궐 출입과 고리대를 금할 것. 10. 비보사찰 이외의 사찰을 없앨 것

도방의 재설치(최충헌 시기)

충헌은 스스로 방자함을 알고 불의의 변이 일어날까 두려워하며 문·무관과 한량·군졸로서 강하고 힘 있는 자는 모두 불러들여 6번으로 나누어 날마다 교대로 자기 집을 숙직케 하고는 이를 도방이라 불렀는데, 출입할 때에는 6번 모두가 옹위하여 마치 전진에 나가는 것 같았다.
— 『고려사』 —

만적의 난(최충헌 시기)

경계의 난(무신정변+조위총의 난) 이래로 고관이 천민과 노비에서 많이 나왔으니 왕후와 장상이 어찌 씨가 따로 있으랴. 때가 오면 누구나 할 수 있는 것이다. 우리만 어찌 근골을 수고롭게 하며 매질 밑에서 곤욕을 당해야만 하는가? 주인을 죽이고 노비 문서를 불살라서 삼한으로 하여금 천민이 없게 하면 공경장상은 모두 우리가 얻어야 할 것이다.
— 『고려사』 —

무신 정권기의 문신 상황

나는 시골에서 쓸쓸히 지내니 / 세파의 곤궁함을 어찌 견디리.
목메고 한번 나가고 싶으니 / 부디 도와주시면 얼마나 좋겠소.
— 이규보, 『동국이상국집』 —

정방 설치

최충헌은 임금을 폐하고 세우는 것을 자기 마음대로 하였으며, 항상 조정 안에 있으면서 자기 부하들과 함께 가만히 정안을 가지고 벼슬을 내릴 후보자로 자기 당파에 속하는 자를 추천하는 문안을 작성하고, 승선이라는 벼슬아치에게 주어 임금께 아뢰게 하면 임금이 어쩔 수 없이 그대로 쫓았다. 그리하여 최충헌의 아들 우(후에 이), 손자 항, 항의 아들 의의 4대가 정권을 잡아 그런 관행이 일반화되었다. ··· 그들이 모이는 곳을 정방이라 한다. 이것은 조정 안에서 사사로이 부르는 칭호이다.
— 이제현, 『역옹패설』 —

삼별초
처음에 최우가 도적이 많은 것을 근심하여 용사를 모아 매일 밤 순행하여 폭행을 막게 하였는데 이로 인하여 야별초라 이름하였다. 도적이 여러 도에서 일어남에 따라 별초를 분견하여 잡도록 하였는데, 그 군사가 너무 많아져 드디어 나누어 좌·우(별조)로 삼았다. 또 몽고로부터 노략하여 온 자를 그 일부로 삼아 신의라 불렀으니, 이것이 삼별초이다.

무신 집권 시기의 농민의 생활
한평생 일해서 벼슬아치 섬기는 이것이 바로 농사꾼이다.
누더기로 겨우 살을 가리고 온 하루 쉬지 않고 밭을 가노라
볏모가 파릇파릇 자랄 때부터 몇 번을 가꾸어 이삭이 맺었것만
아무리 많아야 헛배만 불렀지, 가을이면 관청에서 빼앗아 가는 걸.
남김없이 몽땅 빼앗기고 나니, 내 것이라곤 한 톨도 없어
풀뿌리를 캐어 목숨을 이어 가다가, 굶주려 마침내 쓰러지고 마는구나.

—이규보, 『동국이상국집』—

개념더하기

- 무신 정권기의 봉기
  - 무신정권 반대(정중부, 이의방, 이고 시기): 김보당의 난, 조위총의 난, 교종 승려의 저항
  - 조세 수탈 저항: 망이·망소이의 난(정중부, 이의방, 이고 시기), 전주 관노의 난(경대승 시기), 김사미·효심의 난(이의민 시기)
  - 신분 해방 운동: 만적의 난(최충헌 시기)
  - 삼국 부흥 운동: 김사미·효심의 난(이의민 시기, 신라 부흥 추구), 이비와 패좌의 난(최충헌 시기, 신라 부흥 추구), 최광수의 난(최충헌 시기, 고구려 부흥 추구), 이연년의 난(최우 시기, 백제 부흥 추구)
- 무신 정권의 특징
  - 왕권 약화(명종, 신종, 희종, 강종, 고종, 원종): 중방과 교정도감을 중심으로 국정 운영
  - 전시과 체제 붕괴: 지배층의 농장 확대
  - 백성에 대한 수탈 강화 → 농민의 저항 운동 활발
  - 신분제 동요: 하층민 출신으로 권력자에 오른 자 발생에 따름(이의민 등)
  - 지눌·요세의 신앙 결사 운동: 문벌 귀족 시기의 불교 타락을 개혁하고자 전개한 불교 정화 운동

02 고려의 대외 관계

1 대외 항쟁

1. 고려 초

(1) 중국: (태조) 당 멸망 후 5대 10국의 혼란기 → (광종) 송 건국

(2) 북방: 거란족의 요 건국, 여진족이 고려를 부모의 나라로 섬김

(3) 고려의 대외 정책: 친송 정책(경제·문화적 목적), 대거란 강경책(태조의 만부교 사건, 정종의 광군 조직)

2. 거란(요)의 침입: 성종~현종

(1) 성종, 1차 침입993: 거란 소손녕과 고려 서희의 외교 담판 → 강동 6주 확보(압록강까지 확장)

(2) 현종, 2차 침입1010: 강조의 정변을 구실로 침입, 거란 성종의 개경 함락으로 현종의 나주 피난 → 양규의 반격 → 고려왕의 친조를 조건으로 퇴각 → 초조대장경 조판 시작

(3) 현종, 3차 침입1019: 고려 국왕의 친조 불이행과 강동 6주 반환 거부를 구실로 소배압이 거란군을 이끌고 침입 → 강감찬의 흥화진 전투와 귀주 대첩 승리 → 개경에 나성 축조, 천리장성 축조(압록강~도련포 연결, 덕종~정종), 송-요-고려의 세력 균형, 거란과의 무역(각장 설치), 거란의 대장경 수입

3. 여진(금)의 침입

(1) 숙종: 완옌부의 여진족 통합 → 고려와 충돌 → 윤관의 별무반 조직(신기군, 신보군, 항마군)

(2) 예종: 윤관의 동북 9성 축조(척경입비도에 기록) → 1년 만에 반환 방어의 어려움 때문 → 금 건국

(3) 인종, 이자겸: 금의 사대 요구 수용

사료더하기

서희의 외교 담판
소손녕이 말하기를, "당신의 나라는 옛 신라 땅에서 건국하였고, 고구려의 옛 땅은 우리(거란)에 소속되었는데 어째서 당신들이 침범하였는가? 또 우리와는 국경이 인접되어 있으면서 바다를 건너 송나라를 섬기고 있는 까닭에 이번에 정벌하게 된 것이다."고 하니 서희가 말하기를, "그렇지 않다. 우리나라(고려)는 바로 고구려의 후계자이다. 그러므로 나라 이름을 고려라고 부르고 평양을 국도로 정하였다. … 조빙이 통하지 않는 것은 여진 때문이니, 우리의 옛 영토를 돌려주어 성과 보루를 쌓고 도로를 통하게 해준다면 어찌 감히 조빙을 잘 하지 않겠는가?"하였다.　　　　　－「고려사」－

금 사대 요구 반대
윤언이(윤관의 아들)가 홀로 간쟁하여 말하기를 … 여진은 본래 우리나라 사람들의 자손이기 때문에 신하가 되어 차례로 우리 임금께 조공을 바쳤고, 국경 근처에 사는 사람들은 모두 우리 조정의 호족에 올라있는 지 오래 되었습니다. 우리 조정이 어찌 거꾸로 그들의 신하가 될 수 있겠습니까?　　　　　－「윤언이 묘지명」－

이자겸의 대금 정책
이자겸과 척준경이 말하였다. "옛날의 금은 소국으로 거란과 우리를 섬겼다. 하지만 갑자기 강성해져서 거란과 송을 멸망시키고 정치적 기반을 굳건히 함과 동시에 군사력을 강화하였다. … 작은 나라가 큰 나라를 섬기는 것은 성왕의 법도이다. 마땅히 먼저 사대를 보내어 예를 닦는 것이 옳다." 이에 인종이 건의를 받아들였다.　　　　　－「고려사절요」－

개념더하기

- 각장: 고려와 거란·여진족 등 북방민족 사이의 교역을 위해 설치된 무역장. 고려의 금·은·동·종이·먹·공예품과 거란의 가축류 등을 거래
- 척경입비도: 윤관이 9성을 개척하고 비석을 세우는 장면을 그린 그림

4. 몽골의 침입: 최씨 정권~무신 정권 말기

(1) 몽골과의 전투
① 배경: 13세기 초 칭기즈칸의 몽골족 통일 → 강동의 역(몽골과 고려가 거란군 격퇴) → 몽골의 공물 요구

② 1231, 1차 침입: 몽골이 저고여 피살 사건을 구실로 침략 → 귀주성 전투(박서 활약, 4개월 저항, 임기응변 탁월), 충주성 전투(지광수 지휘, 노군과 잡류별초의 활약) → 몽골과 강화 → 몽골의 다루가치(감독관) 파견, 최우의 강화 천도(해도입보)

③ 1232, 2차 침입: 몽골 살리타의 침입 → 처인성 전투(승려 김윤후와 처인 부곡민의 활약, 처인현으로 승격), 『초조대장경』과 『교장』 소실

④ 1235, 3차 침입: 강화도에서 팔만대장경 조판 시작, 황룡사 9층 목탑 소실

⑤ 1253, 5차 침입: 충주성 전투(방호별감 김윤후와 관노의 활약, 노비 문서 소각하여 사기 진작)

⑥ 1254, 6차 침입: 충주 다인철소의 활약(익안현으로 승격)

(2) 전쟁 후반
① 1258, 최의 피살로 최씨 정권 붕괴, 몽골이 화주에 쌍성총관부 설치

② 1259, 몽골과의 강화: 고려 태자훗날 원종와 원 쿠빌라이훗날 칸에 즉위의 합의, 고려의 독립국 지위 유지(세조 구제)

③ 1270, 임유무 피살로 무신 정권 붕괴 → 개경 환도

④ 1270~1273, 삼별초의 저항: 환도 거부, 강화도(배중손 지휘, 왕족 승화후 온을 왕으로 옹립) → 진도(용장산성 축조, 배중손 피살) → 제주도(김통정 지휘, 항파두리성 축조) 이동, 여·원 연합군에 의해 진압 → 몽골의 탐라총관부 설치

5. 홍건적과 왜구의 침입: 공민왕~창왕

(1) 홍건적
① 1차, 공민왕: 서경 침입, 이방실의 격퇴

② 2차, 공민왕: 개경 함락, 왕의 복주경북 안동 피난 ※ 안동 놋다리 밟기 기원, 정세운·이방실·최영·이성계 등 활약

(2) 왜구
① 우왕: 최무선의 화통도감 설치, 최영의 홍산 대첩, 나세와 최무선의 진포대첩(세계 최초 화포 사용), 이성계의 황산대첩(전남 남원, 아기발도 제거), 정지의 관음포 해전(함포 해전)

② 창왕: 박위의 쓰시마 정벌

(3) 첨설직 설치, 신흥 무인 세력의 성장

> **개념더하기**
>
> - 해도입보(海島入保): 최우 정권은 강화천도와 더불어 각 도에 사신을 보내 백성들을 산성과 섬으로 이주시키는 조치 실시
> - 저고여 피살 사건: 공물 요구를 위해 고려에 왔던 몽골 사신 저고여가 귀국하던 길에 압록강가에서 피살된 사건, 이를 계기로 고려-몽골 간 형제맹약이 파기됨
> - 노군: 관청에서 사역하는 공노비를 주축으로 결성된 부대
> - 잡류: 관청에서 기술직에 종사하거나 관인을 보필하는 일종의 잡역을 담당하던 사람들
> - 세조 구제: 원의 세조(쿠빌라이칸)가 고려의 의관과 풍속을 고치지 않겠다고 한 옛 약속 또는 불개토풍(不改土風, 의관은 본국의 풍속을 따르며 고치지 않는다)이라고 함
> - 산관(散官): 일정한 직무 없이 관품만 보유하고 있는 관리
>   - 검교직: 성종 때 설치, 문반 5품 이상과 무반 4품 이상에게 주어진 임시 특별직
>   - 동정직: 성종 때 설치, 문반 6품 이하와 무반 5품 이하에게 주어진 임시 특별직, 일종의 임용대기자
>   - 첨설직: 공민왕 때 설치, 홍건적과 왜구의 격퇴에 공이 있는 자에게 물질적 보상 대신 관직을 제수함

해도입보

유승단이 "성곽을 버리며 종사를 버리고, 바다 가운데 있는 섬에 숨어 엎드려 구차히 세월을 보내면서, 변두리의 백성으로 하여금 장정은 칼날과 화살 끝에 다 없어지게 하고, 노약자는 노예가 되게 함은 국가를 위한 좋은 계책이 아닙니다."라고 반대하였다. ─『고려사』─

이규보의 시 속에 기록된 대몽 항쟁

오랑캐들이 아무리 완악하다지만 어떻게 이 물을 뛰어 건너랴.
저들도 건널 수 없음을 알기에 와서 진 치고 시위만 하네. …
저들도 마땅히 저절로 물러가리니 나라가 어찌 갑자기 끝나겠는가.

몽골과의 전쟁 때 백성들의 활약

• 처음 충주 부사 우종주가 매번 문서 처리에 있어서 판관 유홍익과 틈이 있었는데, 몽골병이 장차 쳐들어온다는 말을 듣고 성 지킬 일을 의논하였다. 그런데 의견 차이가 있어 우종주는 양반 별초를 거느리고, 유홍익은 노군과 잡류 별초를 거느리고 서로 시기하였다. 몽골병이 오자, 우종주와 유홍익은 양반 등과 함께 성을 버리고 다 도주하고, 오직 노군과 잡류만이 힘을 합하여 이를 격퇴하였다.

• 김윤후가 충주 방호별감으로 있을 때 몽골군이 쳐들어와 충주성을 70여 일 동안 포위하자 비축해 둔 군량이 바닥났다. 김윤후가 "힘을 다해 싸운다면 귀천을 불문하고 모두 관작을 줄 것이니 너희들은 나를 믿으라"고 설득한 뒤 관노 문서를 가져다 불살랐다. 이에 사람들이 모두 죽음을 무릅쓰고 적에게로 돌진하니 몽골의 기세가 꺾였다.

• 익안현은 충주의 다인철소인데, 주민들이 몽골의 침입을 막는 데 공이 있어 현으로 삼아 충주의 속현이 되었다.

팔만대장경

• 심하도다. 달단(몽골군)이 환란을 일으킴이여! 그 잔인하고 흉포한 성품은 … 이 때문에 그들이 경유하는 곳마다 불상과 범서(초조대장경)를 마구 불태워 버렸습니다.

• 현종 2년에 거란 군주가 크게 군사를 일으켜 와서 정벌하자 … 현종은 여러 신하와 함께 더할 수 없는 큰 서원을 발하여 대장경 판본을 판각해 이룬 뒤에 거란 군사가 스스로 물러갔습니다. 그렇다면 대장경도 한가지고, 전후 판각한 것도 한가지고, 군신이 함께 서원한 것도 또한 같은데, 어찌 그때에만 거란 군사가 스스로 물러가고 지금의 달단(몽골군)은 그렇지 않겠습니까? ─『동국이상국집』─

삼별초

김방경이 흔도, 홍다구와 함께 전라도의 배 160척과 수군 및 육군 10,000여 인을 지휘하여 탐라에 도착하였고, 적과 싸워서 죽이거나 노획한 자가 매우 많아서 적의 무리가 크게 궤멸되었다. ─『고려사』─

세조 구제

첫째, 옷과 머리에 쓰는 관은 고려의 풍속을 유지하고 바꿀 필요가 없다.
둘째, 사신은 오직 원 조정이 보내는 것 이외에는 모두 금지한다.
셋째, 개경으로 다시 돌아가는 것은 힘이 되는대로 시행한다.
넷째, 압록강 둔전과 군대는 가을에 철수한다.
다섯째, 이전에 보낸 다루가치는 모두 철수한다.
여섯째, 몽골에 자원해 머문 사람들은 조사하여 모두 돌려보낸다.

홍건적의 침입

10년 자칭 평장인 반성·사유·관선생·주원수 등이 십만여 명이나 되는 무리를 이끌고 압록강을 건너 삭주를 노략질하였다. … 왕이 복주에 도착하여 정세운을 총병관으로 삼아 교서를 내려 파견하였다. ─『고려사』─

1 원 간섭기

1. 주요 변화

원 직속령 설치	• 쌍성총관부 설치: 화주에 위치, 철령 이북 관할, 고종 때 설치, 공민왕 때 반환
	• 동녕부 설치: 서경에 위치, 자비령 이북 관할, 원종 때 설치, 충렬왕 때 반환
	• 탐라총관부 설치: 충렬왕 때 반환
원의 부마국	고려왕과 원 공주의 결혼, 왕자의 원나라 생활
중조	고려 국왕은 중간에 폐위되었다가 다시 복위하기를 반복함
일본 원정	충렬왕, 원의 요구로 2차례 참여, 군사와 각종 물자 징발, 실패 이후에도 정동행성 유지
내정 간섭	• 다루가치감찰관 파견: 몽골의 1차 침입 후~충렬왕
	• 정동행성 설치: 내정 간섭기구, 사법기관으로 이문소 설치, 단 수장인 승상은 고려왕이 맡음
	• 순마소 설치: 반원 인사 색출과 개경 치안 담당
	• 만호부 설치: 군사 기구
관제 격하	• 왕실 등 호칭 격하: 조·종 → 왕(충○왕), 폐하 → 전하, 태자 → 세자, 짐 → 고
	• 2성 6부를 1부 4사로 축소: 중서문하성과 상서성 → 첨의부, 6부 → 4사, 중추원 → 밀직사
	• 도평의사사의 국정 총괄: 충렬왕 이후 도병마사를 도평의사사로 개편함, 도당이라 불림
수탈	• 공녀 차출: 결혼도감 설치, 왕족~일반 양인 여성 대상, 조혼 유행
	• 각종 공물 징발, 응방 설치(사냥용 매 사육, 해동청)
풍속 교류	• 몽골풍: 변발·몽골 의복(호복, 철릭)·족두리·은장도·설렁탕·소주 등이 고려에서 유행, 몽골어가 중상류층을 중심으로 유행
	• 고려양: 고려의 두루마기·고려병(떡)·나전 칠기 제품 등이 몽골에서 유행
권문세족 형성	• 대표적 인물: 기씨 집안(기황후), 윤수(응방 관리), 조인규(역관, 재상지종에 포함), 유청신(몽골어 능통), 인후(충렬왕 왕비의 겁령구)
	• 정치적: 음서로 관직 진출, 도평의사사(도당) 장악
	• 경제적: 대농장 소유, 농민의 노비화, 이들의 불법적인 행위를 시정하기 위하여 원종·충렬왕·공민왕 대에 전민변정도감을 임시적으로 운영
	• 친원적: 원의 내정 간섭에 동조
	• 사상적: 불교

> **사료더하기**
>
> 정동행성
> 정동행성의 총파가 보고하기를, "이 달 26일에 모든 군대가 일기도(이끼도)를 향하여 출발하였는데 홀로물탑의 선군(船軍) 113명과 뱃사공 36명이 풍랑을 만나 행방불명되었습니다."라고 하였다. 낭장 유비를 보내 원(元)에 보고하였다.
> – 「고려사」 –
>
> 공녀
> 왕씨의 딸을 찾아 바치라는 황제의 명이 있었는데, 그 딸이 뽑혀 들어갔다. … 딸이 멀리 가게 되자, 옹주가 근심하고 번민하다가 병이 생겼다.
> – 「수령 옹주의 묘지석」 –

> **개념더하기**
>
> 겁령구: 원나라의 공주를 따라온 공주의 사속인(私屬人)

2. 원 간섭기의 국왕

충렬왕 25대, 1274~1298, 1298~1308	• 도평의사사(도당) 설치: 도병마사를 상설화하여 국정 총괄 • 여·원의 일본 원정: 정동행성·순마소·만호부 설치 • 동녕부·탐라총관부 지역 수복, 다루가치 폐지 • 관학 진흥: 안향의 건의로 섬학전 마련(양현고의 부실을 보충하기 위한 장학 기금), 문묘 건립, 국자감을 국학으로 변경 • 박유의 처첩제(1처 1첩) 건의 • 일연의 『삼국유사』, 이승휴의 『제왕운기』 편찬, 안향의 성리학 수용
충선왕 26대, 1298, 1308~1313	• 1차 즉위: 정방 폐지, 사림원 설치(신진 관료 등용, 개혁 추진), 조비 무고 사건으로 퇴위 • 2차 즉위 　– 복위교서 발표: 개혁 정치 표명, 왕실의 근친혼 금지(재상지종 15가문 명시) 　– 입성책동 저지: '고려를 원의 지방행정 구역으로 편입시키자'는 주장 저지 　– 국자감 명칭 변경: 국자감(성종) → 국학(충렬왕) → 성균감, 성균관(충선왕) 　– 원의 수시력 도입 　– 소금 전매제(각염법) 실시: 의염창 설치해서 국가가 소금 판매, 국가 재정 확충 시도 　– 전지 정치 실시: 원에 머물며 문서를 통해 국정을 운영 • 양위 후: 원에 만권당 설치 → 고려와 원 학자 교류(이제현과 조맹부), 성리학 도입에 공헌 • 최초의 심양왕 　– 심양왕: 요동과 만주 지역을 다스리는 왕, 명예직 　– 충선왕은 고려왕을 아들에게, 심양왕은 조카에게 넘겨줌 → 고려 말 혼란 야기
충숙왕 27대, 1313~1330, 1332~1339	• 찰리변위도감 설치: 권문세족이 불법 취득한 토지 반환과 노비 해방 시도 • 민지의 『본조편년강목』 편찬: 태조의 3대조~고종 기록, 최초의 강목체 사서
충목왕 29대, 1344~1348	정치도감 설치: 개혁 시도, 신진 사대부 참여
충정왕 30대, 1348~1351	이암의 『농상집요』 전래

사료더하기

충선왕의 재상지종 언급
이제부터는 만약 종친 중에서 동성(同姓)과 혼인하는 일이 있다면 이는 (원 세조의) 성지를 위반하는 것으로 죄를 논할 것이니, 마땅히 대대로 재상을 지낸 가문의 딸과 혼인할 것이며 재상들의 아들이라야 종실의 딸들과 결혼할 수 있을 것이다. 그러나 만약 그 집안이 한미하다면 이 제한에 구애받지 않는다.
ㅡ『고려사』ㅡ

입성책동에 대한 이제현의 반대
지금 들으니 원나라 조정에서 우리나라에 행성(行省)을 설치하여 중국의 다른 지방과 같은 행정 구역으로 만든다고 합니다. 만일 그것이 사실이라면 우리나라의 공로는 막론하고라도 세조(쿠빌라이칸) 황제의 조서는 어떻게 할 것입니까? … 폐하의 조서는 실로 온 세상 사람의 복인데 유독 우리나라의 일에 대해서만 세조 황제의 조서를 따르지 않을 수 있겠습니까? …
ㅡ『고려사』ㅡ

충선왕의 만권당 건립
충숙왕 1년에 황제가 왕(충선왕)을 원나라 수도에 머물도록 명을 내리니 왕이 연경에 있는 사택 안에 만권당을 짓고 당시의 저명한 학자들인 염복·요수·조맹부·우집 등을 초청하여 교유하며 학문을 연구하는 것으로 즐거움을 삼았다.
ㅡ『고려사』ㅡ

개념더하기

• 조비 무고 사건: 충선왕의 원 출신 왕비 계국대장공주가 다른 왕비인 조비를 시기하여 조비가 자기를 저주했다고 원나라에 무고한 사건
• 원 간섭기의 개혁 실패 원인
　– 개혁의 대상이었던 권세가들은 대부분 원과 밀접한 관계를 맺고 있음
　– 정치 세력의 빈번한 교체로 개혁 추진 세력이 미약함

2 공민왕 31대, 1351~1374

1. 개혁 정치

(1) 반원 자주 대체적으로 집권 초반

① 원·명 교체기: 한족의 명 건국으로 원 약화

② 변발과 호복 금지, 2성 6부제 복구(관제 복구), 정동행성 이문소 폐지, 기철과 친원파 숙청, 쌍성총 관부 폐지(쌍북면병마사 유인우와 토착 세력가 이자춘 수복, 설령 이북 수복), 원 연호 사용 중단과 명 연호 사용, 명 대통력 도입

③ 요동 동녕부 공격: 요동을 기반으로 한 친원 세력 제거 시도, 이성계 파견, 일시적으로 요동 점령

(2) 왕권 강화 집권 후반

① 정방 폐지

② 전민변정도감 설치: 신돈 주관, 권문세족의 경제 기반을 약화

③ 성균관 부흥: 유학 교육만 담당케 함, 이색(성균관 대사성)·정몽주·정도전 등 신진 사대부 등용

(3) 기타

① 승려 보우 등용: 공민왕의 왕사, 임제종 수용

②「천산대렵도」제작

③ 문익점의 목화씨 도입

④ 첨설직 설치 외적 격퇴에 공이 있는 사람 대상

2. 개혁 실패 원인

대외적	홍건적집권 초, 2회 침입과 왜구의 침입으로 사회 혼란
대내적	• 권문세족의 반발, 개혁을 추진하는 신진 사대부의 세력 미약 • 1363, 흥왕사의 변: 김용이 공민왕 암살을 시도, 정세운과 이방실 등 피살 • 1363, 원이 덕흥군을 앞세워 고려왕 교체를 시도 • 1365, 노국대장 공주 사망으로 개혁 동력 상실 • 1374, 홍륜과 최만생의 쿠데타로 왕 피살

> **사료더하기**
>
> **변발 금지**
> 왕이 변발을 하고 호복을 입고 전상에 앉아 있었다. 이연종이 간하려고 문밖에서 기다리고 있었더니, 왕이 사람을 시켜 물었다. 이연종이 말하기를 … "변발과 호복은 선왕의 제도가 아니오니, 원컨대 전하는 본받지 마소서."
>
> **이성계의 요동 공격**
> 우리 태조(이성계) 및 지용수 등이 의주에 이르러서 뜬 다리를 만들어 압록강을 건넜는데 … 나아가 요성(遼城)을 습격하였다. … 여러 성들도 모두 항복했으므로 항복 받은 민호가 1만을 넘었다. 그리하여 동으로 황성에, 북으로 동녕부에, 서로 바다에, 남으로 압록에 이르기까지 이 일대가 텅 비게 되었다.　　　　　　　　－「고려사절요」－
>
> **전민변정도감**
> 전국에 방을 붙여 알리길, "(백성이) 대대로 지어 내려오는 땅을 힘 있는 집이 빼앗고, 또는 이미 토지 주인에게 주라고 판결을 내린 것도 그대로 가지며, 또는 백성을 노비로 삼았다. … 이제 전민변정도감을 두어 이를 바로잡으려 하니, 서울은 15일, 각 도는 40일 이내로 그 잘못을 알고 스스로 고치는 자는 죄를 묻지 않을 것이다."라고 하였다. 이 명령이 나오자 권세가와 힘 있는 자들이 빼앗은 많은 땅을 그 주인에게 돌려주므로 모든 사람이 기뻐하였다.　　　　　－「고려사」－
>
> **공민왕 시기의 성균관**
> 성균관을 다시 짓고 이색을 대사성으로 삼았다. … 이색이 다시 학칙을 정비하고 매일 명륜당에 앉아 경을 나누어 수업하였다. 이에 학자들이 모여들고 서로 보고 느끼게 되면서 성리학이 비로소 흥기하였다.

3 고려 말

1. 우왕32대, 1374~1388

(1) 이인임 집권: 양단 외교(북원·명과 교류) 실시로 신진 사대부와 갈등, 백성 수탈 심화, 조반 사건 계기로 최영과 이성계에게 축출당함

(2) 왜구 침입 최고조
① 최영의 홍산 대첩(충남 공주), 최무선의 화포 발명과 화통도감 설치, 나세와 최무선의 진포대첩(세계 최초 화포 사용), 이성계의 황산대첩(전남 남원, 아기발도 제거), 정지의 관음포 해전(함포 해전)
② 남경으로 일시 천도

(3) 『직지심체요절』 편찬: 청주 흥덕사, 현존 세계 최고(最古)의 금속 활자본

(4) 폐위: 명의 철령위 설치 통보 → 최영은 요동 정벌 시도, 이성계는 4불가론 주장 → 고려의 요동정벌군 편성 → 이성계의 위화도 회군으로 최영 축출·우왕 폐위

2. 창왕33대, 1388~1389

(1) 박위의 쓰시마 섬 토벌

(2) 이성계가 폐가입진을 내세우며 창왕을 폐위

3. 공양왕34대, 1389~1392

(1) 신진 사대부의 분열
① 온건파 사대부: 정몽주·이색 중심, 점진적 개혁 추진, 전면적인 토지제도 개혁 반대(일전일주론 주장), 고려 전기의 제도 회복 시도
② 급진파 사대부: 정도전·조준 중심, 역성혁명 추진, 전면적인 토지제도 개혁 주장(사전혁파론 주장)

(2) 삼군도총제부 설치(이성계의 군권 장악) → 1391 **급진파의 과전법 실시** 권문세족의 토지를 몰수하여 신진 사대부에게 지급 → 1392 **개경 선죽교에서 정몽주 피살** → 선양의 형식으로 공양왕 퇴위

> **사료더하기**
>
> 황산대첩
> 운봉을 넘어온 이성계는 적장 가운데 나이가 어리고 용맹한 아기발도를 사살하는 등 선두에 나서서 전투를 독려하여 아군보다 10배나 많은 적군을 섬멸하였다. 이 싸움에서 아군은 1,600여 필의 군마와 여러 병기를 노획하였고, 살아 도망간 자는 70여 명 밖에 없었다고 한다. – 『고려사』 –
>
> 이성계의 4불가론
> 첫째, 작은 나라가 큰 나라를 거스르는 일은 옳지 않으며,
> 둘째, 여름철에 군사를 동원하는 것은 부적당하고,
> 셋째, 요동을 공격하는 틈을 타서 남쪽에서 왜구가 침범할 우려가 있으며,
> 넷째, 무덥고 비가 많이 오는 시기라 활의 아교가 녹아 무기로 쓸 수 없고, 병사들도 전염병에 걸릴 염려가 있다.

> **개념더하기**
>
> • 조반 사건: 염흥방의 가노 이광이 조반의 땅을 빼앗자 조반이 이광을 죽임. 사실이 드러나는 것을 두려워한 염흥방 세력은 조반이 역모를 꾀했다고 거짓 보고를 했으나 결국 최영에 의해 사태가 수습됨. 이 사건을 계기로 이인임·임견미·염흥방 등이 숙청당함
> • 폐가입진: 가왕(假王)을 몰아내고 진왕(眞王)을 세운다는 말. 우왕과 창왕을 공민왕의 후손이 아닌 신돈의 후손으로 봄
> • 일전일주론: 한 땅에 한 명의 수조권자를 두자는 주장

CHAPTER 02 고려의 제도

01 중앙 정치 제도

1. 2성 6부제: 당의 3성 6부제 수용

중서문하성 (재부)	최고 정책 결정 기구, 문하시중(종1품, 국정 총괄)·재신(2품 이상, 정책 결정)·낭사(3품 이하, 정책 비판)로 구성, 원 간섭기에 첨의부로 개편
상서성	• 집행 기구, 상서성 아래에 6부(이부, 병부, 호부, 형부, 예부, 공부)를 둠 • 6부 : 판사(2품 이상, 재신의 겸직)·상서(3품, 각 부의 장관)·시랑(4품, 각 부의 차관) 등으로 구성
중추원 (추부)	군사 기밀과 왕명 출납 담당, 송 제도 모방, 중서문하성과 더불어 양부로 불림, 추밀(2품 이상, 군사 기밀 담당)·승선(3품, 왕명 출납)으로 구성, 원 간섭기에 밀직사로 개편
어사대	관리 감찰과 풍기 문란 행위 단속, 통일 신라의 사정부·발해의 중정대·조선의 사헌부와 유사
삼사	화폐와 곡식의 출납에 대한 회계 담당, 송 제도 모방
한림원	왕의 교서 및 외교 문서 담당

2. 재추 회의

(1) **도병마사**: 국방 문제 담당하는 임시 기구, 충렬왕 때 도평의사사로 개편되어 국정 전반을 담당

(2) **식목도감**: 법·시행 규정을 제정하는 임시 기구

(3) **중서문하성의 재신과 중추원의 추밀 참여**: 귀족 합의제로 운영, 고려의 독자적인 정치 기구

3. 관료

(1) **문산계**(문반·무반 대상, 18품 29계로 구분)**와 무산계**(향리·노병[老兵]·탐라 왕족·여진 추장 대상, 1~9품 제수)**로 구분**

(2) **재추 중심**: 2품 이상의 관리는 중서문하성·6부·도병마사의 고위직 겸직, 귀족 정치의 성격이 강함

(3) **대간(대성)의 서경·간쟁·봉박 행사**: 어사대의 관원과 중서문하성의 낭사 대상, '언관'으로 불림

> **사료더하기**
>
> 도병마사
> 국가가 도병마사를 설치하여 시중·평장사·참지정사·정당문학·지문하성사로 판사를 삼고, 판추밀 이하로 사(使)를 삼아, 큰일이 있을 때 회의하였기 때문에 합좌라는 이름이 붙게 되었다. 그런데 이는 한 해에 혹 한 번 모이기도 하고 여러 해 동안 모이지 않기도 하였다.
>   – 『역옹패설』 –

> **개념더하기**
>
> • 서경: 관리 임명, 법령 개정이나 폐지 등에 동의하는 권한   • 간쟁: 왕의 잘잘못을 논함
> • 봉박: 잘못된 왕의 명령을 시행하지 않고 되돌릴 수 있는 거부권

02 지방 행정 제도

1. 정비 과정

(1) **태조**: 세금 징수 때 금유 · 조장 · 전운사 파견, 사심관 파견, 기인 제도 실시

(2) **성종**

① 12목 설치_{상근직 지방관 첫 파견}, 경주를 동경으로 개칭(3경 마련: 개경 · 서경 · 동경)

② _{수도} **개성부 설치**: 개경과 경기 지역의 행정 담당

③ _{향리직} 호장 · 부호장 이하의 직렬 구분=_{향직 정비}, 상층 향리에게 무산계 부여

(3) **현종**

① 5도 양계 4도호부 8목 확립=_{지방 행정 조직 정비 완료}

② _{수도} 개성부 폐지, 경중 5부와 경기 12현으로 개편

③ _{향리직} 정원제와 공복제 마련, 주현공거법 실시(계수관시 실시)

(4) **문종**

① 풍수지리설 영향 → 한양을 남경으로 승격(3경: 개경, 서경, 남경), 서경기 4도 설치

② _{수도} 개성부 재설치

③ _{향리직} 향리의 9단계 승진 규정 마련

(5) **예종**: 감무 파견으로 속군 · 속현 감소 ※ 감무: 조선에서는 6품 현감으로 개칭

2. 3원적 운영

(1) **5도**: 서해도+교주도+양광도+전라도+경상도

① 일반 행정 구역

② 도(안찰사 파견: 5~6품, 상주 ×, 6개월 순찰)−주 · 군 · 현(각 지사 · 지사 · 현령 파견)−촌

(2) **양계**: 북계+동계

① 군사 행정 구역_{국경선 인근에 위치}

② 계(병마사 파견: 3품, 군권과 행정권 행사)−주 · 군 · 현 · 진(무장 도시, 진장 파견)−촌

(3) **경기**: (성종) 개성부 설치하여 개경과 경기 행정 담당 → (현종) 개성부를 경중 5부와 경기 12현 분리 → (문종) 개성부 재설치 → (원종) 경기 8현으로 축소

(4) **특별 행정 구역**

① 3경: 풍수지리설 영향, (성종) 개경 · 서경_{평양} · 동경_{경주} → (문종) 개경 · 서경 · 남경_{한양}

② 도호부: 군사적 요충지에 설정한 거점 지역, (성종) 5도호부 → (현종) 4도호부

③ 목: 5도에 설치한 행정 중심 지역, (성종) 12목 → (현종) 8목

④ 계수관 파견

㉠ 계수관: 경 · 도호부 · 목과 같은 대읍의 지방관

㉡ (고려 초) 주변의 군현을 관할 → (5도 양계 확립 후) 계수관의 위상이 낮아짐

> **개념더하기**
> • 주현공거법: 주 · 군 · 현+바칠 공+선출할 거, 주현 단위로 인재를 선출해 서울에 올림. 즉 향리 자제의 과거 응시 허용
> • 서경기 4도: 서경에 좌우 궁궐을 설치하고 그 일대의 행정구역을 개편함. 풍수지리설을 이용해 국력을 강화하려는 의도에서 비롯됨

3. 지방 제도의 특징

(1) 주현과 속현

① 주군, 주현: 지방관이 파견된 지역, 속현에 비해서 그 수가 적음, 주현의 관리가 속현까지 관할

② 속군, 속현, 향·부곡·소: 주현의 관리와 향리에 의해 통치 → 예종 때 감무 파견으로 속현 감소

(2) 향·부곡·소(특수 행정 구역)

① 하층 양인 집단 거주

② 향·부곡: 농민 거주, 국·공유지 경작

③ 소: 금·은·동·철·종이·도자기 등 공납품을 만들어 국가에 바침

④ 차별 대우: 이주 불가능, 일반 군현에 비해 조세와 국역 부담 큼, 과거 응시 불가

⑤ 무신 정권기 이후 일반 군·현으로 승격: 공주 명학소(→ 충순현, 망이·망소이의 난 계기), 용인 처인 부곡(→ 처인현, 몽골 2차 침입 계기), 충주 다인철소(→ 익안현, 몽골 6차 침입 계기)

(3) 향리의 실질적 지방 통치

① 조세·공물 징수·역 징발 등 담당: 외역전 지급, 직위 세습

② 향직의 구분

　　㉠ 호장, 부호장: 다른 향리를 지휘, 손자까지 문과 응시 가능(→ 문벌귀족과 신진 사대부로 성장)

　　㉡ 호정, 부호정, 사: 사호 계열로 일반 사무 담당, 아들까지 문과 응시 가능

　　㉢ 병정, 부병정, 병사: 사병 계열로 주현군 관장

　　㉣ 창정, 부창정, 창사: 사창 계열로 조세와 공부 담당

③ 호장: 부호장 이하를 관리, 군현의 크기에 따라 2~8인까지 임명, 무산계 부여, 자색 공복 착용, 일품 군 지휘

> **사료더하기**
>
> **향·부곡·소**
> 신라에서 주군을 설치할 때 그 전정, 호구가 현의 규모가 되지 못하는 곳에는 향이나 부곡을 두어 소재지의 읍에 속하게 하였다. 고려에는 소라고 칭하는 것이 있었는데, 금소·은소·동소·철소·사소의 구별이 있어 각각 그 물건을 공급하였다. … 위 여러 소에는 모두 토성의 아전과 백성이 있었다. ─「신증동국여지승람」─
>
> **고려의 향리**
> 이들의 첫 벼슬은 후단사이며, 두 번째 오르면 병사(兵史)·창사(倉史)가 되고, 세 번째 오르면 주·부·군·현의 사(史)가 되며, 네 번째 오르면 부병정(副兵正)·부창정(副倉正)이 되며, 다섯 번째 오르면 부호정(副戶正)이 되고, 여섯 번째 오르면 호정이 되며, 일곱 번째 오르면 병정·창정이 되고, 여덟 번째 오르면 부호장이 되고, 아홉 번째 오르면 호장(戶長)이 된다. ─「고려사」─
>
> **봉행 6조**
> 현종 9년, 모든 주와 부의 관원이 받들어 행해야 할 여섯 가지 조항을 새로 정하였다. "첫째는 백성의 병고(病苦)를 살필 것, 둘째는 지방관의 잘하고 못함을 살필 것, 셋째는 도적과 간사하고 교활한 자를 살필 것, 넷째는 백성이 금령을 위반하는가를 살필 것, 다섯째는 백성들의 효성과 우애, 청렴과 결백을 살필 것, 여섯째는 향리들이 전곡(錢穀)을 잃어버리는 것을 살필 것"이었다.

> **개념더하기**
>
> 봉행 6조: 고려 시대 지방관이 수행하여야 할 중요 업무 6가지가 적힌 감찰 조목, 우왕 때는 수령 5사 내림

03 군사 제도

1. 중앙군

(1) 2군(응양군, 용호군): 국왕의 친위 부대, 3령으로 구성

(2) 6위: 수도 경비와 국경 방어 담당, 42령으로 구성

(3) 상장군(정3품)·대장군(종3품): 2군 6위의 지휘관으로 각 1명씩 총 16인, 최고 군사 회의인 중방을 이끔

(4) 중앙군 구성을 둘러싼 학계 논란

    ① 군반씨족설: 직업군인으로 중앙군을 편성했다는 주장, 이들은 군인전 지급 받고 직역 세습

    ② 이원적 구성설: 직업 군인(군인전, 직역 세습)과 농빈번상병(백정)으로 구성되었다는 주장

2. 지방군

(1) 5도의 주현군: 예비군적 운영(평상시에 농사), 전투 부대와 노동 부대(일품군, 호장의 지휘)으로 편성

(2) 양계의 주진군: 국경 수비 전담, 상비군으로 운영, 초군·좌군·우군으로 편성

(3) 16~59세의 정남 대상

3. 특수군

(1) 광군: 정종 설치, 거란족 대비 목적, 현종 때 지방군으로 개편

(2) 별무반: 숙종 때 윤관의 제안, 여진족 대비 목적, 신기군(기병)＋신보군(보병)＋항마군(승병)으로 구성

(3) 삼별초: 최우 설치, 좌별초＋우별초＋신의군(몽골군에서 탈출한 자)으로 구성, 대몽 항쟁에 앞장섬

1. 과거

식년시(3년마다, 원칙) < 격년시(2년마다), 양인 이상 응시 가능, 향·부곡·소민은 응시 불가능

(1) 문과

　① 응시 대상: 주로 귀족과 고위 향리의 자제들(호장　부호장의 손자, 호정　부호정의 아들까지)

　② 향시(계수관시): 1차 시험, 현종 때 설치, 지방민을 대상으로 계수관이 주관, 합격자를 향공이라 함

　③ 국자감시(진사시): 2차 시험, 덕종 때 설치, 국자감 학생·사학 12도생·향공 대상, 합격자를 진사라 부름

　④ 예부시(문과): 3차 시험, 광종 때 설치, 제술과와 명경과로 구분, 33명 선발하여 홍패와 동정직 지급

　　㉠ 제술과: 문학적 재능과 정책 제안 능력 시험, 명경과보다 우대

　　㉡ 명경과: 유교 경전에 대한 이해 시험

　⑤ 복시: 예부시 급제자의 순위를 국왕이 결정함, 인종 때 폐지

　⑥ 시험관인 지공거와 동지공거와 급제자가 좌주–문생 관계를 형성, 정치 파벌을 형성하기도 함

(2) 무과: 예종~인종 시기에 일시적으로 실시, 직역 세습을 통해 인원을 충당

(3) 잡과: 법률·회계·의학·천문·지리 등 분야 선발, 해당 관청에서 시험 주관, 주로 양민들이 응시

(4) 승과: 교종선와 선종선으로 구성, 합격자에게 승계 부여

2. 음서

(1) 공신이나 5품 이상의 고위 관료의 자손(아들, 손자, 외손자, 사위, 조카 등)을 과거를 거치지 않고 관리로 등용

(2) 공음전과 더불어 귀족적 특성 반영: 승진 제한 없음(재상 승진 가능), 산직 제수 후 실직 받음

CHAPTER 03 고려의 경제

01 경제 생활

1. 농업

(1) **개간 장려**: 주인 없는 땅은 개간한 사람이 소유, 주인 있는 땅은 소작료 감면, 구릉지와 야산 개발, 강화도 간척

(2) **심경법**(소의 깊이갈이)**의 일반화**

(3) **시비법의 발달**: 휴경지 감소, 연작(1년 1작) 가능 조선 전기에 연작 상경의 일반화

(4) **밭농사에 2년 3작의 윤작법 보급**: 조·보리·콩 번갈아 재배

(5) **논농사에 모내기법**(이앙법) **보급**: 고려 말, 남부 일부 지방에서 실시

(6) **원의 기술 전래**: 이암의 『농상집요』 소개(충정왕), 문익점의 목화씨 도입(공민왕)

2. 수공업

고려 전기의 국가 통제	• 관청 수공업: 기술자(공장, 工匠)를 공장안에 등록시켜 국가가 필요한 물품을 생산 • 소(所) 수공업: 광신물(금·은·철 등), 농수산물(소금·미역 등), 수공업 제품(직물·炭·자기 등) 생산 – 고된 노동으로 무신 정권기에 봉기 → 대몽항쟁기를 거치면서 서서히 소멸
고려 후기의 민간 주도	• 민간 수공업: 농민의 가내 수공업 형식, 삼베·모시·명주 생산 • 사원 수공업: 승려나 노비가 베·모시·술·소금 생산, 고리대로 부 축적 고려 말, 신진 사대부가 불교를 비판함

3. 상업

(1) **개경에 시전 설치**: 경시서를 설치하여 시전의 상행위 감독

(2) **개경·서경·동경에 관영 상점 설치**: 책·약·술·차 판매

(3) **화폐 주조**: 성종 때 건원중보 주조(최초의 화폐, 철전) → 숙종 때 의천의 제안으로 주전도감 설치, 은병(활구, 우리나라 지형 모양, 은 1근의 고액 화폐)·삼한통보·해동통보·동국통보 발행 → 원 간섭기 때 교초(원의 지폐, 보초라고도 함) 유입 → 공양왕 때 저화 발행(최초의 지폐)

(4) **소금 전매제(각염법) 실시**: 충선왕, 의염창 설치하여 국가가 소금 판매, 국가 재정 확충 시도

4. 무역: 예성강 하구의 벽란도가 국제 무역항으로 성장

(1) **송과의 무역**: 비단·약재·서적·자기·불경 수입, 종이·먹·인삼·화문석·나전칠기 수출

(2) **거란·여진과의 무역**: 은·가죽 수입, 농기구·식량 수출, 의주에 각장무역장 설치

(3) **일본과의 무역**: 수은·황 수입, 식량·서적 수출

(4) **아라비아(대식국)와의 무역**: 수은·향료·산호 수입, Corea가 서방 세계에 알려짐

02 수취 제도

1. 양안과 호적 작성

(1) 양안_{토지 대장}: 20년마다 호부에서 작성_{실제로는 공양왕 때의 기록만 있음}

(2) 호적_{호구 장부}: 3년마다 호부에서 작성

(3) 이를 바탕으로 조세 · 공물 · 역 부과

2. 수취 제도

조세	• 논과 밭 구분+비옥한 정도에 따라 3등급 구분 → 수확량의 1/10 징수 • 운반: 조창에서 수집 → 조운으로 운반 → 개경의 경창(좌 · 우창)에 보관
공납	• 중앙에서 각 주현에 필요한 공물을 할당 → 속현과 향 · 부곡 · 소에 할당 → 호(戶)마다 할당 • 종류: 상공정기 납부+별공수시 납부
역	• 대상: 16~59세 정남 대상, 9등급으로 분류 • 종류: 군역(주현군과 주진군에 소속)+요역

사료더하기

고려의 산지

평지가 적기 때문에 산전을 많이 만드는데 그 지형의 높낮이가 있어 지형을 따랐기에 경작하기가 무척 힘들며, 멀리서 바라보면 사다리나 계단과 같다. ─ 『고려도경』 ─

불교 사원의 상공업 활동

지금 부역을 피하려는 무리들이 부처의 이름을 걸고 돈놀이를 하거나 농사, 축산을 업으로 삼고 장사를 하는 것이 보통이되었다. 어깨에 걸치는 가사는 술 항아리 덮개가 되고, 범패를 부르는 장소는 파, 마늘의 밭이 되었다. 장사꾼과 통하여 팔고 사기도 하여, 손님과 어울려 술 먹고 노래를 불러 절간이 떠들썩하다. ─ 『고려사』 ─

임춘의 「공방전」 속 화폐

공방은 사람됨이 밖은 둥글고 안은 모지며 때에 따르며, 변화에 따라 처신하는 데 뛰어났다. … 백성과 조그만 이익을 다투고 물가를 올리고 내리며 곡식을 천하게 하고 돈을 중하게 해서 백성들이 근본(농업)을 버리고 작은 이익(상업)을 따르게하다. ─ 『서하집』 ─

국내 무역항 벽란도의 풍경

조수는 밀려왔다 다시 밀려가고 / 오가는 뱃머리 서로 잇대었도다.
아침에 이 누각 밑을 떠나면 / 한낮이 못 되어 남만에 이르도다. ─ 『동국이상국집』 ─

고려의 요역

의종이 신하들과 함께 중미정 남쪽 연못에 배를 띄우고 취하도록 마시고 마음껏 놀았다. … 중미정을 처음 지을 때 일하러 나온 백성은 음식을 스스로 준비해 와야 하였다. 한 일꾼이 매우 가난하여 음식을 준비하지 못해 다른 사람들의 밥을 나누어 먹었다. ─ 『고려사』 ─

1. 특징

(1) 관직 복무와 직역에 대한 대가: 18등급(18과)으로 나누어 지급

(2) 전국의 수조권조세를 거둘 수 있는 권리 **지급:** 조세를 징수할 수 있는 토지(전지)와 땔감을 구할 수 있는 임야(시지)를 나눠줌, 개정할수록 지급액 감소

(3) 세습 불가: 단, 공음전 · 군인전 · 외역전은 영업전세습 가능한 토지

2. 정비 과정

태조의 역분전	후삼국 통일 과정에서 공을 세운 자에게 지급: 관리의 성품 · 공로 기준, 논공행상적
경종의 시정 전시과	• 4색 공복과 인품명망, 지위 기준, 직관현직 관리과 산관직무를 보지 않는 관리(검교직, 동정직, 첨설직)에게 지급 • 특징: 한외과 존재(18과에 들지 못한 관리 대상, 전지 15결 지급)
목종의 개정 전시과	• 관품만 고려, 직관과 산관에게 지급(단, 직관 지급양 > 산관 지급양) • 특징: 군인전 설치, 16과 이하는 시지 지급 중단, 한외과 지급액 인상(전지 17결 지급),
문종의 경정 전시과	• 관품만 고려, 직관에게만 지급관리에게 지급할 수조지의 부족 때문 • 거란과의 전쟁 승리 후 무반에 대한 대우 개선: 상장군은 5과에서 3과로 변경 • 공음전 · 무산계 전시 · 별사전 설치일반 전시과와 달리 이 세 전시과를 별정 전시과라 부름 • 한외과 폐지: 기존 수급 대상을 18과에 편입 • 15과 이하는 시지 지급 중단

전시과의 토지 지급 액수

(단위: 결)

과			1	2	3	4	5	6	7	8	9	10	11	12	13	14	15	16	17	18
경종 (976)	시정 전시과	전지	110	105	100	95	90	85	80	75	70	65	60	55	50	45	42	39	36	33
		시지	110	105	100	95	90	85	80	75	70	65	60	55	50	45	40	35	30	25
목종 (998)	개정 전시과	전지	100	95	90	85	80	75	70	65	60	55	50	45	40	35	30	27	23	20
		시지	70	65	60	55	50	45	40	35	33	30	25	22	20	15	10			
문종 (1026)	경정 전시과	전지	100	90	85	80	75	70	65	60	55	50	45	40	35	30	25	22	20	17
		시지	50	45	40	35	30	27	24	21	18	15	12	10	8	5				

사료더하기

시정 전시과

자삼 이상은 18품으로 나누고, 문반의 단삼 이상은 10품, 비삼 이상은 8품, 녹삼 이상은 8품으로 나누었다. … 이하 잡직 관리에게도 각각 인품에 따라서 차이를 두고 나누어 주었다. 그리고 이 해 전시과 등급에 들지 못한 자는 모두 전지 15결을 주었다.
– 『고려사』 –

개정 전시과

문무 양반 및 군인들의 전시과를 개정하였다. 제1과는 전 100결, 시 70결 … 제18과는 전 20결로 하였다. 여기에 들지 못한 자에게는 모두 전 17결을 주기로 하였고 이것을 항구적으로 지켜야 할 법식으로 제정하였다.
– 『고려사』 –

개념더하기

무산계 전시: 고려는 향리 · 노병(老兵) · 탐라 왕족 · 여진 추장에게 무산계를 하사함, 이들에게 지급한 토지와 시지가 무산계 전시임, 총 6등급으로 나누었으며 13~18과에 해당함

3. 전시과 종류

(1) 사전: 개인에게 수조권을 지급 _{②,④,⑤,⑥은 세습이 가능한 영업전}

  ① **과전**: 문무 관리에게 18등급으로 나눠 지급한 토지

  ② **공음전**: 5품 이상의 고위 관리에게 지급한 토지, 세습 가능(문벌귀족의 경제적 특권)

  ③ **한인전** _{한가한 閑 +사람 人}: 6품 이하 하급 관리의 자제 중 관직에 오르지 못한 자에게 지급한 토지

  ④ **구분전** _{입 口+나누다 分}: 하급 관리·군인의 유가족·가족이 없는 퇴직 군인에게 지급한 토지 _{=조선의 수신전과 휼양전}

  ⑤ **군인전**: 중앙군에게 지급한 토지, 직역 세습 시 함께 세습

  ⑥ **외역전**: 향직을 받거나 무산계를 받은 향리에게 지급한 토지, 직역 세습 시 함께 세습 _{외역전이라는 명칭은 우왕 때 최초로 기록}

  ⑦ **별사전**: 승려와 지리업 종사자에게 지급한 토지, 불교와 풍수지리설 위상 반영 _{조선의 별사전은 준공신에게 지급}

(2) 공전: 왕실이나 기관에 수조권 지급

  ① **내장전**: 왕실의 경비 충당을 위한 토지 _{=조선의 궁방전}

  ② **공해전**: 각 관청의 경비 조달을 위한 토지 _{=조선의 공해전과 늠전}

  ③ **사원전**: 사찰에 지급한 토지

  ④ **학전**: 국자감과 향교의 경비 조달을 위한 토지

  ⑤ **둔전**: 군수 비용 마련을 위해 군사상 요지에 설치한 토지

4. 전시과 붕괴 후

원종의 녹과전	• 배경: 문벌 귀족·무신의 토지 겸병으로 토지 제도 문란 심화 • 개경 환도 후 실시, 경기 8현 토지의 수조권을 나눠줌, 직관 대상
원 간섭기의 사패전	• 하사할 賜, 명찰 牌: 토지의 개간을 허락하는 증서 • 황무지와 진황지 _{버려져 거칠어진 땅}의 소유권과 수조권을 나눠줌_{땅을 개간하는 대신 조세를 면제받음} • 권문세족의 농장 확대, 문서를 위조하여 개인 농토를 사패전으로 둔갑한 뒤 빼앗음 → 우왕 때 조반 사건 발생 → 토지 제도 개혁 논의가 본격화
공양왕의 과전법	• 경기 토지의 수조권을 직관과 산관에 나눠줌 • 권문세족의 경제적 기반 약화, 급진파 사대부의 경제적 기반 마련

사료더하기

사패전

"왕족과 재추 등에게 사패를 주었다. 그런데 사패를 빙자하여 비록 주인이 있으며 대장에 올라 있는 토지조차도 모두 빼앗으니 폐해가 적지 않다. … 원래 주인이 있었던 것은 돌려주도록 하라."라고 하였다.   – 『고려사』 –

권문세족의 토지 겸병

선대 임금이 공평하게 나누어 준 토지가 한 집안 부자의 사사로이 소유하는 바가 되어 한 번도 조정에 벼슬하지 않은 자와 한 번도 군대에 가지 않은 자가 편안히 앉아서 이익을 누리며 관리를 멸시하나, 개국 공신의 후예와 왕을 시위하는 신하 및 많은 전쟁에서 공을 세운 장군과 군사는 도리어 1무(畝)의 토지도 얻지 못하여 부모 처자를 봉양하지 못한다. … 요즘 들어 간악한 도당들이 남의 토지를 빼앗음이 매우 심하다. 산천으로 표를 삼아 모두 이를 가리켜 조업전이라 하여 서로 빼앗아, 한 땅의 주인이 5~6명을 넘으며, 1년에 조세를 8~9차례나 거두게 되었다.   – 『고려사』 –

개념더하기

조업전: 조상 祖+업 業, 조상으로부터 상속받은 토지라는 의미, 고려 후기에 권세가들은 국가로부터 받은 수조지를 조업전이라 부르며 횡령함

01 신분 제도

1. 귀족: 호족 → 문벌 귀족 → 무신 → 권문세족 → 신진 사대부

구분	문벌귀족	권문세족	신진 사대부
출신	개국 공신, 대호족, 6두품	종래의 문벌귀족과 무신, 원 세력을 업은 환관 · 겁령구 · 역관	지방 향리의 자제
대표적 인물	경원 이씨(이자겸), 경주 김씨(김부식), 해주 최씨(최충)	윤수(응방 관리), 조인규(역관), 기철(기황후 집안)	이제현, 이색, 정몽주, 정도전
정치 기반	• 과거와 음서를 통한 관직 진출 • 재추 차지	• 음서를 통한 관직 진출 • 도평의사사(도당) 장악	• 과거를 통한 관직 진출 • 성균관을 기반으로 활동
경제 기반	과전, 공음전, 사전(賜田)	사패전을 통한 농장 확대	중소 지주
사회 기반	상호 통혼, 왕실과의 혼인	재상지종(충선왕 복위교서)	–
종교, 사상	유학+불교(법상종)	불교	성리학
성향	자주적 → 사대적 · 보수적	친원적	친명적 · 개혁적

> **사료더하기**
>
> 문벌 귀족
> 나라에 벼슬하는 자는 바로 귀한 가문 출신의 관리들이며, 이들은 가문의 명망으로 서로를 높인다. … 나라의 재상은 대부분 훈척(勳戚)을 임명한다. 선종부터 이씨(경원 이씨)의 후손을 비로 맞이하였는데, 예종도 세자 때 이씨의 딸을 맞아 비로 삼았다.
> ─ 『고려도경』 ─
>
> 재상지종
> 지금부터 만약에 종친으로서 동성과 혼인하는 자는 황제(원의 세조)의 성지(聖旨)를 어긴 것으로 논죄할 터인즉, 마땅히 종친은 누대의 재상을 지낸 집안의 딸을 아내로 맞고, 재상 집안의 아들은 종실들의 딸들에게 장가들 것이다. … 경원 이태후, 철원 최씨, 해주 최씨 … 평양 조씨는 모두 누대의 공신이요, 재상지종이니 가히 대대로 혼인할 만하다.

2. 중류층

(1) 말단 행정직 담당, 직역 세습, 전시과 받음

(2) 유형: 서리(중앙 관청의 실무 담당, 말단 서리를 잡류라고 함), 남반(궁중의 실무 담당), 군반(직업 군인으로 중앙군 소속), 역리(지방의 역 관리), 향리

(3) 향리
   ① 속현과 향 · 부곡 · 소를 실질적 통치: 조세와 공물 징수, 역 징발
   ② 외역전 받음, 부호정의 아들까지는 문과 응시 가능(문벌 귀족이나 신진 사대부로 성장)

③ 부호장 이하는 사심관의 감독 받음, 향리의 자제가 기인으로 상경

④ (성종) 호장-부호장제 마련 → (현종) 향리의 정원과 공복 제정 → (문종) 9등급 향리제 확립

3. 양민(편민): 농민(백정) > 수공업자, 상인, 향·부곡·소 주민, 역 긴 주민

(1) 양민: 법제적으로는 과거 응시 가능

(2) 백정: 농업 종사, 조세·공납·역 부담

① **자영농**: 민전(民田) 경작 → 수확량의 1/10 납부

② **소작농**: 국·공유지 경작 시 수확량의 1/4 납부, 민전(民田) 경작 시 수확량의 1/2 납부

> **개념더하기**
>
> 백정: (고려) 국가로부터 토지를 분급 받지 못한 일반 농민을 칭함 → (조선) 도살업에 종사한 천민을 칭함

(3) 향·부곡·소민

① 향·부곡은 국·공유지 경작, 소는 금·은·동·철·종이·도자기 등을 만들어 국가에 바침

② **차별 대우**: 이주 불가능, 일반 군현에 비해 조세와 국역 부담 큼, 국자감 입학 불가, 과거 응시 불가

③ 무신정권기 이후 일반 군·현으로 승격: 공주 명학소(→ 충순현, 망이·망소이 난 계기), 용인 처인부곡(→ 처인현, 몽골 2차 침입 계기), 충주 다인철소(→ 익안현, 몽골 6차 침입 계기)

4. 천민

(1) 노비, 양수척(도살업자), **진척**(뱃사공), **재인**(광대)

(2) 노비: 천민의 대다수 차지

특징	• 매매, 상속, 증여의 대상+조세·공납·역의 부담 없음+교육·과거·관직 진출 불가능 • 일천즉천, 천자수모법: 부모 중의 한쪽이 노비이면 그 자식도 노비가 됨. 어머니 쪽 소유주에게 귀속
유형	• 공노비: 60세 이후 직 면제, 노비안노비의 호적 작성 　- 입역 노비: 궁중과 관청에서 잡역에 종사 → 급료 받음 　- 외거 노비: 공전 경작 → 신공 납부 • 사노비: 평생 노비 신분 유지, 주인 호적에 등록 　- 솔거 노비: 주인의 집이나 사원에 거주, 신역 담당(잡일을 돌봄) 　- 외거 노비: 주인집 밖에서 거주하며 주인 땅과 자신의 땅을 경작, 주인에게 신공 납부, 신분 상승을 이루는 경우도 드물게 있음(평량 이야기)

5. 신분 상승 가능

(1) 과거: 상층 향리 → 문관　예 김부식, 정도전

(2) 서리와 남반 → 문·무관

(3) 군공: 백정·노비 → 무관　예 이의민, 김준

(4) 재산 증식: 외거 노비 → 양민　예 평량

> **사료더하기**
>
> 평량 이야기
> 평량은 평장사 김영관의 집안 노비로 경기도 양주에 살면서 농사에 힘써 부유하게 되었다. 그는 권세가 있는 중요한 길목에 뇌물을 바쳐 천인에서 벗어나 산원동정의 벼슬을 얻었다. 그의 처는 소감 왕원지의 집안 노비인데, 왕원지는 집안이 가난하여 가족을 데리고 가서 위탁하고 있었다. 평량이 후하게 위로하여 서울로 돌아가기를 권하고는 길에서 몰래 처남과 함께 원지의 부처와 아들을 죽이고 스스로 그 주인이 없어졌으므로 계속해서 양민으로 행세할 수 있음을 다행으로 여겼다.
> －『고려사』 －

02 사회 모습

1. 향도 매향 활동을 하는 무리 결성

(1) **고려 전기의 불교 신앙 조직**: 향리와 지방민의 참여, 매향埋을 埋+향기 香 활동과 불상·석탑·사원 건축 주도, 현종 때 개심사 5층 석탑 제작

(2) **고려 후기의 마을 공동체**: 다양한 계층 참여, 마을 노역·혼례·상장례 등과 관련된 마을 행사 주도, 우왕 때 사천 흥사리 매향비 제작

(3) **조선 17세기 이후**: 두레 증가, 향도 감소

> **사료더하기**
>
> 사천매향비
> 소승이 수천 명의 사람들이 함께 커다란 서원을 일으켜 침향목을 묻고 미륵불이 하생(下生)되기를 기다리려 합니다. 이 향을 지니고 있다가 미륵여래에게 봉헌(奉獻) 공양하여 청정한 법(法)을 듣고 무생인(無生忍)을 깨달아 불퇴지(不退地)를 이루고자 합니다.
>
> 고려 후기 향도
> 대체로 이웃 사람끼리 모여 회합을 갖는데 적으면 7인에서 9인이요, 많으면 100여 인이 되며, 매월 돌아가면서 술을 마신다. 상을 당한 자가 있으면 향도끼리 상복을 마련하거나 관을 준비하고 음식을 마련하며, 혹은 상여줄을 잡아 주거나 무덤을 만들어 주니 이는 참으로 좋은 풍속이다.　　　　　　　　　　　 – 성현, 『용재총화』 –

2. 본관 제도 등장

(1) 귀족에서 양인까지 본관과 성씨의 사용 일반화

(2) 사람들을 출신 지역에 묶어 거주 이전을 제한함

3. 각종 사회 제도

(1) **농민 보호책**: 농번기에 잡역 동원 금지, 재해 시 조세와 부역 면제, 원곡 이상의 이자 징수 금지

(2) **구휼 제도**: 흑창(태조, 곡식 대여), 의창(성종, 춘대추납으로 곡식 대여, 각 군현에 설치), 상평창(성종, 물가 조절, 개경·서경·12목에 설치), 구제도감·구급도감(재해와 전염병 발생 시에 백성을 구제하는 임시 기관)

(3) **의료 제도**: 동·서 대비원(개경, 환자 치료와 빈민 구휼), 혜민국(개경, 빈민에게 무료로 의약품 제공)

(4) **보**: 국가 운영의 비영리 재단으로 이자 수익을 통해 각종 사업 전개, 학보(태조, 교육 지원 목적), 광학보(정종, 승려의 불법 공부 지원 목적), 제위보(광종, 빈민 구제 목적), 팔관보(팔관회 지원 목적)

4. 법률

(1) **형법**: 당률 압축(71조 제정)+고려율 제정+관습법 적용

(2) **삼원신수법**: 중죄인에 대해서는 3인 이상이 합의하여 재판, 사형은 3심제로 결정

(3) **처벌 방식**: 태·장·도·유·사형, 귀향형(관료 대상, 본관지로 돌아가게 함 당시에는 낙향을 정치적 몰락으로 인식함)

5. 혼인과 여성의 지위

(1) 혼인

① **일부일처제**: 일반적인 혼인 형태, 충렬왕 때 박유가 1처 1첩제 제안 후 비난 받음

② **근친혼**: 왕실에서 나타남, 충선왕의 복위교서에서 금지(재상지종 15가문 지정)

③ 원 간섭기에 조혼 유행

(2) 여성의 지위

① 사회 활동에서는 많은 제약이 있었으나 가정 생활에서는 남성과 거의 대등함

② **상속**: 자녀 간 균분 상속

③ **호적**: 남녀를 구분하지 않고 나이순으로 호적에 기재

④ **윤회 봉사**: 아들과 딸이 번갈아 불교식으로 제사 담당, 아들이 없을 때 양자 들이지 않음

⑤ **남귀여가혼(서류부가혼)**: 사위가 처가의 호적에 입적하여 처가에서 생활하기도 하였음

⑥ **음서**: 사위와 외손자도 음서의 대상이 됨

⑦ **재혼**: 여성의 재가가 비교적 자유로웠고, 그 자녀가 차별받지 않음 → 고려 후기에 이르러 『주자가례』의 전래로 여성의 재혼을 금지하려는 움직임이 나타남

⑧ 여성 호주 가능

⑨ 친족 용어에서 부계와 모계를 구분하지 않음 한아비는 조부와 외조부를 의미, 아자비는 삼촌과 외삼촌을 의미

사료더하기

고려의 상속

어머니가 일찍이 재산을 나누어 줄 때 나익희에게는 따로 노비 40구를 남겨 주었다. 나익희는 "제가 6남매 중에 외아들이라고 해서 어찌 사소한 것을 더 차지하여 여러 자녀들과 화목하게 살게 하려 한 어머니의 거룩한 뜻을 더럽히겠습니까?"하고 사양하자, 어머니가 옳게 여기고, 그 말을 따랐다.

– 「고려사」 –

고려 여성의 지위

지금은 처에게 장가들어 남자가 여자에게 귀속하여 대개 자신이 필요한 것을 처가에 의지하니 장인, 장모의 은혜가 친부모와 같습니다. 아, 장인이여! 저를 위해 돈독하게 두루 마련하시다가 세상을 떠나시니 저는 장차 누구에게 의지하란 말입니까?

– 「동국이상국집」 –

공은 어려서 아버지를 여의었는데, 학문에 뜻을 둘 나이가 되자 의붓아버지가 집이 가난하다며 공부를 시키려 하지 않고 그 아들과 함께 일하도록 하였다. 하지만 어머니가 이를 반대하면서 "… 그 유복자가 다행히 학문에 뜻을 두고 있으니, 반드시 이 아이의 아버지가 본래 속해 있던 무리에 들어가 그 뒤를 따르게 해야 합니다. 만약 그렇게 하지 못한다면 내가 무슨 얼굴로 지하에서 전남편을 다시 보겠습니까?"라고 말하며 마침내 그 뜻대로 용단을 내려 공을 솔성재(率性齋)에 입학시켰다.

– 「이승장묘지명」 –

박유가 왕(충렬왕)에게 글을 올려 말하기를 "청컨대 여러 신하와 관료로 하여금 여러 처를 두게 하여 품위에 따라 그 수를 점차 줄이도록 하여 보통 사람에 이르러서는 1처 1첩을 둘 수 있도록 하며, 여러 처에서 낳은 아들들도 역시 본처가 낳은 아들처럼 벼슬을 할 수 있게 하기를 원합니다. … 연등회 날 저녁 박유가 왕의 행차를 호위하여 따라갔는데 어떤 노파가 그를 손가락질하면서 "첩을 두고자 요청한 자가 저 놈의 늙은이다"하고 하니, 듣는 사람들이 서로 전하여 서로 가리키니 거리마다 여자들이 무더기로 손가락질하였다. 당시 재상들 가운데 부인을 무서워하는 자들이 있었기 때문에 그 건의를 정지하고 결국 실행되지 못하였다.

– 「고려사」 –

CHAPTER 05 고려의 문화

01 불교

1. 고려 초기의 숭불 정책

(1) 태조의 훈요 10조: 불교 숭상 · 연등회와 팔관회 개최 · 비보 사찰 당부

(2) 광종

① 승과 실시, 왕사 · 국사 제도 설치, 사원전 지급(면세 해택), 승려의 역 면제, 귀법사 창건

② **불교 통합 시도**: 균여를 앞세워 화엄종을 중심으로 교종 통합, 법안종 중심으로 선종 통합

③ **균여**: 성속무애(불교와 세속 간의 경계를 없앤다) 사상 주장, 귀법사 주지, 화엄종 북악을 중심으로 남악 통합

④ **제관, 의통**: 중국에 건너가 천태종 발전에 기여, 제관은 『천태사교의』 저술

(3) 성종: 연등회와 팔관회 중단

(4) 현종: 연등회와 팔관회 재개, 『초조대장경』 조판, 현화사 건립

2. 문벌 귀족기: 교종 중심, 대각국사 의천의 불교 통합 운동

의천 (대각국사)	• 문종의 4째 아들, 송 유학하여 천태종과 화엄종 공부 • 『천태사교의주』 편찬 제관이 집필한 『천태사교의』에 대한 해설서 • 『교장』 일명 속장경 편찬: 고려 · 송 · 요 등의 불경 주석서를 수집 → 흥왕사에 교장도감 설치 → 『신편제종교장 총록』 불서 목록집 제작 후 『교장』 편찬 → 대구 부인사에 보관했으나 2차 몽골 침입 때 판목 소실 • 해동 천태종 창시: 원효의 화쟁 사상 계승, 교관겸수(이론의 연마와 실천 강조)와 내외겸전(내적인 것과 외적인 것은 겸비해야 함) 주장 → 화엄종 입장에서 교종 통합 → 국청사를 건립하고 선종까지 통합한 해동 천태종 창시 → 의천 사후에 불교계 분열 • 화폐 사용을 위한 주전론(鑄錢論) 주장: 숙종의 주전도감 설치 • '대각국사비': 개경 영통사, 김부식의 비문 작성 유교와 불교가 학문과 종교로서 공존하던 고려 사회의 모습을 알 수 있음

> **사료더하기**
>
> **균여**
> 스님은 항상 남악과 북악 종문의 취지가 모순인 채 분명하지 않음을 탄식하고, 그것이 여러 갈래로 갈라짐을 막아 한 길로 돌리고자 했다. … 나라에서 왕륜사에 선석(選席)을 베풀고 승과를 시행할 때 우리 스님의 의리의 길을 정통으로 삼고 나머지는 방계로 했으니, 모든 재주와 명망 있는 무리들이 어찌 이 길을 따르지 않으랴.
>
> **의천**
> (나는) 도를 묻는 데 뜻을 두어 다행히 과거의 인연으로 선지식을 두루 참배하다가 진수대법사 밑에서 교관(教觀)을 배웠다. 법사는 일찍이 제자들을 훈시하여 "관(觀)을 배우지 않고 경(教)만 배우면 비록 오주의 인과를 들었더라도 삼중의 성덕에는 통하지 못하며 경(教)을 배우지 않고 관(觀)만 배우면 비록 삼중의 성덕을 깨쳤으나 오주의 인과를 분별하지 못한다. 그런 즉, 관(觀)도 배우지 않을 수 없고 경(教)도 배우지 않을 수 없다"라고 하였다.
> 교(教)를 배우는 이는 대개 안의 마음을 버리고 외면에서 구하고, 선(禪)을 익히는 이는 인연을 잊고 안의 마음을 밝히기를 좋아하니, 모두 한쪽에 치우친 것으로 두 극단에 모두 막힌 것이다. ─ 『대각국사문집』

3. 최씨 무신 정권기

지눌
(보조국사)
	• 수선사: 지눌이 조직한 불교계 혁신 운동 단체 결성: 팔공산 거조사에서 제창, 독경·참선·노동 강조(『권수정혜결사문』 작성), 산사(山寺) 불교 발달, 순천 조계산에 송광사 건립
	• 조계종 흥성: 정혜쌍수와 돈오점수 주장, 이를 바탕으로 선종을 중심으로 교종을 포용
	  – 정혜쌍수: 선과 교학을 나란히 수행하되 선을 중심으로 교학을 포용하자는 이론
	  – 돈오점수: 먼저 깨치고 나서 후에 수행한다는 주장, 목우행에 비유
	• 목우: 지눌의 호, 점수(漸修)를 목우행에 비유, 『목우자수심결』 집필

혜심	수선사 2대 지주, 유불일치설 주장(성리학 수용의 사상적 토대 마련에 영향을 줌)
요세	• 백련사: 요세가 조직한 불교계 혁신 운동 단체 결성: 법화 신앙 중시, 보현도량 개설, 참회 수행과 염불 강조, 강진 만덕사에서 제창, 지방민의 호응을 이끌어 냄 • 천태종 부흥

4. 원 간섭기~고려 말

(1) 원에서 라마교 전래: 경천사지 10층 석탑에 영향

(2) 보우의 불교 개혁 시도: 공민왕의 왕사, 임제종 수용(간화선 도입)

(3) 불교의 세속화: 불교가 왕실이나 권문세족과 연결됨, 사원의 농장 확대, 고리대와 상업 활동을 통한 부 축적

사료더하기

지눌의 사상

지금의 불교계를 보면, 아침저녁으로 행하는 일들이 비록 부처의 법에 의지하였다고 하나, 자신을 내세우고 이익을 구하는 데 열중하며 세속의 일에 골몰한다. … 하루는 동문 10여 인과 함께 명예와 이익을 버리고 산림에 은둔하여 같은 모임을 맺자고 약속하였다. 항상 선을 익히고 지혜를 고르는데 힘쓰고, 예불하고 경전을 읽으며 힘들여 일하는 것에 이르기까지 각자 맡은 바 임무에 따라 경영한다.   - 『권수정혜결사문』 -

범부는 마음 밖에서 부처를 찾아 이리저리 헤매다가 선지식의 가르침을 받고 바른 길에 들어 한 생각에 문득 마음의 빛을 돌이켜 자신이 부처의 본성을 가졌음을 깨닫는다. 이것을 돈오라 한다. 깨닫기는 했지만 끝없이 익혀온 버릇은 갑자기 없애기 어렵다. 그러므로 깨달음을 의지해 닦고 차츰 익혀서 … 성(聖)을 이루게 되니, 이를 점수라 한다. … 깨치고 나서 후에 수행한다는 뜻은 못의 얼음이 전부 물인 줄을 알지만 그것이 태양의 열을 받아 녹게 되는 것처럼 범부가 곧 부처임을 깨달았으나 불법의 힘으로 부처의 길을 닦게 되는 것과 같다.   - 『목우자수심결』 -

정(定)은 본체이고 혜(慧)는 작용이다. 작용은 본체를 바탕으로 해서 있게 되므로 혜(慧)가 정(定)을 떠나지 않고, 본체는 작용을 가져오게 하므로 정(定)은 혜(慧)를 떠나지 않는다.   - 「보조국사 법어」 -

혜심의 유·불 일치설

"부처님이 말씀하시기를 나는 두 성인을 중국에 보내어 교화를 펴리라 하셨다. 한 사람은 노자로, 그는 가섭보살이요, 또 한 사람은 공자로 그는 유동보살이다." 이 말에 의하면 유(儒)와 도(道)의 종은 부처님의 법에서 흘러나온 것이다. 방편은 다르나 진실은 같은 것이다. 공자는 "내 도는 하나로 꿰었다." 하였고, 또 "아침에 도를 들으면 저녁에 죽어도 좋다." 하였다.

요세의 사상

임진년 여름 4월 8일 처음 보현도량을 결성하고 법화삼매를 수행하여, 극락정토에 왕생하기를 구하였는데, 모두 천태삼매의를 그대로 따랐다. 오랫동안 법화참을 수행하고 전후에 권하여 발심시켜 이 경을 외우도록 하여 외운 자가 1,000여 명이나 되었다. 사중(四衆)의 청을 받아 교화시켜 인연을 지어 준 지 30년에 묘수(妙手)로 제자를 만든 것이 38명이나 되었으며, 절을 지은 것이 다섯 곳이며, 왕공대인 목백현재들과 높고 낮은 사중들이 이름을 써서 사(社)에 들어온 자들이 300여 명이나 되었으며, 이 사람 저 사람에게 서로 가르침을 전하여 한 귀(句) 한 게(偈)를 듣고 멀리 좋은 인연을 맺은 자들이 헤아릴 수 없었다.

02 불교 예술

1. **불상**: 소재의 다양화, 불상의 대형화

   (1) **부석사 소조 아미타여래좌상**: 신라 시대 양식 계승

   (2) **하남 하사창동 철조석가여래좌상(광주 춘궁리 철불)**: 고려 초기 제작, 대형 철불

   (3) **논산 관촉사 석조 미륵보살입상**: 광종, 우리나라 최대 불상(높이 18m), 은진 미륵이라 불림

   (4) **파주 용미리 마애이불입상**: 대형 불상, 지역색 반영

부석사 소조 아미타여래좌상 · 하남 하사창동 철조석가여래좌상 · 관촉사 석조 미륵보살입상

2. **기타**

   (1) **고려 전기의 탑**: 개성 불일사 5층 석탑, 개성 현화사지 7층 석탑, 부여 무량사 5층 석탑, 평창 월정사 8각 9층 석탑(송 영향, 다각다층탑)

   (2) **고려 후기의 탑**: 경천사지 10층 석탑(원 석탑 계승, 다각다층탑, 대리석으로 제작, 1907년에 일본으로 밀반출되었으나 1918년에 반환됨, 이 과정에서 대한매일신보가 관련 기사를 올려 반환 운동을 이끔)

   (3) **승탑**: 여주 고달사지 승탑(국보 4호, 팔각 원당형으로 신라 하대의 양식 계승), 법천사지 지광국사탑(평면 사각형), 정토사지 홍법국사탑(구 모양)

   (4) **불화**: 고려 후기에 제작, 혜허의 수월관음도(관세음보살과 선재동자를 그림), 영주 부석사 조사당의 벽화(우왕, 현존 최고[最古]의 벽화)

   (5) **사경** 베낄 寫+글 經: 불교 경전을 베껴 쓰는 불교의식, 글씨와 그림을 금이나 은으로 제작

3. **대장경** 경(부처의 설법)+율(불제자가 지켜야 할 계율)+논(경과 율에 대한 해석과 논술)

   (1) **초조대장경**
      ① 현종 때 거란의 2차 침입 후 제작: 거란의 침입 격퇴 기원
      ② 고려·송·요의 자료를 바탕으로 제작 → 대구 부인사에 보관했으나 2차 몽골 침입 때 판목 소실

   (2) **교장**
      ① 숙종 때에 의천 주도
      ② 고려·송·요 등의 불경 주석서를 수집 → 흥왕사에 교장도감 설치 → 『신편제종교장총록』불서 목록집 제작 후 『교장』 편찬 → 대구 부인사에 보관했으나 2차 몽골 침입 때 판목 소실

   (3) **재조대장경(팔만대장경)**
      ① 고종 때에 최우 주도: 몽골의 침입 격퇴 기원
      ② 몽골 3차 침입 직후에 강화도에 대장도감 설치 → 현재 합천 해인사의 장경판전에 보관
      ③ 세계기록유산 등재: 오탈자 거의 없음, 목판의 정교함, 글씨의 아름다움

1 유학과 교육 기관

(1) 초기

① 자주적 · 주체적 유학 발달

② (태조) 6두품 출신의 유학자(최언위 등) 등용 · (광종) 과거제 실시로 신진 관료 육성 → (성종) 최승로의 시무 28조 수용, 유교 정치 사상의 정립, 국자감 설립, 지방에 경학박사 파견

(2) 문벌 귀족기

① **사학의 융성**: 문종 때 최충의 문헌공도(9재 학당) 설립 → 사학 12도 융성

② **국자감 부흥을 위한 노력**

㉠ 숙종: 서적포 설치_{서적 간행 활성화}

㉡ 예종: 7재(유학 6재+무예의 무학재)_{전문 강좌} 설치, 양현고_{장학 재단} 운영, 청연각과 보문각_{도서관} 설치

㉢ 인종: 경사 6학(유학부+기술학부) 정비

(3) 무신 집권기

① **이규보**: 『동명왕편』, 『동국이상국집』, 『국선생전』 저술

② **최자**: 『보한집』 저술

(4) 원 간섭기~말기

① **성리학 수용**_{인간의 심성과 우주의 원리 문제를 철학적으로 탐구하는 신유학}

㉠ (충렬왕) 안향의 도입 → (충선왕) 원의 만권당에서 이제현과 원 학자의 교류 → (공민왕) 성균관 중흥, 이색을 대사성으로 삼아 정몽주 · 권근 · 정도전 등 신진 사대부 육성

㉡ 『소학』과 『주자가례』 중시: 일상생활과 관계되는 성리학의 실천적 기능을 중시

㉢ 신진 사대부의 성리학 수용: 권문세족과 불교의 폐단을 비판, 새로운 사회의 지도 이념으로 성장

② **충렬왕**: 안향의 건의로 섬학전_{장학 기금} 설치, 문묘 재설치, 경사교수도감 설치_{경학 강의를 강화}

③ **안향**: 호 회헌_{주자의 호 '회암'에서 따옴}, 원에서 『주자전서』를 들여옴, 충렬왕에게 섬학전 건의

④ **정몽주**: 온건파 사대부, 『주자가례』에 따라 삼년상 실행, '동방이학의 비조'로 불림, 선죽교에서 피살

> **사료더하기**
>
> 안향
> 불교는 어떠한가. 부모를 버리고 집을 떠나 인륜을 가벼이 여기고 의리를 벗어나니, 곧 오랑캐 무리와 같다. … 내 일찍이 중국에서 주자가 쓴 책을 보니 성인의 도를 밝히고 불교의 가르침을 물리친 공로가 공자와 짝할 만하였다. – 『회헌실기』 –
>
> 충렬왕의 섬학전 설치
> 안향이 학교가 날로 쇠퇴함을 근심하여 양부와 의논하기를 "재상의 직임은 인재 교육이 제일 긴급한 일인데 지금 양현고가 완전히 탕진되어 선비들을 양성할 비용이 없으니 6품 이상 인원들은 각각 은 1근씩, 7품 이하 인원들은 베를 차등 있게 내게 하여 … 이름을 섬학전이라고 하기를 바란다."라고 하니 양부가 이에 동의하고 왕에게 그대로 보고하다.

> **개념더하기**
>
> 국자감
> • 유학부: 국자학(3품 이상 관리 자제 대상)+태학(5품 이상 관리 자제 대상)+사문학(7품 이상 관리 자제 대상)으로 구성, 9년 교육
> • 기술학부: 율 · 서 · 산학(8품 이하 관리나 서민 자제)으로 구성, 6년 교육
> • 명칭 변경: (성종) 국자감 → (충렬왕) 국학 → (충선왕) 성균감/성균관

2. 역사서

(1) 초기
① 『고려왕조실록』: 국초부터 편찬, 거란 침입 때 소실
② 『7대 실록』: 현종 때 거란 격퇴 후 편찬, 왜란 때 소실

(2) 문벌 귀족기
① 김부식의 『삼국사기』
  ㉠ 현존 최고(最古)의 역사서
  ㉡ 정사正史: 묘청의 난 진압 후에 인종의 명을 받아 집필, 삼국 시대의 정치사 중심으로 집필
  ㉢ 기전체 서술
  ㉣ 유교적 합리주의 사관: '술이부작(기술만 할 뿐 창작하지 않는다)' 원칙
  ㉤ 신라 계승 의식 반영: 신라 중심 서술
  ㉥ 보수성 강화: 신라의 독자적인 연호 사용을 비판

(3) 무신 정권기
① 이규보의 『동명왕편』
  ㉠ 고구려 동명왕(주몽)의 업적 칭송: 영웅 서사시(5언시) 형태, 고구려 계승의식 반영
  ㉡ 『동국이상국집』에 수록
② 각훈의 『해동고승전』
  ㉠ 교종 입장에서 삼국 시대와 고려 승려를 기술: 현재는 삼국시대 승려 기록만 남아 있음
  ㉡ 고종의 명을 받아 집필: 『삼국사기』에 불교사가 소략으로 서술된 점을 보완하고자 함

(4) 원 간섭기
① 우리 민족의 주체성과 자주성 강조
② 일연의 『삼국유사』
  ㉠ 충렬왕 시기
  ㉡ 왕력(삼국~후삼국 시대의 연표), 기이(고조선~후삼국 시대의 역사), 흥법(불교), 의해(신라 고승의 전기) 등 9편목으로 구성
  ㉢ 신이사관귀신 神+다를 異, 신기하고 이상함: 민간 설화와 불교사 중심, 단군의 건국 이야기 최초 수록
  ㉣ 향가 14수 수록: 현재 『균여전』 속 11수와 더불어 총 25수의 향가가 전해짐
③ 이승휴의 『제왕운기』
  ㉠ 충렬왕 시기: 개혁안으로 인해 파직당함 → 삼척 두타산에 거주하며 집필
  ㉡ 상권(중국 역사 서술)과 하권(단군 시대~발해~고려 충렬왕 역사 서술)으로 구성
  ㉢ 단군의 건국 이야기 수록, 발해를 우리 역사로 최초 인식
  ㉣ 역사시 형태: 영사체노래할 詠+역사 史+서체 體
④ 민지의 『본국편년강목』: 충숙왕 시기, 태조의 3대조~고종 역사 기록, 최초의 강목체 사서

(5) 말기
• 이제현의 『사략』: 성리학적 유교 사관, 정통 의식과 대의명분 강조

『삼국사기』의 집필 동기: 진삼국사기표

성상 폐하께서는 "오늘날의 학자들이 중국의 경전과 역사에는 능통하나, 우리나라의 일에 대해서는 도리어 아득하여 그 처음과 끝을 알지 못하니 매우 한탄스러운 일이다. 신라·고구려·백제 삼국이 서로 솥발처럼 대립하면서 예를 갖추어 중국과 통하였으므로 … 삼국에 관한 옛 기록은 문체가 거칠고 졸렬하며 빠진 부분이 많으므로, 군왕의 선악과 신하들의 충성스러움과 간사함, 국가의 평안함과 위태로움, 백성의 다스려짐과 어지러움을 모두 밝혀서 후세에 권장하거나 경계할 바를 보이지 못하고 있다. 이에 후대에 남겨 줄 역사서를 만들어야겠다."라고 말씀하셨습니다.

ㅡ『동문선』ㅡ

『동명왕편』 집필 동기

세상에서 동명왕의 신통하고 이상한 일을 많이 말한다. … 지난 계축년 4월에 『구삼국사』를 얻어 『동명왕 본기』를 보니 그 신기한 사적이 세상에서 얘기하는 것보다 더하다. 그러나 처음에는 믿지 못하고 귀신이나 환상이라고만 생각하는데, 세 번 반복하여 읽어서 점점 그 근원에 들어가니, 환상이 아닌 성스러움이며, 귀신이 아닌 신(神)의 얘기다. … 동명왕의 일은 변화의 신기롭고 이상한 것으로 여러 사람의 눈을 현혹한 것이 아니고 실제 나라를 창시한 신기한 사적이니 이것을 기술하지 않으면 뒷사람들은 앞으로 어떻게 볼 것인가? 그러므로 시를 지어 기록하여 우리나라가 본래 성인의 나라라는 것을 천하에 알리고자 하는 것이다.

ㅡ『동국이상국집』ㅡ

『해동고승전』

처음에 내가 흥국사와 흥복사에 갔을 때, 글을 지어 이 일(순도가 해동에 최초로 불교를 전한 일)을 기록해야겠다는 뜻이 있었지만, 인연이 없어 그 뜻을 펴지 못하다가, 이제 외람되어 왕명을 받아 이 글을 쓰게 되었기에 순도를 고승전의 첫머리에 두기로 했다.

『삼국유사』 집필 동기

대체로 옛 성인들은 예악으로 나라를 일으키고 인의로 가르침을 베푸는 데 있어 괴력난신(怪力亂神)을 말하지 않았다. 그러나 제왕이 장차 일어날 때는 부명(符命)을 받고 도록(圖錄)을 얻어 반드시 보통 사람과는 다른 점이 있으니, 그런 뒤에야 능히 큰 변화를 타서 제왕의 지위를 얻고 대업을 이루었다. … 그러므로 삼국의 시조들이 모두 신이(神異)한 데서 나왔다고 해서 어찌 괴이하겠는가. 이것이 책 첫머리에 기이편(紀異篇)이 실린 까닭이며, 그 의도도 여기에 있는 것이다.

ㅡ『삼국유사』ㅡ

『제왕운기』

신이 이 책을 편수하여 바치는 것은 … 중국은 반고부터 금국에 이르기까지, 동국은 단군으로부터 본조에 이르기까지 처음 일어나게 된 근원을 간책에서 다 찾아보아 같고 다른 것을 비교하여 요점을 취하고 읊조림에 따라 장을 이루었습니다.

요하 동쪽에 별천지가 있으니, 중국과 확연히 구분되도다.
큰 파도 삼면을 둘러싸고, 북쪽으로 대륙과 길게 이어졌네.
가운데 사방 천리 땅, 여기가 조선이니, 강산의 형승은 천하에 이름 있도다.
밭 갈고 우물 파며 평화로이 사는 예의의 집
중국인들이 우리더러 소중화라 하네.

개념더하기

기전체
- 본기(군주에 대한 기록)+세가(제후에 대한 기록)+지(제도, 문물, 경제 등에 대한 기록)+열전(신하에 대한 기록)+표(연표)로 구성
- 『삼국사기』: 세가 無
- 『고려사』: 본기 無, 세가(고려왕), 열전(우왕, 창왕)
- 이종휘의 『동사』: 최초의 기전체 통사
- 한치윤의 『해동역사』: 단군~고려 통사

3. 도교

(1) **초제 거행**: 나라의 태평 기원

(2) **팔관회 개최**: 도교와 토착 신앙 · 불교가 어우러진 행사, 국제 교류의 장, 11월 실시, 송의 상인 및 여진의 추장과 탐라의 사절 등 참여, 성종 때 폐지, 현종 때 부활

(3) **복원궁 건립**: 우리나라 최초의 도교 사원, 예종은 도교를 내세워 불교를 견제하고자 함

4. 풍수지리설

(1) **서경 길지설**: 고려 초 북진 정책 실시, 묘청의 서경 천도 운동, 문종의 서경기 4도 설치

(2) **한양 명당설**: 문종이 남경으로 승격, 숙종은 김위제의 건의를 받아들여 남경에 궁궐 건설, 공민왕과 우왕은 왜구의 피해로 인해 한양 천도 시도

사료더하기

도교

천자께서 저 먼 변방에서 현묘한 도를 듣고자 하는 뜻을 헤아려, 고려에 사신을 파견하면서 도사 2인을 딸려 보내 교법(敎法)에 통달한 자를 골라 가르치도록 하였다. 왕우(예종)는 신앙이 돈독하여 정화 연간(1111~1117)에 복원관을 처음 세워 도가 높고 참된 도사 10여 명을 받들었다.   – 서긍의 『고려도경』 –

팔관회

덕종 3년 10월에 가까운 신하를 보내 서경에 팔관회를 베풀고 … 송나라 상인들과 여진, 거란, 일본, 탐라국에서도 방물을 헌납했는데, 그들에게 자리를 주어 풍악을 관람하게 하고 이후부터는 이것을 관례로 삼았다.

묘청의 서경 천도 운동

백수한이 검교소감으로서 서경 분사에 있으면서 묘청을 스승이라 불렀다. 정지상도 서경 사람인데, 그들의 말을 깊이 믿고 상경(개경)의 운이 이미 쇠진하였으며 궁궐이 다 타 없어졌지만 서경(평양)은 제왕의 기운이 있으므로 임금이 이곳으로 수도를 옮겨야 한다고 생각하였다. … 마침내는 "묘청은 성인이요, 백수한 역시 그 다음 가는 성인이니 국가의 일을 일일이 자문한 후에 시행하고 그의 의견을 받아들인다면 정치가 제대로 될 것이고 국가의 태평을 보존할 것입니다"라는 상소문을 올렸다. 왕은 비록 의심을 품었으나 여러 사람이 적극 주장하였으므로 믿지 않을 수 없었다. 이때 묘청 등이 왕에게 건의하기를, "우리들이 보건대 서경 임원역의 땅은 음양가들이 말하는 대화세이니 만약 이곳에 궁궐을 세우고 수도를 옮기면 국가의 혼란을 막을 수 있으며 금나라가 공물을 바치고 스스로 항복할 것이며 36개 나라들이 모두 신하가 될 것입니다"라고 하였다. … 국호를 대위라 하고 연호는 천개라 하였으며 그 군대를 천견충의군이라 하였다.

남경 길지설

김위제가 도선의 술법을 공부한 후, 다음과 같은 글을 올렸다. 『도선기』에는 '고려 땅에 세 곳의 수도가 있으니, 송악이 중경, 목멱양(한양)이 남경, 평양이 서경이다. 11 · 12 · 1 · 2월은 중경에서, 3~6월은 남경에서, 7~10월은 서경에서 지내면 36개국이 와서 조공할 것이다'라고 했습니다. 또 '나라를 세운 지 160여 년 후에 목멱양(한양)에 도읍한다'고도 했습니다. 그러므로 지금이 바로 새 수도를 돌아보시고 그곳으로 옮기실 때라고 봅니다. … 그러므로 한강의 북쪽에 도읍하면 왕업이 오래 이어질 것이며 온 천하가 조회하러 모여들어 왕족이 크게 번성할 것이니 실로 대명당의 터입니다.

1. 문학

(1) **균여의 「보현십원가」**: 11수 향가

(2) **이인로의 「파한집」, 임춘의 「공방전」과 「국순전」**: 무신 정권기, 낭만적이고 현실 도피적인 수필 작성

(3) **이규보의 「동국이상국집」과 「국선생전」, 최자의 「보한집」**: 무신 정권기, 최씨 정권에 등용된 문인의 작품, 패관문학

(4) **「한림별곡」**: 고려 말에 유행한 경기체가, 신진 사대부 중심

(5) **「청산별곡」, 「가시리」, 「쌍화점」**: 고려 말에 유행한 속요, 서민의 감정과 생활을 자유분방한 형식으로 표현

2. 청자와 공예

(1) **청자**: 강진과 부안 등에서 생산, (11~12세기 전반) 순청자 발달, 서긍의 「고려도경」에서 극찬 → (12세기 중반~13세기 중반) 상감청자 유행 → (원 간섭기 이후) 청자 빛깔 퇴조

(2) **은입사 기법**: 청동 은입사 포류 수금문 정병 제작

3. 과학 기술

(1) **초조 대장경 · 교장 · 팔만대장경 조판**: 목판 인쇄물

(2) **「상정고금예문」**: 세계 최고(最古)의 금속 활자본(현존하지 않음), 대몽 항쟁 때 제작(최우, 강화도)

(3) **「직지심체요절」**: 현존 최고(最古)의 금속 활자본, 우왕 때 청주 흥덕사에서 제작, 백운화상이 석가모니의 가르침 중에서 핵심 대목만 뽑아 해설한 책, 현재 프랑스 국립도서관에 보관, 세계기록유산 등재

(4) **「향약구급방」**: 현존 최고(最古)의 의학서, 우리 풍토에 맞는 처방과 약재 소개, 대몽 항쟁 때 편찬

(5) **천문학**: 사천대(서운관) 운영, 첨성대 설치, 당의 선명력 사용, 충선왕 때 원의 수시력 수용

> **사료더하기**
>
> 상정고금예문
> 고려는 건국한 이래로 예제(禮制)를 보태고 뺀 것이 여러 대를 내려오면서 한 번뿐이 아니었으므로 이를 병으로 여긴 지 오래되었다. 인종 대에 와서 옛날과 지금의 서로 다른 예문을 모아 참작하고 절충하여 50권의 책으로 만들고, 이것을 「상정예문」이라고 명명하였다. … 과연 천도할 때 예관이 다급한 상황에서 미처 그것을 싸 가지고 오지 못했으니, 그 책이 거의 없어지게 되었는데, 가장본 한 책이 보존되어 있었다. … 결국 주자를 사용하여, 28본을 인출한 후 여러 관청에 나누어 보내 간수하게 하였다.
> ─「동국이상국집」─

4. 건축: 후기 건축물만 현존

(1) **주심포 양식**

　① 기둥 위에만 공포를 놓음

　② 안동 봉정사 극락전: 현존 최고最古, 맞배지붕과 배흘림 기둥

　③ 영주 부석사 무량수전: 팔작지붕과 배흘림 기둥

　④ 예산 수덕사 대웅전: 맞배지붕과 배흘림 기둥

(2) **다포 양식**: 원의 영향으로 기둥과 기둥 사이에도 공포를 놓음, 사리원 성불사 응진전

개념확인

선택하기

01 (태조, 정종)은/는 광군을 조직하여 거란의 침략에 대비하였다. — 22 계리직, 21 경찰 1차

02 (성종, 현종) 때 서희는 거란과 협상하여 강동 6주 지역을 고려 영토로 확보하였다. — 22 지방직 9급

03 (목종, 문종)은 전지(田地)와 시지(柴地)를 지급하는 경정 전시과를 실시하였다. — 21 국가직 9급

04 (숙종, 예종) 때 윤관은 별무반의 편성을 건의하였다. — 22 지방직 9급

05 (경대승, 최충헌)은 사병 집단인 도방을 처음으로 조직하였다. — 21 경찰 1차

06 (충렬왕, 충선왕)은 원의 연경에 만권당을 설치하였다. — 22 국가직 9급

07 공민왕은 홍건적의 침입으로 (나주, 복주)로 피신하였다. — 22 법원직 9급

08 (공민왕, 우왕) 때 화약 무기를 사용해 진포해전에서 승리하였다. — 20 지방직 9급

09 고려는 중앙 무반에게 (문산계, 무산계)를 제수하였다. — 18 지방직 9급

10 국방과 군사 문제는 (도병마사, 식목도감)에서 중서문하성과 중추원의 고위 관료들이 논의하였다.
— 21 지방직 9급

빈칸 채우기

11 전시과에서는 문무 관리, 군인, 향리 등을 (　　　)등급으로 나누어 수조권을 주었다. — 17 서울시 9급

12 전시과에서는 5품 이상의 관리에게는 (　　　)이/가 주어졌으며, 승려와 지리업자에게는 (　　　)이/가 지급되었다. — 15 지방직 9급

13 원종은 품계에 따라 경기 8현을 (　　　)으로 지급하였다. — 17 지방직 9급

○, ×

14 부호장 이하의 향리는 사심관의 감독을 받았다. (○, ×) — 21 국가직 9급

15 고려의 백정은 죄를 지으면 본관지로 귀향시키는 형벌이 적용되었다. (○, ×) — 17 지방직 9급

16 요세는 수선사 결성을 제창하여 불교계의 개혁을 추진하였다. (○, ×) — 17 지방직 9급

17 충렬왕은 양현고를 설치하여 관학을 진흥시키고자 하였다. (○, ×) — 22 법원직 9급

18 안동 봉정사 극락전은 주심포 양식에 맞배지붕 건물로 기둥은 배흘림 양식이다. 현재 우리나라에서 가장 오래된 목조 건물로 보고 있다. (○, ×) — 22 국가직 9급

정답확인

01 정종　**02** 성종　**03** 문종　**04** 숙종　**05** 경대승　**06** 충선왕　**07** 복주　**08** 우왕　**09** 문산계　**10** 도병마사　**11** 18
12 공음전, 별사전　**13** 녹과전　**14** ○　**15** ×　**16** ×　**17** ×　**18** ○

01

⑦은 927년. ⓒ 935년 3월. ⓒ은 918년. ⓔ은 927년이다.

④ 후백제의 견훤이 신라의 금성을 습격하여 경애왕을 죽이자, 고려 태조는 신라를 돕기 위해 출병하였지만 대구 공산 전투에서 패하였다. 그러다 3년 후 고창 전투의 승리로 후백제와의 경쟁에서 우위에 서게 되었다.

02

제시문의 '여진을 정벌한 후 동북쪽에 9개의 성을 쌓았다'는 내용을 통해 밑줄 친 왕이 고려 예종임을 알 수 있다. 고려 숙종 때 부족을 통일한 여진족이 고려의 국경을 자주 침입하자 윤관이 왕에게 건의하여 별무반을 편성하였다(1104). 이후 예종 때 윤관은 별무반을 이끌고 여진을 토벌하여 동북 9성을 설치하였다(1107).

③ 고려 중기 최충의 문헌공도를 대표로 하는 사학 12도의 발전으로 과거 응시를 희망하는 사람들이 대부분 사학으로 모여들자 예종은 관학 교육의 진흥을 위해 국자감을 재정비하고 장학 재단인 양현고를 설치하였다.

오답의 이유

① 고려 광종은 다양한 개혁을 통해 공신과 호족의 세력을 약화시키고 왕권을 강화하고자 하였으며, 국왕을 황제라 칭하고 광덕, 준풍 등의 독자적 연호를 사용하였다.

② 고려 성종은 최승로의 시무 28조를 받아들여 중앙의 통치 기구를 개편하고, 전국 12목에 지방관을 파견하여 지방 세력을 견제하였다.

④ 고려 숙종 때 승려 의천의 건의에 따라 화폐 주조를 전담하는 주전도감을 설치하고 해동통보와 삼한통보, 해동중보 등의 동전과 활구(은병)를 발행·유통하였다.

정답 01 ④ 02 ③

01 다음에 제시된 역사적 사건들을 시간 순서대로 바르게 나열한 것은?

20 경찰 1차

⑦ 후백제의 견훤이 경주를 침공해 경애왕을 죽였다.
ⓒ 후백제의 신검이 견훤을 금산사에 유폐시켰다.
ⓒ 왕건이 국호를 고려라 정하고 송악으로 천도하였다.
ⓔ 고려가 공산 전투에서 후백제에게 패하였다.

① ⑦ - ⓒ - ⓒ - ⓔ
② ⑦ - ⓔ - ⓒ - ⓒ
③ ⓒ - ⑦ - ⓒ - ⓔ
④ ⓒ - ⑦ - ⓔ - ⓒ

02 밑줄 친 '왕'의 재위 기간에 있었던 사실로 가장 옳은 것은?

22 법원직 9급

왕은 윤관이 이끄는 별무반을 파견하여 여진을 정벌한 후 동북쪽에 9개의 성을 쌓아 방어하도록 하였다.

① '광덕, 준풍'이라는 연호를 사용하였다.
② 최승로가 시무 28조의 개혁안을 제시하였다.
③ 양현고를 설치하여 관학을 진흥시키고자 하였다.
④ 의천 등의 건의를 받아들여 주전도감을 설치하였다.

03 **(가) 왕의 시기에 일어난 사실로 옳은 것은?**
19 국가직 9급

> 이자겸, 척준경이 말하기를 "금이 예전에는 작은 나라여서 요와 우리나라
> 를 섬겼으나, 지금은 갑자기 흥성하여 요와 송을 멸망시켰다. …(중략)…
> 작은 나라로서 큰 나라를 섬기는 것은 선왕의 도이니, 마땅히 우선 사절을
> 보내야 합니다."라고 하니 (가) 이/가 그 의견을 따랐다.
>
> – 『고려사』 –

① 도평의사사를 중심으로 정치를 주도하였다.
② 성리학을 수용하면서 『주자가례』를 보급하였다.
③ 서경에 대화궁을 짓게 하고 칭제건원을 주장하였다.
④ 몽골의 침략에 대응하기 위해 강화도로 도읍을 옮겼다.

04 **다음 사건을 시기순으로 바르게 나열한 것은?**
21 지방직 9급

> (가) 정중부와 이의방이 정변을 일으켰다.
> (나) 최충헌이 이의민을 제거하고 권력을 잡았다.
> (다) 충주성에서 천민들이 몽골군에 맞서 싸웠다.
> (라) 이자겸이 척준경과 더불어 난을 일으켰다.

① (가) → (나) → (라) → (다)
② (가) → (다) → (나) → (라)
③ (라) → (가) → (나) → (다)
④ (라) → (가) → (다) → (나)

05 **밑줄 친 '이 기구'가 설치된 왕 대에 있었던 사실로 옳은 것은?**
17 국가직 9급

> 조정은 중국의 화약 제조 기술을 터득하여 이 기구를 두고, 대장군포를 비
> 롯한 20여 종의 화기를 생산하였으며, 화약과 화포를 제작하였다.

① 복원궁을 건립하여 도교를 부흥시켰다.
② 흥덕사에서 『직지심체요절』을 간행하였다.
③ 교장도감을 설치하여 『속장경』을 간행하였다.
④ 「시무 28조」를 수용하여 유교 정치를 구현하였다.

03
제시된 사료는 고려 인종 때 금나라가 고려에 군신관계를 요구하자, 이자겸과 척준경이 금의 사대 요구를 수용하는 내용이다(1126).
③ 묘청과 정지상 중심의 개혁 세력은 서경으로 천도하여 서경에 대화궁을 짓고, 칭제건원을 사용하는 등 자주적인 개혁과 금을 정벌할 것을 주장하였다(묘청의 서경 천도 운동, 1135).

오답의 이유
① 도평의사사는 도병마사의 후신으로 본래 도병마사는 국방·군사문제만을 논의하던 임시회의기구였다. 고려 중기에 이르러 기능이 확대되었고, 충렬왕 5년(1279)에 도평의사사로 개편되면서 구성과 기능이 더욱 강화되어 정치를 주도하였다.
② 성리학은 충렬왕 때 안향에 의해 처음 고려에 소개되었다.
④ 최우 정권이 강화도로 천도했던 때는 1232년으로 고려 고종 때의 일이다.

04
(라) 1126년 인종은 이자겸의 권력에 불안을 느껴 그를 제거하려 했으나 이자겸이 한안인 등 인종의 측근 세력을 제거하고 척준경과 함께 난을 일으켰다.
(가) 1170년(의종 24) 정중부, 이의방 등의 무신들이 정변을 일으켜 정권을 잡았다(무신정변).
(나) 1196년 최충헌은 이의민을 제거하고 권력을 장악하였고, 명종에게 봉사 10조를 올렸다.
(다) 몽골의 5차 침입 때 김윤후가 천민들과 함께 몽골군에 맞서 싸웠다.

05
제시문에서 밑줄 친 '이 기구'는 고려 우왕 때 최무선의 건의에 따라 설치된 '화통도감'이다.
② 『직지심체요절』은 우왕 때 청주 흥덕사에서 백운 경한이 엮은 불교서적으로, 금속활자를 이용하여 2권으로 간행되었다(1377). 세계에서 가장 오래된 금속활자본으로 인정받아 세계기록유산에 등재되어 있으며, 현재 프랑스 국립도서관에서 보관 중이다.

정답 03 ③ 04 ③ 05 ②

06
ㄱ, ㄴ, ㄷ, ㄹ 모두 옳은 설명이다.
ㄱ. 성종은 우리나라 최초의 화폐이자 철
전인 건원중보를 주조해 전국적으로
사용하게 하려 했으나 성공하지 못하
였다.
ㄴ. 고려 전기에는 관청 수공업과 소 수공
업이 발달했으나, 후기에 대외 무역이
발달하고 수공업이 촉지되면서 민가
수공업과 사원 수공업이 발달하였다.
ㄷ. 고려 시대에 국내 상업이 안정적으로
발전하면서 외국과의 무역도 활발해
졌다. 예성강 어귀의 벽란도는 대외
무역의 발전과 함께 국제 무역항의 역
할을 하며 발전하였다.
ㄹ. 원 간섭기에는 원의 지폐인 지원보초
와 중통보초가 들어와 유통되기도 하
였다.

06 고려 시대의 경제생활에 대한 설명으로 옳은 것을 〈보기〉에서 모두 고른 것은?
18 서울시 9급

> **보기**
>
> ㄱ. 성종은 건원중보를 만들어 전국적으로 사용하게 하려 했으나 성공하지 못하였다.
> ㄴ. 고려 후기 관청 수공업이 쇠퇴하면서 민가 수공업이 발달하였다.
> ㄷ. 예성강 어귀의 벽란도는 고려의 국제 무역항이었다.
> ㄹ. 원 간섭기에는 원의 지폐인 보초가 들어와 유통되기도 하였다.

① ㄱ, ㄴ, ㄷ
② ㄱ, ㄷ, ㄹ
③ ㄴ, ㄷ, ㄹ
④ ㄱ, ㄴ, ㄷ, ㄹ

07
③ 양전(토지 조사)을 20년마다 작성한 것
은 조선 시대이다. 조선은 국초부터 양
전을 20년마다 작성하고, 호적을 3년
마다 작성하였다.

07 ㉠~㉣에 대한 설명으로 옳지 않은 것은?
17 생활안전분야 9급

> 고려는 국가가 주도하여 산업을 재편하면서 ㉠ 경작지를 확대하고, ㉡ 상업과 수공업의 체제를 확립하여 안정된 경제 기반을 확보하였다. 또 ㉢ 수취체제를 정비하면서 양전 사업을 실시하고 ㉣ 토지제도를 정비하였다.

① ㉠ 농민이 황무지를 개간하면 일정 기간 소작료나 조세를 감면해 주었고, 여러 수리시설도 개축하였다.
② ㉡ 개경에 시전을 만들어 관영 점포를 열었고, 소는 생산한 물품을 일정하게 공물로 납부하였다.
③ ㉢ 국초부터 군현 단위로 20년마다 양전을 실시하여 1/10의 조세를 거두었다.
④ ㉣ 경종 때의 전시과 제도는 문무 관리의 지위와 역, 인품에 따라 전지와 시지를 지급하였다.

08

(가)~(다) 전시과에 대한 설명으로 옳은 것을 〈보기〉에서 모두 고른 것은? 15 지방직 9급

과		1	2	3	4	5	6	7	8	9	10	11	12	13	14	15	16	17	18
(가)	전지	110	105	100	95	90	85	80	75	70	65	60	55	50	45	42	39	36	33
	시지	110	105	100	95	90	85	80	75	70	65	60	55	50	45	40	35	30	25
(나) 지급 액수 (결)	전지	100	95	90	85	80	75	70	65	60	55	50	45	40	35	30	27	23	20
	시지	70	65	60	55	50	45	40	35	33	30	25	22	20	15	10			
(다)	전지	100	90	85	80	75	70	65	60	55	50	45	40	35	30	25	22	20	17
	시지	50	45	40	35	30	27	24	21	18	15	12	10	8	5				

– 『고려사』 식화지 –

보기

ㄱ. (가) – 관품과 함께 인품도 고려되었다.

ㄴ. (나) – 한외과가 소멸되었다.

ㄷ. (다) – 승인과 지리업에게 별사전이 지급되었다.

ㄹ. (가)~(다) – 경기 8현에 한하여 지급되었다.

① ㄱ, ㄴ

② ㄱ, ㄷ

③ ㄴ, ㄷ

④ ㄷ, ㄹ

09

고려시대 향리에 대한 설명으로 옳은 것만을 모두 고르면? 21 국가직 9급

ㄱ. 부호장 이하의 향리는 사심관의 감독을 받았다.

ㄴ. 상층 향리는 과거로 중앙 관직에 진출할 수 있었다.

ㄷ. 일부 향리의 자제들은 기인으로 선발되어 개경으로 보내졌다.

ㄹ. 속현의 행정 실무는 향리가 담당하였다.

① ㄱ

② ㄱ, ㄴ

③ ㄴ, ㄷ, ㄹ

④ ㄱ, ㄴ, ㄷ, ㄹ

08

(가)는 시정 전시과(경종), (나)는 개정 전시과(목종), (다)는 경정 전시과(문종)이다.

ㄱ. 시정 전시과는 관품과 인품을 모두 고려하였다.

ㄷ. 경정 전시과는 별사전시가 처음 설치되었는데, 승려와 풍수지리업자를 대상으로 하였다.

오답의 이유

ㄴ. 경정 전시과 때 한외과가 소멸되었다.

ㄹ. 전시과 제도는 전국의 토지를 대상으로 하였다. 경기 8현에 한하여 지급된 것은 녹과전이다.

09

ㄱ. 사심관 제도는 중앙의 고관을 자기 출신지의 사심관으로 임명하는 제도이다. 이를 통해 사심관은 부호장 이하의 향리를 임명하고 감독할 수 있었으며, 풍속 교정뿐만 아니라 지방 치안에 대한 연대 책임 등의 임무도 맡았다.

ㄴ. 고려의 상층 향리는 과거로 중앙 관직에 진출할 수 있었다.

ㄷ. 고려 기인 제도는 지방 향리의 자제를 수도인 개경에 인질로 잡아 두어 지방 세력을 견제하기 위한 제도이다.

ㄹ. 고려 시대 향리는 속현과 특수 행정 구역의 실질적인 운영을 담당하였다.

정답 08 ② 09 ④

10

자료는 고려 시대 원 간섭기의 권문세족에 대한 설명이다.

③ 신돈은 신진 사대부에 대항한 것이 아니라 권문세족을 약화시키기 위해서 신진 사대부를 육성하였다.

오답의 이유

① 권문세족은 한미한 가문출신들이 많았으며, 기문보다는 관직을 통해서 권력을 장악하려고 하였다.

② 공민왕은 권문세족에 의해 점탈된 토지나 농민을 되찾아 바로잡기 위해 전민변정도감을 설치하였다.

④ 권문세족은 고려 후기의 대표적인 정치세력의 하나로 기존의 문벌 귀족 중 일부와 무신 정권기에 정권을 잡은 일부 무신, 지방에서 과거를 통해 새롭게 등장한 신진 관인 그리고 원나라를 통해 출세한 부원세력 등으로 구성되었다.

11

① 충선왕은 교지인 '재상지종 15가문'을 통해 왕실과의 혼인이 가능한 귀족 가문을 정하고, 족내혼을 금지시켰다.

정답 10 ③ 11 ①

10 다음의 밑줄 친 ㉠과 관련된 설명으로 가장 옳지 않은 것은?

15 서울시 9급

> 원의 간섭을 받으면서 그에 의존한 고려의 왕권은 이전 시기에 비하여 상대적으로 안정되었고 ㉠ 중앙지배층도 개편되었다. … 그들은 왕의 측근 세력과 함께 권력을 잡아 농장을 확대하고 양민을 억압하여 노비로 삼는 등 사회 모순을 격화시켰다.

① ㉠은 가문의 권위보다는 현실적인 관직을 통하여 정치권력을 행사하였다.

② 공민왕은 ㉠의 경제력을 약화시키기 위해 전민변정도감을 설치하였다.

③ ㉠은 사원 세력의 대표인 신돈과 연대하여 신진 사대부에 대항하였다.

④ ㉠에는 종래의 문벌 귀족 가문, 무신정권기에 등장한 가문, 원과의 관계에서 성장한 가문 등이 포함되었다.

11 다음은 『고려사』의 일부 내용이다. 이 시기에 대한 설명으로 옳지 않은 것은?

17 생활안전분야 9급

> • 명학소를 충순현으로 승격시켰다. 수령까지 두어 위무하더니 태도를 바꿔 군대를 보내와서 토벌하니 어찌된 까닭인가?
> • 순비 허씨는 일찍이 평양공 왕현에게 시집가서 3남 4녀를 낳았는데, 왕현이 죽은 후 충선왕의 비가 되었다.
> • 윤수는 매와 사냥개를 잘 다루어 응방 관리가 되었으며, 그의 가문은 권세가가 되었다.

① 충선왕 대 이후에도 왕실 족내혼이 널리 행해졌다.

② 향리 이하의 층도 문·무반으로 신분 상승을 할 수 있었다.

③ 여성의 재혼을 규제하려는 움직임이 나타났다.

④ 향·소·부곡 등 특수 행정 구역이 주현으로 승격되기도 하였다.

12 고려 시대 불교계의 동향과 관련된 설명으로 가장 옳지 않은 것은?

19 서울시 9급

① 백련결사를 제창한 요세는 참회와 수행에 중점을 두는 등 복잡한 이론보다 종교적 실천을 강조했다.

② 재조대장경은 고려 전기에 만들어졌던 대장경 판목이 거란의 침입으로 불타버렸기 때문에 무신집권기에 다시 만든 것이다.

③ 각훈은 삼국 시대 이래 승려들의 전기를 정리하여 『해동고승전』을 지었다.

④ 지눌은 깨달음과 더불어 실천을 강조하는 돈오점수를 주장했다.

13 다음 내용이 실린 사서에 대한 설명으로 옳은 것은?

19 국가직 9급

> 제왕이 장차 일어날 때는 하늘의 명령과 상서로운 기운을 받아서 반드시 보통 사람과는 다른 점이 있으니, 그런 뒤에야 능히 큰 변화를 타서 제왕의 지위를 얻고 대업을 이루었다. …(중략)… 삼국의 시조들이 모두 신이(神異)한 일로 탄생했음이 어찌 괴이하겠는가. 이것이 책 첫머리에 「기이(紀異)」편이 실린 까닭이며, 그 의도도 여기에 있는 것이다.

① 불교 승려의 전기를 수록한 고승전이다.

② 불교 중심의 고대 민간 설화를 수록하였다.

③ 고조선부터 고려 말까지의 역사를 정리하였다.

④ 유교적 사관에 기초하여 기전체로 서술하였다.

12

② 1232년 몽골의 2차 침략으로 초조대장경이 소실된 후 몽골의 침입을 격퇴하려는 의지를 담아 재조대장경이 1251년에 제작되었다. 거란의 침입이 아닌 몽골의 침입으로 소실된 것이다.

13

제시문은 1281년 충렬왕 때 일연이 저술한 『삼국유사』이다.

② 『삼국유사』는 여러 설화와 사회 민속·관습 등의 전통문화에 대한 내용이 다수 수록되어 있어 민속학적 측면에서 중요한 자료이다.

오답의 이유

① 각훈의 『해동고승전』

③ 『삼국유사』는 고조선부터 후삼국 시대까지의 역사를 정리한 것이다. 고조선부터 고려 말까지의 역사를 정리한 사서로는 『동국통감』, 『동사강목』 등이 있다.

④ 김부식의 『삼국사기』

정답 12 ② 13 ②

PART

04

근세 사회와
근대 사회의 태동기

CHAPTER 01

조선의 정치

01 조선 전기의 정치

1 15세기

1. 태조 1대, 1392~1398

(1) 통치

① 조선 건국: 위화도 회군1388 → 과전법 실시1391 → 선죽교에서 정몽주 피살1392 → 공양왕의 선양, 조선 건국1392 → 국호 '조선' 선포1393 → 한양 천도1394

② 도평의사사의 기능 축소정치 담당, 의흥삼군부 설치군사 업무 총괄

③ 명과의 갈등: 종계변무 문제, 정도전과 남은의 요동 정벌 시도, 표전문 사건외교 문서 갈등

④ 천상열차분야지도 각석 제작, 『향약제생집성방』 편찬, 도첩제 실시

⑤ 1차 왕자의 난(무인정사戊寅 무인년+靖社 어지럽던 사직을 편안하게 함)1398: 이방석의 세자 책봉에 반발하여 이방원이 왕자의 난을 일으킴 → 정도전·이방번·이방석 피살 → 정종에 양위, 태조의 함흥 이주, 함흥 차사 이야기, 정종의 개경 천도

(2) 주요 인물

① 정도전: 급진파 사대부

　㉠ 맹자의 역성혁명론 수용 → 조선 건국 주도

　㉡ 성리학의 통치 이념화: 민본 정치 강조, 『주례』 바탕

　㉢ 한양 천도 추진: 경복궁·종묘·사직단의 위치 선정, 궁·문의 이름 결정

　㉣ 재상 중심의 정치 강조: 재상이 인사권·군사권·재정권을 장악해야 한다고 봄

　㉤ 저술

　　• 『조선경국전』: 사찬 법전, 6전의 관할 사무 규정, 『경국대전』 편찬의 기초가 됨

　　• 『경제문감』: 정도전의 정치 철학서, 재상 중심 정치·민본주의·실용주의·부국강병 주장

　　• 『고려국사』: 왕명으로 고려사 정리, 조선 건국의 정당성 강조, 현존하지 않음

　　• 『심기리편』: 성리학이 불교와 도교보다 우수함을 찬양

　　• 『불씨잡변』: 불교 교리의 핵심이 되는 인과설·윤회설 비판

　　• 『진법』: 요동 정벌을 추진하기 위해 독자적인 전술을 정리

　㉥ 요동 수복 시도, 사병 혁파 시도 → 1차 왕자의 난 때 피살

② 남은: 무관, 위화도 회군에 참여, 정도전과 함께 요동 수복 시도, 1차 왕자의 난 때 피살

③ 조준: 급진파 사대부, 고려 말 사전 혁파 주장, 『경제육전』 편찬(관찬 법전, 6전 체제), 요동 정벌을 반대하며 정도전과 갈등

- 군사 총괄 기구: 공양왕, 삼군도총제부 → 태조, 의흥삼군부 → 정종, 삼군부 → 세조, 5위도총부
- 양위: 자신의 혈통에게 임금의 자리를 물려줌
- 종계변무: 명나라 기록에 이성계가 이인임의 자손으로 기록되어 있음을 알고 수정을 요구한 사건, 조선 건국 초기부터 선조 때까지 200여 년간 지속됨
- 표전문 사건: 표문(황제에게 바치는 글)+전문(황태자에게 바치는 글), 명은 조선이 보낸 표전문이 경박하며 모멸적인 문구가 있다고 주장하며 책임자인 정도전의 압송을 요구함
- 함흥차사: 함흥에 간 태조에게 보낸 사신을 부르는 말. 태종은 태조에게 서울로 돌아올 것을 요청하기 위해 차사를 보냈으나 태조에게 죽음을 당해 돌아오지 못했다는 이야기가 전해내려 오고 있음
- 『주례』: 중국 주나라의 법 체계와 관직 체계를 수록한 책

(3) 한양의 구성

① 경복궁(정궁, 법궁임금이 거처하는 궁궐), 창덕궁, 창경궁, 경희궁, 경운궁

㉠ 경복궁: 북궐로 불림, 태조 때 건립, 왜란으로 소실, 대원군 때 중건, 1887년 최초로 전등 설치, 을미사변 때 건청궁 곤녕합에서 명성황후 피살

㉡ 창덕궁: 창경궁과 함께 동궐로 불림, 태종 때 건립, 광해군 때 법궁이 됨, 규장각 · 주합루 · 후원정원 위치

㉢ 경운궁: 왜란 때 한양으로 복귀한 선조가 월산대군의 집을 궁으로 사용, 아관파천 이후 고종 거주, 최초로 전화기 설치, 고종의 장수를 기원하며 덕수궁으로 개칭

② 6조 관서: 광화문 앞에 배치, 주변 북촌에 양반 마을 형성

③ 종묘역대 왕과 왕비의 위패를 모신 사당, 사직토지신과 곡식신에게 제사지내는 제단: 『주례』의 좌묘우사左廟右社 원칙에 따라 각각 경복궁의 좌 · 우에 배치

④ 성균관: 교육 공간(명륜당강당, 동재 · 서재기숙사)+제사 공간(대성전공자 사당 문묘, 동무 · 서무중국과 우리나라의 성현의 위패를 모신 사당)

⑤ 북악산(북), 낙산(동), 인왕산(서), 목멱산(남)남산: 산을 따라 성곽 축조

⑥ 흥인지문동대문, 돈의문서대문, 숭례문남대문, 숙정문북대문, 보신각: 유교적 덕목에서 따온 인 · 의 · 예 · 지 · 신을 이름 붙임 ※ 숭례문: 2008년 화재로 소실

⑦ 도성 밖 10리 안에는 개인 무덤 조성 · 벌채 불가

정도전의 재상 중심 정치

총재에 훌륭한 사람을 얻으면 6전이 잘 거행되고 모든 직책이 잘 수행된다. 그러므로 "임금의 직책은 한 사람의 재상을 논의하는 데 있다."라고 하였으니, 바로 총재를 두고 한 말이다. 총재는 위로는 군부(君父)를 받들고, 아래로는 백관을 통솔하며 만민을 다스리는 것이니 그 직책이 크다. 또 임금의 자질에는 혼명강약(昏明强弱)의 차이가 있으니, 총재는 임금의 아름다운 점은 순종하고 나쁜 점은 바로잡으며, 옳은 일은 받들고 옳지 않은 것은 막아 임금으로 하여금 가장 올바른 경지에 들게 해야 한다.
– 『조선경국전』 –

정도전의 민본 정치

군주는 천명의 대행자이지만, 천명과 천심은 고정불변의 것이 아니라 민심에 의해 바뀔 수도 있다. 따라서 군주가 자기의 의무와 책임을 저버려 민심을 잃게 되면 천명과 천심이 바뀌며, 천명과 천심이 바뀌면 군주는 교체될 수 있다.
– 『삼봉집』 –

정도전의 요동 정벌 시도

판의흥삼군부사 정도전이 일찍이 '오진도'와 '수수도'를 만들어 바쳤다. 임금께서 좋게 여겨 명하여 훈도관을 두어 가르치고 … '진도'를 익히도록 하였다. … 정도전, 남은 등이 군사를 일으켜 국경에 나가기를 모의하여 임금께 의논을 드렸다.

2. 태종 3대, 1400~1418

(1) 즉위 → 양위
① 1차 왕자의 난 태조 말, 1398: 정도전 · 세자 이방석 등 제거 → 정종 즉위 1398~1400
② 2차 왕자의 난 정종 초, 1400: 이방간 · 박포와 갈등 → 이방원 승리 후 세제에 책봉됨 → 정종의 양위
③ 세종에게 양위 1418 → 4년 동안 상왕

(2) 정책
① 도평의사사 혁파, 의정부 설립, 사간원 설립 고려의 낭사를 독립시킴. 대신과 외척 견제 시도, 사병 폐지, 삼군부의 군권 장악
② 민무구 형제의 옥 감옥 獄: 원경왕후 세력을 축출
③ 6조 직계제 실시
　　⊙ 6조의 위상 강화: 판서를 정2품으로 격상시킴, 6조가 의정부를 통하지 않고 국왕에게 보고함
　　⊙ 의정부의 역할 축소: 사대 문서 · 중죄인 재심 담당

6조 직계제

④ 한양 재천도: 창덕궁 건설(양궐 체제 형성, 동궐이라 불림), 청계천 준설, 시전 건설
⑤ 호패법 실시: 16세 이상의 모든 남자 대상, 성명 · 출생 연도 · 신분 등 명시, 신분에 따라 재료와 모양이 다름
⑥ 양전 실시, 사원전 몰수, 사섬서 설치 후 저화 재발행
⑦ 향 · 부곡 · 소 폐지, 유향소 폐지, 경재소 설치, 신문고 설치(의금부에서 관할)

(3) 외교: (명) 사대 관계 확립, (여진) 경성 · 경원에 무역소 설치, (일본) 한양에 동평관 설치 일본인 숙소

(4) 문화: 「혼일강리역대국도지도」· 「팔도도」 제작, 주자소 활자 제작 관청 · 조지소 종이 생산 관청 설치, 계미자 제작

(5) 주요 인물
① 권근: 이색의 문인, 온건파 사대부, (고려 말) 『입학도설』 성리학 입문서. 최초로 그림과 해설을 이용해 성리학 소개 편찬 → (태조) 명으로 건너가 이방원 · 하륜과 함께 표전문 문제 해결 → (태종) 대제학에 오름, 『동국사략』 편찬, 「혼일강리역대국도지도」의 발문 작성

사료더하기

태종
동복 아우 정안공(이방원)은 개국하는 초에 큰 공로가 있었고, 또 정사(定社)하던 즈음에 우리 형제 4, 5인이 성명(性命)을 보전한 것이 모두 그의 공이었다. 이제 명하여 세자를 삼는다.
　　－『정종실록』－

6조 직계제
• 내(태종)가 일찍이 송도에 있을 때 의정부를 파하자는 의논이 있었으나 지금까지 겨를이 없었다. 지난 겨울에 대간에서 작은 허물로 인하여 정부를 없앨 것을 청하였던 까닭에 윤허하지 않았었다. … 내가 곰곰히 생각해 보니, 모든 일이 내 한 몸에 모이면 진실로 결재하기가 어렵겠으나, 그러나 이미 나라의 임금이 되어서 어찌 노고스러움을 피하겠는가.
• 의정부의 서사를 나누어 6조에 귀속시켰다. … 처음에 왕(태종)은 의정부의 권한이 막중함을 염려하여 이를 혁파할 생각이 있었지만 신중하게 여겨 서두르지 않는데, 이때에 이르러 단행하였다. 의정부가 관장한 것은 사대문서와 중죄수의 심의뿐이었다.

3. 세종 4대, 1418~1450

(1) 정책

① **집현전 설치**: 정책 연구 기관, 경연·서연 담당, 사가독서제 시행, 성종 때 홍문관으로 계승

② **의정부 서사제 실시**

ㄱ 왕권과 신권의 조화 추구, 맹사성·황희 등 재상 중심의 정치 전개

ㄴ 국왕은 인사·군사 업무 주관, 의정부는 그 외 업무 심의

③ **지방 통제 강화**: 원악향리처벌법·부민고소금지법 제정, 유향소 부활, 경재소 제도화, 외역전 폐지, 사창제 시범 실시

④ **공법 시행**: 전분 6등급·연분 9등급제 마련 → 17만 명 여론 조사 → 제도 보완 후 시행

⑤ **훈민정음 창제**

ㄱ 1443년 창제 → 1446년 반포 ※ 최만리가 반대 상소를 올림

ㄴ 보급을 위한 노력

  • 세종: 『용비어천가』 편찬(왕실 조상의 덕 찬양), 『월인천강지곡』 편찬(부처님의 덕 칭송), 『석보상절』 편찬(소헌왕후의 명복을 기원하며 석가의 일대기 정리)

  • 세조: 『월인석보』 간행, 간경도감 설치 후 불경의 한글 번역

  • 서리 채용 시 훈민정음 시험 실시

⑥ 죄수의 수감 여건 개선, 사형수에 대한 3심제(삼복법) 실시, 100일간의 관노비 출산 휴가

(2) 영토 확장

① **대여진 정책**: 최윤덕의 4군 개척, 김종서의 6진 개척 → 압록강·두만강까지 국경선 확장, 사민이주정책, 북평관 설치

② **대일 정책**: 이종무의 쓰시마 섬 정벌 → 3포(부산포, 염포울산, 제포창원) 개항 → 계해약조 체결(신숙주, 이예)

(3) 문화

① 『삼강행실도』 편찬: 관찬, 설순이 집필, 효자와 충신·열녀를 각각 35명씩 뽑아 그들의 행적을 그림과 글로 설명

② 『농사직설』 편찬: 관찬, 정초·변효문 주도

③ 과학 정책: 이천·이순지·장영실 등용, 『칠정산』 제작, 신기전 제작, 『총통등록』 편찬, 경자자·갑인자 주조

④ 불교 정책: 소헌왕후 사망 후 『월인천강지곡』과 『석보상절』 간행, 내불당 건립

⑤ 음악 정책: 세종의 정간보 편찬, 세종의 여민락 작곡, 박연의 아악 정리, 종묘제례악 정비

(4) 주요 인물

① **김종서**: 세종 때 6진 개척(야연사준도), 문종 때 『고려사』·『고려사절요』 편찬을 주도, 계유정난으로 숙청

② **안평대군**: 세종대왕의 3남, 예술적 재능 풍부, 몽유도원도의 제안자, 계유정난으로 숙청

③ **이천**: 무관, 최윤덕과 함께 4군 개척, 세종 때 천문 기구 제작 책임자, 앙부일구·혼의·간의 제작

④ **장영실**: 동래의 관노 출신, 자격루 제작으로 종3품에 오름

의정부 서사제

6조는 각기 모든 직무를 먼저 의정부에 품의하고, 의정부는 가부를 헤아린 뒤에 왕에게 아뢰어 (왕의) 전지를 받아 6조에 내려보내어 시행한다. 다만 이조·병조의 제수, 병조의 군사 임무, 형조의 사형수를 제외한 판결 등은 종래와 같이 각 조에서 직접 아뢰어 시행하고 곧바로 의정부에 보고한다. 만약 타당하지 않으면 의정부가 맡아 심의 논박하고 다시 아뢰어 시행토록 한다.
　　- 『세종실록』 -

공법

각 도의 수전(水田), 한전(旱田)의 소출 많고 적음을 자세히 알 수가 없으니, 공법에서의 수세액을 규정하기가 어렵습니다. 지금부터는 전척(田尺)으로 측량한 매 1결에 대하여, 상상(上上)의 수전에는 몇 석을 파종하고 한전에서는 무슨 곡종 몇 두를 파종하여, 상상년에는 수전은 몇 석, 한전은 몇 두를 수확하며, 하하년에는 수전은 몇 석, 한전은 몇 석을 수확하는지, 하하(下下)의 수전에서는 역시 몇 두를 파종하고 한전에서는 무슨 곡종을 몇 두를 파종하여, 상상년에는 수·한전 각기의 수확이 얼마며, 하하년에는 수·한전 각기의 수확이 얼마인지를 … 각 관의 관둔전에 대해서도 과거 5년간의 파종 및 수확의 다소를 위와 같이 조사하여 보고토록 합니다.
　　　- 『세종실록』 -

집현전 부제학 최만리의 상소

우리 왕조는 조종 이래로 지성으로 대국을 섬겨 한결같이 중화의 제도를 준행하였는데, 지금 글을 같이하고 법도를 같이하는 때를 당하여 언문을 창작하는 것은 보고 듣기에 놀랍습니다.

용비어천가

해동의 여섯 용이 나시어서, 그 행동하신 일마다 모두 하늘이 내리신 복이시니,
그러므로 옛날의 성인의 하신 일들과 부절을 합친 것처럼 꼭 맞으시니.

뿌리가 깊은 나무는 아무리 센 바람에도 움직이지 아니하므로, 꽃이 좋고 열매도 많으니.
샘이 깊은 물은 가뭄에도 끊이지 않고 솟아나므로, 내가 되어서 바다에 이르니.
　　　　　　　　　　　　　　　　　　　　　　　　　　：
상나라의 덕망이 쇠퇴하매, 주나라가 장차 천하를 맡으실 것이므로, 서수(西水) 강가가 저자 같으니.
고려의 운명이 쇠퇴하매, 조선이 장차 나라를 맡으실 것이므로, 동해(東海) 해변이 저자와 같으니.

6진 개척

오늘날 4고을 설치하는 것은 오로지 북방을 수호하려는 것이며, 오늘날 성곽을 쌓는 것은 오로지 변방의 방벽을 공고히 하려 함이며, 오늘날 변방을 지키는 것도 역시 저들 적을 방어하여 우리 백성을 편하게 하려는 것입니다. 그런즉 오늘날의 일은 아니하여도 될 일인데도 경솔하게 백성의 힘을 사용하는 것이 아니며, 대사와 공훈을 좋아하여 병력을 남용하는 것도 아닙니다. … 열 명의 백성들이 신과 더불어 말하기를, "회령과 경원은 지금 이미 성을 쌓았으나, 마땅히 쌓아야 할 곳은 종성과 용성입니다. 오직 이 두 성을 쌓으면 우리들은 걱정이 없을 것입니다."라고 하였습니다.

김종서, 「삭풍은 나무 끝에 불고」

삭풍은 나무 끝에 불고 명월은 눈 속에 찬데
만리변성에 일장검 짚고 서서
긴 파람 큰 한 소래에 거칠 것이 없어라.

- **경연**: 왕과 신하가 모여 유교 경전과 역사를 공부하면서 학문과 정책을 토론하던 제도. 조선 후기에는 산림은 경연관이 되기도 함
- **원악향리**: 자신의 지위를 이용하여 악한 일을 하는 향리
- **부민고소 금지**: 관청에 소속된 하급자가 상급 관원의 비리 등을 고소하거나 지방의 아전·일반 백성 등이 지방관 고소를 금지하는 행위. 단 반역죄와 살인죄를 저지른 경우는 제외
- **역법의 변화**: (통일 신라~고려 전기) 당의 선명력 → (충선왕) 원의 수시력 → (공민왕) 명의 대통력 → (세종) 칠정산 → (효종) 청의 시헌력
- **야연사준도**: 김종서가 두만강 일대에 흩어져 살던 야인들을 몰아내고 6진을 개척한 뒤의 일화를 그린 그림. 그림 속에는 연회 중 갑자기 화살이 날아와 큰 술병에 꽂히자 다른 장수들은 겁을 먹었지만 김종서는 침착하게 연회를 진행하는 이야기가 묘사되어 있음

4. 단종6대, 1452~1455

(1) 12세에 즉위, 황보인 · 김종서 등 재상이 정국을 주도 → 수양대군이 계유정난 단행1453 → 수양대군에게 양위, 상왕으로 물러남1455 → 상왕 복위 사건 후 노산군으로 강등1457 → 강원도 영월 유배, 죽음 → 숙종 때 단종 묘호 선정

(2) **이징옥의 난**1453: 함길도 도절제사 출신, 계유정난에 반발하여 봉기, 대금황제라 칭하고 여진족에게 후원 요청

5. 세조7대, 1455~1468

(1) **통치**

① 상왕 복위 운동 진압, 사육신 제거1456

② 왕권 강화 시도: 6조 직계제 복구, 집현전 폐지, 경연 폐지, 종친 등용, 내수사 설치

③ 군사 제도 정비: 5위와 5위도총부 설치, 진관 체제 확립, 보법 시행, 전폐(유엽전) 제작

④ 토관제 폐지 → 이시애의 난함길도 유향소 별감 출신, 중앙집권화 정책에 반발, 남이의 활약으로 진압 → 유향소 폐지

⑤ 직전법 실시: 현직 관리에게만 수조권 지급, 이후 지주전호제 확산

⑥ 『경국대전』 편찬 시작: 육전상정소 설치, 호전 · 형전 완성

⑦ 불교 진흥: 『월인석보』 간행, 간경도감 설치(→ 불경의 한글 번역), 원각사지 10층 석탑 건립

(2) **주요 인물**

① 정인지 · 양성지 · 신숙주 · 서거정 · 한명회: 계유정난 참여, 훈구 세력

② 성삼문 · 박팽년 · 하위지 · 이개 · 유성원 · 유응부: 사육신, 단종 복위에 목숨을 바침

③ 남이: 이시애의 난과 여진 토벌에 공을 세움 → "혜성이 나타남은 묵은 것을 없애고 새 것을 나타나게 하려는 징조다."라는 말을 했다는 이유로 예종 즉위년에 숙청

④ 김시습: 생육신, 단종에 대한 절개 지킴, 『금오신화』최초의 한문 소설 집필

> **사료더하기**
>
> 6조 직계제
> 상왕(단종)이 어려서 무릇 조치하는 바는 모두 대신에게 맡겨 논의 시행하였다. 지금 내(세조)가 명을 맡아 왕통을 계승하여 군국 서무를 아울러 모두 처리하며 조종의 옛 제도를 모두 복구한다. 지금부터 형조의 사형수를 제외한 모든 서무는 6조가 각각 그 직무를 담당하여 직계한다.
>
> 성삼문, 「수양산 바라보며」
> 수양산 바라보며 이제(백이, 숙제)를 한(恨)하노라 / 굶주려 죽을지언정 고사리는 왜 뜯어먹었는가
> 비록 풀이지만 그것이 누구 땅에서 났는가

> **개념더하기**
>
> • 이징옥의 난: 수양대군이 이징옥을 김종서의 일당으로 여겨 파직하고 후임을 보내자, 이징옥이 난을 일으킴
> • 내수사: 왕실 재정 관리 기구, 농민에게 장리(고율의 이자)를 놓아 왕실의 비용을 충당하는 것이 문제가 됨
>   – 중종: 조광조가 내수사 장리 폐지를 주장
>   – 순조: 내수사 노비 혁파(공노비 해방)
>   – 대한제국: 내장전으로 부활
> • 토관: 평안도 · 함경도 · 제주도 등지에 거주하는 유력자들로 임명한 관리
> • 전폐(유엽전): 화살촉 형태의 철전, 평상시에는 화폐로서 사용하고 유사시에는 무기의 일종인 화살촉으로서 이용
> • 상정소: 조선 시대 국가의 법규 · 법전을 제정하거나 정책 및 제도를 마련하기 위해 설치한 임시기구

6. 성종9대, 1469~1494

(1) 통치

① 즉위 초반: 세조비 정희왕후의 수렴청정과 원상제 실시

② 즉위 7년 이후: 친정 시작, 홍문관 설치, 경연 부활, 사림 등용(훈구 세력을 견제하기 위해 김종직·김일손 등 등용, 3사의 언관직 근무)

③ 유향소 부활, 사창제 폐지, 오가작통법 법제화, 서얼금고법 법제화

④ 창경궁 건립

⑤ 관수관급제 실시: 국가가 조를 거두어 관리들에게 나누어 줌

⑥ 요역의 8결출1부제(八結出一夫) 제정: 토지 8결당 1명을 요역에 동원

⑦ 『경국대전』 완성: 세조~성종, 조선의 기본 법전, 6전(이·호·예·병·형·공전)으로 구성

(2) 문화

① 왕명으로 『삼국사절요』역사·『동국통감』역사, 『동국여지승람』지리지, 『동문선』문학, 『악학궤범』음악 편찬

② 견문기 편찬: 신숙주의 『해동제국기』(일본), 최부의 『표해록』(중국)

③ 유교 이념 강화: 『국조오례의』 편찬, 도첩제 폐지승려의 출가를 일체 금지함

(3) 주요 인물

① 한명회: (세조) 계유정난 참여, 영의정, 그의 딸이 예종·성종과 혼인 → (성종) 압구정 정자 건설 → (연산군) 갑자사화로 부관참시 당함

② 신숙주: (세종) 집현전 관리, 계해약조 체결 → (세조) 계유정난 참여, 여진족 토벌 → (성종) 왕명으로 『해동제국기』 편찬

③ 서거정: 왕명으로 『경국대전』·『삼국사절요』·『동국통감』·『동문선』 편찬, 『필원잡기』 저술패관 문학

④ 성현: 왕명으로 『악학궤범』 편찬, 『용재총화』 저술패관 문학

⑤ 강희맹: 『금양잡록』 집필(최초의 사찬 농서)

사료더하기

사림의 연원
김종직은 경상도 사람이다. 학문이 뛰어나고, 문장을 잘 지으며, 가르치기를 즐겼다. 그에게 배워 과거에 급제한 사람이 많았다. 경상도 선비로 조정에 벼슬하는 사람들은 그를 우두머리로 모셨다. … 조정에 새로 진출한 무리는 그른 것을 깨닫지 못하고 함께 어울리는 자가 많았다. 그때 사람들이 이를 비판하여 '경상도 선배 무리'라고 하였다.

『해동제국기』일본·대마도·류큐 왕국 등에 대한 견문기
우리 주상 전하께서 신(신숙주)에게 명하여 해동 여러 나라에 대해 조빙(朝聘)으로 왕래한 고사와 관곡(館穀)을 주어 예우한 전례를 찬술하라 하셨다. … 지금 우리나라는 그들이 오면 어루만져서 선물을 넉넉히 주며 대우를 후하게 하는데도, 그들은 보통으로 여기고 마구 속이며 곳곳에서 머물러 시일을 지체하면서 갖가지로 변명을 둘러댄다. … 그래도 땅이 멀고 바다가 가로막혀서 그 실상을 파악하여 그 진위를 알 수 없으니, 그들을 상대함은 선왕의 옛 규례에 의거하여 진정할 수밖에 없는데, 그 정세가 각기 경중이 있어서 후하고 박함이 없을 수 없다.

개념더하기

- 원상: 국왕이 병이 나거나 어린 왕이 즉위하였을 때 국정을 의논하기 위하여 주로 재상들로 구성한 임시 관직
- 서얼금고법: 양반의 자손이라도 첩의 소생은 관직에 나아갈 수 없게 한 제도

2 **16세기, 사화**_{신진 사림들이 훈신·척신들로부터 받은 정치적인 탄압}**의 시대**

1. **연산군**_{10대, 1494~1506}

(1) **무오사화**₁₄₉₈: 훈구(유자광, 이극돈)와 사림(김일손) 긴 갈등 → 사관 김일손이 김종직의 「조의제문」을 사초에 수록 → 김일손 등 숙청

(2) **갑자사화**₁₅₀₄: 궁중파(임사홍)_{궁중과 결탁한 관료}와 부중파_{정부 중심의 관료} 간 갈등 → 연산군의 생모 윤씨의 폐비 사사 문제 대두_{임사홍이 연산군에게 생모의 사망에 대해 알림} → 부중파와 사림 숙청

(3) **관리에게 신언패**_{삼갈 慎+말씀 言+간판 牌}**를 차게 함**

(4) **중종반정으로 폐위**: 박원종과 성희안 주도

(5) **단천연은법 발명**: 단천에서 김감불과 김검동이 새로운 은 분리법을 발명

> **사료더하기**
>
> 조의제문
> (세조 2년) 그날 밤 꿈에 신인이 나타나서 말했다. "나는 초 회왕의 손자 심이다. 서초패왕(항우)에게 죽음을 당하여 빈강(郴江)에 빠져 잠겨 있다." … "회왕은 남방 초나라 사람이고 나는 동이인이다. … 역사를 살펴보아도 회왕을 강물에 던졌다는 말은 없다. 아마 항우가 몰래 사람을 시켜 몰래 쳐 죽여 시체를 물에 던졌던 것인지 알 수 없는 일이다."라고 하고 글을 지어 슬퍼하였다.
>
> 갑자사화
> 임사홍은 선조(先朝) 때 내쫓으나 그 아들 임숭재가 옹주에게 장가를 들면서 궁중을 출입할 수 있게 되었다. 왕의 뜻을 잘 헤아려 마침내 조정을 위협할 술책을 비밀리에 마련하였다. … 왕은 이때에 이르러 크게 형벌을 멋대로 내리며 언관들을 추궁하여, 대신에서부터 대간과 시종에 이르기까지 거의 다 죽이거나 귀양을 보내어 조정이 텅 비었다. 어머니를 폐비한 일을 원망하며 선왕의 후궁들을 매질하여 죽이고 그 자녀는 귀양 보내거나 죽였으며 …

> **개념더하기**
>
> • 훈구와 사림
>
> | 구분 | 훈구파 | 사림파 |
> |---|---|---|
> | 기원 | • 건국 공신+좌익공신(세조 즉위에 기여)+정국공신(중종반정에 기여)
• 급진파 사대부 계승, 관학(집현전, 성균관) 출신 | • 성종 대에 정계 진출
• 온건파 사대부 계승, 사학 출신 |
> | 대표적 인물 | 정도전 → 신숙주, 정인지, 한명회 → 박원종 | 길재 → 김종직 → 김일손, 김굉필 → 조광조 |
> | 정치적 | 부국강병과 중앙집권 추구, 의정부와 6조 장악 | 왕도 정치와 향촌 자치 추구, 3사의 언관직 진출 |
> | 경제적 | 대지주(공신전·간척지 소유), 대외 무역 관여 | 중소지주, 지방 향촌 기반 |
> | 사상적 | • 「주례」 중시: 체제 정비에 기여
• 사장(詞章) 중시, 성리학 이외의 사상에 관대 | • 「춘추」, 「소학」 중시: 명분론 중시, 도덕 중시
• 경학(經學) 중시, 성리학 이외의 사상 배척 |
>
> 사림의 계보
> 정몽주 → 길재 → 김숙자 → 김종직 → (정여창, 김굉필, 김일손) → (이언적, 서경덕, 조광조, 김안국) → (조식, 이황 / 이이, 성혼)
영남학파 / 기호학파
>
> • 조의제문: 항우가 죽인 초나라 의제를 추모하는 글. 실제로는 수양대군이 단종을 죽이고 왕위를 찬탈한 것을 풍자함

2. 중종 11대, 1506~1544

(1) 정책
① 즉위 초 반정 정치: 경연 재개, 사간원과 홍문관 복구, 성균관 수리
② 정암 조광조와 사림 등용 1516 반정 공신 견제를 위해서
　　㉠ 도학 정치 추구: 경연 재개, 언론의 활성화, 이조 전랑의 자대권과 통청권 허용, 정몽주의 문묘 종사
　　㉡ 현량과 실시: 천거로 사림 등용
　　㉢ 성리학 질서 추구: 소격서 폐지(도교 행사 금지), 향약 실시, 『소학』・『주자가례』 보급
　　㉣ 내수사 장리 이자의 폐지 요구, 수미법 제안(방납 폐단 지적)
③ 기묘사화 1519: 조광조의 위훈 삭제 주장(정국공신 117명 중 76명의 훈장을 삭제) → 남곤 등 반정 공신의 반발 → 주초위왕 조씨가 임금이 된다는 소문 문제 제기, 기묘 사화로 조광조 숙청
④ 군적수포제 실시: 방군수포제 합법화, 1년에 군포 2필 납부 시 현역 복무를 면제

(2) 외교: 3포 왜란 발발 1510 → 비변사의 최초 설치(임시 기구, 군무 담당, 지변사재상으로 구성) → 임신약조 체결(제포만 개항, 교역액은 계해약조의 절반만 허용) → 사량진 왜변 발발(경남 통영, 양국 간 교역 중단)

(3) 문화
① 주세붕의 백운동 서원 건립: 최초의 서원, 안향 배향, 명종 때 이황이 건의로 소수서원으로 개칭
② 『동국사략』・『표제음주동국사략』 역사, 『신증동국여지승람』 지리, 『속삼강행실도』・『이륜행실도』 의례서, 『동몽선습』 유학서 편찬
③ 양명학의 전래: 이황이 『전습록논변』에서 이단으로 간주

(4) 주요 인물
① 서경덕: 태허설 제기, 주기론의 선구자
② 이언적: 주리론의 선구자
③ 김안국: 온건파 사림, 『이륜행실도』 편찬 건의

사료더하기

현량과
경연에서 조광조가 중종에게 아뢰기를, "국가에서 사람을 등용할 때 과거 시험에 합격한 사람을 중요하게 여깁니다. 그러나 매우 현명한 사람이 있다면 어찌 꼭 과거 시험에만 국한하여 등용할 수 있겠습니까. 중국 한을 본받아 현량과를 실시하여 덕행이 있는 사람을 천거하여 인재를 찾으십시오."라고 하였다.

조광조의 절명시
임금 사랑하기를 어버이 사랑하듯 했고 / 나라 걱정을 내 집 걱정하듯 했노라.
밝은 해가 이 세상을 내려다보고 있으니 / 내 충성된 마음을 환히 비추리라.

개념더하기

• 이조전랑의 통청권: 3사 관리를 선발할 수 있는 권리, 영조 때 폐지
• 이조전랑의 자대권: 자신의 후임자를 추천할 수 있는 권리, 영조 때 폐지
• 방납: 공물의 납부를 대행함으로써 중간 이윤을 취하던 행위
• 방군수포제: 군인에게 포를 받고 복무를 면제해 주던 제도
• 지변사재상: 전・현직 정승, 병조 고관, 국경 군사 전문가 등

3. 명종 13대, 1546~1567

(1) 정책, 외교

① 초기 8년: 모후인 문정왕후의 수렴청정, 불교가 일시적으로 부흥(승려 보우 중용, 승과 실시)

② 을사사화1546: 대윤(윤임 일파_{인종의 모후 가계})과 소윤(윤원로·윤원형 일파_{문정왕후 가계}) 대립 → 소윤의 승리

③ 양재역 벽서 사건1547: 윤원형 일파가 사림을 추가로 숙청함, 회재 이언적 유배

④ 『구황촬요』 편찬: 흉년 대비책 소개

⑤ 임꺽정의 난1559~1562: 백정 출신, 황해도 구월산 등지에서 활동, 의적 활동(관아와 부호 공격, 빈민 구제)

(2) 외교: 정미조약 체결(부산포만 개항, 세견선 25척 허용)1547 → 을묘 왜변 발발1555 → 일본과의 국교 단절, 비변사의 상설 기구화, 제승방략 체제로 전환

(3) 주요 인물

① 퇴계 이황: (명종) 소수 서원의 사액 요청, 기대승과의 사단칠정 논쟁 → (선조) 왕에게 『성학십도』를 올림

② 남명 조식: 평생 처사 자처, 경(敬)·의(義) 중시, 노장 사상을 포용하고 학문의 실천성을 강조, 선조에게 서리의 폐단 지적(무진봉사에서 서리망국론 주장)

③ 어숙권: 서얼, 『고사촬요』(사대교린에서 일상생활에 이르는 일반 상식 수록, 우리나라 최초의 백과사전)과 『패관잡기』(서얼 차별 비판) 집필

사료더하기

을사사화
정유년 이후부터 조정 신하들 사이에는 대윤, 소윤의 설이 있었는데 군소배들이 부회하여 말이 많았다. 이기 등은 윤원형 형제와 은밀히 결탁하였다. 인종이 승하한 뒤에 윤원형이 기회를 얻었음을 기뻐하며 비밀리에 보복할 생각을 품고 위험한 말을 꾸며 다른 사람들을 두렵게 하니 소문이 위에까지 들리고 자전(왕의 어머니)은 밀지를 윤원형에게 내렸다. 이에 이기 등이 변을 고하여 큰 화를 만들었다. ⋯ 이덕응이 자백하기를 "윤임이 제게 이르되 경원대군이 왕위에 올라 윤원로가 권력을 잡게 되면 자신의 집안은 멸족될 것이니 봉성군은 옹립하자고 하였습니다"라고 실토하였다.

임꺽정의 난
도적이 성행하는 것은 수령이 부정을 저지르는 탓이며, 수령의 부정은 재상이 청렴하지 못한 탓이다. ⋯ 그런데도 가난한 백성은 하소연할 곳이 없으니, 도적이 되지 않으면 살 길이 없다. ⋯ 진실로 조정이 맑아서 재물을 밝히지 아니하고, 수령 또한 이 같은 사람을 임명한다면, 칼을 잡은 도적은 송아지를 사서 농촌으로 돌아갈 것이다. 그렇게 하지 않고 군사를 거느리고 추적해 체포하는 대로 또 뒤따라 일어나 앞으로는 다 붙잡지 못할 지경에 이를 것이다.

개념더하기

- 을묘왜변: 왜구가 전라남도 강진·진도 일대에 침입해 약탈과 노략질함
- 조선의 3대 도적: 홍길동(연산군 시기), 임꺽정(명종 시기), 장길산(숙종 시기)

4. 선조 14대, 1567~1608

(1) 사림 집권과 붕당 벗 朋 +무리 黨 형성

① 선조 초, 사림의 중앙 정치 장악

② 을해분당 나눌 分+무리 黨 1575: 척신 정치 청산과 이조 전랑직을 둘러싼 사림 내부의 갈등으로 붕당 형성

동인	– 선조 대에 중앙 정치에 참여한 신진 사림, 척신 정치 청산에 적극적 – 이조전랑을 둘러싼 심의겸(왕실 외척)과 김효원(신진 사림)의 대립에 대한 입장: 김효원 지지 – 영남학파 중심: 이황 · 조식 · 서경덕의 학문을 계승
서인	– 명종 이후 중앙 정치에 참여한 기성 사림, 척신 정치 청산에 소극적 – 이조전랑을 둘러싼 심의겸(왕실 외척)과 김효원(신진 사림)의 대립에 대한 입장: 심의겸 지지 – 기호학파 중심: 이이, 성혼, 정철

③ 기축옥사 1589: 원인 동인 정여립의 모반 시도(대동계를 결성하여 역성혁명을 시도했다는 혐의, 전북 전주)
   → 경과 서인 정철이 동인 세력의 숙청 주도 → 결과 서인 집권, 특히 호남 지역 동인의 피해가 컸음

④ 동인의 재집권 1591

   ㉠ 건저 왕세자 선정 사건을 계기로 동인이 정권 장악 → 서인에 대한 처벌 수위를 둘러싸고 동인 내부에서 입장 차 발생

   ㉡ 남인: 온건파(정철의 귀양 요구), 이황의 제자 중심

   ㉢ 북인: 강경파(정철의 사형 주장), 조식과 서경덕의 제자 중심

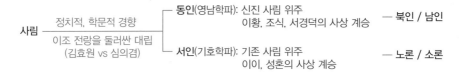

(2) 왜란 1592~1598: (왜란 전) 황윤길과 김성일을 통신사로 파견 → (왜란 초) 선조의 의주 피란 → (한양 복귀 후) 훈련도감과 속오군 설치, 비변사 강화, 이몽학의 난 → (왜란 후) 통신사 재개 1607

(3) 주요 인물

① 율곡 이이: 서인, 구도장원공, 경장론 개혁론 주장(수미법과 10만 양병설 건의), 선조에게 『동호문답』· 『성학집요』 올림

② 정철: 서인, 「사미인곡」· 「속미인곡」 작성, 정여립 모반 사건을 계기로 동인에 대한 강경 탄압 주도

③ 유성룡: 동인, 훈련도감과 속오군 조직, 『징비록』 집필(왜란과 이순신 기록)

④ 이순신: 판옥선 · 거북선 축조, 『난중일기』 집필(유네스코 세계기록유산)

사료더하기

붕당 형성
김효원이 알성 과거에 장원으로 합격하여 이조 전랑의 물망에 올랐으나, 그가 윤원형의 문객이었다 하여 심의겸이 반대하였다. 그 후 심의겸이 동생 심충겸이 장원 급제하여 전랑으로 천거되었으나, 외척이라 하여 효원이 반대하였다. 이때 양편 친지들이 각기 다른 주장을 내세우면서 서로 배척하여 동인, 서인의 말이 여기서 비롯되었다. 효원의 집이 동쪽 건천동에 있고, 의겸의 집이 서쪽 정동에 있기 때문이었다.

이조전랑의 역할
무릇 내외의 관원을 선발하는 것은 오로지 이조에 속하게 하였고, 또 이조의 권한이 무거워질 것을 염려하여 3사 관원의 선발은 낭관에게 맡겼다. 따라서 이조의 정랑과 좌랑이 또한 3사의 언론권을 주도하게 되었다. … 이 때문에 전랑의 권한이 3정승과 견줄 만하였다.
－『택리지』－

1 왜란 이전의 대외 관계

1. 명나라와의 관계: 사대 정책

(1) **태조, 명과 갈등**: 종계변무 문제, 정도전과 남은의 요동 수복 시도, 표전문 사건_{외교 문서 갈등}

(2) **태종, 사대 외교 수립**

① **책봉**: 새 왕 즉위 시 중국 황제가 승인함(인신_{도장}, 고명_{책즉위 승인 문서}) → 정치적 · 외교적 안정 획득

② **조공**: 정초 · 동지 등에 정기적으로 조천사 파견 → 중국의 회사_{回賜. 답례} → 경제적 · 문화적 실리 추구

2. 여진과의 관계: 교린 정책

(1) **강경책**: (태종) 함경도 경원 · 경성 차지 → (세종) 최윤덕의 4군 개척으로 압록강까지 확장, 김종서의 6진 개척으로 두만강까지 확장, 사민 정책 실시_{삼남 지방민의 이주} → (세조) 신숙주와 남이의 건주 여진 토벌

(2) **회유책**: 귀순 장려(관직과 토지 하사), 토관 제도 운영_{그 지방의 유력자를 토관으로 임명}, 태종 때 경성 · 경원에 무역소 설치_{국경 무역 허락}, 세종 때 한양에 북평관 설치_{조공 무역 허락}

국경선의 변화　　　　　　　　　　4군 6진

3. 일본과의 관계: 교린 정책

(1) **세종**: 이종무의 쓰시마 섬 토벌₁₄₁₉ → 3포(부산포, 염포_{울산}, 제포_{창원}) 개항₁₄₂₆ → 계해약조 체결(신숙주 · 이예가 대마도주와 체결, 세견선 50척과 세사미두 200석 허용)₁₄₄₃

(2) **중종**: 3포 왜란 발발 → 비변사 최초 설치(임시 기구, 군무 담당, 지변사재상 참여) → 임신약조 체결(제포만 개항, 교역액은 계해약조의 절반만 허용) → 사량진 왜변 발발(통영, 양국 간 교역 중단)

(3) **명종**: 정미조약 체결(부산포만 개항, 세견선 25척 허용) → 을묘 왜변 발발 → 일본과의 국교 단절, 비변사 상설화

(4) **팔만대장경 인쇄본 전달**: 수십 차례 진행, 포로로 잡혀간 조선인과 교환하는 형식을 취하기도 함

4. 동남아시아: 유구(오키나와, 조선의 불경 · 유교 경전 · 범종 전파), 시암(태국), 자바(인도네시아)와도 교류

> **사료더하기**
>
> 계해약조
> 대마도주에게 매년 200석의 쌀과 콩을 하사한다. … 대마도주는 매년 50척의 배를 보낼 수 있고, 부득이 하게 보고할 일이 있으면 정해진 숫자 외에 특송선을 보낼 수 있다. … 부산포, 제포, 염포 등 3포에 머무르는 날짜는 20일로 한정하고, 단지 상경한 자의 배를 지키는 간수인은 50일로 하고 이들에게 식량을 지급한다.

2 왜란 선조, 1592~1598

1. 배경

(1) **조선**: 방군수포제와 대립제의 성행으로 군사력 약화

① **명종**: 임꺽정의 난으로 인한 사회 혼란, 제승방략체제로 전환

② **선조, 붕당 간 대립으로 국론 분열**: 전쟁 예측을 둘러싼 서인 황윤길과 동인 김성일의 의견 대립

(2) **일본**: 도요토미 히데요시의 전국 시대 통일 → 무사들의 관심을 돌리기 위해 "정명가도" 수상, 소총 노입

2. 경과

왜란 발발 1592. 4.	부산진(정발)과 동래성(송상현) 전투의 패배: 동래부순절도에 기록 → 신립의 충주 탄금대 방어 실패 → 광해군의 세자 책봉, 선조의 피란, 한양 방화 → 1592. 5. 왜군의 한양 함락: 이후 평양과 함경도까지 북상, 선조가 의주로 피란

⇩

조선의 반격	이순신의 승리: 옥포 해전첫 승리, 사천 해전 거북선 첫 출전, 한산도 대첩 견내량, 학익진 전술, 최대 승리 등 → 1592. 10. 김시민과 곽재우의 1차 진주 대첩 → 1592. 12. 이여송이 이끄는 명 지원군 파병 → 1593. 1. 조·명 연합군의 평양성 탈환, 명군이 벽제관 전투에서 패하고 평양으로 후퇴 → 1593. 2. 권율의 행주 대첩 → 1593. 3. 명·일본 간 화의 교섭 시작: 3년간 진행 → 1593. 10. 선조의 한양 복귀: 이후 훈련도감 설치, 진관 체제 복구, 속오군 설치 → 1596 이몽학의 난: 왕족의 서얼 출신임진왜란으로 인한 민심의 불만을 선동하여 봉기

⇩

정유재란 1597~1598	1597. 1. 일본의 재침략 1597. 7. 원균의 칠천량 해전 패배, 이순신의 3도 수군통제사 복귀 → 1597. 9. 조·명 연합군의 직산 전투: 충남 천안, 일본군의 북상 저지 → 1597. 9. 이순신의 명량 해전: 울돌목의 빠른 물살 이용 → 1598. 9. 도요토미 히데요시의 사망과 일본군 철수 시작 → 1598. 11. 이순신의 노량 해전: 이순신 전사

3. 왜란 승리의 원동력

(1) **이순신과 수군의 활약**: 제해권 장악, 곡창지대 사수, 일본의 수륙 병진 작전을 좌절시킴

(2) **의병의 활약**: 곽재우(홍의장군), 조헌과 고경명(금산전투), 정문부(북관대첩비-야스쿠니 신사에 방치된 것을 2005년에 반환), 서산대사 휴정, 사명대사 유정

(3) **명의 지원군 파병**

(4) **신기전**(세종 때 발명), **화차**(문종 때 발명), **비격진천뢰**(선조 때 이장손이 발명) **활용**

4. 전후

(1) **정치적**: 훈련도감과 속오군 편성, 비변사 기능 강화, 의정부와 6조의 역할 축소

(2) **경제적**: 진결과 은결 증가에 따른 국가 재정 궁핍, 인구 급감(일본으로 끌려간 사람이 많았음)

(3) **사회적**: 공명첩으로 신분제 동요, 선조가 한양을 떠나자 노비들이 장례원과 형조의 노비 문서를 불태움

(4) **문화적**: 문화재 소실(경복궁, 불국사, 사고, 고려의 7대 실록 등), 도공(이삼평, 심당길)과 유학자 유출

(5) **대외적**: 여진족 성장과 명 쇠퇴, 조선의 소중화 사상 강화, 도쿠가와 이에야스가 에도 막부 성립

5. 일본과의 국교 재개

(1) 탐적사 파견1604: 선조, 사명대사 유정이 일본에서 포로 3,000여 명을 귀국시킴

(2) 통신사 재개1607: 일본과의 국교 정식 재개

   ① 선조~순조까지 총 12회 파견: 주로 일본 막부의 요청(비정기적, 주로 쇼군이 교체될 때)으로 파견

   ② 활동: 포로 송환(회답겸쇄환사, 초기 3회, 광해군 때 이경직의 『부상록』에 기록), 세계 전달, 일본에 선진 문화 전파

(3) 기유약조 체결1609: 광해군, 대마도주와 체결, 부산포 개항(왜관 설치), 세견선 20척 · 세사미두 100석 허용

사료더하기 ▶

한산도 대첩

이른 아침에 적선이 머물러 있는 곳(견내량)으로 향하였다. … 적선들이 일시에 돛을 올려 쫓아 나오므로 우리 배는 거짓으로 물러나면서 돌아 나오자, 왜적들도 따라 나왔다. 그때야 여러 장수들에게 명령하여 학익진을 펼쳐 일시에 진격하여 각각 지자 · 현자 · 승자 등의 총통 등을 쏘았다.

– 『난중일기』 –

명량해전

임진년 이후 적이 감히 우리 서해안에 오지 못한 것은 수군이 그 길을 막았기 때문입니다. 신에게 아직 전선 열두 척이 있으니 사력을 다하여 맞서 싸우면 될 것입니다.

– 『이충무공 전서』 –

통신사 파견

군주는 백성에게 부모의 도리가 있다. 백성이 오랑캐의 조정으로 잡혀가, 장차 오랑캐 나라의 백성이 되게 되었으니 슬프지 않을 수 있겠는가. … 의리에 의거해 우리나라 포로를 모두 쇄한시켜 두 나라의 우호를 다지게 하라고 하여 한번 그들의 뜻을 떠보는 것이 마땅하다. 사신의 칭호를 회답쇄환사라고 하는 것도 한 계책일 것이다.

개념더하기 ▶

- 비변사

변천 과정	(중종, 3포왜란 후) 비변사 설치: 임기 기구, 군무 담당, 여진과 일본 대비 목적 → (명종, 을묘왜변 후) 비변사의 상설화 → (선조, 임진왜란 후) 비변사의 기능 확대: 군사, 외교, 재정, 사회, 인사 문제 등 국정 전반 총괄 → (세도정치) 비변사의 기능 최고조: 비와 빈의 간택까지 주도 → (흥선 대원군) 비변사 기능 축소, 폐지: 의정부와 삼군부 기능 회복
참여 세력	(초기) 지변사재상 중심(전 · 현직 정승, 병조 고관, 국경 군사 전문가 등) → (임진왜란 후) 전 · 현직 정승(도제조 겸직), 각 조의 판서와 참판(공조 제외), 5군영의 대장, 대제학, 강화 유수, 문무 당상관(정3품 이상)
활동 기록	『비변사등록』: 비변사의 활동 등을 날마다 기록, 광해군~고종, 일기체 형식
결과	왕권 약화, 의정부와 6조가 비변사의 집행 기관으로 전락

- 진결: 경작하지 않은 땅이나 황폐한 땅(진전)
- 은결: 탈세를 목적으로 전세의 부과 대상에서 부정 · 불법으로 누락시킨 토지
- 공명첩: 성명을 적지 않은 백지 임명장. 국가의 재정이 궁핍할 때 국고를 채우는 수단으로 사용되어 명목상 관리가 늘어남
- 도제조: 육조의 속아문이나 군영 등에 두었던 자문직 또는 총책임자, 정1품

1 17세기, 붕당 정치

1. 광해군 15대, 1608~1623

(1) 정책: 북인 정권

① 즉위 전: 선조와 공빈 김씨의 자식, 왜란 중에 세자로 책봉 → 분조(分朝)작은 조정 이끎

② 전후 복구

㉠ 창덕궁조선 후기의 정궁과 창경궁 중건, 경희궁 건립: 5궁 체제

㉡ 토지 대장과 호적 정비, 성곽 수리, 화기도감 설치총포 제작, 대동법 첫 실시(이원익과 한백겸의 제안, 경기도에 한정)

㉢ 허준 『동의보감』 편찬, 5대 사고(史庫) 설치(춘추관, 오대산, 태백산, 정족산, 적상산)

㉣ 『동국신속삼강행실도』 반포: 왜란 때 활약한 효자 · 충신 · 열녀 추앙

③ 기유약조 체결: 부산포에 왜관 설치(두모포 → 숙종 초량), 세견선 20척 · 세사미두 100석 허용

④ 명과 후금 사이에서 중립 외교 시행: 명분보다는 실리 추구

㉠ 명이 후금 정벌을 위한 파병 요청 → 강홍립과 1만 명 파병 → 강홍립이 후금에 투항

㉡ 후금 견제를 위해 명 모문룡의 가도 주둔 허용

⑤ 서인의 인조 반정으로 폐위: 중립외교와 폐모 살제(인목대비의 서궁 유폐와 영창대군 살해)에 반발

(2) 주요 인물

① 북인: 정인홍(회퇴변척 주장), 이이첨(영창대군 살해), 허균(호민론 주장, 백성을 호민사회 모순에 저항하는 자 · 원민불리한 현실에 불만을 가진 자 · 항민불합리한 현실에 순응하는 자으로 구분, 서얼 차별 반대, 최초의 한글 소설 『홍길동전』 집필, 서얼 · 평민과 교류)

② 실무형 관리: 이원익(대동법 제안), 이수광(실학의 선구자, 『지봉유설』 집필), 한백겸(실학의 선구자, 대동법 제안, 독자적인 6경 해석, 『동국지리지』 집필)

> **사료더하기**
>
> 광해군의 중립 외교
> 경들은 이 오랑캐들(후금)을 어찌할 것인가? 우리나라 병력으로 막을 만한 형세가 된다고 생각하는가? 지난번 명나라에서 구원병을 두 번이나 요청해 왔을 때 응하지 않은 것도 이 때문이다. 경들은 어찌 내 뜻을 헤아리지 못하고 우리 군사가 투항한 사실을 명나라에 알리려고만 하는가. 내 말이 잘못되었다고 생각하는가? 내가 이를 절통해 하는도다.
> ― 『광해군일기』 ―
>
> 인조반정
> 광해는 선왕의 아들이니 나를 어미로 여기지 않을 수 없는데도 나의 부모와 친척, 어린 자식(영창대군)을 죽이고 나를 유폐하여 곤욕을 주는 등 인륜이 도리라곤 다시 없다. … 우리나라가 중국 조정을 섬겨온 것이 2백여 년이라, 의리로는 곧 군신이며 은혜로는 부자와 같다. 그리고 임진년에 재조해준 그 은혜는 만세토록 잊을 수 없을 것이다. … 명군과 함께 오랑캐를 정벌할 때에는 은밀히 장수 강홍립을 시켜 '동태를 보아 행동하라' 하여 끝내 오랑캐에게 항복하게 하였다.

> **개념더하기**
>
> • 회퇴변척: 회재 이언적+퇴계 이황+분별할 변+물리칠 척. 정인홍이 스승 조식의 변호를 위해 이언적과 이황의 행적을 거론하며 비판한 사건. 하지만 오히려 북인의 영수였던 정인홍이 청금록에서 삭제당하는 역풍을 맞음
> • 가도 사건: 명나라 장수 모문룡이 1622년(광해군 말기)~1629년(인조 7년) 동안 평안도 철산 앞바다의 가도에 주둔한 사건. 그는 인조반정 후 조선 정부로부터 대량의 군량미까지 지원받으며 후금과 대치함. 후금은 모문룡의 제거를 명분으로 정묘호란을 일으킴

2. 인조16대, 1623~1649

(1) 정묘호란1627

① 배경

ㄱ 서인 정권의 친명배금 정책: 의리와 명분 강조, 명에 대한 사대 지속, 후금 배척

ㄴ 모문룡의 가도 사건1622~1629: 명 모문룡이 평안도 가도에 머물며 후금을 압박

ㄷ 이괄의 난1624: 인조 반정 직후 논공행상에 불만 제기하며 봉기 → 인조의 공주 피난 → 일당들이 인조반정과 외교 정책에 대해 후금에 알림

ㄹ 어영청 · 총융청 · 수어청 설립 ∵ 후금 대비, ∴ 서인의 병권 장악

② 경과: 후금이 광해군의 보복을 내세우며 침입 → 인조의 강화 피신 → 의병의 봉기(정봉수의 용골산성 항쟁, 이립의 저항) → 형제지맹 체결 후금은 형, 조선은 동생

③ 전후: 세폐 바침, 중강 개시 개설

(2) 병자호란1636

① 배경: 청이 조선에 군신 관계 요구 → 조선의 거부

② 경과: 청 태종의 침입 → 인조의 강화 피신 실패 → 인조의 남한산성 피신(45일 항전), 임경업의 백마산성 항쟁 → 주전론(김상헌, 윤집)과 주화론(최명길)의 대립 → 조선의 항복(삼전도의 굴욕, 삼전도비 건립), 소현세자 · 봉림대군 · 삼학사 · 김상헌 등 인질 보냄

주전론	주화론
척화론	강화론
대외명분	현실적 · 실리적
김상헌, 윤집	최명길

주전론과 주화파

③ 전후: 표면상 청과 사대 관계(명 연호 중단, 연행사 파견), 환향녀 문제, 북벌론 제기(효종)

(3) 정책: 서인 집권, 남인 참여

① 산림의 여론 주도: 재야 세력(향촌에 은거하며 정치적 영향력 행사), 김장생, 김집, 송시열, 송준길 서인 / 허목, 윤휴 남인

② 영정법 실시(전세를 1결당 4두로 고정), 대동법을 강원도로 확대

③ 팔분서 조선통보(상평통보) 주조, 청과의 중강 · 회령 · 경원 개시 개설

④ 안면도 운하 건설: 최초로 운하 개통

(4) 주요 인물

① 소현 세자: 병자호란 후 청에서 인질 생활함, 아담 샬과 교류(서양 과학 문명 접함), 심양관 운영(조선과 청을 조율하는 외교적 기능 담당, 둔전 경작, 물품 교역), 귀국 후 몇 개월 만에 급사, 동생인 봉림대군이 효종으로 즉위

② 벨테브레이(박연): 네덜란드인, 풍랑으로 영일만에 표류 후 귀화, 훈련도감에서 서양식 화포 제작

서인의 친명배금 정책

우리나라가 중국 조정을 섬겨 온 것이 2백여 년이다. 의리로는 군신이며, 은혜로는 부자와 같다. 임진년에 입은 은혜는 만세토록 잊을 수 없는 것이다. 광해군이 배은망덕하여 천명을 두려워하지 않고, 속으로 나쁜 뜻을 품고 오랑캐에게 성의를 베풀었다. 기미년(1619) 오랑캐를 정벌할 때에는 은밀히 장수를 시켜 동태를 보아 행동하게 하다. 끝내 전군이 오랑캐에게 투항함으로써 추한 소문이 사해에 펼쳐지게 하다. 중국 사신이 왔을 때 구속하여 옥에 가두듯이 하다. 뿐만아니라 황제가 자주 칙서를 내려도 구원병을 파견할 생각을 하지 않았다. 예의의 나라인 삼한이 오랑캐와 금수가 됨을 면치 못하다. 어찌 그 통분함을 이루 다 말할 수 있겠는가?

– 「인조실록」 –

윤집의 주전론(척화론)

윤집이 상소를 올렸다. "화의로 백성과 나라를 망치기가 … 오늘날과 같이 심한 적이 없습니다. 중국(명)은 우리나라에 있어서 곧 부모요, 오랑캐(청)은 우리나라에 있어서 곧 부모의 원수입니다. 신하된 자로서 부모의 원수와 형제가 되어서 부모를 저버리겠습니까. 하물며 임진왜란의 일은 터럭만한 것도 황제의 힘이어서 우리나라가 살아 숨쉬는 한 은혜를 잊기 어렵습니다. … 차라리 나라가 없어질지라도 의리는 저버릴 수 없습니다. … 어찌 이런 시기에 다시 화의를 주장하는 것입니까?"

– 「인조실록」 –

최명길의 주화론

화친을 맺어 국가를 보존하는 것보다 차라리 의를 지켜 망하는 것이 옳다고 하였으나, 이것은 신하가 절개를 지키는 데 쓰는 말입니다. … 자기의 힘을 헤아리지 아니하고 경망하게 큰소리를 쳐서 오랑캐들의 노여움을 사서 끝내 백성을 도탄에 빠뜨리고 종묘와 사직에 제사 지내지 못하게 된다면 그 허물이 이보다 클 수 있겠습니까? … 늘 생각해 보아도 우리의 국력은 현재 바닥나 있고, 오랑캐의 병력은 강성합니다. … 군량을 저축하여 방어를 더욱 튼튼하게 하되, 군사를 집합시켜 일사분란하게 하여 적의 허점을 노리는 것이 최상의 계책일 것입니다.

3학사

윤집과 오달제는 이달 15일에야 심양에 도착하였다. 19일에 용골대가 두 사람을 앞에 앉혀놓고 묻기를, "그대들이 화친을 단절하자는 의논을 앞장서 외쳐 두 나라의 틈이 생기게 하였으니, 그 죄가 매우 중하다. 죽여야 하겠지만 특별히 인명이 지중하여 살려주고자 하니 너희들이 처자를 거느리고 이곳에 들어와서 살겠는가?"하니, … 오달제는 대답하기를 "내가 참고 여기까지 온 것은 만에 하나라도 살아서 돌아가면 우리 임금과 노모를 다시 보려는 것이었다. 다시 고국에 돌아갈 수 없다면 사는 것이 죽는 것만 못하다. 속히 나를 죽여라."하였다.

김상헌의 시

가노라 삼각산(三角山)아 다시 보자 한강수(漢江水)야

고국산천(故國山川)을 떠나고쟈 하랴마난

시절이 하 수상(殊常)하니 올동말동하여라

소현세자

세자가 심양에 있은 지 이미 오래되어서는 모든 행동을 청나라 사람이 하는 대로만 따라서 하고 가깝게 지내는 자는 모두가 무부(武夫)와 노비들이었다. 학문을 강론하는 일은 전혀 폐지하고 오직 화리(貨利)만을 일삼았으며, 또 토목 공사와 구마나 애완하는 것을 일삼았기 때문에 … 세자가 10년 동안 타국에 있으면서 온갖 고생을 두루 맛보고 본국에 돌아온 지 겨우 수개월 만에 병이 들어 죽었다.

- 삼전도비: 대청황제공덕비, 병자호란 직후 청의 요구로 삼전도에 세움
- 삼학사: 병자호란 때 청나라와의 화의를 반대한 강경파의 세 학자 윤집·오달제·홍익한을 일컬음
- 연행사
  - 청의 연경(북경)에 파견한 조선 사신단: 사대 문서 전달, 조공품 진상(→ 연행 무역 발생)
  - 사행원: 정사(1인)+부사(1인)+서장관(1인) 등 200~300명
  - 정기 사행인 동지사와 다양한 임시 사행 존재
  - 박지원: 정조 때 연행사에 참여하여 베이징~열하를 방문함, 『열하일기』 집필
- 산림: 시골에 은거해 있던 학덕이 높은 학자 가운데 국가의 부름을 받아 특별대우를 받은 사람. 공론의 주재자로 인식되어 붕당정치 시기의 사상적 지주였음

3. 효종 17대, 1649~1659

(1) 북벌: 서인 집권, 남인 참여

① **복수설치** 청에 대한 수모를 복수하고 설욕함 **주장**: 화이론 기반, 일부 선비들은 숭정처사 · 대명거사를 자처하며 출사 거부

② 송시열 · 송준길 · 이완 중용, 어영청 확대(2만 명), 벨테브레이와 하멜을 통한 무기 증강(훈련도감 소속)

③ **나선 정벌** 1654, 1658: 청과 러시아의 국경 갈등 → 청이 조선에 파병 요청 → 2차례 조총 부대 파견 (1차는 변급이 지휘, 2차는 신유가 지휘)

④ 효종 사후에 북벌론 쇠퇴, 북학론 대두

(2) 정책

① 양척동일법 실시(토지 측량자 통일), 대동법 확대(김육 건의, 충청도 · 전라도에서 실시), 십전통보 (상평통보) 주조, 설점수세제(채관제) 실시

② **노비추쇄도감 재설치** 100년 만에 설치: 양난 이후 재정 확충 시도, 공노비 중 납공노비의 신공 확보 목적

③ 김육의 시헌력 도입

(3) 주요 인물

① 우암 송시열: 서인(노론)의 영수, 조광조–이이–김장생으로 이어지는 기호학파의 계승자, 주자학의 대가, (인조) 봉림대군(효종)의 스승, 화양 서원에서 후학 양성 → (효종) 기축봉사 올림, 대표적 산림으로 부상 → (현종) 갑인예송으로 유배 → (숙종) 남인에 대한 강경파, 경신환국 때 윤휴와 갈등, 제자 윤증과 회니시비, 기사환국으로 숙청

② 김육: 실무형 관리, 대동법의 확대 제안, 청전 15만 문을 들여와 평안도에서 유통, 십전통보 주조 건의, 시헌력 도입

사료더하기

북벌
저 오랑캐(청)는 반드시 망할 날이 있다. … 여러 신하들이 내가 군대의 일을 하지 않기를 바라는데, 내가 굳이 받아들이지 않는 것은 천시(天時)와 인사(人事)에 언제 좋은 기회가 올지 알 수 없기 때문이다. 그래서 정예 포병 10만을 양성하여 자식같이 아껴서 모두 죽음을 두려워하지 않는 용사로 만들고자 한다. 그 후에 저들에 틈이 있기를 기다려 불시에 중국으로 쳐들어가면 중원의 의사와 호걸이 어찌 호응하지 않겠는가? ― 송시열, 『송서습유』 ―

박지원의 북벌론 비판
만일 배우려 한다면 중국을 두고 어디에 묻겠는가. 그러나 "지금의 중국을 차지하고 있는 주인은 오랑캐들이다."라고 하면서 배우기를 꺼려하며, 중국의 옛 법마저 다 함께 얕잡아 무시해 버린다. … 우리는 저들과 비교하여 한 치도 나은 점이 없다. 그럼에도 머리를 깎지 않고 상투를 틀고 있는 것만 가지고 스스로 천하제일이라고 하면서 "지금의 중국은 옛날의 중국이 아니다."라고 하면서 … 중국 고유의 훌륭한 법과 제도마저 배척해 버리고 만다. ― 『북학의』 서문 ―

나선 정벌
3월 1일에 두만강을 건너 19일에 영고탑에 도달하고 6월 10일에 흑룡강에 이르렀다. 강은 너비가 20여 리나 되는 데다 깊이를 헤아릴 수 없고 강물 색깔이 칠흑 같았는데, 물고기와 강가의 짐승들도 모두 검은색이었다. 적은 흑룡강 하류에서 왔는데 그들의 배는 모두 자작나무 껍질을 겹씌운 것이었다. … 적은 키가 10척이나 되고 깊숙한 눈에 머리카락이 붉었으며 드리운 수염이 어깨를 덮었다. … 7월 10일에 승전보를 올리고 회군하여 9월 27일에 영고탑에 이르렀다. 11월 18일에 영고탑을 떠나 12월 15일에 다시 두만강을 건넜다. ― 유득공, 『고운당필기』 ―

4. 현종 18대, 1659~1674

(1) 기해예송 1659

① 배경: 효종 사망으로 자의대비인조의 계비의 복상 문제 대두, 예학 연구 심화

② 서인과 남인의 대립

  ㉠ 서인의 1년설(기년설): 송시열·송준길 주도, 『주자가례』·『경국대전』 근거, 왕사동례(王士同禮) 주장왕과 사대부에게 동일한 예가 적용되어야 한다, 체이부정(體而不正)적자이지만 장자는 아니다 주장, 신권(臣權) 강조

  ㉡ 남인의 3년설: 윤휴·허목·윤선도 주도, 『국조오례의』 근거, 왕사부동례(王士不同禮) 주장왕에게는 일반 사대부와 다른 예가 적용되어야 한다, 왕권 존중

③ 결과: 서인 승리, 다수 남인의 실각

(2) 갑인예송 1674

① 배경: 효종비의 사망으로 자의대비의 복상 문제 다시 대두

② 서인의 9개월설(대공설) 주장 vs 남인의 1년설(기년설) 주장: 남인 승리

③ 결과

  ㉠ 남인의 집권·분화: 서인 처벌에 대한 입장 차 → 강경파(청남, 윤선도·허목·윤휴)와 온건파(탁남, 허적)으로 분화

  ㉡ 송시열 등 서인 축출

(3) 주요 인물

① 윤선도: 남인, 해남 보길도에 오랫동안 은거, 세연정정원 건설, 「오우가」·「어부사시사」 집필

② 허목: 남인, 『기언』·『동사』 집필, 북벌과 호포제를 주장하는 윤휴와 대립, 경신환국 때 삭탈관직

③ 윤휴: 남인, 성리학의 독자적인 해석 시도(사문난적으로 비난받음), 경신환국 때 숙청

④ 허적: 남인, 현종과 숙종 대에 영의정에 오름, 유악 사건, 경신환국 때 숙청

사료더하기

기해예송
송시열이 "소현이 아들은 바로 정이불체이고 대행 대왕(효종)은 체이부정인 셈입니다."하자, 정태화가 깜짝 놀라 … "국조 이래로 아버지가 아들 상에 모두 1년을 입었다고 들었습니다. 내 뜻은 국제(경국대전)를 쓰고 싶습니다." 하였다.

갑인예송
신 등이 『경국대전』에서 복제를 상고해 보니, 장자의 아내에게 기년복을 입고 중자(둘째 이하)의 아내에게는 대공복을 입는 다고 하였는데, 기해년의 효종대왕의 국상 때 대왕대비전께서 이미 작은아들 의복인 기년복을 입었습니다. 이를 보건대 대 왕대비의 복제는 대공으로 하는 것이 마땅할 듯합니다. 　　　　　　　　　　　　　　　　　　　　 – 『현종실록』(서인) –

"경들이 이치에 어긋난 말로 선왕을 '체이기는 하나 정이 아니다.'라는 것으로 지목하였으니 임금을 얕잡아본 것이다. …" 전교하여 기년으로 고치도록 하였다. 　　　　　　　　　　　　　　　　　　　　　　　　　　　　 – 『현종실록』 –

윤선도의 「오우가」
나의 벗이 몇이나 있느냐 헤아려 보니 물과 돌과 소나무, 대나무로다
동산에 달 오르니 그것 참 더욱 반갑구나
두어라! 이 다섯이면 그만이지 또 더하여 무엇 하리

개념더하기

- 예학 연구: 양 난으로 국가의 명분이 훼손되고 신분 질서가 흐트러진 상황에서 지배층은 유교적 질서 회복을 시도함
- 탁남: 서인 처벌에 대한 태도와 정국 운영 방식을 둘러싼 의견 대립으로 남인이 분당됨, 이때 서인에 대해서 강경한 입장을 취한 청남에 비해 온건한 입장을 취함

5. 숙종 19대, 1674~1720

(1) 환국: 남인 집권 → 서인 집권 → 남인 집권 → 서인 집권

① **경신환국**1680: 허적(남인)의 유악 사건과 허견(남인)의 역모 사건(3복의 옥)을 계기로 남인 축출 → 서인 집권, 남인 허적과 윤휴 처형, 남인 처벌 과정에서 서인이 노론(강경파, 송시열 중심)과 소론(온건파, 윤증 중심)으로 분화

② **기사환국**1689: 장희빈(남인) 아들의 세자 책봉 문제를 계기로 서인 축출 → 남인의 집권, 장희빈의 왕비 책봉, 송시열·김수항 처형, 인현왕후가 폐서인으로 축출

③ **갑술환국**1694: 서인 집권, 인현왕후 복위, 남인 몰락(재야세력화), 무고의 옥1701으로 장희빈 사사

④ **환국의 영향**

　㉠ 일당 전제화: 붕당 간 견제와 균형 붕괴

　㉡ 양반층의 분화: 권반(소수의 집권 세력) vs 향반(토호) vs 잔반(몰락 양반)

　㉢ 3사와 이조전랑의 기능 변질: 자신이 속한 붕당의 이익을 대변

(2) 정책

① **2차 북벌론 대두**: 청이 오삼계의 난으로 혼란에 빠지자 윤휴가 주장, 경신환국으로 중단

② **탕평론 대두**: 경신환국 직후에 박세채가 황극탕평론 주장, 명목상 탕평에 그침, 실제론 편당적인 인사로 환국 초래

② **충역(忠逆) 강조**: 사육신 복관, 단종의 묘호 선정, 이순신의 시호 '현충' 하사, 강감찬 사당 건립, 사액 서원 지정 활발

③ **금위영 설치**: 국왕 호위와 수도 방어 담당, 5군영 완성

④ 상평통보의 전국 유통, 대동법의 전국 실시(경상도·황해도로 확대), 설점수세제(별장제) 실시

⑤ **장길산의 난**: 광대 출신, 서얼·승려 세력과 함께 봉기

⑤ **만동묘**(괴산 화양서원)**와 대보단**(창덕궁) **설립**: 명 신종왜란 때 파병과 의종 추모

⑤ **정유독대**1717: 숙종과 이이명(노론)의 비밀 대화, 경종의 후사로 연잉군(영조)을 지목

(3) 외교

① **안용복의 독도 수호**1694, 1696: 일본 어민의 잦은 침범 → 2차례에 걸쳐 일본을 방문하여 울릉도와 독도가 조선 땅임을 인정받음("죽도울릉도와 송도독도는 조선의 영토이므로 일본인들의 출어를 엄금한다.") → 수토 정책 추진1882년에 폐기

② **백두산정계비 건립**1712: 청의 만주 지역 성역화(봉금 정책), 조선인의 만주 이민에 따른 청과의 국경 분쟁 발생 → 조선 관원과 청 관원 목극등이 백두산 일대를 답사한 후 국경 확정, 「서위압록 동위토문」 기록

(4) 주요 인물

① **노론**: 송시열(회니시비), 한원진(인물성이론 주장), 이간(인물성동론 주장), 김만중(한글소설 「구운몽」과 「사씨남정기」 집필, 「사씨남정기」는 인현왕후 폐비 사건을 소재로 함)

② **소론**: 윤증(회니시비), 박세채(노론과 소론 중재 시도), 박세당(『사변록』 저술, 사문난적으로 몰림), 정제두(양명학 연구)

③ **남인**: 허적(유악 사건), 윤휴(원시 6경 중시, 사문난적으로 몰림), 윤두서(윤선도의 증손자, 자화상 유명)

경신환국

갑인년 이후부터 복창군의 여러 형제가 김우명을 비롯하여 여러 남인들과 날로 깊게 교분을 맺어갔다. … 그들이 허적의 서자 허견에게 말하기를, "임금에게 만약 불행한 일이 생기면 너는 우리를 후사로 삼게 하라. 우리는 너에게 병소 판서를 시킬 것이다"라고 하였다. … 이 때 김석주가 남몰래 그 기미를 알고 경신년 옥사를 일으켰다.   -『연려실기술』-

기사환국

송시열은 사림의 영수로서 나랏일 형세가 고단하고 약하여 인심이 목격처럼 험난할 때에 감히 송의 척종을 끌어대어 오늘날 원자의 명호를 정한 것이 너무 이르다고 하였으니, 이런 것을 그대로 두면 무도한 무리들이 장차 연달아 일어날 것이니 당연히 멀리 내쫓아야 할 것이다.   -『숙종실록』-

오랫동안 세자가 없다가 무진년에 귀인 장씨가 아들을 낳아 왕께서 아주 사랑하여 세자 탄생의 예로써 높이려 하였다. 그러나 송시열과 김수항이 불만의 말을 하자 왕께서 아주 싫어하셨다. 사람들은 김수항과 송시열이 당할 재앙이 이에서 싹텄다고 하였다.

박세채의 황극탕평론

박세채가 조정에 나가 경연 석상에서 아뢰기를, "… 대저 황극(皇極)의 도(道)는 인륜같이 큰 것부터 사물의 소리와 동작에 이르기까지 그 의리의 중도(中道)가 지극하지 않은 것이 없어서 … 참으로 전하께서 우뚝하게 자립하여 인륜을 살피시고 본성을 다하는 것이 아니면, 황극(皇極)의 도를 세워 그것으로 비춰 보며, 옳고 그름과 맑고 사특한 것으로 하여금 형감(衡鑑)의 아래에서 도망할 수 없게 할 수 있겠습니까? 피차를 의논할 것 없이 어진 자는 반드시 등용하고 어질지 못한 자는 반드시 물러나게 하여 평이하고 명확한 이치를 밝히소서." 하였다.

2차 북벌론 제기

오늘날 북쪽의 소식에 대해 자세히 알 수는 없습니다만, 추악한 것들이 점령한 지 오래되자 중국 땅에 원망과 노여움이 바야흐로 일어나 오삼계는 서쪽에서 일어나고 공유덕은 남쪽에서 연합하고 달단(몽골족)은 북쪽에서 엿보고 있으며 머리털을 깎인 유민들이 가슴을 치고 울먹이며 명나라를 잊지 않고 있다 하니, 가만히 태풍의 여운을 듣건대 천하의 대세를 알 수 있습니다. … 그러니 병사 1만 대(隊)를 뽑아 북경을 향해 기어코 앞으로 나아가 등을 치고 목을 조이는 한편, 바다의 한 쪽 길을 터 정인과 약속해 힘을 합쳐서 심장부를 혼란시킵니다.

백두산 정계비

목극등이 가운데의 샘이 갈라지는 위치에 앉아 말하기를, '이곳이 분수령이라 할 수 있다' 하고, 여기에 경계를 정하고 돌을 깎아 비를 세웠다. 그 비문에, '오라총관 목극등이 황제의 명을 받들어 국경을 조사하기 위해 여기에 이르러 살펴보니, 서쪽은 압록강이며, 동쪽은 토문강(土門江)이므로 분수령 위에다 돌에 새겨 표를 삼는다' 하였다" 한다.

- 환국: 바꿀 환(換)+판 국(局). 왕이 집권 붕당을 전면 교체하는 정치 현상
- 유악 사건: 탁남의 영수인 허적이 조부의 시호를 받게 되어 많은 인사를 불러 연회를 베풀던 중 돌연 큰 비를 만나는 일이 일어남. 이에 숙종은 궁중의 유악을 허적에게 보내어 비를 피하게 하라는 명령을 내렸지만 이미 허적의 요구로 내주었다는 보고를 받게 됨. 이 사건을 계기로 숙종은 군권을 서인에게 집중시키며 남인을 실각시킴
- 3복의 옥: 허적의 서자 허견이 복창군, 복선군, 복평군 3형제와 역모를 꾸민다고 고변하면서 발생한 사건
- 무고의 옥: 희빈 장씨가 취선당에서 인현왕후를 저주했다고 알려진 사건
- 황극탕평론: 신하가 주도하는 정국을 군주가 주도하는 정국으로 바꿔야 한다는 주장
- 대보단: 임진왜란 당시 원병을 보낸 명나라 신종의 은의를 추모하기 위해 쌓은 제단, 창덕궁 후원에 위치
- 수토 정책: '수색을 해서 무엇인가 알아내거나 찾는 조사 활동'을 의미. 조선 조정은 울릉도 거주를 금지한 후 관리를 주기적으로 파견하여 이 지역을 순찰함
- 회니시비: 송시열이 회덕(현재의 대전)에 거주하고, 윤증이 이산(현재의 논산)에 살고 있어서 둘 사이의 대립을 회니시비라 부름
- 사문난적: '성현의 가르침을 어지럽히는 자'라는 뜻으로 주자 성리학의 절대적인 권위를 내세우는 서인들이 상대 당을 공격하는 명분으로 자주 사용함

6. 경종 20대, 1720~1724

(1) 소론 집권

① 연잉군의 세제 책봉 1721: 노론이 경종의 병약함을 구실로 연잉군(영조)의 세제 책봉을 주장

② 신축사화 1721: 노론이 세제의 대리 청정을 요구 → 소론은 이를 역모로 규정하여 관련자를 숙청

③ 임인사화 1722: 목호룡의 고변(노론이 경종 암살을 시도했다고 주장) → 노론 숙청

(2) 노론과 소론

구분	노론	소론
분열 계기	남인의 처벌을 둘러싼 입장차+송시열과 윤증의 대립(회니시비)	
중심 인물	송시열	윤증, 박세당, 정제두
정치적	• 남인에 대해 강경 노선 • 대의명분 중시 • 민생 안정을 중시	• 남인에 대해 온건 노선 • 실리 중시 • 북방 개척과 국방 강화 주장
학문적	• 이이의 사상 계승 • 주자 성리학의 절대화	• 성혼의 사상 계승 • 성리학에 대해 탄력적 이해+양명학, 노장사상 수용
시기별	• 숙종: 대체적으로 정국 주도 • 경종: 연잉군의 세제 추대와 대리청정 주장 • 영조: 정국 주도, 임오화변 유발	• 숙종: 박세당과 정제두의 학문 연구 • 경종: 경종 지지, 신임옥사를 통해 노론 탄압 • 영조: 이인좌의 난, 나주 괘서 사건, 사도세자와 연결

사료더하기

붕당 정치의 폐해

신축, 임인년 이래로 조정에서 노론, 소론, 남인의 삼색이 날이 갈수록 더욱 사이가 나빠져 서로 역적이란 이름으로 모함하니 이 영향이 시골에까지 미치게 되어 하나의 싸움터를 만들었다. 그리하여 서로 혼인을 하지 않을 뿐만 아니라 다른 당색끼리는 서로 용납하지 않는 지경까지 이르렀다. … 대체로 당색이 처음 일어날 때에는 미미하였으나 자손들이 그 조상의 당론을 지켜 200년을 내려오면서 마침내 굳어져 깨뜨릴 수 없는 당이 되고 말았다.

― 『택리지』 ―

개념더하기

붕당 정치의 전개 과정

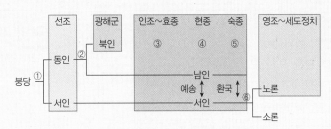

① 선조, 동인 vs 서인: 척신 정치의 잔재 처리와 이조 전랑직을 둘러싼 사림 내부의 갈등 때문

② 선조, 북인 vs 남인: 건저 사건 이후, 서인 처벌 수위를 둘러싼 동인의 입장 차 때문

③ 인조~효종, 서인 집권, 남인 참여: 견제와 균형을 통한 붕당 간 공존 관계 유지

④ 현종, 서인 vs 남인: 2차례 예송

⑤ 숙종~경종, 서인 vs 남인: 3차례 환국 → 붕당 정치 변질(특정 붕당의 정권 독점, 3사의 자기 당 이익 대변)

⑥ 숙종, 노론 vs 소론: 경신환국 계기, 남인에 대한 입장 차로 서인이 분화됨

2 18세기, 탕평 정치

1. 영조21대, 1724~1776

(1) 완론 난건간 ↑탕평 펴는 평파 **탕평**

① 탕평교서 발표1724

② 산림의 존재 부정, 서원 200여 개 정리, 이조 전랑의 후임자 추천권(자대권) 및 3사 관리 선발권(통청권) 폐기

③ 이인좌의 난1728: 충북 청주, 소론 강경파 주도, '영조는 숙종의 아들이 아니며, 경종의 죽음과 관련 있다'고 주장, 영조의 탕평 정치 강화의 계기가 됨

④ 탕평파 육성: 노론과 소론의 온건파 등용

⑤ 탕평비 건립1742: 성균관 입구, '남과 두루 친하되 편당 짓지 않는 것은 군자의 공정한 마음이고, 편당만 짓고 남과 두루 친하지 못하는 것은 소인의 사사로운 생각이다.'

⑥ 한계

　㉠ 소론 강경파의 저항 지속: 이인좌의 난1728, 나주 괘서 사건(윤지 주도)1755

　㉡ 임오화변1762: 노론의 정치 공세로 사도세자장헌세자 사망 → 시파(사도세자 동정, 노론 일부·남인·소론)와 벽파(사도세자 배척, 노론 강경파)의 대립

(2) 개혁 정책

① 사형수에 대한 삼복법 강화, 가혹한 형벌 금지, 상언글을 써서 억울함을 호소·격쟁징·꽹가리를 침 활발, 신문고 부활(병조 관할)

② 수성윤음 반포: 한성부 백성들을 3군영(훈련도감, 어영청, 금위영)에 소속시켜 도성을 방어케 함

③ 통청윤음 반포: 서얼의 청요직 진출과 호부호형 허락

④ 노비종모법 실시: 어머니의 신분으로 노비 결정, 양인 수 증가 목적

⑤ 노비 신공액 축소: 노(奴)의 면포 2필 → 1필, 비(婢)의 면포 1.5필 → 0.5필 → 폐지

⑥ 균역법 시행(군포 1년 1필), 총액제의 법제화(고을 단위의 조세 공동 납부)

⑦ 청계천 준설: 준천사 설치, 약 2달간 20만 명 동원(요역 동원 아님, 일용직 노동 고용)

(3) 문화: 왕명으로 편찬

① 『속대전』 편찬: 『경국대전』 이후 공포된 법령 정리

② 『무원록』 편찬: 법의학서

③ 『속병장도설』 편찬: 『병장도설』 보충

④ 『속오례의』 편찬: 『국조오례의』를 수정·보충

⑤ 『여지도서』 편찬: 『신증동국여지승람』 보완, 최초로 군현별 채색 읍지도 수록

⑥ 『동국문헌비고』 편찬: 우리나라의 역대 문물 총정리한국학 백과사전

(4) 주요 인물

① 노론: 홍봉한(사도세자의 장인, 혜경궁 홍씨의 아버지, 시파, 왕명으로 『동국문헌비고』 편찬)

② 소론

　㉠ 이광사: 양명학자, 나주 괘서 사건으로 유배, 동국진체 완성

　㉡ 유수원: 『우서』가 오랫동안 금서로 묶임, 나주 괘서 사건으로 처형

　㉢ 서명응: 세손 교육에 참여, 규장각 설립 주도, 북학파의 시조, 농학(農學)이 가학(家學)으로 아들 서호수·손자 서유구로 이어짐

　㉣ 박문수: 암행어사 4회 파견

③ 남인: 이익(평생 은거, 성호 학파 형성), 이중환(유배 후 『택리지』 저술)
④ 지리학자: 정상기(「동국지도」 제작), 신경표(『강계고』· 『훈민정음운해』 편찬)

사료더하기

영조의 탕평 교서
붕당의 폐해가 요즈음보다 심한 적이 없었다. 처음에는 사문 문제에서 분쟁이 일어나더니 이제는 한쪽 편 사람들을 모두 역당으로 몰아붙였다. … 우리나라는 본래 한쪽에 치우치고 작아서 사람을 쓰는 방법 역시 넓지 못한데, 더구나 요즈음에는 그 사람을 임용하는 것이 모두 당목(黨目) 가운데 사람이었으니, 이와 같이 하고도 천리(天理)의 공(公)에 합하고 온 세상의 마음을 복종시킬 수 있겠는가? 이러한 상태가 그치지 않는다면 조정에 벼슬할 사람이 몇이나 되겠는가. … 아! 임금과 신하는 부자(父子)와 같으니 아비에게는 여러 아들이 있는데, 아비가 아들을 서로 시기하고 의심해 한쪽은 억제하고 한쪽만 취한다면 그 마음이 편안하겠는가, 불안하겠는가? … 유배된 사람들은 경중을 다시 헤아려 대신과 함께 등대하여 석방하도록 하고, 이조는 이를 탕평의 정신으로 수용토록 하라.

이인좌의 난
적이 청주성을 함락시키니, 절도사 이봉상이 순절하였다. … 이인좌가 자칭 대원수라 거짓으로 꾸미고 적당 권서봉을 목사로, 신천영을 병사로, 박종원을 영장으로 삼고, 열읍에 흉격을 전해 병마를 불러 모았다. 영부의 재물과 곡식을 흩어 호궤하고 그의 도당 및 병민으로 협종한 자에게 상을 주었다.

나주 괘서 사건
영조 31년, 윤지는 역적의 아들로, 나주에 귀양을 가서 있으면서 몰래 역모를 품고 조정을 원망하며 같은 무리들과 체결하여 흉서를 펼쳐 걸었다.

『속대전』의 소지(小識)내력을 적은 짧은 글
이번에 『속대전』을 완성한 것은 진실로 목적이 있어서다. 일시적인 칙령이 바로 수교(受敎)이니, 본래 율문(律文)이 있어서 시대에 따라 변통해야 하는데도 관리들은 봉행하는 데 헷갈리고 백성들은 어떻게 할 줄 모르고 있으므로, 삼록(三錄)을 편집해서 『속대전』을 완성하여 번거로운 것은 삭제하고 그 요체를 바르게 하였다. … 이후로 칙교가 있다 하더라도 금이나 돌처럼 변치 않는 법전에 기재되어서 바꿀 수 없는 글이 되지 않는다면 육조 및 서울과 지방에서 스스로 시행할 수 있을 것이니, 법전에 혼동하여 기록하지 말아서 번거로움을 없애도록 하라.

어제문업(御製問業)
팔순 동안 한 일을 나(영조)에게 묻는다면 / 마음에서 부끄러워 그 무어라 답하리오.
첫째는 탕평이니 스스로 탕평 두 글자가 부끄럽다. / 둘째는 균역이니, 효험이 승려에까지 미쳤다.
셋째는 청계천 준설인데, 만세에 이어질 업적이다. / 넷째는 옛 정치 뜻 회복하여 여노비의 공역을 없앴다네.
다섯째는 서얼들의 청직 등용, 유자광 이후 처음이네. / 여섯째는 예전 정치 법 개정해 『속대전』을 편찬했네.

상언
왕이 과거 시험장에 임하였을 때에 어떤 여인이 남자 옷을 입고 들어와 아버지의 억울함을 하소연하였다. 형조에서 사건을 조사하여 아뢰자 왕이 하교하기를 "아, 김소사가 만약 피에 사무치는 억울함이 없었으면 어찌 손가락을 잘라 피로 글씨를 썼겠는가? … 방자한 뜻으로 법을 업신여긴 관리들을 처벌하고 관련자를 정배하도록 하라."라고 하였다.

개념더하기

• 탕평: 국왕이 정치의 중심에 서서 붕당 간의 세력 균형을 유지하여 정국을 안정시키고 국왕의 권위를 강화하는 것
• 완론 탕평: '행동이 온근하고 부드러운 정파' 의미, 당파의 시시비비를 가리지 않고 어느 당파든 온근하고 타협적인 인물을 등용함
• 어제문업(御製問業): 영조가 팔순을 맞아 50년 재위 기간의 치적을 여섯 가지로 정리한 4언8구체 시문

2. 정조22대, 1776~1800

(1) 준론각 당파의 시시비비를 철저히 가림 탕평

① 사도세자의 아들, 효장세자영조의 맏아들의 양자

② 노론 · 소론 · 남인 시파 등용, 완론 탕평과 달리 적극적인 탕평책 실시

③ 규장각 설치1776: 창덕궁 주합루

　㉠ 역대 국왕의 글 보관, 학술 연구, 정책 자문, 과거 시험 담당, 초계문신제당하관 이하 관리의 재교육 실시

　㉡ 서얼 박제가 · 유득공 · 이덕무 · 서이수 등용: 규장각 검서관, 서얼에 대한 차별 완화 시도

④ 장용영 설치1785: 왕의 친위 부대, 수원 화성에 지휘부 설치

⑤ 이조전랑의 자천권 완전 폐지

⑥ 화성 건설1796

　㉠ 배경: 사도세자의 묘를 이전하여 현륭원(현, 융릉)을 조성함

　㉡ 정치적 · 군사적 · 상업적 기능 부여: 행궁 설치, 장용영의 외영 설치, 대유둔전 설치국영농장, 화성 경비 충당

　㉢ 정약용의 참여:『기기도설』참조, 화성 설계, 거중기 제작, 화성 행차를 위해 한강에 배다리 건설

　㉣『화성성역의궤』편찬: 장인들의 명단과 지급된 노임까지 상세하게 기록(요역 동원 아님, 일용직 노동 고용)

　㉤ 유네스코 세계문화유산 등재

⑦ 군주도통론 주장: 스스로 '만천명월주인옹'만 개의 냇물에 비치는 달의 주인이라 칭함

⑧ 한계: 붕당 정치의 폐단을 근본적으로 해결하지 못함, 국왕의 개인적인 역량에 의해 정국이 운영됨, 정조 사후에 세도 가문이 권력 장악

(2) 개혁 정책

① 정유절목 반포: 서얼의 관직 진출 범위 확대, 규장각 검서관으로 등용

② 수령권 강화: 향약 주관, 지방 사족의 향촌 지배력 억제

③ 수원 · 광주 유수부 설치: 4유수부 설치 완료 ※ 4유수부: (세종) 개성 → (인조) 강화 → (정조) 수원, 광주

④ 제언절목 반포: 둑 · 저수지 수축 및 관리 규정 정리

⑤ 신해통공 반포: 시전상인의 금난전권 폐지, 사상의 자유로운 상업 활동 가능, 단 육의전 예외

⑥ 공장안 폐지: 장인 등록제 폐지

⑦ 행차 시 상언 · 격쟁 활성화

⑧ 문체반정: 바른 문체 회복 주장, 노론 벽파(백탑파)의 문체 비판, 박지원의『열하일기』비판

(3) 천주교 정책

① 안정복의『천학문답』저술: 천주교 교리 비판

② 사교(邪敎) 규정: 추조 적발 사건1785 → 반회 사건1787 → 진산 사건윤지충이 어머니의 장례를 천주교식으로 치름 → 신해 박해(윤지충과 권상연 처형)1791

(4) 문화

①『대전통편』편찬:『경국대전』(원) ·『속대전』(속) · 그 뒤의 법령(증)을 통합

②『동문휘고』(조선의 외교 문서 정리),『탁지지』(호조의 기능 정리),『추관지』(형조의 법례 · 판례 · 관례 정리) 편찬

③『무예도보통지』편찬: 이덕무 · 박제가 · 백동수가 편찬, 무예 훈련 교범

④『홍재전서』(정조의 시문집),『일성록』(세손 때부터 작성한 일기, 유네스코 세계기록유산 등재) 편찬

(5) 주요 인물

① **노론**: 홍국영(집권초 주요 관직 장악, 여동생을 정조 후궁에 앉힘, 세도의 시초, 4년 만에 실각), 심환지, 김종수, 김조순(세자의 장인), 홍대용, 박지원

② **소론**: 서호수(『해동농서』 편찬), 이긍익(이광사의 아들, 『연려실기술』 집필_{순조 때 완성})

③ **남인**: 채제공(남인의 영수), 이가환, 정약용(순조 때 18년 유배), 안정복

④ **서얼**: 박제가, 유득공, 이덕무

⑤ **김만덕**: 제주도의 거상, 육지와의 무역을 통해 부 획득, 1795년 기근이 발생하자 전재산을 떨어 제주도 백성을 구휼함, 정조는 포상으로 금강산 관광과 궁궐 방문을 허락함

사료더하기

정조의 준론탕평

충신과 역적을 구분하는 데 이쪽이 옳고 저쪽이 그른 것과, 저쪽이 객(客)이고 이쪽은 주(主)인 구별을 분명하게 말하지 않을 수 없다. … 탕평은 의리에 방해받지 않고 의리는 탕평에 방해받지 않은 다음에야 바야흐로 탕탕평평(蕩蕩平平)의 큰 의리라 할 수 있다. 지금 내가 한 말은 곧 의리의 탕평이지, 혼돈의 탕평이 아니다. － 『정조실록』 －

화성 축조

상께서 수원에 거동하시어 수원부를 유수부로 승격시킬 것을 명령하고 행궁을 두어 우러러 의지할 뜻을 나타내었다. … "공사를 감독하는 데 중요한 것은 운반을 편리하게 해 주는 것보다 중요한 것이 없으니, 옛 사람의 인중기와 거중기를 사용한 법을 강구해서 거행하도록 하라." … 북쪽은 장안문이요, 남쪽은 팔달문이며 … 재물이 80여 만금이나 들었고 인부가 70여만 명이나 들었는데 돈으로 인부를 사서 일하게 하였으며 강제로 징발한 것은 없었다.

만천명월주인옹 자서

물이 흐르면 달도 함께 흐르고, 물이 멎으면 달도 함께 멎고, 물이 거슬러 올라가면 달도 함께 거슬러 올라가고, 물이 소용돌이치면 달도 함께 소용돌이친다. … 거기에서 나는, 물이 세상 사람들이라면 달이 비쳐 그 상태를 나타내는 것은 사람들 각자의 얼굴이고, 달은 태극인데 그 태극은 바로 나라는 것을 알고 있다. … 그리하여 나의 연거(燕居) 처소에 '만천명월주인옹(萬川明月主人翁)'이라고 써서 자호(自號)로 삼기로 한 것이다. － 『홍재전서』 －

정유절목

아! 저 서류(서얼)들도 나의 신하인데 그들로 하여금 제자리를 얻지 못하게 하고 또한 그들의 포부도 펴보지 못하게 한다면 이는 또한 과인의 허물인 것이다. … 그리하여 문관은 아무 관에 이를 수 있고, 음관은 아무 관에 이를 수 있으며, 무관은 아무 관에 이를 수 있도록 그 체계를 만들고 그 상세한 조항을 만들어 벼슬길을 넓히도록 하라.

『무예도보통지』

이 책이 완성되었다. … 곤봉 등 6가지 기예는 척계광의 『기효신서』에 나왔는데 … 장헌세자(사도세자)가 정사를 대리하던 중 기묘년에 명하여 죽장창 등 12가지 기예를 더 넣어 도해로 엮어 새로 신보를 만들었고, 상(정조)이 즉위하자 명하여 기창 등 4가지를 더 넣고 또 격구, 마상재를 덧붙여 모두 24가지 기예가 되었는데, 검서관 이덕무, 박제가에게 명하여 … 주해를 붙이게 했다.

『대전통편』 서문

담당자가 말하기를, "여러 책은 각각 스스로 편(編)을 나누었기 때문에 상고하고 조사하는 데에 어려움이 있습니다. 또 전하께서 즉위하신 이후 왕명으로서 법령이 된 것도 있습니다. 그러니 마땅히 종류별로 나누어 책을 편찬하여 편리하게 시행해야 할 것입니다."라고 하였다. … 『원전』과 『속전』 및 지금까지의 왕명을 모아 한 책으로 만들었다. 부문(部門)과 항목(項目)을 나누는 것은 한결같이 『원전』에 따랐다. 원전과 속전에 실린 것과 더하고 보탠 바를 표시하고 가로로 되어 있던 것을 바꾸어 세로로 하였다.

개념더하기

- **준론 탕평**: 각 붕당의 옳고 그름을 명백히 가리는 적극적인 탕평 추진
- **군주도통론**: 정조가 성리학(도학)의 정통성을 이어받았다는 주장
- **백탑파**: 원각사지 10층 석탑 인근에 사는 지식인 그룹을 일컬음. 박지원 · 홍대용 · 이덕무 · 박제가 · 백동수 등

3 19세기, 세도 정치

1. 순조23대, 1800~1834

(1) 정순왕후의 수렴청정 1800~1804

① 공노비 해방: 납공 노비만 해당, 재정 확보와 군역 대상자 확보 목적

② 신유박해: 남인 시파 탄압 목적, 이승훈 · 정약종 처형, 정약용 · 정약전 유배

⑪ 강용영 핵피

(2) 안동 김씨(김조순)의 세도 정치 1804~: 천주교 탄압 완화

(3) 『만기요람』 편찬: 탕평 정치 시기의 재정과 군사 정무를 정리하여 왕이 참고할 수 있도록 함

(4) 홍경래의 난 1811: 평안도에 대한 차별 대우와 대상인 보호 정책에 저항, 청천강 이북 · 정주성 장악

(5) 마지막 통신사 파견 1811 일본과 국교 단절

(6) 조만영의 딸을 세자빈으로 간택, 효명세자의 대리 서무 1827~1830: 안동 김씨 견제를 시도, 세자의 사망으로 중단

2. 헌종24대, 1834~1849: 풍양 조씨 주도

(1) 기해박해 1839: 정하상과 프랑스 신부 3명 처형, 척사윤음 발표(천주교 교리 반박)

(2) 병오박해 1846: 김대건 신부(최초의 신부) 처형

3. 철종25대, 1849~1863: 안동 김씨 주도

(1) 강화 도령 → 순원왕후의 수렴청정 → 안동 김씨의 세도 정치 복귀

(2) 신해허통 1851: 서얼의 청요직 진출 허용(완전한 허통)

(3) 중인의 소청 운동: 서얼의 움직임에 자극받아 청요직 허용 요구 운동을 전개하였으나 실패함

(4) 최제우의 동학 창시 1860 → **혹세무민의 죄로 처형** 1864, 흥선 대원군 시기

(5) 임술 농민 봉기 1862: 단성 · 진주 농민 봉기에서 시작 → 전국 확산 → 삼정이정청 설치

4. 주요 인물

(1) 정약전: 신유박해 후 유배지 흑산도에서 『자산어보』 어류학서 저술

(2) 서유구: 서호수의 아들, 헌종 때 『임원경제지』 집필, 둔전론 주장

(3) 김정희: (순조) 금석학의 대가, 북한산 순수비 발견 → (헌종) 제주도 유배, 추사체 완성, 「세한도」 제작

(4) 최한기: 『지구전요』 집필

(5) 김정호: 지도 「청구도」 · 「동여도」 · 「대동여지도」 제작, 지리지 『동여도지』 · 『여도비지』 · 『대동지지』 편찬

세도 정치

박종경(순조의 모후)은 과연 어떤 인물이기에 관직을 홀로 거머쥐고, 맑고 화려한 관직들을 주무르기를 내가 아니면 아무도 안된다고 하며, 일이 권한에 관계된 것이면 자기의 물건으로 여기고, 사방에 근거를 굳혀 한 몸으로 모두 담당하려 합니까? 세간에 칭하는 바 문관의 권한, 무관의 권한, 인사의 권한, 비변사의 권한, 군사의 권한, 재정의 권한, 토지세의 권한, 주교세의 권한, 시장운영의 권한을 모두 손안에 잡아 득의양양하며 왼손에 칼자루를 오른손엔 저울대를 쥐어 거리낌이 없습니다.

— 『순조실록』 —

공노비 해방

왕께서 하교하기를, "선조께서 내노비와 시노비를 일찍이 혁파하고자 하셨으니, 내가 마땅히 이 뜻을 이어받아 지금부터 일체 혁파하려 한다. 그리고 그 급대(給代)는 장용영으로 하여금 거행하게 하겠다" 하였다. 그리고 승지에게 명하여 내사(內司)와 각 궁방 및 각 관사의 노비안을 돈화문 밖에서 불태우고 아뢰도록 하였다.

— 『순조실록』 —

세도 정치의 폐단

가을에 한 늙은 아전이 대궐에서 돌아와 처와 자식에게 "요즘 이름 있는 관리들이 모여서 하루 종일 이야기를 하여도 나랏일에 대한 계획이나 백성에 대한 걱정은 전혀 하지 않는다. 오로지 각 고을에서 보내오는 뇌물의 많고 적음과 좋고 나쁨 만에 관심을 가지고, 어느 고을의 수령이 보내온 물건을 극히 정묘하고, 또 어느 수령이 보낸 물건은 매우 넉넉하다고 말한다. 이름 있는 관리들이 말하는 것이 이러하다면, 지방에서 거둬들이는 것이 반드시 늘어날 것이다. 나라가 어찌 망하지 않겠는가?" 하고 한탄하며 눈물을 흘렸다.

— 『목민심서』 —

비변사

의정부와 별도로 비변사를 설치하여 재신들 중 군무(軍務)를 아는 자로 당상을 삼아 … 변방의 일에 대응하도록 하였다. … 조정의 명령이 부득불 모두 비변사로 돌아가지 않을 수 없게 되어, 의정부의 찬성, 참찬은 신병 치료나 하는 자리가 되고 말았다.

— 『연려실기술』 —

- 세도 정치의 폐해
  - 왕실과 혼인 관계를 맺은 특정 가문이 권력을 독점: 경화벌열(경화세족) 주도, 안동 김씨, 풍양 조씨, 반남 박씨
  - 2품 이상 고위직에 권한 집중, 하위직 관리는 행정 실무만 담당
  - 비변사 기능 최고조: 왕권 약화, 의정부 · 6조 · 3사의 기능 상실
  - 과거제 문란과 매관매직 성행 → 삼정의 문란, 도결의 폐단 → 홍경래의 난(순조), 임술 농민 봉기(철종)
- 경화벌열: 서울 京 + 화성 華 + 벌열(나라에 공로가 많고 벼슬 경력이 많은 집안)
- 일본과의 관계

통신사 파견 (왜란 후~순조 초)	• 총 12회 파견: 선조(1607, 왜란 후)~순조 초 • 절차: 일본 막부의 요청(비정기적, 주로 쇼군이 교체될 때) → 조선의 통신사 파견(서계 전달) • 300~500명 파견: 비용은 일본이 부담, 일본의 문화 발달에 기여
⇩	
기유약조 체결 (광해군)	부산포만 개항(왜관 설치), 세견선 20척 · 세사미두 100석 허용, 대마도주와 체결
⇩	
독도, 안용복의 활약 (숙종)	• 울릉도와 독도에 왜인 출몰 → 일본 당국과 담판하여 우리의 영토임을 승인받음 • 대한제국의 칙령 제41호 발표: 울릉군 승격 후 독도 관리(1900)
⇩	
일본과의 국교 단절 (19세기 초)	• 배경: 조선 통신사 환대에 대한 일본 내부의 반발, 일본의 국학 운동 • 마지막 통신사 파견~강화도 조약 때까지 국교 단절

CHAPTER 02 조선의 제도

01 중앙 정치 제도

1. 양반 관료 체계 확립

(1) **문반**(동반계)**과 무반**(서반계)

(2) **경관직**(중앙 관청 근무, 정1품 최고)**과 외관직**(지방 관청 근무, 종2품 최고)

(3) **18품 30계**: 1~9품×정·종+(6품 이상) 상·하 구분

① 당상관(정3품 상계 이상): 정책 결정 참여, 어전 회의 참석, 오직 문·무과 합격자

② 당하관(정3품 하계 이하): 실무 담당, 참상관6품 이상과 참하관7품 이하으로 구성

(4) **한품서용**: 문·무과 합격자는 당상관 승진, 기술관·서얼은 당하관까지 승진, 향리는 5품까지 승진, 서리는 7품(참하관)까지 승진

2. 조직: 『경국대전』에 법제화

의정부	최고 정책 결정 기구, 영의정·좌의정·우의정이 이끎(정1품), 재상의 합의로 정책 결정		
6조	• 집행 기구: 각 조마다 속사·속아문을 두어 직능별로 행정 분담 • 판서: 6조의 장관, 정2품고려 상서가 정3품인 것에 비해 위상 높아짐 • 이조전랑: 이조의 정랑(정5품, 3명)과 좌랑(정6품, 3명), 청요직 – 3사 관원 선발권(통청권) 행사: 중종 때 시작 → 영조 때 폐지 – 후임자 추천권(자대권) 행사: 중종 때 시작 → 영조 때 폐지, 정조 때 완전 폐지		
승정원	• 국왕의 비서 기구로 왕명 출납 담당, 승정원일기 기록(세계기록유산) • 승지: 6명, 이 중 최고 책임자는 도승지(정3품)		왕권 강화에 기여
의금부	국가 중죄를 담당하는 국왕 직속 사법 기구, 신문고 관리, 최고 책임자는 판사(종1품)		
사헌부	• 대관이 감찰 담당 • 최고 책임자는 대사간(정3품)	양사의 대간(대관+간관): 서경(5품 이하 관원에 한정)·간쟁·봉박 행사	[3사] • 권력 독점 견제 • 언관: 오직 문과 출신, 청요직판서·정승 등 고위 관직에 오를 수 있었음 • (성종) 언론 역할 강화 → (붕당정치 시기) 공론 정치 추구, 점차 각 붕당의 이익을 대변 → (갑오개혁) 폐지
사간원	• 간관이 간쟁 담당 • 최고 책임자는 대사헌(종2품)		
홍문관	• 국왕 자문·경연·학술·궁중 도서 관리 • 옥당·청연각으로 불림, 최고 책임자는 대제학(정2품)		
한성부	수도 한성의 행정·사법·치안 담당, 최고 책임자는 판윤(정2품, 경관직)		
춘추관	사초 작성, 시정기1년마다 정리한 관청의 공문서와 실록 편찬	예문관	교서왕의 명령서·교지왕이 관직 등을 사여하는 문서 작성
승문원	외교 문서 작성	교서관	서적 출판·간행
성균관	최고 교육 기관	내수사	왕실 재정 관리

조선의 통치 체제

사료더하기

의정부
모든 관리들을 통솔하고 일반 정사를 처리하며 음양을 고르게 하고 나라를 운영해 나간다. 당하관은 모두 문관으로 쓰며 사인(舍人) 벼슬자리에 결원이 나면 출근일수를 따지지 않고 검상(檢詳)을 올려서 임명한다.　　　　　　　　　－ 『경국대전』 －

6조
이조에서는 문관의 선발, 공훈과 봉작, 업적의 사정과 관련된 정사를 담당한다. 호조에서는 호구와 공납 및 부세와 조세와 경제 관계의 정사를 담당한다. 예조에서는 예의 및 음악과 제사 및 연회와 큰 나라에 조회를 가거나 다른 나라와 왕래하는 일과 학교 및 과거에 대한 정사를 담당한다. 병조에서는 무관을 선발하고 군무를 처리하며 호위를 서고 역참을 담당하며 무기와 갑옷, 의장기물을 주관하고 문을 경비하거나 열쇠를 관리하는 정사를 담당한다. 형조에서는 법률, 중대한 범죄의 심리 소송, 노비와 관련된 정사를 담당한다. 공조에서는 산과 하천, 장공인, 토목공사, 도자기 및 야금 등과 관련된 정사를 담당한다.　　　　　　　　　－ 『경국대전』 －

이조전랑
이조가 권력이 무거워지는 것을 우려하여 3사 관원의 후보 천거는 이조 판서에게 맡기지 않고 낭관(전랑)에게 맡겼다. … 3공 · 6경의 벼슬이 비록 높더라도 조금이라도 떳떳지 않은 일이 있으면, 전랑이 3사의 여러 관리에게 논박하게 하였다.　　　　　　　　　『택리지』

3사 언관의 역할
대관은 마땅히 위엄과 명망을 우선해야 하고 탄핵은 뒤에 해야 한다. 왜냐하면, 위엄과 명망이 있는 자는 비록 종일토록 말하지 않더라도 사람들이 스스로 두려워 복종할 것이요, … 천하의 득실, 백성의 이로움과 해로움, 사직의 큰 계획은 직책에 얽매이지 않고 오로지 재상만이 행할 수 있고, 간관만이 그것에 대해 말할 수 있을 뿐이니, 간관의 지위는 비록 낮지만 직무는 재상과 대등하다.　　　　　　　　　－ 『삼봉집』 －

3사
사헌부는 시정을 논평하고 모든 관원을 감찰하며, 풍속을 바로 잡고, 억울한 일을 밝히며, 외람된 행위와 허위의 언동을 금지하는 등의 일을 관장한다. 대사헌 1명, 집의 1명, 장령 2명, 지평 2명, 감찰 24명을 둔다.　　　　　　　　　－ 『경국대전』 －
사간원은 임금에게 간언하고 정사의 잘못을 논박하는 직무를 관장하는데, 모두 문관을 임명한다. 대사간 1명, 사간 1명, 헌납 1명, 정언 2명을 둔다.　　　　　　　　　－ 『경국대전』 －
무릇 관직을 받은 자의 고신(임명장)은 5품 이하일 때는 사헌부와 사간원의 서경을 고려하여 발급한다.　　　　　　　　　－ 『경국대전』 －
홍문관은 궁내이 경적을 관리하고 문서를 처리하며 왕의 자문에 대비하는 임무를 관장하는데 모두 문관을 인용한다. 제학 이상은 타관이 겸임한다. 모두 경연관을 겸임한다.　　　　　　　　　－ 『경국대전』 －

신문고
원통하고 억울한 일을 호소하려면, 서울은 주장관에게 올리고 지방은 관찰사에게 올린다. 그렇게 한 뒤에도 억울한 일이 있으면 사헌부에 신고하고, 그러고도 억울한 일이 있으면 신문고를 친다. 신문고는 의금부 당직청에 있다.　　　　　　　　　－ 『경국대전』 －

개념더하기

• 한품서용: 신분과 직종에 따라 품계를 제한하여 관리를 서용하는 제도
• 속아문: 6조에 분속되었던 관사를 부르는 명칭, 가령 내수사는 이조의 속아문, 춘추관 · 승문원 · 예문관은 예조의 속아문

1 중앙 집권 강화

8도	• 관찰사 파견 – 감사 · 도백 · 방백이라 불림: 감영관찰사가 거처하는 관청에서 근무, 임기 1년, 종2품 – 수령 감찰권 · 행정권 · 사법권 · 군사권 행사관찰사가 절도사를 겸직하기도 함
부 · 목 · 군 · 현 (전국 330여 곳)	• 부 · 목 · 군 · 현: 인구와 토지의 크기에 따라 구분 현재의 시 · 군 · 군과 유사 • 모든 군현에 수령 파견 – 수령: 각각 부윤(2품) · 목사(3품) · 군수(4품) · 현령(5품)으로 불림, 동헌에서 근무 – 수령권 강화: 군현의 행정권 · 사법권 · 군사권 행사(수령 7사) – 수령권 견제: 1,800일(5년) 임기, 4촌 이내의 상피제 실시, 비밀리에 암행어사 파견 • 향리의 위상 약화 – (조선 초기) 호장 · 기관일반 향리 · 장교 지방군 장교의 삼반 체제 → (수령직 강화 후) 6방 체제 – 수령의 지시에 따라 행정 실무 담당, 세습적인 아전으로 격하, 문과 응시 안됨, 외역전 지급 안함, 잡색군에 소속, 세종 때 원악향리처벌법 · 부민고소금지법 제정 – 단안향리 명부 작성 • 속현 · 향 · 부곡 · 소 폐지: 일반 군현으로 승격 · 편입
면 · 리 · 통	• 면 → 리[리정(里正)이 지휘] → 통[5집(戶)을 1통으로 묶음, 통수가 지휘] • 오가작통법 실시: 다섯 집을 통으로 편성 – 조선 초기: 경국대전에서 법제화, 백성의 유망 방지 · 인구 파악 · 부역 징발 목적 – 조선 후기: 천주교 박해에 이용

개념더하기

- (삼국) 고구려의 욕살, 백제의 방령, 신라의 군주 → (통일 신라) 총관 · 도독 → (고려) 안찰사 → (조선) 관찰사
- 부: 한성부(판윤)+4곳의 유수부(유수)+5곳의 부(부윤)+5곳의 대도호부(대도호부사)+도호부(도호부사)
  - 유수부: 개성 · 강화 · 수원 · 광주에 설치(정조 때 완성), 수도 방어 목적
  - 대도호부, 도호부: 군사 거점 도시
- 상피제: 고려와 조선, 부정을 막기 위해 가까운 친척과 같은 관서에 근무하지 않도록 하거나, 출신 지역의 지방관으로 임명하지 않는 제도

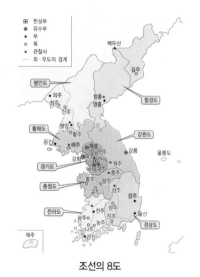

조선의 8도

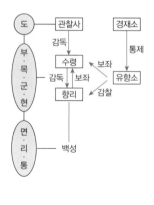

조선의 지방 행정 조직

2. 지방 자치

(1) 유향소 설치

① 군·현에 위치: 재지 사족[유향품관(留鄕品官)]으로 구성

② 좌수 1인, 별감 3〜5인: 향임직, 조선 전기에는 유향소에서 선출하고 경재소에서 임명, 조선 후기에는 수령이 임명

③ 역할: 향회(鄕會)를 통해 지방 여론 수렴, 수령 자문, 향리 감시, 백성 교화 등

④ 변천: (조선 초기) 설치 → (태종) 폐지 → (세종) 재설치 → (세조, 이시애의 난) 폐지 → (성종) 재설치 → (왜란 후) 향청이라 불림, 수령권 강화에 따라 유향소의 영향력 약화

(2) 경재소 설치

① 한양에 위치: 거경품관(居京品官)으로 구성 현직 관료나 왕족이 한양에 머물면서 연고지의 지방 사무를 관장함

② 역할: 지방과의 연락 업무 담당, 해당 고을의 공납 업무 대행, 유향소 통제, 좌수와 별감 임명

③ 변천: (태종) 설치 → (세종) 제도화 → (왜란 후, 선조) 수령권 강화에 따라 폐지

사료더하기

수령 7사
1. 농업을 발전시킬 것
2. 유교 경전 등의 교육을 진흥할 것
3. 법을 잘지켜 백성에게 올바름을 보일 것
4. 간사하고 교활한 무리를 제거할 것
5. 때맞추어 군사 훈련을 실시하고 군기를 엄정히 할 것
6. 백성을 편히하고 호구를 늘릴 것
7. 부역을 공평하고 균등하게 부과할 것

─ 『성종실록』 ─

원악향리처벌법
형조에서 아뢰기를, "이제부터 향리로서 백성을 침해하여 노역형에 해당하는 죄를 범한 자는, 청컨대 곤장으로 볼기를 치는 형벌을 집행한 뒤에 영구히 그 도의 후미지고 피폐한 역에 역리(驛吏)로 귀속시키고, 유배형에 해당하는 죄를 범한 자는 볼기를 치는 형벌을 집행한 뒤에 영구히 다른 도의 후미지고 피폐한 역에 역리로 귀속시키소서. 백성을 침해한 향리를 사람들이 고발할 수 있게 허락하고, 고발당한 향리를 즉시 심리하지 않는 관리도 아울러 법조문에 따라 죄를 부과하도록 하소서." 하니, 그대로 따랐다.

유향소
사헌부 대사헌 허응 등이 시무 7조를 올렸다. … 주·부·군·현에 각각 수령이 있는데, 향원(鄕愿) 가운데 일을 좋아가는 무리들이 유향소를 설치하고, 때없이 무리지어 모여서 수령을 헐뜯고 사람을 올리고 내치고, 백성들을 핍박하는 것이 교활한 향리보다 심합니다. 원하건대, 모두 혁거(革去)하여 오랜 폐단을 없애소서.

─ 『태종실록』 ─

헌납 김대가 아뢰기를, "백성을 괴롭힘은 향리보다 더한 자가 없는데, 수령도 반드시 다 어질 수는 없습니다. 그래서 백성이 편안하게 살 수가 없는데, 비록 경재소라 하더라도 귀와 눈이 미치지 못하는 곳에는 규명해낼 수가 없습니다. 옛사람이 이르기를, '교활한 관리가 지나가면 닭도 개라 하더라도 편안하지 못하다.'고 하였습니다. 닭과 개도 편안하지 못한데 더구나 사람이겠습니까? 유향소의 법은 매우 훌륭했습니다만 중간에 폐지함으로 인하여 이러한 큰 폐단이 생겼으니, 다시 세우는 것이 어떻겠습니까?"

─ 『성종실록』 ─

경재소
주·부·군·현에는 대부분 지역 토착민 가운데 같은 성씨를 가진 유력 집단인 토성(土姓)이 있습니다. 토성 출신 가운데 서울에 살면서 벼슬하는 자들의 모임을 경재소라고 합니다. 경재소에서는 그 고향에 살고 있는 토성 중에서 강직하고 명석한 벼슬아치를 선택하여 유향소에 두고 유사(有司) 또는 간사한 관리의 범법 행위를 서로 조사하고 살펴서 풍속을 유지시켰는데, 그 유래가 이미 오래되었습니다.

─ 『성종실록』 ─

03 군사 제도

1. 양인개병제 원칙

(1) 16~59세 양인 남자 대상

① 조선 초의 봉족제: 호(戶)당 1명을 정군으로 차출, 나머지는 봉족정군을 경제적으로 지원함, 보인과 유사에 둠

② 세조의 보법: 정군 1명과 보인 2명정군을 경제적으로 지원함, 매월 면포1필씩 납부으로 운영

③ 현직 관리 · 향리 · 생원 · 진사 · 학생성균관+4부학당+향교 · 상인 · 수공업자 등은 군역 면제

(2) 16세기: 고된 군역과 군역의 요역화로 인해 기피 → 대립제와 방군수포제 성행 → 중종의 군적수포제 실시(1년 2필), 군역 자원 부족에 따른 국방력 약화

(3) 조선 후기: 결포론 · 호포론 · 감포론 등 양역변통론 제기 → 영조의 균역법 실시(1년 1필)

(4) 19세기: 황구첨정 · 백골징포 · 인징 · 족징 등 군정 문란

2. 조직

금군 국왕 친위 부대	• 조선 전기, 내금위 · 겸사복 · 우림위: 금위대장 지휘, 취재하급 관리 채용 시험로 선발 • 정조, 장용영: 한성부의 내영과 화성의 외영으로 구성
중앙군	• 조선 전기, 5위(의흥위, 용양위, 호분위, 충좌위, 충무위): 5위도총부 설치 　– 특수병: 왕족~고위 관료의 자제 대상, 장교로 복무 　– 갑사: 직업군인, 정예병, 취재로 선발, 품계와 녹봉 받음 단, 체아직이라 근무 기간에만 녹봉을 받음 　– 정군: 농민 번상병, 품계 받음명목상 • 조선 후기, 5군영: 서인이 장악 　– 훈련도감: 선조(왜란 중 조직), 포수 · 사수 · 살수의 삼수병으로 구성, 직업군인으로 월급료 받음 　– 어영청: 인조, 한양 방어 담당, 농민번상병으로 구성, 효종 때 북벌의 핵심 부대 　– 총융청: 인조, 북한산성 방어 담당, 농민번상병으로 구성 　– 수어청: 인조, 남한산성 방어 담당, 농민번상병으로 구성 　– 금위영: 숙종, 한양 방어 담당, 농민번상병으로 구성 • 영조, 수성윤음: 한성부 백성들을 3군영(훈련도감, 어영청, 금위영)에 소속하여 도성 방어케 함 • 정조, 4유수부: 개성(세종), 강화(인조), 수원 · 광주(정조), 유수관 파견경관직, 종2품
지방군	• 초기, 영진 체제: 국방상 요충지에 영(병영병마절도사가 주둔한 곳, 수영수군절도사가 주둔한 곳)과 진 설치 • 세조, 진관 체제: 지역 단위의 방어 체제, 도별로 여러 단계의 진 설치, 지역 방어 유리, 많은 군사 요구 　　　　　〈주진, 人〉　───→　〈거진, ⊕〉　───→　〈제진, 小〉 　　육군: 병마절도사 지휘　　부윤 · 목사 지휘　　군수 · 현령 지휘 　　수군: 수군절도사 지휘　　수군첨절제사 지휘　　만호 지휘 • 명종, 제승방략 체제 　– 을묘왜변 후 실시 　– 방식: 유사시 중요한 방어처에 각 지역의 병력을 집결함 → 중앙에서 파견된 장수나 절도사가 지휘 　– 임진왜란 때 제기능을 발휘하지 못하여 초기 패전의 원인이 됨 → 왜란 중에 진관 체제 복구 • 선조, 속오군: 왜란 중 설치, 양천혼성군(양반~노비)
잡색군	조선 전기의 예비군, 전직 관리 · 서리 · 향리 · 학생 · 노비 · 신량역천인으로 구성, 평상시 생업에 종사, 유사시에 동원

3. 교통과 통신 제도: 국방 강화와 중앙집권화에 기여

(1) 역원제: 역(약 30리 간격, 마패 소지한 공무 여행자에게 역마 제공), 원(숙박 시설), 병조에서 담당

(2) 봉수제: 조선 전기, 횃불과 연기로 위급 상황 전달, 병조에서 담당

(3) 파발제: 조선 후기, 장거리 계주 방식(기발 25리 간격+보발 30리 간격), 공조에서 담당

보법

경성과 지방의 군사에 보인을 지급하는데 차등이 있다. 장정 2인을 1보로 하고, 갑사에게는 2보를 지급한다. 기병, 수군은 1보 1정을 준다. 보병, 봉수군은 1보를 순다. … 보인에게 잡물을 함부로 거두거나 법을 어기고 보인을 함부로 부리면 가까운 이웃까지 군령으로 다스리고 본인은 강등하여 보인으로 삼는다.　　　　　　　　　　　　　　　－『경국대전』－

16세기 군역 기피

당초에 대립가(代立價)는 통상 한 달에 면포 15필이었는데 그 후 배수가 되어 30필이 되었다가 지금은 4배로 되어 60필에 이르렀으니 … 소나 말 및 전답을 팔아 보상하게 되고 이런 것이 없는 사람은 할 수 없이 도망합니다. 당사자가 도산하면 일족(一族)과 절린(切隣)에게 징수하다가 또한 일족과 절린도 도망해버리면 다시 일족의 일족과 절린의 절린에게 떠넘겨 책임지고 내게 하므로 온 도(道)가 모두 그런 고통을 입게 됩니다.　　　　　　　　　　　　　　　－『중종실록』－

진관 체제

병조에서 아뢰기를, "이제 전지(傳旨)를 받들어 여러 도의 중익 · 좌익 · 우익을 혁파하고, 조사하여 거진을 설치하여, 소속된 바의 모든 고을을 편성한 후 임금께 올립니다."　　　　　　　　　　　　　　　－『세조실록』－

제승방략 체제

을묘왜변 이후 김수문이 전라도에서 처음으로 도내의 여러 읍을 순변사, 방어사, 조방장, 도원수와 본도 병사, 수사에게 소속시키니 여러 도에서 이를 본받았다. … 이리하여 한 번 위급한 일이 있으면 반드시 멀고 가까운 곳의 군사를 모두 동원하여 빈 들판에 모아 높고 1,000리 밖에서 오는 장수를 기다리게 하였다. 그러므로 장수는 아직 때맞추어 이르지 않았는데, 적은 이미 가까이 오게 되니 군심이 동요하여 반드시 궤멸하는 도리밖에 없다.

제승방략 체제 → 진관 체제

근일에 성상의 뜻이 혁연(赫然)히 분발하여 복수의 일념이 위로 하늘에 사무쳤는데 그중에서 군사 훈련이 가장 급선무인 것입니다. … 오직 먼저 진관 수령에게 책임지워 그에 소속된 고을을 통솔하여 군병의 훈련과 화포 · 기계 등의 일을 검칙하게 하고, 만일 소속된 고을이 제대로 훈련을 못했거나 만든 기계가 정밀하고 예리하지 못하면 진관에서 감사나 병사에게 보고하여 치죄함을 허락하고, 그 소속된 고을의 잘하고 못함과 효과의 많고 적음을 살펴서 진관 수령까지 아울러 포상하거나 벌책하게 하며, … 각기 마음과 힘을 다하게 한다면 모두가 잘 훈련된 병사가 될 것입니다.　　　　　　　　　　　　　　　－『선조실록』－

훈련도감

상(임금)께서 도감을 설치하여 군사를 훈련시키라고 명하시고 나(유성룡)를 도제조로 삼으시므로, 나는 청하기를 "당속미(唐粟米) 1천 석을 군량으로 하되 한 사람당 하루에 2승씩 준다하여 군인을 모집하면 응하는 자가 사방에서 모여들 것입니다."라고 하다. … 얼마 안되어 수천 명을 얻어 조총 쏘는 법과 창칼 쓰는 기술을 가르치고 … 또 당번을 정하여 궁중을 숙직하게 하고, 국왕의 행차가 있을 때 이들로써 호위하게 하니 민심이 점차 안정되었다.　　　　　　　　　　　　　　　－『서애집』－

속오군

병사의 강함과 약함. 용맹함과 겁이 많음은 장수가 어떻게 운용하느냐에 달려 있을 뿐입니다. 군졸이 궤멸하여 흩어지지 않게 하는 가장 긴요한 것은 오직 '속오(束伍)'에 있으니, 『기효신서』 중에 장수가 해야 할 일에 대해서 논한 말이 많지만 그 요점은 모두 '속오' 한 편에 들어 있습니다. 지금 사람들이 군졸만 많이 모아 놓으면 적을 방어하는 줄로 아는데, 대오를 결속하고 부대를 나누는 법은 모르기 때문에 질서가 어긋나고 문란해져서 두서가 없습니다.

- 대립제(代立): 군역을 담당해야 할 양인들이 돈으로 사람을 고용하여 대신 군역을 서도록 하는 방식
- 방군수포제: 지휘관들이 군포를 받고 임의적으로 군역을 면제시켜 주는 방식
- 군적수포제: 1년에 군포 2필을 납부하면 그해 군역을 면제시켜 주는 방식
- 양역변통론: 양인 장정이 부담하는 국역에 대한 개혁안
- 금군의 변천: (고려) 2군 → (조선 전기) 내금위, 겸사복, 우림위 → (정조) 장용영 → (1895) 시위대

1. 관리 임용 제도

(1) 과거: 양인 이상 가능, 식년시(3년마다 실시)와 특별시(증광시, 알성시, 별시) 시행

(2) 음서: 2품 이상 관리의 자손 대상고려에 비해 축소, 고위직과 청요직 진출 불가

(3) 천거: 고위 관리의 추천을 받아 간단한 시험을 치러 선발한 제도

(4) 취재: 서리 등 하급 관리 채용을 위한 시험

2. 교육과 과거

(1) 유학 교육: 서당 → 서울의 4부 학당 · 지방의 향교 → 성균관(최고 교육 기관)

서당	『천자문』 · 『동몽선습』 · 『명심보감』 등 학습
4부 학당	관학, 동 · 서 · 남 · 중학, 양인 이상 입학(각 100명), 교수와 훈도 파견, 문묘 없음, 학생의 군역 면제
향교	관학, 모든 군현에 설치, 양인 이상 입학, 교수와 훈도 파견, 성균관과 구조 동일(문묘 있음), 학생의 군역 면제
성균관	• 200명 정원: 상재생소과 합격생＋하재생(승보개재생성균관 입학 시험 출신, 문음기재생2품 이상 관원의 자손, 사량기재생 자기 식량을 가지고 와서 공부하는 학생), 학생의 군역 면제 • 원점이 300점 이상이면 문과 초시 면제 • 유소상소 제기, 공관성균관 비우기, 권당단식 등을 통해 정책 비판 • 구조: 교육 공간(명륜당강당, 동재 · 서재기숙사, 존경각도서관)＋제사 공간(대성전공자 사당 문묘, 동무 · 서무중국과 우리나라의 성현의 위패를 모신 사당)

(2) 사마과(소과)＝생원과유교 경전 시험, 진사과보다 우대 **＋진사과**한문학 시험

① 양인 이상 응시, 탐관오리의 아들 · 서얼 · 재가녀 자손은 응시 불가, 기술관 · 향리는 사실상 불가

② 단계: 초시(지역 할당제 실시) → 복시(생원 · 진사 각 100명 선발, 백패 하사)

③ 합격자는 성균관 입학 or 문과 응시 or 하급 관리

(3) 문과(대과)

① 소과 합격자 응시, 탐관오리의 아들 · 서얼 · 재가녀 자손은 응시 불가, 기술관 · 향리는 사실상 불가

② 단계: 초시(지역 할당제 실시) → 복시(예조에서 담당, 33명 선발, 최종 합격, 홍패 하사) → 전시(왕 주관, 갑-을-병 순위 선정)

(4) 무과

① 양반~상민 응시

② 단계: 초시(지역 할당제 실시) → 복시(병조에서 담당, 28명 선발, 최종 합격, 홍패 하사) → 전시(왕 주관, 갑-을-병 순위 선정)

(5) 잡과: 기술관(중인) 응시, 해당 관청에서 교육과 선발 담당

① 사역원의 외국어 교육, 형조의 법률 교육, 전의감의 의학 교육, 관상감의 천문 교육

② 잡과(역과, 율과, 의과, 음양과): 초시(지역 할당제 無) → 복시(백패 하사)

> **개념더하기**
>
> • 증광시: 국왕 즉위와 같은 나라에 경사가 있을 때 식년시 이외에 실시된 비정기 과거, 식년시와 똑같이 초시 · 복시 · 전시 등 세 단계로 치름
> • 알성시: 국왕이 문묘에 참배한 뒤 실시된 비정기 과거, 알성문과는 성균관 유생을 대상으로 하였으며 다른 시험과는 달리 단 한번의 시험으로 당락이 결정됨, 알성무과는 초시와 전시로 나누어져 있었음
> • 별시: 국왕 즉위 이외의 경사가 있을 때 실시

CHAPTER 03 조선의 경제

01 경제 생활

1 농업

1. 농본주의 표방

(1) 성리학적 경제관 바탕: 검약 강조'검소=덕, 사치=악'으로 인식

(2) 농본 억상 정책: 농업 장려, 상공업 활동 통제, 사농공상 간의 직업적 차별

2. 조선 전기의 농업

(1) 권농 정책: 개간 장려(조세 감면, 둔전 개발, 15세기 중엽에 160만 결로 증가), 수리 시설 확충

　① 사직 설치: 경복궁 서쪽(좌묘우사 원칙), 토지신과 곡식신에게 제사

　② 선농단 설치: 동대문 밖, 농사의 신인 신농씨와 후직씨에게 제사, 왕의 친경 시범, 설렁탕의 유래

　③ 선잠단 설치: 혜화문 밖, 양잠의 신인 서릉씨에게 제사, 왕비의 길쌈 시범

(2) 농업 기술

　① 농기구 개량: 쟁기, 낫, 호미 등

　② 시비법 개선: 녹비법과 퇴비법 이용 → 비옥도 향상 → 연작 보편화

　③ 밭농사, 2년 3작의 윤작법 확산: 조, 보리, 콩을 번갈아 재배

　④ 논농사, 직파법 일반적법씨를 뿌린 땅에서 그대로 키우는 방식. 모내기법(이앙법) 보급(남부 일부 지방에서만 실시, 벼·보리 이모작 가능, 이앙법 법적 금지국가는 가뭄의 피해를 우려하여 직파법 선호)

　⑤ 목화의 전국 재배: 무명옷 보급, 무명을 화폐처럼 사용

(3) 농서

　① 『농사직설』: 세종, 왕명에 따라 정초가 편찬, 우리나라에서 편찬된 최초의 농서로 우리 풍토에 맞는 농업을 종합하여 정리함(씨앗 저장법, 토지의 개량법, 모내기법 등 소개)

　② 『양화소록』: 세조, 강희안 편찬, 최초로 화초 재배법 소개

　③ 『사시찬요』: 세조, 왕명에 따라 강희맹이 편찬, 4계절의 농사·농작물 등 기록

　④ 『금양잡록』: 성종, 최초의 사찬 농서, 강희맹이 시흥에서 직접 농사 지은 경험을 바탕으로 저술

　⑤ 『구황촬요』: 명종, 기근 대비법을 알리기 위해 국가에서 편찬

> **사료더하기**
>
> 농사직설
> 농사는 천하의 대본(大本)이다. … 오방의 풍토가 다르니 곡식을 심고 가꾸는 법도 각기 마땅함이 있어 옛글과 다 같을 수 없다고 하시고, 각 도의 감사에게 명하여 여러 고을의 농사 경험이 풍부한 농부들을 방문하게 하여 농토에 이미 시험한 증험에 따라 갖추어 아뢰게 하셨다. 또한, 신(臣) 정초로 하여금 변효문과 더불어 조사·참고하여 중복된 것을 버리고 절실히 필요한 것만 뽑아서 한 편의 책으로 엮게 하셨다.

3. 조선 후기의 농업

(1) 개간 적극 추진: 농민 · 양반 · 왕실 · 관료 등 참여, 강화도 간척 활발

① **왕실**: 바닷가의 갈대밭을 불하받아 개간하거나 민전을 사들여 궁방전을 경영함

② **관료**: 산지 개간에 적극적

③ **지주**: 농지 개간에 참여한 일꾼들에게 영구 경작권(도지권)과 정액 지대(도조법)를 인정함

(2) 농업 기술

① **수리 시설(제언 · 저수지 · 보) 확충**: 현종 때 제언사 설치하여 저수지 관리 → 정조 때 제언절목 발표

② **밭농사, 견종법 시행**: 고랑에 밭작물을 재배하는 방식, 농종법에 비해 추위와 가뭄에 유리

③ **논농사, 모내기법의 전국 확산**: 직파법에 비해 김매기 수월(노동력 절감 → 광작넓을 廣+경작 作 가능), 벼의 단위 면적당 생산량 증가, 이모작(벼 · 보리) 일반화(보리가 소작료에서 제외되었기 때문에 농가 소득 증가), 두레와 품앗이 등 공동 노동 방식 확대

(3) 상품 작물의 재배 활발

① **쌀**: 도시 인구 증가로 수요 증가(쌀의 상품화), 밭을 논으로 변경하는 현상 활발

② **인삼**: 개성 등 전국 각지에서 재배, 주요 수출품

③ **채소**: 한양의 인구 증가로 수요 증가, 한양 근교에서 재배 성행

(4) 외래 작물 재배: 고추, 고구마, 감자, 토마토, 담배 전래

① **담배**: 16세기 말경 전래, '남초' · '남령초'라 불림, '지금 조선 사람들 사이에 담배가 크게 성행하여 네댓 살 때부터 피우기 시작한다. 남자와 여자를 막론하고 담배를 피우지 않는 사람이 매우 드물다.'(『하멜 표류기』 속 기록)

② **고추**: 왜란 때 일본으로부터 전래

③ **고구마**: 영조 때 조엄이 일본(쓰시마 섬)에서 유입, 『감저보』(영조)와 『감저신보』(순조) 편찬

④ **감자**: 19세기 초 청으로부터 전래, 고구마와 더불어 대표적인 구황작물

(5) 농민의 계층 분화

① **부농 등장**: 이앙법으로 광작 가능 → 지주화(토지 소유 증대) → 노비와 머슴을 고용하여 경작

② **빈농 증가**: 지주의 광작으로 소작지 얻기가 어려워짐 → 품팔이꾼, 영세상인, 임노동자(도시, 광산, 포구로 이동)로 전락

(6) 지주–소작농 간 관계 변화

① **타조법 감소**: 기존 방식, 정률 지대(1/2, 병작반수제), 지주의 간섭 강함

② **도조법 등장**: 정액 지대, 소작료 이상의 초과 생산량은 소작농의 몫이기 때문에 타조법보다 유리, 지주와 소작농의 관계가 신분적 종속 관계에서 경제적 계약 관계로 변화

③ **도지권 인정**: 영구 소작권

(7) 농서

① **『농가집성』**: 효종, 신속이 편찬, 양난으로 많은 농서가 소실되자 주요 농서를 집대성함(『농사직설』, 『금양잡록』, 『구황촬요』+중국의 『사시찬요초』), 모내기법 · 견종법 · 구황작물 재배법 보급에 기여

② **『색경』**: 숙종, 박세당, 은거 생활 중 농사 지은 경험을 바탕으로 집필, 밭농사 중심

③ **『산림경제』**: 숙종, 홍만선 집필, 최초의 농촌 생활 백과사전(의식주 전반 소개)

④ **『과농소초』**: 정조, 박지원 집필, 영농 방법의 혁신과 농기구 개량 · 한전론 등 주장

⑤ **『해동농서』**: 정조, 서호수 집필, 영조의 명으로 집필 시작, 조선 농학에 중국 농학을 선별적으로 수용

⑥ **『임원경제지』**: 헌종, 서유구(서호수 아들) 집필, 조선 농학 집대성(16개 분야), 백과사전, 둔전론 주장

견종법

작은 보습으로 이랑에다 고랑을 내는데, 너비 1척, 깊이 1척이다. 이렇게 한 이랑, 즉 1묘마다 고랑 3개와 두둑 3개를 만들면, 두둑의 높이와 너비는 고랑의 깊이와 너비와 같아진다. 그 뒤 고랑에 거름 재를 두껍게 펴고, 구멍 뚫린 박에 조를 담고서 파종한다.

이앙법의 확산

이앙을 하는 것은 세 가지 이유가 있다. 김매기의 노력을 더는 것이 첫째요, 두 땅의 힘으로 하나의 모를 기르는 것이 둘째요, 좋지 않은 것은 속아내고 싱싱하고 튼튼한 것을 고를 수 있는 것이 셋째이다. 어떤 사람은 큰 가뭄을 만나면 모든 노력이 헛되니 이를 위험하다고 하나 그렇지 않다. 벼를 심는 논은 반드시 하천이 있어 물을 끌어들일 수가 있으며, 하천이 없다면 논이 아니다. 논이 아니더라도 가뭄을 우려하는데 어찌 이앙만 그렇다고 하는가? — 『임원경제지』 —

이앙법은 본래 그 금령이 지극히 엄한데, 근래 소민(小民)들이 농사를 게을리하고 이익을 탐하여 광작을 하며, 그 형세가 늘어나 지금은 여러 도에 두루 퍼져 있으니 모두 금지하기 어렵다. — 『비변사등록』 —

어라디야 저라디야 상사로세.
이 농사를 어서 지어 나라 봉양을 하고보세.
앞산은 점점 멀어지고 뒷산은 점점 가까온다.
이 배미 저 배미 다 심겄으니 장구배미로 넘어가세.

상품 작물의 재배

농민이 밭에 심는 것은 곡물만이 아니다. 모시, 오이, 배추, 도라지 등의 농사도 잘 지으면 그 이익이 헤아릴 수 없이 크다. 도회지 주변에는 파밭, 마늘밭, 배추밭, 오이밭 등이 많다. 특히 서도 지방의 담배밭, 북도 지방의 삼밭, 한산의 모시밭, 전주의 생강밭, 강진의 고구마밭, 황주의 지황밭에서의 수확은 모두 상상등전(上上等田)의 논에서 나는 수확보다 그 이익이 10배에 이른다. — 『경세유표』 —

경영형 부농

부유한 백성은 토지 겸병에 힘쓰고 농사를 많이 짓는 것에 욕심을 내어 적게는 3, 4석씩, 많게는 6, 7석씩 한꺼번에 모를 부어 노동력을 줄이고 한꺼번에 모를 내어 수고를 줄입니다. 비록 어쩌다가 가뭄을 당하더라도 대부분 좋은 논을 소유하고 있어서 수확이 많습니다. 그러나 가난한 백성은 볍씨를 뿌리고 모내는 일을 맨 나중에 하므로 가뭄을 만나 흉년이 들면 입에 풀칠할 길이 없습니다.

『농가집성』

효종 6년. 공주 목사 신속이 『농가집성』이라는 책을 올렸는데, 호피를 하사하라고 명하였다.

『임원경제지』 서문

사람이 살아가는 데 있어서 나아가 벼슬하고 물러나 거처하는 두 가지 길이 있다. 세상에 나아가 벼슬할 때는 백성들에게 혜택을 주어야 하고 물러나 거처할 때는 스스로 의식주에 힘쓰고 뜻을 길러야 한다. 세상을 다스리기 위해서는 정치와 교화가 필요하기 때문에 그에 관한 서책은 헤아릴 수 없이 많다. 그러나 향촌으로 물러나 거처하면서 자신의 뜻과 생업을 돌볼 수 있는 서적은 거의 없다. 우리나라에서는 겨우 『산림경제』 한 책을 찾아볼 수 있을 뿐이다. 그러나 이 책도 수집한 정보나 자료가 충분하지 못하다. 이에 나는 향촌과 시골 마을에 널리 흩어져 있는 모든 서적을 두루 모아 서책을 저술하기로 했다.

• 『감저보』: 동래부사 강필리가 집필함, 최초의 고구마 전문 서적
• 서유구의 둔전론: 일종의 국영 농장을 설치한 후 토지가 없는 농민을 고용하여 경작하는 방식

2 상업

1. 조선 전기 상업

(1) 한양의 운종가_{종로}**에 시전 설치**

① 시전 상인: 관허상인, 한양에서의 독점적 판매권 보유, 국가에 점포세·상세를 납부하고 물품 공급

② 육의전 번성: 시전 중 6종류의 물건(명주, 종이, 어물, 모시, 삼베, 무명)을 파는 점포, 가장 번성

③ 경시서 설치: 도량형 감독, 물가 조절, 불법적인 상행위 통제, 세조 때 평시서로 개칭

(2) 지방에 장시 개설

① 보부상(행상): 관허상인, 보상(봇짐장사)과 부상(등짐장사)으로 구성, 국가에 세금 납부, 패랭이 착용, 엄격한 규율 아래 상행위 전개, 전국적인 조직 구축

② 장시의 발달: 정부에서는 농민 유출을 우려하여 장시를 억제, (성종) 최초 등장 → (16세기 중) 전국 확대, 5일장 형태 → (18세기 말) 전국 1,000여 곳

(3) 화폐 주조

① 태종의 저화, 세종의 조선통보, 세조의 전폐(팔방통화·유엽전이라고도 함, 세조) 발행

② 유통 부진, 여전히 쌀·무명 이용

2. 조선 후기 상업

(1) 상인의 다양화

시전 상인	관허 상인, (왜란 후) 금난전권 행사 → (정조의 신해통공) 육의전을 제외한 금난전권 폐지, 이현_{동대문 밖}·칠패_{남대문 밖} 활성화 → (1차 갑오개혁) 육의전의 금난전권 폐지
공인	관허 상인, 대동법으로 등장 _{관청에 납품}, 도고로 성장
사상(私商) _{자유 상인}	– 종루·이현·칠패의 난전_{어지러울 亂+가게 廛} – 한강의 경강 상인: 선상(船商), 미곡·소금·어물의 운송과 판매, 선박 건조 – 개성의 송상: 전국에 송방 설치, 주로 인삼 취급, 만상과 내상을 중계(대청·대일 무역 중계) – 의주의 만상, 평양의 유상: 대청 무역에 참여 – 동래의 내상: 대일 무역에 참여 – 객주와 여각: 강경포·원산포 등 포구에서 활동, 선상의 상품 매매 중계·보관·숙박·자금 대여
도고	– 도고: 독점적 도매 상인, 대규모 자본을 바탕으로 사재기를 통해 이윤 추구, 물가 상승 유발 – 중도아: 중간 도매 상인, 시전에서 물건을 떼어서 지방 장시에 공급 – 18세기, 공인과 사상 등이 도고로 성장 → 개항 이후에 상회사 설립

(2) 상평통보 발행

① 배경: 상품 경제의 발전과 지대·조세의 금납화에 따라 동전 사용 증가

② 인조, 상평통보(팔분서 조선통보) 주조: 개성 일대에서 유통, 병자호란으로 중단

③ 효종, 상평통보(십전통보) 유통 시도: 김육 건의

④ 숙종, 상평통보의 전국 유통: 허적 건의, 호조·상평청·진휼청·어영청·훈련도감 등 7곳에서 발행

⑤ 숙종 후기~영조 초기, 전황_{동전 부족 현상} 발생: 원인_{동전의 원료 부족, 화폐를 고리대나 재산 축적의 수단으로 이용 → 피해}이로 인해 화폐 가치 상승하고 물가 하락, 이익의 폐전론 주장 → 영조 때 상평통보 주조 재개로 해결

⑥ 환·어음 등 신용 화폐 사용

조선 전기의 상업
장사꾼이 의복 등속을 판매하며, 심지어 신, 갓끈, 바늘, 분(粉) 같은 물품을 가지고 백성에게 교묘하게 말하여 미리 그 값을 징하고 주었다가 가을이 되면 그 값을 독촉해서 받는다.
― 『세종실록』 ―

금난전권의 폐단
5~6년 전부터 서울 안에 놀고먹는 무리들 가운데 평시서에 출원하여 시전을 새로 난 자가 대단히 많다. 이들은 상품을 판매하는 일보다 난전 잡는 일을 일삼고 있다. 심지어 채소와 기름, 젓갈 같은 것도 전매권을 가진 시전이 새로 생겨 마음대로 사고 팔 수 없게 되었다. … 금난전권을 행사함으로써 일어나는 폐단이니 금난전권을 모두 없애 영세민을 구제해야 한다.
― 『비변사등록』 ―

신해통공
마땅히 평시서로 하여금 20~30년 사이에 새로 벌인 영세한 가게 이름을 조사해 내어 모조리 혁파하도록 하고, 형조와 한성부에 분부하여 육의전 이외에 난전이라 하여 잡아오는 자들에게는 벌을 베풀지 말도록 할 뿐만이 아니라 반좌법을 적용하면, 장사하는 사람들은 서로 매매하는 이익이 있을 것이고 백성도 곤궁한 걱정이 없을 것입니다. 그 원망은 신(채제공)이 스스로 감당하겠습니다"라고 하였다. 왕(정조)이 여러 신하에게 물으니, 모두 옳다고 하여 따랐다.

신해통공에 대한 채제공의 평가
제가 장단 적소에 있을 때 면포 상인의 왕래가 끊이지 않는 것을 보았는데, 길 가는 사람들이 통공발매(신해통공)의 효과라 하였습니다. 작년 겨울 서울의 면포 가격이 이 때문에 등귀하지 않아 서울 사람들이 생업을 즐길 수 있게 되었습니다.
― 『승정원일기』 ―

공인
여러 도의 공물은 지금은 쌀과 포목으로 상납한다. 방민(坊民)을 선택하여 주인(공인)으로 정하고, 그 가격을 넉넉하게 산정하여 미리 준비시켜 공납하도록 하되, 본색(本色)으로 상납하는 경우에는 기한에 맞추어야 한다.

도고의 폐단
그(허생)은 안성의 한 주막에 자리 잡고서 밤, 대추, 감, 배, 귤 등의 과일을 모두 사들였다. 허생이 과일을 도거리로 사 두자, 온 나라가 잔치나 제사를 치르지 못할 지경에 이르렀다. 따라서 과일 값은 크게 폭등하였다. 허생은 이에 10배의 값으로 과일을 되팔았다.
― 박지원의 『허생전』 ―

요즘음 모리배들이 각각 물화를 차지하여 서로 도고가 되었다. 이에 따라 물가가 점차 올라 서울 사람들은 굶주림을 면치 못하고, 시장 상인들은 생업을 잃을 뿐 아니라, 부자는 더욱 부유해지고 가난한 자는 더욱 가난해지는 현상이 고질화되어 그 폐를 이루 말하기 어렵다. … 서울 안팎의 부유한 자들이 곡식을 쌓아 두고 마음대로 가격을 조종하니, 백성은 풍년에도 굶주림을 면할 수가 없다.
― 『비변사등록』 ―

포구 상업
우리나라는 동·서·남의 3면이 모두 바다이므로 배가 통하지 않은 곳이 거의 없다. 배에 물건을 싣고 오가면서 장사하는 장사꾼은 반드시 강과 바다가 이어지는 곳에서 이득을 얻는다. 전라도 나주의 영산포, 영광의 법성포, 흥덕의 사진포, 전주의 사탄은 비록 작은 강이나 모두 바닷물이 통하므로 장삿배가 모인다. 충청도 은진의 강경포는 육지와 바다 사이에 위치하여 바닷가 사람들과 내륙 사람들이 모두 여기에서 서로의 물건을 교역한다.
― 『택리지』 ―

화폐의 유통
전화가 유통된 뒤부터 풍속이 날로 변하고 물가는 날로 오른다. 늙은이나 아이들까지도 모두 곡식을 버리고 돈을 찾는다. 농민들은 곡물을 가지고도 필요한 물품으로 바꿀 수 없어서 부득이 곡물을 헐값에 팔아 돈을 가진다.
호조판서 이성원은 말하기를, "종전에 허다하게 주조한 돈이 결코 작년과 금년에 다 써버렸을 리가 없고, 경외 각아문의 봉부동인(비상 자금)은 역시 작년과 금년에 새로 창설한 것이 아닙니다. 작년과 금년에 전황이 극심한 것은 신의 생각에는 아마도 부상(富商)과 대고(大賈)가 이 시기를 틈타 갈무리해 두고 이익을 취하려는 것으로 보이는데, 그 폐단을 바로잡을 방책이 없습니다."
― 『정조실록』 ―

- 금난전권: 서울에서 정해진 시전 상인 외에는 상업 활동을 금지하는 법
- 팔분서 조선통보: 세종 대의 조선통보와 구분하기 위해 '팔분서' 서체를 사용함

3 수공업

1. 조선 전기의 수공업

(1) **15세기, 관영 수공업 중심**: 공장(工匠)장인은 자신이 책임량을 넘은 생산품은 세금을 내고 판매함

(2) **16세기, 부역제의 해이**: 관장(官匠)의 부역 기피, 납포장포를 납부하고 부역에 나가지 않은 장인 증가

2. 조선 후기의 수공업: 민영 수공업 발달

(1) **배경**: 도시 인구 증가에 따른 수요 증대, 대동법 실시에 따른 관수품 수요 증가, 정조의 공장안 폐지

(2) **사장(私匠) 성장**: 개인의 점(店)에서 제품 생산, 국가에 장인세 납부, 임금을 받고 관청에서 근무

(3) **17~18세기, 선대제 수공업 등장**: 상인의 점(店) 설치와 원료와 대금 지원 → 수공업자의 제품 생산

(4) **18세기 후반, 독립 수공업 등장**: 수공업자의 점(店) 설치 → 수공업자의 제품 생산, 안성의 유기가 대표적

4 광업

1. 조선 전기의 광업: 부역을 동원하여 개발, 명에 조공품으로 금·은을 바쳤으나 고된 노동으로 인해 폐쇄

2. 조선 후기의 광업

(1) **배경**: 연산군 때 김감불과 김검동의 단천연은법 개발, 중국과의 무역 증대에 따른 은 수요 증대

(2) **(17세기)** 은광 개발 활발 → **(18세기 중엽)** 금광·동광 개발 활발, 특히 평안도 급성장

(3) **운영**

효종, 설점수세제 (채은관제)	• 호조의 점(店, 제련장과 부대시설) 설치 → 민간의 채굴 → 호조(채은관)의 징수 • 채은관: 광산 기술자, 은광 개발을 맡기기 위해 채용한 임시 관원
숙종, 설점수세제 (별장제)	• 호조의 점(店) 설치 → 별장의 점 운영 → 호조(별장)의 징수 • 별장: 주로 서울의 부상대고 대상인가 맡음, 일종의 수세 청부업자
영조, 수령수세제	• 배경: 은 수요 증가에 따라 잠채몰래 채굴하는 행위 증가 • 호조의 허가, 물주의 점(店) 설치 → 덕대의 채굴 → 수령의 징수 • 광산 개발의 분업: 물주(상업 자본 투자), 덕대(광산 경영), 혈주(채굴업자), 광꾼(임노동자)

사료더하기

공장안 폐지
지금은 외공장에 등록하여 그 장적을 본도에 보관하는 법이 없어져서 지방 관청들에서는 일이 있으면 품값을 주고 사공을 고용한다. 그러므로 『속대전』을 편찬할 때 외공장에 대해서는 말하지 않았다.　　－ 『대전통편』 －

민영 수공업의 발달
옛날에는 오직 권세 있는 집이나 부유한 집에서만 유기를 사용하였다. 오늘날은 두메산골 오무막집에서도 유기를 쓰지 않는 곳이 없고 대개 3, 4벌씩은 다 갖고 있다. 곳곳에서 장인들이 작업장을 만들어 유기를 주조한다.　　－ 『임원경제지』 －

수령수제제
영조 51년 호조에서 계품하여 그 남아있는 은점을 본관(관할 고을)에 부속시키고 세를 정하여 상납케 하였다.

조선 후기 민영 광산의 개발
금년(정조 22년) 여름 새로이 39개소의 금혈을 팠는데, 550여 명의 광꾼들이 모여들었다. 비단 도내의 무뢰배들이 농사를 짓지 않고 다투어 모여들 뿐만 아니라 사방에서 이익을 쫓는 무리들도 소문을 듣고 몰려온다. … 그리하여 금점 앞에는 700여 채의 초막이 세워졌고 광꾼과 그 가족, 좌고, 행상, 객주 등 1,500여 명에 이른다.　　－ 『비변사등록』 －

개념더하기

선대제: 상인이 수공업자에게 생산에 필요한 원료나 도구를 주고 생산을 하게 한 뒤, 그 제품의 공급을 독점하는 형태

5 무역

1. 조선 전기의 무역

(1) **명**: 조공 무역(정초·동지 때 정기적으로 조천사를 파견하며 토산물을 바침 → 중국이 회사 형식으로 답례품 전달)

(2) **여진**: 국경 무역(태종, 경원·경성에 무역소 설치) + 조공 무역(세종, 한양에 북평관_{여진인 숙소} 설치)

(3) **일본**

① 태종: 한양에 동평관_{일본인 숙소} 설치

② 세종: 3포(부산포, 염포, 제포) 개항 → 계해약조 체결(세견선 50척과 세사미두 200석 허용)

③ 중종: 3포 왜란 발발 → 임신약조 체결(제포만 개항, 세견선 25척과 세사미두 100석 허용)

④ 명종: 정미조약 체결(부산포만 개항, 세견선 25척 허용) → 을묘 왜변 발발 → 일본과의 국교 단절

2. 조선 후기의 무역

(1) **청**

① 조공 무역(동지에 연행사를 파견, 역관이 무역에 참여, 팔포 무역_{사행원들은 인삼 80근을 가지고 가서 청과 거래함}) + 개시 무역(중강·회령·경원 개시) + 후시 무역(중강·책문_{가장 번성 후시})

② 은·종이·무명·인삼 수출, 비단·약재·문방구·서양 면직물 수입

③ 대청 무역이 활발해짐에 따라 평안도가 급성장 → 세도 정치 때 대상인에게 무역 독점권을 부여 → 순조 때 홍경래의 난 발발

(2) **일본**: 광해군 때 기유약조 체결(부산포 개항, 세견선 20척과 세사미두 100석 허용) → 왜관 개시·후시, 내상 주도, 인삼·쌀·무명·청에서 수입한 물품 수출, 은·구리·황·후추 수입

사료더하기

책문 후시
사행(연행사)이 책문을 출입할 때에는 만상과 송도의 상인들이 은과 인삼을 몰래 가지고 인부가 마필 속에 섞어 물건을 팔아 이익을 꾀한다. 돌아올 때에는 걸음을 일부러 늦게 하여 사신을 먼저 책문으로 나가게 한 뒤, 저희 마음대로 매매하고 돌아온다. 이를 책문 후시라 한다. — 『만기요람』 —

기유약조
대마도주에게 해마다 내리는 쌀과 콩은 모두 100석으로 한다. 왜관에서 접대하는 것은 세 가지 예가 있는데, 국왕사가 하나요, 도주특송인(대마도주의 사신)이 하나요, 대마도 수직인(조선에 순종 의사를 밝혀 관직을 받은 왜인)이 하나이다. 국왕사가 나올 때에는 단지 상선과 부선(副船)만 허락한다. 대마도주의 세견선은 모두 20척으로 한다. 수직인은 1년에 한 차례씩 내조(來朝)하고, 다른 사람을 보내지 못한다. 평상시(임진왜란 이전) 수직인은 면죄 받은 것을 다행으로 여기도록 하고 지금은 거론하지 않는다. … 대마도주의 문인이 없는 자는 적으로 판단한다.

대일 무역
호조 판서 김상성이 아뢰기를, "전에는 품질 좋은 강계삼의 가격이 2냥에 지나지 않았으나 지금은 값이 뛰어 아주 귀한 지경이 되었습니다. 나라안 사대부와 서민은 물론 의원이라도 비싼 값을 주고 사려고 해도 이를 구할 수 없습니다. … 근래 강계에 몰래 들어가 인삼을 사들이는 상인들은 동래 왜관에서 매매하기 위한 것입니다. 허가받지 않은 상인들을 처벌하는 법은 속대전에 실려있으니 엄히 다스려야 합니다." — 『비변사등록』 —

개념더하기

• 개시 무역: 사무역의 한 유형. 정부가 열었던 공식 시장에서 허가받은 양국 개인 간에 거래
• 후시 무역: 사무역이자 밀무역의 한 유형. 상인 간 자유로운 거래
• 책문 후시: 조선과 청의 국경 지대에서 열림. 현종 때 밀무역 형태로 시작하여 영조 때 정부가 이를 공인함

1. 조선 전기

(1) 조세

답험손실법 (초기)	– 1결(300두 생산)당 생산량의 1/10인 30두 납부+공전은 수령, 사전은 수조권자(전주)가 매년 작황을 조사한 후 10단계로 세액 주정 – 폐단: 조세액이 수조권자의 주관적인 기준에 의해 결정됨
공법 (세종)	– 전분 6등법: 비옥도 고려, 수등이척법 적용 _{각기 다른 자를 사용하여 1결 결정. 6등전은 1등전의 4배 크기,} 양안_{토지 대장}에 기록 – 연등 9등법: 1결(400두 생산)당 생산량의 1/20인 20두 납부+수령과 관찰사가 풍흉 고려하여 상상년 20두~하하년 4두로 세액 조정 – 제정 과정: 공법에 대한 여론 조사(17만 명) → 공법상정소 · 전제상정소 설치 → 공법 제정(세종 때 전라도에서 최초 실시) → 단계적으로 확대 → 성종 때 전국 실시

(2) 공납

① 중앙에서 각 군현에 필요한 공물을 할당 → 호(戶)마다 할당

② 종류: 상공(정기 납부), 별공(부정기적, 정부의 필요에 따라), 진상(각 지방관의 지방 특산물 상납)

(3) 역: 16~59세 양인 남자 대상

① 요역: 토지 8결당 1명 동원(성종, 8결출1부제)+1년에 6일 이내 동원(성종)

② 군역: 군과 보인으로 편성(세조, 보법), 현직 관리 · 향리 · 학생 · 직역 담당자 등 군역 면제

2. 16세기, 수취 제도의 동요

(1) 조세: 지주전호제의 확산으로 지주가 소작인에게 전세를 대납케 함

(2) 공납: 방납(防納)의 폐단(상인이 서리 등과 결탁하여 공물가를 높게 받음) → 농민 부담 증가

① 조광조 · 이이 · 유성룡의 수미법 주장: 공물 대신 쌀을 걷자!

② 조식의 서리망국론 주장

(3) 역: 농민의 요역 기피 → 군역의 요역화 → 대립제와 방군수포제 성행 → 중종 때 군적수포제 실시(1년 2필 납부)

(4) 명종, 임꺽정의 난: 황해도 구월산 일대에서 봉기, 3년 동안 지속

사료더하기

공법
모든 토지는 6등급으로 나누며, 20년마다 한 번씩 토지를 다시 측량하여 양안을 만들어 호조, 본도, 본읍에 갖추어 둔다. 1등전의 척은 주척으로 4척 7촌 7푼 5리이고, … 6등전의 척은 9척 5촌 5푼이다. 면적은 사방 1척을 '파', 10파를 '속', 10속을 '부'라 하고, 100부를 '결'이라 한다. 1등전 1결은 38무(畝)이고, … 6등전은 152무이다. − 『경국대전』 −

방납의 폐단
조식이 상소를 올렸다. "지방에서 토산물을 공물로 바칠 때, 서리가 공납을 일체 막고 본래 값의 백 배가 되지 않으면 받지도 않습니다. 백성이 견디지 못하여 세금을 못 내고 도망하는 자가 줄을 이었습니다." − 『선조실록』 −

개념더하기

답험손실: 수조권을 부여 받은 관리(전주)가 매해 농사의 작황을 실제로 답사하여 수조량을 정하는 행위

3. 조선 후기

(1) 인조, 영정법: 1결당 4~6두 징수

① 배경: 효종 때 양척 동일법 실시(수등이척법 폐지)

② 영향: 전세의 정액화 · 최저화로 전세 부담 경감

③ 한계

    ㉠ 수수료 · 운송료 · 삼수미(1결당 2.2두 납부, 훈련도감의 경비 마련 목적) 등 잡세 추가

    ㉡ 지주가 전세를 소작농에게 전가

    ㉢ 궁방전 · 관둔전 등 면세지 증가로 실질적 혜택 미비

(2) 광해군, 대동법: 현물 대신 1결당 12두 · 베 · 동전 징수, 호 대신 토지 기준으로 징수

① 경과: 광해군, 이원익과 한백겸의 건의로 경기도에서 첫 실시, 선혜청 설치(대동미 관리), 8두씩 연 2회 납부

    → 인조, 조익의 건의에 따라 강원도로 확대

    → 효종, 김육의 건의에 따라 충청 · 전라도로 확대

    → 숙종, 허적의 건의에 따라 경상 · 황해도로 확대(전국 실시), 1결당 12두 납부

② 영향

    ㉠ 공납의 전세화로 지주 부담 증가, 농민 부담 감소, 소작농 면제

    ㉡ 조세의 금납화로 베 · 동전 납부 가능

    ㉢ 공인 등장_{선혜청에서 받은 공가(貢價)로 물품 조달} → 상품 화폐 경제 발달, 일부 공인은 도고로 성장

③ 한계: 상공만 폐지, 별공과 진상은 존속, 점차 상납미 증가 · 지방 유치분 감소로 인해 지방 관아의 재정 악화

(3) 영조, 균역법: 1년에 군포 1필 징수, 『양역실총』_{양인 수를 조사한 책} 편찬, 균역청 설치

① 배경

    ㉠ 수포군_{포를 내는 것으로 군역을 대신함} 증가, 양반 증가에 따른 군역 재원의 감소, 군총제 실시

    ㉡ 양역변통론 제기

        • 결포론: 토지 결수에 따라 군포 부과하자! → 지주의 반발 예상

        • 호포론: 가호 단위로 군포 부과하자! → 양반의 반발 예상, 양반불역원칙 고수

        • 유포론: 군역 기피자를 색출하여 포를 거두자! → 양반의 반발 예상

        • 농병일치론: 유형원, 먼저 농민에게 일정한 토지를 나눠주자!(균전론) → 현실성 낮음

        • 감포론: 2필에서 1필로 줄이자! → 국가 재정 부족 예상

② 재정 보충책

    ㉠ 결작 부과: 1결당 2두씩 징수, 지주 부담 증가

    ㉡ 선무군관포 징수: 부유한 상류층 사제 대상, 1년 1필 징수

    ㉢ 어장세 · 염세 · 선박세의 용도 전환: 왕실 예산에서 정부 예산으로 변경

> **개념더하기**
>
> • 궁방전: 조선 후기에 후비 · 왕자대군 · 왕자군 · 공주 · 옹주 등의 궁방에서 소유하거나 또는 수조권을 가진 토지
> • 관둔전: 각 지방의 행정 · 군사 · 교통 기관의 운영 경비를 보조하기 위해 각 기관에게 부여한 토지
> • 상납미: 대동미 중 중앙의 공물 마련을 위해 책정된 몫. 초기엔 유치미보다 적었으나 시일이 지날수록 상납미 비율이 높아짐
> • 유치미: 각 군현의 비용으로 책정된 몫을 유치미라 함

4. 조선 후기의 조세 운영

(1) 조세의 전세화: (전기) 전세/土기준, 공납/戶 기준, 역/정남기준 → (후기) 전세 · 대동법 · 결작/土기준

(2) 총액제 실시: 국가가 수취할 조세의 총액 결정한 후 각 두와 군현에 할당하는 방식

  ① 전세의 비총제, 군포의 군총제, 환곡의 환총제로 나뉨

  ② 숙종 때 시작 → 영조 때 법제화 → 세도정치 때 삼정 문란의 원인이 됨 → 갑오개혁에서 폐지

  ③ 국가 재정이 안정적 확보에 기여

  ④ 각 군현의 풍흉과 인구 변동을 고려하지 못함, 한번 결정되면 양인이 줄어도 납부액의 변화가 없음

(3) 도결의 확산: 모든 부세를 토지세로 징수하는 방식

  ① 수령과 향리가 사적으로 소비한 공금을 보충하기 위하여 정액 이상의 토지세(결세)를 거두어 들임

  ② 19세기 농민 봉기의 직접적인 원인이 됨

사료더하기

영정법 실시 직전의 전세 징수

국가의 조세 제도는 원래 전분 6등과 연분 9등으로 나누었다. … 세상에서 훌륭한 관리로 불리는 자도 은혜를 주어 기쁘게 하는 것을 위주로 하여 근래 토지의 등급을 나누고 세를 내게 할 때는 모두 하하(下下)를 따른다. 중상(中上)의 법이 있음을 알지 못하고 되풀이하여 답습하다 보니 마침내 일상적인 규정이 되어 버렸다.　　　　　　　　　－ 『선조실록』 －

양척동일법

옛 제도의 등급에 따라 자의 길이를 달리하던 법을 혁파하고, 4척 7촌 7분 5리의 자로 사방 한 자를 1파로, 10파를 1속으로, 10속을 1부로, 100부를 1결로 하고 계산하여 10,000척이 되는 전지에 대하여 1등전을 1결, 2등전을 85부, … 6등전은 25부로 정하였다. 또 풍흉에 관계없이 전세를 1결당 미곡 4두로 고정시켰다.　　　　　　　　　－ 『만기요람』 －

이원익의 대동법 제안

이때에 이원익이 대동법을 시행할 것을 청하니 봄가을로 민전 1결에 각기 8말의 쌀을 내어 경창에 수납하게 하고 때때로 각 관아의 사주인(私主人)에게 나누어 주어 스스로 상공을 교역하여 바치게 하였다. 이로써 물화를 저축하고 시장에서 값을 오르내리게 하여 그 수를 넉넉히 남겼던 것이다.　　　　　　　　　－ 『택당집』 －

대동법의 확대

우의정 김육이 아뢴다. "백성이 편안한 연후에야 나라가 안정될 수 있습니다. … 대동법은 역을 고르게 하여 백성을 편안케 하니 실로 시대를 구할 수 있는 좋은 계책입니다. … 다만 교활한 아전은 명목이 간단함을 싫어하고 모리배들은 방납하기 어려움을 원망하여 반드시 헛소문을 퍼뜨려 어지럽게 할 것입니다. 삼남에는 부호가 많은데 이 법의 시행을 부호들이 좋아하지 않으나 국가에서 법령을 시행할 때에는 마땅히 소민들이 원하는 대로 해야 합니다." 임금이 이르기를, "대동법을 시행하면 대호가 원망하고, 시행하지 않으면 소민이 원망한다고 하는데, 어느 쪽의 원망이 더 큰가?"하니, 여러 신하들이 모두 "소민의 원망이 큽니다."라고 하였다. 임금은 "대소를 참작하여 시행하라."라고 하였다.　　　　　　　　　－ 『효종실록』 －

강원도에는 대동법을 싫어하는 이가 없는데, 충청도와 전라도에는 좋아하는 이와 싫어하는 이가 있습니다. … 강원도에는 토호가 없으나 충청도, 전라도에는 토호가 있기 때문입니다. 특히 전라도에 싫어하는 이가 더 많은데 이는 토호가 더 많은 까닭입니다. 이렇게 볼 때 단지 토호들만 싫어할 뿐, 백성들은 대동법을 보고 모두 기뻐합니다.　　－ 조익, 『포저집』 －

균역법

양역을 절반으로 줄이라고 명하였다. 왕이 명정전에 나아가 여러 신하들을 불러 양역(良役) 변통에 대한 대책을 물었다. 왕이 말하였다. "구전(口錢: 군포 대신 성인에게 돈을 징수하는 것)은 한 집안에서 거둘 때 주인과 노비의 명분이 문란해지고, 결포는 이미 정해진 세율이 있어 더 부과하기 어렵다. 호포가 조금 나을 것 같아 1필을 줄이고 호전을 걷기로 하였으나 마음은 매우 불편하다. … 호포나 결포나 모두 문제점이 있다. 이제는 1필로 줄이는 것으로 온전히 돌아갈 것이니, 경들은 1필을 줄였을 때 생기는 세입 감소분을 보충할 방법을 강구하라."　　　　　　　　　－ 『영조실록』 －

개념더하기

조운을 통한 운반

• 지방의 조창에서 수집 → 조운을 통한 운반(강 · 바다 이용) → 한양의 경창에 보관

• 잉류 지역조운 예외 지역: 평안도 · 함경도(군사비와 사신 접대비로 사용), 제주도(운송의 어려움 때문)

03 토지 제도

1. 공양왕, 과전법 1391

(1) 배경: 권문세족의 토지 겸병으로 인한 모순 심각

(2) 운영: 직관과 산관에게 경기 땅의 수조권 지급, 18등급(18과)으로 구분, 세습 불가

(3) 결과: 권문세족의 경제적 몰락, 신진 사대부의 경제적 기반 마련, 경작권 보장으로 농민의 경제적 지위 안정

2. 세조, 직전법 1466

(1) 배경: 신진 관리에게 지급할 토지 부족

(2) 운영: 직관현직 관리에게만 수조권 지급, 과전법에 비해 지급액 축소, 수신전과 휼양전 폐지

(3) 결과: 관리의 토지 소유욕 자극

3. 성종, 관수관급제 1470

(1) 배경: 직전법 시행 이후 전주가 농민에게 조세를 과다징수하는 폐단이 발생함

(2) 곡식 이동: (기존) 농민 → 수조권을 가진 관리, (관수관급제) 농민 → 관청 → 수조권을 가진 관리

(3) 결과: 국가의 토지 지배력 강화, 관리의 토지 소유욕 자극으로 16세기에 지주전호제 확산

4. 명종, 직전법 폐지, 녹봉제 실시

전주전객제 폐지

5. 토지 종류

(1) 사전: 개인에게 수조권을 지급

① 과전: 품계에 따라 문무 관료에게 지급

② 공신전: 공신에게 지급, 세습 가능

③ 수신전: 사망한 관원의 부인에게 지급, 사실상 세습 가능, 직전법에서 삭제 고려의 구분전과 유사

④ 휼양전: 사망한 관원의 자녀에게 20세까지 지급, 사실상 세습 가능, 직전법에서 삭제 고려의 구분전과 유사

⑤ 별사전: 외교에 공을 세우거나 반역죄를 고발한 준공신에게 지급, 15세기에만 존재 고려의 별사전과 다름

⑥ 군전: 중앙 숙위를 조건으로 유향품관(한량)에게 지급 고려의 군인전(중앙군에게 지급)과 다름

(2) 공전: 왕실이나 기관에 수조권을 지급

① 공해전: 중앙 관청의 경비 조달을 위해 지급 고려의 공해전＝조선의 공해전과 늠전

② 늠전: 지방 관청의 경비 조달을 위해 지급

③ 궁방전: 왕실 비용 충당을 위해 지급 고려의 내장전

④ 학전: 성균관 · 4부 학당 · 향교에 지급

⑤ 역둔전: 역전(역의 경비 충당을 위해 지급)＋둔전(주둔 군대의 경비 충당을 위해 지급)

고려 말, 토지 개혁 제기

1389년 창왕 원년 8월. 대사헌 조준 등이 상소하였다. … 저희들 생각으로는 경기 땅이 마땅히 왕실을 보위하는 사대부들의 토지로 삼이 생길일 할 수 있도록 해야 합니다. 나머지는 모두 개혁해 공상(供上)과 제사 비용으로 충당히 녹봉과 군수의 비용을 넉넉히 해야 합니다. 토지를 몰아 차지하지 못하게 하고 토지로 말미암아 싸우고 송사하는 길을 없애 버림으로써 영원토록 계속 될 법전을 제정해야 합니다. ― 「고려사」 ―

과전법

공양왕 3년 도평의사사가 글을 올려 과전을 주는 법을 정하자고 요청하니 왕이 따랐다. … 경기는 사방의 근원이니 마땅히 과전을 설치하여 사대부를 우대한다. 무릇 경성에 살며 왕실을 시위하는 자는 현직 여부에 상관없이 직위에 따라 과전을 받는다. … 토지를 받은 자가 죽은 후, 그의 아내가 자식이 있고 수절하는 자는 남편의 과전을 모두 전해 받고, 자식이 없이 수절하는 자는 반을 감하여 전해 받는다. 부모가 모두 죽고 그 자손이 유약한 자는 마땅히 가엾게 여겨 부양해 주어야 할 것이므로 그 아버지의 과전 전부를 전해 받게 하고, 20세가 되면 본인의 과에 따라 받게 한다. ― 「고려사」 ―

정도전의 과전법 평가

뜻을 같이한 2~3명의 대신들과 함께 전대의 법을 강구하고 오늘의 현실에 알맞은 것을 참작한 다음. 경내의 토지를 측량하여 파악된 토지를 결수로 계산하여 그 중의 얼마를 … 문무역과전(文武役科田)으로 나누어 주고, 한량으로서 경성에 거주하면서 왕실을 호위하는 자, 과부로서 수절하는 자, 향역·진도의 관리, 그리고 서민과 공장(工匠)에 이르기까지 공역(公役)을 맡은 자에게도 모두 토지를 주었다. 백성에게 토지를 분배하는 일이 비록 옛사람에게는 미치지 못하였으나. 토지 제도를 정제하여 1대의 전법을 삼았으니, 전조의 문란한 제도에 비하면 어찌 만 배나 나은 게 아니겠는가? ― 「조선경국전」 ―

직전법

이 제도를 실시하면 조정의 신하는 토지를 받지만, 벼슬에서 물러난 신하와 공경대부의 자손들은 1결의 토지도 가질 수 없게 됩니다. … 관리와 농민이 다른데, 만약 녹봉을 받지 못한다면 서민과 다를 바 없을 것입니다. 그러면 나라에 대대로 왕을 섬기는 신하가 없게 될 것이니 이를 염려하지 않을 수 없습니다. ― 「세조실록」 ―

과전(科田)을 혁파하고 직전(職田)을 설치하였다. ― 「세조실록」 ―

관수관급제

대왕대비가 전지하기를, "사람들이 직전(職田)이 폐단이 있다고 많이 말하기에 대신에게 의논하니, 모두 말하기를, '우리나라 사대부의 봉록이 박하여 직전을 갑자기 혁파할 수 없다' 하므로, 나도 또한 그렇게 여겼는데, 지금 들으니 조정 관원이 그 세를 지나치게 거두어 백성들이 심히 괴롭게 여긴다 한다. …" 하였다. 한명회 등이 아뢰기를, "직전의 세는 관에서 거두어 관에서 주면 이런 폐단이 없을 것입니다. …" 하였다.

얼마 전에 내리신 전지를 받들었는데 "직전의 조세를 어떤 이는 백성들로 하여금 스스로 경창에 바치게 한 후 관에서 나누어 주는 것이 좋겠다 하고, 어떤 이는 경창에 바치는 것이나 지주에게 바치는 것이나 민폐는 다를 바 없으니 그전대로 하는 것이 좋겠다고 하는데, 이 두가지 가운데 어떤 것이 백성에게 좋겠는가?"라고 하셨습니다. 신이 여러 고을의 백성들에게 물었더니 모두 경창에 스스로 바치고자 합니다. ― 「성종실록」 ―

지주전호제 확산

정전법을 비록 지금은 시행할 수 없지만, 만일 전지(田地)를 한정하여 함부로 점유하지 못하게 한다면 겸병하는 폐단이 없게 될 것입니다. … 전조(前朝)에서도 성취하지 못하였기 때문에 지금 시행한다면 반드시 장애가 있을 것입니다. 그러나 겸병하는 폐단 때문에 부자는 전지가 서로 잇닿아 있고 가난한 사람은 송곳 하나 세울 땅도 없습니다. 똑같은 왕의 백성으로 부유함과 가난함이 서로 같지 않으니 어찌 크게 공변된 왕정의 도(道)이겠습니까. 임금이 된 이는 의당 백성의 어려운 생활에 유념하여야 합니다. ― 「명종실록」 ―

- 고려 전시과와 다른 점
  - 신설: 공신전, 군전
  - 폐지: 군인전, 외역전, 별사전(승려와 지리업자에게 지급). 시지
- 전주전객제: 수조권을 바탕으로 한 경제적 관계
  - 전주(조세를 걷는 관리)+전객(조세를 바치는 농민. 생산량의 1/10 납부)
  - 명종 대에 직전법 폐지로 소멸
- 지주전호제: 소유권을 바탕으로 한 경제적 관계
  - 지주(토지 소유권자)+전호(토지를 빌려 경작하는 소작농. 생산량의 1/2 납부. 병작반수)
  - 세조 때 직전법 실시로 확대 → 16세기 이후 보편화

01 조선 전기의 신분 제도

1. 양반

(1) 문반 · 무반 · 그 가문 포함: 사족으로 불림, 향안_{지방 사족의 명부} · 교안_{향교 학생 명단}에 이름 올림

(2) 정치적: 과거 · 음서 · 천거를 통해 관직 진출, 역(役) 면제_{조선 후기 호포제 실시 전까지}

(3) 경제적: 과전 · 녹봉을 바탕으로 지주층 형성

2. 중인

(1) 전문 기술 · 행정 실무 담당: 잡과 응시, 직역 세습, 국역 면제, 정규직과 체아직_{임시직}으로 근무

(2) 신분적 차별: 문과 응시 사실상 불가, 한품서용 적용(당상관 불가, 3사를 비롯한 청요직 불가)

(3) 유형

　① 기술관: 역관 · 율관 · 의관 · 천문관 · 화원 등, 잡과 응시, 좁은 의미의 중인은 기술관만 일컬음

　② 서리: 중앙 관아의 말단 관리, 취재 응시, 녹봉 없음

　③ 향리

　　㉠ 지방 관아의 행정 실무 담당, 직역 세습, 단안_{향리 명부} 작성

　　㉡ 고려에 비해 지위 낮아짐: 아전으로 불림, 녹봉 없음, 외역전 없음, 한품 서용 적용(5품까지 승진), 문과 응시 불가, 원악향리처벌법과 부민고소금지법으로 통제 받음

　④ 서얼

　　㉠ 중인과 비슷한 대우를 받아 중서라고도 함

　　㉡ 서얼금고법(서얼차대법): 태종 때 제정 → 성종 때 『경국대전』에 법제화

　　㉢ 유자광(갑자사화 주동자), 양사언(명필가), 어숙권(『패관잡기』 · 『고사촬요』 집필)

> **사료더하기**
>
> 서얼의 관직 진출 제한
> 서얼의 자손들이 과거에 응시하고 벼슬에 진출하는 것을 막는 것은 우리나라의 옛 법이 아니다. … 그런데 경국대전을 편찬한 뒤로부터 금고(禁錮)를 가하기 시작하였으니 현재 아직 백 년도 채 되지 못한다. … 양반 사대부의 자식으로서 다만 외가가 미천하다는 이유만으로 대대로 금고하여 비록 훌륭한 재주와 능력이 있어도 끝내 머리를 숙이고 시골에서 그대로 죽어 향리나 수군만도 못하니 참으로 가련하다. － 『패관잡기』 －
>
> 허균의 유재론
> 하늘이 재능을 균등하게 부여하는데 관리의 자격을 대대로 벼슬하던 집안과 과거 출신으로만 한정하고 있으니 항상 인재가 모자라 애태우는 것은 당연한 일이다. 어느 시대, 어느 나라에서 노비나 서얼이어서 어진 인재를 버려두고, 어머니가 개가했으므로 재능을 쓰지 않는다는 것은 듣지 못했다.

3. 상민(양민, 평민)

(1) 생산 활동 종사, 조세 · 공납 · 역 담당

(2) 법제적으로 과거 응시 가능, 수공업자 · 상인 · 공노비는 유외잡직으로 진출 가능

(3) 유형

① 농민

　㉠ 자영농: 평균 1~2필의 토지 소유, 생산량의 1/10을 진세로 납부

　㉡ 국 · 공유지를 빌린 소작농: 생산량의 1/4을 국가나 관청에 납부

　㉢ 개인 토지를 빌린 소작농: 생산량의 1/2을 지주에게 납부(병작반수제)

② 수공업자: 공장으로 불림, 장인세 납부, 군역 면제, 농본억상 정책으로 인해 농민보다 대우 낮음

③ 상인: 시전 상인과 보부상, 상인세 납부, 군역 면제, 농본억상 정책으로 인해 농민보다 대우 낮음

④ 신량역천(칠반천역)

　㉠ 최하층 양인: 일정 기간 국역을 지면 양인으로 공민권을 가질 수 있었음(조건부 양인)

　㉡ 천역 담당: 봉수간(봉수 업무), 염간(소금 제조), 진척(뱃사공), 조졸(조운 업무), 수군, 조례(중앙 관청의 잡역), 일수(지방 관청의 잡역)

4. 천민

(1) 노비

① 특징: 매매 · 상속 · 증여의 대상, 조세 · 공납 · 역 無, 교육 · 과거 · 관직 진출 불가능, 일천즉천 · 천자수모법 적용

② 유형

　㉠ 공노비: 60세 이후 직(職) 면제, 속안 · 정안$_{노비 호적}$ 작성

　　• 선상 노비: 일정 기간 동안 궁중과 관청에서 잡역에 종사(신역$_{몸 身+부릴 役}$ 제공), 유외잡직 진출

　　• 외거 노비(납공 노비): 공전 경작 → 신공 납부(노-면포 1필, 저화 20장 / 비-면포 1필, 저화 10장)

　㉡ 사노비: 평생 노비 신분 유지, 주인 호적에 등록

　　• 솔거 노비: 주인의 집에 거주, 신역 담당$_{잡일을 돌봄}$

　　• 외거 노비: 주인 밖에서 거주, 토지 경작 후 신공 납부

(2) 백정(고려의 양수척, 도살업에 종사, 초기에는 신백정이라 불림), **무당, 창기, 광대**

5. 조선 신분제의 성격

(1) 양천제: 양인(양반~상민)과 천인 간의 차이 강조, 법제상 개념(경국대전에 명시)

① 양인: 과거에 응시하고 벼슬길에 오를 수 있는 자유민, 국역의 의무有

② 천인: 비자유민, 개인과 국가에 소속되어 천역을 담당

(2) 반상제: 양반과 상민 간의 차별 강조, 16세기 이후에 반상제가 일반화됨

> **개념더하기**
> • 유외잡직: 수공업자, 상인, 공노비를 위해 만들어진 하급기술직, 물품제조 · 책 인쇄 · 요리 · 바느질 등 담당
> • 속안: 3년마다 작성하는 노비안, 장례원 · 형조에 비치
> • 정안: 20년마다 작성하는 노비안, 장례원 · 형조에 비치

1. 양반

(1) **양반의 분화**: 예송 · 환국으로 붕당 대립의 심화 → 권반(집권 세력) · 향반(토호) · 잔반(몰락 양반)으로 분화

(2) **양반 수 증가**: 납속, 공명첩 발급, 족보 매입 · 위조, 홍패 위조 → 양반의 권위 약화, 양반 중심의 신분제 동요

2. 중인: 신분 상승을 위한 노력

(1) **서얼**

① 왜란 이후, 납속책과 공명첩을 통해 관직 진출

② 영조, 서얼의 집단 상소 운동 → 통청윤음 발표(서얼의 청요직 등용과 호부호형 허용)

③ 정조, 정유절목 발표: 서얼의 관직 진출 확대, 규장각 검서관 등용(박제가, 유득공, 이덕무, 서이수)

④ 철종, 신해허통 발표: 청요직 진출 허용, 완전한 허통 성취

(2) **기술관**

① 철종, 소청 운동 전개: 신해허통에 자극받아 2,000여 명이 상소를 올림 → 실패

② 시사詩詩+모일社 조직: 위항 문학 발달, 천수경의 「옥계시사」, 유숙의 「수계도권」(시사 개최 장면 그림)

③ 서학을 비롯한 외래 문화 수용에 선구적 역할: 특히 역관

(3) **18~19세기 독자적인 역사서 편찬**

① 이진흥의 「연조귀감」: 정조, 향리 역사 기록

② 조희룡의 「호산외기」: 헌종, 중인 42명의 전기 수록(문학가, 화가, 음악가, 의원 등)

③ 유재건의 「이향견문록」: 철종, 하층 계급 출신의 뛰어난 인물 308명에 대한 기록

④ 「규사」: 철종, 대구의 달서정사 주도, 서얼의 역사 기록

3. 상민의 변화

(1) **상민의 분화**: 모내기법과 광작 확산 → 부농 · 몰락 농민으로 분화

(2) **상민 수 감소**: 납속 · 공명첩 · 족보 매입과 위조로 양반으로 신분 상승, 군역 회피 목적

4. 노비의 변화

(1) **상민으로 신분 상승**: 군공 · 납속 · 피역 · 도망 · 영조의 노비종모법(양인 수 증대 목적)으로 노비에서 벗어남

(2) **노비 해방**

① 배경: 상민 수 감소로 역의 부담자가 줄어 들어 국방 · 재정의 위기 발생

② 상민 증가를 위한 정책: 영조 때 노비 신공을 축소 · 폐지 → 순조1801 때 66,000여 명의 공노비 해방(내노비 · 시노비 해방, 역노비 · 교노비 · 관노비 해방 안됨) → 고종1886 때 노비의 신분 세습제 폐지 → 갑오개혁 때 신분제 폐지

공명첩

적의 목을 벤 자, 납속을 한 자, 작은 공이 있는 자에게는 고신이나 면천·면역의 첩을 주었다. 담당 관리가 이 첩을 가지고 시방에 내려갈 때 이름만 비웠다가 응모자가 있으면 그때마다 이름을 써서 주었다.

— 『신조실록』 —

양반 중심의 신분제 동요

옷차림은 신분의 귀천을 나타내는 것이다. 그런데 어찌 된 까닭인지 근래 이것이 문란해져 상민과 천민이 갓을 쓰고 도포를 입는 것이 마치 조선의 관리나 선비같이 한다, 진실로 한심스럽기 짝이 없다. 심지어, 시전 상인이나 군역을 지는 상민까지도 서로 양반이라 부른다.

— 『일성록』 —

근래 아전의 풍속이 나날이 변하여 하찮은 아전이 길에서 양반을 만나도 절을 하지 않으려 한다. 아전의 아들, 손자로서 아전의 역을 맡지 않은 자가 고을 안의 양반을 대할 때, 맞먹듯이 너나하며 자(字)를 부르고 예의를 차리지 않는다.

— 『목민심서』 —

강원도 정선군의 한 마을에 어떤 양반이 살고 있었는데 그 양반은 성품이 어질고 글 읽기를 매우 좋아했다. … 그러나 그 양반은 워낙 집이 가난해서 해마다 나라에서 관리하는 양곡을 꾸어다 먹었는데 그렇게 여러 해를 지내다 보니 어느덧 관가에서 빌려 먹은 양곡이 1,000석이 다 되어 옥에 갇히게 되었다. … 이때 마침 그 마을에 부자가 이 소문을 듣고 가족끼리 비밀리에 모여 말하였다. "마침 우리 고을에 어떤 양반이 하도 가난하여 꾸어 먹은 관가의 곡식을 갚지 못하여 큰 욕을 당하게 되었으니 그 형편이 진실로 양반의 신분을 지키지 못할 상황이다. 그러니 우리가 그 양반 신분을 사서 가져보자."

— 『양반전』 —

서얼 허통 운동

영조 때 이수득이 상소를 올려 서얼허통을 청하였다. "옛날에는 융숭한 예와 폐백으로 이웃 나라 선비를 대우하였습니다. 그러고도 그들이 오지 않을까 걱정하였습니다. 지금은 법으로 나라 안 인재를 묶었습니다. 그런데도 이들이 등용되면 어떻게 할까 염려합니다. … 시골 천인의 자식은 때때로 훌륭한 벼슬을 하는 경우도 있으나 세족, 명가의 서얼들은 자자손손 영원히 묶여 있습니다. 인재를 버리고 등용하는 것이 너무나 앞뒤가 맞지 않습니다."

— 『규사』 —

기술관의 소청 운동

오래도록 막혀 있으면 반드시 터놓아야 하고, 원한이 쌓이면 반드시 풀어야 하는 것이 하늘의 이치이다. 중인, 서얼의 벼슬 길이 막힌 일은 우리나라의 편벽된 일로 원통하고 답답함을 품은 지 이에 몇백 년이 되었다. 서얼은 다행히 조정의 더할 나위 없이 정당한 성덕을 입어 문관은 승문원, 무관은 선전관에 임용되고 있는데, 우리들 중인 홀로 함께 은혜를 입지 못하니 어찌 탄식조차 없겠는가?

— 『상원과방』 —

아! 우리는 본시 모두 사대부였는데 혹은 의(醫)에 들어가고 혹은 역(譯)에 들어가 7, 8대 또는 10여 대를 대대로 전하니 … 문장과 덕은 비록 사대부에 비길 수 없으나, 명공 거실 외에 우리보다 나은 것은 없다.

— 『상원과방』 —

상민의 양반화

근래 세도가 점점 썩어가서 돈 있고 힘있는 모든 백성들이 군역을 피하고자 간사한 아저들과 한통속이 되어 뇌물을 쓰고 호적을 위조하여 유학이라 거짓으로 올리고 면역하거나 혹 다른 고을로 옮겨 피해가서 스스로 양반 행세를 한다.

— 『일성록』 정조 10년 —

- 납속: 국가의 재정 부족을 해결하거나 구호 사업을 위해 곡물을 바치게 하고, 그 대가로 일정한 혜택을 주던 정책. 조선 왜란 이후에 본격적으로 실시, 사족은 관직(명예직) 제수, 서얼은 6품 이하의 관직(명예직) 제수 또는 대과 응시 자격 부여, 상민은 군역 면제, 천민은 납속량에 따라 면천도 가능
- 공명첩: 실제 관직은 주지 않고 명목상으로만 벼슬을 주던 임명장. 국가 재정이 곤란할 때 관청에서 돈이나 곡식 등을 받고 부유층에게 관직을 팔고 관직명과 성명을 기입하여 발급함
- 위항 문학: 서울을 중심으로 중인, 서얼, 서리 출신의 하급관리와 평민들에 의해 이루어진 문학 양식
- 노비종모법: 어머니의 신분으로 노비 결정, 양인 수 증가 목적
- 소속 집단에 따른 공노비 구분: 내노비(왕실 소속, 내수사전 경작 및 궁궐 관리 담당), 시노비(중앙 관청 소속), 역노비(역 소속), 교노비(향교 소속), 관노비(지방 관청 소속)

구분	고려~조선 전기	예학 · 보학 보급 유교 질서 강화 ▶	조선 후기
특징	부계와 모계 함께 영향		부계 중심, 가부장적 종법 질서 강화
혼인	일부일처제 (단, 남자의 축첩 허용) 여성의 재가 가능		일부일처제 (단, 남자의 축첩 허용) 여성의 재가 금지(자손의 문과 응시 금지)
상속	남녀 균분 상속		장자 위주 상속, 남녀 차등 상속
족보	친손과 외손 기록, 태어난 차례대로 기재		친손만 수록, 아들 먼저 기재 선남후녀 방식
제사	윤회 봉사, 외손 봉사		장자 봉사, 양자 입양의 일반화
거주	처가살이(남귀여가혼, 서류부가혼)		친영제도 정착: 혼인 후 남자 집에서 생활
예	• 경국대전: '적처 소생은 균분 상속, 단 제사를 지내는 자식은 상속분의 1/5을 더 받음' 명시 • 안동권씨 성화보: 성종, 출생 순 기록, 외손 수록, 양자 無, 후부後夫, 딸이 재혼한 사위 기록 • 문화류씨 가정보: 명종, 출생 순 기록, 외손 수록 • 이이 남매 분재기: 명종, 균분 상속 기록		• 삼종지도(三從之道) · 일부종사(一夫從事) 관념 강화 • 윤선거 남매 분재기: 인조, 장자 봉사 기록

사료더하기

조선 전기의 여성 지위
우리나라 풍속은 남자가 여자의 집으로 가니 이성친(異姓親)의 은혜와 의리의 분별이 동성친(同姓親)에 비하여 차이가 없다. (외가의) 할아버지가 살아계시면 종형제가 한 집에서 자라나고 증조부가 살아계시면 재종형제가 같은 집에서 자라납니다. 대저 한 집에서 양육하므로 어려서부터 장성할 때까지 서로 형제라 하고, 숙질이나 조손이라 하니 그 은혜와 사랑이 어찌 동성친과 다름이 있겠습니까?   ─『성종실록』─

이이 남매 분재기
부모 쪽 전답과 노비의 몫을 나누므로 누락된 노비를 고하는 사람에게는 먼저 한 명을 상으로 준 뒤 장유(長幼)의 차서에 따라 『경국대전』대로 시행하는 일이다. 그렇지만 거행해야 할 제사에 관한 일을 형제자매가 함께 의논하여 마련한 뒤에 아래와 같이 기록한다.
1. 형제 중에 1인을 가려 유사(有司)로 삼고, 모든 제사를 종자(宗子)와 유사가 함께 의논하여 봉행하되, 종자의 집이 연고가 있으면 유사의 집에서 제사를 거행할 것
1. 모든 기제사를 돌아가며 지내지 말고 모두 종자의 집에서 거행하되, 매년 자손들이 각각 쌀을 내어 제사를 돕는다. 친자녀는 10말을 내고, 친손자녀는 5말을 내고, 친증손자녀와 외손녀는 2말을 낼 것

윤선거 남매 분재기
가산의 20분의 1은 제사 비용을 충당하기 위해 따로 떼어 놓는다. 제사와 제사용 재산은 종손이 주관한다. 제사의 남녀 간, 장자와 차자 간 윤회 봉사를 금지하고 종가에서 주관한다.

1. 유교 이념 확산

(1) 명분론 강조: 지배층과 피지배층 · 남자와 여자 · 적자와 서자의 구분이 뚜렷해짐

(2) 가부장적 종법 질서 추구: 여성의 지위 약화

(3) 『주자가례』와 『소학』 중시: 일상생활에서 성리학적 도덕 윤리 강조

(4) 예학 발달: 김장생 · 정구 대표적, 가묘 · 사당 건립, 향사례 활쏘기 · 향음주례 실시, 예송 논쟁의 구실이 됨

(5) 보학 발달: 족보 편찬 활발, 『안동 권씨 성화보』(성종, 현존 最古의 족보) 편찬

2. 향약 향촌 규약 보급

(1) 유교적 이념 바탕: 4대 덕목(덕업상권, 과실상규, 예속상규, 환난상휼)

(2) (중종) 조광조가 최초 → (16세기 말) 이황의 예안 향약 경북 안동, 이이의 서원 향약 충북 청주 · 해주 향약 황해도 해주 → 전국 확산

(3) 양반~천민 가입: 사족 주도(예안 향약), 상하민 모두 참여(서원 향약, 왜란 이후에 제정)

(4) 기능: 향촌의 교화 및 질서 유지, 사족이 향약의 임원인 약정 · 부약정을 담당, 농민 생활 안정에 기여

3. 서원 설립

(1) 기능: 강당에서 성리학 연구＋후진 양성＋사당에서 선현에 대한 제사

(2) (중종) 주세붕이 백운동 서원 설립: 최초의 서원, 안향 배향 → **(명종) 이황의 건의로 백운동 서원이 소수서원으로 개칭**: 최초의 사액 서원 → (왜란 이후) 서원의 급속한 증가 → (영조) 다수의 서원 정리 → (흥선대원군) 47개소를 제외한 서원 철폐, 서원의 토지와 노비 몰수

(3) 사액 서원: 국왕으로부터 편액 · 토지 · 서적 · 노비 등을 하사 받음, 면세 · 면역의 혜택

(4) 영향

① 지방의 학문과 교육 발전에 이바지

② 붕당의 토대: 자기 학파와 당파의 결속을 강화

③ 면세 토지 증가: 국가 재정 궁핍 야기

④ 청금록 성균관, 향교, 서원에서 공부하던 유생의 명부에 등록된 학생의 군역 면제: 군사력 약화, 농민의 군역 부담 증가

사료더하기

예안 향약
- 부모에게 불순한 자, 형제가 서로 싸우는 자, 집안의 도덕을 무너뜨리고 어지럽히는 자, 사건이 관청의 일에 저촉되고 향풍에 관계되는 자, 수절하는 과부를 유혹하고 협박하여 간음하는 자, 이상은 극벌 상, 중, 하에 처한다.
- 친척과 화목하지 않은 자, 본처를 박대하는 자, 이웃과 화합하지 않는 자, 친구들과 서로 치고 싸우는 자, 염치를 돌보지 않고 <u>선비의 기풍을 허물고 더럽힌 자</u>, … 이상은 중벌 상, 중, 하에 처한다.

해주 향약
뒤를 따라 입약(入約)하기를 원하는 자에게는 반드시 먼저 <u>규약문을 보여 두어 달 동안 잘 생각해서 스스로의 판단에 반드시 처음부터 끝까지 힘써 실행할 수 있다고 헤아려 본 뒤에 가입하기를 청한다.</u> 가입을 청하는 이는 반드시 단자를 갖추어 참여하기를 원하는 뜻을 갖추어서 모임이 있을 때 진술하고 사람을 시켜 약정에게 올리며 약정은 여러 사람에게 물어서 허락할 만하다고 한 뒤에야 답장을 띄워 다음 모임에 참여하도록 한다. … 반드시 부모에게 불효하거나, 형제에게 우애하지 못하거나, … 등의 크게 <u>패륜한 행실이 있은 뒤에야 선적에서 말소하고 약에서 쫓아낸다.</u>

1. 조선 전기의 향촌 사회

(1) 재지사족

① **유향소 운영**: 향회 개최_{하여 지방 여론 수렴}, 향규_{향회 운영 규칙} 제정, 향안_{지방 사족 명단} 작성, 조선 후기에 향청으로 개칭

② **성리학적 질서 정착을 위해 노력**: 서원 설립, 청금록 작성, 향약 주도

(2) 농민: 두레 조직, 향도 조직(상호부조 목적, 상두꾼_{장례에서 상여를 메는 사람} 유래)

2. 조선 후기의 향촌 사회

(1) 관권의 강화

① **배경**: 총액제 실시, 정조 때 수령이 향약 주관, 오가작통법을 실시하여 수령과 향리의 권한 강화

② 수령이 향임직 임명, 향회가 수령의 부세 정책에 대한 예속 기구로 전락

(2) 신향의 등장: 납속책·공명첩·족보 매입을 통해 부농(요호부민)이 양반 신분을 획득, 군역 면제 목적

(3) 향전(鄕戰)

① **신향(요호부민)의 성장**: 수령·관권과 결탁 → 정부의 부세 운영에 적극 참여 → 향안 등록, 향임직 진출, 향회 장악 시도

② **구향**_{기존의 재지 사족}**의 기득권 유지를 위한 노력**: 동성(同姓) 마을 형성(집성촌 형성), 개인보다는 종중의 일원으로 인식, 문중 중심의 서원·사우 건립, 촌락 단위의 동약 제정, 족보·청금록·향안 제작

사료더하기

관권의 강화
이른바 향회라고 하는 것은 애당초 한 마을 사민의 공론에 따른 것이 아니고, 좌수·별감이라는 자들이 수령의 턱 아래 놀면서 … 통문을 돌려 불러 모은 것에 불과합니다. 그 향회에서는 관의 비용이 부족하다는 핑계로 제멋대로 돈을 거두고 법을 만드니, 일의 원통함이 이보다 심한 것이 없습니다.
— 『질암유고』 —

신향과 향전
암행어사 이곤수가 별단을 올렸다. "매향(賣鄕)에는 여러 가지 많은 방법이 있습니다. 돈을 받고 향임에 임명하는가 한편, 사례비를 받고 향안이나 교안(향교의 교생 명단)에 올려 줍니다. 여기에 응하는 자는 모두 양민입니다. 이때 한 사람이 내는 액수가 많게는 백여 냥을 넘고 적어도 수십 냥 아래로 내려가지 않습니다. … 한 번 향임을 지낸 자들이나 향안, 교안에 오른 자들은 대개 군역과 요역에서 벗어납니다.
— 『정조실록』 —

보성군에는 교파와 약파가 있다. 교파(신향)는 향교에 다니는 자들이고, 약파(구파)는 향약을 주관하는 자들이다. 서로 투쟁이 끊이지 않고 모함하는 일이 갈수록 더하여 갔다. 드디어 풍속이 도에서 가장 나빠졌다.
— 『목민심서』 —

황해도 봉산 사람 이극천이 향전 때문에 투서하여 그와 알력이 있는 사람들을 무고하였는데, 내용이 감히 말할 수 없는 문제에 저촉되었다.
— 『정조실록』 —

개념더하기

- **향안**: 지방사족의 명부로 부, 군, 현 단위로 작성됨. 아버지·어머니·처의 3대조 조상까지 심사하기 때문에 등록 심사가 매우 까다로웠음. 적어도 향안에 이름을 올려야만 그 지역의 대표적인 양반으로 인정받음
- **향전**: 향청의 향임 선발을 둘러싸고 구향과 신향 사이에 벌어진 싸움
- **요호부민**_{넉넉할 饒+집 戶+富民}: 조선후기 농업이나 상업적 경제활동으로 부를 축적한 자들을 일컫는 말. 정부는 경제적으로 부유한 이들을 납속정책의 주 대상으로 파악함

3. 사회 시책

(1) 환곡 제도

① 의창: 태조, 무이자 곡식 대여가 원칙, 흉년기에는 무상으로 곡물을 나눠줌, 군·현에 설치

② 상평창: 물가 조절 기능 담당, 의창의 원곡이 부족하자 16세기에 환곡 업무 담당(10% 이식_{이자})

③ 진휼청: 중종, 일시적 운영

④ 사창제: 이식 있음, 민간 주도(양반 지주의 자치적 운영), 세종 때 대구에서 시범 실시, 문종 때 경상도에서 실시, 세조 때 전국 실시, 성종 때 폐지(이식의 고리대화로 인해 피해 발생), 흥선 대원군 때 재설치

(2) 의료 기관

① 활인서: 한양에 설치, 병자 치료와 유랑자 구휼 담당_{동소문과 서소문 밖에 설치되어 있어서 동서활인서라 불림}

② 혜민서: 한양에 설치, 서민에게 약재 판매와 치료 담당

③ 제생원: 한양에 설치, 지방민의 구호와 진료 담당, 세조 때 혜민서로 통합

4. 법률

(1) 법률

① 경국대전(기본)+대명률(형벌을 처할 때)

② 반역죄·강상죄 엄벌: 연좌제(부모·형제·처자까지 처벌), 해당 수령 파면, 해당 군현의 호칭 강등

③ 형벌: 태_{가는 회초리}·장_{중간 회초리}·도_{중노동}·유_{유배}·사형

④ 신분에 따라 법의 적용에 차등을 둠

(2) 사법 기관

① 중앙: 사헌부·의금부·형조(관리의 잘못이나 중대한 사건 재판), 한성부(수도의 토지·가옥에 대한 소송 담당), 장례원(노비 문제 담당)

② 지방: 관찰사, 수령

(3) 상부 관청에 상소 가능, 신문고를 쳐서 왕에게 직접 호소할 수 있었음

> **사료더하기**
>
> 의창과 사창
> 의창은 나누어 준 환곡을 거두어들일 때 이자를 받지는 않았지만, 가난한 농민들은 평상시에도 환곡을 갚는 것이 쉽지 않았고, 흉년에는 더욱 어려워서 갚지 못하는 곡물이 많았다. 창고에 남아 있는 곡식이 감소하면 군자곡을 의창에 옮겨 보충하곤 하였으나 근본적인 해결책은 될 수 없었다. 이에 1461년(세조 7)에 사창(社倉)을 설치하여 의창을 대체하려 하였다. 의창곡을 덜어 내어 사창의 원본(元本)으로 삼았으므로 의창곡은 줄어들었고, 사창도 징수가 원활하지 못하여 결국은 1470년(성종 1)에 폐지되었다.
>
> 동서활인서와 혜민서
> 영의정 김재찬이 아뢰기를, "전염병이 크게 번져 사망자가 늘어나고 있으니, 청컨대 활인서와 혜민서로 하여금 나누어서 구료(救療)하게 하되, 삼군문(三軍門)에서는 장막을 치고 진휼청에서는 양식을 지급토록 하소서."하니, 그대로 따랐다.

> **개념더하기**
>
> 강상죄: 삼강오륜과 같은 유교 윤리를 어긴 죄

세도 정치기의 사회 혼란

- 과거제 문란, 매관매직 성행
- 대동미 중 상납미 증가 → 유치미 감소로 지방 관아의 경비 부족 → 수령과 향리의 농민 수탈 심화
- 전정 문란: 비총제_{군현 단위의 총액제} 실시
  - 진결: 황무지를 경작지로 등록하여 징세
  - 은결: 토지 대장에서 누락시켜 징세 회피
  - 도결: 모든 부세를 토지세로 징수하는 방식, 특히 환곡을 횡령한 후 도결로 채움
  - 운송비와 손실비 등을 포함한 각종 부가세 징수
  - 지주가 소작농에게 전세를 대납케 함
- 군정 문란: 군총제_{군현 단위의 총액제} 실시
  - 양인 수 감소에 따른 징수 대상자 감소, 중앙군 증가로 군포 수요 증가
  - 인징: 군역 부담층이 감소하자 이웃 주민에게 부족한 수량을 부과
  - 족징: 군역 도피자의 미납분을 그 친족에게 부과
  - 황구첨정: 어린아이에게 군포 부과
  - 백골징포: 죽은 사람에게 군포 부과
  - 강년채: 만 60세 이상에게 군포 부과
  - 마감채: 군포를 일시불로 부과
- 환곡 문란
  - 경비자판_{각 관청에서 소요되는 경비를 스스로 마련해야 함} 원칙 → 모곡(耗穀) 증대를 위해 각종 불법 자행
  - 환총제_{군현 단위의 총액제} 실시 → 고리대로 변질, 강제 대여, 세금으로 변질 → 폐단이 가장 심각
- 예언 사상의 유행: 『정감록』 유행, 선운사 도솔암 마애불 예언

⇩

농민의 저항

- 소극적 저항: 소청, 벽서, 항조_{소작료 인하 투쟁}, 거세_{납세 거부} 운동
- 홍경래의 난순조, 1811
  - 배경: 평안도에 대한 차별 대우(서북미이라 불림, 과거 합격자 수 감소)＋세도 가문이 대상인의 대청 무역 독점을 허용(→ 이로 인해 평안도의 중소 상인이 위축됨)＋『정감록』의 유행
  - 참여 세력: 홍경래(몰락 양반)＋신흥 중소 상인(우군칙, 이희저 등)＋영세 농민＋광산 노동자 등
  - 경과: 청천강 이북의 여러 고을 장악(가산, 정주) → 정주성 전투 패배로 5개월 만에 진압
- 임술 농민 봉기철종, 1862
  - 배경: 탐관오리의 수탈＋삼정의 문란＋경상 우병사 백낙신의 수탈
  - 경과: 진주 농민 봉기(유계춘 주도) → 전국적으로 확산(70여 곳, 제주～함흥)
  - 정부의 대응: 안핵사 박규수 · 암행어사 파견, 삼정이정청 설치(→ 실질적 효과 없었음)

> **개념더하기**
>
> 선운사 도솔암 마애불: 불상 아래에 있는 감실에 비책이 들어 있어서 그것이 나오는 날에 한양이 망한다는 이야기가 민간에 퍼짐

군정의 문란

아아! 백성에게는 역역(力役)이 있어 역역마다 각각 세금을 징수하니 쌀을 내고 보를 서야 하죠. 속오와 아병(牙兵)이 다 그렇고 수군이 가장 중요하여 군사와 군모들 모집한다고 아주 닦달합니다. 넓은 시 고삭 식 닐이번, 이싱은 이듬를 보고하여 강보에 싸인 아이가 관부에 이름이 오르고 … 급기야 관리가 가을이 되기 무섭게 와서는 화급히 돈을 재촉하는데 새끼 가진 범같이 소리가 사나워 집 문에 다다라 성난 얼굴로 서 있지요. 큰 아이는 200전, 작은 아이는 150전, 만약 당일 아침 관아에 납부하지 않으면 관문으로 붙잡아 들어간다고 으름장이죠.

— 이옥, 『경금소부』 —

군정의 문란: 애절양

갈밭 마을 아낙의 곡소리 기나긴데

남편이 출정 나가 돌아오지 않음은 오히려 있을 법하건마는

예부터 사내가 생식기 잘랐다는 말은 듣지 못했다오.

시아버지 돌아가셔 이미 상복을 입은데다.

아이는 아직 배냇물도 씻지 않았는데,

세 사람의 이름이 군적에 올랐다니요.

— 『다산시문집』 —

환곡의 문란

빌려주고 빌리는 건 양쪽 다 원해야지, 억지로 시행하면 불편한 것이다.

온 땅을 돌아봐도 모두 고개를 저을 뿐, 빌리겠다는 사람은 하나도 없는데.

봄철에 좀먹은 쌀 한 말 받고서, 가을에 온전한 쌀 두 말을 바치고

게다가 좀먹은 쌀값 돈으로 내라 하니, 온전한 쌀 판 돈을 바칠 수밖에

이익으로 남는 것은 교활한 관리만 살을 찌워, 한 번 벼슬길에 천 마지기 논이 생기고

쓰라린 고초는 가난한 자에게 돌아가니, 휘두르는 채찍질에 살점이 떨어진다.

큰 가마, 작은 솥 이미 가져간 건 말을 말게, 자식도 팔려가고 송아지도 끌려가네.

— 『여유당전서』 —

홍경래의 난

평서대원수는 급히 격문을 띄우노니 관서(평안도)의 사람들은 모두 이 격문을 들어라. 예부터 관서는 벼슬아치가 많이 나오고 문물이 발전한 곳이다. 그러나 조정에서는 이곳을 더러운 흙과 같이 여기고 … 지금 나이 어린 임금이 있어서 권신들의 간악한 짓은 날이 갈수록 심해지고, 김조순(순조의 장인)의 무리가 국가의 권력을 제멋대로 하니, 이곳 관서에서 병사를 일으켜 의로운 깃발을 들어 백성을 구하고자 한다.

— 「홍경래 격문」 —

반란을 일으킨 적도들은 평안도 가산읍 북쪽 다복동에서 무리를 모아 봉기하여 가산과 선천, 곽산 등 청천강 북쪽의 주요 고을들을 점령하고 기세를 떨쳤다.

— 『서정록(西征錄)』 —

진주 농민 봉기

진주민 수만 명이 머리에 흰 수건을 두르고 손에는 나무 몽둥이를 들고 무리를 지어 진주 읍내에 모여 서리들의 가옥 수십 호를 불살랐다. 병사가 해산시키고자 하여 장시에 나갔는데, 흰 수건을 두른 백성들이 땅 위에서 그를 빙 둘러싸고는 세금을 징수한 일들을 여러 번 문책한 후, 그 분을 풀기 위해 병영으로 병사를 잡아 들어가서는 이방과 포리를 곤장으로 수십 대 때렸다. 이에 여러 백성들이 두 아전을 불 속에 던져 태워 버렸다.

— 『임술록』 —

임술 농민 봉기

진주 안핵사 박규수가 상소하여 아뢰기를 "난민(亂民)들이 일어난 것은 삼정(三政)이 모두 문란해졌기 때문입니다. 그중에서도 환곡의 폐단이 가장 큰 문제입니다. 번번이 탕감할 수는 없으며, 특별히 하나의 기구를 설치하여 대책을 마련하고 먼저 한 도에 시험하여 보고 전국에 행할 수 있도록 하소서."라고 하였다.

— 『철종실록』 —

임술 농민 봉기, 공주부 농민의 요구 사항

1. 세미(稅米)는 항상 7량 5전으로 정하여 거둘 것

2. 각종 군포를 농민에게만 편중되게 부담시키지 말고, 각 호마다 균등하게 부담시킬 것

3. 환곡의 폐단을 없앨 것

5. 아전과 장교의 침탈을 금지할 것

— 송근수, 『용호한록』 —

CHAPTER 05 조선의 문화

01 유학

1. 15세기, 성리학 정착

(1) 관학파(훈구): 정도전·권근, 성균관·집현전 정비, 사장시와 문장 중시, 『주례』 중시(→ 국초 문물제도 정비, 중앙집권 체제 추구), 부국강병을 위해 과학 기술 중시

(2) 사학파(사림): 길재·김숙자, 특정 인물로부터 학습, 경학유교 경전 중시, 『춘추』 중시(→ 명분론 강조, 도덕 중시, 왕도 정치 추구), 성리학 외 사상과 학문 배척

2. 16세기, 성리학 융성: 이기론(理氣論) 발달, 학파 형성

(1) 화담 서경덕
① 주기론의 선구자, 태허설(아무것도 없는 듯하지만 우주는 보이지 않는 기로 충만함) 주장, 격물치지의 태도 중시, 불교와 노장 사상에 대해 개방적 태도, 화담학파 형성, 동인(북인)으로 계승
② 처사(관직 진출 안함), 황진이·박연폭포와 함께 송도 3절로 불림

(2) 회재 이언적: 주리설의 선구자, 이황에 영향을 줌, 을사사화로 유배

(3) 남명 조식
① 의리와 명분의 실천 중시: 경(敬)·의(義)을 중시해서 글자를 새긴 방울과 칼을 휴대, 왜란 때 정인홍·곽재우 등 의병장 배출
② 처사초야에 묻혀 살던 선비: 관직 진출 안함, 서리망국론 주장방납의 폐단과 관련된 서리의 폐단을 지적, 노장 사상에 포용적
③ 남명학파 형성: 경상우도(진주)를 기반으로 활동, 동인(북인)으로 계승

(4) 퇴계 이황
① 주리론 주장: 이(理)의 절대성 강조, 이기이원론 주장('理와 氣는 다르다.'), 이기호발설 주장('理와 氣는 각각 일어난다. 理가 일어나면 절대선이 나오고, 氣가 일어나면 선과 아이 함께 나온다.')
② 근본적·이상주의적 성향: 도덕적 인간의 심성 중시, 임진왜란 때 일본 성리학에 영향을 줌
③ 기대승과의 사단칠정 논쟁: 정지운의 '천명도' 해석을 둘러싸고 대립
④ 영남학파 형성: 경상좌도(안동)를 기반으로 활동, 동인(남인)으로 계승, 유성룡·김성일 배출
⑤ 예안 향약 제정
⑥ 저서
　㉠『주자서절요』:『주자대전』의 중요한 부분을 정리해 주자 사상을 총정리
　㉡『전습록논변』: 양명학 비판(→ 양명학이 이단으로 몰림)
　㉢『성학임금 聖+학문 學십도』: 성학의 요체를 도식으로 설명, 선조 스스로가 성학을 따를 것을 제시

(5) 율곡 이이

① **주기론 주장**: 상대적으로 기(氣) 강조, 이기일원론 주장('理와 氣는 어느 하나가 우선하거나 분리될 수 없다.'), 이통기국설 주장('理는 모든 것에 통하고 氣는 국한된다. 理는 보편적이고 氣는 특수하다.'), 기발이승일도설 주장('理는 활동성을 가지지 않으므로, 氣를 통해서만 드러난다.')

② **성혼과의 인심도심 논쟁**

③ **현실적·개혁적 성향**: 경장론^{개혁론} 주장(수미법, 10만 양병설), 선조에게 만언봉사 올림

④ **기호학파 형성**: 서인(노론)으로 계승, 김장생·송시열 배출

⑤ **해주 향약·서원 향약 제정**

⑥ **저서**
　　㉠ 『동호문답』: 수미법을 비롯한 각종 개혁안 주장
　　㉡ 『성학집요』: 선조에게 올림, 현명한 신하가 군주를 가르쳐 기질을 변화시켜야 한다고 주장, 여러 경전과 사서에서 중요한 내용을 뽑아 통설-수기-정가-위정-성현도통으로 구성
　　㉢ 『격몽요결』: 아동용 성리학 입문서

(6) 우계 성혼: 기호학파 형성, 서인(소론)으로 계승, 윤선거·윤증 배출

사료더하기

이황의 주리론
우주 만물의 근원이 되는 이(理)는 절대적으로 선한 것이고, 만물을 구성하는 기(氣)는 선과 악이 함께 섞여 있는 것이다. 따라서 순선(純善)한 이(理)는 존귀하고 선악이 함께 내재한 기(氣)는 비천한 것이다. 그러나 선과 악이 함께 섞여 있는 기(氣)는 이(理)의 순선으로 수렴할 수 있다. 그 실현을 위한 실천 덕목이 경(敬)이다. 경(敬)이란 엄숙하고 차분한 자세로 항상 옳은 일에 몰두한다는 뜻으로 성리학에서 실천적인 가치 개념의 핵심이다.　　－『퇴계집』－

『성학십도』
왕이라는 높은 자리는 만백성이 떠받드는 자리인데 스스로 성인인 체하고 오만하고 방종하니, 마침내 어지럽게 되어 멸망하게 되는 것 또한 어찌 이상한 일이겠습니까? … 바라옵건대 밝으신 임금께서는 이러한 이치를 깊이 살피시어, 먼저 뜻을 세워 "순임금은 어떤 사람이고 나는 어떤 사람인가? 노력하면 나도 순임금처럼 될 수 있다."라고 생각하십시오. … 이에 그 그림을 만들고 설명을 만들어 겨우 열 폭의 종이 위에 서술해 놓았습니다.

이이의 주기론
이(理)는 형체가 없고 기(氣)는 형체가 있기 때문에 이(理)는 두루 통하고 기(氣)는 국한되며, 이(理)는 작용이 없고 기(氣)는 작용이 있어 기(氣)가 발하며 이(理)가 타는 것입니다. 이(理)와 기(氣)는 이미 두 가지 물건이 아니요, 또한 한 가지 물건도 아닙니다. 한가지 물건이 아니기 때문에 둘이면서 하나입니다.　　－『율곡집』－

『동호문답』
손님이, "당신이 민생을 구제하는 일은 폐법을 개혁하는 데 있다고 하는데, 지금 백성이 곤란받는 제일 큰 폐단은 무엇인가?" 하니, 주인이 말하기를, "일족절린(一族切隣)의 폐단이 제일이고, 진상하는 일이 너무 많은 폐단이 둘째며, 공물을 방납하는 폐단이 셋째이고, 군역과 요역이 불공평한 폐단이 넷째이며, 아전들이 가렴주구하는 폐단이 다섯째이다. … 손님이, "방납의 폐단을 개혁하려면 어떤 계책을 세워야 할 것인가?" 하니, 주인이 말하기를. "… 해주의 공물법을 보면, 논 1결마다 쌀 한 말을 징수하는데 관청에서 스스로 비축해 두었던 물건을 서울에 바치기 때문에 백성들은 쌀을 내는 것만 알고 농간하는 폐단은 전혀 모르고 있으니 이것이 참으로 오늘날의 백성을 구제하는 좋은 방법이 될 수 있다. 만약 이 법을 사방에 반포하면, 방납의 폐단이 머지않아 저절로 개혁될 것이다." 하였다.

『성학집요』
제왕의 학문은 기질을 바꾸는 것보다 절실한 것이 없고, 제왕의 정치는 정성을 다해 어진 이를 등용하는 것보다 우선하는 것이 없을 것입니다. 기질을 바꾸는 데는 병을 살펴 약을 쓰는 것이 효과를 거두고, 어진 이를 쓰는데는 상하가 틈이 없는 것이 성과를 얻습니다. … 신은 생각건대, 도는 오묘해서 형상이 없기 때문에 글로써 도를 표현한 것이옵니다. 사서(四書)와 육경(六經)에 이미 분명하고도 빠짐없이 적혀 있으니, 글로써 도를 구하면 이치가 나타날 것이옵니다. … 신은 여기에 정력을 다 바쳤사오니, 열람해 주시고 늘 책상 위에 두고 보신다면, 전하께서 천덕(天德)을 밝히시고 왕도를 이루시는 학문에 작은 보탬이 없지 않을 것입니다.

3. 17세기, 주자 성리학의 절대화

(1) 노론의 송시열 주도: 양 난 이후 지배 체제 안정화를 위해 성리학적 질서를 절대적 가치로 내세움

(2) 사변적, 다른 사상에 대해 배타적 태도를 보임

(3) 대명 의리론 강조: 만동묘와 대보단 설립 → 명 신종_{왜란 때 파병}과 의종 추모

(4) 18세기 숙종, 노론의 호락 논쟁

배경	청에 대한 조선의 태도를 둘러싸고 의견 대립(반청 vs 친청) → 인간과 사물의 본성에 대한 논쟁 전개
호론	• 권상하 · 한원진 · 윤봉구 주도, 충청도 노론 _{송시열의 학통 계승} 참여 • 인물성이론(人物性異論): "인간(중화, 성인)과 사물(오랑캐, 범인)의 본성이 다르다."라고 주장 • 화이론 → 위정 척사 사상 → 의병 운동으로 이어짐
낙론	• 이간 주도, 서울 · 경기 노론 참여 • 인물성동론(人物性同論): "인간과 사물의 본성은 같다."라고 주장 • 북학론 → 개화 사상으로 이어짐

사료더하기

주자 성리학의 절대화

윤휴는 주자에 반대하고 거슬려서 경전의 체제와 문장을 마구 뜯어 고쳤으며, "중용"에 대해서는 주자가 붙인 주석을 더욱 많이 고쳤다. 그리고 항상 스스로 말하기를, "자사의 뜻을 주자 스스로 혼자 알았는데, 내가 스스로 모르겠는가?"라고 하였으니 이는 실로 사문난적이다.
— 『숙종 실록』—

한원진의 호론

만물이 생기고 나면 바르고 통한 기운을 받은 것이 사람이 되고, 편벽되고 막힌 기운을 받은 것이 물건이 된다. 물건은 편벽되고 막힌 기운을 받기 때문에, 기질을 따라 본성 역시 편벽되고 막히게 된다. … 사람만은 바르고 통한 기운을 받았기 때문에 마음이 가장 영묘하여 건순과 오상의 덕을 모두 갖추었으니, 그 지극한 것을 확충하면 천지에 참여하여 만물을 화육하는 것을 돕는 것도 모두 인간이 할 수 있는 일이다. 이는 사람과 물건의 다른 점이다.

이간의 낙론

'이통기국(理通氣局)' 네 글자는 율곡 선생께서 이(理)와 기(氣)의 큰 근원을 통찰하신 것으로 이기론에 대한 탁월한 길잡이이다. 선생의 주장은 우계 성혼 선생과 주고받은 편지에 갖추어져 있는데, "이와 기는 원래 서로 떨어져 있는 것이 아니다"라는 문장이 바로 그 핵심이다. 원래 서로 떨어져 있지 않으면서 형체 · 본말 · 선후가 없는 것이 이의 '통'이고, 형체 · 본말 · 선후가 있는 것이 기의 '국(局)'이다. 이것이 바로 이통기국의 핵심에 대해 8글자로 명명백백하게 밝힌 것이다. 율곡 선생의 뜻은 천지 만물은 기국(氣局)이고 천지 만물의 이는 이통(理通)이지만, 이른바 '이통'이라는 것은 기국과 떨어질 수 있는 것이 아니니 기국에 나아가 기국과 섞이지 않는 그 본체를 가리켜 말하는 것일 따름이라는 것이다.
— 『외암유고』—

4. 17세기, 탈성리학의 움직임

(1) 유학의 독자적 해석 시도

① 6경과 제자백가 등 원시 유학에서 사회 모순의 사상적 기반을 모색, 독자적인 경전 해석 시도 → 노론으로부터 사문난적으로 몰림

② 윤휴(남인): "천하의 모든 이치를 어찌 주자만 알며 … 공자가 다시 살아난다면 나의 학설이 승리하게 될 것이다" 주장 → 경신환국 때 사사

③ 박세당(소론): 양명학과 노장 사상의 영향 받음, 『사변록』집필

(2) 양명학의 수용

① 중종 때 전래 → 이황의 『전습록논변』에서 이단으로 간주 → 소론 학자들에 의해 본격적으로 수용

② 주요 사상: 심즉리[心卽理, '인간의 마음이 곧 이(理)'], 치양지[致良知, '양지본래부터 타고난 참된 앎를 발휘하자'], 지행합일

③ 정제두: 『학변』·『존언』·『만물일체설』저술, 일반민을 도덕 실천의 주체로 인정, 신분제 철폐 주장, 강화학파 형성

④ 이광사(동국진체 수립), 이긍익(『연려실기술』저술), 이건창, 박은식 등으로 계승

사료더하기

윤휴
나의 저술 의도는 주자의 해석과 다른 이설(異說)을 제기하려는 것보다 의문점 몇 가지를 기록했을 뿐이다. 만약 내가 주자 당시에 태어나 제자의 예를 갖추었더라도 … 반드시 반복하여 질문하고 생각해서 분명하게 이해하기를 기대했을 것이다. … 나는 단지 붕우들과 더불어 강론하여 뒷날의 이해가 점차 나아지기를 기다렸을 뿐이다. 그런데 근래에 송영보(송시열)가 이단이라고 배척하였다. 송영보의 학문은 전혀 의심을 내지 않고, 주자의 가르침이라면 덮어놓고 의론(議論)을 용납하지 않으니, 비록 존신한다 하더라도 이 어찌 실제로 체득하였다고 할 수 있겠는가?   – 『도학원류속』–

박세당
지금 6경을 구하는 이는 대부분 그 얕고 가까운 것을 뛰어넘어서 깊고 먼 것으로 달려가며, 추솔하고 소략한 것은 소홀히 하고 정밀하고 다 갖춘 것만 엿보니, 어둡거나 어지럽고 빠지거나 넘어서서 아무런 소득이 없는 것은 당연하다 할 것이다. 저들은 다만 깊고 먼 것을 얻지 못할 뿐만 아니라 얕고 가까운 것마저 모두 잃게 될 것이다. 아! 슬프다. 그 또한 미혹한 것이 심하다. … 나는 문득 참람한 것을 잊고 좁은 소견으로 얻은 것을 대강 기술하여 이를 모아 편을 이룩하고, 그 이름을 "사변록"이라 한다. 혹시 선유(先儒)들이 세상을 깨우치고 백성을 도와주는 뜻에 티끌만한 도움이 없지 않을까 한다.
                       – 『사변록』서문 –

양명학
지(知)는 마음의 본체이다. 심(心)은 자연히 지(知)를 모이게 한다. 아버지를 보면 자연히 효를 안다. 형을 보면 자연히 동생을 안다. 어린 아이가 우물에 들어가려는 것을 보면 자연히 측은을 안다. … 시비(是非)의 마음은 생각을 기다려서 아는 것이 아니고 배움을 기다려서 할 수 있는 것이 아니다. 그러므로 양지(良知)라 한다.   – 『전습록』–

측은·수오·사양·시비와 희·노·애(哀)·구·애(愛)·오·욕과 우·사·여·경은 사람의 마음에 이를 가진 것이니, 모두 배우지 않아도 저절로 갖게 되는 것이다. … 그리고 이 이(理)는 더욱이 어린아이에게서 증험할 수 있는 것이니, 한 살배기나 두 살배기의 반쯤은 알고 … 그 정념(情念)이 배우지 않아도 저절로 발하는 것은 가릴 수 없는 것이다. … 비록 그 사이에 혹 기품이 같지 않는 것이 있다 하더라도 그 본연의 참된 것은 속일 수 없는 것이다. 이것이 성(性)의 착한 것이며 마음에 갖추어지지 않음이 없는 것이다.   – 『존언』–

이황의 양명학 비판
이 학문은 인의를 해치고 천하를 어지럽히는 것이다. … 심즉리(心卽理)라는 말을 만들어내 "천하의 이(理)는 내 마음에 있지 밖의 사물에 있는 것이 아니니, 다만 마음을 보존하여 기르는 데 힘쓸 뿐 사물에서 이(理)를 구해서는 안 된다"고 한다. 그렇다면 사물에 오륜과 같이 중요한 것이 있어도 되고 없어도 된다는 것인데, 불교와 무엇이 다른가?   – 『전습록녹변』–

1. 등장 배경

(1) 조선 후기의 변화: 상품 화폐 경제의 발달로 서민층 성장, 신분제 동요, 붕당 간 대립으로 인한 몰락 양반 증가, 지주 전호제 심화 → 현실 생활과 직결되는 문제를 탐구하려는 움직임이 나타남

(2) 성리학의 한계: 당면한 현실 문제를 해결할 수 있는 기능 상실

(3) 양명학, 천주교, 고증학의 전래: 실사구시적 학문 연구가 활발해짐

2. 실학의 선구자(17세기)

(1) 이수광: 광해군, 명 왕래 후 『지봉유설』 저술(→ 마테오 리치의 『천주실의』 소개)

(2) 한백겸: 광해군, 조선 후기 역사 지리서의 효시인 『동국지리지』 저술

(3) 김육: 효종, 대동법의 확대 제안, 청전 15만 문을 들여와 평안도에서 유통, 십전통보 주조 건의, 청에서 시헌력 도입

3. 경세치용학파(중농학파): 주로 근기_{서울과 경기} 남인 주도, 토지 제도 및 각종 제도의 개혁 추구

(1) 유형원

① (인조~현종) 재야 학자, 『반계수록』 집필 → (영조) 『반계수록』 재조명, 왕명으로 편찬

② 균전론 주장

　㉠ 토지 몰수 후 신분에 따라 토지의 차등 분배하자!: 관리(12경), 선비(2경), 농민(1경)

　㉡ 자영농민 육성 시도, 농병일치 시도(4경마다 군인 1명 차출하자!)

③ 경무법 주장: 면적 단위의 징수 주장

④ 양반 문벌 · 과서제 · 노비 세습제의 모순 비판

(2) 이익

① 숙종~영조 때의 재야 학자, 근기 남인의 구심점

② 『성호사설』: 천지 · 인사 · 만물 · 경사 · 시문 등 5개 부분으로 나눔, 이익의 사상 집대성, 백과사전식

③ 『곽우록』: 붕당의 원인을 "관직 수 < 선비 수"로 규정, 한전론 주장

④ 한전론 주장

　㉠ 소유할 수 있는 토지의 하한을 설정

　㉡ 영업전_{생계유지를 위해 필요한 최소한의 토지, 매매 금지}를 제외한 토지의 매매 허용

⑤ 6좀 비판: '노비 매매, 과거 제도_{시험 주기를 3년에서 5년으로 늘리자!}, 양반 문벌 제도, 사치와 미신, 승려, 게으름'을 6좀으로 규정

⑥ 폐전론_{상평통보 발행 중단} 주장: 유교적 농본주의 중시

⑦ 성호학파 형성

　㉠ 서학을 통해 들어온 과학 기술과 천주교에 개방적 태도를 보임

　㉡ 자주적 · 실증적 역사관: 단군－기자－삼한－삼국(무통 시대)－통일 신라－고려 정통론 주장, 중국 중심의 역사관 비판

　㉢ 안정복 · 정상기 계열+이익: 천주교 비판

　㉣ 권철신 · 정약용 계열: 천주교 수용

(3) 정약용

① (정조) 관료 생활 → (순조, 신유박해 이후) 18년 유배 생활, 강진의 다산 초당에서 거주, 실학 집대성(『여유당전서』)

② 「탕론」: 민본적 왕도 정치 강조, 역성혁명의 정당성 옹호

③ 「원목」: 목민관의 근원이 백성임을 강조

④ 「전론」: 토지 개혁안 제시, 정전론·균전론·한전론 비판, 여전론 주장(이상적 토지 제도로 봄)

⑤ 『경세유표』: 『주례』를 모범, 정치·경제·사회 전반에 걸친 개혁의 기본 방향 제시, 수정된 정전론 주장

⑥ 『목민심서』: 지방 행정의 개혁 방안, 수령이 지켜야 할 규범 제시

⑦ 『흠흠신서』: 형벌 제도 개혁서, 재판 사례 수록

⑧ 『마과회통』: 홍역 치료서, 부록에서 박제가와 공동 연구한 종두법을 최초로 소개

⑨ 『아방강역고』: 역사 지리서, 고조선~발해의 영토와 지명 고증

⑩ 「애절양」: 세도 정치 시기의 군정 문란 폭로

⑪ 「기예론」: 기술 혁신과 기술 교육 강조, 이용감 설치 건의_{청 기술 도입과 운영을 전담하는 기구}

⑫ 화성 설계, 거중기 제작(『기기도설』 참조), 한강 배다리 건설

⑬ 토지 개혁안

   ⊙ 정전론·균전론·한전론 비판 → 여전론 주장(이상적) → 수정된 정전론 주장(실천적)

   ⓒ 여전론 주장: 마을 단위로 토지를 분배하여 공동 경작할 것을 제안함, 즉 30여 가구를 1여로 묶은 후 여장을 중심으로 공동으로 경작하며, 그 수확량을 노동량에 따라 분배하는 제도

   ⓒ 수정된 정전론 주장: '농민에게만 토지를 분배하자, 가족 노동력에 따라 토지를 차등 지급하자.'라고 주장

사료더하기

유형원의 균전론

토지 경영이 바로잡히면 모든 일이 제대로 될 것이다. 백성은 일정한 직업을 갖게 되고, 군사 행정에는 도피자를 찾는 폐단이 없어지며, 귀천상하가 모두 자기 직책을 갖게 될 것이므로 민심이 안정되고 풍속이 도타워질 것이다. 농부 한 사람이 1경(40마지기)의 토지를 받으며 법에 따라 조세를 내고 4경마다 구인 1명을 내게 한다. 사(士)로서 처음 학교에 입학한 자는 2경의 토지를 받고, 현직 관료는 9품부터 7품까지는 6경, 그리고 정2품의 12경에 이르기까지 조금씩 더해 준다.

                                                                  – 『반계수록』 –

유형원의 신분제 개혁론

우리나라의 노비법은 유죄·무죄를 묻지 않고 오직 그 세계(世系)를 조사하여 자손 대대로 노비로 되니, 이 때문에 혹 아무 것도 모르는 바보라도 남의 생사를 좌우하는 권한을 가지고 설령 현명한 인재가 태어나도 관직 진출 금지로 역시 남의 노비가 되고 마니 이 어찌된 도리인가 ⋯ 혁파한다는 것도 갑자기 현재의 노비를 모두 혁파하는 것은 아니고, 단지 현재의 노비에게 그치게 하여 노비 세습법을 혁파함을 의미한다.

                                                                  – 『반계수록』 –

이익이 생각한 나라의 폐단

농사에 힘쓰지 않는 자 중에 좀이 여섯 종류가 있다. 이 여섯 가지인데 첫째가 노비 제도요, 둘째가 과거 제도이며, 셋째가 벌열이고, 넷째가 광대나 무당 따위이며, 다섯째는 승려요, 여섯째는 게으른 무리들이다.

                                                                  – 『성호사설』 –

이익의 한전론

국가는 마땅히 한 집의 생활에 맞추어 재산을 계산하여 전(田) 몇 부(負)를 한정하여 1호(戶)의 영업전으로 한다. 그렇다고 해서 많이 소유한 자의 것을 줄이거나 빼앗지 않고, 모자라게 소유한 자라고 해서 더 주지 않는다. 돈이 있어 사고자 하는 자는 비록 천백 결(結)이라도 모두 허가하고, 토지가 많아 팔고자 하는 자도 단지 영업전 몇 부 이 외에는 역시 허가한다. ⋯ 이와 같이 된다면 점차적으로 균전제를 완성하게 될 것이다. 빈호(貧戶)는 당장 살림이 다 없어지는 걱정을 면하게 될 것이니 가난한 사람이 참으로 좋아할 것이다.

                                                                    – 『곽우록』 –

이익의 자주적 인식

오늘날 사람들은 우리나라에 태어났으면서 우리나라 사실을 전혀 알지 못하고 있다. 심지어 "동국통감이 있으나 누가 읽겠는가"라고 말하니, 사리에 어긋남이 이와 같다. 우리나라는 스스로 우리나라인 것이다. 그 규칙이나 제도, 나라의 운영 모습이 당연히 중국과 달라야 한다. 사대교린의 관계는 옛 것을 자세히 살펴보고 오늘의 것을 비교하여 진실로 생각해야 할 것이 있는데, 우리나라 사람들은 대개 캄캄하게 모르고 있다.

정약용의 「탕론」

대저 천자란 어찌하여 존재하게 되었는가? 하늘에서 비 내리듯 내려와서 천자가 되었는가, 아니면 땅 속에서 샘솟듯 솟아나서 천자가 되었는가?… 여러 현 우두머리의 공동 추대를 받은 자가 제후가 될 것이며, 제후의 공동 추대를 받은 자가 천자가 될 것이므로, 천자란 군중의 추대에 의해서 이루어진 것이다. 군중의 추대에 의해서 천자가 되는 것이므로 군중이 추대하지 않으면 천자가 될 수 없다.

정약용의 「원목」

백성을 위해서 목(牧)이 존재하는가, 백성이 목(牧)을 위해 태어났는가? 백성들은 곡식과 피륙을 내어 목(牧)을 섬기고, 백성들은 수레와 말을 내어 추종하면서 목(牧)을 송영하여, 백성들은 고혈과 진수를 모두 짜내어 목(牧)을 살찌게 하니, 백성들이 목(牧)을 위해서 태어난 것인가? 아니다. 목(牧)이 백성을 위해 존재하는 것이다.

정약용의 「전론」

정전법은 시행할 수 없다. 정전은 모두 한전이었는데, 수리 시설이 갖춰지고 메벼와 찰벼가 맛이 좋으니 수전을 버리겠는가. 정전이란 평평한 농지인데 나무를 베어 내노라 힘을 들였고 산과 골짜기가 이미 개간되었으니, 이러한 밭을 버리겠는가.
균전법은 시행할 수 없다. 균전은 농지와 인구를 계산하여 분배해 주는 것인데, 호구의 증감이 달마다 다르고 해마다 다르다. 금년에는 갑의 비율로 분배하였다가 명년에는 을의 비율로 분배해야 하므로 조그마한 차이는 산수에 능한 자라도 살필 수 없고 토지의 비옥도가 경마다 묘마다 달라 한정이 없으니, 어떻게 균등하게 하겠는가.

정약용의 여전론

이제 농사짓는 사람은 토지를 가지게 하고, 농사짓지 않는 사람은 토지를 가지지 못하게 하려면, 여전제를 실시해야 한다. 산골짜기와 시냇물의 지세를 기준으로 구역을 획정하여 경계를 삼고, 그 경계선 안에 포괄되어 있는 지역을 1여(閭)로 한다. … 무릇 1여의 토지는 1여의 사람들로 하여금 공동으로 경작하게 하고, 내 땅 네 땅의 구분 없이 오직 여장의 명령만을 따른다. 가을이 되면 무릇 오곡의 수확물을 모두 여장의 집으로 보내어 그 식량을 분배한다. 먼저 국가에 바치는 공세를 제하고, 다음으로 여장의 녹봉을 제하며, 그 나머지를 날마다 일한 것을 기록한 장부에 의거하여 여민들에게 분배한다.

정약용의 정전론

토지 10결 가운데 1결을 공전으로 삼고 농민이 경작하게 하며 이외의 세를 부과하지 않아야 한다. 군포의 법을 없애고 모든 재원에 세를 부과하도록 하여 백성의 역을 고르게 해야 한다.

정약용의 「목민심서」

수령이라는 직책은 관장하지 않는 것이 없으니, 여러 목을 열거하여도 오히려 직책을 다하지 못할까 두려운데, 하물며 스스로 실행하기를 기대할 수 있겠는가? 이 책은 첫머리의 부임과 맨 끝의 해관 2편을 제외한 나머지 10편에 들어 있는 것만 해도 60조나 되니, 진실로 어진 수령이 있어 제 직분을 다할 것을 생각한다면 아마도 방법에 어둡지는 않을 것이다.

정약용의 「흠흠신서」

오직 하늘만이 사람을 살리고 죽이니 인명은 하늘에 매어 있는 것이다. 그런데 지방관이 또 그 중간에서 선량한 사람은 편히 살게 해 주고, 죄 있는 사람은 잡아다 죽이는 것이니, 이는 하늘의 권한을 드러내 보이는 것일 뿐이다. … 그런데 근년에 와서는 다시 제대로 다스리지 않아서 억울한 옥사가 많아졌다. … '흠흠'이라 한 것은 무슨 까닭인가. 삼가고 삼가는 것은 본디 형벌을 다스리는 근본인 것이다.

정약용의 「기예론」

어찌하여 하늘은 천한 금수(禽獸)에게 후하게 하고 귀하게 해야 할 인간에게는 야박하게 하였는가. 그것은 인간에게는 지혜로운 생각과 교묘한 궁리가 있으므로 기예(技藝)를 익혀서 제 힘으로 살아가게 한 것이다. … 온갖 공장의 기예가 정교하면 궁실과 기구를 만들고 성곽과 배, 수레, 가마 따위도 모두 편리하고 튼튼하게 될 것이니, 진실로 그 방법을 다 알아서 힘껏 시행한다면 나라는 부유해지고 군사는 강성해지고 백성도 부유하면서 오래 살 수 있을 것인데 이를 알면서도 고치지 않는구나.

4. 이용후생학파 (중상학파)

낙론을 계승한 서울 중심의 노론 주도, 연행사 경험으로 청 문물의 적극 수용과 상공업의 진흥·농업 기술 발달 등을 주장

(1) 유수원: 소론, 『우서』에서 사농공상의 직업적 평등화와 양반의 상업 참여 제안, 나주 괘서 사건으로 사형

(2) 홍대용

① 『임하경륜』: 균전론 주장(성인 남자에게 2결씩 분배, 병농일치의 군대 조직 재인), 과거제 폐지 주장

② 『의산문답』: 실옹과 허자의 대화 형식, 지전설·무한 우주론· 역외춘추론(중국 중심의 세계관 비판) 주장, 문벌제도 철폐 주장

③ 『주해수용』: 우리나라·중국·서양의 수학을 연구·정리

④ 『연기』: 청 북경 여행기

⑤ 『담헌서』: 홍대용을 저작을 총정리한 문집 임하경륜·의산문답·주해수용·연기 수록

⑥ 혼천의 제작

(3) 박지원

① 『열하일기』: 청 기행문(연행사로 청 황제의 피서지인 열하에 다녀옴), 수레·선박·화폐 유통의 필요성 강조, 「허생전」·「양반전」 수록(양반 문벌 제도의 비생산성을 비판)

② 『과농소초』: 영농 방법의 혁신과 농기구 개량 주장, 「한민명전의」에서 한전론 주장(토지 소유의 상한선 규정)

(4) 박제가

① 서얼, 규장각 검서관

② 『북학의』: 절약보다 소비 권장[시정론(市井論) – 우물에 비유], 청과의 통상 강화 주장('무역선을 파견하여 청에서 행해지는 국제 무역에 참여해야 한다'), 서명응과 박지원이 서문 작성

③ 양반의 상업 종사 강조

④ 정약용과 함께 종두법 연구

> **개념더하기**
>
> 조선 후기의 토지 개혁안
> • 균전론: 유형원, 홍대용
> • 한전론: 이익, 박지원
> • 여전론, 정전론: 정약용
> • 둔전론: 서유구

5. 실학의 의의와 한계

(1) 근대지향적·민족적·실사구시적 사실을 토대로 진리를 탐구한다 **· 객관적인 학문 태도 중시**

(2) 정책에 미반영: 대체로 정치적 실권과 거리가 먼 지식인들이 주장했기 때문

유수원의 상공업 진흥론

지금 양반이 명분상 상공업에 종사하는 것을 부끄러워하지만 그들의 비루한 행동은 상공업자보다 심한 자가 많다. 상공업을 두고 말단적인 직업이라 하지만 본래 부정하거나 비루한 일은 아니다. 상공업은 자신의 성향을 안 사람이 관직에 나아가지 않고, 스스로의 노력으로 물품 교역에 종사하면서 남에게서 얻지 않고 자기 힘으로 먹고사는 것이다.

홍대용의 균전론

아홉 도의 전답을 고루 나누어 3분의 1을 취해서 아내가 있는 남자에 한해서는 각각 2결을 받도록 한다. (그 자신에 한하며 죽으면 8년 후에 다른 사람에게 옮겨 준다.) 전원 울타리 밑에 뽕나무와 삼을 심도록 하며, 심지 않는 자에게는 벌로 베를 받는데 부인이 3명이면 베 1필, 부인이 5명이면 명주 1필을 상례(常例)로 정한다.

홍대용의 성리학적 세계관 비판

중국은 서양과 180도 정도 차이가 난다. 중국인은 중국을 중심으로 삼고 서양을 변두리로 삼으며, 서양인은 서양을 중심으로 삼고 중국을 변두리로 삼는다. 그러나 실제는 하늘을 이고 땅을 밟는 사람은 땅에 따라서 모두 그러한 것이니 중심도 변두리도 없이 모두가 중심이다.

홍대용의 무한 우주론

저 별들과 지구까지의 거리는 겨우 반경(半徑) 밖에 되지 않는데도 몇 천만 억의 별들이 있는지 알 수 없거늘, 더구나 은하계 밖에도 또다른 별들이 있지 않겠는가! … 이 지구 세계를 태허(太虛)에 비교한다면 미세한 티끌만큼도 안 되며, 저 중국을 지구 세계와 비교한다면 십 수 분의 1밖에 되지 않는다.

홍대용의 역외춘추론(域外春秋論)

춘추는 주의 역사책이니, 공자의 입장에서 주를 높이고, … 그러나 만일 공자가 바다를 건너 구이(九夷)의 땅에 들어와 살았다면, 중국의 22법을 써서 구이의 풍속을 변화시키고 주의 도를 역외(域外)에 일으켰을 것이다. 그러므로 안과 밖의 구별과 높이고 물리치는 의리라는 관점에서 보면 별도의 역외춘추(域外春秋)가 있었을 것이다. 이것이 공자가 성인이 된 까닭이다."

박지원의 상업론

영남 어린이들이 새우젓을 모르고, 평안도 사람들이 감과 귤을 구분하지 못하는 까닭은 무엇일까? 이것은 오로지 멀리 운반할 힘이 없기 때문이다. 사방이 겨우 몇 천 리 밖에 안 되는 나라에서 백성이 이렇게 가난한 것은 국내에 수레가 다니지 못한 까닭이다.

박지원의 경제관

옛날에 백성에는 네 가지 부류가 있었습니다. 이는 사농공상입니다. 사의 업은 오래되었습니다. 농공상의 일은 처음에 역시 성인의 견문과 생각에서 나왔고, 대대로 익힌 것을 전승하여 각기 자신의 학문이 있었습니다. … 그러나 사의 학문은 실제로 농공상의 이치를 포괄하는 것이므로 세 가지 업은 반드시 사를 기다린 뒤에 완성됩니다. 일반적으로 이른바 농업에 힘쓰는 것이나, 상업을 유통시켜 공업에 혜택을 준다고 했을 때 그 힘쓰는 것이나, 상업을 유통시켜 공업에 혜택을 준다고 했을 때 그 힘쓰게 하고 유통시키고 혜택을 주게 하는 것은 사가 아니라면 누가 하겠습니까?

박지원의 한전론

신 박지원은 황공하게도 농서(과농소초)를 올리면서 이 기회에 건의를 드립니다. … 토지 소유를 제한하는 법령을 세우십시오. 만약 "모년 모월 이후 제한된 면적을 초과해 있는 자는 더 이상 소유할 수 없다. 이 법령이 시행되기 이전부터 소유한 것에 대해서는 불문에 붙이고, 자손에게 분배해 주는 것은 허락한다.…"라고 법령을 세워 보십시오. 이렇게 한다면 수십 년이 못 가서 전국의 토지 소유는 균등하게 될 것입니다.

– 「한민명전의」 –

박제가의 시정론(市井論)

검소하다는 것은 물건이 있어도 남용하지 않는 것을 말하는 것이지 자신에게 물건이 없다 하여 스스로 단념하는 것을 말하는 것이 아니다. 지금 우리나라 안에는 구슬을 캐는 집이 없고 시장에 산호 따위의 보배가 없다. 또 금과 은을 가지고 가게에 들어가도 떡을 살 수 없는 형편이다. … 이것은 물건을 이용하는 방법을 모르기 때문이다. 이용할 줄 모르니 생산할 줄 모르고, 생산할 줄 모르니 백성은 나날이 궁핍해지는 것이다. 대저 재물은 우물과 같다. 퍼 쓸수록 자꾸 가득 차고 이용하지 않으면 말라 버린다. 그러므로 비단을 입지 않으므로 나라안에 비단짜는 사람이 없다.

– 『북학의』 –

박제가의 통상 강화론

우리나라는 면적이 좁고 백성이 가난하므로 농사를 짓는 데 현명한 재사를 쓰고 상공업을 발전시켜 나라 안의 물화를 자유롭게 유통하게 해도 부족한 것이 많다. 반드시 먼 지역과 무역을 한 후에야 재화가 늘고 여러 가지 이용품이 생겨날 것이다. … 이제 배로써 통상하려면 … 다만 중국만이 그 대상이 될 수 있을 것이다.

– 『북학의』 –

1. 불교

(1) 억불책
① 태조: 도첩제를 실시하여 승려 수를 제한
② 태종: 사원전 몰수, 사원 노비 제한
③ 세종: 교단 정리하여 선교 양종 36개 사찰만 인정
④ 성종: 도첩제를 폐지하여 승려 진출을 차단 → 산간 불교화

(2) 진흥책
① 왕실의 안녕과 왕족의 명복 기원
② 세종: 소헌왕후 사망 후 『월인천강지곡』과 『석보상절』 간행, 내불당 건립
③ 세조: 『월인석보』 간행, 간경도감 설치 후 불경을 한글로 번역, 원각사지 10층 석탑 건립
④ 명종: 문정왕후의 후원으로 보우 등용 · 승과 부활
⑤ 왜란 때: 승병(서산대사, 사명대사)의 활약

2. 도교: (초기) 소격서 설치, 마니산 참성단에서 초제 시행 → (중종) 조광조의 건의로 소격서 폐지

3. 풍수지리설: 한양 천도의 바탕, 명당 선호로 인해 산송묘와 관련된 소송 발생

4. 천주교

(1) 17세기에 수용: 청을 왕래한 사신들에 의해 서학으로 전래, 광해군 때 이수광이 『지봉유설』에서 『천주실의』 소개, 소현세자가 천주교 서적 · 과학 서적 도입

(2) 정조 때 신앙화
① 근기 남인 중심
  ㉠ 수용자: 권철신, 이벽, 이가환, 이승훈(최초 영세자), 정약종, 정약전, 정약용
  ㉡ 반대자: 안정복 – 『천학고』 · 『천학문답』에서 천주교 비판1785
② 청 주문모 신부 입국1795, 중인 · 하층민 · 여성을 중심으로 확산
③ 정조의 반응: "정학(正學)성리학이 밝아지면 사학(邪學)은 저절로 종식된다."

(3) 천주교 박해: 천주교의 제사 금지 · 평등사상 · 내세적 신앙관에 반발
① 추조 적발 사건1785, 정조: 김범우 집에서 예배를 드리다 적발 → 천주교를 사교로 규정하는 금령 반포
② 반회 사건1787, 정조: 이승훈, 정약용 등이 성경 강습하다 발각 → 천주교 금령 강화, 천주교 서적 소각
③ 신해박해1791, 정조: 진산 사건윤지충이 어머니의 장례를 천주교식으로 치름 발생 → 윤지충과 권상연 처형, 대대적 탄압 없었음
④ 신유박해1801, 순조
  ㉠ 배경: 노론 벽파(정순왕후 세력)가 남인(시파)을 몰아내기 위한 목적
  ㉡ 경과: 권철신 · 이승훈 · 정약종 · 주문모 신부(청) 순교, 정약전(흑산도) · 정약용(전남 강진) 유배 → 황사영 백서비단 帛+글 書 사건 발생(베이징 주재 프랑스 주교에게 종교권 행사와 군사적 시위를 요청, 사전 발각)
  ㉢ 살아남은 교도들이 지방과 산간 지역으로 피신(예. 제천의 배론), 이후 조선 교구 성립1831

⑤ **기해박해**1839, 헌종

　　㉠ 정하상과 프랑스 신부 처형 → 오가작통법 강화, 척사윤음 발표

　　㉡ 정하상: 『상재상서』에서 천주교의 정당함 주장

⑥ **병오박해**1846, 헌종: 김대건 신부(최초의 신부)의 순교 → 이후 천도교 신도 급증

⑦ **병인박해**1866, 고종

　　㉠ 러시아 견제를 위해 프랑스 군대의 도움을 받으려 함 → 프랑스와의 외교 결렬

　　㉡ 프랑스 신부 9명과 국내 교인 8,000여 명 순교(최대의 박해) → 병인양요 발생

(4) 조 · 프 수호통상조약 체결1886: 천주교 포교 허용

5. 동학

(1) 최제우1대 교조**의 동학 창시**철종, 1860

① 토착 사상의 결합: 유 · 불 · 선(도교)의 내용+민간 신앙의 요소

② 시천주(侍天主) 주장: '한울님을 모신다', 한울님은 늘 나음 속에 있다는 믿음

③ 인내천(人乃天) 주장: '사람이 곧 하늘이다' → 양반 중심의 신분제 부정

④ 사인여천(事人如天) 주장: '사람을 섬기기를 하늘처럼 해야 한다' → 양반 중심의 신분제 부정

⑤ 후천개벽 주장: '조선 왕조를 부정하고 새로운 사회를 건설하자' → 사회 개혁적

⑥ 보국안민 주장: '일본과 서양 국가의 침략을 막아 내자' → 외세 배척 주장

⑦ 정부 박해: 혹세무민의 죄로 최제우 처형흥선 대원군 1864

(2) 최시형2대 교주**의 동학 확산**

① 교리 정비: 『동경대전』최제우가 한문으로 지은 동학의 경전, 『용담유사』최제우가 한글로 지은 포교 가사집 편찬

② 교단 정비: 포접제교주–포주–대접주–접주–농민 순의 조직망 실시 → 농촌에서 확산 → 동학농민운동1894

(3) 손병희3대 교주**의 활약**: 천도교로 개칭1905 → 만세보 발행1906 → 3 · 1 운동 주도1919

사료더하기

안정복의 『천학문답』
어떤 사람이 묻기를, "근래의 이른바 천학이라는 것이 옛날에도 있었습니까?" 하므로, 대답하기를 "있었다. 『서경』에 말하기를, '위대하신 상제(上帝)께서 지상의 사람들에게 참된 진리를 내리셨으니, 그 변함없는 본성을 따라서 그 올바른 도리를 실천한다면' 이라고 하였다. … 어떤 사람이 말하기를, "우리 유자의 학문이 진정 하늘을 섬기는 것에 지나지 않는다면 그대가 서양 사람들의 학문을 배척하는 것은 무엇 때문입니까?" 하므로, 대답하기를, "이른바 하늘을 섬기는 점에서는 동일하지만 이쪽은 정당하고 저쪽은 사특하다. 그래서 내가 배척하는 것이다" 하였다.

황사영 백서
(프랑스) 전선 수백 척과 정예 병사 5, 6만을 얻어서 대포 등 예리한 무기를 많이 싣고 우리나라 해변에 와서 국왕에게 글을 보내기를 '우리는 전교를 목적으로 온 것이지 재물을 탐하여 온 것이 아니니 선교사를 용납하여 받아들여 달라.'라고 해 주소서.

정하상의 상재상서
죽은 사람 발 앞에 술과 음식을 바쳐 올리는 것은 천주교에서 금하는 것입니다. 살아있을 적에도 영혼을 술과 음식으로 모실 수 없는 것인데, 하물며 죽은 뒤의 영혼이야 어떠하겠습니까? … 아무리 효성이 지극한 자식이라 할지라도 맛있는 음식으로 주무시는 부모 앞에서 공양을 할 수 없는 법이니, 잠잘 적엔 먹고 마실 수가 없기 때문이지요. 잠을 잘 적에도 그러한데, 하물며 아주 잠든 때에는 어떠하겠습니까?

동학
사람이 곧 하늘이라. 그러므로 사람은 평등하며 차별이 없나니 사람이 마음대로 귀천을 나눔은 하늘을 거스르는 것이다. 우리 도인은 차별을 없애고 선사의 뜻을 받들어 생활하기를 바라노라.　　　　　　　　　　－「최시형의 최초 설법」－

1. 법전

(1) 15세기 – ① 『조선경국전』: 태조, 정도전, 사찬 법전, 6전의 관할 사무 규정, 『경국대전』 편찬의 기초가 됨

② 『경제육전』: 태조, 조준, 최초의 관찬 성문 법전, 위화도 회군 이후의 각종 조례 · 교지 · 관습법을 정리

③ 『경국대전』: 조선의 기본 법전, 세조 때 형정과 호전 편찬, 성종 때 이 · 호 · 예 · 병 · 형 · 공의 6전 완성

(2) 18세기 – ① 『속대전』: 영조, 경국대전 이후 발표된 법령 정리

② 『대전통편』: 정조, 경국대전을 '원', 속대전을 '속', 기타 법령을 '증'으로 구분하여 정리

2. 유교 윤리서

(1) 15세기 – ① 『삼강행실도』: 세종, 설순이 집필, 관찬, 효자와 충신 · 열녀를 각각 35명씩 뽑아 그들의 행적을 그림과 글로 설명, 성종 때 한글 설명 추가

② 『국조오례의』: 성종, 관찬, 국가 주요 행사(길례, 가례, 빈례, 군례, 흉례)에 대한 의식 정리

(2) 16세기 – ① 『소학』, 『주자가례』, 『동몽수지』: 주자의 저서, 고려 말에 전래되어 16세기 사림에 의해 보급

② 『속삼강행실도』: 중종, 신용개가 집필, 관찬, 효자 · 충신 · 열녀의 사례 추가

③ 『이륜행실도』: 중종, 김안국 건의, 조신 집필, 관찬, 장유와 붕우의 윤리를 그림과 글로 설명

④ 『동몽선습』: 중종, 박세무가 집필, 아동용 입문서, 오륜과 우리 역사 소략 설명

⑤ 『격몽요결』: 선조, 이이가 집필, 아동용 입문서

(3) 17세기 – 『동국신속삼강행실도』: 광해군, 관찬, 왜란 때 활약한 효자 · 충신 · 열녀를 조사하여 추앙

사료더하기

『경국대전』 서문
세조가 신하들에게 말씀하시기를, "법의 과목(科目)이 너무 번잡하고 앞뒤가 맞지 않았기 때문에 상세히 살펴 다듬어 자손만대의 성법(成法)을 만들고자 한다."라고 하셨다. 형전과 호전은 이미 반포되어 시행하고 있으나 나머지 네 법전은 미처 교정을 마치지 못했다. 이에 성상(聖上)께서 세조의 뜻을 받들어 여섯 권의 법전을 완성하게 하여 중외에 반포하셨다.

『삼강행실도』 서문
천하의 공통된 도(道)가 다섯인데, 삼강이 맨 위에 있으니 실지로 경륜의 큰 법이요, 모든 교화의 근원이다. … 선덕 신해년 여름에, 우리 주상 전하가 명하기를, "삼대의 정치는 모두 인륜을 밝혔는데 후세에는 교화가 차츰 해이해져서 백성이 서로 화목하지 못하니 군신 · 부자 · 부부의 큰 인륜이 모두 본연의 성품과 위배되어 항상 박(薄)한 데에 흘렀다. … 내가 그 가운데 훌륭한 것을 뽑아서 그림을 그리고 찬을 지어서 안팎에 반포하고자 한다"하고, 집현전 부제학 설순에게 명하여 편찬하는 일을 맡도록 하였다. 그리하여 중국으로부터 우리 동방에 이르기까지 고금의 서적에 있는 것을 찾아보지 않은 것이 없이 하여 효자 · 충신 · 열녀로 뚜렷이 기술할 만한 사람 각각 110명을 뽑아서 전면에는 그림을 그리고 후면에는 그 사실을 기록했으며, 아울러 시까지 써 놓았다.

『이륜행실도』
"삼강행실도"는 벌써 간행이 되었으나 오륜(五倫) 가운데 장유 · 붕우 두 가지 일이 따로 간행된 것이 없습니다. 때문에 신(김안국)이 경상도 관찰사로 있을 적에 "이륜행실도"를 찬집하면서 형제의 유에다 친척 조항을 붙이고 붕우의 유에다 사생(師生) 조항을 붙여 책을 만들었습니다. 그런 다음 간행하여 반포해서 온 도의 사람으로 하여금 모르는 자가 없게 하였습니다. 신은 이 "이륜행실도"를 많이 간행하여 널리 반포하는 것이 매우 좋겠다고 생각합니다.
－『중종실록』－

1. 『조선왕조실록』

(1) **관찰 역사서**: 태조~철종 시기_{고종과 순종 실록은 일제 강점기 때 제작}

(2) **편년체(날짜별 기록), 왕의 열람 일체 금지, 유네스코 세계기록유산 등재**

(3) **편찬 과정**

① 사관의 기록: 춘추관 소속 – 승정원, 홍문관, 예문관 등 일부 관리의 겸직 가능

② 왕 사후에 실록청 설치: 사초_{사관의 기록물} · 시정기_{1년마다 정리한 관청의 공문서} · 조보_{정부 소식지} · 『승정원일기』 · 『일성록』_{정조 이후} · 『의정부등록』 · 『비변사등록』 등 정리 → 초초, 중초, 정초 순으로 편찬

③ 세초: 사초와 시정기 등을 물에 씻어냄

④ 사고 보관: (왜란 전) 4대 사고에 보관 → (왜란) 전주 사고본만 보존 → (왜란 후) 5대 사고에 보관

2. 역사서

(1) **건국 초기**: 조선 건국의 정당성 강조

① 정도전의 『고려국사』: 태조, 관찬, 편년체

② 권근의 『동국사략』: 태종, 편년체, 단군~삼국 시대(신라 중심) 정리

(2) **15세기 중엽**: 고려사를 자주적으로 정리, 자주적 사관(단군 강조), 관찬 사서 다량

① 『고려사』: 세종~문종, 김종서 · 정인지 주도, 기전체(본기 없음, 세가에 고려 왕 수록, 우왕과 창왕은 신우 · 신창이라 부르며 열전에 기록)

② 『고려사절요』: 문종, 김종서 · 정인지 주도, 편년체, 『고려사』가 기전체인 점을 보완하기 위해 편찬

③ 『삼국사절요』: 성종, 서거정 · 노사신 주도, 편년체, 단군~삼국(자주적) 정리

④ 『동국통감』: 성종, 서거정 · 노사신 주도, 편년체, 단군~고려 정리(우리나라 최초의 통사, 외기–삼국기–신라기–고려기 순, 삼국을 대등하게 봄), 단군 조선의 B.C. 2333년 건국설 제기

(3) **16세기**: 사찬 사서 多(사림 주도), 유교적 명분론 기반, 존화주의적 사관(기자 강조)

① 박상의 『동국사략』: 중종, 편년체, 『동국통감』을 축약 · 비판, 온건파 사대부 재평가

② 유희령의 『표제음주동국사략』: 중종, 편년체, 단군~고려 통사(단군 조선을 상세히 기록)

③ 이이의 『기자실기』: 선조, 우리 민족의 문화 기원을 기자로 인식

(4) **17세기**: 강목체 서술

① 유계의 『여사제강』: 강목체, 서인의 입장에서 고려사 기술, 북벌 운동 고취

② 홍여하의 『동국통감제강』: 『동국통감』을 강목법에 따라 편집

③ 허목의 『동사』: 단군 조선~삼국 시대 서술, 단군 정통론 주장

④ 홍만종의 『동국역대총목』: 단군 정통론 주장

(5) **정조**: 민족적 · 자주적 · 고증학적 · 실증적 사관, 단군 강조, 정통론 강조(특히 이익과 남인계)

① 이익: 단군–기자–삼한–통일 신라–고려 정통론 주장(삼한 정통론, 삼국 무통론), 중국 중심의 역사관 비판

② 안정복의 『동사강목』: 이익의 사관 계승, 단군–기자–마한–통일 신라–고려 정통론 주장(마한 정통론, 삼국 무통론)

③ 안정복의 『열조통기』: 편년체, 조선 태조~영조 기록

④ 유득공의 『발해고』: 최초의 발해사 총서, 남북국 시대 용어 사용, 만주로 시야 확대, 한ㆍ중ㆍ일의 22종 서적 참고

⑤ 이긍익의 『연려실기술』: 기사본말체, 태조~숙종의 정치사 정리, 우리 책 400여 권 참고

(6) 19세기

① 이종휘의 『동사』: 기전체(본기 존재), 고대~고려 통사, 부여-고구려-발해로 이어지는 역사에 주목, 만주로 시야 확대

② 한치윤의 『해동역사』: 기전체(본기 없음), 고대~고려 통사, 한ㆍ중ㆍ일의 550여 권 참고

사료더하기

『고려사』 서문
태조께서는 고려의 왕조는 이미 폐허로 되었으나 그 역사를 사라지게 하루 없다고 생각하여 사관들에게 고려 역사를 편찬케 하였는데 … 이 책을 편찬하면서 범례는 사마천의 사기를 따랐고, 기본 방향은 직접 왕에게 물어서 결정하였습니다. 본기라 하지 않고 세가라 한 것은 대의명분의 중요성을 보인 것입니다. 신우, 신창을 세가에 넣지 않고 열전으로 내려놓은 것은 왕위를 도적질한 사실을 엄히 밝히려 한 것입니다.

『고려사절요』 서문
세종께서는 문명의 교화를 밝히시어 신 등에게 명하시면서, "전사(全史)를 먼저 편수하고, 그 다음에 편년(編年)을 편수하라." 하셨습니다. … 세교(世教)에 관계되는 사적과 모범이 될 만한 제도를 모아서 번거로운 것은 깎아 간략하게 하고 연월을 표시하여 사건을 서술해서 고열(考閱)에 편리하게 하였습니다.

『동국통감』 서문
우리 동방은 단군으로부터 기자를 지나 삼한에 이르기까지 고증할 만한 문적이 없었으며, 아래로 삼국에 이르러 겨우 역사책이 있었지만 대강 간략함이 매우 심하였고, 게다가 근거도 없고 경전에도 나오지 않는 말들을 더하였습니다. … 주상께서 그 뜻을 이어받아 서거정 등에게 편찬을 명하였습니다. … 범례는 한결같이 '자치통감'에 의거하였고, '강목'의 필삭한 취지에 따라 번다하고 쓸모없는 것은 삭제해서 요령만 남겨 두려고 힘썼습니다. 삼국이 함께 대치하였을 때는 삼국기(三國紀)라 칭하였고, 신라가 통합하였을 때는 신라기(新羅紀)라 칭하였으며, 고려 시대는 고려기(高麗紀)라 칭하였고, 삼한 이상은 외기(外紀)라 칭하였습니다.

이이의 『기자실기』
단군께서 제일 먼저 나시기는 하였으나 문헌으로 상고할 수 없다. 삼가 생각하건대 기자께서 우리 조선에 들어와서 그 백성을 후하게 양육하고 힘써 가르쳐 주어 머리를 틀어 얹는 오랑캐의 풍속을 변화시켜, 문화가 융성하였던 제나라와 노나라 같은 나라로 만들어 주셨다.

안정복의 『동사강목』
정통은 단군ㆍ기자ㆍ마한ㆍ신라 문무왕 9년 이후ㆍ고려 태조19년 이후를 말한다. 신라는 통일한 이듬해에 정통을 이었다. 고려는 견훤에게 도적을 평정한 예를 썼으므로 통합한 해에 정통을 이었다. 무통(無統)은 삼국이 병립한 때를 말한다. … 삼국사에서 신라를 으뜸으로 한 것은 신라가 가장 먼저 건국했고, … 고구려의 강대하고 현저함은 백제에 비할 바가 아니며, 신라가 차지한 땅은 남쪽의 일부에 불과할 뿐이다. 그러므로 김씨는 신라사에 쓰여진 고구려 땅을 근거로 했을 뿐이다.

유득공의 『발해고』
부여씨가 망하고 고씨(고구려)가 망한 다음. 김씨(신라)가 남방을 차지하고 대씨(발해)가 북방을 차지하고는 발해라 하였으니, 이것을 남북국이라 한다. 당연히 남북국을 다룬 역사책이 있어야 하는데. 고려가 편찬하지 않은 것은 잘못이다. 저 대씨가 어떤 사람인가? 바로 고구려 사람이다. 그들이 차지하고 있던 땅은 어떤 땅인가? 바로 고구려 땅이다.

이긍익의 『연려실기술』
각 항목마다 인용한 책을 밝혔으며, 축약하기는 하였으나 내 의견을 붙여 논평하지는 않았다. 동서 당파가 나뉜 후로 이쪽 저쪽의 기록에 헐뜯고 칭찬한 것이 서로 반대가 되는데 한쪽에만 치우치게 편찬한 경우도 많았다. 나는 모두 그대로 수록하여 독자들이 각기 옳고 그른 것을 판단하도록 맡겼다.

구분	지도	지리서
15세기	• 혼일강리역대국도지도 　– 태종, 김사형·이회가 제작, 권근의 발문 　– 현존 동양 최고의 세계 지도 _{아메리카·오세아니아 없음} 　– 편찬도: 중국 성교광피도(이슬람 지도학의 영향 받음) 　　와 혼일강리도＋조선 팔도도＋일본 지도 　– 사대주의 지리관 반영: 중국과 조선이 가장 큼 　– 현재 일본에 보관 • 팔도도: 태종, 이회가 제작 • 동국지도: 세조, 정척·양성지가 제작, 인지의와 규형 _땅 　_{원근 측량 도구}을 이용한 최초의 실측도	• 『신찬팔도지리지』: 세종, 조선 최초의 전국 지리지 • 『세종실록지리지』: 단종, 독도 기록 존재("우산_{독도}과 무릉_{울릉도} 두 섬이 서로 거리가 멀지 않아 날씨가 맑으면 바라볼 수 있다.") • 최부의 『표해록』: 성종, 제주도~중국을 표류 • 신숙주의 『해동제국기』: 성종, 일본 견문기 • 『동국여지승람』: 성종, 서거정·노사신 주도 　– 군현의 연혁·지세·인물·풍속·산물·교통 정리 　– 단군신화 수록
16세기	• 조선방역지도: 명종, 현존 최고(最古), 8도별로 군현의 색을 다르게 표시, 만주와 대마도 표기	• 『신증동국여지승람』의 '팔도총도': 중종, 지리지에 최초로 지도 수록, 울릉도·독도 지도 존재
17세기	• 곤여만국전도: 선조, 마테오 리치가 제작, 세계 지도, 조선인의 세계관 확대에 영향	• 한백겸의 『동국지리지』: 광해군, 조선 후기 역사 지리서의 효시, 삼한과 고대 국가의 지명 고증
영조	• 정상기의 동국지도(동국대지도): 회화식 기법 대신 최초로 100리척 사용(최초의 축척 지도)	• 이중환의 『택리지』: 유배 후 우리나라 각 지방을 답사, 자연환경·인물·풍속·인심 등을 서술, 사민총론–팔도총론–복거총론 순 • 신경준의 『강계고』: 고조선~조선의 강계_{영토 경계} 정리, 우리나라의 지맥과 강을 유기적으로 이해 • 『여지서서』: 왕명으로 편찬, 전국에서 읍지를 모아 『신증동국여지승람』 보완
19세기	• 김정호의 청구도: 순조, 편찬도 _{기존 지도를 집대성} • 김정호의 대동여지도: 철종 　– 산맥·하천·포구·도로망 표시: 정밀성 최고 　– 10리마다 눈금 표기: 거리 측정 가능 　– 목판＋분첩절첩식(22첩) 　– 실측도＋편찬도 　– 지도와 함께 지리서인 『대동지지』 편찬 _{미완성} • 김정호의 지구전후도: 순조, 구대륙을 전도·신대륙을 후도에 배치	• 정약용의 『아방강역고』: 순조, 역사 지리서, 고조선~발해의 영토와 지명 고증 • 최한기의 『지구전요』: 철종, 중국의 『해국도지』와 『영환지략』을 바탕으로 한 세계 지리서, 코페르니쿠스의 자전과 공전 소개

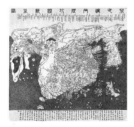

혼일강리역대국도지도

곤여만국전도

사료더하기

『동국여지승람』 서문

양성지가 『팔도지지』를 바치고, 신(서거정) 등이 『동문선』을 바쳤더니, 전하께서는 시와 문을 '지지(地誌)'에 넣게 하셨습니다. … 연혁을 먼저 쓴 것은 한 고을의 흥폐를 먼저 몰라서는 안 되기 때문이고, 풍속과 형승을 다음에 쓴 것은 풍속은 한 고을을 유지시키는 바이며, … 경도(京都)의 첫머리에 총도를 기록하고, 각각 그 도의 앞에 도(圖)를 붙여서 이 양경(兩京) 8도로 50권을 편찬하고 정서하여 바치나이다. … 책을 펴서 그 일을 상고하고 도(圖)를 펼쳐 그 자취를 본다면 태산에 오르거나 황하의 근원을 끝까지 파고들 것 없이 8도의 지리가 마음과 눈에 환하여 문을 나가지 않고도 손바닥을 보듯이 분명히 알 것입니다.

1. 문학

(1) 15세기

① 한문학: 서거정의 『동문선』(성종, 삼국~조선 초의 시·산문 중 우수한 것 모아 편찬, 자주 의식 반영)

② 시조 문학: 길재, 김종서, 남이

③ 패관 문학: 서거정의 『필원잡기』, 성현의 『용재총화』, 김시습의 『금오신화』(최초의 한문 소설)

(2) 16세기

① 가사 문학: 정철의 「관동별곡」·「사미인곡」·「속미인곡」

② 설화 문학(패관 문학): 임제의 「원생몽유록」, 어숙권의 『패관잡기』(서얼, 적서 차별 비판)

③ 여성 문학: 황진이, 이매창, 허난설헌, 신사임당

(3) 17세기, 강호(江湖) 문학: 윤선도의 「오우가」·「어부사시사」

사료더하기

『동문선』
우리나라의 문장이 살아 있는 듯 용솟음치니 옛날 어떤 글에 못지않다. 이것은 바로 우리의 글이다. 송·원의 글이 아니고, 한·당의 글도 아니다. 마땅히 중국 역대의 글과 나란히 천지 사이에 행하게 하여야 할 것입니다. 어찌 사라져 전함이 없게 하겠습니까? … 저희들은 전하의 위촉을 받자와 삼국 시대로부터 지금에 이르기까지의 사·부·시·문 등 여러 가지 문체를 수집하여 이 가운데 문장과 이치가 아주 바르고, 교화에 도움이 될 만한 것을 취하여 분류하고 정리하였습니다.

원천석(고려 말 학자, 은둔 생활)
흥망이 유수한 만월대도 추초로다 / 오백 년 왕업이 목적에 부쳐시니 / 석양에 지나는 객이 눈물겨워 하노라

길재
오백년 도읍지를 필마로 돌아드니 / 산천은 의구한데 인걸은 간데없네. / 어즈버 태평연월이 꿈이런가 하노라

남이
백두산 돌은 칼 갈아 없애고 / 두만강 물은 말 먹여 없애고
남아 이십에 나라를 평정하지 못하면 / 어찌 대장부라 하겠는가

임제의 사회 부조리 고발
복건을 쓴 사람이 한숨을 내뿜으며 말했다. "옛날 요임금, 순임금이나 탕왕, 무왕은 만고의 죄인인 줄 아옵니다. 후세 여우 같은 자들이 임금 자리를 물려주는 것을 빙자하여 신하로서 임금을 해치고도 정의와 명분을 내세웠으니 말입니다. 일천 년 동안 이 같은 풍조가 도도히 흘러 내려와 이제는 구할 길이 없게 되었습니다. 아아! 네 임금이야말로 도둑의 시초라 하겠습니다."
– 「원생몽유록」 –

2. 백과사전류: 유서(類書)로 불림, 주로 18~19세기에 편찬

(1) 어숙권의 『고사촬요』: 명종, 사대교린에서 일상생활에 이르는 일반 상식 수록

(2) 이수광의 『지봉유설』: 광해군, 마테오 리치의 『천주실의』 소개

(3) 이익의 『성호사설』: 영조, 천지·인사·만물·경사·시문 등 5개 부분으로 구분, 이익의 사상 집대성

(4) 『동국문헌비고』: 영조, 관찬, 우리나라의 역대 문물 총정리(한국학 백과사전)

(5) 이덕무의 『청장관전서』: 정조, 이덕무의 문집 총정리

(6) 서유구의 『임원경제지』: 헌종, 조선의 농학 집대성(16개 분야), 백과사전, 둔전론 주장

(7) 이규경(이덕무의 손자)**의 『오주연문장전산고』:** 헌종, 우리나라와 외국의 제도·문물 정리, 변증설 형식

1. 천문, 역법

(1) 태조: 서운관 설치(→ 세조 때 관상감으로 개칭), 천상열차분야지도 제작 _{고구려의 천문도를 토대로 제작한 천문도}

(2) 세종

① 혼천의 · 간의 제작, 간의대 설치 →『칠정산』편찬(한양 기준 역법서, 원 수시력과 이슬람 회회력 참고)

② 앙부일구 · 자격루 제작: 시간 측정

③ 측우기 제작: 강수량 측정, 연분 9등법 제정에 영향

④ 이천 · 이순지 · 장영실 등 활약

(3) 조선 후기: 서양 과학의 영향 받음, 중국 중심의 세계관 극복

① 김석문:『역학도해』에서 우리나라에서 최초로 지전설 주장

② 홍대용:『의산문답』에서 지전설과 무한 우주론 주장

③ 최한기:『지구전요』에서 코페르니쿠스의 자전과 공전을 소개

2. 인쇄술

(1) 태종: 주자소 설치 _{금속 활자 개량}, 계미자 주조, 조지소 설치 _{종이 생산}

(2) 세종: 경자자 · 갑인자 주조, 인쇄 기술 향상(밀랍 대신 식자판으로 조립)

3. 의학

(1) 태조:『향약제생집성방』편찬

(2) 세종:『향약채취월령』,『향약집성방』,『의방유취』(동양 의학에 관한 서적과 이론 집대성) 편찬

(3) 허준의『동의보감』: 선조~광해군, 왕명으로 편찬, 동아시아 의학 집대성, 예방 의학과 공공 보건 정책에 대한 관념을 구축, 주변에서 구하기 쉬운 약재를 사용한 치료법을 소개, 세계기록유산 등재

(4) 허임의『침구경험방』: 인조, 침구술 집대성

(5) 안경창의『벽온신방』: 효종, 왕명으로 편찬, 전염병 치료에 관한 의서

(6) 정약용의『마과회통』: 정조, 홍역 치료서, 부록에서 박제가와 공동 연구한 천연두 치료법인 종두법을 최초로 소개

(7) 이제마의『동의수세보원』: 고종, 사상의학 확립(태양인, 태음인, 소양인, 소음인)

4. 국방 기술

(1) 태조: 정도전의『진법』편찬 _{군사 훈련 지침서}

(2) 태종: 최해산 _{최무선의 아들} 활동

(3) 세종: 신기전 제작,『총통등록』편찬(화약 무기의 제작과 사용법 정리)

(4) 문종: 화차 제작,『동국병감』편찬(고조선~고려 말 전쟁사 정리)

(5) 성종:『병장도설』편찬 _{군사 훈련 지침서}

(6) 인조~효종: 벨테브레이(박연)와 하멜 표류, 훈련도감에서 서양식 대포 제조법과 조종법 전수

(7) 정조: 이덕무 · 박제가 · 백동수가『무예도보통지』편찬 _{무예 훈련 교범}

『칠정산』 서문
왕(세종)께서 정흠지, 정초, 정이지 등에게 명하여 중국 역법을 연구하여 묘리를 터득하게 하였다. 자세히 규명되지 않은 것은 왕께서 몸소 판단를 내리시어 보누가 분녕히 밝혀시게 뇌었나. 또 "태음통궤"(달의 운행 도수를 추산하는 법을 기록한 책)과 "태양통궤"(태양의 운행 도수를 추산하는 법을 기록한 책)를 중국에서 얻었는데 그 법이 이것과 약간 달랐다. 이를 바로잡아서 내편을 만들었다.

『향약제생집성방』 서문
우리나라는 중국과 멀리 떨어져서 이 땅에서 생산하지 않는 약은 구하기 어려운 것을 몹시 걱정하였을 것이다. 그래서인지 우리나라 풍속이 흔히 한 가지 풀을 가지고 한 가지 병을 고치는 데 특효를 본다. … 조준과 김사형이 위로 임금의 마음을 본받아서 서울에다 제생원을 설치하고 본국에서 생산되는 약재를 채취해서 약을 제조하고 널리 베풀어서 백성의 편리를 도와주자고 청하였으니 … 모두 구하기 쉬운 물건이요, 이미 경험한 방문이다. 참으로 이 방문만 잘 알면 한 가지 병에 한 가지 약으로 되는 것이니, 이 땅에서 나지 않고 구하기 어려운 물건을 바라겠는가.

『향약집성방』 서문
대개 백 리나 천 리쯤 서로 떨어져 있으면 풍속이 다르고, 초목이 생장하는 것도 각각 적당한 곳이 있고, 사람의 좋아하는 음식도 또한 습성에 달린 것이다. … 오직 우리 나라는 하늘이 한 구역을 만들어 무릇 민생을 기르고 병을 치료할 만한 것이 구비되지 아니한 것이 없으나, 다만 옛날부터 의학이 발달되지 못하여 약을 시기에 맞추어 채취하지 못하고, 가까운 것을 소홀히 하고 먼 것을 구하여, 사람이 병들면 반드시 중국의 얻기 어려운 약을 구하였다. … 집현전 직제학 유효통, 전의 노중례, 부정 박윤덕 등에게 명하여 다시 향약방에 대하여 여러 책에서 빠짐 없이 찾아내고 종류를 나누고 더 보태어 한 해를 지나서 완성하였다.
- 『세종실록』 -

『동의보감』 서문
병신년(1596년, 선조 29)에 태의로 있던 허준을 불러 다음과 같이 말하였다 ."요즘 조선이나 중국의 의학책들은 모두 변변치 않고 보잘 것 없는 초록(抄錄)들이므로 그대는 여러 가지 의학 책을 모아서 좋은 의학 책을 하나 편찬하는 것이 좋겠다. … 산간 벽지에는 의사와 약이 없어서 일찍 죽는 일이 많다. 우리나라에는 곳곳에 약초가 많이 나기는 하나 사람들이 잘 알지 못하니 이를 분류하고 지방에서 불리는 이름도 같이 써서 백성이 알기 쉽게 하라." … 새 왕(광해군)이 즉위한 지 3년째 되는 경술년(1610)에 비로소 이 사업이 끝났다.

『동의수세보원』
사람이 날 때 타고난 장부의 이치가 서로 같지 않은 것이 네 가지가 있다. 폐가 크고 간이 작은 사람을 태양인이라고 하고, 간이 크고 폐가 작은 사람을 태음인이라 한다. 지라가 크고 콩팥이 작은 사람을 소양이라 하고 콩팥이 크고 지라가 작은 사람을 소음인이라 한다.

1. 건축

(1) 15세기

① 경복궁, 창덕궁, 창경궁, 한양의 4대문, 종묘, 개성의 남대문, 평양의 보통문

② 무위사 극락전, 해인사 장경판전(세계문화유산 등재), 원각사지 10층 석탑(세조, 고려의 경천사지 10층 석탑)

무위사 극락전

원각사지 10층 석탑

(2) 16세기, 서원 건축 중심

① 구조: 강당(교육 공간), 사당(제사 공간), 동재·서재(기숙 시설)

② 가람 배치 양식과 주택 양식의 결합, 소박함 추구, 자연과의 조화 추구

③ 경주의 옥산 서원(이언적 배향), 안동의 도산 서원(이황 배향), 파주의 자운 서원(이이 배향)

서원 배치도

옥산 서원

도산 서원

(3) 17세기, 법주사 팔상전(우리나라 유일의 목조탑, 5층탑), 금산사 미륵전(3층), 화엄사 각황전(2층)

① 다층·통층_{내부가 하나로 연결} 구조

② 불교의 사회적 지위 향상과 양반 지주층의 경제적 성장을 반영

(4) 18세기, 논산 쌍계사 대웅전, 부안 개암사: 부농과 상인의 지원 받아 축조

화엄사 각황전

법주사 팔상전

2. 회화

(1) 15세기

① 안견의 「몽유도원도」: 도화서 화원, 안평 대군이 꿈속에서 본 무릉도원을 안견에게 설명함, 이상 세계
와 현실 세계를 신비롭게 표현, 현재 일본 보관

② 강희안의 '고사관수도': 양반, 부녑부상의 선비 모습

몽유도원도

고사관수도

(2) 16세기

① 이정의 「묵죽도」, 어몽룡의 「월매도」: 사대부가 그린 사군자화(선비의 이상 표현)

② 이상좌의 「송하보월도」, 신사임당의 「초충도」

묵죽도

월매도

송하보월도

초충도

(3) 18세기, 진경 산수화

• 정선의 「인왕제색도」·「금강전도」: 우리의 자연을 사실적으로 표현

인왕제색도

금강전도

(4) 18세기 후반, 풍속화

① 도화서 소속의 전문 화원 주도

② 김홍도의 「논갈이」·「씨름」·「서당」·「대장간」: 서민의 생활 모습 표현, 19세기에 김득신이 계승

③ 신윤복의 「단오풍정」·「연소답청」·「월하정인」: 주로 양반과 부녀자의 풍류 표현

김홍도의 자리짜기	김홍도의 서당	신윤복의 단오풍정

(5) 18세기 말, 서양 화법 전래

• 강세황의 「영통골입구도」: 양반, 서양의 원근법 도입

영통골 입구도

(6) 19세기

① 김정희의 「세한도」: 양반, 제주 유배 시절에 선비의 의리와 절개 표현

② 김득신의 「파적도」: 풍속화 계승

③ 장승업의 「홍백매도」·「군마도」: 도화서 화원, 강렬한 필치와 뛰어난 채색이 특징

④ 궁궐도 유행: 동궐도(창덕궁, 창경궁), 서궐도(경희궁), 북궐도(경복궁)

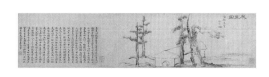 

세한도	파적도

3. 글씨

(15세기) 안평대군의 송설체 → (16세기) 양사언의 초서, 한호의 석봉체 → (조선 후기) 이광사의 동국진체, 김정희의 추사체

이광사의 동국진체

김정희의 추사체

4. 자기

(1) **분청사기(15세기)**: 청자에 백토 분을 칠함, 소박하고 천진스러운 무늬로 장식

(2) **백자(16세기~)**: 사대부의 검소함과 절제미 반영

(3) **조선 후기**: 백자의 보편화(서민까지 확산), 청화 백자 제작_{백자에 청색 안료로 무늬를 그림}, 옹기 제작(서민용)

분청사기

백자

청화백자

5. 음악: 백성의 교화 수단으로 여김

(1) **세종**: 정간보 편찬, 박연의 아악 정리, 종묘제례악 정비

(2) **성종**: 『악학궤범』 편찬(성현 주도, 음악 이론서)

1. 발달 배경

(1) 농업 생산력의 증대와 상품 화폐 경제의 발달 → 서민의 경제력 향상

(2) 서당 교육의 보급 → 서민의 사회적 지위 향상

2. 분야별

한글 소설	• 허균의 「홍길동전」: 최초의 한글 소설, 서얼에 대한 차별 철폐, 탐관오리에 대한 응징 • 김만중의 「사씨남정기」: 숙종이 인현왕후 민씨를 폐하고 장희빈을 세운 것을 풍자 • 김만중의 「구운몽」: 인생의 부귀 영화가 구름처럼 덧없음을 표현 • 17세기의 「전우치전」· 「곽재우전」: 도술가가 주인공인 전기물이 유행 • 18세기 이후의 「춘향전」, 「장화홍련전」, 「심청전」: 권선징악과 애정문제를 소재로 삼음
사설시조	자유로운 형식, 서민들의 현실적인 감정이나 현실에 대한 비판 수록
한문학	• 양반 주도, 사회의 부조리한 현실 비판 • 정약용의 「애절양」군정의 문란을 적은 시, 박지원의 「양반전」· 「허생전」· 「호질」
판소리	• 현재 판소리 5마당(춘향가, 심청가, 흥부가, 적벽가, 수궁가)이 전해짐: 신재효가 정리 • 양반〜하층민에게 인기 얻음
탈춤	• 양반 · 승려의 부패와 위선 풍자, 장시나 포구에서 공연 • 봉산 탈춤, 양주 산대놀이, 안동 하회 별신굿
민화	• 해, 달, 나무, 꽃, 동물, 물고기 등을 소재로 삼음 • 장식용 · 구복적 목적: 집안을 민화로 장식하여 출세 · 장수 · 행운 · 복을 기원

사료더하기

서민 문화 유행
근래에 부녀자들이 다투어 읽고자 하는 것은 소설 따위인데 날로 달로 늘어나며 그 종류도 백 가지 천 가지이다. 상인들은 책을 필사하여 대여해 주며 비용을 받아 이익을 취한다. 부녀자들이 식견이 없으니 비녀를 팔거나 돈을 꾸어서 다투어 빌려 보고 하루 종일 시간이 가는 줄도 모른다.   – 채제공, 「번암집」 –

흥부가
흥부 치레를 볼작시면 철대 부러진 헌 파립 버레줄 총총 매어 조새 갓끈을 달아 써.
면자 떨어진 헌 망건 밥풀 관자 노당 줄을 뒷통 나게 졸라매고,
떨어진 헌 도포 실띠로 총총 이어 고픈 배 눌러 띠고 한 손에다가 곱돌 조대를 들고
또 한 손에다가는 떨어진 부채 들고, 죽어도 양반이라고 여덟 팔자 걸음으로 엇비식이 들어간다.

작호도

MEMO

I wish you the best of luck!

시대로 win 시대로 www.sdedu.co.kr/winsidaero

빈칸 채우기

01 ( ) 직위 후 정초와 변효문 등을 시켜 『농사직설』을 편찬하게 하셨다.　　　22 지방직 9급

02 ( ) 직위 후 수신전과 휼양전이 폐지되었다.　　　21 경찰 2차

03 ( ) 즉위 후 주세붕은 백운동 서원을 건립하였다.　　　22 지방직 9급

04 ( ) 즉위 후 김효원과 심의겸의 대립으로 사림이 분화하였다.　　　15 지방직 9급

05 ( ) 즉위 후 청의 요구에 따라 조총부대를 영고탑으로 파견하였다.　　　20 지방직 9급

06 ( ) 직위 후 남인들이 대거 관직에서 쫓겨나고 허적과 윤휴 등이 처형되었다.　　　20 지방직 9급

07 ( ) 즉위 후 법 조항을 원, 속, 증으로 구분하여 정리한 『대전통편』을 편찬하였다.　　　21 경찰2차

08 ( ) 즉위 후 홍경래가 난을 일으켜 청천강 이북 지역을 장악하였다.　　　16 사복직 9급

선택하기

09 (서인, 동인)은 정여립 모반 사건을 계기로 기축옥사를 일으켰다.　　　22 법원직 9급

10 갑인예송에 남인은 왕권을 강조하며 (기년설, 대공설)을 주장하였다.　　　18 국가직 9급

11 (이황, 이이)은/는 선조에게 『성학집요』와 『동호문답』을 지어올렸다.　　　22 지방직 9급

12 (서경덕, 조식)은 서리망국론을 부르짖으며 당시 서리의 폐단을 강력하게 비판하였다.　　　16 국가직 9급

13 (승정원, 사간원)은 국왕의 명령을 출납하였고, (승문원, 예문관)은 외교문서를 작성하였다.　　　22 국가직 9급

○, ×

14 신해통공으로 육의전의 금난전권이 폐지되었다. (○, ×)　　　19 국가직 9급

15 『감저보』, 『감저신보』에서 고구마 재배법을 기술하였다. (○, ×)　　　19 국가직 9급

16 중앙 관청에 소속된 공노비 가운데는 유외잡직에 임용되기도 하였다. (○, ×)　　　22 계리직

17 조선 후기에 부농층은 관권과 결탁하여 향임직에 진출하였다. (○, ×)　　　16 국가직 9급

18 낙론은 북학파의 과학 기술 존중과 이용후생 사상으로 이어졌다. (○, ×)　　　13 국가직 9급

19 이익은 노비제, 과거제 등 여섯 가지를 '나라의 좀'으로 규정하였다. (○, ×)　　　21 경찰 2차

20 박지원은 재물을 우물에 비유하며 소비를 권장해야 한다고 주장하였다. (○, ×)　　　21 경찰 2차

정답확인

01 세종　**02** 세조　**03** 중종　**04** 선조　**05** 효종　**06** 숙종　**07** 정조　**08** 순조　**09** 서인　**10** 기년설　**11** 이이　**12** 조식
13 승정원, 승문원　**14** ×　**15** ○　**16** ○　**17** ○　**18** ○　**19** ○　**20** ×

01

제시문의 밑줄 친 국왕은 중종을 말하는 것으로 중종의 명을 받고 조신이 편찬한 『이륜행실도』는 연장자, 연소자, 친구 사이의 도덕적 윤리를 강조한 윤리서이다.

① 중종 때 풍기 군수 주세붕이 안향을 제사 지내기 위해 백운동 서원을 세웠다 (1543).

오답의 이유

② 세조 때의 일이다.

③ 성종 때의 일이다.

④ 세종 때 왕실 학문 육성을 위해 궁궐 안에 집현전을 창설하였다(1420).

01 밑줄 친 '국왕'의 재위 기간에 있었던 일로 옳은 것은? 18 국가직 9급

> 지금 국왕께서 풍속을 바꾸려는 데에 뜻이 있으므로 신은 지극하신 뜻을 받들어 완악한 풍속을 고치고자 합니다. …(중략)… 『이륜행실(二倫行實)』로 말하면 신이 전에 승지가 되었을 때에 간행할 것을 청했습니다. 삼강이 중한 것은 아무리 어리석은 부부라도 모두 알고 있으나, 붕우·형제의 이륜에 이르러서는 평범한 사람들이 제대로 모르는 경우가 있습니다.

① 주세붕이 백운동 서원을 세웠다.

② 김시습이 『금오신화』를 저술하였다.

③ 『국조오례의』가 편찬되고 『동국여지승람』이 만들어졌다.

④ 문화와 제도를 유교식으로 갖추기 위해 집현전을 창설하였다.

02

④ 자료는 붕당정치의 계기가 된 '이조 전랑직'을 둘러싼 동인과 서인의 갈등에 대해 설명하고 있다.

오답의 이유

① 을사사화에 대한 설명이다. 명종 때 인종의 외척 대윤과 명종의 외척 소윤의 갈등에 의해 훈구세력과 사림세력이 제거되는 을사사화가 일어났다.

② 심의겸은 서인이며 서경덕, 이황, 조식의 문인들은 동인에 가세하였다.

③ 이이와 성혼의 문인들은 서인에 가세하였다.

02 다음의 사건과 관련된 설명으로 옳은 것은? 15 서울시 9급

> 김효원이 과거에 장원으로 급제하여 이조전랑의 물망에 올랐으나, 그가 윤원형의 문객이었다 하여 심의겸이 반대하였다. 그 후에 심충겸(심의겸의 동생)이 장원 급제를 하여 이조 전랑에 천거되었으나, 외척이라 하여 김효원이 반대하였다.
>
> – 『연려실기술』 –

① 외척들의 반발로 이 사건에 관련된 훈구 세력과 사림세력이 제거되었다.

② 심의겸 쪽에는 정치의 도덕성을 강조한 서경덕, 이황, 조식의 문인들이 가세하였다.

③ 이이, 성혼의 문인들은 주기론(主氣論)에 입각하여 양쪽을 모두 비판하며 타협안을 제시하였다.

④ 이 사건 이후 사림을 중심으로 정치적, 학문적 견해 차이에 따른 붕당정치가 나타났다.

정답 01 ① 02 ④

03 **(가)~(라) 시기에 있었던 사실로 옳은 것은?** 17 국가직 9급

	(가)	(나)	(다)	(라)	
↑	↑	↑	↑	↑	

연산군 즉위 　중종 즉위 　효종 즉위 　영조 즉위 　정조 즉위

① (가) - 현량과를 실시하였다.

② (나) - 무오사화와 갑자사화가 일어났다.

③ (다) - 두 차례에 걸친 예송이 일어났다.

④ (라) - 신해통공으로 금난전권을 폐지하였다.

03

· 연산군 즉위(1494)
· 중종 즉위(1506)
· 효종 즉위(1649)
· 영조 즉위(1724)
· 정조 즉위(1776)

③ 현종 때 효종의 왕위 계승에 대한 정통성과 관련하여 두 차례의 예송논쟁이 전개되었다.

오답의 이유

① 중종 때 조광조가 훈구세력을 견제하기 위하여 현량과를 시행하였다.

② 무오사화(1498)와 갑자사화(1504)는 모두 연산군 재위 기간에 일어났다.

④ 정조는 신해통공으로 육의전을 제외한 나머지 시전상인들의 금난전권을 철폐하여 사상들의 자유로운 상업활동을 허용하였다(1791).

04 **다음과 같이 주장한 붕당에 대한 설명으로 옳은 것은?** 16 지방직 9급

> 기해년의 일은 생각할수록 망극합니다. 그때 저들이 효종대왕을 서자처럼 여겨 대왕대비의 상복을 기년복(1년 상복)으로 낮추어 입도록 하자고 청했으니, 지금이라도 잘못된 일은 바로잡아야 하지 않겠습니까?

① 인조반정으로 몰락하였다.

② 기사환국으로 다시 집권하였다.

③ 경신환국을 통해 정국을 주도하였다.

④ 정제두 등이 양명학을 본격적으로 수용하였다.

04

자료에서 말하는 기해년의 일은 첫 번째 예송인 기해예송을 말한다. 기해예송 당시 기년설(1년설)을 제시한 쪽은 서인이다. 서인의 기년설을 잘못된 일로 말하고 있으므로, 제시문의 주장은 그에 대비되는 3년설을 주장했던 남인의 주장으로 해석할 수 있다.

② 기사환국으로 인현왕후는 폐비가 되었으며, 남인이 재집권하게 되었다.

오답의 이유

① 인조반정으로 몰락하게 된 것은 북인이다.

③ 경신환국을 통해 정국을 주도하게 된 것은 서인이다.

④ 정제두를 중심으로 한 양명학의 학파인 강화학파는 주로 소론 출신들이었다.

정답 03 ③ 04 ②

05
제시문은 순조 때 일어난 홍경래의 난 (1811)에 대한 내용이다.
② 순조는 양인확보책으로 내수사 등 중앙관서에 소속된 공노비 6만여 명을 해방시켰다.

오답의 이유
①·④ 조선 철종
③ 조선 고종

05 다음 글을 남긴 국왕의 재위 기간에 일어난 사실로 옳은 것은?

14 국가직 9급

> 보잘 것 없는 나, 소자가 어린 나이로 어렵고 큰 유업을 계승하여 지금 12년이나 되었다. 그러나 나는 덕이 부족하여 위로는 천명(天命)을 두려워하지 못하고 아래로는 민심에 답하지 못하였으므로, 밤낮으로 잊지 못하고 근심하며 두렵게 여기면서 혹시라도 선대왕께서 물려주신 소중한 유업이 잘못되지 않을까 걱정하였다. 그런데 지난번 가산(嘉山)의 토적(土賊)이 변란을 일으켜 청천강 이북의 수많은 생령이 도탄에 빠지고 어육(魚肉)이 되었으니 나의 죄이다.
>
> – 『비변사등록』 –

① 최제우가 동학을 창도하였다.
② 공노비 6만 6천여 명을 양인으로 해방시켰다.
③ 미국 상선 제너럴셔먼호가 격침되었다.
④ 삼정 문제를 해결하기 위해 삼정이정청을 설치하였다.

06
① 서경권은 5품 이하 당하관 임명에 대한 동의권으로 양사(사간원, 사헌부)의 대간이 담당하였다. 홍문관은 학문을 연구하고 정책의 고문과 비판 등 언론 기능을 담당하였으며 별칭으로 옥당(玉堂), 옥서(玉署), 청연각(淸燕閣)이라 하였다.

06 조선의 중앙 정치 기구에 대한 설명으로 옳지 않은 것은?　19 경찰 1차

① 사헌부와 사간원, 홍문관은 서경권을 가지고 있었다.
② 한성부는 서울의 행정과 치안, 사법을 담당하였다.
③ 의금부와 승정원은 왕권을 강화하는 데 기여하였다.
④ 예문관은 국왕의 교지 작성을 담당하였다.

정답 05 ② 06 ①

07 다음 저서에 대한 설명으로 옳지 <u>않은</u> 것은? 17 사복직 9급

> 가. 『산림경제』   나. 『색경』
>
> 다. 『과농소초』   라. 『농가집성』

① 가: 홍만선의 저술로 농업, 임업, 축산업, 식품가공 등을 망라하였다.

② 나: 박세당의 저술로 과수, 축산, 기후 등에 중점을 두었다.

③ 다: 정약용의 저술로 농업기술과 농업정책에 관하여 논하였다.

④ 라: 신속의 저술로 이앙법을 언급하였다.

07

다. 『과농소초』: 조선 후기의 실학자 박지원이 편찬한 농서로 1900년 김택영이 『연암집』을 간추려 6권 2책 활자본으로 편찬하였다.

오답의 이유

가. 『산림경제』: 조선 숙종 때 실학자 홍만선이 엮은 농서 겸 가정생활서이다.

나. 『색경』: 조선 숙종 때 박세당이 지은 농서로 지방의 농경법을 연구하여 꾸민 농업기술서이다(1676).

라. 『농가집성』: 조선 효종 때 신속은 『농가집성』을 펴내 벼농사 중심의 농법을 소개하고 이앙법의 보급에 공헌하였다(1655).

08 다음의 자료에 보이는 시기의 경제 상황에 대한 설명으로 옳지 <u>않은</u> 것은? 17 국가직 9급

> 황해도 관찰사의 보고에 따르면, 수안군에는 본래 금광이 다섯 곳이 있었다. 올해 여름에 새로 39개소의 금혈을 뚫었는데, 550여 명의 광꾼들이 모여들었다. 도내의 무뢰배들이 농사를 짓지 않고 다투어 모여들 뿐만 아니라 다른 지방에서 이익을 좇는 무리들도 소문을 듣고 몰려온다. …(중략)… 금점을 설치한 지 이미 여러 해가 된 곳에는 촌락이 즐비하고 상인들이 물품을 유통시켜 큰 도회지를 이루고 있다.

① 밭농사에서는 견종법이 보급되었다.

② 면화, 담배 등 상품 작물을 재배하였다.

③ 일부 지방에서 도조법으로 지대를 납부하였다.

④ 개간을 장려하기 위해 사패전을 부농층에 분급하였다.

08

자료는 조선 후기 광산의 발전에 대한 내용이다. 조선 후기에는 청과의 무역으로 은의 수요가 늘어나면서 은광의 개발이 활기를 띠었다. 그리하여 17세기 말에는 거의 70개소의 은광이 개발되었고, 18세기 말에는 상업 자본이 채굴과 제련이 쉬운 사금 채굴에 몰리면서 금광의 개발도 활발해졌다.

④ 사패전은 왕이 국가나 왕실에 공훈을 세운 신하들에게 특별히 하사하였던 수조권으로서 지급된 고려 시대 토지이다.

정답 07 ③ 08 ④

09
자료에서 밑줄 친 이 제도는 세종이 실시한 공법이다.

① 세종은 조세제도를 좀 더 체계적으로 운영하기 위하여 토지 비옥도에 따라 조세를 부과하는 전분 6등법과 풍흉의 정도에 따라 조세를 부과하는 연분 9등법으로 바꾸고, 조세 액수를 1결당 최고 20두에서 최하 4두를 차등 있게 내도록 하였다. 세액은 연분 9등법에 의해 결정되었다.

오답의 이유
② 영정법(인조)
③ 대동법
④ 과전법

---

09 밑줄 친 제도에 대한 설명으로 옳은 것은?   17 지방직 9급

> 국왕이 말했다. "나는 일찍부터 이 제도를 시행해 여러 해의 평균을 파악하고 답험(踏驗)의 폐단을 영원히 없애려고 해왔다. 신하들부터 백성까지 두루 물어보니 반대하는 사람은 적고 찬성하는 사람이 많았으므로 백성의 뜻도 알 수 있다."

① 토지의 비옥도에 따라 조세를 차등 징수하였다.
② 풍흉에 상관없이 1결당 4~6두를 조세로 징수하였다.
③ 토지 소유자에게 1결당 미곡 12두를 조세로 징수하였다.
④ 토지 소유자에게 수확량의 10분의 1을 조세로 징수하였다.

10
〈보기〉는 공납의 모순인 방납의 폐단을 설명한 것으로, 이를 시정하기 위해 광해군 때 대동법이 시행되었다.

③ 조선 후기에 광산 개발이 활발해짐에 따라 등장한 덕대는 광산 채굴의 실질적 경영자로서 물주에게 자본을 조달받아 광산의 주인과 계약을 맺고 노동자를 고용하여 광산을 경영하였다.

---

10 〈보기〉와 같은 폐단을 해결하기 위해 실시한 제도에 대한 설명으로 가장 옳지 않은 것은?   19 서울시 9급

> **보기**
>
> 각 고을에서 공물을 상납하려 할 때 각 관청의 사주인들이 여러 가지로 농간을 부려 좋은 것도 불합격 처리를 하기 때문에 바칠 수가 없게 되었습니다. 이리하여 사주인은 자기가 갖고 있는 물품으로 관청에 대신 내고 그 고을 농민들에게는 자기가 낸 물건 값을 턱없이 높게 쳐서 열 배의 이득을 취하니, 이것은 백성의 피와 땀을 짜내는 것입니다.
>
> – 『선조실록』 –

① 광해군 시기에 실시하였다.
② 토지 결수를 기준으로 1결당 쌀 12두를 납부하게 하였다.
③ 왕실과 관청에서 필요한 수요품을 구해 납품하는 덕대가 등장하였다.
④ 물품 구매와 상품 수요가 증가하면서 상품 화폐 경제가 한층 발전하였다.

정답 09 ① 10 ③

11 과전법과 그 변화에 대한 설명으로 옳지 않은 것은?

① 수신전, 휼양전을 죽은 관료의 가족에게 지급하였다.

② 공음전을 5품 이상의 관료에게 주어 세습을 허용하였다.

③ 세조 대에 직전법으로 바꾸어 현직 관리에게만 수조권을 지급하였다.

④ 성종 대에는 관수관급제를 실시하여 전주의 직접 수조를 지양하였다.

11

② 공음전은 5품 이상의 관료에게 주어 세습이 허용된 제도로, 고려 전시과에 해당한다.

오답의 이유

① 과전법은 받은 사람이 죽거나 반역을 하면 국가에 반환하도록 정해져 있었으나 수신전, 휼양전은 그 예외로 세습이 가능하였다.

③ 세조는 관리의 토지 세습 등으로 지급할 토지가 부족하게 되자 국가의 재정 확보와 중앙 집권화의 일환으로 직전법을 시행하여 현직관리에게만 토지를 지급하였다.

④ 성종은 지방 관청에서 그 해의 생산량을 조사하고 직접 수조권을 행사하여 세를 거두어 관리에게 다시 나누어 주는 방식의 관수관급제를 시행하였다.

12 조선 전기(15~16세기) 사림의 향촌을 주도하기 위한 동향으로 옳지 않은 것은?

① 도덕과 의례의 기본 서적인 『소학』을 보급하였다.

② 향사례(鄕射禮), 향음주례(鄕飮酒禮)의 실시를 주장하였다.

③ 향회를 통해서 자신들의 결속을 다지고, 향촌을 교화하였다.

④ 촌락 단위의 동약을 실시하고, 문중 중심으로 서원과 사우를 많이 세웠다.

12

④ 촌락 단위의 동약을 실시하고, 서원과 사우를 많이 세운 것은 조선 후기 양반사족이 향촌질서를 유지하기 위해서 한 것이므로 사림의 향촌주도가 아니다.

13 다음 족보가 편찬된 시기의 사회상으로 가장 적절한 것은?

> 우리나라는 자고로 종법이 없고 보첩(譜牒)도 없어서 비록 거가대족(巨家大族)이라도 가승(家乘)이 전혀 없어서 겨우 몇 대를 전할 뿐이므로 고조나 증조의 이름도 호(號)도 기억하지 못하는 이가 있다.
>
> – 『안동 권씨 성화보』 서문 –

① 남자는 대개 결혼 후에 바로 친가에서 거주하였다.

② 자손이 없으면 무후(無後)라 하고 양자를 널리 맞아들였다.

③ 아들을 먼저 기록하고 딸을 그 다음에 기록하였다.

④ 윤회봉사 · 외손봉사 등이 행해졌다.

13

제시문의 『안동 권씨 성화보』 서문은 현존하는 최고(最古)의 족보로 15세기 후반 성종 때 편찬된 것이다. 제시문에서 '우리나라는 자고로 종법이 없고 보첩(譜牒)도 없어서'로 보아 족보가 편찬되기 시작할 무렵인 조선 전기임을 파악할 수 있다.

④ 조선 전기에는 고려 시대 가족 제도의 전통이 많이 남아 있었는데, 일반적으로 아들과 딸에게 재산을 똑같이 상속하고 윤회봉사와 외손봉사가 행해졌다.

오답의 이유

① · ② · ③ 조선 후기 가족 제도의 특징이다.

정답 11 ② 12 ④ 13 ④

14

제시된 사료에서 주세붕이 창건하였다는 표현을 통해 (가)는 서원이라는 것을 알 수 있다.

④ 서원은 각 향촌에서 유생이 모여 학문을 연구하고 후배를 양성하며 선현의 제사를 지내는 곳으로, 문중에서 설립하여 모시는 선현들이 따로 있는 사립 교육기관이기도 하다.

오답의 이유

① 지방의 군현에 있던 유일한 관학은 향교이다.

② 초등 교육을 담당하던 사립교육기관인 서당의 설명이다.

③ 직부법(直赴法)에 대한 내용이므로 성균관에 해당된다.

14 (가) 교육기관에 대한 설명으로 옳은 것은?

19 국가직 9급

> (가) 주세붕이 비로소 을/를 창건할 적에 세상에서 자못 의심했으나, 그의 뜻은 너욱 독실해져 무리들의 비웃음을 무릅쓰고 비방을 극복하여 선례 없던 장한 일을 이루었습니다. …(중략)… 최충, 우탁, 정몽주, 길재, 김종직, 김굉필 같은 이가 살던 곳에 (가) 을/를 건립하게 될 것입니다.
>
> – 『퇴계집』 –

① 지방의 군현에 있던 유일한 관학이다.

② 선비와 평민의 자제에게 천자문 등을 가르쳤다.

③ 성적 우수자는 문과의 초시를 면제해 주었다.

④ 학문 연구와 선현의 제사를 위해 설립된 사설 교육기관이다.

15

제시문은 조선 시대 중인에 대한 설명이다.

① 조선 시대의 중인은 집단으로 상소하여 청요직(淸要職) 허통(許通)을 요구하였으나 실패하였다.

오답의 이유

② 1923년 일제 강점기의 백정들은 조선형평사를 창립하고 형평운동을 전개하였다.

③ 조선 후기 경제력을 갖춘 신향에 대한 설명이다.

④ 조선 전기 성종 때 사림들에 대한 설명이다. 사림들은 유향소 복립 운동을 통하여 유향소를 부활시켰다.

15 밑줄 친 '우리'에 해당하는 계층의 활동으로 옳은 것은?

15 국가직 9급

> 아! 우리는 본시 모두 사대부였는데 혹은 의(醫)에 들어가고 혹은 역(譯)에 들어가 7, 8대 또는 10여 대를 대대로 전하니 …(중략)… 문장과 덕(德)은 비록 사대부에 비길 수 없으나, 명공(名公) 거실(巨室) 외에 우리보다 나은 자는 없다.

① 집단으로 상소하여 청요직(淸要職) 허통(許通)을 요구하였다.

② 형평사를 창립하고, 평등한 대우를 요구하는 형평운동을 펼쳤다.

③ 관권과 결탁하고 향회를 장악하여, 향촌 사회에서 영향력을 키우려 하였다.

④ 유향소를 복립하여 향리를 감찰하고 향촌 사회의 풍속을 바로잡으려 하였다.

정답 14 ④ 15 ①

16 다음 자료와 같은 현상이 나타난 시기의 사회 모습에 대한 설명으로 옳지 않은 것은?

16 국가직 9급

> 근래 세상의 도리가 점점 썩어가서 돈 있고 힘 있는 백성들이 갖은 방법으로 군역을 회피하고 있다. 간사한 아전과 한통속이 되어 뇌물을 쓰고 호적을 위조하여 유학(幼學)이라 칭하면서 면역하거나 다른 고을로 옮겨 가서 스스로 양반 행세를 하기도 한다. 호적이 밝지 못하고 명분의 문란함이 지금보다 심한 적이 없다.
>
> - 『일성록』 -

① 사족들이 형성한 동족 마을이 증가하였다.
② 향회가 수령의 부세자문기구로 변질되었다.
③ 유향소를 통제하기 위하여 경재소가 설치되었다.
④ 부농층이 관권과 결탁하여 향임직에 진출하였다.

17 다음 사실이 있었던 시기의 향촌사회에 대한 설명으로 옳지 않은 것은?

20 국가직 9급

> 황해도 봉산 사람 이극천이 향전(鄉戰) 때문에 투서하여 그와 알력이 있는 사람들을 무고하였는데, 내용이 감히 말할 수 없는 문제에 저촉되었다.

① 향전의 전개 속에서 수령의 권한이 강화되었다.
② 신향층은 수령과 그를 보좌하는 향리층과 결탁하였다.
③ 수령은 경재소와 유향소를 연결하여 지방통치를 강화하였다.
④ 재지사족은 동계와 동약을 통해 향촌사회에 대한 영향력을 유지하려 하였다.

16
제시문은 조선 후기 신분제가 변화하고 있는 모습에 대한 설명이다. 당시 상품 화폐 경제가 발달하며 직접적으로 농업 및 상공업에 종사하였던 평민들은 부를 이용하여 양반의 족보를 매입하거나 납속책 등을 통하여 신분 상승을 하게 되었다. 이렇게 향촌에서는 신향 세력이 관권과 결탁하여 대두하게 되고, 기존의 구향 세력은 자신들의 씨족적 결속력을 강화하면서 대응하였다.
③ 경재소를 설치하여 지방의 유향소를 관리하던 것은 조선 전기의 일이다. 경재소는 선조 때 폐지되었다.

17
제시된 자료는 조선 후기 향촌 사회에서 새롭게 등장한 신향과 기존 사족 세력인 구향이 대립하는 향전과 관련된 사료이다.
③ 경재소가 운영된 것은 조선 전기의 일로 경재소는 중앙과 지방의 연락 업무를 맡았다. 경재소는 선조 시기에 폐지되었다.

오답의 이유
① 조선 후기 향전의 발생으로 수령과 향리의 권한이 강해지는 결과를 가져왔다.
② 조선 후기 경제력을 갖춘 부농(신향)층은 수령과 향리층과 결탁하면서 향촌 사회를 장악하며 향안(鄉案)에 이름을 올렸다.
④ 조선 후기 재지사족은 군현 단위로 농민을 지배하기 어렵게 되자, 촌락 단위의 동계과 동약을 실시하고 문중 서원과 사우 건립하는 등 향촌사회에 대한 영향력을 유지하였다.

정답 16 ③ 17 ③

18
자료의 책은 율곡 이이의 『성학집요』이다.
④ 율곡 이이는 중국 중심의 화이사관에 입각하여 『기자실기』를 편찬하였고, 기자를 공자와 맹자에 버금가는 성인으로 추앙하였다(1580).

오답의 이유
① 조식
② 이황
③ 서경덕

18 밑줄 친 이 책의 저자에 대한 설명으로 옳은 것은?

> 이 책은 왕과 사대부를 위해 왕도정치의 규범을 체계화한 것으로 통설, 수기, 정가, 위정, 성현도통 등으로 구성되어 있다. 이 책은 성리학의 정치이론서인 『대학연의』를 보완함으로써 조선의 사상계에 널리 영향을 미쳤다.

① 경과 이를 근본으로 하는 실천적 성리학풍을 강조하였다.
② 기대승과 8차례 편지를 통해 4단과 7정에 대한 논쟁을 벌였다.
③ 이보다 기를 중심으로 세계를 이해하고 노장사상에 개방적이었다.
④ 사림이 추구하는 왕도정치가 기자에서 시작되었다는 평가를 담은 『기자실기』를 저술하였다.

19
ㄹ. 조광조를 비롯한 사림파의 향약 보급 운동과 『소학』을 중시하던 시기는 중종 때인 16세기 초를 말한다.
ㄴ. 서경덕의 주기철학에 관한 내용이다. 태허설은 서경덕이 중종 말기인 1544년에 쓴 논문으로 우주공간은 비어있으면서도 비어있지 않고 영원불멸한 무한의 존재라고 하였다.
ㄷ. 사단칠정 논쟁은 이황과 기대승 사이에서 편지를 통해 1559~1566년까지 총 8년에 걸쳐 벌어졌다.
ㄱ. 16세기 중반 이후 혼란한 상황에서 이이가 주장한 경장론과 기에 대한 내용이다.

19 조선 성리학의 학설이나 동향을 시기순으로 바르게 나열한 것은?

> ㄱ. 현실세계를 구성하는 기를 중시하여 경장(更張)을 주장하였다.
> ㄴ. 우주를 무한하고 영원한 기로 보는 '태허(太虛)설'을 제기하였다.
> ㄷ. 정지운의 「천명도」 해석을 둘러싸고 사단칠정 논쟁이 시작되었다.
> ㄹ. 향약 보급 운동과 함께 일상에서의 실천 윤리가 담긴 『소학』을 중시하였다.

① ㄴ → ㄱ → ㄹ → ㄷ
② ㄴ → ㄹ → ㄱ → ㄷ
③ ㄹ → ㄴ → ㄷ → ㄱ
④ ㄹ → ㄷ → ㄴ → ㄱ

정답 18 ④ 19 ③

20 다음 주장을 한 실학자가 쓴 책은? 22 국가직 9급

> 토지를 겸병하는 자라고 해서 어찌 진정으로 빈민을 못살게 굴고 나라의 정치를 해치려고 했겠습니까? 근본을 다스리고자 하는 자라면 역시 부호를 심하게 책망할 것이 아니라 관련 법제가 세워지지 않은 것을 걱정해야 할 것입니다. …(중략)… 진실로 토지의 소유를 제한하는 법령을 세워, "어느 해 어느 달 이후로는 제한된 면적을 초과해 소유한 자는 더는 토지를 점하지 못한다. 이 법령이 시행되기 이전부터 소유한 것에 대해서는 아무리 광대한 면적이라 해도 불문에 부친다. 자손에게 분급해 주는 것은 허락한다. 만약에 사실대로 고하지 않고 숨기거나 법령을 공포한 이후에 제한을 넘어 더 점한 자는 백성이 적발하면 백성에게 주고, 관(官)에서 적발하면 몰수한다."라고 하면, 수십 년이 못 가서 전국의 토지 소유는 균등하게 될 것입니다.

① 반계수록
② 성호사설
③ 열하일기
④ 목민심서

20

제시문은 박지원의 『한민명전의』에 실린 한전론에 대한 내용이다. 박지원은 『과농소초』에서 중국 농법 도입과 재래 농사 기술의 개량을 주장하였고, 『한민명전의』에서는 토지 소유의 상한선을 설정하는 한전론을 제안하여 심각한 토지 소유 불균형을 해소하려고 하였다.
③ 박지원은 청에 다녀온 뒤 『열하일기』를 저술하여 상공업 진흥과 화폐 유통, 수레 사용의 필요성을 주장하였다. 또한, 『양반전』, 『허생전』, 『호질』 등을 통해 양반의 무능과 허례를 풍자하고 비판하였다.

오답의 이유

① 유형원은 『반계수록』에서 토지는 국가가 공유하며 신분에 따라 토지를 차등 분배하고, 자영농을 육성하여 민생의 안정과 국가 경제를 바로잡아야 한다는 내용의 균전론을 주장하였다. 그 외에도 부병제를 주장하며 병농일치를 강조하였다.
② 이익은 『성호사설』을 통해 한 가정의 생활을 유지하는 데 필요한 규모의 토지를 영업전으로 정하고, 영업전의 매매를 금지하는 한전론을 주장하였다. 또한, 나라를 좀먹는 6가지의 폐단(노비제, 과거제, 양반 문벌제, 사치와 미신, 승려, 게으름)에 대해 비판하였다.
④ 정약용은 유배 생활 중에 『목민심서』를 저술하여 지방 행정 개혁 방향을 제시하였다.

21 다음 글을 쓴 사람에 대한 설명으로 옳은 것은? 17 지방직 9급

> 오늘날 백성을 다스리는 자는 백성에게서 걷어 들이는 데만 급급하고 백성을 부양하는 방법은 알지 못한다. …(중략)… '심서(心書)'라고 이름 붙인 까닭은 무엇인가? 백성을 다스릴 마음은 있지만 몸소 실행할 수 없기 때문에 그렇게 이름 붙인 것이다.

① 우리나라에서 처음으로 지전설을 주장하였다.
② 『농가집성』을 펴내 이앙법 보급에 공헌하였다.
③ 홍역 관련 의서를 종합해 『마과회통』을 저술하였다.
④ 조선시대의 역사를 서술한 『열조통기』를 편찬하였다.

21

자료는 정약용의 저서인 『목민심서』의 내용 중 일부이다. 정약용은 『목민심서』에서 지방관(목민)의 정치적 도리를 서술하였다.
③ 정조 때 정약용은 『마과회통』을 통하여 마진(홍역)에 대한 치료법을 정리하고, 박제가와 함께 종두법을 연구하였다.

오답의 이유
① 김석문
② 신속
④ 안정복

22
제시된 사료는 대표적인 중상 학파 실학 자인 박제가 저술한 『북학의』의 '소비론'에 대한 내용이다.

㉠ · ㉢ 박제가는 『북학의』를 저술하여 청의 문물 수용과 적극적인 소비를 주장하고 수레와 선박의 이용을 권장하였다.

오답의 이유
㉡ 유수원은 『우서』를 저술하여 상공업의 진흥과 기술의 혁신을 강조하고, 사농공상의 직업적 평등을 주장하였다.
㉣ 유형원은 『반계수록』에서 토지는 국가가 공유하며 신분에 따라 토지를 차등 분배하고, 자영농을 육성하여 민생의 안정과 국가 경제를 바로잡아야 한다는 내용의 균전론을 주장하였다.

23
② 윤지충 사건은 1791년 정조 때 발생한 최초의 천주교 박해인 신해박해(진산사건)에 관한 것이다. 기해박해는 헌종 때인 1839년에 벌어진 프랑스인 신부 3명(앙베르, 모방, 샤스탕)과 수백 명의 천주교 신자가 처형된 박해로 풍양 조 씨 집안의 집권 계기가 되기도 하였다.

오답의 이유
④ 우리나라 최초의 신부인 김대건 신부는 헌종 때인 1846년 병오박해 당시 순교하였다.

정답 22 ② 23 ②

---

22 다음과 관련된 인물의 주장으로 옳은 것을 〈보기〉에서 모두 고른 것은?
20 법원직 9급

> 비유컨대, 재물은 대체로 우물과 같은 것이다. 퍼내면 차고, 버려두면 말라 버린다. 그러므로 비단옷을 입지 않아서 나라에 비단을 짜는 사람이 없게 되면 여공이 쇠퇴하고, 찌그러진 그릇을 싫어하지 않고 기교를 숭상하지 않아서 장인이 파업하는 일이 없게 되면 기예가 망하게 된다.

보기
㉠ 수레와 선박의 이용을 확대해야 한다.
㉡ 사농공상은 직업적으로 평등해야 한다.
㉢ 청에서 행해지는 국제 무역에 참여해야 한다.
㉣ 자영농을 중심으로 군사와 교육 제도를 재정비해야 한다.

① ㉠, ㉡
② ㉠, ㉢
③ ㉡, ㉢
④ ㉢, ㉣

23 조선 후기 서학과 관련한 설명으로 옳지 않은 것은?
19 지방직 9급

① 이승훈이 북경에서 영세를 받았다.
② 윤지충 사건을 계기로 하여 기해박해가 일어났다.
③ 안정복이 천주교를 비판하는 『천학문답』을 저술하였다.
④ 최초의 한국인 신부 김대건이 귀국하여 포교 중 순교하였다.

24 다음은 조선 후기 집필된 역사서의 일부이다. 이 책에 대한 설명으로 옳은 것은? <u>15 지방직 9급</u>

> 삼국사에서 신라를 으뜸으로 한 것은 신라가 가장 먼저 건국했고, 뒤에 고구려와 백제를 통합하였으며, 또 고려는 신라를 계승하였으므로 편찬한 것이 모두 신라의 남은 문적(文籍)을 근거로 했기 때문이다. …(중략)… 고구려의 강대하고 현저함은 백제에 비할 바가 아니며, 신라가 차지한 땅은 남쪽의 일부에 불과할 뿐이다. 그러므로 김씨는 신라사에 쓰여진 고구려 땅을 근거로 했을 뿐이다.

① 우리 역사의 독자적 정통론을 세워 이를 체계화하였다.
② 단군-부여-고구려의 흐름에 중점을 두어 만주 수복을 희구하였다.
③ 중국 및 일본의 자료를 망라한 기전체 사서로 민족사 인식의 폭을 넓혔다.
④ 여러 영역을 항목별로 나눈 백과사전적 서술로 문화 인식의 폭을 확대하였다.

25 (가), (나)에 대한 설명으로 옳은 것은? <u>22 국가직 9급</u>

> (가) 역사서의 저자는 다음과 같은 글을 지어 왕에게 바쳤다. "성상전하께서 옛 사서를 널리 열람하시고, '지금의 학사 대부는 모두 오경과 제자의 책과 진한(秦漢) 역대의 사서에는 널리 통하여 상세히 말하는 이는 있으나, 도리어 우리나라의 사실에 대하여서는 망연하고 그 시말(始末)을 알지 못하니 심히 통탄할 일이다. 하물며 신라·고구려·백제가 나라를 세우고 정립하여 능히 예의로써 중국과 통교한 까닭으로 범엽의 『한서』나 송기의 『당서』에는 모두 열전이 있으나 국내는 상세하고 국외는 소략하게 써서 자세히 실리지 않았다. …(중략)… 일관된 역사를 완성하고 만대에 물려주어 해와 별처럼 빛나게 해야 하겠다.'라고 하셨다."
>
> (나) 역사서에는 다음과 같은 서문이 실려 있다. "부여씨와 고씨가 망한 다음에 김씨의 신라가 남에 있고, 대씨의 발해가 북에 있으니 이것이 남북국이다. 여기에는 마땅히 남북국사가 있어야 할 터인데, 고려가 그것을 편찬하지 않은 것은 잘못이다."

① (가)는 동명왕의 업적을 칭송한 영웅 서사시이다.
② (가)는 불교를 중심으로 고대 설화를 수록하였다.
③ (나)는 만주 지역까지 우리 역사의 범위를 확장하였다.
④ (나)는 고조선부터 고려에 이르는 역사를 체계적으로 정리하였다.

24
제시문은 안정복의 『동사강목』으로 고조선부터 고려 말까지의 역사를 다루고 있다.
① 『동사강목』은 편년체에 강목체를 가미하여 서술된 역사서로, 우리 역사의 독자적 정통론을 세워 이를 체계화하였고, 삼한정통론을 주장하였다.

오답의 이유
② 이종휘의 『동사』,
③ 한치윤의 『해동역사』,
④ 안정복의 『동사강목』은 백과사전류의 성격과는 거리가 멀다. 『동사강목』은 편년체의 서술방식에 강목체를 가미하였다.

25
제시문의 (가)는 고려 인종 때 김부식의 『삼국사기』이고, (나)는 조선 후기 유득공의 『발해고』이다.
③ 정조 때 서얼 출신 유득공이 『발해고』를 통해 발해를 우리나라의 역사로 인식하면서 신라와 발해가 있던 시기를 남북국 시대라고 부를 것을 처음으로 제안하였다. 유득공은 발해사 연구의 시야를 만주 지방까지 확대하여 한반도 중심의 협소한 사관을 극복하려 하였다.

오답의 이유
① 고려 무신 정권기의 문인 이규보는 『동국이상국집』을 저술하였다. 여기에 수록된 『동명왕편』은 한국 문학 최초의 서사시로, 고구려를 건국한 동명왕의 업적을 칭송하고 고려가 고구려를 계승하였다는 고려인의 자부심을 표현하였다.
② 충렬왕 때 승려 일연이 저술한 『삼국유사』에는 불교사를 중심으로 왕력과 함께 기이(紀異)편을 통해 전래 기록이 수록되어 있으며, 특히 단군을 우리 민족의 시초로 여겨 고조선 건국 설화를 수록하였다.
④ 조선 성종의 명을 받아 집필한 서거정의 『동국통감』과 조선 후기 안정복의 『동사강목』 등은 고조선부터 고려 말까지의 역사를 정리하여 편찬한 역사서이다.

정답 24 ① 25 ③

PART

05

근대 사회의 진전기

CHAPTER 01

1860년대~흥선 대원군의 통치

01 흥선 대원군의 개혁 정치 1863~1873

1. 배경

(1) 세도 정치와 삼정의 문란 → 임술 농민 봉기 발생 철종, 1862 → 개혁에 대한 요구 확산

(2) 동학 창시 철종, 1860

2. 왕권 강화책

(1) 안동 김씨 세력 축출, 남인과 종친 등용

(2) 비변사 축소 · 혁파 → 의정부 기능 부활, 삼군부 부활

(3) 『대전회통』과 『육전조례』 간행: 통치 질서 정비

(4) 최제우 처형

(5) 경복궁 중건

① 토목공사에 많은 인력을 동원: 백성의 반발, '경복궁 타령' 유행

② 원납전 징수: 기부금 명목, 실제로는 강제로 징수

③ 당백전 발행: 액면가치 상평통보 100배와 실질가치 상평통보 5~6배의 불일치로 물가 폭등

④ 결두전 징수: 토지 1결에 100문 1냥 징수

⑤ 문세 징수: 4대문 통과 시 통행세 징수

⑥ 양반 묘지림을 벌목

⑦ 최익현의 시폐사조소 제기: 경복궁 중건 · 세금 징수 · 당백전 발행 · 문세 징수를 비판

3. 재정 확충책 ※ 배경: 경복궁 중건과 병인양요 등으로 인해 재정 압박이 커짐

(1) 삼정의 개혁

① 양전 실시: 은결 색출

② 호포제(동포제) 실시: 호(戸)당 2냥씩 부과하여 양반에게도 부과 → 양반의 반발

③ 환곡제 폐지, 사창제 실시: 면(面) 단위, 사수 사창 책임자를 뽑아 자치적으로 운영

(2) 만동묘 철폐

(3) 47개를 제외한 사액 서원 폐지 오랫동안 면세 혜택을 누리며 지방민에게 횡포를 부림

① '1인 1원(院)' 원칙 성현을 중복 배향했을 경우 1개의 서원만 인정

② '진실로 백성에게 해 되는 것이 있으면 비록 공자가 다시 살아난다 하더라도 용서치 않겠다'고 선언

③ 양반의 거센 반발

4. 흥선 대원군의 실각

서원 철폐와 호포제로 인해 양반의 반발＋경복궁 중건으로 백성의 반발＋최익현의 상소

사료더하기

흥선 대원군의 인재 등용

대원군이 집권한 후 어느 공회 석상에서 여러 대신을 향해 말하기를, "나는 천 리(종친)를 끌어다 지척을 삼으며, 태산(노론, 안동 김씨 세력)을 깎아내려 평지를 만들고, 또한 남대문(남인)을 3층으로 높이려 하는데 공들은 어떻게 생각하오?"라고 물었다.

— 황현, 『매천야록』 —

경복궁 타령

석수장이 거동을 보소, 방망치를 갈라잡고 눈만 끔벅거린다.
도편수의 거동을 봐라 먹통을 들고서 갈팡질팡한다
우광쿵쾅 소리가 웬소리냐 경복궁 짓는 데 회방아 소리다
조선 여덟도 유명한 돌은 경복궁 짓는 데 주춧돌감이로다
우리나라 좋은 나무는 경복궁 중건에 다 들어간다
근정전을 드높게 짓고 만조백관이 조하(朝賀)를 드리네
경복궁 역사가 언제나 끝나 그리던 가족을 만나나 볼까

사창제 실시

호조 판서 김병국이 올린 상소에, "아! 신은 생각건대, 오늘날 여러 사람들의 심정에서 매우 싫어하는 것은 환곡보다 더한 것이 없는데.. 마을의 논밭에서 하는 말들을 들어보면 왕왕 사창 제도를 설치하는 것을 기대하는 사람들이 있습니다. … 속히 여러 고을에 행회(行會)하여, 내려 보낸 돈 150만 냥(兩)을 군읍(郡邑)에 배정하여서 작년 여름에 본전으로 만든 곡식과 한데 합쳐서 사창을 설치하도록 한다면, 앞으로 조정의 혜택이 널리 미쳐서 길이 힘을 입게 되는 것을 보게 될 것입니다."

— 『고종실록』 —

호포제 실시

나라의 제도로서 인정에 대한 세를 신포라고 하는데, 충신과 공신의 자손에게는 모두 신포가 면제되었다. … 대원군은 이를 시정하고자 동포라는 법을 제정하다. 가령 한 동리에 2백 호가 있으면 매호에 더부살이 호가 약간씩 있는 것을 정하게 밝혀내어 계산하고, 신포를 부과하여 고르게 징수하다. 이 때문에 예전에는 면제되던 자라도 신포를 바치지 않을 수가 없게 되었다.

— 박제형, 『근세조선정감』 —

군역에 뽑힌 장정에게 군포를 거두었는데, 그 폐단이 많아서 백성들이 뼈를 깎는 원한을 가졌다. 그런데 사족들은 한평생 한가하게 놀며 신역이 없었다. … (중략) … 그러나 유속에 끌려 이행되지 못하였으나 갑자년 초에 그가 강력히 나서서 귀천이 동일하게 장정 한 사람마다 2냥을 바치게 하니, 이를 동포전(洞布錢)이라고 하였다.

— 황현, 『매천야록』 —

서원 철폐

8도의 선비들이 서원을 건립하여 명현을 제사하고 … 무리를 모아 교육시키는데 그 폐단이 백성의 생활에 미쳤다. 대원군은 만동묘를 철폐하고 폐단이 큰 서원을 각도에 명하여 철폐하도록 하였다. 선비들 수만 명이 대궐 앞에 모여 만동묘와 서원을 다시 설립할 것을 청하니, 대원군이 크게 노하여 한성부의 조례(皂隷)와 병졸로 하여금 한강 밖으로 몰아내게 하고 드디어 1,000여 개소의 서원을 철폐하고 그 토지를 몰수하여 관에 속하게 하였다. 이 때문에 선비들의 기운이 크게 막혔다.

— 정교, 『대한계년사』 —

개념더하기

- 시폐사조소(時弊四條疏): 4가지 폐단의 시정을 요구하는 상소
- 만동묘: 명나라 신종을 모시는 사원으로 송시열이 설립함. 충북 괴산에 위치
- 흥선 대원군의 재집권 시도
  - 1882, 임오군란: 고종의 요청으로 재집권했으나 청군의 개입으로 실각 → 청에서 인질 생활
  - 1894, 1차 갑오개혁: 일본군의 경복궁 점령 과정에 동행. 일본에 막혀 정치적 실권 없었음

1. 배경

이양선 출몰+천주교 확산+중국 · 일본의 개항+영국 · 프랑스의 베이징 함락1860+러시아의 연해주 장악 1860년대 초 → 위기감 고조

2. 경과

병인양요 1866	• 원인: 러시아가 연해주를 차지하자 이를 견제하기 위해 프랑스 군대의 도움을 받으려 함 → 프랑스와의 외교 결렬 후 프랑스 신부 9명과 국내 교인 8000여 명 박해(병인박해) • 경과: 프랑스 로즈 제독과 프랑스 극동함대의 강화도 침략 → 문수산성에서 격돌: 한성근 주도, 프랑스군의 서울 진격을 물리침 → 정족산성에서 격돌: 양헌수 주도, 1달 만에 프랑스군을 강화도에서 몰아냄 • 영향: 프랑스군의 외규장각 약탈(→ 2011년에 '5년 갱신 대여 및 영구 임대' 방식으로 반환, 박병선의 노력)
오페르트 도굴 사건 1868	• 경과: 조선의 통상 거부 → 미국인 자본가 · 프랑스 선교사의 지원 받아 남연군의 묘충남 예산 도굴 시도 • 영향: 서양에 대한 반감 확산
신미양요 1871	• 원인: 제너럴 셔먼호 사건1866 – 평양, 박규수(평안도 관찰사)와 관민의 화공작전으로 격퇴 • 경과: 미국이 배상금 지불과 통상 요구 → 미국 로저스 제독과 미국 태평양 함대의 강화도 침입 → 초지진 · 덕진진 함락 → 광성보 전투(어재연의 분전) → 미군 퇴각 • 영향: 전국에 척화비 건립 • 어재연의 '帥'자 기: 미군이 약탈, 2007년에 '2년 갱신 및 장기 대여' 방식으로 반환

3. 의궤

(1) 왕실 혼례와 장례, 궁중의 잔치, 국왕의 행차 등 국가의 중요한 행사를 그림과 글로 기록한 책

– 반차도: 의례에 동원되는 관원 · 시위 군사, 가마류 · 의장을 정해진 순서대로 나열한 그림
– 행사 진행 과정 · 참여한 사람의 명단 · 복식 · 비용 · 재료 등을 꼼꼼히 기록함

(2) 유네스코 세계기록유산으로 등재: 현재, 왜란 이후의 『의궤』만 전해짐

(3) 『화성성역의궤』: 공사 관련 공문서, 정조의 명령, 장인들의 명단, 지급된 노임까지 상세하게 기록

(4) 『원행을묘정리의궤』: 화성에서 열린 정조의 어머니 혜경궁 홍씨의 회갑연을 기록

(5) 『외규장각 의궤』: 병인양요 때 프랑스가 약탈 → 프랑스 국립도서관에 보관 → 2011년 반환

(6) 『가례도감의궤』: 왕과 왕세자의 혼인식 기록

4. 화서 학파와의 관계

(1) 화서 학파: 통상 반대론과 척화 주전론 주장, 이항로 중심, 최익현 · 유인석 · 홍재학 등 배출

(2) 1860년대: 흥선 대원군의 통상 수교 거부 정책 뒷받침

(3) 1870년대: 원납전 발행과 서원 철폐 등으로 인해 갈등 → 최익현이 흥선 대원군 탄핵 상소를 올림

> **개념더하기**
>
> 흥선 대원군의 통상수교거부 정책
> 병인박해1866.1. → 제너럴셔먼호 사건1866.7. → 병인양요1866.9. → 오페르트의 도굴 사건1868 → 서계 거부 사건 1869 → 신미양요1871

병인양요

양헌수가 순무중군으로 있었다. … 광성보에서 몰래 전등사로 가서 주둔하였다. … 전등사는 높은 산 위라 매복하고 있다가 한꺼번에 북과 나발을 불며 좌우에서 총을 쏘았다. 장수가 총에 맞아 말에서 떨어지고 서양인 십여 명이 죽었다. 혼쭐이 난 서양인들을 쫓아가니 제 동료의 시체를 옆에 끼고 급히 본진으로 도망갔다

오페르트의 서신

남의 무덤을 파헤치는 것은 예의 없는 행동이지만 무력을 사용하여 백성을 괴롭히는 것보다 나을 것 같아 그렇게 하였다. 본래 관을 파오려고 했으나 너무 지나친 짓이라 생각되어 그만두었다. 우리에게 석회를 팔 도구가 없었겠는가? 당신네 나라의 안전과 존엄은 전적으로 당신에게 달려 있다. 높은 관리 한 사람을 보내 좋은 대책을 협의하는 것이 어떻겠는가? 만일 결단을 내리지 않는다면 반드시 위험한 지경에 처하게 될 것이다.　　　　　　　　　　　　　　　　－『고종실록』－

오페르트의 통상 요구에 대한 조선 정부의 답변

너희 나라와 우리나라의 사이에는 애당초 소통이 없었고, 또 서로 은혜를 입거나 원수진 일도 없었다. 그런데 이번 덕산 묘소에서 저지른 변고야말로 어찌 인간의 도리상 차마 할 수 있는 일이겠는가? … 이런 지경에 이르기 때문에 우리나라 신하와 백성들은 단지 힘을 다하여 한마음으로 너희 나라와는 한 하늘을 이고 살 수 없다는 것을 다짐할 따름이다.　　　　　　　　　　　　　　　　　　　　－『고종실록』－

제너럴 셔먼호 사건

지난번에 그대들의 선반이 해관을 거슬러 올라와 상호 간에 포를 쏘아 서로 경계하는 일이 일어났는데, 호의라고 운운하면서 이러한 일을 일으키니 심히 개탄스럽다. … 귀국의 배들이 길을 침범해서 깊이 들어오니 수비와 방어를 담당하고 있는 군인들이 좌시하고만 있겠는가? 지난번이 사건을 괴이하게 생각하지 말 것이다.

신미양요 1871

광성보 함락에 있어 미군의 작전은 힘겨운 것이다. 이곳은 강화의 진지 중 가장 요충지였기 때문에 조선군은 비상한 용기를 가지고 응전하였다. 탄약을 갈아 넣을 여유도 없었던 조선군은 창과 칼로 공격하였다. 그러나 대부분 무기도 없이 맨주먹으로 싸웠으며 흙을 주워 적군 눈에 뿌렸다. 모든 것을 각오하고 한 걸음 한 걸음 다가드는 적군에게 죽기로 싸우다 마침내 총에 맞아 죽거나 물에 빠져 죽었다.　　　　　　　　　　　　　－ 슐레이 대령, 미국 종군 기록 －

척화비

洋夷侵犯(양이침범) 非戰則和(비전즉화) 主和賣國(주화매국): 서양 오랑캐가 침입하는데 싸우지 않으면 화친하는 것이요, 화친을 주장하는 것은 나라를 팔아먹는 것이다.
戒我萬年子孫(계아만년자손) 丙寅作 辛未立(병인작 신미립): 우리들 만대 자손에게 경고하노라! 병인년에 짓고 신미년에 세운다.

이항로의 척화 주전론

양이(洋夷)의 화가 금일에 이르러 홍수나 맹수의 해로움보다도 더 심합니다. 전하께서는 부지런히 힘쓰시고 외물(外物)에 견제·동요됨을 경계하시어 안으로는 관리들로 하여금 사학(邪學)의 무리를 잡아 베게 하시고 밖으로는 장병들로 하여금 바다를 건너오는 적을 정벌하게 하소서.

최익현

- 보수적 유생, 이항로의 제자, 화서학파
- 1868: 시폐사조소 올림 - 흥선 대원군 시기의 4가지 폐단(경복궁 중건, 세금 징수, 당백전 발행, 4대문세 징수)을 비판
- 1873: 흥선 대원군의 탄핵을 요구하는 상소 올림 → 흥선 대원군 실각
- 1876: 왜양일체론을 주장하여 강화도 조약 체결 반대(지부복궐척화소, 5불가소) → 흑산도 유배
- 1895: 단발령 반대 시위 전개
- 1906: 을사조약에 반대하여 전북 태인에서 을사의병 이끔 → 대마도 유배(사망)

CHAPTER 02

1870~1880년대

01 강화도 조약 1876

1. 조·일 수호 조규

(1) 배경

① 흥선 대원군의 실각으로 고종의 친정 체제 구축, 민씨 정권 성립

② 통상 개화론자 성장

ㄱ 박규수: 박지원의 손자, 임술농민봉기 때 안핵사로 파견, 제너럴 셔먼호 사건 때 평양 감사로 재직, 1870년대 초부터 북촌 집에서 개화론자 양성

ㄴ 오경석: 역관, 청에서『해국도지』와『영환지략』들여옴 아들 오세창

ㄷ 유홍기

③ 일본의 통상 압박: 일본이 메이지 유신으로 근대화 추진 1868 → 일본의 서계 조선과의 외교 문서 제출 → 흥선 대원군의 서계 거부 → 일본에서 정한론 조선을 무력으로 침공하자는 주장 대두 → 일본이 운요호 사건을 빌미로 개항 요구(1875, 포함 외교, 영종도 약탈·살육)

④ 최익현의 지부복궐척화의소 상소 제기: 왜양 일체론을 주장하며 개항 반대 → 흑산도 유배

(2) 조약 체결: 강화도 연무당, 조선 대표 신헌과 일본 대표 구로다 주도

① 제1조 조선은 자주국이며 일본과 똑같은 권리를 가진다.: 청의 종주권 부정

② 제4조 조선 정부는 부산 외에 2개 항구를 개항하고 일본인이 와서 통상하는 것을 허가한다.: 부산 1876·원산 1880·인천 1883 개항

③ 제5조 경기, 충청, 전라, 경상, 함경 5도 연해 가운데 통상에 편리한 항구 2개를 골라 개항한다. 시기는 조선력 병자력 2월을 기준으로 20개월 안으로 한다.

④ 제7조 조선국 연해의 섬과 암초는 극히 위험하므로 일본국의 항해자가 자유롭게 해안을 측량하도록 허가한다.: 해안 측량권 인정, 불평등 조항

⑤ 제8조 일본국 정부는 조선에서 지정한 각 항구에 일본 상인을 관리하는 관청을 설치한다.

⑥ 제9조 양국 인민의 무역에 대하여 양국 관리는 조금도 이에 간여하지 않으며 제한을 설정하거나 금지하거나 방해하지 못한다.

⑦ 제10조 일본국 국민이 조선국 항구에서 죄를 지었거나 조선국 인민에게 관계되는 사건은 모두 일본국 관원이 심판한다. 조선국 인민이 죄를 범하고 일본국 인민과 관계되는 사건은 모두 조선국 관원이 조사한다.: 치외 법권(영사재판권) 인정, 불평등 조항

(3) 최초의 근대적 조약

2. 부속 조약

조·일 수호 조규 부록	• 간행이정 10리 설정개항장으로부터 동서남북 10리까지 왕래 가능: 거류지 무역 발달 • 개항장에서 일본 화폐 허용 • 위난 시 조선에서 일본 외교관의 여행 자유 인정
조·일 무역 규칙	• 곡물 유출의 제한 없음, 관세 없음, 일본 정부 선박의 무(無)항세 허용조·일 통상 장정(1883)에서 보완

3. 체결 이후

(1) 1차 수신사 파견1876: 김기수 파견(귀국 후 『일동기유』 저술), 부속 조약 체결

(2) 2차 수신사 파견1880: 김홍집 파견, 관세 개정 요구, 『조선책략』 수입

> ### 사료더하기
>
> 박규수의 통상 개화론
> 전날 강남에서 군대를 움직일 때에는 청이 서양에서 대포를 사들이므로 대포를 만들 줄 아는 서양인들이 더 유리하였으나, 요즈음에는 청이 서양 대포를 모방하여 만들어 쓰기 때문에 서양인들의 유리한 점이 사라지게 되었습니다. 전날에는 청 상인이 화륜선을 빌려 썼기 때문에 서양인들이 이로써 이득을 얻었으나, 오늘날에는 청 역시 화륜선을 모방해서 만들어 다시는 빌려 쓰지 않음으로써 서양인들이 또한 이득을 잃게 되었습니다.
>   – 1872년 청에 다녀온 뒤에 느낀 점을 고종에게 보고한 「박규수의 보고서」 –
>
> 최익현의 왜양 일체론
> 일단 강화를 맺고 나면 저들은 물화를 교역하는 데 욕심을 낼 것입니다. 저들의 물화는 모두 지나치게 사치스럽고 기이한 노리개로, 손으로 만든 것으로 그 양이 무궁합니다. 우리의 물화는 모두가 백성들의 생명이 달린 것이고 땅에서 나는 것이므로 한정이 있습니다. … 저들이 비록 왜인이라고 하나 실은 양적입니다. 강화가 한번 이루어지면 사학 서적과 천주의 초상화가 교역하는 속에 들어올 것입니다. 그렇게 되면 얼마 안 가서 선교사와 신자의 전수를 거쳐 사학이 온 나라 안에 퍼지게 될 것입니다. … 강화가 이루어진 뒤에는 저들이 상륙하여 서로 왕래하고, 우리 지경 안에서 집을 짓고 살려고 할 것입니다.
>   – 최익현, 『면암집』 –
>
> 1차 수신사 일본 철도 묘사
> 차마다 모두 바퀴가 있어 앞 차의 화륜이 한 번 구르면 여러 차의 바퀴가 따라서 모두 구르게 되는데, 천둥 번개처럼 달리고 비바람처럼 날뛰어 한 시간에 3~4백 리를 달린다고 하는데도, 차체는 안온하여 조금도 요동하지 않는다.
>   – 김기수, 『일동기유』 –
>
> 조·일 수호 조규 부록1876
> 제4조 부산 항구에서 일본국 인민이 통행할 수 있는 도로의 거리는 부두로부터 동서남북 각 10리로 정한다.
> 제7조 일본국 인민은 본국에서 사용하는 여러 화폐로 조선국 인민이 보유하고 있는 물자와 교환할 수 있다.
>
> 조·일 무역 규칙1876
> 제6조 조선국 항구에 거주하는 일본인은 쌀과 잡곡을 수출, 수입할 수 있다.
> 제7조 일본국 소속의 선박은 항세를 납부하지 않으며, 수출입 상품에도 관세를 부과하지 않는다.

> ### 개념더하기
>
> • 『해국도지』, 『영환지략』: 청나라 사람들이 쓴 세계지리서로 서구 국가와 근대적 지식 보급에 영향을 미침
> • 서계 거부 사건: 메이지 유신 직후 일본은 천왕을 주체로 한 서계를 접수하였으나, 조선은 기존의 외교 형식에 맞지 않다며 이를 거부함
> • 치외 법권: 외국인이 자신이 거주하는 국가의 법을 따르지 않아도 되는 권리
> • 간행이정: 개항장에서의 일본 거류민의 이동 가능한 거리를 설정함. 10리(1876) → 50리(1882) → 100리(1884)로 변경
> • 거류지: 조계라고도 함. 개항장에서 외국인의 거주와 무역을 인정한 지역으로 치외법권을 허용함. 즉 우리나라 법과 행정이 미치지 못함

1 톳리기무아문 설치 1880~1882

(1) 개화 전담 기구: 그 아래에 12사 설치, 임오군란으로 폐지

(2) 조사 시찰단 파견 1881.4.: 일본에 박정양·어윤중·홍영식 파견, 근대적인 제도·시설 시찰 목적, 극비리에 파견 개화 반대 여론+『조선책략』을 둘러싼 갈등 때문, 유실준, 윤치호는 일본에 산류하여 유학

(3) 군제 개편

① 별기군 설치 1881.4.: 신식 군대, 일본인 교관 초빙, 양반 자제 80여 명 양성

② 5군영을 2영(무위영, 장어영)으로 축소

(4) 영선사 파견 1881.9.: 청에 김윤식·유학생 파견, 톈진 기기국에서 신식 무기 제조법 연수 → 기기창 설립 1883

(5) 보빙사 파견 1883: 미국에 민영익·홍영식 파견, 미국 대통령과 만남 → 우정총국·육영 공원 설립

2. 개항·개화를 둘러싼 입장 차

(1) 온건 개화파

① 성향: 동도서기론 주장, 점진적 개혁 추구, 청의 양무 운동을 모델로 삼음(청과의 사대 유지 주장)

② 경과: 민씨 정권의 개화 정책에 참여 → 아관파천으로 몰락 1896

③ 김홍집: 2차 수신사로 파견 → 개화 초기의 주요 조약 체결 주도 → 갑오·을미개혁 주도 → 아관파천으로 피살

④ 어윤중: 조사 시찰단 참여 1881 → 서북 경략사로 간도 파견(조·청 간 국경 문제 논의) 1882 → 갑오·을미개혁 주도, 동학농민군을 '민당(民黨)'이라 부름 → 아관파천으로 피살

(2) 급진 개화파 급진 개화파 인물은 갑신정변에서 정리함

① 성향: 문명개화론 주장, 급진적 개혁 추구, 일본 메이지 유신을 모델로 삼음(청과의 사대 청산 주장)

② 경과: 갑신정변 주도 1884

(3) 위정척사파

① 정(正): 성리학적 질서 / 사(邪): 서양 문물과 사상 → 외세에 대항하여 성리학적 가치를 지키자는 운동

② 1860년대, 통상 반대: 이항로·기정진 중심, 척화 주전론 주장, 흥선 대원군의 통상 수교 거부 지지

③ 1870년대, 개항 반대: 최익현 중심, 왜양 일체론 주장

④ 1880년대, 『조선책략』 유포와 개화 반대, 이만손의 영남만인소 제기→유배, 홍재학의 만언척사소 제기

⑤ 1890년대: 항일 의병 운동

⑥ 의의·한계: 자주성 수호, 반외세·반침략 운동, 개화 정책 추진의 걸림돌

조사 시찰단

동래부 암행어사 이헌영은 뜯어보라. 일본 사람의 조정 논의와 시세 형편, 풍속, 인물과 다른 나라들과의 수교ㆍ통상 등의 대략을 한번 염탐하는 것이 아주 좋겠다. … 이 밖에 뒷일은 별도 문서로 조용히 보고하라. － 이헌영, 『일사집략』 －

온건 개화파

원(院)을 하나 설치하고 이상의 책들을 수집하는 동시에 또한 근래 각국에서 사용하는 수차ㆍ농기계ㆍ직포기ㆍ무기 같은 물건들을 쌓아놓고, 이어 각 도(道)에 공문을 띄우도록 하교하십시오. 고을에서 학문 명망이 남달리 뛰어난 사람들 중 유생 과 관리를 각각 1명씩 선발하여, 이 원에 보내어 그들로 하여금 이 책들을 보게 하고 그 기계를 다루어 보게 할 것입니다. … 이것이 어찌 백성들을 교화하여 훌륭한 풍속을 이룩하는 가장 빠른 길이 아니며 백성들을 잘 살게 하는 좋은 법이 아니 겠습니까. － 『고종실록』 －

서양에서 유행하고 있는 천주교가 우리나라에 유포되는 것은 금지해야 합니다. 우리가 부족한 것은 기술뿐이기 때문에 그 기술만을 받아들이면 됩니다. 과학 기술 문명은 인간의 도리에 해롭지 않고 백성들이 살아가는 데 도움이 되기 때문에 이 를 배워야 합니다. 서양에서 들어온 서적에 과학 기술 문명에 대한 설명이 나와 있는데, 이것을 오늘날 우리가 구하여 활용 해야 합니다. － 「김윤식의 상소」 －

급진 개화파

바야흐로 이제 세계는 상업을 주로 하여 서로 산업의 크고 많음을 자랑하고 경쟁하는 때이거늘 아직도 양반을 제거하여 그 뿌리를 뽑지 않는다면 국가의 패망을 기어코 앉아서 기다리는 꼴이 될 것입니다. 전하께서 이를 돌아보시어 하루 빨리 무 식 무능하고 완고한 대신들을 축출하시고, 문벌을 폐하고 인재를 골라 중앙집권의 기초를 확립하여 백성들의 신용을 얻으 시고, 널리 학교를 설립하여 인민의 지식을 깨우치게 하시옵소서. 외국의 종교를 유입하여 교화를 돕는 것도 하나의 방편이 될 것입니다. － 「갑신정변 후 김옥균이 일본에서 올린 상소」 －

개화하는 일을 주장하고 힘써 행하는 자는 개화의 주인이고, 개화하는 자를 부러워하여 배우기를 즐거워하고 가지기를 좋 아하는 자는 개화의 손님이며, 개화하는 자를 두려워하고 미워하면서도 마지못하여 따르는 자는 개화의 노예이다. … 모자 라는 자는 완고한 성품으로 사물을 분별치 못하여, 외국 사람이면 모두 오랑캐라 하고 외국 물건이면 모두 쓸데없는 물건 이라 하며, 외국 문자는 천주학이라고 하여 가까이하지도 않는다. 자기 자신만이 천하제일이라고 여기며, 심지어는 피해 사 는 자까지도 있다. 이들을 수구당이라고 하지만 이들이 어찌 수구당이랴. 사실은 개화의 원수이다. － 유길준, 『서유견문』 －

- 통리기무아문: 정1품 아문으로 의정부와 동등한 권한을 가지며, 근 대적 문물제도 수용과 외국과의 개국 통상 업무를 담당
- 동도서기론: 전통 질서를 유지하면서 서양의 과학 기술을 받아들이 자는 주장
- 문명개화론: 서양의 발전된 물질문명을 만들어 내는 바탕이 되는 사 상이나 제도를 먼저 배워야 한다는 주장
- 서유견문
  - 유길준: 조사시찰단 참여, 일본 유학 1881 → 보빙사 참여, 미국 유학 1883 → 갑신정변으로 연금 1885~1892 → 『서유견문』 집 필 1889
  - 서구 기행문이자 서구의 근대를 소개하는 책, 더불어 조선의 근대 화에 대한 구체적인 방법론을 제시함
  - 특히 제14편 "개화의 등급"에서 개화한 자, 반만 개화한 자, 개화 하지 못한 자로 나누어 개화의 중요성을 설파함
  - 국한문 혼용체

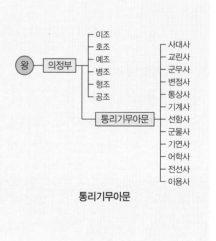

통리기무아문

1. 죠·미 수효 통상 죠약

(1) 배경

① 청의 알선과 회유: 러시아와 일본의 진출을 견제하기 위한 목적, '조선은 청국의 속방이다' 조항 추가를 원했으나 실패함

② 『조선책략』유포1880 – 중국 외교관 황준헌 집필

– 2차 수신사 김홍집이 일본에서 귀국할 때 국내로 들여와 고종에게 바침

– 주요 내용: 러시아 남하 견제를 위해 조선은 "친중국, 결일본, 연미국" 해야 함을 주장

– 영향: 위정척사 운동 본격화, 이만손의 영남만인소 제기, 홍재학의 만언척사소 제기

(2) 조약 체결: 인천 제물포, 조선 대표 신헌과 미국 대표 슈펠트가 체결

① 제1조 대조선국 군주와 대미국 대통령 및 그 인민들은 각각 모두 영원히 화평하고 우애 있게 지낸다. 만약 타국이 어떤 불공평하고 경멸하는 일을 일으켰을 때는 일단 확인하고 서로 도와주며, 중간에서 잘 조정하여 두터운 우의를 보여 준다.: 거중 조정

② 제4조 조선 백성이 미합중국 국민에게 범행을 하면 조선 당국이 조선 법률에 따라 처벌한다. 미 합중국 국민이 조선에서 조선 인민을 때리거나 재산을 훼손하면 미합중국 영사나 그 권한을 가진 관리만이 미합중국 법률에 따라 체포하고 처벌한다. : 치외법권 허용, 불평등 조항

③ 제5조 미국 상인과 상선이 조선에 와서 무역할 때 입출항하는 화물은 모두 관세를 바쳐야 하며, 그 수세권은 조선이 자주적으로 가진다.: 최초로 관세 부과(5~30% 부과)

④ 제14조 조약을 체결한 뒤에 통상, 무역, 상호 교류 등에서 본 조약에 부여되지 않은 어떠한 권리나 특혜를 다른 나라에 허가할 때에는 자동적으로 미국 관민에게도 똑같이 주어진다.: 최혜국 대우 허용, 불평등 조항

(3) 체결 후

① 보빙사 파견1883: 미국의 공사 파견에 대한 보답의 목적, 민영익전권대신, 홍영식, 서광범, 유길준미국에 머물며 유학 파견

② 주미 공사 파견1887: 초대 주미 공사 박정양

2. 서구 열강과의 수교

(1) 영국, 독일1883: 청의 알선

(2) 러시아1884: 직접 수교, 청·일의 견제로 지연

(3) 프랑스1886: 직접 수교, 천주교 포교 문제로 지연

황준헌의 『조선책략』

조선 땅은 실로 아시아의 요충을 차지하고 있어 열강들이 차지하려고 할 것이다. 조선이 위태로우면 중국도 위태로워진다. 러시아가 영토를 넓히려 한다면 반드시 소선이 첫 번째 대상이 될 것이다. … 러시아를 막는 책략은 무엇인가? 숭국과 친하고, 일본과 맺고, 미국과 이어짐으로써 자강을 도모하는 길 뿐이다.

이만손의 영남만인소

수신사 김홍집이 가지고 온 황준헌의 『조선책략』이라는 책이 유포된 것을 보니, 저도 모르게 머리털이 곤두서고 가슴이 떨렸으며 이어서 통곡하면서 눈물을 흘렸습니다. … 적의 세력을 장황하게 설명하여 임금의 마음을 두렵게 하고 여러 나라 사이에 균형을 지킨다는 설(說)을 빙자하여 사람들의 입을 틀어막는 자는 과연 어떤 사람들입니까? … 청은 우리가 신하로서 섬기는 바인데, 이제 무엇을 더 친할 것이 있겠습니까? 일본으로 말하면 우리가 견제해야 할 나라입니다. 국경 요새지의 험준하고 평탄한 지형을 그들이 이미 잘 알고 있으며 수로와 육로의 요충지를 그들이 차지하고 있는 터에 우리의 대비가 없는 것을 엿보고 함부로 돌격한다면 어떻게 막아내겠습니까? 미국은 우리가 본래 모르던 나라인데, 공연히 타인의 권유로 불러들였다가 어려운 청을 하거나 하면 장차 이에 어떻게 응할 것입니까? 러시아는 본래 우리와 혐의가 없는 나라입니다. 공연히 남의 말만 듣고 틈이 생기게 된다면 우리의 위신이 손상될 뿐 아니라, 이를 구실로 침략해 온다면 장차 이를 어떻게 막을 것입니까? 또 게다가 러시아나 미국, 일본은 모두 같은 오랑캐들이니 후하고 박한 차이를 두기가 어렵고 …

홍재학의 만언척사소 가장 공격적 문고, 참형

서양의 물건은 태반이 음탕하고 욕심을 유도하며, 윤리와 강상을 깨뜨리고 사람의 정신을 어지럽히며, 천지에 거역하는 것들입니다. 서양의 학문과 물건은 귀로 들으면 창자가 뒤틀리고 눈으로 보면 창자가 뒤집히며 코로 냄새 맡거나 입술에 대면 마음이 바뀌어 본성을 잃게 됩니다. … 무릇 신하로서 멋대로 의견을 내세워 윗사람과 아랫사람들을 위협하며 뜬소문을 꾸며내어 멀고 가까운 사람들을 현혹시키는 자들은 목을 베어 거리에 매달도록 하고, 사교에 빠져 들어가서 호랑이가 앞잡이인 창귀노릇을 하기 좋아하는 자들을 죽여 버림으로써 우리나라 삼천리 경내에 쉽게 뿌리내리지 못하게 하며, 강화·덕원의 여관(旅館)에 머물러 있는 서양 사람과 성 안팎을 무시로 드나드는 서양 사람들을 모조리 몰아내어서 우리나라 예의의 풍속을 어지럽히지 못하게 하소서. … 전하께서 이처럼 전에 없던 지나친 조치를 취하고도 막연히 깨닫지 못하는 것은 다른 까닭이 아니라 학문을 일삼지 않으므로 아는 것이 이치에 밝지 못하고 마음은 사심을 이기지 못하며 안일에 빠진 것을 달게 여기고 참소로 권하는 것을 즐기기 때문입니다.

조·미 수호 통상 조약을 지지하는 상소

우리나라가 일본과 관계를 허용한 것은 곧 견제하기 위한 계책에서 나온 것입니다. 저 일본이 서양 나라와 사이 좋게 지내면서 서양 옷을 입고 서양 학문을 배우는 것은 우리나라에서 금지할 바가 아닙니다. … 황준헌의 책자는 우리와 관계되는 긴급한 외교 방책 등에 대한 조치입니다. 그것을 사용할 것인가 아닌가는 오직 조정에서 정할 일입니다. … 더구나 300년 간이나 우호 관계를 맺고 있던 나라가 온 천하에 통상 규칙을 행하자고 요청하는 것을 무슨 말로 거절하며, 거절한다고 해서 안 오겠습니까. … 기계에 관한 기술과 농업 및 수예(樹藝)에 대한 책과 같은 것도 만약 이익이 될 수 있다면 또한 선택하여 행할 것이지 굳이 그들의 것이라고 해서 좋은 법까지 아울러 배척할 것은 없다는 것을 환히 알 수 있습니다. … 신은 지난번 이만손과 강진규에게 내린 (관대한) 처분에 대하여 너무나도 놀라움을 금할 수 없습니다.

– 「곽기락의 상소」 –

- 청의 상황: 1840~1850년대에 2차례에 걸쳐 아편 전쟁에서 패한 후 근대화 시도, 동시에 조선에 대한 종주권을 사수하기 위해 노력을 기울임. 조·미 수호 통상 조약 알선, 임오군란 이후 내정 간섭 강화, 청 상인의 조선 진출 등이 그 예임. 1894년에 일어난 청·일 전쟁에서 패배하여 조선에 대한 종주권을 상실함
- 영남만인소: 1만 명 내외의 영남 유생들이 연명해 올린 집단적인 상소, 이후 유생의 상소가 쇄도함
- 거중 조정
  - 양국 중 한 나라가 제3국의 압박을 받을 경우 서로 돕는다는 의미의 규정, 청의 요구로 삽입됨
  - 거중 조정에 대해서 미국은 의례적인 표현으로 생각하였으나, 조선은 미국과의 동맹으로까지 확대하여 받아들임. 이후 조선은 청의 내정 간섭, 청·일 전쟁, 러·일 전쟁, 을사조약 등 어려움을 겪을 때마다 미국에 거중 조정을 요구하였지만 미국은 협조하지 않음
- 최혜국 대우
  - 한 국가가 부여할 수 있는 최선의 교역조건을 상대국에 부여하는 것, 이미 조약을 체결한 나라가 이후 상대국이 또 다른 나라와 맺은 조약에 자국보다 유리한 내용을 허용할 경우 자동으로 그 내용을 적용받게 됨
  - 아관파천 후 열강의 이권 침탈의 배경이 됨

1. 원인

(1) 개항 후 일본으로의 곡식 유출 → 곡물 가격 폭등 → 서울 하층민의 생활고

(2) **구식 군인의 불만 고조**: 별기군 우대에 따른 차별 대우, 급료 미지급, 선혜청 관리의 착복

(3) **개화 세력(민씨 정권)과 위정척사 세력(흥선 대원군)의 갈등**

2. 경과

13개월 만에 급료 지급, 선혜청 창고지기의 농간으로 분노 폭발

→ 구식 군인의 봉기: 궁궐 · 선혜청 당상관 민겸호의 집 · 일본 공사관 습격, 일본 교관 살해

→ 명성황후의 충주 피신

→ 흥선 대원군의 재집권으로 개화 중단 별기군 · 2영 · 통리기무아문 폐지, 5군영 · 삼군부 부활

→ 명성황후의 요청으로 청군 파병: 구식 군인 체포, 흥선 대원군의 청 압송 1885년 귀국, 민씨 정권 회복

3. 결과

조선	• 위정척사 세력의 약화, 전국의 척화비 철거 • 개화 재개: 기기창(무기 제조) 1883 · 전환국(당오전 발행) 1883 · 박문국(한성순보 간행) 1883 · 우정총국 1884 설치
대청 관계	• 내정 간섭 강화: 내정 고문(마젠창)과 외교 고문(독일 묄렌도르프) 파견 • 청군 주둔: 위안 스카이(원세개)가 조선의 군사권 장악 • 조 · 청 상민 수륙 무역 장정 체결 1882 　– 내용: 청의 종주권 확인(조선을 청의 속방으로 명시), 청의 상무위원 파견, 서울 · 양화진 개방, 청 상인의 내지 통상권 허용 허가증 지참해야 함 　– 영향: 청 상인의 국내 진출 본격화, 청일 상인의 경쟁 치열, 외국 상품 유통을 맡던 조선 상인의 몰락
대일 관계	• 제물포 조약 체결 1882: 배상금 지불, 일본 공사관의 경비병 주둔 인정, 일본군 주둔 비용의 조선 부담 • 조 · 일 수호 조규 속약 체결 1882: 간행이정을 50리로 확대, 2년 후 간행이정 100리로 확대 약속, 1년 후 양화진 개방 약속, 일본인 외교관의 내지여행권 보장 예조의 허가증 지참해야 함 • 4차 수신사 파견 1882: 박영효 · 김옥균 파견, 태극기 최초 사용, 소액 차관을 얻어옴. 귀국 후 박영효가 『사화기략』 저술 • 조 · 일 통상 장정 체결 1883: 5% 관세 부과, 방곡령 명시(단, 1개월 전에 통보 규정), 최혜국 대우 인정

> **개념더하기**
>
> • 1882년: 조 · 미 수호 통상 조약 4월 → 임오군란 6월 → 제물포 조약, 조 · 청 상민 수륙 무역 장정, 조 · 일 수호 조규 속약
> • 당오전: 1883~1894년에 전환국에서 발행한 화폐. '상평통보의 5배에 해당한다'는 의미에서 이름 붙여짐. 갑오개혁 때 발행 중단
> • 내지 통상권: 개항장이 아닌 우리 나라 국내 시장까지 들어가 통상할 수 있는 권리
> • 수신사
> 　– 1차 수신사(1876, 김기수) → 2차 수신사(1880, 김홍집) → 3차 수신사(1881, 조병호, 관세 협상 목적) → 4차 수신사(1882, 박영효)
> 　– 기록물: 김기수의 『일동기유』, 박영효의 『사화기략』
> • 방곡령: 자연재해, 전쟁, 그 밖의 사정으로 식량 공급 문제가 급박해지거나 쌀값 등귀 현상이 일어났을 때, 지방 장관 직권으로 그 지방의 양곡을 타지방이나 타국으로 유출하지 못하게 하는 조치

임오군란

대원군에게 군국 사무를 처리하라는 명이 내려지자 대원군은 궐내에서 거처하며, 기무아문과 무위영과 장어영의 두 영을 폐지하고 5영의 군제를 복구하라는 엉을 내려 군량을 시급하도록 하였다. 그리고 난군은 물러가라는 명을 내리고 대사령을 내렸다. 난병들은 대궐에서 물러나 사방으로 흩어졌다. ─ 황현, 『매천야록』 ─

수교와 개화에 관한 고종의 교서

수호를 맺는 것은 수호를 맺는 것이고 사교를 금하는 것은 사교를 금하는 것이다. 조약을 맺고 통상하는 것은 다만 공법에 의거할 뿐이다. 당초 내지에 서교를 전도하는 것을 허락하지 않았으니, 너희들은 평소 공자와 맹자의 가르침을 익혀 왔고 오랫동안 예의의 풍속에 젖어 왔는데 어찌 하루아침에 정도(正道)를 버리고 사도(邪道)를 따를 수 있겠는가? … 그들의 종교는 사특하니 마땅히 음탕한 음악이나 미색(美色)처럼 멀리해야겠지만, 그들의 기계는 이로워서 진실로 이용후생(利用厚生)할 수 있으니 농기구·의약·병기·화륜선과 같은 제조를 어찌 꺼리며 하지 않겠는가.

조·청 상민 수륙 무역 장정 1882

이번에 제정한 수륙 무역 장정은 중국이 속방을 우대하는 뜻이며, 각국과 똑같이 같은 이득을 보도록 하는 데 있지 않다.

제1조 청의 상무위원을 서울에 파견하고 조선 대관을 톈진에 파견한다. 청의 북양 대신 이홍장과 조선 국왕은 대등한 지위를 가진다.

제2조 조선에서 청의 상무위원의 재판권을 인정한다.

제4조 중국 상민은 조선의 양화진과 서울에 행상을 하거나 영업소를 차릴 수 있도록 하되, 여러 물건들을 모아서 내륙 지방에 운반하여 점포를 차려 놓고 팔지는 못하게 한다. 다만 내지 행상이 필요한 경우 지방관으로부터 허가증을 발급받아야 한다. 두 나라 상인이 내지로 들어가고자 할 때에는 허가증을 발급받아야 한다.

제물포 조약 1882

제1조 지금부터 20일을 기한으로 하여 조선국은 흉도들을 잡아 그 수괴를 엄격히 심문하여 엄하게 징벌한다.

제3조 조선국은 5만 원을 내어 해를 당한 일본 관리들의 유족 및 부상자에게 주도록 한다.

제4조 일본군의 출동비 및 손해에 대한 보상비로 50만 원을 조선 측이 지불한다.

제5조 일본 공사관에 군사 약간을 두어 경비를 서게 한다. 그 비용은 조선국이 부담한다.

제6조 조선국은 사신을 특파하여 국서를 가지고 일본국에 사과한다.

조·일 수호 조규 속약 1882

제1조 부산, 원산, 인천 각 항의 간행이정을 확장해 각 50리로 하고 2년 후를 기해 다시 각 100리로 한다. 1년 뒤에 양화진을 개시장으로 한다.

제2조 일본국 공사, 영사 및 그 수행원과 가족의 조선 각지 여행을 허가한다. 여행 지방을 지정함은 예조에서 하되 증서를 발급하고, 지방관은 증서를 검사하고 여행자를 호송한다.

조·일 통상 장정 1883

제37관 조선국에서 가뭄과 홍수, 전쟁 등의 일로 인해 국내에 양식이 결핍할 것을 우려하여 일시 쌀 수출을 금지하려고 할 때에는 1개월 전에 지방관이 일본 영사관에게 통지하여 미리 그 기간을 항구에 있는 일본 상인들에게 전달하여 일률적으로 준수하는 데 편리하게 한다.

05 갑신정변 1884.10.

1. 배경

(1) 임오군란 이후 개화 정책 재추진 → 청의 내정 간섭과 민씨 정권의 친청 사대 등으로 추진이 어려움

(2) 개화 자금을 둘러싼 개화파 내부의 갈등

    ① 온건 개화파(사대당), 민씨 세력, 묄렌도르프: 당오전 반행 주장

    ② 급진 개화파(개화당): 일본 차관 도입 시도 → 일본의 냉담한 태도로 실패 → 입지 약화

(3) 청·프 전쟁으로 조선에 머물던 청군의 일부가 베트남으로 이동 청군 3,000명 중 1,500명을 이동시킴

(4) 일본 공사의 개화파에 대한 군사적 지원 약속

2. 경과

• 우정국 개국 축하연에서의 정변 발생: 민씨 세력 살해, 민영익 중상, 왕과 왕비의 경우궁 이동

→ 개화당 정부 수립, '14개조 개혁 정강' 발표(청과 종속 관계 청산, 국왕 전제권 제한, 인민 평등권 확립 추구)

→ 청의 간섭으로 3일 만에 실패: 홍영식 피살, 김옥균·박영효·서광범의 일본 망명, 한성 주민들의 일본 공사관 방화

3. 의의: 근대 국민 국가 건설을 위한 최초의 정치 개혁 운동

4. 결과

(1) 청의 내정 간섭 심화: 민씨 정권의 친청적·보수화 강화

(2) 한성 조약 체결(조선–일본) 1885: 공사관 신축비 부담(배상금 지불)

(3) 톈진 조약 체결(청–일본) 1885: 조선에서 변란이 발생하여 어느 한쪽이 파병할 경우에는 그 사실을 상대방에게 미리 알릴 것을 약속함 → 10년 후 청일 전쟁의 발발 원인이 됨

5. 한계

(1) 급진 개화파의 정치적·군사적 기반 미약이 미약함

(2) 일반 민중에게 지지를 받지 못함: 위로부터의 개혁, 토지 제도 개혁 등 민중의 요구에 소홀

(3) 일본(외세)에 의존함

> **개념더하기**
> • 김옥균: 박규수의 사랑방에서 개화사상 학습 → 4차 수신사로 일본 방문 1882 → 갑신정변 주도 1884 → 일본과 중국 망명 생활, 『갑신일록』 저술 → 상하이에서 홍종우에게 피살 1894
> • 박영효: 박규수의 사랑방에서 개화사상 학습 → 4차 수신사로 일본 방문 1882 → 갑신정변 주도 1884 → 10여 년 일본 망명 생활 → 2차 갑오개혁 참여 1894~1895 → 명성황후 암살 시도 발각으로 추방 1895 → 친일화(일본의 귀족 작위 수용, 조선 귀족회 의장 역임, 중추원 고문 역임, 조선사 편수회 고문 담당)
> • 서광범: 박규수의 사랑방에서 개화사상 학습 → 갑신정변 주도 1884 → 10여 년 일본과 미국에서 망명 생활 → 2·3차 갑오개혁 참여, 법무대신으로 사법제도의 근대화 추진 1894~1895
> • 홍영식: 박규수의 사랑방에서 개화사상 학습 → 조사시찰단 참여 1881 → 보빙사 참여 1883 → 우정총국 창설, 우정총판 취임 1884 → 갑신정변 때 청군에 의해 피살
> • 유길준: 조사시찰단 참여, 일본 유학 1881 → 보빙사 참여, 미국 유학 1883 → 갑신정변으로 귀국, 연금 1885~1892 → 『서유견문』 집필 1889·출간 1895 → 갑오·을미개혁 참여 1894~1895 → 최초의 국어문법서인 『조선문전』 집필 1895, 『대한문전』으로 개정 1909 → 아관파천 후 일본 망명 1896~1907 → 흥사단 설립 1907 → 일본의 귀족 작위 거부
> • 서재필: 갑신정변 참여 1884 → 미국 망명·유학(의사 1호) → 정부의 요청으로 귀국 후 독립협회 창설 1896 → 개혁 방향을 둘러싸고 정부와 갈등을 빚어 다시 미국으로 추방 1898

갑신정변

이날 밤 우정국에서 낙성연을 열었는데 총판 홍영식이 주관하였다. 연회가 끝나갈 무렵 담장 밖에 불길이 일어나는 것이 보였다. 이때 민영익도 우정사로서 연회에 참가하였다가 불을 끄기 위해 먼저 일어나 문 밖으로 나갔다. 밖에 흉도 여러 명이 휘두른 칼을 맞받아치다가 민영익이 칼에 맞아 당상 위로 돌아와 쓰러졌다. … 왕이 경우궁으로 거처를 옮기자 각 비빈과 동궁도 황급히 따라갔다.

— 『고종실록』 —

14개조 개혁 정강1884

1. 흥선 대원군을 가까운 시일 안에 돌아오게 하고 청에 조공하는 허례를 폐지할 것 청에 대한 사대 폐지
2. 문벌을 폐지하여 인민 평등의 권리를 제정하고 능력에 따라 관리를 등용할 것 양반 문벌 제도 폐지
3. 지조법을 개혁하여 간사한 관리를 뿌리 뽑고 백성의 곤란을 구제하며 국가 재정을 넉넉하게 할 것 조세 개혁
4. 내시부를 없애고 그 가운데 재능 있는 자는 등용할 것
5. 국가에 해독을 끼친 탐관오리를 처벌할 것
6. 각 도의 환곡을 영구히 폐지할 것
7. 규장각을 폐지할 것 세도정권의 기반으로 변질된 규장각 폐지
8. 급히 순사를 두어 도둑을 막을 것 근대적 경찰 제도 실시
9. 혜상공국(보부상 보호 기관)을 폐지할 것 보부상의 친정부적 성격 견제
10. 그동안 유배, 구속된 사람들은 사정을 참작하여 석방할 것
11. 4영을 합쳐 1영으로 하고 영 중에서 장정을 뽑아 근위대를 설치할 것
12. 재정은 모두 호조에서 관할하게 하고 그 밖의 재무 관청은 폐지할 것 재정의 일원화 시도
13. 대신과 참찬은 의정소에서 회의 결정하고 정령을 공포해서 시행할 것 왕의 전제군주권 제한
14. 의정부, 6조 외의 불필요한 관청은 모두 없애고 대신과 참찬이 협의해서 처리하게 할 것 내각 제도의 수립

갑신정변에 대한 평가

전에는 … 개화당을 꾸짖는 자도 많이 있었으나, 개화가 아름답다는 것을 말하면 듣는 사람들도 감히 크게 반대하지는 않았다. 그런데 정변을 겪은 뒤부터 조정과 민간에서 모두 "이른바 개화당이라고 하는 자들은 충의를 모르고 외국인과 연결하여 나라를 팔고 겨레를 배반하였다."라고 말하고 있다.

— 「윤치호 일기」 —

그들의 실패는 우리에게 무척 애석한 일이다. 내 친구 중에 이 사건을 잘 아는 이가 있는데, 그는 어쩌다 조선의 최고 수재들이 일본인에게 이용당해서 그처럼 큰 잘못을 저질렀는지 참으로 애석하다고 했다. 진실로 일본인이 조선의 운명과 그들의 성공을 위해 노력을 다했겠는가? 우리가 만약 국가적 발전의 기미를 보였다면 일본인들은 백방으로 방해할 것이 자명한데 어찌 그들을 원조했겠는가?

— 박은식, 『한국통사』 —

톈진 조약1885

1조 청국은 조선에 주둔한 군대를 철수한다. 일본국은 공사관 호위를 위해 조선에 주재한 병력을 철수한다.
2조 앞으로 만약 조선에 변란이나 중대 사건이 일어나 청·일 두 나라나 어떤 한 국가가 파병을 하려고 할 때에는 마땅히 그에 앞서 쌍방이 문서로써 알려야 한다. 그 사건이 진정된 뒤에는 즉시 병력을 전부 철수시키며 잔류시키지 못한다.

보부상 지원 조직

• 보부상의 친정부적 성향: 조직력과 기동성을 바탕으로 정부에 협력함
• 혜상공국(1883~1885, 갑신정변 때 폐지가 제기됨) → 상리국1885~1894 → 황국협회1898 → 상무사1899~1904

청	일본
• 조선에 대한 정치적 영향력 회복 · 강화: 전권 대신으로 위안 스카이 파견 • 조 · 청 상민 수륙 무역 장정1882: 청 상인의 양화진과 내륙 진출 → 일본 상인과의 경쟁 본격화 • 러시아와 접촉하는 민씨 정권 견제를 위해 흥선 대원군을 귀국시킴1885	• 조선에 대한 정치적 영향력 약화 • 미면(米綿) 교환을 통한 경제 침탈 　– 국내 식량 부족 야기: 방곡령 발표(1889, 함경도 관찰사 조병식) 　– 외국 공산품의 무차별 유입: 광목을 생산하던 국내 영세 수공업 몰락

러시아	영국
• 조 · 러 수호 통상 조약1884.5. 갑신정변 이전: 청 · 일 견제 목적, 공사 베베르 파견 • 조 · 러 비밀 협정 시도1885, 1886: 청 견제 목적, 러시아 군사 교관의 파견과 영흥만 조차 시도, 청의 반발로 실패	• 거문도 불법 점령1885~1887 　– 배경: 조 · 러 비밀 협정 시도와 이로 인한 러시아 남하 예상 　– 결과: 청의 중재 → 러시아가 조선을 점령하지 않는다는 약속을 받고 영국군 철수

⇓

중립화론 제기 1885

- 부들러주한 독일 부영사의 주장: "청 · 일본 · 러시아 3국이 조선을 영세 중립국으로 만들어야 한다."
- 유길준의 주장: "러시아 견제를 위해 청 주도로 열강이 조선의 중립을 보장하여 독립을 보존해야 한다."
- 김옥균의 주장: 중국 이홍장에게 청 주도의 중립화 주장

사료더하기

부들러의 중립화론
조선은 청국의 후정(後庭)이자 러시아, 일본 양국과 더불어 변경을 인접하여 있어서 반드시 서로 다투는 곳으로 되어 있다. 서양에서 실시하고 있는 법에 따라 청, 러시아, 일본 3국이 서로 입약(立約)하여 영원히 조선을 보호하는 것이다. 설혹 뒷날 타국이 공격한다 해도 조선에서 길을 빌려주지 않으며, 국경을 지키고, 한편 조약을 체결한 나와 통상을 하면 조선은 영원히 큰 이익을 얻을 것이다.

유길준의 한반도 중립화론
이제 우리나라는 지역으로 말하면 아시아의 목에 처해 있는 것이 유럽의 벨기에와 같고, 중국에 조공하던 것은 터키에 조공하던 불가리아와 같다. … 중국이 맹주가 되어 영국, 프랑스, 일본, 러시아 같은 아시아에 관계 있는 여러 나라들과 화합하고 우리나라를 참석시켜 같이 중립 조약을 체결토록 해야될 것이다. 이것은 비단 우리나라만을 위한 것이 아니라 중국의 이익도 될 것이고, 여러 나라가 서로 보전하는 계책도 될 것이니 무엇이 괴로워서 하지 않겠는가.

CHAPTER 03

1890년대

---

01 동학 농민 운동 1894

1. 배경

국내의 경제 상황	동학의 교세 확장
• 농촌 경제 붕괴: 일본 상인의 국내 곡식 매입 → 국내의 식량 부족 → 쌀 폭동 발생 → 함경도 관찰사 조병식이 방곡령을 선포했으나 배상금 지불 1889 • 국내 수공업 붕괴: 일본과 청국 상인의 경쟁 → 외국 공산품의 무차별 유입 → 광목을 생산하던 국내 영세 수공업 몰락 • 당오전 1883~1894 남발에 따른 물가 상승	• 최시형(2대 교주)의 활약: 포접제(교주–포주–접주) 실시, 충청도 · 전라도까지 교세 확대 • 삼례 집회 1892: 교조 신원 운동('최제우의 누명을 벗겨달라'), 동학 탄압 중지 요청 • 서울 복합 상소 1893: 정부의 강제 해산 • 보은 집회 1893: 교조 신원 운동, 제폭구민(반봉건) · 척양척왜(반외세) 주장

2. 전개

(1) 고부 봉기

① 원인: 고부 군수 조병갑의 횡포 – 만석보 개축과 수세 징수

② 경과: 사발통문 작성, 전봉준과 농민의 고부 관아 점령 → 조병갑 파직, 신임 군수의 시정 약속으로 농민군 해산

사발통문

(2) 제1차 농민 봉기 1894.3.~4.

① 원인: 안핵사 이용태가 봉기 참가 관련자를 색출하여 가혹하게 처벌함

② 경과: 백산에 집결, 전봉준 · 손화중 · 김개남으로 지휘부 구성(호남창의대장소 설치), '앉으면 죽산 서면 백산'

→ 4대 강령과 격문 발표: '보국안민 나라를 돕고 백성을 편안하게 함', '제폭구민 폭정을 없애고 백성을 구함' 주장

→ 고부 황토현 전투 승리: 전주 감영군을 상대로 승리

→ 장성 황룡촌 전투 승리: 초토사 홍계훈이 이끄는 중앙군을 상대로 승리, 장태 활용

→ 전주성 점령

→ 정부의 청군 요청, 일본군의 인천 상륙 톈진 조약 적용

(3) 전주 화약 화목할 和+약속 約 **체결** 1894.5.

① 정부와 동학 농민군의 전주 화약 체결: 청 · 일 양국 군대 철수와 폐정 개혁에 합의

② 폐정 개혁안: 탐관오리 징계, 신분제 폐지, 무명잡세 폐지, 왜와 내통한 자 징계 등

③ 집강소의 설치: 농민의 자치 조직, 전라도 53군에 설치, 전주에 대도소 설치 집강소의 총본부

(4) 제2차 농민 봉기1894.9.~11.

   ① 원인: 정부의 청·일 양국의 철군 요구 → 일본군의 경복궁 점령1894.6. → 흥선 대원군 재집권(섭정), 일본의 갑오개혁 요구와 청·일 전쟁 유발1894.6.

   ② 경과: 일본의 침략을 물리칠 것을 목표로 재봉기함(반외세) → 전봉준의 남접과 손병희의 북접 연합, 논산에 집결 → 동학 농민군 vs 정부군·일본군·민보군양반·부호로 구성 → 무기의 열세로 공주 우금치 전투에서 패배 → 전봉준 체포·처형

3. 의의

(1) 반봉건적: 신분제 철폐·과부의 재가 허용·조세 개혁 등은 갑오개혁에 부분적으로 반영

(2) 반외세적: 잔여 세력은 의병이나 활빈당1900~1905 등에 참여

(3) 아래로부터의 움직임: 우리 역사상 최대 규모의 농민 운동

사료더하기

농민군의 4대 강령
1. 사람을 죽이거나 가축을 잡아먹지 말라.
2. 충효를 다하여 세상을 구하고 백성을 편안케 하라.
3. 일본 오랑캐를 몰아내고 나라의 정치를 깨끗이 하라.
4. 군대를 몰고 서울로 들어가 권세가와 귀족을 모두 없애라.

백산 봉기 격문
우리가 의(義)를 들어 이에 이르렀음은 그 본의가 결코 다른 데에 있지 아니하고 창생을 도탄 속에서 건지고 국가를 반석 위에다 두고자 함이다. 안으로는 탐학한 관리의 머리를 베고 밖으로는 횡포한 강적의 무리를 구축하고자 함이다. 양반과 부호 앞에서 고통을 받는 민중들과 방백과 수령 밑에서 굴욕을 받는 소리들은 우리와 같이 원한이 깊은 자라. 조금도 주저하지 말고 이 시각으로 일어서라.

황룡촌 전투
적은 위에서 아래로 관군을 내려다보고 있다가 잠시 후 홀연히 커다란 대나무 만든 통을 밀고 나왔다. 둥그런 닭집과 비슷한 것(장태)이 수십 개였다. 밖으로 창과 칼이 삐죽하게 꼽은 것이 고슴도치 같았고 아래에는 두 개의 바퀴를 달아 미끄러지듯이 아래로 내려왔다. 관군은 총탄과 화살, 돌을 쏘았지만 모두 대나무 통에 막혀 버렸다. 적은 대나무 통 뒤에서 총을 쏘며 따라 오다가 고함을 지르며 뛰어올랐다. 초토군의 진영은 멀리서 빤히 바라보면서 도와주지 못한 채 그들이 사방으로 달아나도록 놓아주었다.
               – 황현, 「오하기문」 –

폐정 개혁안(1): 「동학사」 수록
1. 동학 교도는 정부와의 원한을 씻고 정사에 협력한다.
2. 탐관오리는 그 죄상을 조상하여 엄징한다.
3. 횡포한 부호를 엄징한다.
5. 노비 문서를 소각한다. 신분제 폐지
6. 7종의 천인 차별을 개선하고 백정이 쓰는 평량갓은 없앤다. 신분제 폐지
7. 청상 과부의 개가를 허용한다.
8. 무명의 잡세는 일체 폐지한다. 조세 제도 개혁
9. 관리 채용에는 지벌을 타파하고 인재를 등용한다.
10. 왜와 통하는 자는 엄징한다. 반외세적
11. 공사채는 물론하고 기왕의 것을 무효로 한다.
12. 토지는 평균하여 분작한다. 토지 제도 개혁

폐정 개혁안(2): 전봉준의 판결문

1. 전운사(세곡 운반을 담당하는 기관)를 혁파하고 이전과 같이 각 읍에서 조세를 상납하게 할 것
2. 균전관을 혁파할 것
3. 탐관오리를 징계하고 쫓아낼 것
4. 각 읍에 1천 냥 이상 조세금을 횡령하면 그 아전을 사형에 처하고 친족에게서 거두지 말 것
5. 봄가을 두 번의 동포전은 이전과 같이 매호 2냥씩으로 할 것
6. 각종 항목의 결세액은 평균 분배하되 마구 걷지말 것
7. 포구에서 사사로이 미곡 무역하는 행위를 엄금할 것
8. 각 읍 수령이 부임지에서 묘를 쓰고 전답을 사들이는 일을 금할 것
9. 각국 상인은 항구에서만 매매하게 하되, 서울에 점포를 열거나 각지에서 임의로 행상하지 못하게 할 것
10. 보부상의 작폐가 많으니 혁파할 것
11. 각 읍에서 아전을 임용할 때 뇌물을 받지 말고 쓸만한 사람을 골라 임용할 것
12. 간신이 권력을 농간하여 국사가 나날이 잘못되니 매관매직을 처벌할 것
13. 대원군이 국정에 간여하면 백성들의 마음이 돌아올 수 있을 것

집강소 시기

적은 모두 천민 노예이므로 양반, 사족을 가장 증오하였다. 길에서 갓을 쓴 자를 만나면 곧바로 꾸짖으며 말하였다. "너도 양반인가?" 갓을 빼앗아 찢어 버리거나 자기가 쓰고 거리를 돌아다니면서 양반을 욕 주었다. 무릇 집안 노비로서 적을 따르는 자는 물론이요, 비록 적을 따르지 않는 자라 할지라도 모두 적을 끌어다 대며 주인을 협박하여 노비 문서를 불사르고 면천해 줄 것을 강요하였다. … 때로 양반 가운데 주인과 노비가 함께 적을 따른 경우도 있었다. 이들은 서로 접장이라 부르면서 적의 법도를 따랐다.

– 황현, 「오하기문」 –

전봉준 공초

심문자: 작년(1894) 3월 무슨 사연으로 고부 등지에서 민중을 크게 모았는가?
전봉준: 고부 군수(조병갑)의 수탈이 심하여 의거하였다.
심문자: 흩어져 돌아간 후에는 무슨 일로 군대를 봉기하였는가?
전봉준: 안핵사 이용태가 내려와 의거 참가자 대대수가 일반 농민이었음에도 불구하고 모두를 동학으로 통칭하고 체포하여 살육하였기에 다시 봉기하였다.
심문자: 전주 화약 이후 다시 군대를 일으킨 이유가 무엇이냐?
전봉준: 일본이 개화를 구실로 군대를 동원하여 왕궁을 공격하고 임금을 놀라게 하였으니, 충군애국의 마음으로 의병을 일으켜 일본과 싸워 그 책임을 묻고자 함이다.

전봉준의 절명시

때를 만나 천하도 다 내 뜻과 같았네 / 시운 다하니 영웅도 스스로 어쩔 수 없구나
백성을 사랑하고 정의를 위한 길이 무슨 허물이랴 / 나라 위한 붉은 마음 그 누가 알아주랴

정부의 태도에 대한 비판

갑오 동학란은 그 허물이 정부에 있다는 것을 감출 수 없다. 그런데도 정부는 반란의 원인을 백성에게 돌리며, 우리 백성이 사납고 간교해서 난을 일으켰다고 하며 청에 원병을 구걸하였다. … 자유를 생명으로 삼는 유럽이나 미국 같으면 이토록 부패한 정부가 하루라도 남아 있겠는가? … 탐학과 불법이 누적되어 오늘날 반란이 일어나게 된 것은 누구 때문인가?

– 박은식, 「한국통사」 –

개념더하기

- 사발통문: 사발에 대고 그 주위에 원형으로 거사 주역들의 이름을 적음 → 거사의 주모자가 드러나지 않음
- 장태: 대나무를 타원형의 항아리 모양으로 만든 것으로 정부군의 화승총을 막아내는 데 효과적이었음
- 활빈당: 빈농 · 영세 상인 등이 참여한 무장 단체, 양반 부호 · 관청 · 시장 등을 습격하고 일부를 빈민에게 분배함
- 대한사민논설 13조목1900: 활빈당의 강령
  - 시장에 외국 상인이 나오는 것을 엄금할 것
  - 사전을 혁파하고 토지를 균등하게 나눌 것
  - 외국에 철도 부설권을 허락하지 말 것

1. 1차 갑오개혁 1894. 여름~1894. 가을

배경	• 조선: 전주 화약 체결 후 개혁에 대한 공감대 형성 → 교정청 설치 6.6. 일제가 수일 만에 혁파함 • 일본: 경복궁 점령 6.21. → 흥선 대원군의 섭정(실권 無), 청·일 전쟁 유발(서해 풍도의 청군을 공격함)
추진	1차 김홍집 내각 수립, 일본의 군국기무처 설치(총재 김홍집, 부총재 박정양)
개혁 내용	• 정치적: 의정부와 궁내부의 분리 국왕권 제한, 왕족의 정치 참여 제한, 중국 연호 폐지와 개국 기년 사용 1894년=개국 503년, 6조를 8아문으로 개편 내무아문·외무아문·탁지아문 등, 3사 폐지, 과거제 폐지, 경무청 설치 경찰 제도 실시 • 경제적: 재정의 일원화(탁지아문에서 담당), 육의전의 금난전권 폐지, 조세의 금납화, 은본위제 실시와 신식 화폐 발행 장정 제정, 도량형 통일 • 사회적: 신분제·노비제·적서 차별·고문·연좌제 폐지, 과부의 재가 허용, 조혼 금지 남자 20세, 여자 16세 이상

2. 2차 갑오개혁 1894. 겨울~1895. 여름

배경	청·일 전쟁에서 일본 우세 → 조선에 대한 내정 간섭 본격화, 군국기무처 폐지
추진	2차 김홍집·박영효·서광범 내각 수립 = 친일적
개혁 내용	• 정치적: 종묘에서 고종이 독립 서고문과 홍범 14조 반포, 의정부를 내각으로 개편 내각제 도입, 8아문을 7부로 개편 내부·외부·탁지부 등, 8도를 23부로 개편하고 관찰사 파견, 부·목·군·현을 337군으로 통합, 지방관의 권한 축소 행정권만 행사, 재판소 설치 사법권 독립, 훈련대 설치 중앙군 • 경제적: 육의전 폐지, 상리국 폐지 • 교육적: 교육입국 조서 반포, 한성사범학교 설립

3. 3차 갑오개혁(을미개혁) 1895

배경	• 청·일 전쟁 후 시모노세키 조약 체결 1895.4.: 조선의 독립 승인, 랴오둥 반도 할양, 배상금 2억 냥 지급 • 러시아·프랑스·독일의 삼국 간섭 1895.4.: 일본이 랴오둥 반도를 청에 반환 • 친러 내각 수립 1895.7.: 3차 김홍집·이범진·박정양 내각 명성황후는 일본을 견제하기 위해 러시아와 접촉함, 이로인해 일본의 영향력 약화 • 을미사변 1895.8.: 미우라 공사 주도, '낭인'을 경복궁 건청궁 곤녕합에 난입시켜 명성황후를 시해
추진	4차 김홍집·유길준·서광범 내각 수립 = 친일적
개혁 내용	• 정치적: 연호 '건양' 선정, 친위대 중앙군와 진위대 지방군 설치 • 사회적: 태양력 시행, 단발령 실시 아관파천 후 철회, 우편 사무 재개(우체사 설치), 종두법 실시 • 교육적: 소학교령 발표 후 소학교 설립

1월	2월	3월	4월	5월	6월	7월	8월	9월	10월	11월	12월
제1차 농민 운동				집강소 활동기				제2차 농민 운동			
		청·일 대치				청·일 전쟁(전반기)			청·일 전쟁(후반기)		
						제1차 개혁				제2차 개혁	
고부 농민 봉기		무장 봉기	전주성 점령	• 청·일군 상륙 • 전주 화약	• 경복궁 점령 • 청·일 전쟁 발발	군국기무처 설치		• 농민군 재봉기 • 평양 전투	이노우에 공사 부임	우금치 전투	• 홍범 14조 반포 • 박영효 내각 성립

1894년

4. 갑오·을미개혁의 평가

(1) 의의: 전 분야에 걸쳐 근대적 개혁이 추진됨, 갑신정변과 동학 농민 운동의 개혁안이 일부 반영

(2) 한계: 백성의 지지 없었음, 일본의 간섭, 토지 제도·상공업 진흥·국방 개혁 미흡

교정청 설치
우리 정부는 왕명을 받들어 교정청을 설치하고 당상관 15명을 두어 먼저 폐정 몇 가지를 개혁하였는데, 모두 동학당이 사정을 하소연한 일이었다. 자주적 개혁을 추진함으로써 일본인들의 요구와 끼어듦을 막고자 하였다.

– 김윤식, 『속음청사』 –

독립 서고문
제1호 내가 재가한 공문 식제(式制)를 반포하게 하고 종전의 공문 반포 규례는 폐지한다.
제3호 내가 동짓날에 백관들을 거느리고 태묘(종묘)에 나아가 우리나라가 독립하고 모든 제도를 이정(釐正)한 사유를 고하고, 다음 날에는 태사(太社)에 나아가겠다.
제4호 박영효를 내무대신으로, 서광범을 법무대신으로 … 삼도록 하라고 명하였다.

홍범 14조
1. 청에 의존하는 생각을 버리고 자주독립의 기초를 세운다. 청 사대 중단
3. 임금은 각 대신과 의논하여 정사를 행하고, 종실·외척의 내정 간섭을 용납하지 않는다. 왕권 제한(입헌군주제 추구)
4. 왕실 사무와 국정 사무를 나누어 서로 혼동하지 않는다.
6. 납세는 법으로 정하고 함부로 세금을 징수하지 아니한다. 조세 법정주의
7. 조세의 징수와 경비 지출은 모두 탁지아문의 관할에 속한다. 재정의 일원화
10. 지방 제도를 개정하여 지방 관리의 직권을 제한한다. 지방관 권한 축소
12. 장교를 교육하고 징병을 실시하여 군제의 근본을 확립한다.
13. 민법과 형법을 제정하여 인민의 생명과 재산을 보전한다.
14. 문벌을 가리지 않고 인재 등용의 길을 넓힌다. 문벌 폐지, 능력에 따른 인재 등용

교육입국 조서
아, 백성을 가르치지 않으면 나라를 굳건히 하기가 매우 어렵다. 세상 형편을 돌아보건대 부유하고 강하여 우뚝이 독립한 나라들은 모두 그 나라 백성들이 개명한 지식을 가지고 있다. … 이에 짐은 정부에 명하여 널리 학교를 세우고 인재를 길러 새로운 신민의 학식으로 국가 중흥의 큰 공을 세우고자 하니, 신민들은 나라를 위하는 마음으로 덕과 체와 지를 기를지어다. 왕실의 안전이 신민들의 교육에 있고 국가의 부강 또한 신민들의 교육에 있도다.

시모노세키 조약
제1조 청은 조선이 완전무결한 독립 자주국임을 확인한다. 따라서 독립 자주성을 훼손하는 청에 대한 조선의 공헌전례(조공, 책봉) 등은 폐지한다.
제2조 청은 랴오둥 반도, 타이완, 펑후 제도를 일본에 할양한다.
제4조 청은 배상금 2억 냥을 일본에 지불한다.

· 청·일 전쟁1894~1895: 서해 풍도에 있는 청군을 일본군이 기습 공격하면서 발발 → 청의 패배로 청은 조선에 대한 영향력을 상실
· 신식 화폐 발행 장정: 일본 화폐 단위를 본떠서 은화를 본위화폐로 하고, 동화를 보조화폐로 하는 근대식 화폐제도, 이후 전환국은 정부의 재정난 타개를 위해서도 백동화를 대량 주조함
· 연호 변천: 개국(갑오개혁) → 건양(을미개혁) → 광무(대한제국) → 융희(순종 즉위)
· 종두법: 천연두 치료법, 정약용이 『마과회통』에서 언급했으며, 지석영은 일본으로부터 종두법을 배워 보급함

1. 1896년의 상황

(1) 국내: 단발령과 명성황후 시해로 을미의병 봉기1895 → 춘생문 사건(정동구락부가 주도, 고종을 미 공사관으로 피신시키고자 했으나 실패)1895.11. → 아관파천(고종의 러시아 공사관 피신1896~1897) → 이완용 · 이범진의 친러 내각 수립

(2) 열강의 이권 침탈 본격화

① 러시아: 경성 · 종성 광산채굴권, 두만강 · 압록강 · 울릉도 삼림벌채권, 절영도 저탄소 설치권

② 미국: 운산 금광채굴권노다지no touch 기원, 전등 · 전화 · 전차 부설권, 왕실과 합작하여 한성전기회사 설립

③ 일본: 경인선 부설권(미국 → 일본)1897, 경부선 부설권1898, 경의선 부설권(프랑스 → 일본)1904.3.

2. 독립 협회 창설

(1) 서재필미국에서 귀국, 고문, **안경수**1대 회장, **이완용, 윤치호, 이상재 등 주도**

(2) (초기) 개화 사상가와 고위 관료 주도, 정부와 협력 → (1898) 재야 지식인층과 일반 민중 주도

3. 주요 활동: 자유 민권 · 자주 독립 · 자강 개혁 · 민중 계몽 추구

(1) 독립신문 발행1896.4.: 독립 협회 창설 전 발행, 정부의 지원 받음, 한글판(3면)＋영문판(1면)

(2) 『대조선 독립 협회 회보』 간행, 각종 토론회 개최

(3) 영은문 폐쇄, 독립문 건립: 모금 운동 전개

(4) 이권 수호 운동: 러시아의 절영도 조차 저지, 한러은행 폐쇄, 독일 · 프랑스의 광산채굴권 저지

(5) 고종의 환궁 요구

(6) 국민 기본권 운동: 신체 자유 · 언론 · 출판 · 집회 · 결사의 자유 주장

(7) 만민 공동회 개최1898: 정치 · 사회 문제에 대해 토론

(8) 관민 공동회 개최1898. 가을: 정부 관리까지 참여, 백정 출신 박성춘의 연설, 헌의 6조 채택

4. 대한제국과의 갈등

(1) 박정양 내각 출범1898.10.

(2) 정부의 중추원 관제 반포1898.11.

① 관선 의원 25명과 민선 의원 25명독립협회 추천인으로 구성

② 주요 역할: 법률 · 칙령의 개정 · 폐기, 의정부가 국왕에게 건의하는 사항 심사 · 결정, 국민 헌의 사항 심사 · 결정

(3) 보수 세력의 모함: '독립협회가 공화정을 실시하려 한다'며 모함, 박정양 대통령 추대설

(4) 독립 협회와 황국 협회보수상 협회, 보수적의 충돌 → 고종의 독립 협회 해산

5. 의의와 한계

(1) 의의: 애국 계몽 운동으로 계승

(2) 한계: 주로 러시아 배척, 열강의 침략 의도를 제대로 간파하지 못함, 의병 투쟁에 부정적 입장을 보임

독립신문 창간사 1896
우리는 첫째, 편벽되지 아니한 고로 무슨 당에도 상관이 없고, 상하귀천을 달리 대접하지 아니하고, 모두 조선 사람으로만 알고, 조선만을 위하여 공평히 인민에게 말한 터인데, 우리가 서울 백성만 위한 것이 아니라 조선 인민을 위하여 무슨 일이든지 대언하여 주려함. 우리는 바른대로만 신문을 할 터인 고로, 정부 관원이라도 잘못하는 이 있으면 우리가 말할 터이요, … 외국 인민이 조선 사정을 자세히 모른즉, 혹 편벽된 말만 듣고 조선을 잘못 생각할까 보아 실상 사정을 알게 하고자 하여 영문으로 조금 기록함

만민 공동회 1898
내가 일전에 학교에 갈 때 종로를 지나가다 보니 태극기는 일월 같이 높이 달고 흰 구름 같은 천막이 울타리 담장처럼 넓게 펼쳐져 있었다. 나무 울타리 안에 수많은 사람들이 모여 있었다. 제가 어떤 사람들에게 물으니 "정부 대신을 초청하여 묻고 토론할 일이 있어 집회가 열렸소."라고 하였다.

백정 박성춘의 관민 공동회 연설문 1898
"나는 대한의 가장 천한 사람이고 배운 것이 없습니다. 그러나 충군애국의 뜻은 대강 알고 있습니다. 이에 나라를 이롭게 하고 국민을 편안하게 하려면 관민이 합심해야 한다고 생각합니다. 저 차일에 비유하건대, 한 개의 장대로 받치면 튼튼하지 못하나, 많은 장대로 받치면 매우 튼튼합니다."

헌의 6조 1898
1 외국에 의지하지 말고 관민이 합심하여 황제권을 공고히 할 것자주 국권 확립
2. 외국과의 이권에 관한 계약과 조약은 해당 부처의 대신과 중추원 의장이 합동으로 날인하여 시행할 것의회 권한 확립, 이권 수호 운동
3. 국가의 재정은 탁지부에서 모두 관리하고 예산, 결산을 국민에게 공포할 것재정 일원화
4. 중대한 범죄는 공개 재판하고, 피고의 인권을 존중할 것자유 민권 운동
5. 칙임관(고위직 관리)을 임명할 때에는 정부에 그 뜻을 물어 중의에 따를 것입헌군주제 강화
6. 장정을 실천할 것

독립협회의 의회 개설 관련 상소
만약에 외국의 예를 들어서 말씀드린다면, 현재 허다한 민회가 있어 정부 대신일지라도 실정이 있으면 전국에 널리 알려 민중을 모이게 하여서 질문이 있고 논쟁과 탄핵이 있으며 … 흔히 말하기를 민권이 성하면 왕권이 반드시 손상된다 하오나 사람의 무식함이 어찌 이보다 더할 수가 있겠사옵니까. 오늘날에 이와 같은 민의를 없애게 한다면, 정치, 법률은 따라서 무너져 어떤 화가 일어날지 모르니 …

중추원 관제 1898
제1조 중추원은 다음 사항을 심사하여 논의해서 정하는 곳으로 한다.
　　　　1. 법률과 칙령의 제정 및 폐지
　　　　2. 의정부가 국왕에게 건의하는 사항
제3조 의장은 대황제 폐하께서 칙령 문서로 임명하고, … 의관은 반수는 정부에서 일찍이 공로가 있는 자로 추천하고 반수는 인민협회 중에서 27세 이상인 사람으로 정치, 법률, 학식에 통달한 자로 투표 선거한다.

정동구락부
- 1895년경 서울 정동에서 개화파 정치인들과 서구 외교관들(일본 외교관 배제)이 친목 도모를 내세우며 만든 모임
- 우리 측 인사: 민영환, 박정양, 윤치호, 이상재, 서재필, 이완용 등
- 손탁 호텔에서 교류
- 삼국간섭, 춘생문 사건, 아관파천, 독립협회 설립 등에 직간접적으로 개입

1. 대한제국 수립

고종이 경운궁 현 덕수궁으로 환궁, 연호 '광무', 환구단과 황궁우 건립, 환구단에서 황제 즉위식 개최

2. 광무개혁

(1) 구본신참(舊本新參) 원칙: '옛 것을 근본으로 하고 서양 제도를 절충한다'는 뜻, 점진적인 개혁 추진

(2) 전제 황권 강화

① 입헌군주제를 주장하는 독립협회 해산 1898

② 법규교정소 설치 → '대한국 국제' 제정 1899, 황제에게 군 통수권 · 입법권 · 행정권 · 사법권 등 집중.

③ 내장원 강화: 황실 재정 담당, 광산과 인삼 수입 관리, 이용익 주도

④ 덕수궁 석조전 건설 1900~1910

(3) 지방 행정 개편: 23부에서 13도로 개편

(4) 군사 개혁: 원수부 설치 황제의 군권 장악 시도, 시위대 · 친위대 · 진위대 증강, 육군 무관 학교 설립 이동휘, 김좌진, 지청천 배출

(5) 경제 개혁

① 양지아문의 양전 실시(미국인 기사 초빙) → 지계아문의 지계 발급(일부 지역, 러일 전쟁으로 중단)

② 식산흥업 근대적 공장과 회사의 설립 장려

  ㉠ 상무사 설치

  ㉡ 금융: 한성은행 · 대한천일은행 설립

  ㉢ 방직: 안경수의 대한 직조 공장 설립, 종로 백목전 상인의 종로 직조사 설립

③ 내장원 산하에 서북 철도국 설립: 총재 이용익, 경의선 철도 부설 시도

④ 한성 전기 회사 설립 1898: 황실과 미국인 콜브란의 합작, 전기 시설 건설, 서대문~홍릉 전차 개통

⑤ 금본위제 채택, 화폐 조례 제정, 중앙은행 설립 시도

⑥ 외국에 유학생 파견, 상공 학교 · 광무 학교 광업 교육 · 의학교 설립

(6) 외교

① 한 · 청 통상 조약 체결 1899: 청과 맺은 최초의 평등 조약, '속방' 명시한 조 · 청 상민 수륙 무역장정 1882 폐기

② 파리 만국 박람회 참가, 만국 우편 연합 가입 1900

(7) 독도 정책

① 1882: 수토 정책 폐기, 울릉도 개척령 발표

② 1900, 칙령 제41호 반포: 강원도 울도군으로 독립, 울릉군 설치, 독도 관할

③ 1906, 울릉 군수 심흥택의 보고: 일본이 러 · 일 전쟁 중 독도를 점령하자 이에 대한 보고서를 올림

> **개념더하기**
> • 덕수궁(경운궁): 월산대군의 집터 → 임진왜란 이후 선조의 임시 거처로 사용 → 아관파천 이후 고종이 머뭄 → 중명전에서 을사조약 체결 1905 → 서양식 건물인 석조전 건설 1910 → 석조전에서 미 · 소 공동 위원회 개최 1946, 1947
> • 이용익: 보부상 출신, 임오군란 때 고종과 명성황후의 연락 담당, 대한제국의 재정 담당, 보성 학원(현 고려대학교) 설립
> • 지계: 근대적 토지 문서, 일본인을 비롯한 외국인의 토지 점유가 늘어나자 이를 견제하기 위해 발급

(8) 간도 정책

① 17세기: 월경한 조선인과 청 _{간도=봉금 지대}의 갈등

② 18세기, 숙종: 백두산 정계비 건립

③ 19세기 중: 함경도민의 월경 농사가 증가함에 따라 양국 갈등 발생

④ 1882~1884: 서북경략사로 어윤중을 파견하여 청과의 국경 문제 논의

⑤ 1903: 북변간도 관리사로 이범윤을 파견으로 직접 통치 시도, 함경도로 편입 후 청에 통보

⑥ 1909: 청과 일본의 간도 협약 체결 – (청) 안봉선 철도 부설권 양도, (일본) 간도 영유권 양도

개념더하기

재정 기관 변천
호조(갑신정변) → 탁지아문(1차 갑오개혁, 홍범14조) → 탁지부(2차 갑오개혁, 헌의6조) → 내장원 · 탁지부(대한제국)

사료더하기

대한제국 수립
어려운 때를 만났으나, 하늘이 도와 위기를 모면하고 안정되었으며 독립의 터전을 세우고 자주의 권리를 행사하게 되었다. 이에 여러 신하들과 백성들이 글을 올려 황제의 칭호를 올리라고 제의하였다. 여러 차례 사양하다가 끝내 사양할 수 없어서 하늘과 땅에 제사를 지내고 황제의 자리에 올라 국호를 대한제국으로 정하였다.　　　－『승정원일기』－

대한국 국제 1899
제1조 대한국은 세계만이 공인한 자주독립국이다.
제2조 대한제국의 정치는 전제정치이다.
제3조 황제는 무한한 군권을 향유한다.
제4조 신민이 황제의 군권을 침손할 경우는 신민의 도리를 잃은 자로 본다.
제5조 황제는 육 · 해군을 통솔하고 편제를 정하며, 계엄과 해엄의 권한을 갖는다.
제6조 황제는 법률을 제정하고 그의 반포와 집행을 명하며, 국내 법률을 개정하고 대사, 특사, 감형, 복권의 권한을 갖는다.

독립 협회 해산을 요구하는 상소
근래 새로운 것을 좋아하고 요원한 것을 따르는 무리들이 다른 나라의 민주와 공화의 제도를 채용하여 우리나라의 군주 전제법을 완전히 고치려고 합니다. 여기에서 군권과 민권이라는 명칭에 대해서는 비록 분명하게 드러내지 않았지만, 군권과 민권의 실제를 은연중에 분리하여 두 갈래로 만들고 전자를 약화하고 후자를 신장하고 있습니다. … 관리들 가운데서 민회에 나가서 조정을 욕되게 한 자들과 백성들의 마음을 선동한 자들은 모두 다 처벌하소서.　　　－『고종실록』－

대한제국 칙령 41호 1900
ㅇ 울릉도를 울도로 개칭하여 강원도에 부속하고 도감을 군수로 개정하며 군등(郡等)은 5등으로 할 것
ㅇ 군청은 태하동에 두고, 울릉 전도(全島)와 죽도, 석도(독도)를 관할할 것

일본의 독도 점령 1905
울도 군수 심흥택의 보고서는 다음과 같습니다. "본군 소속 독도가 바깥 바다 100여 리 밖에 있는데, 본월(3월) 초 4일 배 한 척이 군내 도동포에 정박하여 일본 관인 일행이 관사에 와서 '독도가 지금 일본 영토가 되었으므로 시찰차 왔다.'라고 말하온 바 … 이에 보고하오니 살펴 헤아리시기를 엎드려 바라옵니다."

간도 협약 1909
제1조 일 · 청 양국 정부는 도문강(두만강)을 청국과 한국의 국경으로 하고, 강의 발원지는 정계비(界碑)를 기점으로 하여 석을수(石乙水, 두만강의 원류)를 두 나라의 경계로 할 것을 성명한다.
제3조 청국 정부는 이전과 같이 토문강 이북의 개간지에 한국인이 거주하는 것을 승인한다. 그 지역의 경계는 별도의 지도로 표시한다.
제4조 토문강 이북 지방의 잡거 구역 안에 있는 개간지에 거주하는 한국인은 청국의 법적 권한에 복종하고 청국 지방관의 재판 관할에 귀속한다.

01 국권 침탈 과정

1. 러 · 일 전쟁 1904~1905

(1) 러 · 일의 대립 고조

① 러시아: 삼국간섭, 동청 철도(북만주철도) 부설권 획득, 여순 · 대련 조차와 남만주 철도 부설권 획득 1898, 압록강 하구의 용암포 조차 시도 1903

② 일본: 제1차 영 · 일 동맹 체결하여 러시아 남하 견제 1902

③ 대한제국의 중립 선언 1904.1.

(2) 일본이 인천항에 정박 중인 러시아 군함을 기습 공격으로 전쟁 발발 1904.2.

2. 러 · 일 전쟁 중 체결된 조약과 강령

한 · 일 의정서 1904.2.	• 전쟁 수행에 필요한 군사 요지 사용권 확보, 일본 승인 없이 타국과 협약 체결 금지 • 경의선 부설권 강탈 1904.3., 경부선 완공 1905, 경의선 완공 1906, 독도 강탈 1905.2.
대한 시설 강령 1904.5.	• 대한제국 지배를 위해 일본 정부가 기획한 정책 지침 • 일본군의 주둔 · 재정권과 외교권 탈취 · 철도 등 교통 시설 장악 등을 핵심 과제로 제시
제1차 한 · 일 협약 1904.8.	• 외교 · 재정 분야에 외국인 고문 채용 강요 • 각각 메가타와 스티븐스 임명

사료더하기

한 · 일 의정서 1904
제1조 대한제국 정부는 대일본 제국 정부를 확고하게 믿고 시정 개선에 관한 충고를 받아들인다.
제4조 제3국의 침해 또는 내란에 의해 한국 황실의 안녕과 영토의 보전에 위험이 있을 경우 일본 정부는 신속히 필요한 조치를 취한다. 이때 한국 정부는 일본의 행동에 충분한 편의를 제공하고, 일본은 이같은 목적 달성을 위해 군사 전략상 필요한 지점을 언제든지 수용할 수 있다.
제5조 대한제국 정부와 대일본 제국 정부는 상호의 승인을 거치지 않고는 본 협정의 취지에 위반되는 협약을 제3국과 체결할 수 없다.

대한 시설 강령 1904
군사적으로 일본군의 영구 주둔과 군략상 필요한 지점을 신속히 수용할 것
2. 외정을 감독하여 외교권을 장악할 것
4. 교통 기관, 특히 경의선과 경부선을 장악할 것

제1차 한 · 일 협약 1904
1. 대한 정부는 일본 정부가 추천한 일본인 1명을 재정 고문으로 삼아 대한 정부에 용빙하여 재무에 관한 사항은 일체 그의 의견을 물어서 시행해야 한다.
2. 대한 정부는 일본 정부가 추천한 외국인 1명을 외교 고문으로 삼아 외부에 용빙하여 외교에 관한 중요한 사무는 일체 그의 의견을 물어서 시행해야 한다.

3. **을사늑약**1905.11., 제2차 한 · 일 협약

(1) **일본이 한반도 지배를 강대국으로부터 인정받음**: 일본과 미국의 가쓰라 · 태프트 밀약1905.7. → 제2차
영 · 일 동맹1905.8. → 러 · 일 전쟁 후 포츠머스 강화 조약1905.9.

(2) **조약 체결**: 덕수궁 중명전, 을사5적(이완용, 이근택, 이지용, 박제순, 권중현)과 이토 히로부미가 체결

(3) **내용**: 외교권 박탈→ 간도협약 체결1909, 통감부 설치→ 내정 간섭 본격화, 이토 히로부미를 통감으로 파견

(4) **조약의 문제점**: 정식 명칭 없음, 외부대신 박제순은 고종으로부터 정식 위임장을 받지 못함, 고종의 비
준 거부

(5) **전민족적 저항**

① 고종의 무효 선언: 을사늑약이 무효임을 「대한매일신보」에 밝힘

② 고종이 미국에 헐버트 파견: 거중 조정 조항에 근거하여 을사 늑약의 부당성 호소

③ 고종의 헤이그 특사 파견1907.6.: 만국평화회의에 이준 · 이상설 · 이위종 파견

④ 이상설 · 안병찬 · 최익현의 상소, 민영환고종의 시종무관장 · 조병세의 자결

⑤ 장지연의 「시일야방성대곡」 발표: 황성신문→ 정간

⑥ 을사의병 봉기: 최익현 · 민종식 · 신돌석 등 주도, 전국적 봉기

⑦ 5적 암살단(자신회) 조직: 나철(나인영) · 오기호 주도

사료더하기

가쓰라 · 태프트 밀약1905.7.
첫째, 필리핀은 미합중국에 의해서 통치되어야 하며, 일본은 필리핀을 침공할 의도가 없음을 밝힌다.
셋째, 미국은 일본이 대한 제국의 보호권을 확립하는 것이 러 · 일 전쟁의 논리적 귀결이며 극동 평화에 직접 이바지할 것
을 인정한다.

제2차 영 · 일 동맹1905.8.
영국은 일본이 한국에서 가지고 있는 이익을 옹호, 증진하기 위하여 필요하다고 인정하는 지도, 통제 및 보호의 조치를 (일
본이) 한국에서 행하는 권리를 승인한다.

포츠머스 강화 조약1905.9.
첫째, 일본의 한국에 있어서의 정치상, 군사상, 경제상의 특별 권리를 승인할 것
셋째, 북위 50° 이남의 사할린 섬을 일본에 할양할 것

을사늑약1905.11.
제1조 일본 정부는 동경에 있는 외무성을 거쳐 이후 한국의 외국에 대한 관계 및 사무를 감리 · 지휘함이 가하며, 일본의
외교대표자 및 영사는 외국에 있는 한국의 신민과 이익을 보호함
제2조 일본 정부는 한국과 타국 간에 현존하는 조약의 실행을 완수하는 책임을 지고, 한국정부는 이후 일본국 정부의 중개
를 거치지 않고는 국제적 성질을 갖는 어떤 조약이나 약속을 하지 않을 것을 약속함
제3조 일본정부는 그 대표자로서 한국 황제폐하 아래에 한 명의 통감을 두되, 통감은 오직 외교에 관한 사항을 관리하기
위해 경성에 주재하고 직접 한국 황제 폐하에게 내알하는 권리를 가짐

루스벨트 미국 대통령에게 보낸 고종의 진서
1882년 이래로 아메리카 합중국과 한국은 우호 통상 조약 관계를 유지해 오고 있습니다. … 이제 일본은 1904년에 체결한
협정에서 서약한 바를 정면으로 위반하는 우리나라에 대한 보호 정치를 선언하고 … 나는 귀하(루스벨트)가 지금까지 귀하
의 생애의 특징인 아량과 냉철한 판단력으로 이 문제를 심사숙고해 주기를 바라며 …

개념더하기

포츠머스 강화 조약: 미국의 중재로 체결, 한반도에서 일본의 지배권 인정

4. 한 · 일 신협약 1907, 정미 7조약

(1) 통감의 권한 강화: 법령 제정 · 고등 관리 임면 등 주요 사항에 대해 통감이 사전 승인권 행사

(2) 일본인의 차관 임명: 통감의 추천으로 각 부 차관을 일본인으로 임명

(3) 군대 해산: 재정 부족을 이유로 시위대 · 진위대를 해산, 황국 수비대 제외

　① 시위대 대대장 박승환 자결

　② 해산된 군인: 일본군과 시가전, 정미의병 합류(의병의 전투력과 조직력 강화)

5. 이후

(1) 신문지법 제정 1907: 사전 검열 명시 → **신문지법 개정** 1908: 해외신문과 외국인 발행 신문 제재

(2) 보안법 제정 1907: 결사의 해산 · 집회 금지 · 문서 배포 금지 등 규정, 대한자강회를 강제 해산

(3) 사립학교령 제정 1908: 인가제 실시로 많은 사립학교 폐교

(4) 동양척식주식회사 설립 1908

(5) 기유각서 체결 1909: 사법권 박탈, 대한제국의 법부와 재판소 폐지

(6) 경찰권 강탈 1910

(7) 국권 피탈 1910.8.29.: 데라우치 통감과 총리대신 이완용이 체결, 일진회(이용구, 송병준)의 병합 청원서 제출, 이범진 · 황현(절명시) 자결

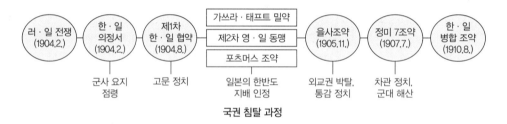

국권 침탈 과정

▶ **사료더하기**

한 · 일 신협약 1907
제1조 한국정부는 시정 개선에 관하여 통감의 지도를 받을 것
제2조 한국정부의 법령 제정 및 중요한 행정상의 처분은 미리 통감의 승인을 받을 것
제4조 한국 고등 관리의 임면은 통감의 동의로써 이를 행한다
제5조 한국정부는 통감이 추천한 일본인을 한국 관리에 임명할 것

군대 해산 1907
짐(순종)이 생각건대 쓸데없는 비용을 절약하여 이용후생에 응용함이 급무라. 현재 군대는 용병으로서 상하의 일치와 국가 안전을 지키는 방위에 부족한지라. 훗날 징병법을 발표하여 공고한 병력을 구비할 때까지 황실시위에 필요한 자를 빼고 모두 일시에 해산하노라.
　　　　　　　　　　　　　　　　　　　　　　　　　　　　　　　－「관보」－

한 · 일 병합 조약 1910.8.
제1조 한국 황제 폐하는 한국 전부에 관한 일체 통치권을 완전 또는 영구히 일본국 황제 폐하에게 양여한다.
제2조 일본국 황제 폐하는 전조에 기재한 양여를 수락하고, 또한 한국 전체를 일본 제국에 병합함을 승낙한다.
제5조 일본국 황제 폐하는 훈공 있는 한국인으로서 특히 표창 받을 만한 자에 대하여 영구히 작위를 수여하고 또한 은급 (상금)을 지급한다.

황현의 절명시
뭇 짐승도 슬피 울고 산천도 찡그리니 / 무궁화 세계는 이미 가라앉아 버렸네
가을밤 등불 밑에 책을 덮고 천고를 회상하니 / 선비 노릇하기 참으로 어렵구나

1. 항일 의병 운동

(1) 을미의병 1895

① 계기: 을미사변과 단발령

② 경과: 보수적 유생(제천의 유인석, 춘천의 이소응) 주도, 일반 농민과 동학 농민군의 잔여 세력 가담 → 아관파천 후 고종의 해산 권고 조칙이 발표되자 자진 해산 → 농민의 일부는 활빈당 결성

③ 최초의 항일 의병, 존왕양이 임금을 숭상하고 오랑캐를 물리침 와 복수보형 명성황후 죽음에 대한 복수+전통 질서 수호 주장

④ 윤희순: 최초의 여성 의병장, '안사람 의병가' 제작, 군자금 모금 활동, 국권 강탈 후 만주로 이주

(2) 을사의병 1905

① 계기: 을사조약 체결

② 의병장의 다양화

㉠ 민종식: 충남 홍성, 유생 출신

㉡ 최익현: 전북 태인, 유생 출신, 제자 임병찬과 함께 봉기 → 쓰시마 섬 유배 · 순국

㉢ 신돌석: 최초의 평민 출신, 강원도와 경상도의 접경지역에서 활약, '태백산 호랑이'라고 불림

③ 전국 각지에서 봉기

(3) 정미의병 1907

① 계기: 고종의 강제 퇴위, 군대 해산

② 경과: 시위대 대대장 박승환의 자결, 시위대 · 진위대가 일본군과 교전 → 해산된 군인의 의병 합류로 전투력 향상

(4) 13도 창의군 편성 1907.12.

① 총대장 이인영, 군사상 허위 평민 의병장 신돌석 · 홍범도 등 배제

② 각 영사관에 의병을 국제법상의 교전단체로 승인해 줄 것을 요구하는 서신 발송, 독립군 주장

③ 서울 진공 작전 전개 1908: 허위의 선발대가 동대문 밖 30리까지 진격(실패)

(5) 일본의 남한 대토벌 작전 1909

① 특히 호남 지방의 의병장과 의병이 다수 체포: 안규홍('담살이 의병장'으로 불림)

② 이후 의병의 간도와 연해주 이주, 마지막 의병장 채응언 체포 1915

2. 의거 활동

(1) 나철(나인영)과 오기호의 을사5적 처단 시도: 5적 암살단(자신회) 조직

(2) 전명운과 장인환의 스티븐스 대한제국의 외교 고문 **처단:** 미국 샌프란시스코, 대한인국민회 결성에 영향 1910

(3) 이재명의 이완용 처단 시도: 명동성당

(4) 안중근의 이토 히로부미 을사조약 체결 주도, 초대 통감 **처단** 1909: 만주 하얼빈 역

① 삼흥학교 · 돈의학교 운영, 국채 보상 운동 참여 관서지부장 담당

② 연해주로 망명 → 의병 활동(대한의군 참모중장) → 단지회 결성(비밀결사) → 이토 히로부미 암살(살인 피의자가 아닌 전쟁 포로의 지위 주장) → 여순 감옥에서 순국 1910

③ 감옥에서 『동양 평화론』 집필: '동양 평화를 위해서 한-청-일이 협력해야 한다. 따라서 일본의 침략 야욕은 동양 평화를 저해하는 짓이다.' 주장

을미의병

원통함을 어찌하리오. 국모의 원수를 생각하며 이를 갈았는데, 참혹함이 더욱 심해져 임금께서 또 머리를 깎으시는 지경에 이르렀다. … 우리 부모에게 받은 몸을 금수로 만드니 무슨 일이며, 우리 부모에게 받은 머리카락을 풀 베듯이 베어 버리니 이 무슨 변고란 말인가. … 무릇 우리 각 도 충의의 인사들은 모두가 임금의 보살핌을 받은 몸이니 환난을 회피하기란 죽음보다 더 괴로우며 멸망을 앉아서 기다릴진대 싸워 보는 것만 같지 못하다.

— 유인석의 「창의문」 —

안사람 의병가

아무리 왜놈들이 강성한들 우리들도 뭉쳐지면, 왜놈 잡기 쉬울세라. 아무리 여자인들 나라 사랑 모를 소냐. 남녀가 유별한들 나라 없이 소용 있나. 우리도 의병 하러 나가보세. 의병대를 도와주세. ……

을사의병

아, 원통하도다. 오늘날의 국사를 차마 말로 할 수 있으랴. 옛날에 나라가 망할 때는 종사(宗社)만 멸망할 뿐이었는데, 오늘날 나라가 망할 때는 인종까지 함께 멸망하는구나. … 아, 지난 10월 20일의 변은 전 세계 고금에 일찍이 없었던 것이다. 우리에게 이웃 나라가 있어도 스스로 결교(結交)하지 못하고 타인을 시켜 결교(結交)하니 이것은 나라가 없는 것이요, 우리에게 토지와 인민이 있어도 스스로 주장하지 못하고 타인을 시켜 대신 감독하게 하니, 이것은 임금이 없는 것이다. 나라가 없고 임금이 없으니 우리 삼천리 인민은 모두 노예이며 신첩(臣妾)일 뿐이다. 남의 노예가 되고 남의 신첩이 된다면 살았다 하여도 죽는 것만 못하다.

— 최익현, 「면암집」 —

정미의병

순간 5, 6명의 의병이 뜰에 나타났다. 그들의 나이는 대략 18세에서 26세 사이였고, 그중 하나는 구식 군대의 제복을 입고 있었다. 나머지는 모두 한복 차림이었다. 그들은 각기 다른 종류의 총을 들고 있었다. "일본을 이길 수 있다고 생각합니까?" 하고 물었다. "이기기 힘들다는 것을 잘 알고 있습니다. 우리는 어차피 싸우다 죽겠지요. 하지만 좋습니다. 일본의 노예가 되어 사느니 차라리 자유민으로 싸우다 죽는 것이 훨씬 낫습니다." 하고 그들은 대답하였다.

— 매켄지, 「자유를 향한 한국의 투쟁」 —

일제의 남한 대토벌 작전

일본군이 길을 나누어 호남 지방의 의병을 수색하였다. 위로는 금산, 진산, 김제, 만경으로부터, 동쪽으로는 진주, 하동, 남쪽은 목포로부터 사방을 그물 치듯 포위하여 마을을 수색하고 집집마다 뒤져서 조금이라도 의심이 나면 모두 죽였다. … 의병들은 삼삼오오 도망하여 흩어졌으나 숨을 곳이 없었다.

— 「매천야록」 —

안중근의 '동양평화론'

오늘날, 서양 세력이 동양으로 점차 밀려오는 환란을 동양 인종이 일치단결해서 온 힘을 다하여 방어해야 하는 것이 제일 상책임은 어린아이일지라도 익히 아는 바이다. 그런데 무슨 까닭으로 일본은 이러한 순리의 형세를 돌아보지 않고 같은 인종인 이웃 나라를 약탈하고 우의를 끊어, 스스로 도요새가 조개를 쪼려다 부리를 물리는 형세를 만들어 어부에게 둘 다 잡히기를 기다리는 듯 하는가?

안중근

오늘날 사람은 모두 법에 의하여 생활하고 있는데 실제로 사람을 죽인 자가 벌을 받지 않고 생존할 도리는 없는 것이다. … 나는 한국의 의병이며 지금 적군의 포로가 되어 와 있으므로 마땅히 만국공법에 의해 처단되어야 할 것으로 생각한다.

3. 애국 계몽 운동

(1) 개화 자강 계열의 지식인 · 관료 · 개혁적 유학자 주도, 독립협회 계승

(2) **사회 진화론 기반**: 교육 · 언론 · 식산흥업 분야의 실력 양성 시도

(3) **의병 활동에 비판적**

(4) **보안회** 1904

   ① 배경: 일본의 러 · 일 전쟁 도발 → '대한 시설 강령' 제정 → 황실 소유의 황무지에 대한 개간권 요구

   ② 보안회: 보안＝보국안민, 일제의 개간권 요구를 저지시켰으나 해산됨

(5) **헌정 연구회** 1905~1906

   ① 독립협회 인사 중심, 이준 · 윤효정 주도, 헌정 연구와 입헌군주제 수립 추구

   ② 친일 단체인 일진회(이용구, 송병준)의 매국적 행위에 대하여 규탄하다 통감부에 의해 해산

(6) **대한 자강회** 1906~1907

   ① 장지연 주도

   ② 대중 계몽 운동 전개: 전국 25개의 지회 설치, 월보 간행, 국채 보상 운동에 참여

   ③ 고종 퇴위 반대 운동 전개 → 보안법에 의해 해산

(7) **대한 협회** 1907~1910

   ① 대한자강회 계승＋천도교 세력 합세

   ② 전국 70여 개의 지회 설치, 대한민보 발행 → 1909년 이후 친일 단체로 변모

(8) **신민회** 1907~1911

   ① 안창호 · 양기탁 · 이승훈 · 이상재 · 윤치호 · 이회영 등 주도

   ② 비밀 결사 조직

   ③ 공화정체 건설 추구

   ④ 민족 자본 육성 시도: 태극서관(평양) 서점, 자기 회사(평양)

   ⑤ 민족 학교 설립: 오산학교(평북 정주, 이승훈), 대성학교(평양, 안창호)

   ⑥ 조선광문회 조직: 최남선 · 박은식 · 주시경 등 참여, 고전 간행 「동국통감」, 「열하일기」 등 간행

   ⑦ 『대한매일신보』(기간지), 『소년』(기관 잡지) 간행

   ⑧ 해외 독립군 기지 건설: 서간도 삼원보(이회영 형제 기부), 북만주 밀산부 한흥동(이상설, 이승희)

   ⑨ 105인 사건으로 해체 1911: 안명근의 안악 사건(독립 자금 모금 중 적발) → 일제가 데라우치 총독 암살 사건으로 확대 · 조작 → 민족 지도자 600여 명 체포 · 투옥, 1심에서 105명 실형 선고 대다수가 신민회 회원

> **개념더하기**
>
> - 안창호: 신민회 조직, 대성 학교 설립 → 미국에서 대한인 국민회 조직 → 미국에서 흥사단 조직 → 대한민국 임시정부 내무총장 겸 국무총리 대리 → 국민 대표 회의에서 개조파 → 김구 · 조소앙과 한국독립당 조직 → 수양 동우회 사건으로 투옥 · 사망
> - 양기탁: 최초의 한영사전 편찬에 참여 → 만민 공동회 주도 → 베델과 함께 대한매일신보 발행 → 신민회 조직 → 국채 보상운동 성금을 횡령했다는 모함을 받고 투옥(무죄) → 105인 사건으로 투옥 → 대한민국 임시정부 국무위원 · 국무령
> - 이승훈: 사업가 → 오산 학교 설립 → 105인 사건으로 투옥 → 민족 대표 33인 중 기독교 대표 → 동아일보 사장
> - 윤치호: 최연소자로 조사시찰단 참여, 일본 유학 → 독립 협회 창설 참여, 만민 공동회 개최 → 대성 학교 교장 → 105인 사건으로 투옥 → 일제로부터 남작 하사받음 → 적극적인 친일 활동
> - 이회영: 형제 6명이 만주 삼원보의 건설과 정착에 가문의 전 재산을 쾌척함 → 투옥 중 사망
> - 최남선: 최초의 신체시 「해에게서 소년에게」 발표, 창가 「경부철도가」 제작 → 조선 광문회 조직 → 기미독립서의 초안 작성 → 마운령비 연구 → 적극적인 친일 활동 → 대한민국 정부 수립 직후 반민특위에 체포

해에게서 소년에게
처얼썩 처얼썩 척 쏴아아. / 따린다 부순다 무너버린다. / 태산같은 높은 뫼 집체 같은 바위돌이나 / 요것이 무어야 요게 무어야. / 나의 큰 힘 아느냐 모르느냐 호통까지 하면서, / 따린다 부순다 무너버린다. / 처얼썩 처얼썩 척 튜르릉 꽉.

사회 진화론적 관점
한국이 생존하기에 적합지 못할지도 모른다고 생각을 하게 된다. 그렇다면 장차 내가 해야 할 일은 나의 최선을 다하여 한국이 적자로서 생존하게 하는 것이다. 만일 한국이 공정한 생존 경쟁에서 살아남지 못한다면, 한국이 적자로서 생존할 능력이 없음을 보여 주는 것이다.   – 윤치호, 「윤치호일기」

보안회의 황무지 개간 요구 저지
현재 산림, 천택(내와 못), 원야의 황무지를 일본인이 요구하고 있으니 이는 곧 일국 존망의 때요, 백성의 생사가 달려 있는 때니라. 무릇 우리 대한의 신민이 된 자는 한 치의 땅도 용납할 수 없어, 이미 종로의 백목전 도가에 회의소를 설치하였으니 이에 감히 위아래로 통문을 내리니 임시 회의소로 오시어 크나큰 의논의 장을 만들도록 합시다.

헌정 연구회 강령
1. 제왕의 권위는 헌법에 정해진 바에 따라 존중할 것
2. 정부의 명령은 법률 규칙에 정해진 바에 따라 복종할 것.
3. 국민의 권리는 법률에 정해진 바에 따라 자유로이 행사할 것.

대한자강회 취지문
무릇 우리나라의 독립은 오직 자강의 여하에 있을 따름이다. … 자강의 방법은 다름이 아니라 교육을 진작함과 식산흥업에 있다. 무릇 교육이 일어나지 못하면 민중의 슬기가 열리지 못하고 산업이 발전하지 못하면 국부가 증가하지 못한다. 그러한 즉 민중의 슬기를 계발하고 국력을 기르는 길은 무엇보다도 교육과 산업의 발달에 있지 않겠는가.

신민회 설립 취지문
신민회는 무엇을 위하여 일어났는가? … 도덕의 타락으로 신윤리가 시급하고 문화의 쇠퇴로 신학술이 시급하며, 실업이 취약함으로 신모범이 시급하고 정치의 부패로 신개혁이 시급함이라. … 무릇 우리 대한인은 내외를 막론하고 동일 연합함으로써 그 진로를 정하고 독립 자유로써 그 목적을 세우는 것이 신민회가 원하고 생각하는 바이다. 간단히 말하면 오직 신정신을 불러 깨우쳐서 신단체를 조직한 후에 신국가를 건설할 뿐이다.

신민회 통용 장정
제2절 본 회 목적의 실행 방법은 다음과 같다.
2조 신문·잡지 및 서적을 간행하여 인민의 지식을 일깨울 것
3조 정미(精美)한 학교를 건설하여 인재를 양성할 것
6조 실업가에 권고하여 영업 방침을 지도할 것
7조 본 회에 합자로 실업장을 설립하여 실업계의 모범으로 만들 것

신민회의 독립군 운동 기지 건설
8월 초에 여러 형제분이 모여서 같이 만주로 갈 준비를 하였다. 비밀리에 땅과 집을 파는데, 여러 집을 한꺼번에 처분하니 얼마나 어려우리요. … 우리 집 어른은(이회영) 옛날 범절을 따지지 않고 위아래 구분 없이 뜻만 같으면 악수하여 동지로 대접하였다. … 1만여 석의 재산과 가옥을 모두 팔고 경술년 12월 30일에 큰집, 작은집이 함께 압록강을 건너 떠났다.
                                        – 이은숙, 「민족 운동가 아내의 수기, 서간도 시종기」 –

1907년
1월. 국채보상운동 → 4월. 헤이그 특사 파견, 신민회 창설 → 7월. 고종 퇴위, 순종 즉위, 한·일 신협약 체결, 군대 해산 → 12월. 13도 창의군 결성

개항 이후의 경제 · 사회 · 문화 변화

01 경제 침탈과 경제 수호 운동

1. 1876~: 일본의 거류지 무역

(1) 일본의 경제 침탈

① 조 · 일 수호 조규 1876: 부산 · 원산 · 인천 개항 약속 각각 1876, 1880, 1883년에 개항

② 조 · 일 수호 조규 부록 1876: 간행이정 10리 설정, 개항장에서 일본 화폐 허용

③ 조 · 일 무역 규칙 1876: '관세 無, 곡식 유출 제한 無, 항세 無' 허용

④ 미면(米麵) 교환: 영국산 면제품 판매 무관세로 들여와서 비싸게 팜, 입도선매 · 고리대 등의 방법으로 곡식(특히 쌀)을 매입 → 국내 식량 부족으로 인한 쌀값 폭등, 국내 면직 수공업 몰락

(2) 보부상 · 개항장 객주가 거류지 무역에 참여 조선 상인들이 물품을 개항장 객주에게 넘기면, 일본 상인들이 이를 구매함

2. 1882~: 청 · 일의 상권 경쟁

(1) 청 · 일의 경제 침탈

① 조 · 미 수호 통상 조약 1882: 최초로 관세 설정, 최혜국 대우 최초 명시

② 조 · 청 상민 수륙 무역 장정 1882: 청의 종주권 확인(조선을 청의 속방으로 명시), 청의 상무위원 파견, 서울과 양화진 개방, 청 상인의 내지 통상권 허용 허가증 필요

③ 조 · 일 수호 조규 속약 1882: 간행이정 50리로 확대(2년 후 100리로 확대), 1년 후 양화진 개방 약속

④ 조 · 일 통상 장정 1883: 관세 설정, 방곡령(단, 1개월 전 통보 규정) 명시, 최혜국 대우 허용

⑤ 일본 제1은행의 해관업무 담당 1884

⑥ 청 · 일 전쟁 직전 대청 · 대일 수입액이 비슷해짐 → 청 · 일 전쟁 후 일본과 청의 차이가 다시 커짐

(2) 경제 수호를 위한 노력

① 배경: 청 · 일 상인의 내륙 진출 → 보부상과 객주의 중개무역 침체, 서울 상인의 위기감 고조

② 정부의 혜상공국 설립 1883~1885: 보부상 보호 목적

③ 상회사(대동상회, 장통상회) 설립, 경강 상인의 증기선 구입, 시전 상인의 철시 투쟁

④ 대동상회 1883: 평안도 상인들이 설립, 우리나라 최초의 근대적 회사, 쌀 · 소가죽 등 유통 사업

⑤ 방곡령 선포: 1889년 함경도 관찰사 조병식이 대표적, 오히려 일본에 배상금 지불

> **사료더하기**
>
> **청 · 일 전쟁 직전의 상권 약탈**
> "어떠한 벽촌이라고 하더라도 장날에 청 상인이 오지 않는 곳이 없다고 한다. 공주 · 강경 · 예산 등의 시장에는 어디나 청 상인 20~30명이 와서 장사를 한다. ··· 지금까지 안성 시장에는 수원 상인이 많았다. 외국 물품을 인천에서 구입하여 판매하는 상인이 백 명이나 되었다. 요즘 들어 안성 시장에 청 상인이 늘어나 점차 상권을 빼앗겨 폐업하는 자가 많아졌다."

3. 1896~: 열강의 이권 침탈

(1) 아관파천 후 최혜국 대우를 이용한 외세의 경제 침탈
① 러시아: 두만강 · 압록강 · 울릉도 삼림 채벌권 차지, 절영도 조차 시도, 한러 은행 설립 시도
② 미국: 운산 광산 채굴권 획득(알렌 주선), 경인선 부설권(→ 일본1898) 획득, 한성 전기 회사 설립, 전등 · 전차 설치
③ 프랑스: 경의선 부설권(→ 일본1904) 차지
④ 독일: 광산 채굴권 차지
⑤ 일본: 경인선 · 경부선 · 경의선 부설권 차지

(2) 경제 수호를 위한 노력
① 독립 협회의 이권 수호 운동
② 시전 상인의 황국 중앙 총상회 설립1898
③ 조선 은행1896 · 한성 은행1897 · 대한 천일 은행1899 설립
④ 안경수의 대한 직조 공장 설립1897, 종로 백목전 상인의 종로 직조사1900 설립
⑤ 한성 전기 회사 설립1898: 황실과 미국인 콜브란의 합작, 전기 보급, 서대문~홍릉 전차 개통
⑥ 철도 건설 시도
    ㉠ 박기종의 부하철도회사 설립1898: 부산~하단포 연결 시도
    ㉡ 박기종의 대한철도회사 설립1899: 경의선과 경원선 부설권 획득
    ㉢ 내장원 산하에 서북 철도국 설치1900: 대한제국 직영으로 경의선 철도 부설 시도, 총재 이용익

4. 1904~: 일본의 경제 장악

(1) 청 · 일의 경제 침탈
① 제1은행권 발행1902
② 한 · 일 의정서1904: 황무지 개간 시도
③ 1차 한 · 일 협약1904: 재정 고문 메가타 파견, 본격적으로 차관 제공
④ 메가타의 화폐 정리 사업1905
    ㉠ 배경: 재정 부족 해소를 위해 전환국에서 백동화1892~1904 남발 → 물가 폭등
    ㉡ 화폐 조례 제정: 일본 제1은행권을 본위 화폐로 지정
    ㉢ 백동화의 부등가 교환: 갑종은 액면가격인 2전 5리를 인정, 을종은 1전 인정, 병종은 교환에서 제외
    ㉣ 결과: 국내 상공업자 몰락, 민족 자본 은행 파산, 일본 제1은행이 중앙은행의 지위 획득＝대한제국의 화폐 발행권 박탈
⑤ 경부선1905 · 경의선1906 완공
⑥ 토지 가옥 증명 규칙 제정1906: 외국인의 토지와 가옥 소유를 허용 · 보장그전까지는 원칙적으로 임대만 가능했음
⑦ 동양 척식 주식 회사 건립1908: 역둔토와 국유 미간지 약탈 목적, 일본인의 이주 장려
⑧ 황실 소유의 내수사전 · 역둔토 · 궁방전의 국유화1908
⑨ 한국 은행 설립1909: 대한제국의 금융 · 화폐 장악, 조선은행으로 개칭1911

(2) 경제 수호를 위한 노력

① 보안회 설립1904: 일제의 황무지 개간 시도에 반발 → 반대 시위 전개(성공)

② 농광 회사 설립1904: 일제의 황무지 개간 시도에 반발 → 자주적인 황무지 개간 시도

③ 국채 보상 운동1907

　　　㉠ 배경: 화폐 정리와 시설 개선 명목으로 일제가 차관 강요 → 경제적 예속화 심화

　　　㉡ 전개: 대구에서 서상돈·김광제 등 주도 → 국채 보상 기성회 조직(지도부 양기탁) → 대한매일신보, 황성신문, 제국신문, 만세보 등에서 홍보 → 거족적인 모금 운동 전개

　　　㉢ 통감부의 탄압: 양기탁을 공금 횡령으로 기소하여 국채 보상 운동을 방해

사료더하기

운산 금광과 노다지

운산 금광을 미국인들이 경영하면서 매우 많은 양의 금이 쏟아져 나온다는 소문을 듣고 운산 일대의 주민들이 금광 회사의 철조망에 모여들었다. 이때, 이를 저지하려는 미국인들이 "노 터치(No Touch: 손 대지 말라.)"를 연발하자, 주민들은 이 말을 노다지로 알아들었다. 본래, 대한제국이 미국에 운산 금광을 넘겨준 것은 정치적으로 미국의 도움을 받으려는 데 목적이 있었다. 그러나 미국은 정치 문제에는 개입하지 않는다는 정책을 유지하면서 경제적 이권에만 관심을 보였다. 운산 금광에서 미국은 40년 동안 총 900만 톤의 금광석을 채굴하였다.

　　　　　　　　　　　　　　　　　　　　　　　　　　　　　　　－「중학교 5차 교과서」－

황국 중앙 총상회의 상권 수호 운동1898

외국인들이 내지에 와서 점포를 열어 장사를 하고 전답을 사들이면 대한 인민의 상권이 외국인에게 모두 돌아가고 … 우리나라 각부 각 군 지방에 잡거하는 외국 상인을 모두 철거하게 하고 가옥과 전답 구매를 일체 엄금하여 대한 인민의 상업을 흥왕하게 하여 달라.

농광 회사 규칙1904

• 본사의 자금은 고금(지금의 출자금)으로 성립한다.

• 본사는 국내 진황지 개간·관개 사무와 산림 천택(山林川澤), 식양채벌(殖養採伐) 등 사무 외 금·은·동·철·석유 등의 각종 채굴 사무에 종사할 것

화폐 정리 사업1905

제1조: 구 백동화 교환에 관한 사무는 금고로 처리케 하여 탁지부 대신이 이를 감독함

제3조: 구 백동화의 백동 비율(品位)·무게(量目)·무늬 모양(印象)·형체(形體)가 정식 화폐(正貨)에 준할 수 있는 것은 매 1개에 대하여 금 2전 5푼의 가격으로 새 화폐로 교환함이 가함. … 단, 형태나 품질이 조악하여 화폐로 인정할 수 없는 것은 사들이지 않음

토지 가옥 증명 규칙1906

제1조 토지·가옥을 매매·증여·교환 혹은 전당할 때에는 그 계약서에 통수 혹은 동장의 인증을 받은 후 군수 혹은 부윤의 증명을 받아야 한다.

제8조 당사자 중 한 편이 외국인으로서 이 규칙에 따라 증명을 받은 경우에는 일본 이사관의 사증(査證)을 받되 … 당사자의 양편이 외국인으로서 증명을 받고자 할 때에는 일본 이사관에게 신청하여 일본 이사관이 먼저 해당 군수 및 부윤에게 공문으로 알려 토지가옥증명부에 기재한 후 증명한다.

국채 보상 운동 취지서1907

국채 1천300만 원은 우리 한 제국의 존망에 직결된 것이다. 이것을 갚으면 나라가 보존되고 이것을 갚지 못하면 나라가 망할 것은 대세가 반드시 그렇게 이르는 것이다. 현재 국고에서는 이 국채를 갚아 버리기 어려운즉, 장차 삼천리 강토는 우리나라와 백성의 것이 아닌 것으로 될 위험이 있다. 토지를 한 번 잃어버리면 다시 회복하기 어려운 것이다. … 2천만 인이 3개월을 한정하여 담배의 흡연을 폐지하고 그 대금으로 1인마다 20전씩 징수하면 1,300만 원이 될 수 있다.

　　　　　　　　　　　　　　　　　　　　　　　　　　　　　　　－「대한매일신보」－

철도 건설

농부가 삽을 메고 원망하니 / 시국이라 군용 철도 부설하니 / 땅 바치고 종질이라

일년 농사 실업하니 / 유리개걸 눈물일세

　　　　　　　　　　　　　　　　　　　　　　　　　　　　　　　－「대한매일신보」 1908 기사 －

1. 사회적 변화

(1) 신분제 해체: (순조, 1801) 66,000여 명의 공노비(납공노비) 대상 → (1886) 노비의 신분 세습제 폐지 → (1894, 1차 갑오개혁) 신분제 폐지 → (1896, 2차 갑오개혁) 신분을 표시하지 않는 신호적 작성

(2) 독립 협회의 민권 의식 확산: 신체 자유 · 언론 · 출판 · 집회 · 결사의 자유 수상, 국민 수권론에 따른 삼정권 추구, 만민 공동회에서 백정 출신 박성춘의 연설

(3) 여성의 사회 활동

① 윤희순: 최초의 여성 의병장, '안사람 의병가' 제작, 군자금 모금 활동, 국권 강탈 후 만주에서 독립 운동 지속

② 찬양회 조직1898: 북촌 부인들이 주도, 여권통문 발표, 순성 여학교(한국인이 설립한 최초의 여학교) 설립1899

(4) 의식주의 변화

① '양(洋)'으로 시작하는 서양 문물 유입: 양말, 양동이, 양옥, 양장, 양복(서광범 최초 착용)

② 서양 음식 전파: 궁중과 고위 관리층 중심, 커피가 대표적가배차로 불림. 고종이 덕수궁 정관헌에서 커피를 자주 마셨다는 이야기가 있음

③ 남포동(램프) 수입

2. 국외 이주

(1) 간도: (19세기 후반) 생활고와 독립운동을 위해 이주 → (1903) 이범윤을 북변간도 관리사로 파견 → (1900년대) 신민회가 남만주 삼원보와 북만주 한흥동 개발

(2) 연해주: 블라디보스토크에 신한촌 건설, 해조신문 발행1908

(3) 미국: 알렌의 주선과 동서개발회사의 이민자 모집으로 1903~1905년에 이주, 하와이의 사탕수수 농장에 고용, 일부는 멕시코와 쿠바로 이주(애니깽으로 불림, 경술국치 후 숭무 학교 설립), '사진 신부'의 이주

> **사료더하기**
>
> 독립 협회의 인권 사상
> • 백성마다 얼마만큼 하느님이 주신 권리가 있는데, 그 권리는 아무도 빼앗지 못하는 권리 …
> • 하느님이 세계 인류를 낳으실 때에 사나이나 아낙네나 사람은 다 한가지라 여성도 남성의 학문을 교육 받고 여성도 남성과 동등권을 가져 …
>
> 여권통문
> 어찌하여 우리 여인들은 하나같이 귀먹고 눈 어두운 병신 모양으로 옛 규칙만 지키고 있는지 모를 일이다. 혹시 신체와 수족과 이목이 남녀가 다름이 있는가. … 이왕에 먼저 문명 개화한 나라를 보면 남녀가 일반 사람이다. 어려서부터 각각 학교에 다니며 여러 재주를 다 배우고 … 이제 안채를 무너뜨리고 신식을 시행함이 우리도 옛것을 바꿔 새것을 쫓아 타국과 같이 여학교를 설치하고 각각 여자아이를 보내어 여러 재주와 규칙과 행세하는 도리를 배워 나중에 남녀가 일반 사람이 되게 하고자 여학교를 설립하고자 하니, 뜻있는 우리 동포 형제 여러 여성 영웅 호걸님네들은 각각 분발한 마음을 내어 우리 학교 회원에 드시기를 바라옵나이다.
> － 「독립신문」 －

03 근대 시설

1. 근대 문물과 시설

1880년대	• 기기창 1883: 근대식 무기 생산 • 전환국 1883: 당오전 · 백동화 주조 • 박문국 1883: 한성순보 · 한성주보 발행 • 우정총국 1884: 갑신정변으로 중단 → 을미개혁 이후 본격 운영 • 광혜원(제중원) 1885: 최초의 근대식 병원, 갑신정변 계기로 알렌이 운영 • 전신: 청 · 일의 군사적 목적 반영, 부산–나가사키 연결 1884 → 한성전보총국이 인천–서울–의주 연결 1885 • 전등 1887: 건청궁에 최초 설치, 묘화 · 건달불로 불림
1890년대	• 전화 1898: 경운궁에 최초 설치, 덕률풍 · 덕진풍으로 불림 • 전차 1899: 서대문~홍릉 노선, 한성전기회사(고종의 자금＋미국 콜브란의 운영)가 건설 • 경인선 1899: 미국 모스가 부설권 획득 → 일본이 건설
1900년대	• 경부선 1905, 경의선 1906: 러 · 일 전쟁 중에 일본이 건설, 침략 도구로 활용, 토지와 노동력 수탈로 반감 • 광제원 1900: 내부 직할의 국립 병원, 서울에 위치 • 대한의원 1907: 광제원 · 경성 의학교 부속 병원 · 궁내부 소속의 적십자병원을 통합, 서울에 위치 • 자혜의원 1909: 지방 10여 곳에 설치한 도립 병원

2. 근대 건축

1890년대	• 독립문 1896: 개선문 모방, 시민 모금으로 건립, 러시아인 사바틴의 설계 • 탑골공원 1897년 경으로 추측: 최초의 서양식 공원, 원각사지 터에 건립, 3 · 1 운동 때 독립선서가 낭독됨 • 정동교회 1897: 최초의 개신교 교회 • 명동성당 1898: 고딕 양식
1900년대	• 원각사 1908: 최초의 서양식 극장, 판소리와 창극 · 신연극 공연, "은세계" 공연 • 손탁 호텔 1902~1909: 최초의 서양식 호텔, 개화기 외교의 장으로 이용 • 덕수궁 석조전 1910: 르네상스 양식

독립문

덕수궁 석조전

3. 근대 시설의 명암

(1) 사회 · 경제적 생활 개선에 기여

(2) 외국 자금과 기술에 의존, 외세의 이권 침탈에 악용, 침략 수단으로 이용

> **개념더하기**
>
> • 헐버트(한국 이름 활보): 육영 공원 교사, 세계지리 교과서인 『사민필지』 집필 → 을사늑약의 부당성을 호소하는 고종의 친서를 미국에 전달 → 헤이그 특사 3인의 활동 지원 → 1949년 국빈으로 초대되어 귀국, 양화진 외국인 묘역 안장
> • 알렌(한국 이름 안연): 개신교 의료 선교사, 갑신정변 대 부상당한 민영익을 치료 → 광혜원 운영 → 한국 주재 미국 총영사 역임(이 시기에 운산 금광 채굴권, 경인선 부설권, 전차 부설권 획득에 개입함, 또 최초의 하와이 이민을 주선함)
> • 베델(한국 이름 배설): 러일 전쟁이 발발하자 영국 특파원 자격으로 입국 → 양기탁과 대한매일신보 운영 → 양화진 외국인 묘역 안장
> • 사바틴: 러시아 건축가, 독립군 · 러시아 공사관 · 덕수궁 · 손탁 호텔 등의 설계와 건축 담당, 명성황후 시해 사건을 목격하고 기록을 남김

1. 국내 발행 신문

한성순보 1883~1884 갑신정변으로 중단	순한문	최초의 신문, 박문국 발행, 정부의 개화와 서구 제도 홍보, 10일마다 발행
한성주보 1886~1888	국한문	최초의 주간지 박문국 발행, 최초로 상업 광고 게재
독립신문 1896~1899	순한글, 영문	최초의 민간 신문, 국민 계몽과 민권 의식 향상에 노력
매일신문 1898.4.~1899	순한글	협성회(배재학당의 학생 조직) 발행
제국신문 1898.8.~1910	순한글	이종일 발행, 서민과 부녀자 대상, 일본의 황무지 개간 반대
황성신문 1898.9.~1910	국한문 거의 대부분 한문	• 남궁억 · 장지연 · 박은식 · 신채호 참여 • 지식인층 대상: 구본신참의 점진적 개혁 주장 • 장지연의 「시일야방성대곡」으로 3개월 정간 → 경술국치 후 한성신문으로 변경
대한매일신보 1904~1910	순한글, 영문	• 양기탁과 베델의 발행 → 외국인의 치외법권을 이용하여 항일 기사 작성, 을사늑약의 불법성을 폭로하는 고종 친서 발표, 의병 운동에 호의적, 국채 보상 운동 확산에 기여, 경천사지 10층 석탑 불법 유출 기사 게재 · 반환 운동 전개 • 신민회의 기관지, 박은식 · 신채호 참여 • 1905년, 영문판 'Korea Daily News'를 별도로 발행 • 1908년, 신채호의 「독사신론」 연재 • 1910년, 총독부 기관지인 매일신보로 전락: 「무정」 연재 1917
만세보 1906~1907	국한문	• 오세창 주도, 천도교 기관지 • 이인직의 「혈의누」 발표, 일진회의 매국 행위 비판 → 경영난으로 친일지로 개편
경향신문 1906~1910	순한글	천주교에서 발행, 프랑스인 신부 안세화가 주도, 1946년 경향신문으로 이어짐
대한민보 1909~1910		대한협회의 기관지, 오세창 주도, 최초로 만평 게재

2. 해외 발행 신문

미국, 신조신문 1904~1905	순한글	최초의 해외 발행 신문, 하와이 교민 주도
미국, 공립신보 1905~1909	순한글	샌프란시스코, 안창호 주도, 전명운-장인환 의거 대서 특필, 신한민보 1909로 계승
러시아, 해조신문 1908	순한글	블라디보스토크, 최봉준 · 장지연 주도, 배편으로 국내 유입

3. 일제의 언론 탄압

(1) 신문지법 제정 1907: 허가제 · 사전 검열 등을 명시

(2) 신문지법 개정 1908: 해외신문과 외국인 발행 신문에 대한 제재 명시 대한매일신보 탄압의 명분이 됨

한성순보 창간사
우리 조정에서는 박문국을 설치하고 관리를 두어 외국 소식을 번역하고 국내 소식을 실어 국내외에 반포하기로 하고, 이름을 순보(旬報)라 하여 견문을 넓히고, 여러 가지 의분심을 풀어 주고, 상업에도 도움을 주고자 하였다.

보빙사 귀환 기사
부대신 홍영식이 미국으로부터 일본을 거쳐 인천항에 상륙하여 이날 입경하였다. … 우리나라와 미국 사이의 교섭은 지난번에 사신 왕래가 시작되었으니 이는 아시아와 미국 두 주 사이에 화합과 우호가 크게 일어날 일대 국면이다. 우리나라 전권 대신이 미국에 도착했을 때의 정황을 듣건대. 미국 정부 및 국민들이 다 함께 기꺼이 환대하여 대우가 융숭했다 하니, 참으로 만 리 먼 곳의 이웃이고 형제 나라라 하겠다. 전권 대신의 축사와 미국 대통령의 답사를 보건대 양국 국교에 틈이 없음을 알 수 있겠다.
– 『한성순보』 –

한성주보에 실린 우리나라 최초의 광고
이번 저희 세창 양행(독일 상점)이 조선에서 개업하여 외국에서 자명종 시계, 각종 램프, 서양 단추, 각색 서양 직물, 서양 천을 비롯해 염색한 옷과 선명한 염료, 서양 바늘, 서양 실, 성냥 등 여러 가지 물건을 수입하여 공정한 가격으로 팔고 있으니 모든 손님과 상인은 찾아와 주시기 바랍니다. … 아이나 노인이 온다 해도 속이지 않을 것입니다.

독립신문 창간
우리는 조선 대군주 폐하와 조선 정부와 조선 인민을 위하여 사람들인 고로 편당 있는 의논이든지 한쪽만 생각하고 하는 말은 우리 신문상에 없을 터이오. … 그러한즉 이 신문은 꼭 조선만을 위함을 가히 알 터이요, 이 신문을 인연하여 내외 남녀 상하 귀천이 모두 조선 일을 서로 알 터이오. 우리가 또 외국 사정도 조선 인민을 위하여 간간이 기록할 터이니 그걸 인연하여 외국은 가지 못하더라도 조선 인민이 외국 사정도 알 터이오.

장지연의 '시일야방성대곡'
천하의 일이 측량하기 어렵도다. 천만 뜻밖에도 5조약을 어떤 이유로 제출하였는고. 이 조약은 비단 우리나라만 아니라 동양 3국이 분열하는 조짐을 나타내는 것인즉 이토 히로부미의 본래 뜻이 어디에 있느냐? … 아, 저 개돼지만도 못한 소위 우리 정부의 대신이란 자들은 자기 일신의 영달과 이득이나 바라고 거짓 위협에 겁먹어 머뭇대거나 벌벌 떨며 나라를 팔아먹는 역적이 되는 것을 달갑게 여겨서 4,000년의 강토와 500년의 종묘사직을 남에게 들어 바치고, 2,000만 백성을 남의 노예가 되도록 하였도다.
– 『황성신문』 –

대한매일신보
영국인 베델이 서울에 신문사를 창설하여 이를 대한매일신보라고 하고, 박은식을 주필로 맞이하였다. … 각 신문사에서도 의병들을 폭도나 비류(匪類)로 칭하였지만 오직 대한매일신보는 의병으로 칭하며, 그 논설도 조금도 굴하지 않고 일본인의 악행을 게재하여 들으면 들은 대로 모두 폭로하였다.
– 황현, 『매천야록』 –

신문지법 1907
제1조 신문지를 발행하려는 자는 발행지를 관할하는 관찰사를 경유하여 내부대신에게 청원하여 허가를 받아야 한다.
제10조 신문지는 매회 발행에 앞서 먼저 내부 및 그 관할 관청에 각 2부를 납부해야 한다.
제21조 내부대신은 신문지로써 안녕·질서를 방해하거나 풍속을 괴란하게 한다고 인정된 때는 그 발매·반포를 금지하고 이를 압수하여 그 발행을 정지 혹은 금지할 수 있다.

1. 개항 직후

(1) 원산 학사 1883: 최초의 근대적 학교, 원산·덕원 주민들과 관리가 함께 설립, 문과반(50명)과 무과반(200명)으로 운영, 근대 학문과 무술 교육

(2) 농무학 1883: 관립, 뮐렌도르프의 선의에 따라 설립, 통역관 양성 목표

(3) 육영 공원 1886: 관립, 보빙사 민영익의 건의로 설립, 양반 자제와 젊은 관리 대상(2개 반으로 운영), 외국어 교육과 근대 학문, 헐버트·길모어 등 미국인 교사 초빙

(4) 연무 공원 1888: 관립, 근대식 군사 교육, 미국인 교관 초빙

(5) 아펜젤러의 배재 학당 1885, **스크랜튼의 이화 학당** 1886, **언더우드의 경신 학교** 1886: 개신교 선교사가 설립

2. 갑오개혁(교육입국 조서 발표) 이후

(1) 한성 사범 학교 1895, **소학교, 한성 중학교** 1900: 관립

(2) 민영환의 흥화 학교, 찬양회의 순성 여학교(한국인이 세운 최초의 여학교)

3. 을사늑약 이후: 사립학교 설립 활발, 1910년경 2,000여 개의 사립학교가 존재

(1) 이용익의 보성 학교, 엄주익의 양정의숙, 엄귀비의 숙명여학교, 이승훈의 오산 학교, 안창호의 대성 학교

(2) 서북학회(이동휘·안창호 등 관서 출신, 서울), **기호 흥학회**(경기·충청 출신): 월보 발행, 사립 학교 설립 주도·지원

(3) 서전서숙(이상설·이동녕, 북간도 용정), **명동학교**(김약연, 북간도 명동): 해외에 설립된 학교

(4) 일제의 탄압 1908: 사립학교령(인가제 실시로 사립학교를 통제), 교과용 도서 검정 제도, 학회령(허가제 실시)

> **사료더하기**
>
> 원산 학사 1883
> 덕원 부사 정현석의 장계를 보니, '… 원산사에 글방을 설치하여, 문사는 먼저 경의(經義)를 가르치고, 무사는 먼저 병서를 가르친 다음, 아울러 산수·격치와 각종 기기·농잠·광산 채굴 등을 가르치고, … 북쪽 해안은 중요한 지방으로 항구 사무도 또한 복잡합니다. 지금 가장 급한 문제는 오직 인재를 선발하여 쓰는 데 달려 있으니, … 아울러 친기위에 이속시키는 문제를 장계에서 청한 대로 시행하는 것이 어떻겠습니까?' 하니, 윤허하였다.
>
> 육영 공원 1886
> 2. 외국인으로 성품이 선량하고 재간 있으며 총명한 사람 3명을 초빙하여 '교사(敎師)'라고 부를 것이며 가르치는 일을 전적으로 맡도록 한다.
> 3. 원(院)은 좌원과 우원을 설립하고 각각 학생을 채워서 매일 공부한다.
> 4. 과거 급제 출신의 7품 이하 관료로서 나이가 젊고 원문(原文)에 밝은 문벌 있는 집안의 재능 있는 사람을 선발하여 10명을 한정해 좌원에 넣어 공부하게 한다.
> 5. 재주가 있고 똑똑한 나이 15세부터 20세까지의 사람 20명을 선발하여 우원에 넣어 공부하게 한다.
>
> 1894년 7월 학문아문 고시
> 지금 세상이 크게 바뀌었다. 백 가지 제도가 다 새로워지지만 인재 교육이 제일 급한 일이다. 본 아문은 소학교와 사범 학교를 세워 먼저 서울에서 실시하려 한다. 위로는 공경대부 아들로부터 아래로는 평민 자제까지 다 이 학교와 들어와 여러 가지 글을 배우며 … 대학교, 전문 학교도 장차 차례로 세우려 하다.

1. 국어

(1) **유길준**: 『조선문전』 집필 – 최초의 한글 문법서 1895년경, 1909년에 『대한문전』으로 개정

(2) **주시경**: 『국어문법』·『말의 소리』 집필, 가로쓰기 제안

(3) **갑오개혁 이후 공문서에 국한문 혼용**

(4) **국문연구소 설립** 1907: 학부 산하, 최초의 국문 연구 기관, 주시경 · 지석영 참여

2. 국사: 근대 계몽 사학의 성립

(1) **박은식**: 『천개소문전』연개소문 집필

(2) **신채호**: 『을지문덕전』·『최도통전』최영 · 『이순신전』·『미국 독립사』·『이태리 건국 삼걸전』 집필, 대한매일신보에 『독사신론』 연재(민족주의 역사학의 기초 마련『조선상고사』로 이어짐)

(3) **황현**: 『매천야록』·『오하기문』 집필, 경술국치 때 절명시 작성

(4) **조선광문회의 고전 정리** 1910: 최남선 · 박은식 · 주시경 주도, 고전 정리 및 간행『동국통감』, 『동사강목』, 『삼국사기』, 『삼국유사』, 『열하일기』, 『용비어천가』 등 발행

3. 문학, 예술

(1) **신소설**: 이인직의 『혈의 누』(최초의 신소설, 『만세보』에 기고), 이해조의 『자유종』, 안국선의 『금수회의록』
　　① 대체로 순한글로 작성, 언문일치의 문장 사용
　　② 자주 독립, 자유 연애, 신교육의 권장, 인습과 미신의 타파 등 개화 · 계몽적 내용 수록

(2) **신체시**: 최남선의 『해에게서 소년에게』(최초의 신체시, 잡지 『소년』에 기고)

(3) **창가 유행**: 『학도가』, 최남선의 『경부철도가』

(4) **장승업 · 안중식의 서양 화법 사용**

> **사료더하기**
>
> 주시경의 '국어와 국문의 필요'
> 후생들이 (세종 대왕의) 뜻을 본받지 못하고 오히려 한문만 숭상하며 어릴 때부터 이삼십까지 아무 일도 아니하고 한문만 공부로 삼았으되, … 지금부터 이후로 우리 국어와 국문을 업수이 여기지 말고 힘써 그 문법과 이치를 탐구하며, 사전과 문법과 독본들을 잘 만들어 더 좋고 더 편리한 말과 글이 되게 할 뿐 아니라, 우리 온 나라 사람이 다 국어와 국문을 우리나라 근본의 주장 글로 숭상하고 사랑하여 쓰기를 바라노라.　　　　　　　　　　　－『서우』－
>
> 신채호의 『독사신론』
> 국가의 역사는 민족의 흥망성쇠를 서술하는 것이다. 민족을 빼면 역사가 없을 것이며, 역사를 알지 못한다면 그 민족의 애국심이 사라질 것이니, 역사가의 책임이 얼마나 큰가? … 역사를 쓰는 사람은 먼저 민족의 형성 과정을 적고, 정치는 어떻게 번영하고 어떻게 쇠퇴하였는지, 산업은 어떻게 융성하고 쇠퇴하였는지, 무공(武功)은 어떻게 나아가고 물러갔으며, 그 문화는 어떻게 변화하였으며, 다른 민족과의 관계는 어떠하였는지를 서술해야 한다. 만일 민족을 주체로 한 역사 서술이 이루어지지 않는다면, 이는 무정신의 역사라. 무정신의 역사는 무정신의 민족을 낳으며, 무정신의 국가를 만들 것이니 어찌 두렵지 아니하리오.

> **개념더하기**
>
> 지석영: 1879년 부산에 있는 일본에서 설립한 제생의원에서 종두법을 배움, 우리나라 최초로 종두법 실시

1. 대동교(유교)

박은식의 「유교 구신론」 집필: 실천적인 유교 정신 회복을 주장, 양명학 강조, 대동사상 주장

2. 불교

한용운의 『불교 유신론』 집필: 일본 불교의 침투에 대항하여 민족 불교의 자주성 수호 시도, 미신적 요소 타파 노력

3. 천도교(동학)

(1) **3대 교주 손병희의 교단 정비**: 동학 내 친일 세력(이용구) 축출, 천도교로 개칭, 만세보 발행1906~1907, 이용익의 보성 학교 설립1906

(2) **이용구**: 일진회 결성, 시천교 창설, 한일 병합 건의서 제출

4. 천주교

(1) 조 · 프 수호 통상 조약을 통하여 선교의 자유 획득1866

(2) 고아원과 양로원 설립 · 운영, 경향신문 발행

5. 개신교

(1) **의료 사업**: 알렌의 광혜원 설립(갑신정변 때 민영익을 치료한 것 계기, 정부 지원), 서양 의술 보급

(2) **교육 사업**: 아펜젤러의 배재 학당1885, 스크랜튼의 이화 학당1886, 언더우드의 경신 학교1886

6. 대종교(단군교)

(1) **나철(나인영)의 대종교 창시**1909 → **국권 침탈 후 간도로 본부 이동**

(2) **단군 신앙의 종교화**: 간도, 연해주 등 해외 항일 운동의 정신적 지주

> **사료더하기** ▶
>
> 유교 구신론
> 무릇 동양의 수천 년 교화계에서 순수하며 광대 정미하여 많은 성인이 뒤를 이어 전하고 많은 현인이 연구하여 밝힌 유교가 끝내 인도의 불교나 서양의 기독교와 같이 세계에 대발전을 하지 못함은 어째서이며 근세에 이르러 침체 부진이 극도에 달하여 거의 회복할 가망이 없는 것은 무슨 까닭이뇨 … 3대 문제는 무엇인가. 첫째는 유교파의 정신이 오로지 제왕의 편에 있고 인민 사회에 보급할 정신이 부족한 것이다. 둘째는, 여러 나라를 돌아다니며 세계의 주의를 바꾸려는 생각을 강론하려 하지 않고, 또한 내가 어린이를 찾는 것이 아니라 어린이가 나를 찾는다는 주의만을 지키는 것이다. 셋째는 우리 대한의 유가에서는 쉽고 정확한 법문(양명학)을 구하지 아니하고 질질 끌고 되어 가는 대로 내버려 두는 공부(주자학)을 전적으로 숭상하는 것이다.
>
> 불교 유신론
> 교육이 보급되면 문명이 발달하고, 교육이 발달하지 못하면 문명이 쇠미해지는 것이니, 교육이 없다는 것은 야만, 금수가 되는 길이다. … 승려 가운데 15세에서 40세까지 조금이라도 재덕이 있는 자를 가려 배우게 하고 그 과정에 있어서는 보통학, 사범학, 불교학을 화합 가감해서 적절을 기한다면 … 불교 학계의 상황이 다시 사람으로 하여금 한번 보기만 해도 구역질할 생각은 안 느끼게 할 것이다. 이렇게 혁신하여 향상하고 후퇴함이 없다면 장래에 있어서 불교가 세계에 큰 광명을 발하게 됨이 오직 이 일에서 생겨날 것이다.

개념확인

연결하기

01 조·일 수호 조규　　　　　　•　　　　•　① 방곡령 규정 설치

02 조·일 무역 규칙　　　　　　•　　　　•　② 해안 측량권 인정

03 조·일 수호 조규 부록　　　　•　　　　•　③ 간행이정 10리 설정

04 조·일 통상 장정　　　　　　•　　　　•　④ 최혜국 대우 최초 인정

05 조·미 수호 통상 조약　　　　•　　　　•　⑤ 일본 상품에 무관세 허용

06 조·청 상민 수륙 무역 장정　•　　　　•　⑥ 외국 상인의 한성 진출을 최초로 허용

선택하기

07 병인양요 당시 정족산성에서 (양헌수, 어재연) 부대가 승리를 거두었다.　　　　17 지방직 9급

08 개항장에서 조선인 (객주, 시전 상인)은/는 중개 활동을 하였다.　　　　21 국가직 9급

09 고종은 개항 직후, 일본에 (보빙사, 수신사, 영선사)를, 미국에 (보빙사, 수신사, 영선사)를 파견하였다.

22 국가직 9급

10 『조선책략』의 전래와 (청, 일본)의 적극적인 알선으로 조·미 수호 통상 조약이 체결되었다.　19 국가직 9급

11 임오군란 당시 (민씨 정권, 흥선 대원군)은 통리기무아문을 폐지하고 5군영을 부활시켰다.　21 국가직 9급

12 갑신정변 직후 (부들러, 묄렌도르프)는 조선의 영세 중립 선언을 권고하였다.　　　　21 경찰1차

빈칸 채우기

13 (　　　) 개혁 때 재판소를 설치하여 사법권과 행정권을 분리시켰다.　　　　13 국가직 9급

14 독립협회는 (　　　)년부터 (　　　)년까지 운영되었다.　　　　20 지방직 9급

15 본래 월산대군의 집터였는데, 아관파천 이후 고종이 (　　　)으로 옮겨와 대한제국을 선포하고 광무개혁을
실시하였다.　　　　22 계리직 9급

16 대한제국은 황실 재정을 담당하는 (　　　)의 기능을 확대하였다.　　　　19 지방직 9급

17 (　　　)은/는 의거 후 만국공법에 따라 적군의 포로로 대우해 줄 것을 요구하였다.　　　　22 지방직 9급

18 고종은 을사늑약의 불법성을 폭로하는 친서를 (　　　)을/를 통해 발표하였다.　　　　16 서울시 9급

정답확인

01 ②　　02 ③　　03 ⑤　　04 ①　　05 ④　　06 ⑥　　07 양헌수　　08 객주　　09 수신사, 보빙사　　10 청　　11 흥선 대원군
12 부들러　　13 2차 갑오　　14 1896, 1898　　15 경운궁 또는 덕수궁　　16 내장원　　17 안중근　　18 대한매일신보

01

사료는 흥선 대원군 집권기에 경복궁을 중건하면서 일종의 기부금인 '원납전'을 강제 징수하는 내용이다.
③ 흥선 대원군은 비변사를 폐지하면서 의정부의 기능을 회복시키고, 삼군부를 부활시켰다. 또한, 국방의 강화를 위해 훈련도감에 편제된 삼수병(포수, 사수, 살수)을 강화하였다.

오답의 이유

① 세한도는 세도정치기인 헌종 때 김정희가 그린 작품이다(1844).
② 삼정이정청이 설치된 때는 임술 농민 봉기 당시인 1862년 철종 때의 일이다.
④ 흥선 대원군은 세도정치기 최고 권력 기구인 비변사를 폐지하였다.

02

오답의 이유

① 어재연이 이끄는 조선군은 미군을 상대로 광성보에서 항전하였으나 패배하였고 어재연은 이 전투에서 전사하였다. 이때 미국에 약탈당한 어재연 장군의 수(帥)자기는 2007년에 장기 대여 방식으로 대한민국에 돌아왔다.
③ 1866년 병인양요가 일어나자 양헌수 부대는 프랑스군을 상대로 정족산성, 한성근 부대는 문수산성에서 격전을 벌였다. 전투에서 사상자가 발생하자 프랑스군은 강화도에서 철수하였다.
④ 1866년 제너럴셔먼호의 선원들이 평양 주민을 약탈하자 분노한 평양 주민들은 당시 평안도의 관찰사였던 박규수의 지휘 하에 제너럴셔먼호를 불태워버렸다.

정답 01 ③ 02 ②

01 밑줄 친 '이때' 재위한 국왕 대에 있었던 사실로 옳은 것은?

19 지방직 9급

> 이때 거두어들인 돈을 '스스로 내는 돈'이라는 뜻에서 원납전이라 하였다. 그런데 백성들은 입을 삐쭉거리면서 '원납전 즉 원망하며 바친 돈이다.'라고 하였다.
>
> – 『매천야록』에서 –

① 세한도가 제작되었다.
② 삼정이정청이 설치되었다.
③ 삼군부가 부활되고 삼수병이 강화되었다.
④ 비변사 당상들이 중요한 권력을 장악하였다.

02 두 차례의 양요에 대한 설명으로 가장 옳은 것은? 18 서울시 9급

① 어재연이 이끄는 조선군은 프랑스군을 상대로 승리를 거두었다.
② 미국 상선 제너럴셔먼호는 평양 주민을 약탈하였다.
③ 양헌수 부대는 광성보 전투에서 결사 항전하였으나 퇴각하였다.
④ 박규수는 화공작전을 펴서 프랑스 군대를 공격하였다.

03 (가), (나)가 설명하는 조약을 옳게 짝 지은 것은?

> (가) 강화도 조약에 이어 몇 달 뒤 체결되었다. 양곡의 무제한 유출을 가능하게 한 규정과 일본정부에 소속된 선박은 항세를 납부하지 않는다는 규정이 들어 있었다.
>
> (나) 김홍집이 일본에서 황준헌의 『조선책략』을 가져 오면서 그 내용의 영향으로 체결되었으며, 청의 적극적인 알선이 있었다. 거중조정 조항과 최혜국 대우의 규정이 포함되어 있었다.

	(가)	(나)
①	조·일 무역 규칙	조·미 수호 통상 조약
②	조·일 무역 규칙	조·러 수호 통상 조약
③	조·일 수호 조규 부록	조·미 수호 통상 조약
④	조·일 수호 조규 부록	조·러 수호 통상 조약

04 다음 자료가 조선 조정에 소개된 이후에 일어난 사건으로 옳지 않은 것은?

> 러시아를 막을 수 있는 조선의 책략은 무엇인가? 중국과 친하고(親中) 일본과 맺고(結日) 미국과 연합해(聯美) 자강을 도모하는 길 뿐이다.

① 육영 공원(育英公院)을 설립해 서양의 새 학문을 교육했다.

② 임오군란이 일어나고 제물포 조약이 체결되어 일본에 배상금을 지불하였다.

③ 개화파가 우정총국 개국 축하연을 이용해 정변을 일으켜 정권을 장악하였다.

④ 최익현은 일본과 통상을 반대하는 「오불가소(五不可疏)」를 올렸다.

03
① (가)는 양곡의 무제한 유출과 무항세를 통해 조·일 무역 규칙(1876)임을 알 수 있고, (나)는 황준헌이 저술한 『조선책략』의 영향과 청의 적극적인 알선, 거중조정 조항, 최혜국 대우의 규정 등을 통해 조·미 수호 통상 조약(1882)임을 알 수 있다.

04
제시문은 1880년 2차 수신사 김홍집이 국내에 들여온 『조선책략』의 내용 중 일부이다.
④ 최익현은 '왜양일체론(倭洋一體論)'을 주장하며 개항을 반대하였고, 강화도 조약이 체결되기 전 1876년에 「오불가소」를 올렸다.

정답 03 ① 04 ④

05
제시문의 별기군을 창설한 시기는 1881년이다. 고종은 개화 정책의 일환으로 기존 5군영을 무위영과 장어영의 2영으로 개편하고 신식 군대인 별기군을 창설하였다. 별기군은 군사 기술을 가르칠 일본인 교관을 초빙하였는데 이로 인해 별기군은 '왜별기', 즉 일본의 별기군이라는 비난을 받기도 하였다.

주어진 연표는 통리기무아문 설치(1880) – (가) – 기기창 설치(1883) – (나) – 군국기무처 설치(1894) – (다) – 원수부 설치(1899) – (라) – 통감부 설치(1906) 순으로, 제시문의 별기군 창설(1881) 시기는 (가)에 해당한다.

05 다음 군대가 창설된 시기를 연표에서 옳게 고른 것은? 22 법원직 9급

> 개항 후 국방을 강화하고 근대화하기 위하여 윤웅렬이 중심이 되어 5군영으로부터 80명을 선발하여 별기군을 창설하였다. 또한 서울의 일본 공사관에 근무하는 공병소위 호리모토를 교관으로 초빙하였다.

① (가)

② (나)

③ (다)

④ (라)

06
'개화당'과 '정변'이라는 키워드를 통해 위의 제시문에 해당하는 사건은 갑신정변(1884)임을 알 수 있다.

④ 갑신정변 당시에 급진개화파는 혜상공국의 혁파와 지조법 개혁 등의 내용을 담은 개혁 정강을 발표하고 추진하였다.

오답의 이유
① 박정양이 초대 주미공사로 미국에 파견된 것은 1887년의 일이다.
② 통리기무아문은 1880년에 설치되었으며, 1882년 일어난 임오군란으로 인하여 폐지되었다.
③ 갑신정변의 결과 일본과 체결한 조약은 한성조약이다. 제물포조약은 임오군란으로 인해 조선과 일본 사이에 체결된 조약이다.

06 밑줄 친 '정변'과 관련한 설명으로 옳은 것은? 21 계리직

> 전에는 …(중략)… 개화당을 꾸짖는 자도 많이 있었으나, 개화가 아름답다는 것을 말하면 듣는 사람들도 감히 크게 반대하지는 않았다. 그런데 정변을 겪은 뒤부터 조정과 민간에서 모두 "이른바 개화당이라고 하는 자들은 충의를 모르고 외국인과 연결하여 나라를 팔고 겨레를 배반하였다."라고 말하고 있다.
>
> – 『윤치호 일기』 –

① 이 정변을 계기로 주미공사 박정양을 미국에 파견하였다.

② 이 정변 직후 근대화를 위해 통리기무아문을 설치하였다.

③ 이 정변의 평화적 해결을 위한 상호 약속으로 제물포조약이 체결되었다.

④ 이 정변의 주도 세력은 혜상공국의 혁파 등 여러 개혁을 시도하였다.

정답 05 ① 06 ④

07 (가) 시기에 해당되는 사실로 옳은 것은?

18 국가직 9급

> 방금 안핵사 이용태의 보고에 따르면 "죄인들이 대다수 도망치는 바람에 조사하지 못하였다."라고 하였다.
>
> – 『승정원일기』 –
>
> ↓
>
> | (가) |
> | --- |
>
> ↓
>
> 전봉준은 금구 원평에 앉아 (전라) 우도에 호령하였으며, 김개남은 남원성에 앉아 좌도를 통솔하였다.
>
> – 『갑오약력』 –

① 논산에서 남·북접의 동학군이 집결하였다.
② 우금치 전투에서 동학군이 일본군과 격전을 벌였다.
③ 동학교도가 궁궐 앞에서 교조 신원을 주장하는 집회를 열었다.
④ 백산에서 전봉준이 보국안민을 위해 궐기하라는 통문을 보냈다.

08 다음 기구에서 추진한 개혁 내용으로 옳은 것은?

13 국가직 9급

> 총재 1명, 부총재 1명 그리고 16명에서 20명 사이의 회의원으로 구성되었다. 이밖에 2명 정도의 서기관이 있어서 활동을 도왔고, 또 회의원 중 3명이 기초 위원으로 선정되어 의안의 작성을 책임졌다. 총재는 영의정 김홍집이 겸임하고, 부총재는 내아문독판으로 회의원인 박정양이 겸임하였다.

① 은본위 화폐제도를 실시하였다.
② 의정부와 삼군부의 기능을 회복하였다.
③ 양전 사업을 실시하여 지계를 발급하였다.
④ 재판소를 설치하여 사법권과 행정권을 분리시켰다.

07

첫 번째 제시문은 1894년 1월의 고부 민란을, 두 번째 제시문은 전주 화약 이후 집강소를 설치하여 전봉준은 전라우도를, 김개남은 전라좌도를 통솔하는 내용이다.

④ 안핵사 이용태가 고부 농민 봉기의 참가자와 주도자를 탄압하자 전봉준, 김개남 등은 보국안민, 제폭구민의 기치를 내걸고 농민군을 재조직하였고, 백산에서 4대 강령을 발표하였다.

오답의 이유
① 제2차 동학농민운동 때 논산 집결(1894.10.)에 대한 설명이다.
② 제2차 동학농민운동 때 우금치 전투(1894.11.)에 대한 설명이다.
③ 1893년 2월 서울 복합 상소에 대한 설명이다.

08

제시문은 제1차 갑오개혁에 관한 설명이다.
① 제1차 갑오개혁에서는 재정의 일원화, 조세의 금납화, 은본위 화폐 제도 등이 추진되었다.

오답의 이유
② 흥선 대원군의 개혁정치이다.
③ 대한제국의 광무개혁이다.
④ 사법권의 독립은 제2차 갑오개혁 때이다.

정답 07 ④ 08 ①

09
제시문은 흥선 대원군에 대한 설명으로, 흥선 대원군은 붕당의 온상으로 인식되어 온 전국 600여 개소의 서원 가운데 47개소만 남긴 채 모두 철폐하였다. 이러한 시책은 서원에 딸린 토지와 노비를 몰수하여 국가 재정을 확충하기 위한 것으로, 백성에 대한 양반과 유생들의 횡포를 막기 위한 조치였다.

오답의 이유

① 김홍집은 군국기무처가 신설되자 군국기무처 총재관에 임명되었다.

② 갑신정변 당시 청군의 원조를 요청하였던 것은 민씨 정권이다. 흥선 대원군은 임오군란 직후 청에 피랍되어 1885년 8월에 귀국하였으므로 당시 조선에 없었다.

④ 1860년대 흥선 대원군은 이항로를 비조로 하는 화서학파 등 위정척사파의 지지를 받았다. 강화도 조약 체결 직전인 1970년대 화서학파의 지지를 받은 사실과는 관련이 없다.

10
제시된 자료는 독립협회의 주최로 진행된 민중 집회 만민공동회(1898)의 토론 내용이다.

오답의 이유

② 독립협회는 강연회와 만민공동회의 개최, 「대조선 독립 협회 회보」 등을 간행하며 국권·민권 사상을 고취시켜 민중을 계몽하였다.

① 대한자강회(1906)는 헌정연구회를 모체로 하여 창립된 단체로, 월보를 간행하고 전국 각지에 33개의 지회를 설치하였다.

③ 보부상 중심 단체인 황국 협회에 대한 설명이다.

④ 보안회(1904)는 일본의 황무지 개간권 요구에 대항하기 위해 서울에서 항일 단체를 조직하였다.

정답 09 ③ 10 ②

---

09 밑줄 친 그의 활동에 대한 설명으로 옳은 것은?

17 서울시 9급

> 그는 만동묘와 폐단이 큰 서원을 철폐하도록 명령을 내렸다. 선비들 수만 명이 내궐 밑에 모여 만동묘와 서원을 다시 설립할 것을 청하니, 그가 크게 노하여 병졸로 하여금 한강 밖으로 몰아내도록 하였다.

① 갑오개혁 당시 군국기무처의 총재관으로 활동하였다.

② 갑신정변 당시 청군의 원조를 요청하였다.

③ 임오군란 직후 통리기무아문을 폐지하였다.

④ 강화도 조약 체결 직전 화서학파의 적극적인 지지를 받았다.

10 다음과 같은 주제로 토론회를 개최한 단체에 대한 설명으로 옳은 것은?

20 지방직 9급

일자	주제
1897.8.29.	조선에 급선무는 인민의 교육
1897.9.5.	도로 수정하는 것이 위생에 제일 방책
⋮	⋮
1897.12.26.	인민의 귀로 듣고 눈으로 보는 것을 개명케 하려면 우리 나라 신문지며 다른 나라 신문지들을 널리 반포하는 것이 제일 긴요함

① 헌정연구회의 활동을 계승하여 월보를 간행하고 지회를 설치하였다.

② 국민 계몽을 위해 회보를 발간하고 만민공동회 등 대규모 집회를 열었다.

③ 보부상 중심의 단체로 황권 강화를 통한 부국강병을 행동 지침으로 삼았다.

④ 일본이 황무지 개간을 구실로 토지를 약탈하려 하자 대중적 반대 운동을 벌였다.

11 대한제국 시기에 추진된 정책으로 옳지 않은 것은? 19 지방직 9급

① 시위대와 진위대를 증강하였다.

② 독립신문의 창간을 지원하였다.

③ 화폐제도의 개혁과 중앙은행의 창립을 추진하였다.

④ 황실 재정을 담당하는 내장원의 기능을 확대하였다.

11

대한제국 시기(1897.10.~1910.8.)에 관한 문제이다.

② 독립신문은 독립협회의 기관지로 대한제국 시기 이전인 1896년 4월에 창간되었다.

오답의 이유

①·③·④ 광무개혁의 내용으로 모두 대한제국 시기에 이루어졌다.

---

12 〈보기〉의 협약 이후 일어난 사실로 가장 옳지 않은 것은? 19 서울시 9급

> **보기**
>
> 제1조 한국 정부는 시정 개선에 관하여 통감의 지도를 받는다.
> 제2조 한국의 법령 제정 및 중요한 행정상의 처분은 미리 통감의 승인을 거친다.
> 제4조 한국 고등 관리의 임면은 통감의 동의로써 이를 시행한다.
> 제5조 한국 정부는 통감이 추천하는 일본인을 한국 관리에 임명한다.

① 각 부의 차관에 일본인이 임명되어 이른바 차관정치가 시작되었다.

② 대한제국 군대가 해산되었다.

③ 사법권과 경찰권을 빼앗겼다.

④ 만국평화회의에 이상설 등이 파견되었다.

12

〈보기〉의 협약은 한·일 신협약(정미 7조약, 1907.7.)이다.

④ 고종은 을사늑약의 부당성을 국제 사회에 알리기 위해 네덜란드 헤이그에서 개최된 만국평화회의에 이상설, 이위종, 이준을 특사로 파견하였다(1907.6.). 그러나 일본은 이를 빌미로 고종을 강제 퇴위시키고 한·일 신 협약을 체결하였다.

오답의 이유

①·② 일본은 한·일 신협약을 체결하여 각 부에 일본인 차관을 임명하여 내정을 간섭하였고, 군대마저 해산하였다.

③ 사법권 박탈은 1909년 7월 기유각서, 경찰권 박탈은 1910년 6월의 일이다.

정답 11 ② 12 ④

13

ㄴ. 제1차 한 · 일 협약(1904.8.)

ㄱ. 고종의 강제 퇴위(1907.7.)

ㄹ. 한 · 일 신협약(1907.7.)

ㄷ. 기유각서(1909.7.)

13 국권이 침탈되기까지의 과정을 시기순으로 바르게 나열한 것은?

17 국가직 9급

> ㄱ. 헤이그 특사 파견을 문제 삼아 고종 황제를 강제로 퇴위시켰다.
>
> ㄴ. 일본인 메가타를 재정 고문으로, 미국인 스티븐스를 외교 고문으로 임명하도록 하였다.
>
> ㄷ. 대한제국의 사법권을 빼앗고 감옥 사무를 장악하였다.
>
> ㄹ. 통감이 추천한 일본인을 대한제국의 관리로 임명하도록 하였다.

① ㄱ → ㄴ → ㄷ → ㄹ

② ㄴ → ㄱ → ㄹ → ㄷ

③ ㄴ → ㄷ → ㄱ → ㄹ

④ ㄹ → ㄴ → ㄱ → ㄷ

14

(가) 을미사변(1895.10.)~을사조약(1905.11.)

(나) 을사조약(1905.11.)~서울진공작전(1908.1.)

① 시전상인들은 1898년 황국중앙총상회를 조직하여 독립협회와 더불어 이권수호운동, 상권수호운동을 전개하였으며, 근대적인 생산 공장 경영에 투자하였다.

오답의 이유

② 신민회는 1911년 일제가 조작한 105인 사건을 통해 대대적인 탄압을 받아 해체되었다.

③ 함경도 관찰사인 조병식이 방곡령을 내린 시기는 1889년이다.

④ 보안회는 1904년 창립되어 일본의 황무지 개간권 요구를 반대하는 운동을 벌인 항일단체이다.

14 (가), (나) 시기에 있었던 사실로 옳은 것은?

19 국가직 9급

	(가)	(나)	
↑ 을미사변 발발		↑ 을사조약 강제 체결	↑ 13도 창의군 서울진공작전 전개

① (가) – 시전상인을 중심으로 황국중앙총상회가 조직되었다.

② (가) – 신민회는 일제가 날조한 105인 사건으로 와해되었다.

③ (나) – 함경도 관찰사 조병식이 곡물 수출을 막는 방곡령을 내렸다.

④ (나) – 일제의 황무지 개간권 요구를 반대하기 위해 보안회가 창설되었다.

정답 13 ② 14 ①

15 밑줄 친 '나'에 대한 설명으로 옳은 것만을 모두 고르면? 22 지방직 9급

> 오늘날 사람은 모두 법에 의하여 생활하고 있는데 실제로 사람을 죽인 자가 벌을 받지 않고 생존할 도리는 없는 것이다. …(중략)… 나는 한국의 의병이며 지금 적군의 포로가 되어 와 있으므로 마땅히 만국공법에 의해 처단되어야 할 것으로 생각한다.

> ㉠ 일본에서 순국하였다.
> ㉡ 한인 애국단 소속이었다.
> ㉢ 『동양평화론』을 집필하였다.
> ㉣ 연해주에서 의병 투쟁을 전개하였다.

① ㉠, ㉡
② ㉠, ㉣
③ ㉡, ㉢
④ ㉢, ㉣

15

제시된 자료에서 '한국의 의병', 『동양평화론』, '연해주에서 의병 투쟁' 등의 내용을 통해 밑줄 친 '나'가 안중근임을 알 수 있다. 안중근은 자신이 대한제국 융병 참모중장의 자격으로 동양의 평화를 교란한 이토 히로부미를 처단했다고 하였다.

㉢ 안중근은 뤼순 감옥에서 한국, 일본, 청의 동양 삼국이 협력하여 서양 세력의 침략을 방어하고 동양 평화를 실현해야 한다는 사상을 담은 『동양평화론』을 집필하였으나 일제가 사형을 앞당겨 집행하면서 미완성으로 남게 되었다.

㉣ 안중근은 연해주에서 의병 운동을 했으며, 각종 모임을 만들어 애국 사상을 고취하고 군사 훈련을 담당하였다.

오답의 이유

㉠ 안중근은 중국의 뤼순 감옥의 형장에서 순국하였다(1910.3.).

㉡ 한인 애국단은 김구가 상하이에서 적극적인 의열 투쟁 활동을 전개하고자 결성한 단체로 대표적인 단원으로는 윤봉길, 이봉창 등이 있다.

---

16 조약 (가), (나) 사이 시기의 경제 상황으로 옳은 것은? 19 지방직 9급

(가)	(나)
• 조선국 항구에 머무르는 일본은 쌀과 잡곡을 수출·수입할 수 있다. • 일본국 정부에 소속된 모든 선박은 항세(港稅)를 납부하지 않는다.	• 입항하거나 출항하는 각 화물이 세관을 통과할 때에는 세칙에 따라 관세를 납부해야 한다. • 조선 정부가 쌀 수출을 금지하고자 할 때에는 반드시 먼저 1개월 전에 지방관이 일본 영사관에게 통고해야 한다.

① 메가타 재정고문이 화폐 정리 사업을 시도하였다.
② 혜상공국의 폐지 등을 주장한 정변이 발생하였다.
③ 양화진에 청국인 상점을 허용하는 조약이 체결되었다.
④ 함경도 방곡령 사건으로 일본과 외교적 마찰이 일어났다.

16

(가) 조·일 무역 규칙(조·일 통상 장정, 1876)

(나) 개정 조·일 통상 장정(1883)

③ 1882년 8월 조·청 상민 수륙 무역 장정의 체결로 청 상인의 내지 통상이 허용되었고, 이로써 청과 일본의 상인 간 경쟁적 경제 침탈이 심화되었다.

오답의 이유

① 화폐 정리 사업(1905)
② 갑신정변(1884)
④ 함경도 방곡령(1889)

정답 15 ④ 16 ③

17

임오군란(1882), 갑신정변(1884)을 진압한 청이 조선의 간섭을 강화하자 왕비 민씨는 청을 견제하기 위해 러시아에 접근하였다. 이에 영국은 러시아의 한반도 남하를 견제한다는 구실로 거문도를 해밀턴 항이라 명명하고 불법 점령한 후 포대를 설치하였다(거문도 사건, 1885~1887).
① 당오전은 1883년 전환국에서 주조하였던 화폐로 1894년까지 발행하였다.

오답의 이유
② 한성순보는 1884년 갑신정변으로 박문국이 폐지됨에 따라 자동 폐간되었다.
③ 유길준은 1895년 「서유견문」을 저술하였다.
④ 1876년 체결한 강화도 조약의 부속 조약인 조 · 일 무역 규칙은 일본의 수출입 상품에 대한 무관세를 규정하였으나, 1883년에 일본과 조 · 일 통상 장정을 체결하면서 관세를 적용하였다.

17 거문도 사건이 전개된 동안, 당시 사람들이 볼 수 있었던 모습은?

17 서울시 9급

① 당오전을 발행하는 기사
② 한성순보를 배포하는 공무원
③ 『서유견문』을 출간한 유길준
④ 일본과의 무관세 무역을 항의하는 동래 부민

18
① 조선의 관보로서 최초의 신문인 한성순보(1883~1884)는 박영효 등 개화파의 영향으로 박문국에서 10일에 한 번 발행하였다. 한성순보는 정부 관료를 대상으로 하였던 순한문 신문으로 개화 정책의 취지를 설명하고, 국내외 정세를 소개하는 데 힘썼다.

오답의 이유
② 한성주보(1886~1888)
③ 독립신문(1896~1899)
④ 황성신문(1898~1910)

18 다음 지문이 가리키는 신문과 관련된 내용으로 옳은 것은?

17 사복직 9급

> 그러므로 우리 조정에서도 박문국을 설치하고 관리를 두어 외국의 기사를 폭넓게 번역하고 아울러 국내의 일까지 기재하여 국중에 알리는 동시에 열국에까지 널리 알리기로 하고, 이름을 旬報라 하며…

① 우리나라 최초의 신문으로 1883년 창간되었으며, 한문체로 발간된 관보의 성격을 띠었다.
② 최초로 국한문을 혼용하였고, 내용에 따라 한글 혹은 한문만을 쓰기도 하며 독자층을 넓혀나가고자 하였다.
③ 한글판, 영문판을 따로 출간하여 대중 계몽을 통한 근대화를 촉진하고, 외국인에게 조선의 실정을 제대로 홍보하여 조선이 국제사회에서 완전한 근대적 자주독립국가로 자리매김하는 것을 목표로 하였다.
④ 국한문 혼용체를 사용한 일간지로 주로 유학자 층의 계몽에 앞장섰다.

정답 17 ① 18 ①

I wish you the best of luck!

PART

06

일제 강점기

일제의 식민 통치

01 일제의 식민 통치

1 1910년대, 헌병 경찰 통치

1. 일제의 통치 기구

(1) 조선 총독

① 육·해군 대장 출신으로 임명

② 절대적인 권한 행사: 입법·행정·사법·군 통수권을 가짐

③ 일본 국왕에 직속되어 일본 의회와 내각의 통제를 거의 받지 않음

조선 총독부

(2) 조선 총독부 설치: 조선 총독, 정무총감의 행정 담당, 경무총감의 치안 담당

(3) 남산에 조선 신궁 건립1925, **경복궁 내 조선 총독부 건설**1926

(4) 중추원 설치: 총독의 자문 기구, 정무총감이 의장 담당, 친일파를 고문과 참의로 임명(이완용, 송병준 등), 3·1 운동 전까지 소집되지 않음

(5) 조선 귀족령 제정1910: 76명의 친일파에게 귀족 지위 인정

2. 헌병 경찰 통치: 이른바 '무단통치' 실시, 강압적 통치 방식

(1) 헌병의 역할: 경찰 업무 지휘, 헌병 사령관을 경무 총감에 임명, 의병 토벌, 세금 징수·검열 등 일상생활까지 관여

(2) 범죄 즉결례 제정1910: 경찰서장과 헌병 분대장은 관할구역에서 즉결처분권을 행사

(3) 경찰범 처벌 규칙 제정1912: 정치·경제·사회·문화 등 모든 부문을 감시·통제

(4) 조선 태형령 제정1912: 한국인에게만 적용, 국제 사회의 비난으로 1920년에 폐지

(5) 언론·출판·집회·결사의 자유 박탈

① 신문지법 제정1907 → 출판법 제정1909 → 황성신문·제국신문·대한매일신문 폐간, 친일지인 매일신보만 허용

② 보안법 제정1907 → 모든 정치 단체 해체, 105인 사건과 신민회 해산1911

(6) 지방 행정 조직 개편1910: 13도 12부 317군

(7) 제1차 조선 교육령 제정1911

① 조선인: 보통학교 4년, 고등보통학교 4년, 일본어와 실업 교육 위주, 한국인의 우민화 의도

② 일본인: 소학교 6년, 중학교 6년

(8) 서당 규칙 제정 1918

　　① 배경: 사립 학교령 1908을 피해 개량 서당이 늘어남

　　② 개량 서당이 근대 교육을 실시하자, 서당 설립을 통제하고 교과 과정에 간섭함

(9) 교원의 제복 착용과 대검 소지

개념더하기 ▶

제1차 조선 교육령에 따른 4학년 수업 시수

수신 1시간, 국어(일본어) 7시간, 조선어 3시간, 창가·체조 3시간, 수학 4시간, 역사 1시간, 지리 1시간, 실업 5시간, 수공 3시간, 습자 1시간, 영어 2시간

사료더하기 ▶

범죄 즉결례 1910

제1조 경찰서장 또는 그 직무를 취급하는 자(헌병 경찰)는 다음 범죄를 즉결할 수 있다.

- 구류, 태형, 과료에 해당하는 죄
- 3월 이하의 징역 또는 100원 이하의 벌금 또는 과료의 형에 처할 수 있는 죄, 구류 또는 과료에 처할 수 있는 상해에 미달하는 폭행죄
- 구재판소(區裁判所)의 재판권에 속하는 사건으로서 이전 한국형법대전에 규정한 3월 이하의 징역형에 해당하는 상해죄
- 구재판소의 재판권에 속하는 사건으로 3월 이하 혹은 100원 이하의 형벌에 해당하는 행정 법규 위반의 죄

제2조 즉결은 정식 재판을 하지 않으며 피고인의 진술을 듣고 곧바로 그 언도를 해야 한다.

제9조 벌금 또는 과료의 언도를 받은 경우네는 그 금액을 납부케 해야 한다. 내지 않을 때는 1원을 1일로 산정하여 피고인을 유치한다. 그 1원에 모자란 것이라도 1일로 계산한다.

경찰범 처벌 규칙 1912

제1조 다음 각 호에 해당하는 자는 구류 또는 과료에 처한다.

　　2. 일정한 주거 또는 생업 없이 이곳저곳 배회하는 자

　　8. 단체 가입을 강요하는 자

　　19. 함부로 대중을 모아 관공서에 청원 또는 진정을 남용하는 자

　　20. 불온한 연설을 하거나 또는 불온 문서, 도서, 시가를 게시, 반포, 낭독하거나 큰 소리로 읊는 자

　　32. 경찰관서에서 특별히 지시하거나 명령하는 사항을 위반하는 자

조선 태형령 1912

제1조 3개월 이하의 징역 또는 구류에 처하여야 할 자는 그 정상에 따라 태형에 처할 수 있다.

제11조 태형은 감옥 또는 즉결 관서에서 비밀리에 행한다.

제13조 본령은 조선인에 한하여 적용한다.

제1차 조선 교육령 1911

제2조 교육은 교육에 관한 칙어에 입각하여 충량한 국민을 육성하는 것을 본의로 한다.

제5조 보통 교육은 보통의 지식 기능을 부여하고 특히 국민 된 성격을 함양하며, 국어(일본어)를 보급함을 목적으로 한다.

제6조 실업 교육은 농업, 상업, 공업 등에 관한 지식과 기능을 가르치는 것을 목적으로 한다.

제28조 공립 또는 사립의 보통학교, 고등 보통학교, 여자 고등 보통학교, 실업학교 및 전문학교의 설치 또는 폐지는 조선 총독의 허가를 받아야 한다.

서당 규칙 1918

제1조 서당을 개설하려고 할 때에는 다음 사항을 갖추어 도지사, 군수에게 제출하여야 한다.

　　1. 이름, 위치　2. 학생수　3. 교수용 서적명　4. 유지 방법　5 개설자, 교사 성명 및 이력서

제3조 서당 이름에 학교 이름과 비슷한 이름을 쓸 수 없다.

제5조 다음 경우에는 도지사가 서당의 폐쇄 또는 교사의 변경, 기타 필요한 조치를 명령할 수 있다.

　　1. 법령에 위반한 때　2. 공안(公安)을 해치거나 교육상 유해하다고 인정될 때

2 1920년대, 민족 분열 통치

1. 배경

3·1 운동으로 조선에 대한 강압적인 통치 방식의 한계 절감

2. 문화 통치의 실상

(1) **3대 사이토 총독이 '문화 통치' 표방**: 한국인의 문화와 관습 존중 표방, 실상은 우리 민족을 분열시키고 자 함

(2) **문관 총독 임명 가능케 함**: 실제로는 문관 총독을 임명하지 않음

(3) **보통 경찰제 시행**: 실제로는 경찰 관서·인원·비용 등이 3배 이상 증가, 1군 1경찰서와 1면 1주재소 설치로 조선인에 대한 감시 강화, 전국 경찰서에 특별고등경찰 설치

(4) **동아일보·조선일보 창간 허용** 1920: 실제로는 기사 검열·삭제·정간 빈번

(5) **도 평의회와 부·면 협의회 설치**: 지방 자치제 시행 표방, 실제로는 의결권 없는 자문 기관에 불과

(6) **치안 유지법 제정** 1925.5.
① 배경: 1920년대에 전 세계적으로 사회주의 사상의 유행, 조선 공산당 조직 1925.4.
② 사회주의 사상 탄압, 독립 운동가에 대한 탄압 강화

(7) **제2차 조선 교육령 제정** 1922
① 3면 1교주의 표방, 보통학교와 고등 보통학교 증설: 실제로는 보통학교마저 태부족
② 보통학교 6년, 고등보통학교 5년으로 수업 기간 연장: 실제로는 한국인의 취학률이 매우 저조
③ 조선어·조선사 필수 지정: 실제로는 일본어와 수신(도덕) 위주
④ 일어 상용자와 비상용자를 구분하여 학제 적용, 한국인의 고등 교육의 기회는 여전히 부재

(8) **새로운 친일파 양성**: 이광수·최린 등이 자치론·민족 개조론·참정론을 주장, 독립 운동 세력의 분열 야기

사료더하기

치안 유지법 1925

제1조 국체(천황제)를 변혁하는 것을 목적으로 결사를 조직하는 자 또는 결사의 임원, 그 외 지도자로서 임무에 종사하는 자는 사형, 또는 5년 이상의 징역 또는 금고에 처한다. … 사유 재산 제도를 부인하는 것을 목적으로 결사를 조직하는 자, 결사에 가입하는 자, 또는 결사의 목적 수행을 위한 행위를 돕는 자는 10년 이하의 징역 또는 금고에 처한다.
제7조 이 법은 이 법의 시행구역 외에서 죄를 범한 자에게도 적용한다.

제2차 조선 교육령

제2조 국어를 상용하는 자의 보통 교육은 소학교령, 중학교령 및 고등여학교령에 의한다.
제3조 국어를 상용하지 않는 자에게 보통 교육을 받는 학교는 보통학교, 고등 보통학교 및 여자고등보통학교로 한다.
제5조 보통학교의 수업 연한은 6년으로 한다. 단, 지역의 정황에 따라 5년 또는 4년으로 할 수 있다.

친일파 양성책

1. 핵심적인 친일 인물을 골라 그 인물로 하여금 귀족, 양반, 유생, 부호, 교육가, 종교가에 침투하여 계급과 사정을 참작하여 각종 친일 단체를 조직하게 한다.
2. 각종 종교 단체도 중앙 집권화해서 그 최고 지도자에 친일파를 앉히고 고문을 붙여 어용화시킨다.
3. 친일 민간인에게 편의와 원조를 주어 수재 교육의 이름 아래 많은 친일 지식인을 긴 안목으로 키운다.

– 사이토 문서, 「조선 민족 운동에 대한 대책」 –

3 1930년대 이후, 민족 말살 통치

1. 배경

(1) 대공황 발생1929: 미국에서 전 세계로 확산

(2) 일제는 침략 전쟁을 통해 경제 위기 극복을 시도: 만주 사변1931 → 중·일 전쟁1937 → 태평양 전쟁1941

2. 민족 말살 통치

(1) 중·일 전쟁 전

① 일선 동조론과 내선 일체 주장

② 신사 참배 강요

③ 손기정 사건1936: 베를린 올림픽 마라톤 우승, 조선중앙일보와 동아일보에서 일장기 삭제(→ 정간)

④ 조선사상범 보호 관찰령 제정1936: 치안 유지법 위반자를 출옥 후에도 지속적으로 감시

(2) 중·일 전쟁 후

① 황국 신민 서사 암송 강요, 궁성 요배 강요

② 창씨개명 강요1940: 거부 시 입학·등교·식량 배급 배제

③ 조선일보와 동아일보 폐간1940

④ 조선 영화령 제정1940: 군국주의 선전이나 홍보를 담은 영화 강요

⑤ 조선사상범 예방 구금령 제정1941: 치안유지법 위반자를 영장이나 재판 없이 자의적으로 구속 가능, 재범의 여지가 있다고 판단되는 사상범은 형기 만료 후에도 다시 구금할 수 있게 한 악법

⑥ 제3차 조선 교육령 제정1938: 보통학교를 소학교로 개명, 다시 국민 학교로 변경1941, 황국 신민화 교육 명시, 조선어·조선사의 선택 과목화

⑦ 제4차 조선 교육령 제정1943: 조선어 학회 사건 계기, 조선어와 조선사 교육 금지, 체련 과목 신설(체조+무도, 군사 훈련 강화 목적), 수업 연한 단축(중학교·고등 여학교를 4년으로 축소)

> **사료더하기**
>
> 황국 신민 서사(아동용)
> 우리들은 대일본 제국의 신민입니다.
> 우리들은 마음을 합하여 천황 폐하에게 충의를 다합니다.
> 우리들은 인고 단련하여 훌륭하고 강한 국민이 되겠습니다.
>
> 제3차 조선 교육령1938
> 제2조 심상소학교는 국민 도덕의 함양과 국민 생활에 필수적인 보통의 지능을 갖게 함으로써 충량한 황국 신민을 육성하는 데 있다.
> 제13조 심상소학교의 교과목은 수신, 국어(일어), 산술, 국사, 지리, 이과, 직업, 도화, 수공, 창가, 체조이다. 조선어는 수의 과목으로 한다.
>
> 국민학교 규정1941
> 제2조 교육 전반에 걸쳐 황국의 도를 수련시키고, 특히 국체에 대한 신념을 공고하게 하여, 황국신민이라는 자각을 철저하게 하는데 힘을 써야 한다.
> 제6조 국민과 국사는 우리나라(일본) 역사에 대해서 그 대요를 깨닫게 하여, 국체가 존엄한 까닭을 마음속으로 알게 하고 황국의 역사적 사명을 자각시키는 것을 목적으로 한다.

1 1910년대 일제의 경제 수탈

1. 토지 조사 사업1910~1918

(1) 목적: 근대적 토지 소유권의 확립 명분으로 토지세 확보와 토지 약탈 시도

(2) 임시 토지 조사국 설치1910 → **토지 조사령 공포**1912

(3) 신고 절차: 토지 소유자의 신고서 제출(지목, 등급, 지적, 결수 등 포함) → 토지 조사국의 조사 → 토지 대장 작성

(4) 특징: 지주의 소유권 인정, 소작농의 영구 경작권 · 개간권 · 도지권 등 부정

(5) 결과

① **총독부의 토지 약탈**: 기한 내 신고주의 방식 → 미신고 토지 · 공공기관 소유 토지(궁방전, 역둔토) · 소유자가 불분명한 토지를 총독부가 차지 → 동양 척식 주식회사를 통해 일본인에게 헐값으로 불하

② **총독부의 지세 수입 증가**: 지세령 제정1914, 결부제 폐지, 지가(地價)의 1.3%를 세금으로 부과

③ **식민지 지주제 확립**: 소작료 인상(생산량의 50% 이상 납부), 동양 척식 주식회사가 국내 최대의 지주가 됨

④ **소작농의 권리 약화**: 1~2년 단위의 기한부 계약제 소작농으로 전락, 만주 등 국외 이주 증가

2. 산업 침탈

(1) 회사령 제정1910

① 회사 설립 시 총독의 허가 필요

② 결과: 민족 기업과 자본의 성장을 억압 · 통제, 일본 기업의 국내 진출 기반 마련

(2) 담배 · 인삼 · 소금 전매 사업 실시: 조선 총독부가 이익을 독점

(3) 호남선 · 경원선 건설1914: X자형의 간선 철도망 완성 → 쌀 · 면화 · 광산물 수송과 약탈에 이용

(4) 부산 · 인천 · 목포 · 청진 · 진남포 등 주요 항구의 항만 시설 확충

(5) 조선 은행 설립1911(중앙 은행), 조선 식산 은행 설립1918(총독부의 경제 수탈을 뒷받침하는 특수 은행)

3. 자원 약탈

(1) 삼림령 제정1911: 사유림 강탈, 필요시 조림(造林) 명령을 내림

(2) 어업령 제정1911: 어업 허가제 시행(어업 활동 시 총독의 허가 필요)

(3) 광업령 제정1915: 광업 허가제 시행, 일본인의 광산 독점 지원

(4) 임야조사령 제정1918, **임야 조사 사업 실시**1918~1935: 근대적 임야 소유권의 확립을 명분으로 내세움, 공유림과 미신고 사유림을 국유림으로 편입

토지 조사령1912

제1조 토지의 조사 및 측량은 본령에 따른다.

제4조 토지 소유자는 조선 총독이 정하는 기간 내에 주소·씨명, 명칭 및 소유지의 소재, 지목, 자번호, 사표, 등급, 지적, 결수를 임시 토지 조사국장에게 신고해야 한다. 단, 국유지는 보관 관청이 임시 토지 조사국장에게 통지해야 한다.

제17조 임시토지조사국은 토지 대장 및 지도를 작성하여 토지의 조사 및 측량에 대한 사정으로 확정하는 사항 또는 재결을 거치는 사항을 등록한다.

토지 조사 사업

만약 지주가 정해진 기한 내에 조사국 혹은 조사국 출장소원에게 신고 제출을 게을리하거나 신고를 제출하지 아니하는 때는 당국에서 이 토지에 대해 지주의 소유권 유무 등을 심사하여 만약 소유자로 인정하지 못할 경우에는 이 토지를 지주가 없는 것으로 간주하여 당연히 국유지로 편입하는 수단을 집행할 것이니 … ─ 『매일신보』 ─

지세법 개정1918

제3조 지세는 토지대장 또는 지세대장에 등록한 지가의 1,000분의 13을 1년의 세액으로 한다.

제6조 지세는 다음 각호의 자에게 징수한다.

    1. 담보권 또는 담보의 성질을 가진 전당권을 목적으로 한 토지에서는 담보권자 또는 전당권자

    2. 20년 이상 존속 기간을 정한 지상권을 목적으로 한 토지에서는 지상권자

    3. 위 경우 이외의 토지에서는 소유자

회사령1910

제1조 회사의 설립은 조선 총독의 허가를 받아야 한다.

제5조 회사가 본령이나 혹 본령에 의거하여 발하는 명령과 허가 조건에 위반하거나 또는 공공질서와 선량한 풍속에 반하는 행위를 할 때 조선 총독은 사업의 정지, 지점의 폐쇄 또는 회사의 해산을 명한다.

삼림령1911

제1조 조선 총독은 국토의 보안, 재난의 방지, 수원(水源)의 보존, 항해의 안전, 공중의 위생을 도모하거나, 어부림(魚附林) 또는 방풍림을 위하여 필요하다고 인정하는 때에는 삼림을 보안림(保安林)으로 편입할 수 있다.

제4조 조선 총독은 임업 행정상 필요하다고 인정하는 때에는 삼림의 소유자·점유자에게 영림 방법(營林方法)을 지정하거나 조림(造林)을 명할 수 있다.

제14조 국유 삼림의 매각·교환·대부 또는 생산물의 매각에 관한 방법은 조선 총독이 정한다.

조선 임야령1918

제1조 임야의 조사 및 측량은 토지조사령에 의하여 행하는 것을 제외하고 이 영에 의한다.

제2조 임야는 지반을 측정하고 그 지목을 정하여 1구역마다 지번을 부여한다.

제3조 임야의 소유자는 도장관이 정하는 기간 내에 성명 또는 명칭, 주소와 임야의 소재 및 지적을 부윤 또는 면장에게 신고하여야 한다.

개념더하기

- 경작권: 지주가 소작인을 함부로 바꾸는 것을 막아 주는 농민의 권리
- 도지권: 소작인이 소작지를 영구적으로 경작할 수 있는 권리, 매매·상속·양도 가능
- 일제의 철도 건설: 경인선1899 → 경부선1905 → 경의선1906 → 경원선, 호남선1914 → 함경선함경남북도 연결1928
- 지목: 토지의 주된 사용 목적에 따라 토지의 종류를 구분·표시하는 명칭
- 지적: 토지에 대하여 일정한 사항(지번, 지목, 경계 등)을 국가가 등록하여 국가에 비치하는 기록
- 보안림: 공공의 위해 방지와 복지 증진 또는 다른 산업을 보호할 목적으로 지정 고시된 산림

2 1920년대 일제의 경제 수탈

1. 산미 증식 계획 1920~1934, 40년 재개

(1) 일본의 상황: 공업화 신산으로 농촌 노동력 부족 ‥ 도시의 쌀 수요 급증 ‥ 쌀 소동 발생 1918 ‥ 조선에서 부족한 식량을 조달하려는 계획 수립

(2) 쌀 증산 방법: 농토 개간, 수리 시설 개선(→ 지역별로 수리 조합 설립), 품종 개량, 밭을 논으로 변경

(3) 결과

① 조선의 식량 사정 악화: 증산량보다 많은 양을 일본으로 반출 → 한국인의 1인당 쌀 소비량 감소, 만주로부터 잡곡 수입

② 증산 비용의 농민 부담: 과중한 수리 조합비와 비료 대금 등을 부담 → 수리 조합 반대 운동 전개, 농민 몰락 가속화(대다수 농민이 소작농으로 전락), 토막민 · 화전민 · 국외 이주 증가

③ 벼농사 중심의 농업 구조 심화

(4) 1930년대 농업 생산량 과잉으로 일본의 쌀값이 폭락하자 1934년에 산미 증식 계획을 중단

2. 산업 정책

(1) 회사령 폐지 1920

① 배경: 한국의 값싼 자원과 노동력을 활용하려는 일본 기업이 증가

② 내용: 회사 설립을 허가제에서 신고제로 완화

③ 결과

㉠ 미츠이 · 미쓰비시 · 노구치 등 한반도 진출 본격화: 조선이 일제의 상품 시장과 원료 공급지로 전락, 흥남 조선 질소 비료 공장 설립 1927

㉡ 소수의 한국인 자본가 성장: 김성수의 경성 방직, 안희제의 백산 상회, 평양 메리야스, 평양 고무신 공장

(2) 일본 상품의 관세 철폐 1923: 이로 인해 한국은 일본 상품 시장으로 전락함

(3) 신 은행령 제정 1928: 자본금 200만 원 이하의 은행 설립 금지 → 한국인 소유 은행을 강제로 합병

> **사료더하기**
>
> 산미 증식 계획 요강
> 일본 내 쌀 소비는 연간 약 6,500만 석인데 생산고는 약 5,800만 석을 넘지 못해 해마다 그 부족분을 제국 반도 및 외국의 공급에 의지하고 있는 형편이다. … 장래 쌀의 공급은 계속 부족해질 것이고, 따라서 지금 미곡의 증수 계획을 수립하여 일본 제국의 식량 문제를 해결하는 데 도움을 주는 것은 진실로 국책상 급무라고 믿는다.
>
> 가혹한 소작료
> 요즘 군 내에 있는 지주 중에 몇 명만 빼고는 대부분 가혹한 소작료를 받는데 … 대개는 일본인 지주가 많다. 일본인에 전염되어 … 비교적 후하던 조선인 지주들도 불과 몇 해 만에 돌변하여 소작인에게 가혹한 태도를 취하는 것은 일본인 지주가 생긴 이후부터라고 한다.　　　　　　　　　　　　　　　　　　　　－『동아일보』 1925 －
>
> 수리 조합의 횡포
> 최근에 수리조합이 자꾸 생기게 된 뒤로부터는 그 작인에게 지세를 받고 또다시 수세를 내라 한다면 다만 명목만 번거롭게 될 뿐 아니라 또한 잘 거두어지지도 않을 것임으로 영리한 지주들은 누구나 다 소작료를 올려서 지세보다도 훨씬 더 많은 벼를 소작료로써 징수하고 그 위에 따로 수세를 내라 하는 것이다.　　　　　　　　　　　　　－『동아일보』 1930 －

3 1930년대 이후의 경제 수탈

1. 병참 기지화

식민지 공업화 정책	• 일본 독점 자본의 본격적인 조선 진출: 조선의 값싼 노동력과 지하자원 활용하여 침략 전쟁에 필요한 군수 물자를 생산, 중·일 전쟁 이후 경공업보다 중화학 공업의 비중이 커짐 • 특징 　– 지역적 편중 초래: 함경도 등 북부 지방에 집중, 함흥과 청진 급성장 　– 산업 불균형 초래: 농업과 공업 간 불균형, 경공업과 중공업 간 불균형 → 광복 이후 균형 있는 경제 발전에 장애 　– 광물 자원 약탈: 철, 석탄, 마그네슘 등 　– 일본 경제에 예속: 만주(농업 지대), 한국(기초적인 공업 지대), 일본(정밀 공업 지대)을 연결하는 경제 블록 시도
남면북양 정책	남부에 면화 재배, 북부에 양 사육: 일본 방직 산업의 원료 확보 목적
농촌 통제 강화	• 배경: 농촌 경제 파탄 → 소작쟁의 증가, 사회주의 세력의 농촌 확산, 혁명적 농민 조합 결성 • 농촌 진흥 운동 실시1932~1940: 춘궁 퇴치·자력갱생 주장, 농촌의 가난을 농민의 게으름이나 낭비 등 개인의 탓으로 돌림 • 조선 소작 조정령 제정1932: 각 지방의 소작위원회에서 소작쟁의를 조정, 소작인의 조정 신청권 인정 • 조선 농지령 제정1934: 소작 기간 3~7년으로 확대, 지주의 자의적인 소작권 이동 금지

2. 전시 동원 체제

(1) 배경: 중·일 전쟁 발발1937 → 국가 총동원법 제정1938.4.

(2) 수탈

인적 수탈	• 군사력 동원: (육군 특별) 지원병제 실시1938.2. → 학도 지원병제 실시1943, 징병제 실시1943 • 노동력 동원 　– 근로 보국대 조직1938: 남녀·학생·일반인 대상, 정규 노동력 보조 수단(물자 생산, 건설, 수리 등) 　– 국민징용령 제정1939, 징용제 실시1944: 탄광·군수 공장·군용 활주로 공사에 투입 　– 여자 정신대 근무령 제정1944, 근로 정신대 조직1944: 12~40세의 미혼 여성을 강제 동원, 군수 공장에서 강제 노동에 시달림, 일부는 군 위안소에 끌려감 • 국민정신 총동원 운동 전개1938 　– 국민 생활 전반을 통제 　– 국민정신 총동원 조선 연맹 조직, 산하에 애국반 조직(10호 단위별 조직, 반상회를 통해 주민 통제) • 전시 복장 강요: 남자는 국민복, 여자는 일바지(몸뻬) 착용
물자 수탈	• 식량 수탈: 미곡 배급 통제법 제정1939, 산미 증식 계획 재개1940, 식량 공출 시행1940~1945.10. • 금속류 공출: 무기 제작을 위해 농기구, 놋그릇, 수저, 제기, 교회와 학교의 종, 동상까지 공출

> **개념더하기**
>
> 공출: 식량의 자유로운 유통을 통제하고 농민으로 하여금 할당받은 일정량의 농산물을 정부에 의무적으로 팔도록 한 제도

국가 총동원법 1938

제1조 국가 총동원이란 전시에 국방 목적을 달성하기 위해 국가의 전력을 가장 유효하게 발휘하도록 인적 및 물적 자원을 운용하는 것을 말한다.

제4조 정부는 전시에 국가 총동원상 필요할 때에는 칙령이 정하는 바에 따라 제국 신민을 징용하여 총동원 업무에 종사하게 할 수 있다.

제8조 정부는 전시에 국가 총동원상 필요할 때에는 칙령이 정하는 바에 따라 물자의 생산, 수리, 배급, 양도, 기타의 처분, 사용, 소비, 소지 및 이동에 관하여 필요한 명령을 내릴 수 있다.

조선 농지령 1934

제7조 소작자의 임대차 기간은 3년을 내려갈 수 없다.

제16조 불가항력에 의해 수확고가 현저히 감소하였을 때는 임차인은 임대인에게 소작료의 경감 또는 면제를 요청할 수 있다.

제19조 임대인은 임차인의 배신행위가 없는 한 임대차의 갱신을 거절할 수 없다.

신고산 타령

신고산이 우루루 화물차 가는 소리에 / 지원병 보낸 어머니 가슴만 쥐어뜯고요

어랑어라 어허야   / 왕곡 배급 적어서 콩깻묵만 먹고 사누나

신고산이 우루루 화물차 가는 소리에 / 정신대 보낸 어머니 딸이 가엾어 울고요

어랑어라 어허야   / 풀만 씹는 어미 소 배가 고파서 우누나 …

전쟁과 근로 봉사

1944년 4학년이 되자, 개학한 첫날의 조회에서 4학년 전원에 대한 '학도 보국 근로령'의 적용을 시달받았다. … 내용은 간단하다. 앞으로 1년간 학교에는 나올 필요 없이 각기 지정된 현장에서 노동을 한다는 말이다. 이날부터 나는 학생이 아니었다. … 중학생들은 비행장 닦기, 도로 공사, 군수 화물 나르기, 방공호 파기, 소개할 건물·주택 부수기, 군복 세탁 등에 동원되었다. 우리 학교 학생들은 학과의 전공에 따라 총포탄 생산, 비행기 제조, 토목 설계, 군수 주물 공장, 화학 공장 등으로 흩어졌다. 이렇게 흩어진 우리는 … 그 후 그대로 해방이 되었기 때문에 다시는 서로 만나지 못하다. — 이영희, 『역정』 —

고도 담화 1993

금번 조사의 결과, 장기적이고도 광범위한 지역에 걸쳐 위안소가 설치되었으며 많은 위안부가 존재했었다는 것이 확인되었다. 위안소는 당시 군 당국의 요청에 의해 설치 운영되었으며, 위안소의 설치, 관리 및 위안부의 이송에 대해서는 구일본군이 직접 또는 간접적으로 이에 관여했다.

일제 강점기 강제 징용, 군 위안부 피해자 문제

1. 1965년, 한·일 협정 체결: 국가 간의 청구권 포기

2. 1993년, 일본의 고도 담화 발표: 일본 정부가 군 위안부에 대해 공식적으로 인정·사과

3. 2018년, 강제 징용에 대한 한국 대법원의 판결

 (1) 개인의 손해 배상 청구권 인정: "한·일청구권 협정은 국가의 손해배상 청구만 제한할 뿐 개인의 청구까지 막을 수는 없다"고 최종 판결

 (2) 하지만 일본 정부와 일본 기업의 거부로 현재 갈등 중

CHAPTER 02

3 · 1 운동~대한민국 임시 정부

---

01 **1910년대의 항일 민족 운동**

1. 국내

(1) 채응언 체포1915: 마지막 의병장, 서북 지방을 중심으로 활동

(2) 비밀 결사 조직

독립 의군부 1912	• 임병찬 주도: 최익현의 제자, 의병장 출신 • 대한제국 회복 추구: 고종의 밀지를 받고 복벽주의 표방 • 국권 반환 요구서 제출 시도 중 일제에 발각
대한 광복회 1915	• 대구에서 조직, 조선국권회복단과 풍기회복단의 통합으로 출범, 박상진 총사령관 · 김좌진 부사령관 주도 • 공화정 국가 수립 추구, 만주에 사관 학교 설립을 위해 군자금 모금 중 일제에 발각
송죽회	• 평양 숭의 여학교 여교사 주도 • 독립 운동가 가족 후원 및 독립군 군자금 모집, 여성 계몽 운동 등 전개

2. 국외

(1) 남만주(서간도)

① 신한민촌 건설: 만주 삼원보에 위치, 신민회의 이상룡 · 이회영(막대한 자금 기부) 등이 정착 주도

② 경학사 조직1911: 한국인 자치 단체, 부민단과 한족회로 개편

③ 신흥 강습소1911 → 신흥 학교 → 신흥 무관 학교 운영: 약 3,000명의 독립군 양성, 이회영 집안의 자금으로 운영

④ 서로 군정서 조직: 군사 조직, 사령관 지청천

(2) 북만주(북간도)

① 용정 · 명동 · 밀산부의 한흥동 등 한인 집단촌 건설

② 서전서숙 설립1906: 용정, 이상설 주도, 만주 항일 교육의 시작

③ 명동학교 설립1908: 명동, 김약연(간도의 한인 대통령으로 불림) 주도, 만주 한국인 학교의 중심

④ 간민회 조직1913: 한국인 자치 단체

⑤ 중광단 조직1911: 서일 등 대종교 간부가 주도한 군사 조직, 북로군정서로 개편(총재 서일, 군사령관 김좌진)1919

(3) 연해주의 블라디보스토크

① 신한촌 건설: 한인 집단촌, 이상설 · 이동휘 · 유인석 · 최재형(막대한 자금 지원) · 홍범도 등 중심

② 해조신문 발행1908: 최봉준 · 장지연 주도, 배편으로 국내 유입 → 1908, 신문지법 개정으로 중단

③ 13도 의군 조직1910: 이상설 · 유인석 · 홍범도 등 주도, 연해주의 의병을 통합

④ 성명회 조직1910: 이상설 · 유인석 · 이범윤 등 주도, 한 · 일 병합 직후에 부당성을 각국에 호소하며 독립 의지 천명

⑤ 권업회 조직1911: 권업 신문 발간, 대전학교(사관학교) 설립

⑥ 대한 광복군 정부 수립1914: 최초의 임시 정부, 대통령 이상설, 부통령 이동휘, 권업회를 기반으로 조직

⑦ 한인 사회당 조직1918: 이동휘 주도, 하바로프스크에서 조직, 최초의 사회주의 단체, 고려 공산당으로 개칭1921

⑧ 대한 국민 의회 조직1919.3.: 전로 한족회 중앙 총회를 정부 형태로 개편, 대통령 손병희, 국무총리 이승만

⑨ 강우규의 서울역 의거1919.9.: 신한촌의 노인 동맹단(노인단) 소속, 신임 총독이 탄 마차에 투탄, 당시 65세, 1920년대 의거 투쟁의 기폭제가 됨

⑩ 4월 참변1920: 일본이 연해주 한인 거주지를 급습

⑪ 스탈린의 강제 이주 정책1937: 연해주에서 중앙아시아로 강제 이주 → 연해주의 한인 기반 붕괴

(4) 상하이

① 신규식 · 박은식 · 신채호 · 조소앙 · 여운형 등 주도

② 동제사 조직1912: 중국 본토에서 결성된 최초의 조직

③ 대동 단결 선언 발표1917: 국민주권을 공론화, 최초로 임시 정부의 필요성 제기

④ 신한청년당 조직1918: 파리 강화 회의에 김규식 파견, 3 · 1 운동 직후 임시 의정원 조직1919.4.

(5) 일본

① 1차 대전 이후 일본으로의 이주 급증: 노동력 확보를 위해 조선인의 이주를 허용

② 관동 대학살1923: 당시 대지진으로 인해 일본 내 사상자 급증 → 사회 불만을 무마하기 위해 조선인을 상대로 한 괴소문을 유포 → 많은 조선인이 희생당함

(6) 미주

① 하와이 노동 이민1903~1905 → 멕시코 노동 이민1905(애니깽 농장 노동자로 생활) → 장인환과 전명운의 의거1908

② 대한인 국민회 조직1910: 미국 샌프란시스코, 안창호 · 박용만 · 이승만 참여, 장인환과 전명운 의거 계기로 재미 한인 단체를 통합, 민주 공화국 수립 주장, 만주와 연해주의 독립 운동 자금 지원, 신한 민보 발행

③ 숭무 학교 설립1910: 멕시코, 무장 투쟁 준비

④ 흥사단 조직1913: 미국 샌프란시스코, 안창호 주도, 교육과 계몽 활동 전개, 한국에 수양동우회 결성 → 동우회 사건1937으로 해체

⑤ 대조선 국민 군단 조직1914: 하와이, 박용만 주도, 목총 사용, 노동 · 군사 훈련 병행하는 둔전병제 형식으로 운영

3. 독립 운동가

(1) **박은식**: 대한매일신보 주필1904 →「유교 구신론」지음1909 →『한국통사』집필1915 → 신한촌에서 노인 동맹단(노인단) 조직1919 → 대한민국 임시 정부의 2대 대통령에 취임1925

(2) **안창호**: 신민회 참여1907, 대성학교 설립 → 미국에서 대한인 국민회와 흥사단 건립 → 상하이 대한민국 임시 정부의 외무총장1919 → 국민대표 회의의 개조파1923 → 민족 유일당 운동 전개, 한국 독립 유일당 북경 촉성회 조직1926 → 수양 동우회 사건으로 사망1938

(3) **여운형**: 중국으로 건너가 신한청년당, 고려 공산당 등에서 활동 → 손기정 선수의 일장기 말소 사건으로 조선중앙일보 사장에서 해임1936 → 조선 건국 동맹 결성1944 → 조선 건국 준비위원회 결성1945 → 좌 · 우 합작 운동 전개 중 피살1947

(4) **이동휘**: 대한제국 군인 출신 → 권업회와 대한 광복군 정부 수립 → 최초의 사회주의 정당인 한인 사회당 조직1918 → 임시 정부의 국무총리1919~1921 → 국민대표회의 이후 연해주에서 활동

(5) **이상설**: 근대적 수학 교재 『산술신서』 집필1900 → 북간도 용정에 서전서숙 건립1906 → 헤이그 특사 참여1907 → 북만주 밀산부에 한흥동 건설1909 → 권업회와 대한 광복군 정부 수립 → 러시아의 우수리스크에서 사망1917

(6) **조소앙**: 대동단결 선언 작성1917 → 대한민국 임시 정부의 국무위원1919 → 상하이에서 김구, 이동녕 등과 한국 독립당 결성1930 → 삼균주의 제창1941 → 5 · 10총선거에 반대(남북 협상파), 제1대 국회의원 선거에 불참1948 → 제2대 국회의원 최다 득표로 당선1950

(7) **홍범도**: 포수 출신, 함경남도 갑산에서 의병대 조직1907 → 대한 독립군 총사령관으로 봉오동 전투 주도1920 → 연해주에서 중앙아시아로 강제 이주1937 → 카자흐스탄에서 사망1943

사료더하기

독립 의군부, 총독 데라우치에게 보내는 글
어떤 자들은 말하기를 한국민은 이미 동화하였다 합니다. 그러나 진정으로 기쁘게 복종한 자는 몇 백 명을 넘지 못하였으며, 이들은 모두 간사로운 자들이며 백성들이 원수처럼 생각하는 자들입니다. … 우리 한국이 윤리의 근원에 밝고 효제충신한 행실을 닦았으며 임금을 사랑하는 정성은 골수에 깊이 들어 결코 무력으로 굴복시키거나 화복으로 두렵게 할 수는 없는 것입니다. … 지금 천의로써 헤아려 보고 인사(人事)로써 따져 보건대 만약 한국을 돌려주고 정족지세로 서서히 천하에 대의를 펴고 동아의 백성들을 보전하면 일본의 광명이 클 것입니다.

대한 광복회 강령
1. 부호의 의연 및 일본인이 불법 징수하는 세금을 압수하여 무장을 준비한다.
2. 남북 만주에 사관학교를 설치하여 독립 전사를 양성한다.
6. 일인 고관 및 한인 반역자를 수시 수처에서 처단하는 행형부를 둔다.

신흥무관학교 교가
칼춤 추며 말을 달려 몸을 연단코 새로 지식 높은 인격 정신을 길러
썩어지는 우리 민족 이끌어내어 새 나라 세울이 뉘뇨
우리 우리 배달나라에 우리 우리 청년들이라
두팔 들고 소리 질러 노래하여라 자유의 깃발이 떳다

성명회 선언서1910
한국인은 세계 속에서 대한국(大韓國)의 이름을 간직하고 한국인이라는 지위를 계속 지켜 가기로 다짐하였습니다. 한국인의 과업이 아무리 어렵다 할지라도 자유를 이를 때까지 무기를 들고 일본과 투쟁할 것을 각오하였습니다. 한국인을 옹호해 주십시오. 한국인을 옹호함으로써 귀국은 정의를 옹호하게 되는 것입니다. … 한국인은 자유를 위해 죽을 각오가 되어 있습니다.

연해주 한인의 중앙아시아로의 이주1937
중앙아시아 강제 이주 당시 고려인들은 5, 6일간 먹을 식량만 가지고 떠나도록 허가되었다. 나호트카로 끌려가 4일간 머물다가 화물 열차에 실렸다. 그것이 1937년 10월 초 어느 날이었다. 40여 일 만에 도착한 곳은 집 한 채 없는 벌판이었다. 살림터를 마련하기 위하여 땅굴을 팠는데, 위생 상태가 나빠 특히 어린이들이 많이 죽어 갔다.

대동 단결 선언1917
융희 황제(순종)가 삼보(三寶: 토지, 인민, 정치)를 포기한 8월 29일은, 즉 우리 동지가 삼보를 계승한 8월 29일이니, 그동안에 한순간도 숨을 멈춘 적이 없음이라. 우리 동지는 완전한 상속자이니 저 황제권 소멸의 때가 곧 민권 발생의 때요, 구한국 최후의 날은 곧 신한국 최초의 날이니 … 비한인에게 주권을 양여하는 것은 근본적으로 무효요, 한국의 국민성이 절대 불허하는 바이라. 고로 경술년 융희 황제의 주권 포기는, 즉 우리 국민 동지에 대한 묵시적 선위이니, 우리 동지는 당연히 삼보를 계승하여 통치할 특권이 있고, 또 대통을 상속할 의무가 있도다.

1. 배경

(1) 국제 정세의 변화

① **러시아 혁명** 1917: 세계 최초의 사회주의 혁명, 레닌이 식민지의 민족 해방 지원을 선언함

② **민족자결주의 대두** 1918: 1차 대전 직후 파리 강화 회의 개최, 미국 대통령 윌슨의 주장, '모든 민족은 스스로 자신의 국가를 세울 수 있다.' 주장, 단 승전국의 식민지에는 미적용

(2) 국외 독립 운동

① 신한청년당이 파리강화 회의에 김규식 파견: 독립 청원서 제출

② 이승만이 미국 윌슨 대통령에게 독립 청원서 제출

③ 대한 독립 선언서(무오 독립 선언) 발표 1919: 만주 지린, 조소앙 작성, 박은식·신채호·김좌진·이승만·안창호 등 39명이 발표, 자주 독립국을 선언하고 무장 독립 전쟁을 촉구

④ 2·8 독립 선언 1919.2.8.: 일본 도쿄, 조선 청년 독립단 주도, 이광수 작성

(3) 국내의 움직임

고종의 서거 1919.1.: 독살설 확산으로 반일 감정 고조

2. 경과

1단계	• 종교계 대표 33인 주도 – 천도교계(손병희, 최린, 오세창) + 기독교계(이승훈) + 불교계(한용운) – 태화관에서 독립 선언서 낭독: 비폭력주의 표방, 민족 대표들은 스스로 체포됨 • 학생과 시민 주도: 탑골 공원에서 학생 정재용이 독립 선언서 낭독
2단계	전국 도시로 확산: 학생의 동맹 휴학, 상인의 철시, 노동자의 시위
3단계	농촌으로 확산, 무력적 저항 전개: 면사무소·군청·주재소·경찰 관서 공격
4단계	만주·연해주의 블라디보스토크·미국 필라델피아·일본 등으로 확산

3. 일제의 무력 진압

(1) **화성 제암리 학살 사건** 1919.4.: 마을 주민 23명 살해, 선교사 스코필드가 국제 사회에 폭로함

(2) **유관순**: 이화 학당 학생, 3·1 운동 참여 후 고향 천안(병천)에서 시위 주도 → 5년형 선고 → 옥중 순국

(3) **일제의 폭력적 진압으로 4월 중순 이후 시위가 약화됨**

4. 의의와 영향

(1) **전 민족적 항일 운동**: 성별·나이·이념·계급을 초월, 검거된 사람은 농민이 최다

(2) **일제의 식민 통치 방식 변화**: 무단통치 포기, 문화통치 도입

(3) **아시아 반제국주의 운동을 자극**: 중국의 5·4 운동, 인도의 비폭력·불복종 운동 등

(4) **대한민국 임시 정부 수립** 1919.9.: 통일적 지도부에 대한 요구가 높아짐

(5) **다양한 민족 운동 발전의 토대 마련**: 대중 운동 확산, 본격적인 무장 투쟁 전개

대한 독립 선언서(무오 독립 선언) 1919.2.

봉기하라! 독립군아 일제히 독립군은 천지를 휩쓸라! 한번 죽음은 인간의 면할 수 없는 바이니 개, 돼지와 같은 일생을 누가 구차히 도모하겠는가? 살신성인하면 2천만 동포는 하나 되어 부활하니 어찌 일신을 아끼며, 집안 재산을 바쳐 나라를 되찾으면 3천 리 옥토는 자가의 소유이니 어찌 일가의 희생이 아까우랴. … 국민의 본령을 자각한 독립임을 기억하고 동양의 평화를 보장하고 인류의 평등을 실시하기 위한 자립임을 명심하여 황천(皇天)의 명령을 받들고 일체의 못된 굴레에서 해탈하는 건국임을 확신하여 육탄 혈전으로 독립을 완성하라.

2·8 독립 선언문 1919.2.

1. 우리는 한·일 합병이 우리 민족의 자유의사에서 나오지 않았으며, 그것이 우리 민족의 생존과 발전을 위협하고 동양의 평화를 저해하는 원인이 되므로 독립을 주장한다.
2. 우리는 일본 의회 및 정부에 대해 조선 민족 대회를 소집하고 대회의 결의에 따라 우리 민족의 운명을 결정할 기회를 부여할 것을 요구한다.
3. 우리는 만국 평화 회의에 대해 민족 자결주의를 우리 민족에게 적용할 것을 청구한다.

3·1 독립 선언서(기미 독립 선언) 1919.3.

오등(吾等)은 자(玆)에 아(我) 조선의 독립국임과 조선인의 자주민임을 선언하노라. 이로써 세계만방에 고하여 인류 평등의 큰 뜻을 극명(克明)하며, 이로써 자손만대에 고하여 민족자존의 정당한 권리를 영유(永有)케 하노라. … 구시대의 유물인 침략주의, 강권주의(强權主義)의 희생을 작(作)하여 유사 이래 수천 년에 처음으로 이민족 겸제(箝制)의 고통을 당한 지 오늘로 십년이 지났다. 우리 생존권의 박탈됨이 무릇 얼마이며, 심령상 발전의 장애됨이 무릇 얼마이며, 민족적 존영의 훼손됨이 무릇 얼마이며 … 아아, 신천지가 눈 앞에 전개되도다. 위력(威力)의 시대가 가고 도의(道義)의 시대가 오도다. …

공약 삼장

1. 금일 우리의 이 거사는 정의, 인도, 생존, 존영을 위하는 민족적 요구이니, 오직 자유적 정신을 발휘할 것이오, 결코 배타적 감정으로 일주하지 말라.
2. 최후의 일인까지, 최후의 일각까지 민족의 정당한 의사를 쾌히 발표하라.
3. 일체의 행동은 가장 질서를 존중하여, 우리의 주장과 태도를 하여금 어디까지든지 광명정대하게 하라.

3·1 운동 당시의 풍경

내가 공원에 갔을 때 이미 공원은 경관들로 포위를 당하고 있었다. 담장 내부는 단 열 발자국도 걷지 못하게 사람이 꽉 차 있었다. … 갑자기 깊은 정적이 왔고 나는 누군가 조용한 가운데 연단에서 독립 선언서를 읽는 것을 보았다. … 잠깐 동안 침묵이 계속되더니 다음에는 그칠 줄 모르는 만세 소리가 하늘을 찔렀다. 좁은 공원에서는 모두 전율하였고, 마치 폭발하려는 것처럼 공중에는 각양각색의 삐라가 휘날렸고 전 군중은 공원에서 나와 시가행진을 하였다.

– 이의경, 「압록강은 흐른다」 –

달라진 시위 양상

그 가운데 심한 사람은 미리 낫, 괭이, 몽둥이 등 흉기를 가지고 전투적인 준비를 갖추었다. 미리 훈련 받은 정규병과 같은 모습을 띠었다. 이들은 집합하자마자 우선 독립 만세를 소리 높여 외쳐 기세를 올렸다. 나아가 면사무소, 군청 등 비교적 저항력이 빈약한 데를 습격함으로써 군중의 사기를 높이고 마침내는 경찰 관서를 습격하여 때때로 파괴적 행동에 빠지려 하였다.

– 조선 헌병대 사령부, 「조선 소요 사건 상황」 –

- 이승만의 위임 통치 청원 문제: 1919년 이승만 일행은 미국 대통령 윌슨에게 '독립 후 한국을 일정 기간 국제 연맹의 통치에 둘 것'을 요청하는 편지를 보냄
- 3·1운동 → 강우규 의거 1919.9. → 의열단 조직 1919.11. → 봉오동 전투, 청산리 전투 1920

1. 임시 정부의 수립 · 통합

(1) 임시 정부의 수립

① 대한 국민 의회 수립 1919.3.: 연해주 블라디보스토크, 대통령 손병희, 국무총리 이승만, 무장 투쟁론 추구

② 대한민국 임시 정부 수립 1919.4.: 중국 상하이에서 신한청년당이 임시 의정원 설립 1919.4.10., 임시 헌장 제정 1919.4.11., 국무총리 이승만, 외교 활동 유리

③ 한성 정부 수립 1919.4.: 서울에서 13도 대표 중심으로 조직, 집정관 총재 이승만, 국무총리 이동휘

임시 정부 수립 지역

(2) 임시 정부의 통합 1919.9.

① 체계적 · 조직적인 독립 운동을 위해 임정 통합 추진

② 임시 헌법 제정: 자유 민주주의와 민주 공화정 채택, 임시 의정원(입법) · 국무원(행정) · 법원(사법)의 삼권 분립 체제

③ 대통령 이승만(외교 독립론자), 국무총리 이동휘(무장 투쟁론자)

④ 중국 상하이의 프랑스 조계에 위치: 외교 활동에 유리한 상하이에 설립, 한성 정부의 법통 승계

⑤ 초대 내각: 내무총장 이동녕, 외무총장 박용만, 군무총장 노백린, 법무총장 김규식, 재무총장 이시영, 교통총장 문창범, 노동국총판 안창호, 경무국장 김구

> **사료더하기**
>
> 대한민국 임시 정부의 임시 헌장 1919.4.
> 제1조 대한민국은 민주 공화제로 한다.
> 제2조 대한민국은 임시 정부가 임시 의정원의 결의에 의하여 이를 통치한다.
> 제3조 대한민국의 인민은 남녀 귀천 및 빈부의 계급이 없고 일체 평등하다.
> 제4조 대한민국의 인민은 종교, 언론, 저작, 출판, 결사, 집회, 통신, 주소 이전, 신체 및 소유의 자유를 향유한다.
> 제8조 구황실을 우대한다.
>
> 대한민국 임시 정부의 임시 헌법 1919.9.
> 제1조 대한민국은 대한 인민으로 조직한다.
> 제2조 대한민국의 주권은 대한 인민 전체에 있다.
> 제5조 대한민국의 입법권은 의정원이, 행정권은 국무원이, 사법권은 법원이 행사한다.
> 제6조 대한민국의 주권 행사는 헌법 범위 내에서 임시 대통령이 전임한다.
> 제7조 대한민국은 구 황실을 우대한다.

2. 개헌

구분	주요 내용	특징
1차 개헌 1919.9.	대통령제로 개편	대통령: 이승만(1925년에 탄핵) → 박은식(2차 개헌 추진)
2차 개헌 1925	국무령 중심의 내각 책임제로 개편	국무령: 이상룡 → 김구
3차 개헌 1927	국무 위원 중심의 집단 지도체제로 개편	5명의 국무 위원이 돌아가며 임시 수반 담당
4차 개헌 1940	주석 중심제로 개편	주석 김구: 군과 행정 각 부를 통솔하며 강력한 지도력 발휘
5차 개헌 1944	주석·부주석 중심제로 개편	주석 김구, 부주석 김규식

3. 상하이 시절 1919~1932

(1) 연통제 실시: 내무부 산하의 국내 비밀 통치 기구, 독판(도)−군감(군)−면감(면) 임명, 1921년에 와해

(2) 교통국 운영: 교통부 산하의 정보의 수집과 분석·연락 담당하는 통신 기관, 만주 안동지부가 가장 활발 (이륭양행의 2층에 위치)

(3) 독립 운동 자금 마련: 애국 공채 발생, 의연금 모집(만주 이륭양행과 부산 백산상회의 활약)

(4) 파리 위원부 설치: 파리강화회의에 참석한 김규식을 전권 대사로 임명, 파리강화회의에 독립 청원서 제출

(5) 구미 위원부 설치: 이승만 주도, 워싱턴 회의에 독립 청원 노력 1922

(6) 극동 인민 대표 대회 참석 1922: 이동휘·김규식 참여, 소련으로부터 독립운동 지원 약속받음

(7) 상하이에 육군 무관 학교 설립

(8) 직할 부대 조직: 광복군 사령부 1920, 광복군 총영 1920, 육군 주만 참의부 1923

(9) 한인 비행사 양성소 설립: 미국 캘리포니아 샌프란시스코 근처, 군무총장 노백린 주도

(10) 임시 사료 편찬 위원회 설립: 일제의 조선사 편수회에 대항하고자 설립, 한·일 관계 사료집 간행

(11) 독립신문 발행: 이광수와 신채호 등이 주필로 참여

(12) 임시 정부를 운영을 둘러싼 갈등
　① 임시 정부의 침체: 외교 성과 미흡, 1920년대 초 연통제와 교통국의 붕괴
　② 사상의 대립: 민족주의 계열 vs 사회주의 계열
　③ 노선 갈등: 외교 독립론(이승만) vs 실력 양성론(안창호) vs 무장 투쟁론(이동휘, 신채호)
　④ 이승만의 위임 통치 청원 문제를 둘러싼 갈등
　⑤ 신채호, 김창숙, 박은식, 박용만 등 14명이 "아, 동포에게 고함" 발표 1921

(13) 국민대표 회의 개최 1923: 임시 정부의 활동과 독립운동의 방법을 놓고 토론 진행, 국내외 독립 운동가 130여 명 참여, 5개월 진행 → 개조파(안창호) vs 창조파(신채호, 박용만) vs 유지파(이동녕, 김구)로 분열 → 내무총장 김구의 해산 공포, 독립 운동가들의 임정 이탈

> **개념더하기**
> • 이륭양행: 영국 국적의 아일랜드인 쇼우(George L.Show)가 경영한 무역 회사, 쇼는 이륭양행 2층을 임시정부 안동교통국에 제공하고, 영국인의 치외법권을 활용해 정보 수집과 독립 운동가들의 이동을 지원함
> • 백산상회: 안희제가 독립운동 자금을 조달하기 위해 부산에 세운 회사이자 독립운동 단체

(14) 국민대표 회의 이후의 활동

① 1925년, 이승만 대통령 탄핵, 박은식 대통령의 2차 개헌(국무령 중심의 내각 책임제로 변경)

② 1927년, 3차 개헌: 국무위원제로 변경, 임시 의정원의 역할·위상 높아짐, 이당치국(以黨治國) 명시

③ 1930년, 한국 독립당 조직: 이당치국(以黨治國) 원리 실현

④ 1931년, 김구의 한인 애국단 조직: 임정의 침체된 분위기를 극복하기 위한 새로운 활로 모색

4. 항저우 시절 1932~1935

(1) 김원봉의 민족 혁명당에 대항하여 한국 국민당을 조직 1935

(2) 중국 군관학교 낙양(뤄양) 분교에 '한인 특별반' 운영 1933~1935: 책임자 지청천, 윤봉길 의거를 계기로 중국 국민당의 지원을 받음

5. 충칭 시절 1940~1945

(1) 통합 한국 독립당 조직 1940: 김구의 한국 국민당+조소앙의 한국 독립당+지청천의 조선 혁명당

(2) 4차 개헌으로 주석제 도입 1940 → **5차 개헌으로 주석-부주석제 도입** 1944

(3) 한국광복군 창설 1940 → **대일 선전 포고** 1941.12. → **김원봉과 조선 의용대의 일부 합류** 1942 → **국내 진공 작전 준비** 1945.8.

(4) 건국 강령 발표 1941.11.

① 조소앙의 삼균주의 바탕: 개인과 개인·민족과 민족·국가와 국가 사이의 완전한 균등 추구

② 주요 내용: 보통 선거에 기초한 민주 공화국 건설, 토지와 중요 산업의 국유화, 무상 교육

사료더하기

연통제
제1조 지방에 다음의 도를 설치한다. 경기도, 충청북도, 충청남도 … 도의 위치와 관할 구역은 내무총장이 정한다.
제2조 각 도에 다음의 직원을 둔다. 독판 1인, 참사 4인, 장서 약간 명, 경감 2인, 기수 약간 명, 통역 약간 명
제3조 독판은 내무총장에게 예속되고 각 부의 주무에 관하여 각 부 총장의 지휘 감독을 받아 법령을 집행하고 관내의 행정 사무를 관리하여 소속 관리를 지휘 감독한다.

파리 강화 회의에 제출한 독립 청원서
대한민국은 1910년 8월 22일 체결된 합병 조약의 영구 폐기를 요구하는 것이니 그 이유는 이 청원서 및 설명서에 상술하였는데 더욱 중요한 것은 다음과 같다.
(ㄱ) 그 합병 조약은 사기와 폭력으로써 체결된 것이므로 소위 한국 황제가 2천만 인민과 4천여 년의 역사를 가진 독립주권의 국가를 일본 황제에게 양도하였다는 것은 법률과 국제공법에 있어서 이미 그 효력을 상실한 것이다.
(ㅁ) 현재 강화 회의는 윌슨 대통령의 14개조에 의해서 열국 간의 관계를 조정하려는 것인데 1918년 1월 8일 대통령은 국회에서 교서를 낭독하였다. 그 교서 중에 명확히 언급하기를 민족 및 국민은 강약을 불문하고 민족과 민족이 모두 자유·평등의 권리를 누릴 수 있으며 그 생존의 안녕을 보장받을 수 있는 공평한 기회와 국제상 갈등을 해결할 수 있는 원칙이 부여되었다 하였다. … 강화 회의는 합병 조약의 폐기를 선언하고 혹은 취소를 보고하는 것이 당연한 권리이며 책임이다.

독립신문 창간사 1919
문명인의 생활에 언론 기관이 필요함은 다시 말할 것도 없겠지만 민족이 한 마음으로 광복의 대 사업을 이루려는 이 시점에서 더욱 필요하다. 전 국민이 한 마음이 되고 한 몸이 되어 굳세고 통일된 대 단결을 이루는 것은 재력보다도 병력보다도 우리 사업의 기초요 생명이니, … 개인과 개인, 단체와 단체 사이에 서서 그 뜻을 소통하게 함에 있다. 사상 고취와 민심 통일이 이 신문의 사명 가운데 하나이다.

이승만의 위임 통치 청원서 1919

미국 대통령 각하, … 자유를 사랑하는 2천만의 이름으로 각하에게 청원하니 각하도 평화 회의에서 우리의 자유를 주창하여 참석한 열강이 먼저 한국을 일본의 학정으로부터 벗어나게 하여 장래 완전한 독립을 보증하고 당분간은 한국을 국제 연맹 통치 밑에 두게 할 것을 바랍니다.

아, 동포에게 고함 1921

베이징 방면의 인사는 분열을 통탄하며 통일을 촉진하는 단체를 출현시키고 상하이 일대의 의사는 이를 고려하여 개혁을 제창하고 있다. … 근본적 대해결로써 통일적 재조를 꾀하여 독립운동의 신국면을 타개하려고 함에는 다만 민의뿐이므로 이에 국민 대표 회의의 소집을 제창한다.

국민 대표 회의 선언서 1923

국민의 대단결, 이것은 오늘날 독립 운동 성패의 갈림길이며, 우리 운동의 절실한 문제는 오직 여기에서 해결할 것이다. … 이에 본 주비회는 시세의 움직임과 민중의 요구에 따라 과거의 모든 착잡한 문제를 해결하고 미래의 완전하고 확실한 방침을 세워 우리들의 독립 운동이 다시 통일되어 조직적으로 진행하도록 하고자 한다.

개조파의 임시 정부 개조안 1923

1. 본 국민 대표 회의는 우리들의 운동으로써 세계의 피압박 민족의 해방 운동과 동일 전선이 되도록 결정한다.
2. 본 국민 대표 회의는 우리들의 운동으로써 혈전(血戰)에 중점을 두고 조직적으로 추진해 가기로 결정한다.
3. 본 국민 대표 회의는 대한민국 임시 정부의 조직 · 방법 · 헌법 · 제도 · 정책 및 기타 일체를 실제 운동에 적합하도록 개선할 것을 결의한다.

2차 개헌 1925

제4조 임시정부는 국무령과 국무원으로 조직한 국무회의의 결정으로 행정과 사법을 통판함(국무원은 5인 이상 10인 이내)
제5조 국무령은 국무회의를 대표하여 그 결정을 집행 또는 집행케 하고 임시의정원에 대하여 책임을 부함

임시 정부의 고난: 김구의 회고 1926

이렇게 하여 정부는 자리가 잡혔으나 경제 곤란으로 정부의 이름을 유지할 길도 막연하였다. … 정부의 집세가 30원. 심부름꾼 월급이 20원 미만이었으나 이것도 지불할 여력이 없어서 집주인에게 여러 번 송사를 겪었다. … 나는 임시 정부 정청에서 자고, 밥은 돈벌이 직업을 가진 동포의 집으로 이 집 저 집 돌아다니면서 얻어먹었다.　　　　─ 김구, 『백범일지』 ─

한국 독립당 창립 선언 1940

우리는 한국 국민당, 조선 혁명당, 한국 독립당 등 3당의 과거 조직을 공동으로 해산하고 통일적인 한국 독립당을 창립하며 창립의 의의를 국내외에 알린다. … 중국의 용감한 항일 전쟁은 이미 4년째에 접어들었다. 왜적의 붕괴와 중국의 대승리는 이미 기정사실로 공인되고 있다. 이런 천재일우의 시기에 맞춰 함께 왜적을 몰아내고 조국을 광복하는 것이 우리의 중대한 사명이다.

4차 개헌 1940

본 정부는 이번 제32회 임시 의정원 회의에 임시 약헌 개정으로 제출하여 임시 정부의 조직 기구를 변경하였으니 … 국무위원회 주석과 국무 위원을 모두 회의에서 선출하여 종전에 국무 위원끼리 주석을 호선하던 제도를 폐하였다. 또 국무위원회 주석은 일반 국무를 처리함에는 총리격을 가졌고, 그 외 정부를 대표하며 국군을 총감하는 권리를 설정하였으니 이 방면으로는 국가 원수격을 가지게 되었다.

대한민국 임시 정부의 건국 강령 1941.11.

제3장 건국

2. 삼균 제도를 골자로 한 헌법을 실시하여 정치 · 경제 · 교육의 민주적 시설로 실제상 균형을 도모하며, 전국의 토지와 대생산 기관의 국유가 완성되고 전국의 학령 아동 전체가 고급 교육의 무상 교육이 완성되고 보통선거 제도가 구속 없이 완전히 실시되어 …
6. 건국 시기의 헌법상 경제체계는 국민 각개의 균등 생활을 확보함과 민족 전체의 발전과 및 국가를 건립 보위함에 깊은 관계를 가진다. 그러므로 다음에 나오는 기본 원칙에 따라서 경제 정책을 집행하고자 한다.
　가. 대생산 기관의 공구와 수단을 국유로 하고 … 은행 · 전신 · 교통 등과 대규모의 농 · 공 · 상 기업과 성시 공업구역의 공용적 주요 방산은 국유로 한다.
　나. 적이 침략하여 점령 혹은 시설한 일체 사유자본과 부역자의 일체 소유자본 및 부동산은 몰수하여 국유로 한다.

CHAPTER 03

무장 독립 투쟁의 전개

01 1920년대

1. 독립군 + 만주

봉오동 전투 1920.6.	• 배경: 3·1 운동 이후, 만주의 독립군 부대가 두만강을 건너 국내 진입 작전을 빈번하게 전개함 • 경과: 삼둔자에서 일본군 격파(삼둔자 전투) → 일본군의 반격 → 홍범도의 대한 독립군, 최진동의 군무 도독부, 안무의 국민회군 부대가 연합하여 승리 • 일본 정규군을 상대로 승리한 최초의 전투

⇩

청산리 전투 1920.10.	• 배경: 일제의 훈춘 사건 조작(마적을 매수하여 훈춘의 일본 민가와 영사관 공격을 사주) → 이를 빌미로 만주에 2만여 명의 일본군 투입 • 경과: 독립군이 백두산 부근으로 이동 → 김좌진의 북로 군정서군, 홍범도의 대한 독립군 등이 청산리 일대의 백운평, 완루구, 어랑촌, 고동하 등지에서 6일 동안 10여 차례 이상 싸워 이김 • 독립군 최대의 승리: 일본군 1,200여 명 이상 사살

⇩

간도 참변	독립군 근거지 제거를 목적으로 일본군이 간도의 한인을 학살

⇩

자유시 참변 1921	• 배경: 일본군의 공세 강화 → 독립군은 소−만 국경 지대인 밀산부에 집결 → 대한 독립군단 결성(총재 서일) → 소련 영토인 자유시로 이동 • 자유시 참변: 독립군 부대의 통합 과정에서 지휘권을 둘러싼 갈등 발생(상하이파와 이르쿠츠파의 대립), 소련 적색군이 무장 해제를 요구하며 독립군 공격 → 다수의 독립군 희생(사망, 포로, 행방불명 등) → 소수 독립군만이 만주로 귀환

⇩

3부 성립 1923~1925	• 3부: 참의부 (압록강 접경, 임시 정부 직할 부대 표방), 정의부 (남만주, 김동삼 주도), 신민부 (북만주, 김좌진 주도, 자유시 참변에서 돌아온 독립군 중심) • 민정과 군정 결합: 사실상 공화주의적 자치 정부 역할 담당, 동포 사회에서 걷은 세금으로 운영

⇩

3부 통합 운동	• 배경 　− 미쓰야 협정 체결1925: 일제(조선총독부 경무국장 미쓰야)와 만주 군벌(장쭤린) 사이에 체결, 독립군 체포 시 군벌에게 현상금 지급을 일본이 약속함 → 만주 독립군의 활동 위축 　− 안창호의 민족 유일당 운동 제창: 한국 독립 유일당 북경 촉성회 조직1926 • 북만주 지역: 개인 통합 중심 → 혁신 의회 결성1928 → 한국 독립당 결성, 한국 독립군(지청천) 결성 • 남만주 지역: 단체 통합 중심 → 국민부 결성1929 → 조선 혁명당 창설, 조선 혁명군(양세봉) 편성

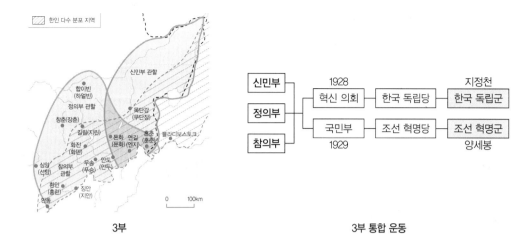

| 3부 | 3부 통합 운동 |

사료더하기

청산리 대첩 1920.10.
적군의 수는 우리보다 10배나 되었으며, 모두 훈련을 받아 전투에 익숙하고 각종 정예 무기를 지니고 있었다. 그것으로 우리를 공격하였다면 어찌 태산이 알을 누르는 형세가 아니겠는가? 아군의 태반이 신참이고 … 수일 동안 굶주려 피곤함과 배고픔을 감당하지도 못하고 있었다. 그들이 소지한 것이라고는 겨우 소총과 기관총뿐이었다. 4회에 걸친 격전을 통해 적 천여 명을 섬멸하였으나. … 세계에 일찍이 없었던 위대한 전공으로 자랑할 만한 것이었다.

– 박은식, 「한국독립운동지혈사」 –

간도 참변
용정촌에서 40리가량 떨어져 있는 한 마을을 왜군이 야간에 습격하여 청년을 모조리 죽였으니 밤마다 죽은 사람이 2,3명씩 되었다. 이는 1920년 10월의 일이다. 당시의 참상을 현지에 있던 미국인 선교사 마틴은 다음과 같이 기록하고 있다. "10월 31일, 연기가 자욱하게 띤 찬랍파위 마을에 가 보았다. 사흘 전 새벽에 무장한 일개 대대가 이 기독교 마을을 포위하고 남자라면 늙은이, 어린이를 막론하고 끌어내어 때려죽이고, 때려죽이지 않으면 불타고 있는 집과 짚더미에 던져 타 죽게 하였다. …"

미쓰야 협정('불령선인 취체 방법에 대한 조선 총독부와 봉천성의 협정') 1925
1. 한국인이 무기를 가지고 다니거나 한국으로 침입하는 것을 엄금하며 위반자는 검거하여 일본 경찰에 인도한다.
2. 만주에 있는 한인 단체를 해산시키고 무장을 해제하며, 무기와 탄약을 몰수한다.
3. 일본이 지명하는 독립 운동가를 체포하여 일본 경찰에 인도한다.

안창호의 민족 유일당 운동 제기
그러면 우리가 앞으로 어떻게 할까? … 먼저 대혁명당이 조직되는 데 있습니다. 그렇지 않으면 될 수 없는 것은 무슨 까닭일까? 김가는 김가, 이가는 이가, 각각 제 조건대로 나아가는 까닭에 될 수 없습니다. 그런즉 이것을 다 총괄하여 김가든지 이가든지 일제히 대혁명당의 자격을 가지고 활동하는 것이 조직적 혁명체가 되는 것이외다. … 우리는 각각 그 정신과 주의와 장단은 따지지 말고 대혁명당을 조직하도록 합하여야 하겠습니다. 각각 협의한 주의와 생각은 버리고 저 민중을 끌어 동일한 방향으로 나가야 할 것입니다

개념더하기

민족 유일당 운동
1. 배경: 1차 국·공 합작 1924~1927, 일제와 만주 군벌의 미쓰야 협정 1925
2. 안창호의 제창: 한국 독립 유일당 북경 촉성회 조직 1926 → 한국 독립당 관내 촉성회 연합회 조직 1927~1929
3. 경과

만주	• 3부 통합 운동 전개 → 북만주의 혁신의회 결성 1928, 남만주의 국민부 결성 1929
중국 관내	• 실패: 사회주의계의 중국 공산당 입당, 민족주의계의 한국 독립당 창당 1930
국내	• 민족 협동 전선 운동 전개 → 정우회 선언 1926, 신간회 창설 1927

2. 의열단 1919.11.

(1) 결성, 활동

① 김원봉 · 윤세주가 설립 1919.11.: 만주 지린성에서 결성, 신흥 무관 학교 출신을 중심으로 구성

② 의열: '천하의 정의와 사(事)를 맹렬히 실행하기로 한다'는 의미

③ 행동 지침: 식민 통치기관 파괴와 일제 요인 암살 시도, 공약 10조 · 5파괴 · 7가살 지목

　㉠ 5파괴: 조선 총독부, 동양 척식 주식회사, 매일신보사, 각 경찰서, 기타 왜적의 중요 기관

　㉡ 7가살: 조선 총독 이하의 총독부 고관, 일본군 수뇌부, 타이완 총독, 매국노, 친일파 거두, 일본 밀정, 반민족적 토호

④ 신채호의 「조선 혁명 선언」 작성 1923

　㉠ 배경: 김익상의 상하이 황푸탄 의거 과정에서 미국인 사망 → 의열단에 대한 비난 여론이 높아짐

　㉡ 외교론 · 자치론 · 실력양성론 · 문화 운동론 비판, 민중의 직접 혁명을 통한 독립 쟁취의 필요성 호소

　㉢ 의열단의 행동 강령으로 삼음

⑤ 주요 활동: 박재혁의 부산 경찰서 투탄 1920, 최수봉의 밀양 경찰서 투탄 1920, 김익상의 조선 총독부 투탄 1921, 김익상의 상하이 황푸탄 의거(일본 육군대장 다나카 암살 시도) 1922, 김상옥의 종로 경찰서 투탄 1923, 김지섭의 일본 왕궁 이중교 투탄 1924, 나석주의 조선 식산 은행과 동양 척식 주식회사 투탄 1926

(2) 1920년대 중반 이후

① 중국 황포 군관 학교 입교 1925: 개별 의거의 한계를 절감하고, 단원들이 군사 훈련을 받음

② 조선 혁명 간부 학교 설립 1932~1935: 중국 난징, 중국 국민당 군부의 지원 받음

③ 민족 혁명당 창설 주도 1935: 중국 난징, 주석 김규식, 김구 측을 제외한 좌우 5단체를 규합

④ 조선 의용대 창설 주도 1938: 중국 한커우, 중국 관내에서 결성한 최초의 독립군 부대로 중국 국민당의 지원 받음

⑤ 대한민국 임시 정부에 합류 1942: 김원봉이 한국 광복군 부사령관을 맡음

> **사료더하기**
>
> 의열단의 공약 10조
> 1. 천하의 정의로운 일을 맹렬히 실행하기로 함.
> 2. 조선의 독립과 세계의 평등을 위하여 몸과 목숨[身命]을 희생하기로 함.
> 3. 충의(忠義)의 기백(氣魄)과 희생의 정신이 확고한 자라야 단원이 됨.
>
> 신채호의 조선 혁명 선언 1923
> '내정 독립'이나 '참정권'이나 '자치'를 운동하는 자는 누구이냐? 너희들이 '동양 평화', '한국 독립 보전' 등을 조건으로 내건 조약이 먹도 마르지 아니하여 삼천리 강토를 집어먹던 역사를 잊었느냐?
> 강도 일본의 구축을 주장하는 가운데 또 다음과 같은 논자들이 있으니, 첫째는 외교론이니. … 청원서나 여러 나라 공관에 던지며 탄원서나 일본 정부에 보내어 국세의 약함을 애걸하여 국가의 존망, 민족 사활의 대문제를 외국인 심지어 적국인의 처분으로 결정하기만 기다리었도다.
> 둘째는 준비론이니. … 강도 일본이 정치 · 경제 양 방면으로 구박을 주어 경제가 날로 곤란하게 생산 기관이 전부 박탈되어 입고 먹을 방법도 단절되는 때에 무엇으로? 어떻게? 실업을 발전하며, 교육을 확장하며, 더구나 어디서? 얼마나? 군인을 양성하며, 양성한 들 일본 전투력의 백분의 일에 비교라도 되게 할 수 있느냐? …
> 민중은 우리 혁명의 대본영(大本營)이다. 폭력은 우리 혁명의 유일한 무기이다. 우리는 민중 속으로 가서 민중과 손을 맞잡아 끊임없는 폭력, 암살, 파괴, 폭동으로써 강도 일본의 통치를 타도하고, 우리 생활에 불합리한 일체의 제도를 개조하여, 인류로써 인류를 압박하지 못하며, 사회로써 사회를 박탈하지 못하는 이상적 조선을 건설할지니라.

1. 한인 애국단1931

(1) 배경: 국민대표 회의1923 결렬 이후 대한민국 임시 정부의 침체 → 임시 정부의 활로 모색 시도

(2) 조직: 한국 독립당 산하의 비밀 결사로 한인 애국단 조직1931.9.

(3) 이봉창: 도쿄에서 일왕에게 투탄1932.1. → 상하이 사변 발발

(4) 윤봉길: 상하이 훙커우 공원 의거1932.4.

  ① 천장절(일왕의 생일)과 상하이 전승 기념식 개최를 이용하여 투탄 → 의거 후 현장에서 체포

  ② 중국 국민당 장제스의 극찬: "중국의 100만 대군도 해내지 못한 일을 한국 용사가 단행하다."라고 높이 평가함 → 중국 국민당 정부가 임시 정부를 지원하는 계기가 됨 → 중국 군관학교 낙양 분교에 한인 특별반 설치1933~1935

2. 1930년대 초의 항일 투쟁+만주

(1) 배경

  ① 만보산 사건1931.7.: 한 · 중 농민 간 수로를 둘러싼 유혈 다툼 → 중국 내 반한 감정 확산

  ② 만주 사변 후 일본이 괴뢰국인 만주국 수립: 중국에서 반일 감정 확산 → 만주에서 한-중 연합

(2) 한국 독립군: 지청천 중심, 북만주 일대에서 활동, 중국 호로군과 연합, 쌍성보 전투1932, 사도하자 전투1933, 동경성 전투1933, 대전자령 전투(1933 일제의 군수 물자 획득, 분배 과정에서 중국군과 갈등) 승리, 1930년대 중반 이후 대한민국 임시 정부의 요청에 따라 중국 관내로 이동

(3) 조선 혁명군: '군신' 양세봉 중심, 남만주 일대에서 활동, 중국 의용군과 연합, 영릉가 전투1932, 흥경성 전투1933 승리

3. 1930년대 중 · 후반의 항일 투쟁

(1) 민족 혁명당1935+중국 관내

  ① 배경: 좌 · 우 합작 시도+중국 국민당의 요구 · 후원

  ② 중국 난징에서 5당 통합: 의열단+한국 독립당+신한 독립당+조선 혁명당+대한 독립당

  ③ 운영: 김원봉의 의열단 주도 → 조소앙의 한국 독립당계 탈퇴 → 지청천의 신한 독립당계 탈퇴

  ④ 조선 민족 혁명당으로 개편1937.2. → 조선 민족 전선 연맹으로 개편1937.12. → 조선 의용대 창설1938 → 대한민국 임시 정부에 합류1942

(2) 한국 국민당1935+중국 관내: 김원봉의 5당 통합에 반대한 임정 세력(김구, 이시영 등)이 설립함

(3) 조선 의용대1938+중국 관내

  ① 조선 민족 전선 연맹 산하의 군대

  ② 중국 본토(우한)에 창설된 최초의 한국인 군사 조직

  ③ 중국 국민당과 함께 중 · 일 전쟁 참여: 일본군에 대한 심리전 · 후방 공작 활동 전개

  ④ 세력 분열

    ㉠ 적극적인 항일 전쟁을 원하던 세력: 중국 공산당 거점인 중국 화북 지역으로 이동, 조선 의용대 화북지대 조직1941 → 조선 의용군에 합류1942

    ㉡ 김원봉 측: 한국 광복군에 합류1942

(4) 동북항일연군 1936 + 만주

① 중국 공산당이 운영하던 다민족 부대: 중국 공산당의 동북 인민 혁명군 + 한국인 대원 등

② 보천보 전투 1937.6.

     ⊙ 동북항일연군 제1로군과 갑산군의 조국광복회가 주도

     ⓒ 경과: 압록강 도하 → 함경남도 갑산군 보천보 주재소 습격 → 동아일보의 대서특필

     ⓒ 영향: 1930년대 국내의 패배주의 일소, 독립군의 사기 진작에 기여

사료더하기

한인 애국단 결성 1931

당시 정세로 말하자면, 우리 민족의 독립사상을 떨치기로 보나, 만보산 사건, 만주 사변 같은 것으로 우리 한인에 대해 심히 악화된 중국인의 악감정을 풀기로 보나, 무슨 새로운 국면을 타개할 필요가 있었다. 그래서 우리 임시 정부에서 회의한 결과 한인 애국단을 조직하여 암살과 파괴 공작을 하되, 돈이나 사람이나 내가 전담하고, 다만 그 결과를 정부에 보고하도록 위임을 받았다.

          – 『백범일지』–

한인 애국단 선언문

우리가 허다한 희생을 돌아보지 않고 끝끝내 폭렬한 행동으로 대항하는 것은 우리 손에는 아무런 무기가 없고 사선을 쫓겨난 우리 한국 사람인지라. 이 길을 버리고는 또 다른 길이 없는 까닭이라. 그러므로 한국의 독립이 성공하는 날까지는 이런 폭렬한 행동은 절대로 없어지지 않을 것이다.

          – 김구, 「도왜실기」–

윤봉길의 유언

너희도 만일 피가 있고 뼈가 있다면 반드시 조선을 위하여 용감한 투사가 되어라. 태극의 깃발을 높이 드날리고 나의 빈 무덤 앞에 찾아와 한 잔 술을 부어 놓아라. 그리고 너희들은 아비 없음을 슬퍼하지 마라. 사랑하는 어머니가 있으니 …

한국 독립군과 중국 호로군의 합의 내용

1. 한·중 양군의 최악의 상황이 오는 경우에도 장기간 항전할 것을 맹세한다.

2. 중동 철도를 경계선으로 서부 전선은 중국이 맡고, 동부 전선은 한국이 맡는다.

3. 전시의 후방 전투 훈련은 한국 장교가 맡고, 한국군에 필요한 군수품은 중국군이 공급한다.

조선 혁명군과 중국 의용군의 합의 내용

중국과 한국 양국의 국민은 한마음 한뜻으로 일제에 대항하여 싸우고, 인력과 물자는 서로 나누어 쓰며, 합작의 원칙 아래 국적과 관계없이 그 능력에 따라 항일 공작을 나누어 맡는다.

민족 혁명당 설립 1935

조선 민족의 유일한 활로는 단결된 전민족의 역량에 의해 일본 제국주의를 타도하고 조선 민족의 자주 독립을 완성하는 데 있다. 그러므로 조선 혁명은 민족 혁명이며, 우리의 전선은 민족 전선이다. 계급 전선도 아니고 인민 전선도 아니고, 프랑스·스페인 등의 국민 전선과도 엄격히 구별된다.

          – 「민족 혁명당 창립 선언문」–

한국 국민당 설립 1935

5당 통일이 형성될 당시부터 동지들은 단체 조직을 주장하였으나 나는 만류하였다. … 그러나 조소앙이 한국 독립당의 재건설을 추진하니, 내가 단체를 조직하여도 통일을 파괴하는 것은 아니며, 임시 정부가 종종 위험을 당하는 것은 튼튼한 배경이 없기 때문인데, 이제 임시 정부를 옹호하는 단체가 필요하다 생각하고 이 당을 조직하였다.

          – 김구, 「백범일지」–

개념더하기

한국 독립당

1. 설립: 1930.1., 안창호·김구·조소앙 등이 임시 정부 지지를 위해 창당

2. 만주: 1930.7., 지청천 등이 혁신 의회 계열 등이 북만주에서 조직

3. 재건: 1935, 민족 혁명당에서 이탈한 조소앙이 다시 조직

4. 통합: 1940, 충칭에서 우파 3개 정당(김구의 한국 국민당 + 조소앙의 한국 독립당 + 지청천의 신한 독립당)이 합당하여 결성

1940년대

1. 대한민국 임시 정부의 한국 광복군 1940

임시정부의 이동

(1) 총사령관 지청천, 부사령관 김원봉, 참모장 이범석

(2) 제1지대 김원봉 부대, 제2지대 이범석 부대, 제3지대 김학규 부대

(3) **구성원**: 신흥무관학교 출신의 독립군＋중국 각지에서 활동한 청년들＋일본군에서 탈출한 학도병(장준하, 김준엽 등)＋1942년에 조선 의용대 일부

(4) **중국 국민당 군사위원회의 지원·간섭**: '한국 광복군의 행동 준승 9개 항' 작성 1941 → 1944년부터 대한민국 임시 정부가 지휘권 획득

(5) **대일 선전 포고** 1941.12.: 태평양 전쟁 발발 직후에 선언

(6) **영국군과 공동 작전** 1943: 인도·미얀마 전선 투입, 일본군 포로 심문·전단 살포 담당

(7) **국내 진공 작전 시도** 1945.8.: 정진군 조직, 장준하·김준엽(『장정』집필) 참여, 미국 전략 정보국(OSS)의 도움으로 특수 훈련 받았으나 일제의 패망으로 무산

사료더하기

한국 광복군 행동 준승
1. 한국 광복군은 우리 중국의 항일 작전 기간에 본 회(중국 군사 위원회)에 직할 예속하여 참모 총장이 장악 운영함
2. 한국 광복군은 … 한국 독립당 임시 정부와 관계는 중국의 군령을 받는 기간에는 오직 고유한 명의 관계를 보류함
3. 본회에서 한국 광복군을 원조하여 한국 내지나 한국 변경에 접근한 지역을 향하여 활동하게 하여서 중국의 항전 공작과 배합시킴을 원칙으로 하며 …

대한민국 임시 정부의 대일 선전 포고 1941.12.
1. 한국 전 인민은 현재 이미 반침략 전선에 참가하였으니 한 개의 전투 단위로서 추축국에 선전한다.
2. 1910년 합방 조약과 일체의 불평등 조약의 무효를 거듭 선포하며 아울러 반침략 국가인 한국에 있어서의 합리적 기득권을 존중한다.
3. 한국·중국 및 서태평양으로부터 왜구를 완전히 구축하기 위하여 최후 승리를 거둘 때까지 혈전한다.
5. 루스벨트·처어칠 선언의 각조를 견결히 주장하여 한국 독립을 실현키 위하여 이것을 적용하여 민주 진영의 최후 승리를 축원한다.

한국광복군과 미군의 OSS 훈련
드디어 3개월간의 제1기생 50명의 OSS 특수 공작 훈련이 끝났다. … 제1기생 훈련이 성공적으로 끝나자 우리는 말할 것도 없고 미국도 대만족하여 즉각 국내로 침투시킬 계획을 작성한다. 국내로 진입한다는 것은 죽음을 각오해야만 되는 것이었기 때문에 자원의 형식을 취하였지만 50명 모두가 굳이 가오로 지원하였다.　　　　－ 김준엽, 『장정』－

김구의 한탄
왜적이 항복한다 하였다. 아! 왜적이 항복! 이것은 내게 기쁜 소식이라기보다는 하늘이 무너지는 듯한 일이었다. 천신만고 끝에 수년 동안 애를 써서 참전할 준비를 한 것도 다 허사이다. 시안과 푸양에서 훈련을 받은 우리 청년들에게 여러 가지 비밀 무기를 주어 산동에서 미국 잠수함에 태워 본국으로 들여보내어 국내의 중요한 곳을 파괴하거나 점령한 뒤에 미국 비행기로 무기를 운반할 계획까지도 미국 육군성과 다 약속이 되었던 것을 한번 해 보지도 못하고 왜적이 항복하였으니 진실로 지금까지 들인 정성이 아깝고 앞으로 닥칠 일이 걱정되지 않을 수 없다.　　　　－ 『백범일지』－

2. 조선 독립 동맹의 조선 의용군 1940

(1) 조선 독립 동맹 1942

① 김두봉, 최창익을 중심으로 사회주의 세력 결집

② 건국 강령 발표 1942: 보통 선거에 의한 민주 공화국 수립 · 남녀 평등 · 토지 분배 · 의무 교육 실시 목표

③ 해방 후 북한의 연안파 형성 → 1956년 8월 종파 사건으로 몰락

(2) 조선 의용대 화북 지대의 활동: 중국 화북 지역이 타이항산을 중심으로 활동, 호가장 전투 승리 1941, 반
소탕전(이 과정에서 윤세주 사망)에 참여

(3) 조선 의용군 조직 1942

① 조선 독립 동맹의 군사 조직: 조선 의용대 화북지대 · 한인 사회주의자 세력 참여

② 중국 공산당의 팔로군과 연합 전선 형성

③ 광복 후 공산당에서 중국의 국 · 공 내전에 참전 → 북한 인민군으로 편입 1949

3. 조선 건국 동맹 1944

(1) 국내에서 결성된 비밀 결사: 여운형 중심, 10개 도에 지방 조직 갖춤

(2) 징용과 징병 방해와 전쟁 물자 수송 방해 활동 전개

(3) 국외 항일 무장 투쟁 세력과 연계 시도: 만주, 베이징, 옌안 등지에 연락원 파견

(4) 건국 강령 발표 1944: 민주주의 원칙에 바탕을 둔 국가 건설 통해 노농 대중 해방 주장

4. 국제 사회의 독립 약속

(1) 카이로 회담 1943.11.: 미국 루스벨트 · 영국 처칠 · 중국 장제스 참여, 상호 협력과 종전 이후 문제 논의
→ 처음으로 한국의 독립 문제 논의(적당한 시기에 한국이 독립하게 될 것을 발표)

(2) 얄타 회담 1945. 2.: 미국 · 영국 · 소련의 수뇌들이 전후 독일 문제와 소련의 대일전 참전 논의 → 한반도
신탁 통치와 군사 분계선 설정에 대한 묵시적 합의 성사(단, 공식적으로 언급되지 않음)

(3) 포츠담 회담 1945.7.: 미국 · 영국 · 중국의 수뇌들이 참여, 일본의 무조건 항복 요구, 전후 처리 문제 논
의, 카이로 선언의 결정 재확인

5. 대한 애국 청년단의 부민관 의거 1945.7.

일제 강점기 마지막 의거, 아시아 민족 분격대회에 폭탄을 장치하여 일본 요인 암살 기도

> **개념더하기**
>
> 주요 의거
> - 강우규의 사이토 총독 암살 시도 1919.9.: 블라디보스토크의 노인 동맹단(노인단) 소속, 당시 65세, 조선 총독의 마차에
>   폭탄 투척
> - 의열단의 의거: 1920년대 초 · 중
> - 박열의 일왕 암살 시도 1923
> - 조명하의 타이중 의거 1928: 타이완의 타이중시에서 일본 육군대장 암살
> - 한인 애국단의 이봉창 · 윤봉길 의거 1932
> - 대한 애국 청년단의 경성 부민관 투탄 1945.7.: 해방 직전 국내의 마지막 의거

조선 독립 동맹의 건국 강령1942
본 동맹은 조선에 대한 일본 제국주의의 지배를 전복하고 독립 자유의 조선 민주 공화국을 수립할 목적으로 다음 임무를
실현하기 위해 싸운다.
1. 전 국민의 보통 선거에 의한 민주 정권의 수립
6. 조선에 있는 일본 제국주의자의 일체 자산 및 토지를 몰수하고, 일본 제국주의와 밀접한 관계에 있는 대기업을 국영으로
   귀속하며, 토지 분배를 실행한다.
7. 8시간 노동제를 실시하여 사회의 노동을 보장한다.
9. 국민 의무 교육 제도를 실시하고, 이에 필요한 경비는 국가가 부담한다.

조선 건국 동맹의 건국 강령1944
1. 각인 각파를 대동단결하여 거국일치로 일본 제국주의 모든 세력을 몰아내고 조선 민족의 자유와 독립을 회복할 것
2. 반추축 제국(연합국)과 협력하여 대일 연합 전선을 형성하고 조선의 완전한 독립을 저해하는 일체 반동 세력을 박멸할 것
3. 건설부 면에 있어서 일체 시정을 민주주의적 원칙에 의거하고, 특히 노농 대중의 해방에 치중할 것

조선 건국 동맹의 성명서
1. 일본인 관헌의 조선 인민에 대한 살상 폭행 등 일절의 비적 행위를 우리의 손으로 방어 배격하자.
2. 일본 제국주의 침략의 잔재 세력을 깨끗이 구축하고 빼앗겼던 재산을 조선 인민에게로 반환시키자.
3. 우리는 파벌과 정당 등의 추태를 청산하고 오직 억센 조선건설에 매진하자.
4. 우리는 삼천만 인민의 정부 조선 인민 공화국 정부에 모든 힘을 집중하라.
5. 우리는 미·소·중 연합군을 환대하고 조선 민족 해방의 은인 선배를 엄숙히 받들어 모시자.

카이로 회담
1. 3국은 일본에 대한 장래의 군사 행동을 협정하였다.
2. 3국은 야만적인 적국에 대해서는 가차 없는 압력을 가할 결의를 표명하였다.
3. 일본의 침략을 저지·응징하나 3국은 영토 확장의 의도는 없다.
4. 제1차 세계 대전 후 일본이 탈취한 태평양 제도를 박탈하고, 또 만주·타이완·펑후 제도 등을 중화민국에 반환하며, 일
   본이 약취한 모든 지역에서 일본 세력을 구축한다.
5. 〈특별 조항〉 3국은 한국의 노예 상태에 유의하여 적당한 시기에 한국을 자유롭게 독립시킬 것을 결정한다.

포츠담 선언
8. 카이로 선언의 조항은 이행되어야 하며, 또 일본국의 주권은 혼슈, 홋카이도, 규슈, 시코쿠 및 우리들이 결정하는 여러 작
   은 섬에 국한될 것이다.

친일파 유형
1. 일제의 강점 과정에 협력한 자: 박제순(을사조약에 조인), 이완용, 송병준 등 – 귀족 작위, 중추원 참여
2. 일제의 식민 통치에 협력한 자: 노덕술(고문 경찰) 등 – 총독부와 경찰의 고위 관리, 군인 등
3. 일제의 침략 전쟁에 협력한 자

최린	3·1 운동 참여 → 친일지 매일신보 사장
이광수	– 「무정」 발표1917, 2·8 독립 선언서 작성1919, 임정의 독립신문 발행 참여 – 「민족개조론」1922 발표: 동아일보에 게재, '정치 운동을 지양하고, 민족개조운동을 전개하자'고 주장함 – 「민족적 경륜」1924 발표: 동아일보에 게재, '일본이 인정한 범위 내에서 정치적 결사를 조직하자'고 주장, 자치론의 이념적 기반 제공 – 본격적인 친일 행위1930년대 후반 이후: 학도병 권유, 창씨개명 권유
김활란	최초의 여성 박사, YMCA 설립, 징병과 정신대 등 권유
박흥식	화신 백화점 사장, 국방 헌금 납부, 항공기와 기관총 등 헌납
김연수	경성방직 사장, 국방 헌금 납부, 항공기와 기관총 등 헌납

CHAPTER 04 국내의 민족 운동

01 사회 · 경제적 민족 운동

1. 3 · 1 운동 이후, 국내 민족 운동의 분화

(1) 실력 양성 운동: 사회 진화론 바탕, '선 실력 향상, 후 독립' 주장, 자본가 · 지주가 주도, 일부는 자치 운동으로 전환

(2) 대중 운동: 사회주의 사상의 유입으로 노동자 · 농민 · 청년 · 여성 운동이 활발하게 전개

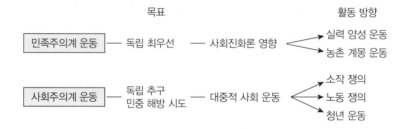

2. 실력 양성 운동

(1) 물산 장려 운동 1920년대 초

배경	회사령 폐지 1920, 일본의 관세 철폐 움직임 → 일본 상품의 대량 유입 → 민족 자본의 보호와 육성 호소
활동	• 토산품 애용, 자급자족, 금주와 금연 주장 • '내 살림 내 것으로', '조선 사람 조선 것으로' 등의 구호 • 평양에서 조만식 주도, 조선 물산 장려회 조직 1920 → 전국 확대, 자작회 · 토산 애용 부인회 등 조직, 『자활』 · 『장산』 잡지 발행
한계	기업의 생산력 향상으로 이어지지 못함. 국산품의 가격 인상과 일부 상인들의 폭리로 서민 피해 발생 → 사회주의자들이 자본가 계급을 위한 운동이라고 비판 → 1923년 이후 침체

(2) 민립 대학 설립 운동 1920년대 초

배경	• 제2차 조선 교육령 발표 1922: 여전히 고등 교육 미비 • 종합 대학 없음. 보성 · 연희 · 이화 등 전문 대학 → 민족 역량 강화를 위한 고등 교육의 필요성을 인식
활동	• 이상재 · 한규설이 조선교육회 조직 1920 • 민립 대학 기성회 조직 1922, '한민족 1천만이 한 사람이 1원씩' 구호, 모금 운동 전개 → 가뭄과 홍수로 인한 참여 저조, 총독부 방해로 중단 • 일제의 경성 제국 대학 수립 1924: 한인의 고등 교육에 대한 열망 무마 목적

(3) 문맹 퇴치 운동 1920년대 후~1934

① 조선일보의 문자 보급 운동 1929~1934: '아는 것이 힘, 배워야 산다' 구호, 교재 『한글 원본』 제작 · 배포
② 동아일보의 브나로드 운동 1931~1934: 러시아어로 '민중 속으로' 의미, 야학 개설 · 한글 강습 · 미신 타파 운동 등 전개, 교재 『한글 공부』 제작 · 배포, 심훈의 「상록수」의 소재가 됨
③ 조선어 학회의 한글 교재 제작
④ 일제의 금지 조치로 1935년에 중단

(4) 자치 운동 1920년대 중

① 배경: 물산 장려 운동과 민립 대학 설립 운동의 성과 미흡
② 자치론 · 참정론 주장: '조선 총독부의 지도 아래 자치 정부 또는 자치 의회를 구성하자', '평의회에 참여하자' 주장
③ 이광수: 「민족 개조론」 발표 1922, 동아일보에 「민족적 경륜」 발표 1924
④ 최린: 일본에 건너가 조선 의회의 설립을 청원하는 운동 전개
⑤ 1930년대 이후 친일로 변질

사료더하기

조선 물산 장려회 궐기문

보아라! 우리의 먹고 입고 쓰는 것이 다 우리의 손으로 만든 것이 아니었다. 이것이 세상에서 제일 무섭고 위태한 일인 줄은 오늘에서야 우리는 깨달았다. 피가 있고 눈물이 있는 형제자매들아, 우리가 서로 붙잡고 서로 의지하여 살고서 볼 일이다.

입어라! 조선 사람이 짠 것을 / 먹어라! 조선 사람이 만든 것을
써라! 조선 사람이 지은 것을 / 조선 사람, 조선 것

물산 장려 운동 비판

물산 장려 운동의 사상적 도화수가 된 것이 누구인가? 저들의 사회적 지위로 보나 계급적 의식으로 보나 결국 중산 계급임을 벗어나지 못하였으며, 적어도 중산 계급의 이익에 충실한 대변인인 지식 계급이 아닌가. 또, 솔선하여 물산 장려의 실행적 선봉이 된 것도 중산 계급이 아닌가. 실상을 말하면 노동자에게는 이제 새삼스럽게 물산 장려를 말할 필요가 없는 것이다. 그네는 벌써 오랜 옛날부터 훌륭한 물산 장려 계급이다. 그네는 자본가 중산 계급이 양복이나 비단 옷을 입는 대신 무명과 베옷을 입었고, 저들 자본가가 위스키나 브랜디나 정종을 마시는 대신 소주나 막걸리를 먹지 않았는가? … 이리하여 저들은 민족적, 애국적 하는 감상적 미사로써 눈물을 흘리면서 저들과 이해가 전연 상반한 노동 계급의 후원을 갈구하는 것이다. 그러나 진실로 계급적으로 자각한 노동자에게 있어서는 저들도 외래 자본가와 조금도 다를 것이 없는 것을 알며, 따라서 저들 신사랑류(新猞浪類)의 침략에 빠져 계급 전선을 몽롱케는 못 할 것이다.　　　　　　　　– 「동아일보」 –

민립 대학 발기 취지서

우리의 운명을 어떻게 개척할까? 정치냐, 외교냐, 산업이냐? 물론 이와 같은 일이 모두 필요하다. 그러나 그 기초가 되고 요건이 되며, 가장 급한 일이 되고, 가장 먼저 해결할 필요가 있으며, 가장 힘 있고, 필요한 수단은 교육이 아니면 아니 된다. … 민중의 보편적 지식은 보통 교육으로도 가능하지만 심오한 지식과 학문은 고등 교육이 아니면 불가하며 … 대학의 설립이 아니고는 다른 방도가 없도다.

문자 보급 운동

생존의 사위를 위한 모든 운동이 소박하고 또 강인한 대중의 각성 및 그 동원의 위에 있어야 하는 것이 오늘날의 필수적인 일이라 하면 '농민에게로!' '농촌에 돌아가자'와 '아는 것이 힘, 배워야 산다'는 당연한 귀결이 아니면 아니다.　　　　　　　　– 「조선일보」 –

이광수의 「민족적 경륜」 1924

지금의 조선 민족에게는 왜 정치적 생활이 없는가? … 일본이 조선을 병합한 이래로 조선인에게는 모든 정치 활동을 금지한 것이 첫째 원인이다. 또 병합 이래로 조선인은 일본의 통치권을 승인해야만 할 수 있는 모든 정치적 활동, 즉 참정권, 자활권 운동 같은 것은 물론이요, 일본 정부를 상대로 하는 독립운동조차 원치 아니하는 강렬한 절개 의식이 있었던 것이 둘째 원인이다. … 지금까지 해 온 정치적 운동은 모두 일본을 적대시하는 운동뿐이다. 이런 종류의 정치 운동은 해외에서 할 수 있는 것이고, 조선 내에서는 허용되는 범위 내에서 일대 정치적 결사를 조직해야 한다는 것이 우리의 주장이다.

3. 대중 운동

(1) 농민 운동

① 배경: 토지 조사 사업, 산미 증식 계획 → 자작농과 자소작농 감소, 소작농 급증, 식민지 지주제로 인해 고율의 소작료를 부담해야 함, 수리 조합비 · 비료 대금 등 부담 증가

② 1920년대 초, 소작쟁의
  ㉠ 생존권 투쟁의 성격이 강함: 소작료 인하 · 소작권 이동 반대 · 지세 공과금의 지주 부담 · 수리조합 반대 등 주장
  ㉡ 암태도 소작쟁의1923~1924: 지주 문재철을 상대로 쟁의, 결국 소작료를 70% → 40%로 인하

③ 조선 노농 총동맹 조직1924, 조선 농민 총동맹 조직1927

④ 1930년대, 혁명적 농민 조합 조직: 생존권 투쟁과 정치적 반일 운동이 결합, 식민지 지주제 반대 · 동양 척식 주식회사 폐지 · 토지 분배 등 주장 → 중 · 일 전쟁1937 이후 일제의 탄압 강화로 활동 위축

(2) 노동 운동

① 배경
  ㉠ 회사령 폐지, 식민지 공업화 진행 → 노동자 수 증가 → 저임금 · 장시간 노동 · 일본인과의 차별 대우 문제 발생
  ㉡ 사회주의 확산 → 노동자들의 계급 의식과 민족의식 고양 → 각종 노동 운동 조직과 노동조합의 결성

② 1920년대의 노동 쟁의: 임금 인상 · 노동 시간 단축(8시간 노동제) 요구, 부당 해고 반대, 민족 차별 저항

③ 조선 노농 총동맹 결성1924, 조선 노동 총동맹 결성1927

④ 원산 노동자 총파업1929: 일본인 감독관 구타 사건 계기, 4개월 지속, 각지에서 식량과 성금을 지원함, 외국 노동자가 격려 전문을 보내옴

⑤ 강주룡의 을밀대 시위1931: 평양 고무 공장 노동자, 임금 삭감에 항의, 을밀대에 올라가 9시간 농성

⑥ 1930년대, 혁명적 노동 조합 조직: 생존권 투쟁과 정치적 반일 운동이 결합, 비합법적 쟁의 전개

사료더하기

암태 소작회의 결의 사항
① 금년 소작료는 논 4할, 밭 3할로 할 것
② 이러한 소작료에 응하지 않는 지주가 있을 경우에는 본 회원은 모두 그 지주가 깨달을 때까지 소작료를 납부하지 말 것
③ 지주와 분규가 발생하여 다음해 2월 15일까지 해결되지 않을 경우에는 그 지주에 관계된 회원 일동은 파작(罷作)을 단행할 것
④ 10리 이상의 소작료 운반에 드는 운임은 지주가 부담할 것
⑤ 마름을 인정하지 말 것

혁명적 농민 조합
노동자, 농민의 언론 · 출판 · 집회 · 결사의 자유!
야만 · 횡포한 경찰을 타도하자! / 수리 조합, 삼림 조합을 타도하자!
토지와 주거를 달라! / 일본 제국주의 타도!

원산 노동자 총파업
1. 8시간 노동제를 채택하자.
2. 임시고용제도 및 봉건적 청부 노동계약을 즉시 철폐하자.
3. 파업, 질병 및 부득이한 사정에 의한 해고를 절대 반대하자.
4. 해고된 노동자의 취업 자유를 취득하자.

(3) 여성 운동

① 배경: 호적령 제정1921 → 호주제 강화로 여성의 지위 약화, 여성 호주 불가, 여성의 재산 소유권 · 처분권 부정, 남편의 허가가 있는 경우에만 여성 취업 가능

② 신식 교육을 받은 '신여성' 등장: 여성 인권의 신장과 양성평등 주장

③ 근우회 조직1927

　　㉠ 민족주의계와 사회주의계가 연합: 최초 · 최대의 전국적인 여성 조직

　　㉡ 신간회의 자매 단체

　　㉢ 지방 순회강연 · 토론회 · 부인 강좌 · 야학 개최, 기관지 『근우』 발간

(4) 청년 운동: 다수의 청년회 조직(강연회, 토론회, 야학 등 개최) → 조선 청년 연합회 조직1920 → 조선 청년당 대회 개최1923 → 조선 청년 총동맹 조직1924

(5) 소년 운동

① 방정환과 천도교 소년회 주도: 어린이날 제정(초기에는 5월 1일)1922, 잡지 『어린이』 발간

② 조선 소년 연합회 조직1927

(6) 형평 운동

① 배경: 호적에 여전히 '도한(屠漢)'이라는 붉은 글자를 써넣거나 이름 위에 붉은 점을 찍어 백정 출신을 차별함, 백정 자녀의 학교 입학 거부

② 조선 형평사 조직1923: 경남 진주, 백정에 대한 사회적 차별 철폐 시도, 1930년대 호적에서 백정 신분 표기가 폐지됨

③ 1930년대 이후, 일제의 탄압 강화와 내부 갈등으로 경제적 이익 향상 운동으로 변화

사료더하기

근우회 행동 강령
1. 여성에 대한 사회적, 법률적인 일체의 차별 철폐
2. 일체의 봉건적인 인습과 미신 타파
3. 조혼 폐지와 결혼의 자유
6. 부인 노동에 대한 임금 차별 및 산전 산후 임금 지불
7. 부인 및 소년공에 대한 위험한 노동 및 야근 폐지

근우회 창립 취지문
인류 사회는 많은 불합리를 생산하는 동시에, 그 해결을 우리에게 요구해 마지않는다. 여성 문제는 그중의 하나이다. 세계는 이 요구에 응하여 분연하게 활동하고 있다. 세계 자매는 수천 년래의 악몽에서 깨어나 우리 앞에 가로 막고 있는 모든 질곡을 분쇄하기 위하여 싸워 온 지 이미 오래이다. … 우리는 운동상 실천에서 배운 것이 있으니, 우리가 실지로 우리 자체를 위하여 우리 사회를 위하여 분투하려면, 우선 조선 자매 전체의 역량을 공고히 단결하여 운동을 전반적으로 전개하지 아니하면 아니 된다. 일어나라! 오너라! 단결하자! 분투하자! 조선 자매들아! 미래는 우리의 것이다.

조선 형평사 설립 취지문
공평은 사회의 근본이고 사랑은 인간의 본성이다. 고로 우리는 계급을 타파하고 모욕적인 칭호를 폐지하여 교육을 장려하고 우리도 참다운 인간으로 되고자 함이 본사의 주지이다. 지금까지 조선의 백정은 어떠한 지위와 압박을 받아왔던가? … 그러나 이러한 비극에 대한 사회의 태도는 어떠했는가? 소위 지식 계층에 의한 압박과 멸시만이 있지 않았던가?

4. 학생 운동

(1) 6 · 10 만세 운동 1926

① 배경: 3 · 1 운동 후 청년 · 학생층이 항일 투쟁의 주체임을 자각

② 경과: 순종 서거를 계기로 조선 공산당 · 천도교 청년회 · 조선 학생 과학 연구회가 만세 운동을 준비 → 천도교 청년회에서 준비하던 격문이 사전에 발각 → 일제의 조선 공산당 탄압 → 조선 학생 과학 연구회 학생들이 격문 살포, 만세 시위 전개 → 일제의 탄압으로 지방으로 확산에는 실패

③ 영향: 학생이 조직한 독서회와 비밀 결사 활발, 사회주의 계열과 민족주의 계열의 단결 토대 마련 (1927년의 민족 유일당 결성의 공감대 형성)

(2) 광주 학생 항일 운동 1929

① 배경: 학생 비밀 독서회 '성진회' 조직

② 경과: 광주–나주 간 통학 열차에서 일본인 남학생이 한국인 여학생을 희롱함 → 일본 경찰의 편파 수사 → 광주 학생의 총궐기 → 각지에서 동맹 휴학 · 가두시위 전개 → 신간회에서 진상 조사단 파견, 조선 청년 총동맹의 지원 → 전국 규모의 항일 투쟁으로 확대

③ 의의: 3 · 1 운동 이후 전개된 최대 규모의 민족 운동, '학생의 날'(매년 11월 3일) 유래

사료더하기

6 · 10 만세 운동 당시 격문
대한 독립운동자여 단결하라! / 일체 납세를 거부하자! / 일본 물자를 배척하자!
조선인 관리는 일체 퇴직하라! / 일본인 공장의 직공은 총파업하라! / 일본인 지주에게 소작료를 바치지 말라!
일본인 교원에게는 배우지 말자! / 일본 상인과의 관계를 단절하자! / 언론, 출판, 집회의 자유를!
군대와 헌병을 철거하라! / 투옥 혁명수를 석방하라! / 보통교육은 의무교육으로!
교육 용어는 조선어로! / 동양 척식 주식회사는 철폐하라! / 일본 이민제를 철폐하라!

광주 학생 항일 운동 격문 1929
소위 저들의 사법 경찰을 총동원하여 광주 조선 학생 동지 400여 명을 참혹한 철쇄에 묶어 넣었다. 여러분! 궐기하라! 우리들의 선혈이 최후의 한 방울까지 조선 학생의 이익과 약소민족의 승리를 위하여 항쟁적 전투에 공헌하라! 미래의 세계를 소유해야만 하는 피압박 대중에게는 자신에 채워진 철쇄 이외에는 상실할 것이 아무 것도 없다.

용감한 학생, 대중이여!
최후까지 우리의 슬로건을 지지하라.
그리고 궐기하라. 전사여! 힘차게 싸워라.
1. 검거된 학생은 우리 손으로 탈환하자.
2. 경찰의 교내 침입을 절대 반대한다.
4. 언론 · 결사 · 집회 · 출판의 자유를 획득하라.
6. 조선인 본위의 교육 제도를 확립하라!
7. 식민지 교육 제도를 철폐하라.
8. 사회 과학 연구의 자유를 획득하자.

5. 신간회 1927~1931

(1) 배경

① 국외의 상황

    ㉠ 중국의 1차 국·공 합작 성사 1924~1927: 일본 타도를 위해 국민당과 공산당이 연합함

    ㉡ 일제와 만주 군벌의 미쓰야 협정 체결 1925

    ㉢ 안창호의 민족 유일당 운동 제창 1926.7.: 한국 독립 유일당 북경 촉성회 조직 1926, 만주의 3부 통합 운동 전개

② 국내의 상황

    ㉠ 자치론 대두: 이광수·최린 등 민족주의 계열 일부 인사(동아일보계)가 주장

    ㉡ 치안유지법 1925으로 인해 사회주의 활동 위기

    ㉢ 6·10 만세 운동 1926으로 사회주의계와 민족주의계 간의 공감대 형성

    ㉣ 조선 민흥회 조직 1926.7.: 조선 물산 장려회(민족주의계)와 고려 공상 동맹(사회주의계)의 연합

    ㉤ 조선 공산당의 정우회 선언 발표 1926.11.: 사회주의 단체인 정우회가 비타협적 민족주의 계열과 제휴를 모색하겠다고 선언

(2) 창설

① 비타협적 민족주의 세력(이상재, 안재홍, 조선일보계)과 사회주의 세력(홍명희) 결합: 민족 유일당 마련

② 회장 이상재, 부회장 홍명희

③ 최대의 합법적 사회 운동 단체: 전국 140여 개 지회 조직, 회원 4만여 명 가입, 개인 본위

④ 강령: 정치·경제적 각성 촉구, 민족 단결 강화, 기회주의 배격

⑤ 활동

    ㉠ 민중 계몽 운동 전개: 민중 대회, 연설회, 야학 등

    ㉡ 농민·노동 운동의 지원: 소작 쟁의 지도, 8시간 노동제 주장, 원산 총파업 지원 1929

    ㉢ 조선인 본위의 교육 제도 실시, 타협적 정치 운동 배격, 착취 기관 철폐 등 주장

    ㉣ 광주 학생 항일 운동 지원 1929: 동맹 휴학 지원, 광주에 진상 조사단 파견, 민중 대회 준비(지도부 체포로 실패)

(3) 해소

① 민중 대회 실패 후 일부 지도부의 우경화: 타협론자와의 협력을 시도함

② 국공합작 파기 후 코민테른(사회주의자들의 국제 조직)의 노선 변화: 노동자의 계급 투쟁 강조, 사회주의계에서 해소론 제기

③ 사회주의자들이 전체 회의를 열어 해소 결정 1931

민족 유일당 운동

지금 우리 사회에는 두 가지 조류가 있다. 하나는 민족주의 운동의 조류요, 또 하나는 사회주의 운동의 조류인가 한다. 이 두 가지 조류가 물론 해방의 근본적 정신에 있어서는 조금도 나눌 것이 없다. 그러나 운동의 방법과 이론적 해석에 이르러서는 털끝의 차이로 1,000리의 차이가 생겨 도리어 민족 운동의 전선을 혼란스럽게 하여, 결국은 (일제로 하여금) 어부의 이를 취하게 하며 골육의 다툼을 일으키는 것은 어찌 우리 민족의 장래를 위하여 통탄할 바가 아니랴. ─『동아일보』─

조선 민흥회 선언 1926

조선 민흥회는 조선 민족의 공동 권익을 쟁취하고, 조선민의 단일 전선을 결성할 목적으로 창설되었다. 조선 민흥회는 산업 종사자, 종교인, 학생, 지식인 등 전 국민의 단합과 통일을 주창한다. 민족적 통합의 그 목적은 '조선의 해방'에 있다. … 이러한 운동은 반드시 반제국주의 운동으로 표출될 것이다. … 과거의 운동은 계급의식이 내재되어 있었고, 국가 전체적으로 볼 때 분열되어 있었다. 그러나 최근의 운동에서는 계급 운동의 참여자라 할지라도 연합 민족 운동을 강렬히 요구하고 있다. … 유럽의 프롤레타리아 계급이 봉건주의와 독재주의를 타파할 목적으로 자본가들과 뭉쳤던 것처럼, 조선의 사회주의자들도 반제국주의 운동에 있어서 공동 권익을 지향하는 계급들의 일체적 동원에 대한 필요성을 절감하고 있다. … 각 계층 간의 권익은 궁극에 가서는 불가피하게 상충할 것이다. 그러므로 조선민 전체의 결속도 영원히 지속될 수 없다. 그러나 그렇다고 해서 현재의 당면 문제점을 해결하기 위한 양 진영의 연합의 필요성을 어느 누구도 간과해서는 아니 된다. … 우리는 중국의 국민당을 본보기로 하여 이 운동을 발전시키고자 한다. ─『조선일보』─

정우회 선언 1926

민족주의적 노력의 대두로 인해 전개되는 정치적 운동의 방향에 대해서는 그것이 필요한 과정의 형세인 이상, 우리는 차갑게 강 건너 불 보듯 할 수 없다. 아니 그것보다도 먼저 우리 운동 자체가 벌써 종래에 국한되어 있던 경제적 투쟁의 형태에서, 보다 더 계급적 · 대중적 · 의식적 정치 형태로 비약하지 않으면 안 될 전환기에 도달한 것이다. 그러므로 우리는 우리 자체의 종래의 모든 소아 병적 자세를 지양하고 우리의 승리로의 구체적 전진을 위하여 현실적 모든 가능의 조건을 충분히 이용하지 않으면 아니 될 것이다. 따라서 민족주의 세력에 대하여는 그 부르조아적 성질을 명백하게 인식하는 동시에 또 과정적 동맹자적 성질도 충분히 승인하여, 그것이 타락하는 형태로 출현되지 아니하는 것에 한하여는 적극적으로 제휴하여, 대중의 개량적 이익을 위하여서도 종래의 소극적 태도를 버리고 분연히 싸워야 할 것이다. ─『조선일보』─

신간회 강령

1. 우리는 정치적 · 경제적 각성을 촉진함
2. 우리는 단결을 공고히 함
3. 우리는 기회주의를 일체 부인함

신간회 해소를 지지하는 입장

소시민(봉급생활자, 자업자 등)의 개량주의적 정치 집단으로 변질한 현재의 신간회는 무산 계급(농민, 노자)의 투쟁욕 성장에 장애가 되고 있다. 노동자 투쟁과 농민 투쟁을 강력하게 펼치기 위해서는 신간회를 해소하고 노동자는 노동조합으로, 농민은 농민 조합으로 돌아가야 한다. 우리는 투쟁을 통하지 않고 확대화, 강화될 수 없다.

신간회 해소에 반대하는 입장

단결은 힘이다. 약자의 힘은 단결이다. 모든 역량을 집중하여 단결을 공고히 하자. … 조선인의 대중적 운동의 목표는 정면의 일정한 세력(일본 제국주의)을 향해 집중되어야 할 것이니, 민족 운동과 계급 운동은 동지적 협동으로 함께 나란히 나아가야 할 것이요, 그 내부에 영도권이 다른 세력이 섞여 있으므로 전체적으로 협동하여 일을 진행하기는 어려우므로, 역량을 분산시키거나 제 살 깎아 먹는 식의 과오를 범하지 않도록 하는 데 주력해야 한다. …

1. 국제 정세는 급격히 변동하나 그것이 조선에 있어서 그대로 벌써 혁명의 혁명의 비약 과정으로 이입되는 것은 아니다. 조선에 있어서는 독자적인 민족적 진행 과정이 있기를 요한다.
1. 계급 진영의 강고한 수립은 필요할 것이다. 그러나 계급 철폐의 민족 단일당의 과오나 마찬가지로 계급 단일의 민족 진영 철폐도 중대한 과오이다.

1. 국어

조선어 연구회 1921	• 이윤재 · 최현배 등 중심: 국문 연구소 전통 계승 • 가갸날 제정 1926, 조선어 강습회 개최, 기관지 『한글』 창간 1927

조선어 학회 1931	• 문맹 퇴치 운동에 필요한 한글 교재 제작
	• 맞춤법 통일안 발표 1933, 표준어 제정, 외래어 표기법 통일안 제정, 우리말 큰 사건 편찬 시도
	• 조선어 학회 사건 1942
	  – 일제가 조선어 학회를 독립운동 단체로 몰아, 조선어 학회를 해산하고 관련 인물을 체포하여 재판에 회부한 사건, 이 과정에서 이윤재가 감옥에서 사망
	  – 우리말 큰 사전 편찬 작업 중단 → 서울역 창고에서 원고 발견 1945.10. → 첫 사전 편찬 1947 → 사전 편찬 완료 1957

> ### 사료더하기
>
> **『한글』 창간사**
> 우리가 우리글을 잘 알자 하는 소리가 근년에 와서 더욱 높아 간다. 우리는 하루 바삐 묵정밭같이 거친 우리 한글을 잘 다스리어 옳고 바르고 깨끗하게 만들어 놓지 아니하면 안 될 것이다. … 우리는 이제 시대의 요구에 맞추며 본 회의 사명을 다하고자 하여 이 『한글』 잡지를 내게 된다. 이로써 우리 한글의 정리와 통일이 완성하는 지경에 이를 것을 믿는다. 무릇 조선말을 하고 조선 글을 쓰는 이로써 누가 이에 공명하지 아니할 이 있으랴. 오직 뜻을 같이 하고 힘을 어우러 말과 글이 더욱 환한 빛을 내기로 하자. 이에 『한글』을 냄에 대하여 한말을 하는 바이다.
>
> **우리말 큰사전 편찬 취지서**
> 금일 세계적으로 낙오된 조선 민족의 갱생할 가장 쉽고 빠른 길은 문화의 향상과 보급을 급무로 하지 않을 수 없는 것이요, 문화를 촉성하는 방편으로는 문화의 기초가 되는 언어의 정리와 통일을 급속히 꾀하지 않을 수 없는 것이다. 그를 실현할 최선의 방책은 사전을 편성함에 있는 것이다. … 본 회는 인물을 전 민족적으로 망라하고 과거 선배의 업적을 계승하여 혹은 동인의 사업을 인계도 하여 엄정한 과학적 방법으로 언어와 문자를 통일하여서 민족적으로 권위 있는 사전을 편성하기로 스스로 약속하는 바인즉, 모름지기 동지들은 민족적 백년대계에 협력함이 있기를 바라는 바이다.

2. 국사

(1) 일제의 역사 왜곡

식민 사관	• 타율성론 주장: '한국사의 전개 과정이 외세의 간섭에 의해 타율적으로 이루어졌다' • 정체성론 주장: '한국사의 왕실 교체는 단순한 왕실의 변동에 불과하다', '한국사는 고대 사회에 머물러 있다'(중세부재론), '한국은 중세 봉건 사회를 거치지 못하여 스스로 자본주의적 근대 사회로의 발전이 불가능하다' • 당파성 주장: '한국의 정치가들이 자기 세력의 이익을 위해 편을 갈라 싸웠다'
기관과 단체	• 조선사 편수회 조직 1925: 『한국통사』와 3 · 1 운동으로 위기 의식을 느끼자 역사 왜곡을 위해 조직함, 『조선사』 편찬(총 37권) 1938 • 청구 학회 조직 1930: 『청구학총』 간행

(2) 민족주의 사학

① 박은식: '혼' 강조

  ㉠ 양명학자로 유교 구신론 주장, 블라디보스토크에서 노인 동맹단(노인단) 참여 1919, 임시 정부에 참여(2대 대통령) 1925

  ㉡ 『안중근전』 1914

  ㉢ 『한국통사』 1915: 아플 痛＋역사 史, 한국 근대사와 일본의 침략 과정을 폭로, '나라는 형(形), 국가는 신(身)'으로 인식, 스스로를 태백광노(太伯狂奴)라 부름

  ㉣ 『한국독립운동지혈사』 1920: 3 · 1 운동 직후에 저술, 한국 독립운동의 역사 정리

② 신채호: 고대사 연구에 주력

　　㉠ 「독사신론」1908: 대한매일신보에 연재

　　㉡ '낭가 사상' 주장: 화랑도의 정신을 일컬음, 반면 사대적인 유교 사상을 외래 사상으로 봄

　　㉢ 「조선 혁명 선언」1923: 외교론·자치론·실력양성론·문화 운동론 비판, 민중의 직접 혁명을 통한 독립 쟁취의 필요성 호소, 의열단의 행동 강령

　　㉣ 국민대표 회의에서 창조파 입장

　　㉤ 「조선사연구초」: 묘청의 난을 일천 년 내 제1대 사건으로 평가, 안재홍이 조선일보에 연재

　　㉥ 「조선상고사」: 역사를 아(我)와 비아(非我)의 투쟁으로 인식, 안재홍이 조선일보에 연재

　　㉦ 「조선상고문화사」

　　㉧ 1936년 중국 뤼순 감옥에서 사망

③ 정인보

　　㉠ '얼' 사상 강조: "5천 년간 조선의 얼"을 동아일보에 연재

　　㉡ 광개토대왕릉비 해석으로 일제의 임나일본부설 비판, 한사군의 위치 고증

　　㉢ 1930년대 조선학 운동 주도

　　㉣ 삼일절, 제헌절, 광복절, 개천절 등 주요 국경일 노래말 작사

④ 안재홍

　　㉠ 조선일보 사장 역임(신채호의 저서 발행), 신간회 주도, 「조선상고사감」 집필

　　㉡ 1930년대 조선학 운동 주도

　　㉢ 1940년대 이후 신민족주의와 신민주주의 주장: 광복 후 이념 대립을 지양하며 통일 국가 수립을 시도

　　㉣ 해방 후 조선 건국 준비위원회 참여, 국민당 조직, 남조선 과도정부의 민정장관 역임

　　㉤ 5·10 총선거에 반대하며 남북협상파에 섬(→ 1대 총선 불참), 한국 전쟁 때 납북

⑤ 문일평: 한글·세종·실학자의 사상을 '조선 심(朝鮮心)'으로 평가, 「대미관계 50년사」 저술

⑥ 조선학 운동

　　㉠ 1930년대에 정인보·안재홍·문일평·백남운 참여

　　㉡ 조선 후기 실학에 주목, 정약용 서거 100주기를 맞아 「여유당전서」 간행

(3) 사회 경제 사학: 백남운

① 「조선 사회 경제사」, 「조선 봉건 사회 경제사」: 유물 사관 바탕, 우리 역사의 세계사적 보편성 강조, 식민사관의 정체성론 비판

② 연합성 신민주주의 주장: 계급 연합(무산 계급＋양심 있는 유산 계급)에 의한 건국 주장

③ 해방 후 남조선 신민당 조직, 남북 협상 때 월북1948

(4) 실증 사학: 손진태, 이병도 등

① 문헌 고증을 통해 실증적·객관적으로 연구, 진단 학회 조직1934, 「진단학보」 발행

② 손진태: 민속학 연구에 집중, 신민족주의 사관을 반영한 「조선민족사 개론」 저술

박은식의 『한국통사』 서문
대륙의 원기는 동으로 바다로 뻗어 백두산으로 솟았고, 북으로는 요동 평야를 열었으며, 남으로는 한반도를 이루었다. … 서들이 일찍이 우리를 스승으로 섬겨왔는네, 이세를 우리를 노예로 삼았구나. … 옛사람이 이르기를, 나라는 없어질 수 있으나 역사는 없어질 수 없다고 하였으니, 그것은 나라는 형체이고 역사는 정신이기 때문이다. 이제 한국의 형체는 허물어졌으나, 정신만이라도 오로지 남아있을 수 없는 것인가. 이것이 내가 역사를 쓰는 까닭이다. 정신이 살아서 없어지지 않으면 형체도 부활할 때가 있을 것이다.

박은식, 『한국독립운동지혈사』
만세 시위가 확산되자, 일제는 헌병 경찰은 물론이고 군인까지 긴급 출동시켜 시위 군중을 무차별 살상하였다. 정주, 사천, 맹산, 수안, 남원, 합천 등지에서는 일본 군경의 총격으로 수십 명의 사상자를 냈으며, 화성 제암리에서는 전 주민을 교회에 집합, 감금하고 불을 질러 학살하였다. … 당시 만세 시위에 참가한 인원은 총 200여만 명이며, 일본 군경에 피살당한 사람은 7,509명, 부상당한 사람은 15,850명, 체포된 사람은 45,306명이었고, 헐리고 불탄 민가가 715호, 교회가 47개소, 학교가 2개소였다.

신채호, 『조선상고사』
역사란 무엇이뇨. 인류 사회의 아(我)와 비아(非我)의 투쟁이 시간부터 발전하며 공간부터 확대하는 심적 활동의 상태의 기록이니, 세계사라 하면 세계 인류의 그리되어 온 상태의 기록이며, 조선사라 하면 조선 민족의 그리되어 온 상태의 기록이니라. … 이를테면 조선 사람은 조선을 아라고 하고, 영국, 미국, 프랑스 등은 각기 제 나라를 아라고 하고 조선을 비아라 하며, 무산 계급은 무산 계급을 아라 하고 지주나 자본가 등은 비아라 하지만 … 그리하여 이에 대한 비아의 접촉이 잦을수록 비아에 대한 아의 투쟁이 매우 맹렬하여, 인류 사회의 활동이 그칠 사이가 없으며 역사의 앞길이 완성될 날이 없으니, 그러므로 역사는 아(我)와 비아(非我)의 투쟁의 기록이니라.

조선학 운동
조선인은 차선의 최선, 아니 최선의 차선책으로, 조선인이 조선인으로 문화적 순화, 심화, 정화되고 이를 위해 정진함을 공통 과제로 해야 할 것이다.
조선 문화 운동에로! / 조선 문화에 정진하자! / 조선학을 천명하자!

백남운, 『조선 봉건 사회 경제사』
우리 조선의 역사적 발전의 전 과정은 가령, 지리적 조건, 인종학적 골상, 문화 형태의 외형적 특징 등 다소의 차이는 인정되더라도, 외관적인 소위 특수성은 다른 문화 민족의 역사적 발전 법칙과 구별되어야 하는 독자적인 것이 아니며, 세계사적, 일원론적인 역사 법칙에 의하여 다른 제 민족과 거의 동일한 발전 과정을 거쳐 온 것이다.

안재홍의 신민주주의와 신민족주의
지금까지의 민족주의는 왕실과 귀족과 지주 또는 자본 세력과 혹은 군벌 · 종파 등이 부 · 권력 · 지식 등을 독점 지배하는, 지배와 피지배, 압박과 피압박, 이른바 착취와 피착취가 참으로 존재하는 계급 분열 및 지배 계급 본위적인 국가주의 또는 민족주의였던 까닭에 이것을 온전한 민주주의라 일컫기 어려웠던 것인데 균등 사회, 공영 국가를 지향 완성하는 신민주주의, 즉 진정한 민주주의의 토대 위에 존립되는 전민족적인 동일 운명의 민주주의는 이것이 신민족주의인 것이다.

백남운, 『조선 봉건 사회 경제사』
나는 대개 다음과 같은 문제들을 취급하겠다.
제1. 원시 씨족 공산체의 양태
제2. 삼국 정립 시대의 노예경제
제3. 삼국 시대의 말기에서 최근세에 이르기까지의 아시아적 봉건사회의 특질 …

우리 조신의 역사적 발전의 전 과징 …

손진태, 『조선민족사 개론』
진정한 민족주의는 민족 전체의 균등한 행복을 위하는 것이 아니면 안 될 것이다. … 민족보다 왕실을 중요시하던 봉건 시대에는 제왕을 위한 역사만이 존재하였고, 자본주의의 최성기에는 피착취 계급을 위한 계급 사관이 일세를 풍미하였다. … 계급 투쟁은 민족의 내부 분열을 초래할 것이며 … 계급의 생명은 짧고 민족의 생명은 긴 것을 기억할 때 우리 민족사의 나아갈 길이 오직 신민족주의에 있을 것을 스스로 알게 될 것이다.

3. 종교

(1) 천도교

① 3 · 1 운동 주도적 전개, 제2의 독립 선언 운동을 계획1922

②『개벽』·『신여성』·『어린이』 잡지 발간, 방정환과 천도교 소년회의 소년 운동 전개

(2) 대종교

만주로 이동하여 활발한 무장 독립 전쟁 전개· 중광단과 북로 군정서 조직

(3) 원불교

① 1916년에 박중빈이 창시

② 개간 사업, 저축 운동, 새 생활 운동(허례 허식 폐지, 남녀 평등, 미신 타파, 금주 · 단연 등) 전개

(4) 개신교

교육과 계몽 운동 전개, 신사 참배에 저항(주기철 목사 순교)

(5) 천주교

고아원 · 양로원 운영, 만주에서 의민단 조직(무장 단체, 청산리 대첩에 참여)

(6) 불교

① 한용운 중심: 사찰령 폐지 운동 전개, 조선 불교 유신회 조직

② 사찰령: 조선 총독이 사찰 주지 임명권과 사찰의 재산권 장악

> **사료더하기**
>
> 사찰령
> 제1조 사찰을 병합 · 이전하거나 폐지하고자 할 때는 총독의 허가를 받아야 함
> 제2조 사찰의 기지와 가람은 지방장관의 허가 없이 전법 · 포교 · 법요 집행과 승려들이 머무는 목적 이외에 이를 사용하거나 사용케 하지 못함
> 제3조 사찰의 본말 관계, 승규 법식, 기타 필요한 사법(寺法)을 각 본사에서 정하고 조선 총독의 허가를 얻어야 함
> 제4조 사찰에는 주지를 둠. 주지는 그 사찰에 속하는 일체의 재산을 관리하고, 사무 · 법요 등의 책임을 지며 대표함
> 제5조 사찰에 속하는 토지, 삼림, 건물, 불상, 석물, 고문서, 고서화, 기타의 귀중품은 총독의 허가를 얻지 않고서는 이를 처분할 수 없음

4. 기타 인물

(1) 안창남: 한국 최초의 비행사, 1922년 고국 방문 비행 성공 → 1920년대 과학 대중화 운동에 영향을 줌 관동 대지진 이후 중국으로 망명해 비행기술 가르침

(2) 엄복동: 1920년대 각종 자전거 경기에서 우승, '떳다, 보아라, 안창남 비행기, 굽어보아라, 엄복동 자전거'란 말 유행

(3) 김용관: 1924년 발명 학회를 조직하며 과학 대중화 운동을 이끔, 우리나라 최초의 종합 과학지『과학조선』 발행

(4) 권기옥: 한국 최초의 여성 비행사, 중국 공군과 대한민국 임시 정부의 사교부장 활동

(5) 손기정: 1936년 베를린 올림픽 마라톤 우승

(6) 간송 전형필: 사재를 털어 우리 문화재(『훈민정음』 해례본, 정선 · 김홍도 · 신윤복 등의 작품 등) 수호, 1938년 최초의 근대 사립 미술관인 보화각(현 간송 미술과) 건립, 스승 오세창의 영향으로 문화재 수호에 관심을 가짐

5. 문학과 예술 활동

구분	1910년대	1920년대	1930년대 이후
문학	• 계몽적 설계 유행 • 이광수의 「무정」: 매일신보에 연재 • 「창조」 발행: 우리나라 최초의 문예 동인 잡지	• 「백조」 발행: 낭만주의 시인 중심 • 사실주의 문학: 염상섭의 「만세전」 • 신경향파 문학: 사회주의 사상의 영향으로 계급 의식 고취, 조선 프롤레타리아 예술가 동맹(KAPF) 결성 1925 • 저항 문학: 한용운의 「님의 침묵」, 이상화의 「빼앗긴 들에도 봄은 오는가」	• 저항 문학: 이육사의 「청포도」·「광야」, 윤동주(사상범으로 몰려 28세에 일본에서 옥사) • 친일 활동: 최남선, 이광수, 노천명, 조선문인협회 결성
음악	창가 유행	홍난파의 「봉선화」, 현제명의 「고향생각」: 민족의 울분과 설움 표현	• 안익태의 「애국가」, 「코리아 환상곡」 • 홍난파와 현제명의 친일 활동
미술		고희동, 나혜석(최초의 여성 서양화가)	• 이중섭의 '소' • 김은호·김기창의 친일 활동
연극	신파극 유행	• 토월회 조직1922: 도쿄 유학생 주도, 신극 운동 전개, '현실(土)을 도외시하지 않고 이상(月)을 좇는다'는 의미 • 나운규의 「아리랑」1926: 민족의 비애 표현, 단성사에서 개봉, 주인공 영진은 3·1 운동 때 체포되어 일제의 고문으로 정신 이상이 된 민족 청년으로 표현	• 극예술 연구회1931 • 조선 영화령1940: 군국주의 선전이나 홍보를 담은 영화 강요

사료더하기

이상화의 「빼앗긴 들에도 봄은 오는가?」
지금은 남의 땅 – 빼앗긴 들에도 봄은 오는가?
나는 온몸에 햇살을 받고
푸른 하늘 푸른 들이 맞붙는 곳으로
가르마 같은 논길을 따라 꿈속을 가듯 걸어만 간다.
입술을 다문 하늘아 들아
내 맘에는 나 혼자 온 것 같지를 않구나!

이육사의 「광야」
까마득한 날에 하늘이 처음 열리고
어디 닭 우는 소리 들렸으랴.
모든 산맥들이 바다를 연모해 휘달릴 때도
차마 이곳을 범하던 못하였으리라.
끊임없는 광음(光陰)을 부지런한 계절이 피어선 지고
큰 강물이 비로소 길을 열었다.
지금 눈 내리고 매화 향기 홀로 아득하니
내 여기 가난한 노래의 씨를 뿌려라.
다시 천고(千古)의 뒤에 백마 타고 오는 초인이 있어
이 광야에서 목놓아 부르게 하리라.

6. 사회 변화

(1) 의생활: 양복과 양장의 보급, 단발 유행, 모던보이와 모던걸 등장, 중·일 전쟁 이후 국민복(남자)과 몸 빼(여자) 강요

(2) 식생활: 서양 음식 유입(빵, 아이스크림, 과자 등), 일본과 중국 음식의 토착화(어묵, 우동, 자장면)

(3) 주생활: 개량 한옥 건설, 문화 주택(상류층을 위한 2층 양옥) 건설, 영단 주택(급증하는 도시 인구 정착을 위해 만들어진 시민 주택) 건설, 토막촌(도시 빈민들이 거주하는 움집 형태의 집) 형성

(4) 도시 건설: 대전과 신의주(철도를 따라 형성), 함흥과 청진(공업 도시), 군산과 목포(항만 도시)

(5) 경성의 이원화

① 북촌: 한국인 주거 지역, 종로 상인들의 상권 수호 노력

② 남촌: 청계천 아래에 형성된 일본인 거주 지역, 진고개 일대에 위치(지금의 충무로와 명동 일대), 은행·백화점 등 상권 형성

사료더하기

과학 대중화 운동

우리 조선은 과학이라 하면 도저히 접근할 수 없는 어려운 학문적 이론처럼 생각하여 과학이 실사회와 거의 절연상태에 있습니다. 그리하여 과학의 황무지가 되었으니 이리하여 우리가 날마다 쓰고 접촉하는 외국의 과학 제품이 조수처럼 들어와서 우리의 주머니돈을 자꾸 남에게 빼앗기고 있습니다. 나는 과학조선의 전도를 위하여 이 방면에 일하기를 쉬지 아니할 것을 여러 동지들에게 호소합니다.
　　　　　　　　　　　　　　　　　　　　　　　　　　　　　－ 김용관, 『과학조선』 －

토막민의 삶

대경성의 지붕 밑에 늘어져 있는 함 모양의 거적 지붕, 쇠양철 부스러기 바람벽. 그도 부끄러운 자기의 존재를 숨기려는 것인지 땅 속에 묻히듯 웅크리고 있는 집 아닌 집. 그 속에서도 생명을 하늘로부터 받고 희망이 넘치는 젊음을 한 줌과 함께 가진 인생이 있다. 늙어 헤어진 절망 체념의 늙음과 함께.
　　　　　　　　　　　　　　　　　　　　　　　　　　　　　－ 『동아일보』, 1937.12.5. －

1930년대 서울 명동의 모습

남대문을 통과하여 아카시아 가로수의 보도를 따라 '조선은행 앞 광장'으로 향했다. … 정면의 한 끝을 차지하고 있는 것은 지나가면서도 보이는데, 메이지 분위기가 강한 빨간 벽돌의 중앙 우편국(지금의 중앙 우체국)이다. … 우측의 한 끝에는 마찬가지로 화강암 외장이 호장한 감을 주는 조선 저축 은행과 고딕 르네상스풍의 장식을 입힌 미쓰코시 백화점 경성 지점이 줄을 잇고 있다.
　　　　　　　　　　　　　　　　　　　　　　　　　　　　　－ 기시 겐, 『경성명소 이야기』 －

개념확인

○, ×

01 중일 전쟁 이후 일본에 충성하자는 황국 신민 서사를 암송하게 하였다. (○, ×)　　　21 국가직 9급

02 일제는 치안유지법을 제정한 다음 해에 경성 제국 대학을 설립하였다. (○, ×)　　　20 국가직 9급

03 일제는 토지 조사 사업을 위해 동양 척식 주식회사를 설립하였다. (○, ×)　　　21 국가직 9급

04 일제는 1934년에 조선 농지령을 제정하여 소작인의 소작료감면청구권을 법제화하였다. (○, ×)　21 계리직

05 몸빼를 입은 여성들이 근로보국대에서 강제 노동을 하였다. (○, ×)　　　18 국가직 9급

06 중일 전쟁 이후 공업 자원의 확보를 위하여 남면북양 정책을 시행하였다. (○, ×)　　　21 국가직 9급

빈칸 채우기

07 연해주의 독립 운동가들은 1914년에 (　　) 정부를 수립하였다.　　　19 서울시 9급

08 대한민국 임시 정부는 이승만 대통령을 탄핵하고 임시대통령으로 (　　)을/를 선출하였다.　21 국가직 9급

09 (　　), 최진동, 안무 등이 연합하여 봉오동에서 일본군을 급습하여 크게 이겼다.　　　20 경찰 1차

10 김구는 임시 정부의 활동에 활기를 불어넣고자 (　　)을/를 결성하였다.　　　19 지방직 9급

11 박용만은 하와이에서 (　　)을/를 조직하여 둔전병 방식으로 운영하였다.　　　18 지방직 9급

12 (　　)은/는 중국 호로군과 연합하여 동경성 전투와 대전자령 전투에서 승리하였다.　　　18 지방직 9급

13 한국 광복군은 대일 선전포고를 한 다음 해에 김원봉이 이끌던 (　　)의 병력을 통합하였다.

　　　20 국가직 9급

선택하기

14 문화 통치 기간에 백정들이 신분에 대한 불만을 타파하고자 (조선 민흥회, 조선 형평사)를 설립하였다.

　　　22 계리직

15 비타협적 민족주의 세력과 사회주의 세력은 신간회를 창립하고 (이상재, 홍명희)를 회장으로 추대하였다.

　　　21 지방직 9급

16 (동아일보, 조선일보)는 이광수의 「민족적 경륜」을 실어 비판받기도 하였으나, '일장기 말소사건'으로 일

제로부터 정간 처분을 받았다.　　　20 국가직 9급

17 (안재홍, 정인보)은/는 '조선얼'을 강조하며 조선학 운동을 펼쳤다.　　　19 국가직 9급

정답확인

01 ○　**02** ×　**03** ×　**04** ○　**05** ○　**06** ×　**07** 대한 광복군　**08** 박은식　**09** 홍범도　**10** 한인 애국단　**11** 대조선 국민군단　**12** 한국 독립군　**13** 조선 의용대　**14** 조선 형평사　**15** 이상재　**16** 동아일보　**17** 정인보

01
자료에 나타난 법령은 1912년 제정되어 공포된 조선태형령이다. 조선태형령은 조선인에게만 태형을 실시하던 차별적인 법령이며, 무단통치기의 대표적인 정책이다. 1920년까지 유지되었다.
④ 대한 광복군 정부는 1914년 러시아의 블라디보스토크에 설립된 망명 정부이며, 권업회의 중심 회원이었던 이상설과 이동휘 등이 주축이 되었다.

오답의 이유
① 회사령이 공포된 것은 조선태형령이 시행되기 이전인 1910년이다.
② 경의선 철도는 일제강점기 이전인 1906년에 개통되었다.
③ 동양 척식 주식회사는 일제강점기 이전인 1908년에 설립되었다.

01 다음 법령이 시행되던 시기에 볼 수 있는 모습으로 옳은 것은?

16 지방직 9급

> 제1조 3개월 이하의 징역 또는 구류에 처하여야 할 자는 그 정상에 따라 태형에 처할 수 있다.
> 제6조 태형은 태로써 볼기를 치는 방법으로 집행한다.
> 제13조 본령은 조선인에 한하여 적용한다.

① 회사령 공포를 듣고 있는 상인
② 경의선 철도 개통식을 보는 학생
③ 동양 척식 주식회사의 설립식에 참석한 기자
④ 대한 광복군 정부의 군사 훈련에 참여한 청년

02
④ 일본은 공업화로 인해 미곡생산량이 감소하였다. 이에 일본 내에서 쌀값이 폭등하였고 이를 해결하기 위해 조선에서 1920년을 시작으로 1934년까지 산미 증식 계획을 시행하였다.

오답의 이유
① 1932년 일본이 실시한 농촌진흥운동의 구호이다.
② 일제는 1937년 중·일 전쟁으로 병참 기지화 정책을 시행하였다. 이때 국가총동원법(1938)을 제정하여 조선에서 인적·물적 자원의 수탈 및 공출제도를 강화하고 배급제도를 실시하였다.
③ 일제는 1932년 농촌진흥운동을 전개하면서 소작쟁의를 조정하고 억제하기 위해 '조선소작조정령'을 발표하였다.

정답 01 ④ 02 ④

02 1920년대 산미 증식 계획에 대한 설명으로 옳은 것은?　　15 지방직 9급

① 춘궁 퇴치·자력갱생 등을 내세웠다.
② 쌀·잡곡에 대한 배급제도와 공출제도가 실시되었다.
③ 소작농을 보호한다는 명목으로 소작조정령을 발표하였다.
④ 공업화로 인한 일본의 식량 부족 문제를 해결하고자 실시하였다.

03 다음의 법률에 근거하여 실시된 식민지 정책으로 옳지 않은 것은?

18 국가직 9급

> 제4조 정부는 전시에 국가 총동원상 필요하다고 인정될 때에는 칙령이 정하는 바에 따라서 제국신민을 징용하여 총동원 업무에 종사하도록 할 수 있다.
>
> 제7조 정부는 칙령이 정하는 바에 따라 노동 쟁의의 예방 혹은 해결에 관한 명령, 작업소 폐쇄, 작업 혹은 노무의 중지 …(중략)… 등을 명할 수 있다.

① 물자통제령을 공포하여 배급제를 확대하였다.
② 육군특별지원병령을 제정하여 지원병을 선발하였다.
③ 금속류회수령을 제정하여 주요 군수 물자를 공출하였다.
④ 국민징용령을 공포하여 강제적인 노무 동원을 실시하였다.

04 밑줄 친 '이곳'에서 전개된 민족운동으로 옳은 것은?

17 국가직 9급

> 1903년에 우리나라 공식 이민단이 이곳에 도착하였다. 이주 노동자들은 사탕수수 농장, 개간 사업장, 철도 공사장 등에서 일하며 한인 사회를 형성하여 갔다. 노동 이민과 함께 사진 결혼에 의한 부녀자들의 이민도 이루어졌다. 또한 한인합성협회 등과 같은 한인 단체가 결성되었다.

① 독립운동 기지인 한흥동이 건설되었다.
② 독립운동 단체인 권업회가 조직되었다.
③ 자치 기관인 경학사와 부민단이 만들어졌다.
④ 군사 양성 기관인 대조선 국민군단이 창설되었다.

03

제시문은 일제가 인적·물적 자원의 총동원을 위해 1938년 4월 제정·공포한 국가총동원법에 대한 내용이다. 물자통제, 금속류회수, 징용제 등의 내용을 담고 있다.
② 육군특별지원병령은 1938년 2월에 제정되었다.

오답의 이유
① 1941년 물자통제령 공포
③ 1941년 금속류회수령 제정
④ 1939년 국민징용령 공포

04

자료에서 밑줄 친 이곳은 '하와이'이다.
④ 박용만은 하와이에서 군사 양성 기관인 대조선 국민군단을 조직하여 군사 훈련을 실시하였다(1914).

오답의 이유
① 이상설은 남만주의 밀산 부근에 땅을 사서 1백여 가구의 한국 교포를 이주시키고 최초의 독립 운동 기지인 한흥동을 건설하였다.
② 권업회는 유인석, 이상설 등이 국권회복을 목적으로 연해주에 조직한 단체이다(1911).
③ 서간도에서 경학사와 부민단이 조직되었다.

정답 03 ② 04 ④

05
④ 3 · 1 운동 직후 중국 상하이에서 활동하던 민족 운동가들이 임시 의정원을 먼저 구성하였고, 임시 의정원 회의를 통해 이승만을 국무총리로 하는 민주 공화제의 대한민국 임시 정부를 수립하였다.

05 대한민국 임시 정부에 대한 설명으로 옳지 않은 것은? 17 서울시 9급

① 국내 항일 세력들과 연락하기 위해 연통제를 운영하였다.

② 국외 거주 동포에게 독립 공채를 발행하였다

③ 만주 지역의 무장 투쟁 세력들도 참여하였다.

④ 임시 정부 수립 직후 임시 의정원을 구성하였다.

06
③ ㉢ 대한 광복군 정부 조직 (1914) → ㉠ 봉오동 전투(1920.6.) → ㉡ 윤봉길의 상하이 의거(1932) → ㉣ 민족 혁명당 창건 (1935) 순이다.

06 다음 사실들을 시기 순으로 바르게 나열한 것은? 20 경찰 1차

> ㉠ 홍범도, 최진동, 안무 등이 연합하여 봉오동에서 일본군을 급습하여 크게 이겼다.
> ㉡ 윤봉길이 상하이에서 폭탄을 던져 일본군 장성과 다수의 고관을 살상하였다.
> ㉢ 연해주 지역에 한인 집단촌인 신한촌이 건설되고, 대한 광복군 정부가 조직되었다.
> ㉣ 한국 독립당, 조선 혁명당, 의열단을 비롯한 여러 단체의 인사들이 민족 혁명당을 창건하였다.

① ㉠ - ㉡ - ㉢ - ㉣

② ㉡ - ㉢ - ㉣ - ㉠

③ ㉢ - ㉠ - ㉡ - ㉣

④ ㉣ - ㉢ - ㉠ - ㉡

07 ⊙ 조직에 대한 설명으로 옳은 것은?

18 지방직 9급

> 1922년 3월, 중국 상하이에서 (⊙)이/가 일본 육군대장 타나카 기이치(田中義一)를 암살하고자 한 사건이 발생했다. 이때 체포된 독립운동가들은 일본 경찰에 인도되어 심문을 받게 되었는데, 그 심문과정에서 (⊙)에 속한 김익상이 1921년 9월 조선총독부 건물에 폭탄을 던진 의거의 당사자라는 사실이 밝혀졌다.

① 공화주의를 주창하는 내용의 대동단결선언을 작성해 발표하였다.
② 이 조직에 속한 이봉창이 일왕이 탄 마차 행렬에 폭탄을 던졌다.
③ 일부 구성원을 황푸군관학교에 보내 군사 훈련을 받도록 하였다.
④ 새로 부임하는 사이토 조선 총독에게 폭탄을 투척하는 의거를 일으켰다.

08 다음 전투를 이끈 한국인 부대에 대한 설명으로 옳은 것은?

19 국가직 9급

> 아군은 사도하자에 주둔 병력을 증강시키면서 훈련에 여념이 없었다. 새벽에 적군은 황가둔에서 이도하 방면을 거쳐 사도하로 진격하여 왔다. 그런데 적군은 아군이 세운 작전대로 함정에 들어왔고, 이에 일제히 포문을 열어 급습함으로써 적군은 응전할 사이도 없이 격파되었다.

① 양세봉이 총사령관이었다.
② 미쓰야 협정이 체결되기 직전까지 활약하였다.
③ 한국 독립당의 산하부대로 동경성 전투도 수행하였다.
④ 조선민족전선연맹이 중국 국민당의 지원을 받아 창설하였다.

07
제시문의 ⊙ 조직은 의열단이다. 제시문은 1922년 의열단의 황푸탄의거와 1921년 의열단원 김익상의 조선총독부 폭탄 투척 의거에 대한 내용이다.
③ 의열단은 1920년대 후반부터 개인 의열 투쟁에 한계를 느끼고 조직적 무장 투쟁 노선으로 전환하여 중국의 제일 군사학교인 황푸군관학교에 일부 구성원을 보내 군사 훈련을 받도록 하였다.

08
'사도하자'라는 지명을 통하여 지청천이 1930년대 초 만주에서 이끌었던 한국 독립군에 대한 내용임을 알 수 있다.
③ 한국 독립군은 1930년대 초 중국호로군과 함께 쌍성보 전투, 사도하자 전투, 대전자령 전투, 동경성 전투 등을 치렀다.

오답의 이유
① 조선 혁명군(1929)에 대한 설명이다.
② 독립군 탄압을 위해 일제와 만주 군벌 사이에 맺어진 미쓰야 협정(1925)으로 인해 3부가 국민부와 혁신의회로 통합되었는데, 국민부 산하의 군대가 조선 혁명군(양세봉, 1929), 혁신의회 산하의 군대가 한국 독립군(지청천, 1930)이었다.
④ 조선 의용대(1938)에 대한 설명이다.

정답 07 ③ 08 ③

09

(가)의 단체는 조선 혁명군이다. 1930년대 국민부 계통은 조선 혁명군을 조직하여 남만주 일대를 중심으로 무장 투쟁을 전개하였다.

① 조선 혁명군은 영릉가 전투(1932)와 흥경성 전투(1933)에서 일본군에 승리를 거두었다.

② 동북 항일 연군의 조선 광복회가 보천보를 습격하여 일제의 경찰주재소와 면사무소를 파괴하였다.

③ 한국 독립군은 쌍성보 전투(1932), 대전자령 전투(1933)에서 일본군을 상대로 대승을 거두었다.

④ 김좌진의 북로군정서군을 중심으로 독립군 연합부대가 청산리 전투에서 승리를 거두었다.

09 다음 (가)의 활동에 대한 설명으로 옳은 것은? 21 계리직

> 1920년대 후반 민족유일당 운동의 결과, 만주 지역 민족해방운동의 중심 단체이던 정의 · 신민 · 잠의 3부가 국민부와 혁신의회로 재편되었다. 이후 1930년대에 국민부 계통은 ___(가)___ 을/를 조직하여 남만주 일대를 중심으로 활약했다.

① 영릉가 전투와 흥경성 전투에서 일본군을 격파하였다.

② 혜산진 보천보를 습격하여 일제의 경찰주재소와 면사무소를 파괴하였다.

③ 쌍성보 전투, 대전자령 전투 등에서 일본군을 상대로 대승을 거두었다.

④ 일본군과 6일 동안 10여 회의 전투를 벌여 대승을 거둔 청산리 대첩을 이끌었다.

10

제시문은 대한민국 임시 정부 산하의 한국 독립당이 발표한 '대한민국 건국 강령 (1941)'이다.

④ 한국광복군에 관한 내용이다. 한국광복군 역시 한국 독립당과 마찬가지로 대한민국 임시 정부 소속이었다.

오답의 이유

① 광복 이후인 1948년에 출범한 대한민국 정부에 대한 내용이다.

② 서일 총재를 중심으로 소 · 만 국경의 밀산부 한흥동에서 결성되었던 대한독립군단(상하이파)에 대한 내용이다.

③ 좌 · 우 합작 위원회는 1946년 좌 · 우 합작 7원칙을 발표하였다.

10 다음과 같은 강령을 발표한 조직의 활동으로 옳은 것은? 19 지방직 9급

> 건국 시기의 헌법상 경제체계는 국민 각개의 균등생활 확보 및 민족 전체의 발전 그리고 국가를 건립 보위함과 연환(連環)관계를 가진다. 그러므로 다음에 나오는 기본 원칙에 따라서 경제 정책을 집행하고자 한다.
>
> 가. 규모가 큰 생산기관의 공구와 수단 …(중략)… 은행 · 전신 · 교통 등과 대규모 농 · 공 · 상 기업 및 성시(城市) 공업 구역의 주요한 공용 방산(房産)은 국유로 한다.
>
> 나. 적이 침략하여 점령 혹은 시설한 일체 사유자본과 부역자의 일체 소유 자본 및 부동산은 몰수하여 국유로 한다.

① 이승만을 대통령, 이시영을 부통령으로 선출하였다.

② 자유시 참변을 겪고 러시아 적군에 무장해제를 당하였다.

③ 좌 · 우 합작 위원회를 구성하고 좌 · 우 합작 7원칙을 발표하였다.

④ 미군전략정보국(OSS) 지원 아래 국내 진공작전을 준비하였다.

정답 09 ① 10 ④

11 자료에 나타난 운동에 대한 설명으로 가장 옳은 것은?
22 법원직 9급

> 진주성 내 동포들이 궐기하여 형평사라는 단체를 조직하여 계급 타파 운동을 개시할 것이라고 한다. …(중략)… 어떤 자는 고기를 먹으면서 손귀한 대우를 받고, 어떤 자는 고기를 제공하면서 비천한 대우를 받는다. 이는 공정한 천리(天理)에 따를 수 없는 일이다.

① 백정에 대한 차별 철폐를 요구하였다.
② 공사 노비 제도가 폐지되는 결과를 가져왔다.
③ 향·부곡·소를 일반 군현으로 승격할 것을 주장하였다.
④ 평안도 지역에 대한 차별과 지배층의 수탈에 항거하였다.

12 밑줄 친 ⊙ 이후에 일어난 사실로 옳지 않은 것은?
19 국가직 9급

> 상쾌한 아침의 나라라는 뜻을 지닌 조선은 일본의 총칼 아래 민족정신을 무참하게 유린당했다. …(중략)… 조선민족은 독립항쟁을 줄기차게 계속하였다. 그중에서도 중요한 것은 ⊙ 1919년의 독립만세운동이었다.
>
> — 네루, 『세계사 편력』 —

① '암태도 소작쟁의'가 일어났다.
② '정우회 선언'이 발표되었다.
③ 임병찬이 독립의군부를 조직하였다.
④ 조선민립대학 기성회가 창립되었다.

11

제시문의 '진주성 내 동포들이 궐기하여 형평사라는 조직을 조직하였다'는 내용을 통해 일제 강점기 때의 형평 운동임을 알 수 있다.

① 갑오개혁 이후 공사 노비법이 혁파되어 법적으로는 신분제가 폐지되었으나 일제 강점기 때 백정에 대한 사회적 차별은 더욱 심해졌다. 백정들은 이러한 차별을 철폐하기 위해 진주에서 조선형평사 창립 대회를 개최하고 형평 운동을 전개하였다(1923).

오답의 이유

② 김홍집과 박정양 등을 중심으로 한 군국기무처를 통해 제1차 갑오개혁이 실시되었다(1894). 이때 문벌을 폐지하고 재능에 따라 인재를 등용하기 위해 과거제를 폐지하였고, 공사 노비법을 혁파하여 신분제가 법적으로 폐지되었다.

③ 고려의 특수 행정 구역이었던 향·부곡·소는 조선 전기에 들어와 일반 군현으로 승격되거나 일반 군현에 포함되어 소멸되었다.

④ 조선 순조 때 세도 정치와 삼정의 문란으로 인해 어려움을 겪던 농민들과 서북 지역 차별 대우에 불만을 품은 평안도 지방 사람들이 몰락 양반 출신 홍경래를 중심으로 봉기를 일으켰다(홍경래의 난, 1811).

12

③ 임병찬이 독립 의군부를 조직한 때는 1912년이므로 3·1 운동 이전의 일이다. 독립 의군부는 임병찬이 고종의 밀지를 받아 조직한 단체로, 기존에 의병 투쟁을 전개했던 유림들이 주축이 되어 전국적으로 조직이 추진된 의병 계열의 비밀 단체이다.

오답의 이유

① 암태도 소작쟁의(1923~1924)
② 정우회 선언(1926)
④ 조선민립대학 기성회 창립(1923)

정답 11 ① 12 ③

13

ㄹ. 조선 형평사는 1923년 백정 출신의 자산가인 이학찬을 중심으로 진주에서 처음 설립되었다.

ㄱ. 신민부는 김좌진을 중심으로 북만주 지역의 독립운동단체를 통합한 단체로 1925년에 결성되었다.

ㄴ. 1920년대 일제의 문화통치가 진행되면서 민족주의 진영이 서서히 분열되기 시작하였으며, 치안유지법이 시행되면서 사회주의 진영의 독립운동에 어려움을 겪게 되었다. 이러한 상황에서 비타협적 민족주의 진영과 사회주의 진영은 이른바 '민족협동전선론'을 주장하였다. 그 결과 1926년 정우회 선언이 발표되었으며, 이후 1927년 신간회의 창립에도 영향을 주었다.

ㄷ. 원산 총파업은 1929년에 발생한 최대 규모의 파업이다. 이는 라이징 선(Rising Sun) 석유회사에서 발생한 조선인 노동자들에 대한 차별적 대우가 원인이 되어, 원산 지역 일대의 노동조합원들의 대규모 노동운동으로 확대된 사건이다.

13 다음 사실들을 시기순으로 바르게 나열한 것은?

> ㄱ. 김좌진을 중심으로 한 신민부가 조직되었다.
> ㄴ. 민족협동전선론에 따라 성부회가 소식되었다.
> ㄷ. 노동 조건의 개선을 요구한 원산 노동자 총파업이 일어났다.
> ㄹ. 백정의 사회적 차별을 철폐하고자 하는 형평사가 창립되었다.

① ㄱ → ㄴ → ㄹ → ㄷ

② ㄱ → ㄹ → ㄷ → ㄴ

③ ㄹ → ㄱ → ㄴ → ㄷ

④ ㄹ → ㄷ → ㄱ → ㄴ

14

제시문은 박은식의 「유교 구신론」이다.

② 박은식은 『한국통사』에서 '나라는 형(形)이고, 역사는 신(神, 혼)'이라고 하면서 정신과 국혼이 멸하지 않으면 반드시 국권을 회복할 수 있다고 하였다.

오답의 이유

① 정인보

③ 김구

④ 신채호

14 다음 글의 저자에 대한 설명으로 옳은 것은?

> 무릇 동양의 수천 년 교화계(敎化界)에서 바르고 순수하며 광대 정밀하여 많은 성현들이 전해주고 밝혀 준 유교가 끝내 인도의 불교와 서양의 기독교와 같이 세계에 큰 발전을 하지 못함은 어째서이며 …(중략)… 유교계에 3대 문제가 있는지라. 그 3대 문제에 대하여 개량하고 구신(求新)을 하지 않으면 우리 유교는 흥왕할 수가 없을 것이다.

① '조선얼'을 강조하며 '조선학 운동'을 펼쳤다.

② '나라는 형(形)이고 역사는 신(神)'이라고 주장하였다.

③ 주석 · 부주석 체제하의 대한민국 임시 정부에서 주석을 역임하였다.

④ 『독사신론』에서 민족을 역사서술의 주체로 설정하고 사대주의를 비판하였다.

정답 13 ③ 14 ②

15 다음 글은 (가)의 부탁을 받고 (나)가 지은 것이다. (가)와 (나)에 대한 설명으로 옳은 것은?

22 지방직 9급

> 우리는 '외교', '준비' 등의 미련한 꿈을 버리고 민중 직접 혁명의 수단을 취함을 선언하노라. 조선 민족의 생존을 유지하자면 강도 일본을 쫓아내야 하고, 강도 일본을 쫓아내려면 오직 혁명으로써만 가능하니, 혁명이 아니고는 강도 일본을 쫓아낼 방법이 없는 바이다.

① (가)는 조선 의용대를 결성하였고, (나)는 '국혼'을 강조하였다.
② (가)는 신흥 무관 학교를 세웠고, (나)는 형평사를 창립하였다.
③ (가)는 조선 건국 동맹을 조직하였고, (나)는 식민사학의 한국사 정체성론을 반박하였다.
④ (가)는 황포 군관 학교에서 훈련받았고, (나)는 민족주의 역사 서술의 기본 틀을 제시하였다.

15

제시된 자료는 신채호의 조선 혁명 선언이다(1923). (나) 신채호는 의열단 단장 (가) 김원봉의 부탁으로 작성한 조선 혁명 선언을 통해 민중의 직접 혁명을 통한 무장 독립 투쟁의 필요성을 강조하였다.

④ (가) 김원봉은 개인적인 폭력 투쟁의 한계를 느끼고, 조직적으로 항일 무장 투쟁을 전개하기 위해 단원들과 함께 중국의 황포 군관 학교에서 정규 군사 훈련을 교육받았다.

(나) 신채호는 『독사신론』을 발표하여 민족을 역사 서술의 중심에 두는 민족주의 사학의 기반을 마련하였다.

오답의 이유

① (가)는 김원봉이 맞으나 (나)는 옳지 않다.
  • 조선 의용대는 (가) 김원봉이 주도하여 중국 국민당의 지원을 받아 중국 관내 결성된 최초의 한인 무장 부대이다.
  • 독립을 위해 '국혼'을 강조한 인물은 박은식이다.
② (가)와 (나) 모두 옳지 않다.
  • 신민회의 이회영 등은 서간도 삼원보 지역에 독립군 양성 학교인 신흥 강습소를 설립하였고 이후 명칭을 신흥 무관 학교로 바꾸었다.
  • 일제 강점기의 사회 운동가 강상호는 경남 진주에서 백정 이학찬 등과 함께 백정에 대한 사회적 차별 철폐를 위한 형평사를 조직하였다.
③ (가)와 (나) 모두 옳지 않다.
  • 여운형은 일제의 패망에 대비하여 광복 이후 민주주의 국가 건설을 목표로 한 조선 건국 동맹을 결성하였다.
  • 백남운은 『조선사회경제사』를 통해 유물 사관을 토대로 식민 사학의 정체성론을 반박하였다.

정답 15 ④

www.sdedu.co.kr

PART

07

현대 사회

CHAPTER 01

대한민국의 수립(1945~1948년)

01 광복

1. 광복 직전의 국외 정세

(1) **카이로 회담**1943.11.: 미 · 영 · 중 참여, 한국 독립을 최초로 약속(단, "적절한 시기에"라는 단서를 담)

(2) **포츠담 회담**1945.7.: 미 · 영 · 중 · 소 참여, 한국 독립을 재확인

2. 조선 건국 준비위원회(건준)1945.8.

(1) **결성 과정**: 여운형과 조선총독부 엔도 정무총감의 협상1945.8.15. 오전 → 조선 건국 동맹을 건준으로 개편

(2) **협상 내용**: 우리 측은 정치범 석방 · 치안권 · 재정권 등을, 일본 측은 무사 귀환을 각각 보장 받음

(3) **참여 세력**: 여운형 계열의 중도 좌파＋안재홍 계열의 중도 우파

(4) **치안대 설치, 전국에 145개의 지부 조직**: 과도기의 국내 질서 유지에 힘씀

(5) **조선 인민 공화국(인공) 선포**1945.9.

　① 미군의 한반도 진주 소식이 전해지자 건준을 정부 형태로 개편＋지방에 인민 위원회를 조직

　② 이승만 주석 · 여운형 부주석으로 추대: 단, 이승만의 취임 거부

　③ 한계: 좌익이 주도권을 장악하자 안재홍 등 우익 세력 이탈, 미군정이 인공을 인정하지 않음

3. 38도선 설정1945.9: 소련과 미국은 일본군의 무장 해제를 구실로 38도선을 경계로 각각 군대를 주둔시킴

4. 미군정 실시1945.9.~1948.8.

(1) **하지 사령관 파견**

(2) **미군정청의 직접 통치**: 대한민국 임시 정부와 인공을 전면 부정함, 임정 요인이 개인 자격으로 귀국함

(3) **현상 유지 정책**: '총독부 관리와 경찰 등은 자신의 자리를 지켜라'고 선언, 친일파 관리와 경찰 등용

(4) **미곡 공출제 폐지**1945.10.: 시장 경제 도입을 시도, 오히려 곡물가 폭등으로 식량난을 심화시킴

(5) **미곡 수집령 공포**1946.1.

(6) **신한 공사 설치**1946.3.: 귀속 재산 관리를 위해 조직

5. 다양한 정당의 난립

(1) **우익, 한국 민주당**: 김성수 · 송진우 중심, 지주 · 기업가 · 친일 경력자들이 참여, 임정 지지, 미군정에 적극 참여, 인민 공화국 · 토지 개혁 · 친일파 처리에 반대

(2) **우익, 독립 촉성 중앙 협의회**: 이승만 중심, 반탁 운동을 이끌며 대한 독립 촉성 국민회로 개편

(3) **우익, 한국 독립당**: 김구 · 임정 출신, 임정 법통론 주장, 적극적으로 반탁 운동 이끎, 경교장을 기반으로 활동, 1949년 김구가 경교장에서 안두희에 의해 암살되자 세력이 급격히 약화됨

(4) **중도, 국민당**: 안재홍 · 중도 우파 중심, 신민주주의와 신민족주의 표방

(5) **중도, 민족 자주 연맹**: 김규식 · 중도 우파 중심, 여운형 암살 후 결성, 남북 협상 주도

(6) **중도, 조선 인민당**: 여운형 · 중도 좌파 중심

(7) **좌익, 조선 공산당**: 박헌영 중심, 인공 선포 주도, 9월 총파업과 10월 항쟁으로 미군정과 갈등1946

6. 주요 인물

(1) **김규식**: 임시 정부 대표로 파리 강화 회의에 참석1919 → 민족 혁명당 창당 주도1935 → 대한민국 임시 정부 부주석 역임1944 → 좌 · 우 합작 운동 전개1946~1947, 남조선 과도 입법 의원 의장 역임 → 남북 협상 주도1948 → 6 · 25 전쟁 중 납북

(2) **김성수**: 경성방직 설립1919 → 송진우와 함께 동아일보 설립1920 → 보성전문학교 인수1932 → 한민당 창당1945 → 남한 단독 선거 찬성, 5 · 10 총선거에서 당선1948 → 초대 내각 구성을 둘러싸고 이승만과 갈등 → 호헌동지회 조직1954

(3) **박헌영**: 극동인민대표자 회의 참석1922 → 조선 공산당 창당1925 → 조선 공산당 재건, 건준 합류1945 → 정판사 위폐 사건 · 9월 총파업 등으로 미군정과 갈등 → 월북 후 남조선 노동당 창당1946 → 6 · 25 전쟁 주도 → 김일성에 의해 숙청

(4) **여운형**: 중국으로 건너가 신한청년당, 고려 공산당 등에서 활동 → 손기정 선수의 일장기 말소 사건으로 조선중앙일보 사장에서 해임1936 → 조선 건국 동맹 결성1944 → 조선 건국 준비위원회 결성1945 → 좌 · 우 합작 운동 전개 중 피살1947

사료더하기

여운형의 조선총독부 행정권 인수 5조건
1. 전국적으로 정치범과 경제범을 즉시 석방할 것
2. 서울의 3개월분 식량을 확보할 것
3. 치안 유지와 건국 운동을 위한 정치 운동에 대하여 절대로 간섭하지 말 것
4. 학생과 청년을 조직, 훈련하는 데 대하여 간섭하지 말 것
5. 노동자와 농민을 건국 사업에 동원하는 데 대하여 절대로 간섭하지 말 것

조선 건국 준비위원회
조선 민족의 해결은 다난한 운동 역사상에 있어 겨우 새로운 한 걸음을 내디었음에 불과하나니 이 완전한 독립을 위한 허다한 투쟁은 아직 남아 있으며 새 국가의 건설을 위한 중대한 과업은 우리의 앞에 놓여 있다. … 우리 민족을 진정한 민주주의적 정권에로 재조직하기로 한 새 국가 건설의 준비 기구인 동시에 모든 진보적 민주주의적 세력을 집결하기 위하여 각 층 각계에 완전히 개방된 통일 기관이요 결코 혼잡된 협동 기관은 아니다.
1. 우리는 완전한 독립 국가의 건설을 기함
2. 우리는 전 민족의 정치적, 경제적, 사회적 기본 요구를 실현할 수 있는 민주주의적 정권의 수립을 기함
3. 우리는 일시적 과도기에 있어서 국내 질서를 자주적으로 유지하여 대중 생활의 확보를 기함

태평양 미 육군 총사령관 맥아더 포고령 제1호1945
제1조 북위 38도선 이남의 조선 영토와 조선 인민에 대한 최고 통치권은 당분간 본관의 권한하에 시행된다.
제2조 정부 등 모든 공공 기관에 종사하는 직원과 고용인은 별도의 명령이 있을 때까지 종래의 정당한 기능과 업무를 수행하고 모든 기록과 재산을 보존 보호하여야 한다.
제3조 주민은 본관 및 본관의 권한하에서 발표한 명령에 즉각 복종하여야 한다. 점령군에 대한 모든 반항행위 또는 공공안녕을 교란하는 행위를 감행하는 자에 대해서는 용서 없이 엄벌에 처할 것이다.
제5조 군정 기간 동안 영어를 모든 목적을 위해 사용하는 공용어로 한다.

1. 모스크바 3국 외상 회의 1945.12.

(1) 미국 · 영국 · 소련의 3국 외무 장관 참여

(2) 결정 내용

① 임시 민주 정부 수립, 이를 돕기 위한 미 · 소 공농 위원회 설치, 최고 5년간의 신탁 통치 실시

② 미국은 '신탁 통치'를, 소련은 '한국의 즉시 독립'을 주장함, 동아일보가 반대로 보도하여 혼란 야기

(3) 국내의 반응: 좌우 대립 심화, 반소 감정 격화

우익	• 신탁 통치 반대 운동 전개: 이를 통해 정국의 주도권을 장악 • 김구와 임정: 가장 적극적으로 참여, 신탁 통치 반대 국민 총동원 위원회 조직 → 신탁 통치 반대 국민 총동원 시위 대회 개최 1945.12. • 이승만: 독립 촉성 중앙 협의회와 신탁 통치 반대 국민 총동원 위원회를 결합하여 대한 독립 촉성 국민회를 조직 1946.2.
좌익	초기에는 신탁 통치 반대 → 이후 모스크바 3국 외상 회의 결정의 본질이 임시 정부 수립에 있다고 보고 총체적 지지로 입장 선회

사료더하기

모스크바 3국 외상 회의 결정서 1945.12.
1. 조선을 독립 국가로 재건하여 민주주의적 원칙하에 발전시키는 동시에 일본의 가혹한 정치의 잔재를 급속히 청소하기 위하여 조선 민주주의 임시 정부를 수립한다.
2. 조선에 임시 정부 수립을 실현하며, 이에 대한 방침을 강구하기 위하여 남조선의 미국군 사령부 대표와 북조선의 소련군 사령부 대표로서 공동 위원회를 설치한다. 이에 대한 제안을 준비하기 위하여 공동 위원회는 조선 민주주의 정당과 사회 단체와 협의할 것이다.
3. 위 공동 위원회는 조선 민주주의 임시 정부를 기타 각 민주주의 단체와 협력하여 조선을 정치적, 사회적 및 경제적으로 발전시키며 민주주의적 자치 정부를 수립하여 독립 국가로 육성시키는 데 사명이 있다. 공동 위원회 제안은 조선 임시 정부와 타협한 후 미 · 소 · 영 · 중 정부에 제출하여 최고 5년간의 4개국 조선 신탁 통치에 관한 협정을 할 것이다.

신탁 통치 반대 국민 총동원 위원회 선언문
카이로, 포츠담 선언과 국제 헌장으로 세계에 공약한 한국의 독립 여부는 금번 모스크바에서 개최한 3상 회의의 신탁 관리 결의로써 수포로 돌아갔으니 다시 우리 3천만은 영예로운 피로써 자주 독립을 획득치 않으면 아니될 단계에 들어섰다. 동포여, 8 · 15 이전과 이후, 피차의 과오와 마찰을 청산하고자 우리 정부 밑에 뭉치자. 그리하여 그 지도하에 3천만의 총역량을 발휘하여서 신탁 관리제를 배격하는 국민 운동을 전개하여 자주 독립을 완전히 획득하기까지 3천만 전 민족의 최후의 피 한 방울까지라도 흘려서 싸우는 하쟁 개시를 선언함

조선 공산당 중앙 위원회의 모스크바 3상 회담 지지 담화문
모스크바 3상 회담의 결정을 신중히 검토한 결과 이번 회담은 세계 민주주의 발전에 있어서 또 한 걸음 진보이다. … 문제의 5년 기한은 그 책임이 3국 회의에 있는 것이 아니라 실인즉 우리 민족 자체의 결정, 장구한 일본 지배의 해독과 민족적 분열에 있다고 우리는 반성하지 않으면 안 된다. … 이것은 우리가 5년 이내에 통일되고 우리의 발전이 상당한 때에는 단축될 수 있는 것이니 이것은 오직 우리의 역량 발전에 달린 것이다.

2. 1946년

(1) 제1차 미·소 공동 위원회 개최1946.3.~5.: 덕수궁 석조전, 참여 단체를 둘러싸고 미·소 간 대립으로 결렬

    ① 소련 측 주장: '모스크바 3국 외상 회의의 결정을 찬성하는 단체만 참여시키자!'

    ② 미국 측 주장: '모든 정치 단체 참여시키자!'

(2) 조선 공산당의 활동

    ① 조선정판사 위폐 사건1946.5.: 활동 자금 마련을 위해 정판사에서 위조지폐를 발행

    ② 9월 총파업: 극심한 식량난에 분노한 철도 노동자의 파업 → 전국으로 확산, 미군정의 강경 진압

    ③ 10월 항쟁: 극심한 식량난과 미곡 수집령1946.1.에 반발하여 대구에서 봉기함 → 남한 전역으로 확산

(3) 이승만의 정읍 발언1946.6.: 단독 정부 수립론을 최초로 주장

3. 좌·우 합작 운동1946.7.~1947.7.

(1) 배경: 1차 미·소 공동 위원회의 무기한 휴회, 단독 정부 수립론의 제기로 인해 분단 우려가 커짐

(2) 전개: 여운형(중도 좌익)과 김규식·안재홍(중도 우익)이 좌·우 합작 위원회를 결성

    → 좌·우 합작 7원칙 발표1946.10.: 토지 개혁과 친일파 처리 문제 등에서 갈등을 빚었던 좌측의 5원칙과 우측의 8원칙을 절충함

    → 남조선 과도 입법 의원 조직1946.12.: 의장 김규식, 관선 의원 45명(하지 사령관이 임명)과 민선 의원 45명(간선제로 선출)으로 구성, 통일 임시 정부가 수립될 때까지 사용될 법령의 초안을 제정(과도기적 의회), 미군정청은 거부권을 행사할 수 있음

    → 남조선 과도 정부 조직1947.2.: 과도기적 행정부, 민정장관 안재홍

(3) 해체 원인

    ① 김구, 이승만, 박헌영의 불참: 신탁 통치·토지 개혁·친일파 처벌 문제 등에서 첨예하게 대립함

    ② 미국의 정책 변화: (설립 초기) 지지 → (1947.3. 트루먼 독트린 발표 + 1947.7. 제2차 미·소 공동 위원회 결렬) 좌·우 합작 운동에 대한 지지를 철회, 우익을 적극 지지, 한반도 문제를 유엔에 상정

    ③ 여운형 암살1947.7.

사료더하기

이승만의 정읍 발언1946.6.
이제 우리는 무기 휴회된 미·소 공동 위원회가 재개될 기색도 보이지 않으며, 통일 정부를 고대하나 여의케 되지 않으니, 우리는 <u>남한만이라도 임시 정부 혹은 위원회 같은 것을 조직하여</u> 38 이북에서 소련이 철퇴하도록 세계 공론에 호소하여야 될 것이니 여러분도 결심하여야 될 것이다.

여운형의 좌·우 합작 운동
단독정부가 출현한다면 나쁜 아니라 전 민족이 반대할 것이다. 나는 민전이나 민주의원을 초월한 통일기관의 필요를 적극적으로 제창한다. … 현재 좌우익은 악화된 감정과 경제적 이해에 관한 문제로 대립되어 있다. <u>감정은 피차에 풀고 좌우익이 합작해 우리 민족 전체의 의사를 대표하는 통일기관을 만들어야 할 것이다.</u>
          - 「중외신보」 -

좌·우 합작 7원칙1946.10.
1. <u>모스크바 3국 외상 회의의 결정에 따라 남북의 좌·우 합작으로 민주주의 임시 정부를 수립할 것</u>
2. <u>미·소 공동 위원회의 속개를 요청하는 공동 성명을 발표할 것</u>
3. <u>토지는 몰수, 유조건 몰수, 매수하여 농민에게 무상으로 분배하고, 중요 산업을 국유화할 것</u>
4. <u>친일파, 민족 반역자를 처단할 조례를 본 위원회에서 제안한 입법 기구가 심의 결정하여 실시하게 할 것</u>
5. 정치범을 석방하고 남북, 좌우의 테러를 중지할 것
6. 입법 기관의 권한, 구성, 운영 등을 좌·우 합작 위원회에서 실행할 것

4. UN의 결정

(1) UN 총회 개최1947.11.: 2차 미 · 소 공동 위원회 결렬 후 미국이 한반도 문제를 유엔에 이관 → 유엔에서 인구 비례에 따른 남북한 총선거 결정 → 유엔 한국 임시위원단 파견 → 소련이 이들의 입국을 거부

(2) UN 소총회 개최1948.2.: 남한만의 총선거 결정

① 이승만계+한국 민주당: 찬성

② 한국 독립당+민족 자주 연맹˙ 반대 → 남북 협상 추진1948.4

③ 좌익, 남조선 노동당의 반응: 반대 → 제주 4 · 3 사건 발생1948.4.

5. 김구 · 김규식의 남북 협상1948.4.

(1) 경과: 단독 정부 수립에 반대하며 북한의 김일성 · 김두봉에게 남북 정치 지도자 회의를 제안

→ 평양에서 남북 연석회의(남북 제정당 사회단체 연석회의와 남북 정치 지도자 간의 회담) 개최

→ '남한만의 단독 정부 수립 반대, 총선거를 통한 통일 정부 수립, 미 · 소 군대 즉시 철수' 등을 요구하는 공동 성명 발표

(2) 결과: 김구 · 김규식 · 안재홍 · 조만식 등은 5 · 10 총선거에 불참

6. 제주 4 · 3 사건1948~1954

(1) 배경

① 광복 후 제주도의 인구 급증에 따른 생필품 부족과 실업률 증가+경찰의 부패와 무능

② 3 · 1절 기념 시위 때 경찰의 발포로 사상자가 발생1947

(2) 경과: 남한 단독 선거에 반대하는 좌익 세력(남로당 제주도당 무장대)과 일부 주민의 무장 봉기1948.4.3.

→ 미군정은 서북청년회(우익 청년 단체), 경찰, 군대를 동원하여 무력으로 진압함

→ 무고한 3만여 명의 민간인 희생, 3곳 중 2곳의 선거구에서 5 · 10 총선거가 실시되지 못함

(3) 2000년, '제주 4 · 3 사건 진상 규명 및 희생자 명예 회복에 관한 특별법' 제정

(4) 2003년, 노무현 대통령의 공식 사과

(5) 여수 · 순천 10 · 19 사건1948.10.

① 제주 4 · 3 사건 진압을 위해 여수 · 순천에 주둔 중인 국군 부대에 제주도 출동을 명령 → 군대 내 좌익 세력이 '제주도 출동 반대', '통일 정부 수립'을 주장하며 여수 · 순천 지역을 점령

② 정부의 대응: 진압 → 국가 보안법 제정1948.12. → 국민 보도 연맹 조직1949

사료더하기

김구의 「3천만 동포에게 읍고함」1948.2.
통일하면 살고 분열하면 죽는다는 것은 고금의 철칙이온데, 자기 세력의 연장을 위해서 민족 분단의 연장을 획책하는 것은 온 민족을 죽음의 구렁 속에 빠뜨리는 극악무도한 짓이노라. 독립이 원칙인 이상, 그것이 당장엔 가망 없다고 해서 자치를 주장할 수 없는 것은 왜정하에서 온 민족이 뼈저리게 인식한 바 있거니와, 지금 독립 정부의 수립이 당장에 가망 없다고 해서 단독 정부를 세울 수는 없는 것이다. … 나는 통일 정부를 세우려다가 38도선을 베고 쓰러질지언정 일신의 구차한 안위를 위해서 단독 정부를 세우는 일에는 가담하지 않겠노라.

여수 순천 사건
우리는 조국의 방위와 인민의 권리와 복리를 보호하기 위해 목숨을 걸고 싸우고 있다. 우리는 제주도의 애국 인민을 무차별하게 학살하기 위해 우리를 제주도로 출동시키려는 명령에 대해, 조선 인민의 자식으로서의 사명 하에 이것을 거부하고 사랑하는 동포를 위해 결연히 일어섰다.

7. 대한민국 정부 수립 1948.8.

(1) 5 · 10 총선거 실시 1948.5.

① 우리나라 최초의 보통(만 21세 이상) · 평등 · 직접 · 비밀 선거

② 임기 2년의 제헌 국회의원 선출(198명): 무소속(1위, 42.5%) > 대한 독립 촉성 국민회(27.5%) > 한국 민주당(14.5%)

③ 남북 협상파 불참: 김구, 김규식, 조소앙, 안재홍 등

(2) 제헌 국회의 활동

① 헌법 제정 1948.7.: 민주 공화국 체제, 삼권분립, 대통령 중심제(간선제, 4년 중임제), 국회 단원제, 친일파 처벌을 위한 특별법 제정 조항 등

② 국회에서 대통령 이승만 · 부통령 이시영 선출

③ 정부 수립 선포 후, 반민족 행위 처벌법 제정 1948.9. → 농지개혁법 제정 1949.6. → 귀속재산처리법 제정 1949.12.

(3) 대한민국 정부 수립 선포 1948.8.: UN으로부터 한반도의 유일한 합법 정부로 승인 받음

(4) 국군 창설 1948.9.: 초대 국방장관 이범석

광복 1945.8.15. / 건준 조직 1945.8.15. → 38도선 설정 1945.9. → 북한: 공산화 진행 / 남한: 미군정 실시 → 1 · 2차 미소 공위 1946, 1947 / 좌 · 우 합작 운동 1946~1947 → UN 총회, 총선거 결의 1947.11. → 북한 정권 수립 1948.9. / 5 · 10 총선거 1948.5. → 대한민국 정부 수립 1948.8.

사료더하기

제헌 헌법 1948.8.

유구한 역사와 전통에 빛나는 우리들 대한국민은 기미 삼일운동으로 대한민국을 건립하여 세계에 선포한 위대한 독립정신을 계승하여 이제 민주독립국가를 재건함에 있어서 정의인도와 동포애로써 민족의 단결을 공고히 하며 모든 사회적 폐습을 타파하고 민주주의 제제도(諸制度)를 수립하여 정치, 경제, 사회, 문화의 모든 영역에 있어서 각인(各人)의 기회를 균등히 하고 능력을 최고도로 발휘케 하며 각인의 책임과 의무를 완수케 하여 안으로는 국민생활의 균등한 향상을 기(期)하고 밖으로는 항구적(恒久的)인 국제평화의 유지에 노력하여 우리들과 우리들의 자손의 안전과 자유와 행복을 영원히 확보할 것을 결의하고 우리들의 정상 또는 자유로히 선거된 대표로서 구성된 국회에서 단기 4281년 7월 12일 이 헌법을 제정한다.

제1조 대한민국은 민주 공화국이다.

제53조 대통령과 부통령은 국회에서 무기명 투표로써 각각 선거한다.

제55조 대통령과 부통령의 임기는 4년으로 한다. 단, 재선에 의하여 1차 중임할 수 있다.

제86조 농지는 농민에게 분배하며 그 분배의 방법, 소유의 한도, 소유권의 내용과 한계는 법률로써 정한다.

제101조 이 헌법을 제정한 국회는 단기 4278년 8월 15일 이전의 악질적인 반민족 행위를 처벌하는 특별법을 제정할 수 있다.

CHAPTER 02

민주주의의 시련과 발전

01 이승만 정부: 1948~1960

1 초기 이승만 정부1948~1950: 제헌 국회 시기

1. 친일파 청산1948.9.~1949.10.

(1) **반민족 행위 처벌법 제정**1948.9.: 재산 몰수 · 공민권 제한 · 형사 처벌 등 명시

(2) **반민족 행위 특별 조사 위원회(반민특위) 운영**: 특별재판부와 특별검찰부 설치, 전국 지부 설치

(3) **경과**

① 박흥식, 노덕술, 최린, 최남선, 이광수 등 680여 명 조사 후 10여 명에게 실형 선고: 형집행정지 · 감형 · 집행유예 등으로 최종적으로 모두 석방

② 이승만 대통령의 특별 담화 발표: '반민특위 활동은 삼권분립에 위반되며, 좌익 반란분자들이 살인, 방화 등을 저지르는 상황에서 경험 있는 경찰관을 마구 잡아들이는 것은 부당하다.'

③ 국회 프락치 사건1949.3.: 외국 군대 철수와 남북 통일 협상안을 제시한 국회의원 13명을 간첩 혐의로 체포 · 구속

④ 경찰의 반민특위 습격1949.6.: 친일 경찰 노덕술의 체포에 반발하여 반민특위 사무실을 급습함

⑤ 정부가 반민족 행위 처벌법의 공소시효를 1년으로 단축 → 반민특위 해산, 반민족행위처벌법 폐지

(4) **친일파 청산이 미완성인 이유**: 이승만 정부의 소극적 태도와 비협조＋친일파의 노골적 방해

2. 여수 · 순천 10 · 19 사건1948.10. → 국가보안법 제정1948.12. → 국민 보도 연맹 조직1949

3. 농지 개혁1950~1957

(1) 농지개혁법 제정1949.6. → 농지개혁법 공포1950.3. → 6 · 25 전쟁으로 중단 → 1957년에 완료

(2) **가구당 3정보를 소유 상한으로 설정**: 자영농 증가, 지주제 폐지

사료더하기

반민족 행위자 처벌법1948.9.

제1조 일본 정부와 통모하여 한 · 일 합방에 적극 협력한 자, 한국의 주권을 침해하는 조약 또는 문서에 조인한 자와 모의한 자는 사형 또는 무기 징역에 처하고 그 재산과 유산의 전부 또는 2분의 1 이상을 몰수한다.

제2조 일본 정부에서 작위를 받은 자 또는 일본 제국 의회의 의원이 되었던 자는 무기 또는 5년 이상의 징역에 처하고 그 재산과 유산의 전부 또는 2분의 1을 몰수한다.

제3조 일본 치하 독립 운동가나 그 가족을 악의로 살상 박해한 자 또는 이를 지휘한 자는 사형, 무기 또는 5년 이상의 징역에 처하고 그 재산의 전부 또는 일부를 몰수한다.

---

2 6 · 25 전쟁 1950~1953

1. 배경

(1) 냉전의 격화: 중국의 공산화 1949, 소련의 원폭 실험 성공

(2) 북한

① 인민군 창설 1948.2.과 조선 의용군의 인민군 편입 1949~1950

② 중국의 참전 약속 받음

③ 소련군 철수 후 신무기와 군사적 지원 → 김일성의 소련 방문으로 북한의 남침 계획을 승인 받음

(3) 남한

① 국군 창설 1948.9.: 초대 국방장관 이범석

② 이승만의 북진 통일 주장: '점심은 평양에서, 저녁은 신의주에서'

③ 국내 치안 불안: 1950년 봄까지 지리산 등지에서 좌익의 게릴라 활동 빈번

④ 미군 철수 1949.6. → 애치슨 선언 · 한미 상호 방위 원조 협정 체결 1950.1.

(4) 38도선 부근에서 무력 충돌 빈번

2. 경과

	1950.6.25. 북한의 남침: 3일 만에 서울 함락과 정부의 피난 → 1950.6.26. 유엔 안전 보장 이사회 소집: 북한을 침략자로 규정, 소련 불참 → 1950.7. 유엔 안전 보장 이사회의 유엔군 파견 결정: 16개국으로 구성된 유엔군 참전(유엔군 최초의 파병), 맥아더에게 작전 통제권을 이양, 낙동강 전선에서 항전 → 1950.9. 연합군의 인천 상륙 작전(맥아더 장군 주도): 서울 수복 후 압록강까지 진격 → 1950.10. 중국군 참전: 흥남 철수 작전('크리스마스의 기적') 1950.12., 서울 재함락(1 · 4 후퇴) → 1951.3. 국군과 유엔군의 서울 재탈환: 이후 38도선 부근에서 전선이 고착화됨 → 1951.3. 국민 방위군 사건: 군 간부들의 군수품 횡령 · 착복으로 다수의 사망자 발생
전쟁 초기	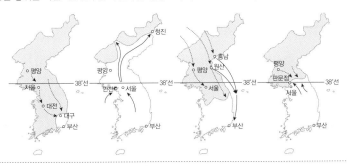
	⇩
휴전 협상	• 소련의 휴전 회담 제의 1951.6. • 군사 분계선 설정과 포로 교환 문제를 둘러싸고 2년간 난항 거듭 　– 연합국 입장: 현 점령 경계선 설정, 자유송환('포로의 자유의사에 따라 행선지 결정하게 해야 한다.') 　– 북한 · 중국 입장: 38도선 설정, 강제송환('제네바 협정에 따라 무조건 본국으로 송환해야 한다.') 　– 이승만 정부 입장: 휴전 협정에 반대하며 북진 통일 주장 • 이승만 정부의 포로 석방 1953.6.: 유엔 동의 없이 거제도에 수용 중이던 인민군 포로 27,000명을 석방 • 포로 송환 협정 체결 1953.6.: 본국 송환자 귀환, 송환 거부자는 중립국 책임하에 자유의사로 행선지 결정 • 정전 협정 체결 1953.7.27. 　– 유엔군 · 북한 · 중국 서명 있음, 한국 · 소련 서명 없음 　– 비무장지대 설정(군사 분계선에서 각각 2km 지역에 위치), 군사 정전 위원회와 중립국 감시 위원단 설치 합의 • 한 · 미 상호방위조약 체결 1953.10.: 이승만 대통령과 아이젠하워 대통령 간 체결, 주한 미군 주둔과 전시 작전권을 UN군 사령부에 양도 조항 명시

3. 전후 사정

(1) 인적 피해: 약 500만 명의 사상자 · 수많은 전쟁고아와 이산가족 발생

(2) 물적 피해: 남한 제조업의 40% 이상 파괴

(3) 남북 간의 적대감 심화, 분단 고착화

(4) 남북한의 독재 강화

① 북한: 전쟁의 책임을 물어 박헌영 등 김일성 반대파 숙청

② 남한: 반공 가치를 최우선으로 둠, 개헌을 통해 독재 유지, 신국가 보안법 제정 1958.12.

사료더하기

애치슨 선언 1950.1.
미국의 극동 방위선은 알류산 열도 일본 열도를 거쳐 류큐(오키나와 섬)로 이어진다. … 방위선은 류큐에서 필리핀으로 연결된다. 이 방위선 밖에 위치한 국가가 제3국의 침략을 받는다면, 침략을 받은 국가는 그 국가 자체의 방위력과 국제 연합 헌장의 발동으로 침략에 대항해야 한다.

1 · 4 후퇴와 가요 「굳세어라 금순아」
눈보라가 휘날리는 바람 찬 흥남 부두에 / 목을 놓아 불러봤다 찾아를 봤다.
금순아 어디로 가고 길을 잃고 헤매었더냐. / 피눈물을 흘리면서 1 · 4 이후 나홀로 왔다.

한 · 미 상호 방위 조약 1953.10.
제2조 당사국 중 어느 일방의 정치적 독립 또는 안정이 외부로부터의 무력 침공에 의하여 위협을 받고 있다고 어느 당사국이든지 인정할 때에는 언제든지 당사국은 서로 협의한다.
제3조 각 당사국은 … 타 당사국에 대한 태평양 지역에 있어서의 무력 공격을 자국의 평화와 안전을 위태롭게 하는 것이라고 인정하고 공통한 위험에 대처하기 위하여 각자의 헌법상의 수속에 따라 행동할 것을 선언한다.
제4조 상호 합의에 의하여 결정된 바에 따라 미합중국의 육군, 해군과 공군을 대한민국의 영토 내와 그 주변에 배치하는 권리를 대한민국은 이를 허락하고 미합중국은 이를 수락한다.

개념더하기

- 애치슨 선언 1951: 미 국무 장관 애치슨은 미국의 태평양 방위선을 알래스카–일본–오키나와–필리핀 선으로 한다고 선언
- 한미 상호 방위 원조 협정 1951: 미국이 한국에게 군사원조를 제공하는 것을 명시
- 흥남 철수 1950.12.: 장진호 전투에서 많은 피해를 입은 국군과 유엔군은 1950년 12월 원산이 적중에 넘어가 퇴로가 차단되자 흥남 해상으로 철수를 시도함, 이때 흥남주변에 몰려든 10만 명의 북한주민들도 유엔군의 도움을 받아 선박으로 월남함
- 국민 방위군 사건 1951
  - 국민 방위군: 중국군 개입 후 제2국민병으로 조직된 군대, 17~40세 대상, 약 50만 명 조직
  - 국민 방위군 간부들이 군수품을 빼돌리는 바람에 1 · 4 후퇴 때 아사자 · 동사자 · 병자 속출 → 부통령 이시영 사임, 관련자 5명 사형 집행
- 6 · 25 전쟁 중 민간인 학살 사건

국민 보도 연맹 사건 1950.7.	국군 주도	• 국민 보도 연맹: 여수 · 순천 사건 이후 좌익 인사 교화 및 전향을 목적으로 조직 • 전쟁 초기 후퇴 과정에서 이들에 대한 무차별적인 즉결 처분을 시행
노근리 양민학살 사건 1950.7.	미군 주도	노근리의 철교 밑 터널 속에서 피신하고 있던 인근 마을 주민들을 무차별 사격으로 300여 명 사망
거창 양민학살 사건 1951.2.	국군 주도	1 · 4 후퇴가 시작되면서 빨치산의 공세가 강화되자 후방 거창군 일대의 공비 토벌 중에 양민들이 공비와 내통했다 하여 무차별적으로 학살

3 후기 이승만 정부 1953~1960

1. 발췌 개헌(1차 개헌) 1952

(1) 배경

① 제2대 총선의 야당 승리 1950.5.: 기존의 대통령 간선제 방식으로는 이승만의 재선이 어려워짐

② 거창 양민 학살 사건과 국민 방위군 사건의 폭로로 정부에 대한 반감 팽배

③ 이승만의 자유당 창당 1951.12.

(2) 이승만 정부의 대통령 직선제 개헌안과 야당의 내각책임제 개헌안의 충돌

→ 부산 정치 파동 1952.5.: 부산 일대에 계엄령 선포, 야당 국회의원 50여 명을 국제 공산당의 자금을 받았다는 혐의를 씌워 헌병대로 연행

→ 발췌 개헌안 통과 1952.7.: 기립 투표 방식으로 진행(찬성 163, 반대 0, 기권 0), '대통령 직선제와 양원제' 수록, 단 양원제는 시행 보류

→ 제2대 대통령 선거 1952.8.: 자유당 이승만의 재선 성공

2. 사사오입 개헌(2차 개헌) 1954

(1) 배경: 제3대 총선에서 자유당의 승리 1954.5.

(2) 사사오입 개헌 1954.11.

① 주요 내용: '초대 대통령에 한하여 중임 제한을 철폐한다.'

② 표결 정족수에서 1명이 부족하여 부결, 이틀 후 반올림 논리로 개헌안 통과

③ 개헌 반대파의 호헌동지회 조직: 범야당연합 세력, 민주당 창당 1955

(3) 제3대 대통령 선거 1956.5.

① 대통령 후보: 자유당의 이승만(3선 성공), 민주당의 신익희("못살겠다. 갈아보자" 구호 내세움, 유세 중 사망), 무소속·진보당의 조봉암('이것저것 다 보았다. 혁신밖에 살 길 없다' 구호 내세움, 평화 통일과 혁신노선을 앞세워 30% 득표, 대선 2위)

② 부통령 후보: 자유당의 이기붕, 민주당의 장면(당선)

(4) 대선 후 정부의 반대 세력 탄압

① 진보당 사건 1958.1.: 진보당의 평화 통일론(유엔 감시하에 남북한의 총선거 주장)을 구실 삼아 국가보안법 위반 혐의를 씌움 → 조봉암 사형, 진보당 정당등록 취소 → 2011년 재심에서 무죄 선고

② 신국가보안법 제정 1958.12.

③ 정부에 비판적인 기사를 게재한 경향신문 폐간 1959

사료더하기

발췌 개헌안 1952
제31조 입법권은 국회가 행사한다. 국회는 민의원과 참의원으로써 구성한다.
제53조 대통령과 부통령은 국민의 보통, 평등, 직접, 비밀 투표에 의하여 각각 선거한다.

사사오입 개헌안 1954
제55조 대통령과 부통령의 임기는 4년으로 한다. 단, 재선에 의하여 1차 중임할 수 있다. 대통령이 궐위된 때에는 부통령이 대통령이 되고 잔임 기간 중 재임한다.
부칙 이 헌법 공포 당시의 대통령에 대하여는 제55조 제1항 단서의 제한을 적용하지 아니한다.

3. 4 · 19 혁명 1960

(1) 배경

① 이승만 정부의 장기 집권과 독재에 대한 국민적 반감 확산

② 미국의 경제 원조가 유상 차관으로 전환하자 물가 상승 등 경제 위기 발생

③ 2 · 28 대구 학생 시위(대구 2 · 28 민주운동): 야당 유세 참석을 막기 위해 고등학생을 일요일에 등교 강요 → 대구 지역 고등학생의 저항, 3 · 15 마산 의거와 4 · 19 혁명의 도화선이 됨

(2) 제3대 대통령 선거 = 3 · 15 부정 선거 1960

① 대통령 후보: 자유당의 이승만(4선 성공, 85세), 민주당의 조병옥(선거 1달 전 미국에서 수술 중에 사망)

② 부통령 후보: 자유당의 이기붕(당선), 민주당의 장면

③ 자유당 이기붕을 부통령에 당선시키기 위해 부정 선거를 자행: 4할 사전 투표, 투표함 바꿔치기, 야당 참관인 배제

(3) 3 · 15 마산 의거: 경찰의 발포로 다수의 사상자 발생

→ 시위 참가자 김주열 학생의 시신 발견 4.11.

→ 고려대 학생 시위: 정치 폭력배의 습격으로 부상자 발생 4.18.

→ 4 · 19 혁명 발생: 학생과 시민의 시위 전국 확산, 경찰의 발포로 180여 명 사망

→ 정부의 계엄령 선포: 계엄군은 중립 유지하며 발포 자제 4.19.

→ 대학 교수단의 시국 선언 발표 4.25.

→ 이승만 대통령의 하야 성명 발표: 미국 하와이로 망명 4.26.

사료더하기

2 · 28 대구 학생 시위 결의문 1960
백만 학도여, 피가 있거든 우리의 신성한 권리를 위하여 서슴지 말고 일어서라. 학도들의 붉은 피가 지금 이 순간에도 뛰놀고 있으며, 정의에 배반되는 불의를 쳐부수기 위해 이 목숨 다할 때까지 투쟁하는 것이 우리의 기백이며, 정의감에 입각한 이성의 호소인 것이다.

서울대학교 문리대 선언문 1960.4.19.
상아의 진리탑을 박차고 거리에 나선 우리는 질풍과 같은 역사의 조류에 자신을 참여시킴으로써 이성과 진리 그리고 자유의 대학정신을 현실의 참담한 박토(薄土)에 뿌리려 하는 바이다. ··· 무릇 모든 민주주의의 정치사는 자유의 투쟁사이나 그것은 또한 여하한 형태의 전제정치도 민중 앞에 군림하는 종이로 만든 호랑이 같이 어설픈 것임을 알려 준다. ··· 근대적 민주주의의 근간은 자유다. ··· 민주주의와 민중의 공복이며 중립적 권력체인 관료와 경찰은 민주를 위장한 가부장적 전제 권력의 하수인으로 발 벗었다. 민주주의 이념에서 가장 기본적인 공리인 선거권마저 권력의 마수 앞에 농단되었다. ··· 나가자! 자유의 비결은 용기일 뿐이다. 우리의 대열은 이성과 양심과 평화, 그리고 자유에의 열렬한 사랑의 대열이다. 모든 법은 우리를 보장한다.

대학 교수단 시국 선언문 1960
1. 마산, 서울, 기타 각지의 학생 데모는 주권을 빼앗긴 국민의 울분을 대신하여 궐기한 학생들의 순진한 정의감의 발로이며 부정과 불의에 항거하는 민족정기의 표현이다.
2. 이 데모를 공산당의 부정과 횡포로써 민권을 짓밟고 민족적 참극과 국제적 수치를 가져오게 한 현 정부와 집권당은 그 책을 지고 속히 물러가라.
4. 누적된 부패와 부정과 횡포로써 민권을 유린하고 민족적 참극과 국제적 수치를 초래케 한 현 정부와 집권당은 그 책임을 지고 속히 물러나라.
5. 3 · 15 선거는 불법 선거이다. 공명 선거에 의하여 정 · 부통령 선거를 다시 실시하라.

4 장면 정부 1960.8.~1961.5.

1. 허정 과도 정부 1960.5.~1960.7.

(1) **3차 개헌**: '내각 책임제, 국회 양원제(민의원과 참의원으로 구성), 국회에서 대통령 선출(간선제)' 수록

(2) **제5대 총선에서 민주당의 승리 → 제2공화국 수립, 대통령 윤보선, 국무총리 장면**

2. 장면 정부

(1) **민주화와 경제 제일주의 표방**

① 6 · 25 전쟁 중 발생한 양민학살 진상조사 추진

② 4차 개헌(소급 입법 개헌)1960.11.: 반민주 행위자 처벌에 관한 부칙 조항 수록 → '부정 선거 관련자 처벌법'과 '반민주 행위자 공민권 제한법' 등 특별법 제정1960.12., 혁명재판소 및 혁명검찰부가 설치되어 혁명재판 진행

③ 지방 자치제 실시

④ 각종 규제 완화: 언론 활성화, 교사와 노동자의 노동조합 조직, 학생의 신생활 운동 전개

⑤ 경제 개발 5개년 계획 수립

(2) **통일 정책**

① 선경제 후통일론 주장, 유엔 감시하 남북한 총선거 주장

② 혁신계(민족자주통일중앙협의회)의 영세 중립화 통일론 · 남북협상론에 반대

③ '가자 북으로, 오라 남으로'를 내세운 학생 회담 시도에 반대

(3) **장면 정부의 한계**

① 민주당 내 파벌 싸움: 구파(윤보선 주도) vs 신파(장면 주도)

② 시민 사회와의 갈등

㉠ 부징 신거 책임자 · 부정 축재자 처벌에 소극적이었음

㉡ 시민운동 탄압을 위해 '반공임시특별법'과 '데모규제법' 제정 시도

> **사료더하기**
>
> 3차 개헌1960.6.
> 제32조 민의원 의원이 정수와 선거에 관한 사항은 법률로써 정한다. 참의원 의원은 특별시와 도를 선거구로 하여 법률의 정하는 바에 의하여 선거하며 …
> 제53조 대통령은 양원 합동 회의에서 선거하고 재적 국회 의원 3분의 2 이상의 투표를 얻어 당선된다.
> 제70조 국무 총리는 국무 회의를 소집하고 의장이 된다. … 국무 총리는 국무원을 대표하여 의안을 국회에 제출하고 행정 각부를 지휘 감독한다.
> 제71조 국무원은 민의원에서 국무원에 대한 불신임 결의안을 가결한 때에는 10일 이내에 민의원 해산을 결의하지 않는 한 총사직하여야 한다.

> **개념더하기**
>
> • 신생활 운동: 학생들이 주도하여 사치 풍토 배격을 주장한 운동으로, '커피 한 잔에 피 한 잔' · '정치만 혁명이냐 생활도 혁명이다' 등의 구호가 제기됨
> • 민족자주통일중앙협의회: '민자통'으로 불림. 1960년 5대 총선 직후 혁신계 인사들에 의하여 조직된 단체

1 5 · 16 군사 정변

1. 5 · 16 군사 정변 1961

계엄령 선포, 군사 혁명 위원회 설치 → 반공과 경제 근대화를 내세운 '혁명 공약' 발표

2. 군정 1961~1963

(1) 국가 재건 최고 회의 운영: 최고 의결 기구, 의장 박정희

(2) 정치 개혁: 3 · 15 부정 선거 관련자 처벌, 정치활동정화법 제정, 반공법 제정, 중앙정보부 설치, 지방자치제 폐지

　① 정치활동정화법: 기존 정치인과 군인의 활동을 6년간 금지(4,374명 대상)

　② 반공법: 공산주의 활동 처벌 목적

　③ 중앙정보부: 국내외 첩보 활동 담당

(3) 경제 개혁: 농가 부채 탕감, 농산물 가격 안정 정책 추진, 장면 내각의 경제 개발 계획을 보완하여 경제 개발 5개년 계획 수립 · 추진 1962, 화폐 개혁(10환 → 1원) 1963

(4) 사회 개혁: 부정 축재자 처벌, 부랑배 소탕

(5) 한 · 일 외교: 한 · 일 회담 재개 1961 → 김종필 · 오히라의 비밀 회담 1962

(6) 5차 개헌 1962.11.

　① 주요 내용: 국회 단원제, 대통령 직선제, 대통령 임기 4년과 중임, 국민투표제

　② 국민투표로 개헌 확정(최초)

(7) 여당으로 민주공화당 창설 1963.2.

(8) 제5대 대통령 선거 1963.10.: 공화당의 박정희(당선, 15만 표차로 승리, 역대 최소 표차) vs 민주당의 윤보선

> **사료더하기**
>
> 혁명 공약 1961.5.16.
> 1. 반공을 국시의 제일로 삼고 반공 태세를 재정비, 강화한다.
> 2. UN헌장을 준수하고 국제협약을 충실히 이행할 것이며, 미국을 비롯한 자유우방과의 유대를 더욱 공고히 할 것이다.
> 3. 이 나라 사회의 모든 부패와 구악을 일소하고 퇴폐한 국민 도의와 민족정기를 바로잡기 위해 청신(淸新)한 기풍을 진작시킨다.
> 4. 절망과 기아선상에서 허덕이는 민생고를 시급히 해결하고 국가 자주 경제 재건에 총력을 경주한다.
> 5. 민족적 숙원인 국토 통일을 위하여 공산주의와 대결할 수 있는 실력의 배양에 전력 집중한다.
> 6. 이와 같은 우리의 과업이 성취되면 참신하고도 양심적인 정치인들에게 언제든지 정권을 이양하고 우리들 본연의 임무에 복귀할 준비를 갖춘다.
>
> 김종필-오히라 메모 1962
> 1. 일제의 35년간 지배에 대한 보상으로 일본은 3억 달러를 10년간에 걸쳐서 지불하되 그 명목은 '독립 축하금'으로 한다.
> 2. 경제 협력의 명분으로 정부 간의 차관 2억 달러를 3.5%, 7년 거치 20년 상환이라는 조건으로 10년간 제공한다.
> 3. 민간 상업 차관으로 1억 달러를 제공한다.

2 제3공화국 1963~1972

1. 1 · 2차 경제 개발 5개년 계획 추진 1962~1971

(1) 수출 주도형 공업화 전략 추진: 경공업 육성, 가공 무역 육성

(2) 광부와 간호사의 독일 파견 1963

2. 한일 국교 정상화 1965

(1) 배경: 경제 개발 자금 부족, 미국의 한 · 일 국교 정상화 요구

(2) 경과: 중앙정보부장 김종필－일본 외상 오히라의 비밀 회담 1962.11.

　→ 6 · 3 시위 발생 1964: 광복 후 최대 규모의 시위, 서울에 계엄령 선포하며 학생 운동을 탄압

　→ 한 · 일 협정 체결 1965: 위수령 선포, 야당 의원 불참한 가운데 비준안 통과

(3) 한 · 일 기본 조약 내용: 한일 관계 복원 명시

(4) 4개의 부속 협정 내용

① 재산 및 청구권에 관한 문제 해결과 경제 협력에 관한 협정: 무상 3억 달러 · 정부 차관 2억 달러 · 상업 차관 3억 달러 이상 합의, 대일 청구권 자금을 일괄적으로 타결

② 재일 교포의 법적 지위와 대우에 관한 협정: 재일 한국인의 영주권 획득 가능

③ 어업에 관한 협정: 영해 12해리 지정, 평화선을 전관수역으로 대체, 공동규제수역 설정

④ 문화재 및 문화 협력에 관한 협정: 일본으로 유출된 문화재 일부 반환

(5) 한계: 과거사 문제에 미흡

① 식민 지배에 대한 일본의 사과 없음

② 자금의 성격에 대한 해석 차 존재: 우리 측('식민지배에 대한 배상금이다.') vs 일본 측(배상이라는 단어 사용 거부)

③ 청구권을 둘러싼 해석 차 존재: 우리 측('국가간 청구권은 소멸되었으나, 개인 청구권은 여전히 살아 있다. 따라서 군 위안부와 강제징용자의 개인 청구는 유효하다.') vs 일본 측('청구권에 대한 비용을 모두 지불하였다.')

④ 군 위안부, 강제 징용, 약탈 문화재 반환, 독도 등에 대해 제대로 논의되지 못함

3. 베트남 파병 1965~1973

(1) 미국의 베트남 파병 요청 → 비전투원 파병 1964 → 자유 민주주의 수호를 명분으로 전투병 약 5만여 명 파병 1965~

(2) 브라운 각서 체결 1966

① 미국이 한국군 현대화와 증파 병력의 장비와 필요경비의 부담을 약속함

② 주월 한국군의 소요 물자와 용역을 한국에서 구매하고, 미군용 물자도 한국에서 일부 발주하겠다고 약속함

(3) 영향

① 경제 개발을 위한 기술 지원과 차관 확보, 베트남 건설 참여와 외화 획득으로 베트남 특수 누림

② 한국군의 현대화 지원

③ 인명 피해, 파병 군인의 고엽제 피해, 베트남의 한국인 2세 라이따이한 문제 대두

4. 각종 사회 개혁

(1) 주민등록제도 실시 1962

(2) 의료보험제도 도입 1963

(3) 향토 예비군 창설 1968.4. ← 북한 게릴라의 청와대 습격 사건 1968.1., **푸에블로호 납북** 1968.1.

(4) 국민교육헌장 제정 1968.12. : 우리나라 교육이 지향해야 할 이념과 근본 목표 제시

(5) 고등학교와 대학교에서 교련 학습 1969

(6) 새마을 운동 전개 1970 : 근면·자조·협동 정신 강조

5. 장기 독재를 위한 3선 개헌 1969

제5~6대 대선 (1963, 1967): 박정희 당선	→	북한 게릴라의 청와대 습격 사건(1968.1.), 푸에블로호 납북(1968.1.), 울진·삼척 무장공비 침투(1968.11.): 반공 이데올로기 강화	→	6차 개헌(1969): 대통령의 3선 허용	→	제7대 대선 (1971): 박정희 당선

(1) 배경

① 연 10%에 가까운 경제 성장률 지속

② 김신조를 포함한 북한 게릴라의 청와대 습격 사건(1·21 사태) 1968.1., 미국 정찰함 푸에블로호 납북 1968.1., 울진·삼척 무장공비 침투 1968.11. : 북한의 도발과 반공 이데올로기 강화

(2) 6차 개헌 1969 : '대통령의 3선 허용, 대통령 탄핵 소추 요건 강화' 수록 → 야당과의 합의 없이 국회에서 통과 → 국민투표로 개헌 확정

(3) 제7대 대통령 선거 1971 : 공화당의 박정희(당선) vs 신민당의 김대중(40대 기수론 주장)

사료더하기

6·3 시위 1964
국제 협력이라는 미명 아래 우리 민족의 치떨리는 원수 일본 제국주의를 수입, 대미 의존적 반신불수인 한국 경제를 2중 예속의 철쇄로 속박하는 것이 조국의 근대화로 가는 첩경이라고 기만하는 반민족적 음모를 획책하고 있다. 우리는 외세 의존의 모든 사상과 제도의 근본적 개혁 없이는, 전 국민의 희생 위에 홀로 군림하는 매판 자본의 타도 없이는, 외세 의존과 그 주구 매판 자본을 지지하는 정치 질서의 철폐 없이는, 민족 자립으로 가는 어떠한 길도 폐색되어 있음을 분명히 인식한다. 굴욕적 한일 회담의 즉시 중단을 엄숙히 요구한다.

한·일 기본 조약 1965
제2조 1910년 8월 22일 및 그 이전에 대한 제국과 일본 제국 간에 체결된 모든 조약 및 협정이 이미 무효임을 확인한다.
제3조 대한민국 정부가 국제연합 총회의 결의 제195(Ⅲ)호에 명시된 바와 같이 한반도에 있어서의 유일한 합법정부임을 확인한다.

브라운 각서 1966
• 군사 원조
    제1조 한국에 있는 대한민국 국군의 현대화 계획을 위하여 앞으로 수년 동안에 상당량의 장비를 제공한다.
    제3조 베트남 공화국에 파견되는 추가 병력을 완전 대치하는 보충 병력을 무장하고 훈련하며, 소요 재정을 부담한다.
• 경제 원조
    제4조 수출 진흥의 전 부문에 있어서 대한민국에 대한 기술 원조를 강화한다.
    제5조 1965년 5월에 대한민국에 대하여 이미 약속한 바 있는 1억 5천만 달러 AID 차관에 추가하여 … 대한민국의 경제 발전을 지원하기 위하여 추가 AID 차관을 제공한다.

3선 개헌 1969
제61조 대통령에 대한 탄핵소추는 국회의원 50인 이상의 발의와 재적의원 3분의 2 이상의 찬성이 있어야 한다.
제69조 대통령의 계속 재임은 3기에 한한다.

3 유신 체제(제4공화국) 1972~1979

1. 시대적 상황

(1) 냉전 완화

① 미국의 대외 정책 변화: 닉슨 독트린 발표 1969 → 미군의 베트남 철수, 주한 미군의 2만여 명 철수, 닉슨의 중국 방문 1972.2.

② 박정희 정부의 남북 적십자 회담 제안 1971, 7 · 4 남북 공동 성명 발표 1972

(2) 박정희 체제의 위기

① 1960년대 말 경제 위축: 세계 경제 불황으로 인한 수출 부진

② 와우아파트 붕괴 1970.4., 오적 필화 사건으로 김지하 구속 1970.6., 전태일 분신 사건 1970.11., 광주 대단지 사건 1971.8., 파월노동자들의 KAL빌딩 점거 · 방화 사건 1971.9.: 급속한 도시화와 산업화의 부작용 표출

③ 제7대 대통령 선거 1971.4.: 공화당의 박정희(당선) vs 신민당의 김대중(40대 기수론 주장)

④ 제8대 총선에서 야당인 신민당이 43.5% 득표 1971.5.: 야당이 개헌 저지선을 확보함

2. 유신 체제의 성립

국가 안보 위기를 내세워 비상계엄령 선포 1972.10.17.: 국회 해산, 모든 정치 활동 금지

→ 국민투표로 유신 헌법 확정 1972.11.21.

→ 통일주체국민회의에서 박정희 대통령 선출 1972.11.23.

3. 유신 헌법(7차 개헌)

(1) 대통령이 입법, 사법, 행정에 대한 모든 권한 장악

① 국회 해산권, 국회의원 1/3 추천권(유신 정우회 구성), 대법관 임명권

② 긴급 조치권: 초헌법적 권한, 법의 효력 정지와 국민의 기본권 제한 가능, 총 9차례 선포 1974~1975

(2) 대통령의 장기 집권 가능: 통일 주체 국민 회의에서 임기 6년의 대통령 선출(간선제, 장충 체육관에서 선출), 중임 제한 없음

(3) 삼권 분립 훼손: 국회의 국정감사권 박탈, 사법부의 독립 훼손

> **개념더하기**
>
> - 닉슨 독트린 1969: 미국 대통령 닉슨이 밝힌 아시아에 대한 외교정책으로, 아시아 각국이 스스로 안보를 책임질 수 있어야 함을 명시함. 이에 따라 미국이 베트남전에서 철수했으며, 한국에서도 미군 감축이 진행됨
> - 와우아파트 붕괴: 서울 인구가 급증하고 무허가 거주지가 확산되자 이를 해결하기 위해 서민아파트를 건설함. 하지만 턱없이 부족한 공사비용, 짧은 공사기간, 건설사의 부실공사와 감독기관 공무원의 부실감사 등으로 인해 완공된 지 4개월 만에 아파트가 붕괴하여 주민 33명이 사망함
> - 오적 필화 사건: 김지하가 재벌, 국회의원, 고급 공무원 등을 비판한 시 '오적'을 발표하여 반공법 위반 혐의로 투옥됨
> - 전태일 분신 사건: 서울 청계천 평화 시장에서 일하던 전태일은 근로기준법 준수를 외치며 분신. '근로 기준법을 지켜라', '우리는 기계가 아니다' 구호를 외침 → 이후 노동 문제 관심 증가, 노동 조합 결성, 노동 운동 활성화
> - 광주 대단지 사건: 서울시가 무허가 판잣집을 정리하기 위해 무리하게 10만여 명을 경기도 광주 대단지로의 이주를 추진함. 편의 시설이 턱없이 부족할 정도로 주거 환경이 열악하자 주민들이 집단적으로 도시를 점거함
> - 파월노동자들의 KAL빌딩 점거 · 방화사건: 베트남에서 근무한 한진 노동자들이 밀린 임금을 요구했으나 거부당함. 급기야 KAL 빌딩에 불을 지르며 회사와 대립
> - 유신 정우회: 유신헌법에 따라 대통령의 추천으로 통일주체국민회의에서 선출된 전국구 국회의원들이 구성한 원내교섭 단체
> - 1974년: 1월, 긴급조치 1호 선포 → 8월, 육영수 피습 사건 → 9월, 천주교 정의구현사제단 발족

4. 유신 체제 반대 운동

(1) 김대중 납치 1973: 일본에서 반유신 활동을 전개하던 김대중을 납치 · 살해 위협

(2) 개헌 청원 운동 1973: 장준하 등이 개헌 요구 100만 인 서명 운동 추진 → 긴급 조치 1호를 선포하며 탄압 1974 → 장준하 등산 중 의문사 1975

(3) 천주교 정의구현사제단 발족 1974: 시국선언 발표

(4) 제2차 인혁당 사건 1975: 혁신계 인사들이 인혁당을 재건하고 민청학련 활동을 조종했다는 명목으로 탄압받음

(5) 언론 자유 수호 선언 1974~1975: 정부의 언론 통제에 항의한 동아일보 기자들이 언론 자유 수호 선언을 발표 → 정부의 압력으로 동아일보 광고 백지 사태 발생

(6) 3 · 1 민주 구국 선언 1976: 명동성당에서 함석헌 · 김대중 · 윤보선 등 주도, 긴급조치 철폐 · 언론 출판 · 집회 등의 자유 · 박정희 정권 퇴진 요구

5. 부 · 마 민주 항쟁 1979.10.

(1) 배경

① 제10대 총선에서 야당의 승리 1978.12.

② 제2차 석유파동 1978에 따른 경제 위기: 마이너스 경제 성장으로 유신 체제가 위협 받음

(2) YH 무역 사건 1979.8.: YH 무역 회사의 부당한 폐업 조치에 노조가 항의

→ 노조가 야당인 신민당사를 점거하고 농성 지속

→ 경찰의 야당 당사 진입과 강제 해산 과정에서 여성 노동자 김경숙 사망

→ 정부가 신민당 총재 김영삼의 의원직을 박탈

(3) 부 · 마 민주 항쟁 1979.10.: 김영삼의 정치적 고향인 부산과 마산에서 민주화 시위 전개

(4) 10 · 26 사태: 상황 수습 방안을 둘러싸고 군 내부의 의견 대립 → 중앙정보부장 김재규의 박정희 대통령 시해 → 국무총리 최규하의 권한 대행, 계엄령 선포

사료더하기

닉슨 독트린 1969

2. 강대국의 핵에 의한 위협의 경우를 제외하고는 내란이나 침략에 대하여 아시아 각국이 스스로 협력하여 그에 대처해야 할 것이다.

3. 미국은 태평양 국가로서 중요한 역할을 계속하지만 직접적, 군사적 또는 정치적인 과잉 개입은 하지 않는다.

대통령 특별 선언 1972.10.

나는 우리 조국의 평화와 통일 그리고 번영을 희구하는 국민 모두의 절실한 염원을 받들어 우리 민족사의 전운을 영예롭게 개척해나가기 위한 나의 중대한 결심을 국민 여러분 앞에 밝히는 바입니다. … 우리 헌법과 각종 법령 그리고 현 체제는 동 · 서 양극 체제하의 냉전 시대에 만들어졌고, 하물며 남 · 북의 대화 같은 것은 전연 예상치도 못했던 시기에 제정된 것이기 때문에 오늘과 같은 국면에 처해서는 마땅히 이에 적응할 수 있는 새로운 체제로의 일대 유신적 개혁이 있어야 하겠습니다.

국민 여러분! 이제 일대 개혁의 불가피성을 염두에 두고 우리의 정치 현실을 직시할 때 나는 정상적인 방법으로는 도저히 이 같은 개혁이 이루어질 수 없다는 판단을 내리게 되었습니다. 오히려 정상적인 방법으로 개혁을 시도한다면 혼란만 더욱 심해질뿐더러 남북 대화를 뒷받침하고 급변하는 주변 정세에 대응해나가는 데 아무런 도움이 될 수 없다고 믿었기 때문입니다. 따라서 나는 국민적 정당성을 대표하는 대통령으로서 나에게 부여된 역사적 사명에 충실하기 위해 부득이 정상적 방법이 아닌 비상 조치로서 남북 대화의 적극적인 전개와 주변 정세의 급변하는 사태에 대처하기 위한 우리 실정에 가장 알맞은 체제 개혁을 단행해야 하겠다는 결심을 하기에 이르렀습니다.

유신 헌법 1972.10.

제39조 대통령은 통일 주체 국민 회의에서 토론 없이 무기명 투표로 선거한다.

제40조 통일 주체 국민 회의는 국회의원 정수의 1/3에 해당하는 수의 국회의원을 선거한다.

제53조 대통령은 천재지변 또는 중대한 재정·경제상의 위기에 처하거나, 국가의 안전 보장 또는 공공의 안녕·질서가 중대한 위협을 받거나 받을 우려가 있어, 신속한 조치를 할 필요가 있다고 판단할 때에는 내정·외교·국방·경제·재정·사법 등 국정 전반에 걸쳐 필요한 긴급조치를 할 수 있다.

제59조 대통령은 국회를 해산할 수 있다.

긴급 조치 1호 1974

1. 대한민국 헌법을 부정·반대·왜곡 또는 비방하는 일체의 행위를 금한다.

2. 대한민국 헌법의 개정 또는 폐지를 주장·발의·제안 또는 청원하는 일체의 행위를 금한다.

3. 유언비어를 날조, 유포하는 일체의 행위를 금한다.

5. 이 조치를 위반한 자와 이 조치를 비방한 자는 법관의 영장 없이 체포·구속·압수·수색하며 15년 이하의 징역에 처한다.

개헌 청원 운동 1973

오늘의 사태는 궁극적으로 민주주의를 회복하는 문제로 귀착된다. 경제의 파탄. 민심의 혼란, 남북 긴장의 재현이란 상황 속에서 학원과 교회, 언론계와 가두에서 울부짖는 자유화의 요구 등이 모든 것을 종합하면 오늘의 헌법하에서는 살 수가 없다. … 현행 헌법의 개정을 요구하는 백만 인 청원 운동을 전개하는 바이다.

3·1 구국 선언 1976

삼권분립은 허울만 남았다. 국가 안보라는 구실 아래 신앙과 양심의 자유는 날로 위축되어 가고 언론의 자유와 학원의 자주성은 압살당하고 말았다. … 이 나라는 1인 독재 아래 인권은 유린되고 자유는 박탈당하고 있다. 우리는 이를 보고 있을 수 없어 … 이 나라의 먼 앞날을 내다보면서 민주 구국 선언을 선포하는 바이다.

1. 이 나라는 민주주의 기반 위에 서야 한다. 민주주의는 대한민국 국시(國是)다. 따라서 대한민국의 정통성은 민주주의에 있다. 그러므로 어떤 구실로도 민주주의가 위축되어서는 안 된다. 이북 공산주의 정권과 치열한 경쟁에 뛰어든 이 마당에 우리가 길러야 할 힘은 민주 역량이다. 국방력도 경제력도 길러야 하지만 민주 역량의 뒷받침이 없을 때 그것은 모래 위에 세운 집과 같다. …

2. 경제 입국 구상과 자세가 근본적으로 재검토되어야 한다. 경제발전이 국력배양에 중요하다는 것을 우리는 잘 안다. 그렇다고 경제력이 곧 국력인 것은 아니다. 그런데 그 결과는 이떠한가? 국민경제의 수탈을 발판으로 한 수출산업은 1974년, 1975년 두 해에 40억 불 이라는 엄청난 무역적자를 내었고, 그 적자폭은 앞으로 줄어들 가망이 없다. …

3. 민족 통일은 오늘 이 겨레가 짊어진 최대의 과업이다. 국토 분단의 비극은 해방 후 30년 동안 남과 북에 독재의 구실을 마련해 주었고 국가의 번영과 민족의 행복. 창조적 발전을 위해서 동원되어야 할 정신적. 물질적 자원을 고갈시키고 있다. …

김민기의 「아침 이슬」

긴 밤 지새우고 풀잎마다 맺힌 / 진주보다 더 고운 아침 이슬처럼

내 맘에 설움이 알알이 맺힐 때 / 아침 동산에 올라 작은 미소를 배운다

태양은 묘지 위에 붉게 떠오르고 / 한낮에 찌는 더위는 나의 시련일지라

나 이제 가노라 저 거친 광야에 / 서러움 모두 버리고 나 이제 가노라

4 전두환 정부1980~1987

1. 5 · 18 민주화 운동1980

(1) 배경

① **12 · 12 사태**1979: 보안사령관 전두환 중심의 신군부 세력이 군권 장악

② **서울의 봄**1980 봄: 학생과 시민의 '비상 계엄령 해제' · '유신 헌법 철폐' · '신군부 퇴진' 요구 → 10만여 명의 학생과 시민들이 서울역 앞에서 시위1980.5.15. → 신군부의 비상계엄 전국 확대1980.5.17.

(2) 5 · 18 민주화 운동

경과	광주에서 민주화 운동 전개 → 신군부의 계엄군 투입 → 분노한 시민들이 시민군을 조직하여 계엄군과 대치 → 계엄군의 무력 진압
영향	• 1980년대 민주화 운동의 기반이 됨 • 1980년대 반미 운동 확산: 군사 작전권을 가졌던 미국이 이 사건을 묵인했다는 이유로 반미 감정 악화 → 과격파 대학생들이 서울, 부산, 광주 등에 있는 미국문화원 공격 • 필리핀, 타이완 등 아시아 각국의 민주화 운동에 영향을 줌 • 관련 기록물이 유네스코 세계 기록 유산으로 등재

2. 제5공화국

(1) 신군부의 권력 장악: 국가 보위 비상 대책 위원회(국보위) 설치1980.5.31.

→ '김대중 · 문익환의 내란 음모 사건' 조작1980.7.

→ 통일 주체 국민 회의에서 전두환을 제11대 대통령으로 선출1980.8.

→ 8차 개헌1980.10.: '대통령 선거인단에 의한 대통령 간선제, 7년 단임제' 수록

→ 제12대 대통령으로 민정당의 전두환 선출1981.2.

(2) 전두환 정부의 정책

① **강압책:** 민주화 운동과 노동 운동 탄압, 언론 통폐합(다수의 해직 기자 발생), 삼청교육대 설치

② **유화책:** 교복과 두발 자유화, 해외 여행 자유화, 야간 통행 금지 해제, 프로 스포츠 도입 등

③ **금강산 댐 사건**1886: 한반도 긴장 고조

3. 6월 민주 항쟁1987

(1) 경과: 박종철 고문치사 사건1987.1.: "탁하고 치니 억하고 죽었다."라고 경찰 발표, 천주교 정의 구현 사제단의 진실 규명으로 진상이 밝혀짐

→ 정부의 4 · 13 호헌 조치1987.4.: 개헌 논의를 억압함

→ 이한열 최루탄 피격 사건1987.6.9.

→ 6월 민주 항쟁1987.6.10.: 전국 주요 도시에서 '박종철군 고문살인 조작 · 은폐 규탄 및 호헌 철폐 국민대회' 개최

→ 6 · 29 민주화 선언1987: 여당 대통령 후보인 노태우가 '대통령 직선제로의 개헌 · 김대중 사면 복권 · 지방 자치제 시행 · 지역감정 없애기' 등 약속

(2) 9차 개헌1987.10.: '대통령 직선제와 5년 단임제' 수록 → 국민투표로 개헌 확정

(3) 제13대 대통령 선거1987.12.: 민정당의 노태우(당선) vs 김영삼 vs 김대중 ※ 야당 후보의 단일화 실패

서울의 봄

박정희 독재 정권은 광범한 민주 세력의 계속되는 반독재 투쟁과 민중의 끊임없는 생존권 투쟁으로 그 붕괴일로를 걸어왔으며, 결국 10월 부·마 항쟁을 계기로 그것은 결정적으로 붕괴되고 말았다. … 4·19 때 민중의 가슴에 총부리를 겨눈 자들이 아직도 그 총부리를 거두지 않고 있으며, 그때 민중의 요구를 배반한 세력들이 다시 또 배반을 준비하고 있다. … 국민 대중은 그것이 유신 잔재의 복귀이건 아니면 민주의 탈을 쓴 독재이건 일체의 반민주, 반민중적 사태 발전을 용납하지 않으며 또 더 이상 용납할 수도 없는 것이다. … 유신 체제하에서 획득한 기득권을 계속 행사하여 새로운 탄압과 수탈을 감행하려는 모든 유신 잔재 세력을 척결함으로써 그 함성을 맞아야 한다.

– 서울대 총학생회 4·19 제20주년 선언(1980.4.19.) –

광주 시민군 궐기문

우리는 왜 총을 들 수밖에 없었는가? 그 대답은 너무나 간단합니다. 너무나 무자비한 만행을 더 이상 보고 있을 수만 없어서 너도나도 총을 들고 나섰던 것입니다. … 계엄 당국은 18일 오후부터 공수 부대를 대량 투입하여 시내 곳곳에서 학생, 젊은이들에게 무차별 살상을 자행하였으니 … 우리는 이 고장을 지키고 우리의 부모 형제를 지키기 위해 손에 손을 들었던 것입니다.

4·13 호헌 선언1987

본인은 얼마 남지 않은 촉박한 임기와 현재의 국가적 상황을 종합적으로 판단하여 중대한 결단을 내리지 않으면 안되게 되었습니다. 이제 본인은 임기 중 개헌이 불가능하다고 판단하고 현행 헌법에 따라 내년 2월 25일 본인의 임기 만료와 더불어 후임자에게 정부를 이양할 것을 천명하는 바입니다. 평화적인 정부 이양과 서울 올림픽이라는 양대 국가 대사를 성공적으로 치르기 위해서 국론을 분열시키고 국력을 낭비하는 소모적인 개헌 논의를 지양할 것을 선언합니다.

6·10 국민 대회 선언문1987

오늘 우리는 … 국가의 미래요 소망인 꽃다운 젊은이(박종철)를 야만적인 고문으로 죽여 놓고 그것도 모자라서 뻔뻔스럽게 국민을 속이려 했던 현 정권에게 국민의 분노가 무엇인지를 분명히 보여 주고, 국민적 여망인 개헌을 일방적으로 파기한 4·13 폭거를 철회시키기 위한 민주 장정을 시작한다.

6·29 민주화 선언1987

첫째, 여야 합의하에 조속히 대통령 직선제 개헌을 하고 새 헌법에 의한 대통령 선거를 통해 1988년 2월 평화적 정부 이양을 실현토록 하겠습니다. … 국민은 나라의 주인이며, 국민의 뜻은 모든 것에 우선하는 것입니다.

둘째, 새로운 법에 따라 선거 운동, 투표 과정 등에 있어서 최대한 공명정대한 선거 관리가 이루어져야 합니다.

셋째, 우리 정치권은 불본 모는 분야에 있어서의 반복과 대결이 과감히 제거되어 국민적 화해와 대단결을 도모하여야 합니다. 그러한 의미에서 저는 그 과거가 어떠하였던 간에 김대중 씨도 사면 복권되어야 한다고 생각합니다.

넷째, 인간의 존엄성은 더욱 존중되어야 하며 국민 개개인의 기본적 인권은 최대한 신장되어야 합니다. 이번의 개헌에는 … 기본권 강화조항이 모두 포함되기를 기대합니다.

금강산 댐 사건: 정부는 북한이 '금강산 댐'을 방류하면 서울이 침수된다고 공포 분위기를 조성한 후 대대적인 국민 성금을 통해 '평화의 댐'을 건설함

5 1987년 이후의 정치 발전

1. 노태우 정부 1988.2.~1993.2.

    (1) 서울 올림픽 개최 1900

    (2) 1987년 총선에서 여당의 과반수 확보 실패로 여소야대 상황 발생 → 5공화국 청문회 개최 → 3당 합당 (노태우＋김영삼＋김종필)으로 민주자유당 창당

    (3) 지방 자치제와 교육 자치제의 부분 실시

    (4) 북방 외교: 소련 · 중국 · 공산 국가들과 국교 수립

2. 김영삼 정부 1993.2.~1998.2.

    (1) 문민 정부 출범으로 군사 정권 종식

    (2) 공직자 재산 등록 1993, **금융 실명제 도입** 1993, **지방 자치제 전면 실시** 1995

    (3) 역사 바로 세우기: 조선총독부 건물 철거, 국민학교를 초등학교로 개칭, 전두환 · 노태우 구속, 5 · 18 광주 민주화 운동 특별법 제정

3. 김대중 정부 1998.2.~2003.2.

    (1) 최초의 여야 정권 교체: 평화적인 정권 교체 실현

    (2) 제1차 남북 정상 회담과 6 · 15 남북 공동 선언 2000

4. 노무현 정부 2003.2.~2008.2.

    (1) 권위주의 청산, 과거사 정리, 주요 공공 기관의 지방 이전

    (2) 행정 수도 건설 특별법의 위헌 판결

    (3) 제2차 남북 정상 회담과 10 · 4 남북 공동 선언 2007

6 개헌

구분		연도	개정 계기	주요 내용
제헌 국회	건국 전	1948	제헌 헌법 제정	대통령 · 부통령 간선제(국회에서 선출), 대통령의 4년 중임제, 국회 단원제
이승만 정부	1차 개헌 (발췌개헌)	1952	이승만의 재집권 시도	대통령 · 부통령 직선제, 국회 양원제(민의원, 참의원)
	2차 개헌 (사사오입 개헌)	1954	이승만의 종신 집권 시도	초대 대통령 이승만의 중임 제한 철폐, 국민 투표제 도입
허정 과도 정부	3차 개헌	1960	4 · 19 혁명	의원 내각제, 대통령 간선제(국회에서 선출), 국회 양원제, 헌법재판소 신설
장면 정부	4차 개헌	1960	3 · 15 부정 선거 관련자 처벌	부정 선거 관련자와 부정 축재자 처벌을 위한 소급 입법 개헌
박정희 정부	5차 개헌	1962	5 · 16 군사 정변	대통령 직선제, 대통령의 4년 중임제, 국회 단원제, 국민투표 재도입
	6차 개헌	1969	박정희 집권 연장 시도	대통령의 3선 연임 허용
	7차 개헌	1972	유신 체제	대통령 간선제(통일주체국민회의에서 선출), 대통령의 6년 임기, 대통령 중임 · 연임 제한 철폐
전두환 정부	8차 개헌	1980	12 · 12 사태	대통령 간선제(대통령 선거인단에서 선출), 대통령의 7년 단임제
	9차 개헌	1987	6월 민주 항쟁	대통령 직선제, 대통령의 5년 단임제, 대통령의 국회 해산권 폐지, 국회의 국정감사권 부활

개념더하기

대통령 선출 방식의 변화

간선제 4년 중임	⇨	직선제 4년	⇨	간선제	⇨	직선제 4년 중임	⇨	간선제	⇨	직선제 5년 단임
이승만 (초선)	1950 발췌 개헌	이승만 (재선 ~3선)	1960 3차 개헌	윤보선 (초선)	1962 5차 개헌	박정희 (초선 ~재선)	1972 유신 헌법	박정희 (6년, 중임 제한 없음) ~전두환 (7년, 단임)	1987 9차 개헌	노태우 ~현재

CHAPTER 03

경제 발전

01 경제

1 미군정기

1. 경제 위기

(1) 귀환민과 월남인 유입 → 남한 인구 급증 → 실업률 증가

(2) 미군정이 재정 적자 해소를 위해 화폐 남발 → 인플레이션 발생

(3) 북한의 송전 중단 → 전력 부족에 시달림1948.5.

(4) 미곡 공출제 폐지1945.10. → 억눌렸던 쌀 수요가 급증하여 쌀 가격이 폭등함

(5) 미곡 수집령 공포1946.1. → 배급제와 강제 수매가 재기되자 저가 수매로 인해 농민의 고충 심화

2. 9월 총파업1946

(1) **배경**: 극심한 식량난으로 인해 미군정에 대한 불만, 조선 정판사 위폐 사건으로 박헌영 체포

(2) **경과**: 철도 노동자의 파업으로 시작 → 전국으로 확산, 미군정의 강경 진압

(3) **의의**: 미군정기 최대의 총파업, 10월 항쟁에 영향줌

3. 10월 항쟁1946: 시민의 '미곡 수집제 폐지, 토지 개혁, 미군정 퇴진' 요구, 대구를 시작으로 남한 전역 확산

4. GARIOA 원조: 미국의 점령지역 구호 원조, 식료품 · 의약품 · 의료 등 지원

5. 귀속 재산의 몰수 · 관리

(1) **신한공사 설립**1946.2.~1948.3.: 귀속 농지 관리를 위해 설립, 소작료는 총 수확물의 최고 1/3로 제한

(2) **중앙 토지 행정처의 농지 개혁**1948.3.~1948.8.

① 신한공사가 관리하던 귀속 농지의 처분을 위해 설립

② 유상 매입 · 유상 분배 원칙: 매각 상한면적은 2정보로 제한, 소작농에게 최우선 구매권 부여

③ 평년작의 20%를 15년간 분할 상환하는 방식으로 진행

(3) **농지 이외의 귀속 재산**: 미군정에서 일부 불하, 이승만 정부 때 본격적으로 처분

2 이승만 정부 1948~1960

1. 농지 개혁 1950~1957

배경	• 대다수 국민이 소작농 상태였음 • 북한의 토지 개혁 1946: 무상 몰수 · 무상 분배 방식의 토지 개혁 실시
경과	• 농지개혁법 제정 1949.6. → 농지개혁법 공포 1950.3., 농지 위원회 설치 → 6 · 25 전쟁으로 중단 후 재개 → 1957년에 완료 • 실제 경작에 사용되는 농지(논, 밭, 과수원 등)를 대상으로 함, 삼림과 임야 제외 • 경자유전(耕者有田) 원칙 + 가구당 3정보를 소유 상한으로 설정 • 유상 매입 · 유상 분배 방식 　– 정부: 농사 짓지 않는 자의 토지와 3정보 이상의 토지를 사들여 농민에게 판매 　– 농민: '평균 생산량의 30%를 5년간 분할 상환'하는 방식으로 토지 매입 　– 지주: 토지 가격에 해당하는 지가 증권을 받음 → 6 · 25 전쟁 때 물가 폭등으로 지가 증권의 가치 하락
결과	• 자영농 증가, 지주제 폐지: 근대적 농민 중심의 토지 소유제 확립 • 한계: 지가증권을 받은 지주의 대부분은 산업자본가로 전환되지 못함, 반민족 행위자에 대한 토지 몰수 조항이 없었음

사료더하기

농지 개혁법
제1장 총칙
　제4조 본법 시행에 관한 사무는 농림부장관이 이를 관장한다. 본법의 원활한 운영을 원조하기 위하여 중앙, 시도, 부군도, 읍, 면, 동, 리에 농지위원회(이하 위원회라 함)를 설치한다.
제2장 취득과 보상
　제5조 정부는 아래에 의하여 농지를 취득한다.
　　1. 아래의 농지는 정부에 귀속한다.
　　　(가) 법령 내지 조약에 의하여 몰수 또는 국유로 된 농지
　　　(나) 소유권의 명의가 분명치 않은 농지
　　2. 아래의 농지는 적당한 보상으로 정부가 매수한다.
　　　(가) 농가 아닌 자의 농지
　　　(나) 자경(自耕)하지 않는 자의 농지
　　　(다) 본법 규정의 한도를 초과하는 부분의 농지
　제8조 보상은 아래의 방법에 의하여 정부에서 발행하는 정부보증부융통식증권(政府保證附融通式證券)으로 소유명의 자 또는 그 선정한 대표자에게 지급한다.
　　2. 증권의 보상은 5년 균분 연부로 하여 매년 액면 농산물의 결정가격으로 산출한 원화를 지급한다. 단, 보상액이 소액이거나 또는 정부가 인정하는 육영, 교화 학술재단에 대한 보상은 일시불 또는 기간을 단축할 수 있다.
제3장 분배와 상황
　제11조 본법에 의하여 정부가 취득한 농지 및 별도 법령에 의하여 규정한 국유농지는 자경할 농가에게 아래의 순위에 따라 분배 소유케 한다.
　　1. 현재 해당 농지를 경작하는 농가
　　2. 경작 능력에 비하여 과소한 농지를 경작하는 농가
　제12조 농지이 분배는 농지의 종목, 등급 및 농가의 능력 기타에 기준한 점수제에 의거하되 1가당 총 경영면적 3정보를 초과하지 못한다.
　제13조 분배받은 농지에 대한 상환액 및 상환 방법은 다음에 의한다.
　　1. 상환액은 당해 농지의 주생산물 생산량의 12할 5푼을 5년간 납입케 한다.
　　2. 상환은 5년간 균분 연부로 하여 매년 주생산물에 해당하는 현곡 또는 대금을 정부에 납입함으로써 한다.
　제17조 일체의 농지는 소작, 임대차, 위탁경영 등 행위를 금지한다.

2. 귀속 재산 매각

(1) 귀속 재산 처리법 제정1949.12. → 6·25 전쟁 후 본격적으로 불하

(2) 민간인 연고자·종업원·국가 유공자 등에게 우선 불하

① 불하 조건: 시가의 1/4~1/5 수준, 상환 기간은 최대 15년

② 이 중 일부 기업이 대기업으로 성장

3. 미국의 경제 원조 1945~1970

(1) 목적: 전쟁 복구, 공산주의 확산 방지, 미국 내 잉여 농산물 소비(미 공법 480조 기반)

(2) 경과: 한미 원조 협정 체결1948.12. → ECA 원조1949~1953 → FOA 원조1953~1955 → ICA 원조1955~1961, PL480 원조1956~1969

(3) 원조 방식

① 주로 소비재(식료품, 피복, 의료품, 농업 용품)와 잉여 농산물(밀가루, 설탕, 면화)을 지원, 상대적으로 중간재와 생산재 부족

② 무상 원조 위주1945~1950년대 중반 → 무상 원조 감소, 유상 차관 증가1957년 이후

③ 미국의 원조 물자 지원 → 한국 정부가 기업에 불하 → 기업은 한국은행에 대금 지불, 이를 대충자금(對充資金)이라 부름 → 한국 정부는 대충자금으로 미국의 군수 물자 구입, 대충 자금 사용 시에는 미국의 동의가 필수

(4) 결과

① 식량 문제와 물자 부족 해소에 기여

② 삼백 산업 발달: 밀가루·설탕·면화를 원료로 사용하는 제분·제당·면방직 공업, 소비재 공업의 성장

③ 농촌 경제 타격: 미국 농산물 유입으로 국내 농산물 가격의 하락, 밀·면화 재배 위축

④ 대미 종속도 심화: 대충 자금으로 미국 무기를 구매했기 때문에 무기 체계가 미국에 종속됨

⑤ 1950년대 말 무상 원조 축소·유상 차관으로의 전환으로 인해 경제 위기 발생

4. UNKRA(유엔 한국 재건단)의 구호 1950.12.~1958

(1) 인천 판유리 공장 설립1957, 문경 시멘트 공장 건설1957, 충주 비료 공장 설립1959

(2) 농업 전문가 파견, 식량 지원

5. 근로 기준법 제정 1952

6. 화폐 개혁 1953

(1) 배경: 전쟁 비용 충당을 위해 화폐를 남발하자 인플레이션이 발생함

(2) 100원을 1환으로 전환

3 박정희 정부 1961~1979

1. 특징

국가 주도형 경제 개발 추진＋수출을 통한 성장 중심의 정책

2. 1차 경제 개발 5개년 계획 1962~1966

(1) '자립 경제의 구축' 목표

(2) 노동 집약적 경공업 중심 정책 추진: 섬유, 신발, 가발

(3) 기간 산업 육성: 비료 · 시멘트 · 정유 등의 육성, 울산 정유 공장 설립 1964

(4) 외국 자금 도입: 한 · 일 협정 체결로 일본으로부터 자금 유입, 베트남 파병에 따른 미국의 차관 도입, 파독 간호사 · 광부 파견에 따른 독일 차관 도입

(5) 화폐 개혁 1963: 10환을 1원으로 전환

3. 2차 경제 개발 5개년 계획 1967~1971

(1) 경인 고속 국도 개통 1968, 경부 고속 국도 전 구간 개통 1970, 호남 고속 국도 일부 개통 1970

(2) '산업 구조의 근대화' 목표: 철강 · 화학 공업 시도, 포항 제철 공장 건설 시작

(3) 베트남 특수 누림

(4) 1~2차 경제 개발 계획으로 연평균 9.2% 경제 성장률 달성

(5) 새마을 운동 추진 1970: 근면 · 자조 · 협동 정신 강조, 농가 소득 향상과 농촌 생활 환경 개선을 시도, 새마을 운동 기록물은 유네스코 세계 기록 유산으로 등재

(6) 1960년대 말 경제 위기: 세계 경제의 침체로 수출 난항 → 차관 상환 도래에 따라 원금과 이자 부담 증가 1969 → 마산을 수출 자유 지역으로 지정하여 차관이 아닌 외국의 직접 투자 유도 1970

4. 3~4차 경제 개발 5개년 계획 1972~1981

(1) 중화학 공업 육성 정책 추진
　① 6대 전략 업종(철강, 화학, 비철 금속, 기계, 조선, 전자 등) 집중 육성
　② 울산 석유 화학 단지 건설 1972, 포항 제철소 건설 1973, 고리 원자력 발전소 건설(우리나라 최초) 1978

(2) 8 · 3 조치 1972: 긴급명령권을 발동해 '기업의 사채 동결, 금리 대폭 인하' 실시

(3) 경제 성과: 통일벼 보급으로 1970년대 후반에 쌀 자급 가능, 지하철 1호선 개통(서울역~청량리 구간) 1974, 수출 100억 달러 달성 1977, 중화학 공업의 비중이 경공업을 추월

(4) 1차 석유 파동과 중동 특수 1973
　① 원인: 제4차 중동 전쟁으로 국제 유가 폭등
　② 중동 특수: 건설업의 중동 진출로 오일 달러 획득, 이를 통해 위기를 극복

(5) 1970년대 말 중화학 분야의 중복 투자 과잉 문제 발생

(6) 제2차 석유 파동 1978
　① 원인: 이란 혁명으로 석유 생산 감축과 수출 중단 조치＋중화학 공업의 중복 투자 과잉
　② 원유 가격 상승에 따른 중화학 공업의 부담 증대 → 마이너스 경제 성장률 1980 → 유신 체제 위협

5. 경제 성장에 따른 문제

(1) 성장 위주 전략(선성장 후분배 정책) → 계층 간 빈부 격차 심화, 재벌 중심의 경제 구조 발생

(2) 정부 주도형 경제 정책 추진 → 정경유착 발생

(3) 수출 위주의 정책 → 기술 · 원료 · 자본의 해외 의존도 심화, 특히 미 · 일에 대한 무역 의존도 심화, 외채 증가

(4) 급격한 도시화 → 달동네 현상, 와우아파트 붕괴1970, 광주 대단지 사건1971

(5) 저임금 정책 유지, 열악한 근무 환경 → 노동자 희생 → 전태일 분신 사건1970, 동일 방직 사건1978, YH 무역 사건1979

(6) 저곡가 정책 유지 → 농민 희생, 도농 격차 심화 → 함평 고구마 피해 보상 투쟁1976~1978

>> **사료더하기**

제1차 경제 개발 5개년 계획
2. 계획의 방법
　가. 계획 기간 중 경제의 체제는 되도록 민간인의 자유와 창의를 존중하는 자유 기업의 원칙을 토대로 하되 기간 부문과 그 밖의 중요 부분에 대하여서는 <u>정부가 직접적으로 관여하거나 또는 간접적으로 유도 정책을 쓰는 '지도받는 자본주의 체제'로 한다.</u>
　다. 한국 경제의 궁극적인 진로는 … 다음과 같은 데에 계획의 중점을 둔다.
　　• 기간 산업의 확충과 사회 간접 자본의 충족
　　• 수출 증대를 주축으로 하는 국제 수지의 개선
　　• 기술의 진흥

공업화 시대로의 진입
80년대 초에 우리가 100억 달러의 수출 목표를 달성하려면, 전체 수출 상품 중에서 중화학 제품이 50%를 훨씬 더 넘게 차지해야 되는 것입니다. 그러기 위해서, 정부는 지금부터 철강, 조선, 기계, 석유 화학 등 중화학 공업 육성에 박차를 가해서 이 분야의 제품 수출을 목적으로 강화하려고 추진하고 있습니다. … 이것을 하기 위해서 전 국민들이 과학기술 개발에 총력을 경주해야 되겠다는 것입니다. 정부는 앞으로 중공업 · 중화학 공업 정책을 선언하고, 이 방면에 중점적인 지원과 시책을 펴나갈 것입니다. …　　　　　　　　　　　　　　　　　　　　　　　　　　　　　　　　　　　　　－ 1973년 대통령 연두 기자 회견 －

8 · 3 조치1972
1. 모든 기업은 1972년 8월 2일 현재 보유하는 모든 사채를 정부에 신고하여야 한다. 모든 사채는 1972년 8월 3일자로 월리 1.35% 3년 거치 5년 분할상환의 새로운 채무 관계로 의법조정되거나 차주기업에 대한 출자로 전환되어야 한다.
2. 금융기관은 2,000억 원의 특별금융채권을 발행하여 한국은행에 인수시키고, 이로써 조달한 자금으로 기업의 단기 고리 대출금의 일부를 연리 8%, 3년 거치 후 5년 상환의 <u>장기 저리 대출금으로 대환한다.</u>

전태일이 대통령에게 보내는 편지1970
저희들은 <u>근로 기준법의 혜택을 조금도 못 받으며</u> … 90% 이상이 평균 연령 18세의 여성입니다. … 또한 3만여 명 중 40%를 차지하는 시다공은 평균 연령이 15세의 어린이들로서 … 일반 공무원의 평균 근무 시간이 1주 45시간인데 비해, 15세의 어린 시다공은 1주 98시간의 고된 작업에 시달립니다. … 저희들의 요구는 … 1일 15시간의 작업 시간을 1일 10~12시간으로 단축해 주십시오. 1개월 휴일 2일을 일요일마다 휴일로 쉬기를 희망합니다. … 절대로 무리한 요구가 아님을 맹세합니다. 인간으로서 최소한의 요구입니다.

>> **개념더하기**

• 함평 고구마 피해 보상 사건: 함평 농협이 고구마 전량 수매 약속을 지키지 않자, 농민들은 3년간 투쟁을 전개하여 피해를 보상받음
• 동일 방직 사건: 동일 방직 노조원들이 노동조합 임원을 선출하는 선거에 참여하지 못하도록 회사 측이 고용한 폭력배와 어용 노조원들이 이들에게 똥물을 투척하는 사건이 발생함

4 1980년대 이후

1. 전두환 정부 1980~1987

(1) 산업 구조 조정을 통해 중화학 공업의 중복 투자를 조정, 부실기업 정리

(2) 3저 호황: 저금리 · 저유가 · 저달러 상황을 배경으로 수출 증대 → 최초로 무역 흑자 달성 1986, 연 12% 이상 경제 성장, 1인당 국민 소득 5,000달러 달성 1989

(3) 자동차 · 반도체 등 기술 집약적 산업 육성

(4) 최저 임금법 제정 1986

(5) 노동 운동 활발 1987.7.~8.: 6월 민주 항쟁 직후 전국적인 노동 운동 전개

2. 김영삼 정부 1993~1997

(1) 금융 실명제 실시 1993: 불법 자금 유통 차단과 공정 과세 목적, 긴급 명령권 발동

(2) 시장 개방: 우루과이라운드 타결 1993 → 세계무역기구(WTO) 체제 출범 1995 → 경제협력개발기구(OECD) 가입 1997

(3) 1인당 국민 소득 1만 달러 달성 1995

(4) 외환 위기: 국제통화기금(IMF)에서 긴급 자금을 지원 받음, 1998년의 마이너스 경제 성장률

3. 김대중 정부 1998~2002

(1) 외환 위기 극복을 위한 노력: 금 모으기 운동 1998, 노사정 위원회 설치, 기업 구조 조정으로 부실 기업 정리, 공기업의 민영화, 공적 자금 투입으로 부실 금융 기관 정상화

(2) 국제통화기금(IMF)의 구제 금융 전액 상환 2000. 12. → IMF 체제 종료 2001.8.

4. 노무현 정부 2003~2007

(1) 칠레와 자유 무역 협정 체결 2004 → 미국과 자유 무역 협정 체결 2007

(2) 1인당 국민 소득 2만 달러 돌파 2006

사료더하기

금융 실명제
제3조 금융기관은 거래자의 실지명의에 의하여 금융거래를 하여야 한다. … 금융기관은 제2항의 규정에 의한 확인을 하지 아니하였거나 실명이 아닌 것으로 확인된 기존금융자산을 지급 · 상환 · 환급 · 환매 등을 하여서는 아니 된다.
제5조 실명에 의하지 아니하고 거래한 기존금융자산의 거래자는 이 명령 시행일부터 2월 이내에 그 명의를 실명으로 전환하여야 한다.

개념더하기

• 우루과이라운드: 관세를 폐지하고 자유 무역을 실현하기 위해 1947년부터 1979년까지 7차례에 걸쳐 '관세 및 무역에 관한 일반협정(GATT)'을 위한 다자간 협상을 진행했으며, 1986년 8차 회의에서 합의안을 도출함. 우루과이에서 개최했기 때문에 이 라운드를 우루과이라운드라고 함
• 세계무역기구: '관세 및 무역에 관한 일반협정(GATT)' 체제를 대신할 조직으로 1995년에 설립됨
• 노사정 위원회: 노동자 · 사용자 · 정부 간의 협의체로 1997년 말에 발생한 경제위기를 해결하는 과정에서 설립됨

1. 인구 변동

구분	특징	인구 정책 표어
1950년대	1차 베이비 붐: 전쟁 이후, 출산율 6.3명	–
1960년대		• 넣어 놓고 낳다 보면 거지꼴을 못 면한다. • 많이 낳아 고생 말고 적게 낳아 잘 키우자.
1970년대	• 2차 베이비 붐: 1968~1974 • 인구 억제 정책 실시: 가족계획 사업 실시(1962 ~1996)로 출산율 하락	• 둘만 낳자. • 딸 아들 구별 말고 둘만 낳아 잘 기르자.
1980년대		• 둘도 많다. • 하나씩만 낳아도 삼천리는 초만원
1990년대	남아 선호 사상 극심	• 사랑으로 낳은 자식 아들·딸로 판단 말자. • 아들바람 부모세대 짝꿍 없는 우리세대 • 선생님! 착한 일 하면 여자 짝꿍 시켜주나요.
2000년대 이후	출산 장려 정책 실시: 급속한 고령화와 저출산 대비	• 아빠! 혼자는 싫어요. 엄마! 저도 동생을 갖고 싶어요. • 자녀에게 물려 줄 최고의 유산은 형제입니다.

2. 교육의 변화

(1) **미군정기**: 6-3-3학제와 남녀공학제 도입

(2) **이승만 정부**: 초등학교 의무교육제 실시(1948. 제헌 헌법에 명시 → 6·25 전쟁 후, 실질적 실시)

(3) **박정희 정부**: 국민 교육 헌장 제정1968, 중학교 무시험 진학 제도1969, 고교 평준화1974

(4) **전두환 정부**: 과외 전면 금지, 대입 본고사 폐지, 중학교 의무 교육제 실시, 대입 본고사 폐지

(5) **노태우 정부**: 본격적인 교육 자치제 확립

(6) **김영삼 정부**: 대학 수학 능력 시험 실시1994, 국민학교를 초등학교로 명칭 변경1996

(7) **김대중 정부**: 중학교 무상 의무 교육 전국 실시

3. 사회 변화

(1) **이승만 정부**: 근로기준법 제정1952

(2) **박정희 정부**: 국민 의료 보험 제도 도입1963

(3) **전두환 정부**: 최저 임금법 제정1986

(4) **노태우 정부**: 국민 연금제 실시1988, 전 국민 의료 보험 실시1989, 분당·일산 등 수도권 1기 신도시 건설1989

(5) **김영삼 정부**: 사회 보장 기본법 제정1995

(6) **김대중 정부**: 국민 기초 생활 보장법 제정1999, 국가 인권 위원회 설립2001

(7) **노무현 정부**: 호주제 폐지2005

북한과 통일 정책

01 북한 정권

1. 광복 직후의 북한

(1) 평남 건국 준비 위원회 조직1945.8.: 민족주의자 조만식 주도, 서울의 건준과 연계

(2) 소련군이 김일성과 함께 진주1945.8.: 평남 건국 준비 위원회를 해체하고 좌·우 합작의 인민 위원회로 개편 → 소련군이 인민 위원회에게 행정권 이양 → 모스크바 3국 외상 회의 발표 후 민족주의계 배제 (조만식 연금1946.1.)

(3) 북조선 임시 인민 위원회 조직1946.2.
   ① 위원장 김일성, 부위원장 김두봉
   ② 사실상 북한 정부의 역할 담당: 사회주의 도입을 위한 개혁 시도
   ③ 토지 개혁(5정보 상한 설정, 무상 몰수 무상 분배 방식)1946.3., 친일파 처단, 중요 산업의 국유화, 남녀평등권법·노동법 제정

(4) 북조선 인민 회의와 북조선 인민 위원회 조직1947.2.
   ① 북조선 인민 회의: 최고 수권 기관이자 입법 기관, 1948년 8월에 최고 인민 회의로 이어짐
   ② 북조선 인민 위원회: 북조선 임시 인민 위원회를 개편한 최고 집행 기관
   ③ 인민군 창설1948.2., 헌법 채택1948.4., 남북 협상 참여1948.4.
   ④ 총선거 실시1948.8.: 최고 인민 회의의 대의원 선출

(5) 조선 민주주의 인민 공화국 수립1948.9.9.
   ① 내각 수상 김일성, 부수상 박헌영·홍명희·김책: 다양한 항일 무장 세력의 연합 정권으로 시작
   ② 소련군 철수1948.12.

> **개념더하기**
>
> 북한의 정치 세력
> 1. 김일성계: 만주에서 동북 항일 연군 소속으로 항일 무장 활동 전개 → 소련군과 함께 입북 후 정권 장악
> 2. 연안계: 김두봉·무정 대표적, 조선 독립 동맹과 조선 의용군 소속으로 활동
> 3. 소련계: 허가이 대표적, 소련 출신의 한국인 2~3세로 구성
> 4. 남로당계: 조선정판사 위조 사건으로 박헌영 월북1946.9. → 6·25 전쟁 패전의 책임을 물어 박헌영을 숙청
> 5. 민족주의계: 조만식, 신탁통치 반대 과정에서 축출

2. 김일성의 통치 1948~1994

(1) 김일성 1인 독재 체제 강화
① 6 · 25 전쟁을 거치며 연안파 무정 · 소련파 허가이 · 남로당파 박헌영을 숙청
② 8월 종파 사건 1956: 소련에서 후르쇼프가 스탈린의 우상화를 비판하자, 이에 영향을 받아 연안파와 소련파가 김일성의 정책을 비판 → 오히려 김일성이 연안파(김두봉)와 소련파 제거

(2) 전쟁 후 경제 개발 3개년 계획 추진 1954~1956
① 중공업 중심의 경제 개발
② 농업 협동화에 의한 협동 농장 건설 1958: 노동력의 집단화, 토지와 기타 생산 수단의 국유화

(3) 천리마 운동 전개 1958~1960년대: '하루에 천 리를 달리는 천리마와 같은 속도로 사회주의 경제를 건설하자'는 의미, 대중 동원 운동(주민 간 경쟁을 유도하여 노동 강화와 사상 개조를 시도함)

(4) 경제 개발 7개년 계획 추진 1961~1967: 중공업 우선 발전 정책, 과중한 국방비와 소련의 원조 삭감으로 한계 노출

(5) 주체 사상 마련 1960년대 후반
① 배경: 중국과 소련의 이념 분쟁 · 영토 갈등 1960 → 양국에서 벗어난 북한의 독자 노선 추구
② '사상의 주체, 정치의 자주, 경제의 자립, 국방의 자위' 주장: 김일성 개인숭배와 반대파 숙청에 이용됨

(6) 사회주의 헌법 제정 1972.12.: 주체 사상을 공식 통치 이데올로기로 규정, 국가 주석직 설치

(7) 김정은의 세습 준비
① 3대 혁명 소조 운동 주도: 과학자 · 기술자 · 청년 등으로 소조 구성 → 생산 현장에 투입 → 사상 · 기술 · 문화 혁명 시도
② 김일성의 후계자로 공식화 1980

(8) 부분적 개방 정책 추진: 동유럽 공산권 붕괴로 경제 위기 겪음 → 합영법 제정 1894, 나진 · 선봉 경제특구 설치 1991, 외국인 투자법 제정 1992

3. 김정일의 통치 1994~2011

(1) 유훈 통치 부각

(2) 선군 사상 채택: '군대가 국가의 기본이다.'라는 사상, 정치 혼란과 경제 위기를 군대를 앞세워 돌파 시도

(3) 1990년대 경제 위기 발생: 잇따른 자연재해와 공산 진영의 붕괴 → 석유 · 원자재 · 식량 지원 악화, 에너지 부족 → '고난의 행군' 선포 1995~1998

(4) 남한과의 교류: 금강산 특구 지정(1998, 김대중 정부), 개성 공단 특구 설치(2003, 노무현 정부)

4. 북한의 대남 도발

1960년대	• 특징: 무장간첩 침투, 게릴라전 시도 • 김신조를 포함한 북한 게릴라의 청와대 습격 사건(1 · 21 사태) 1968.1., 미국 정찰함 푸에블로호 납북 사건 1968.1., 울진 · 삼척 무장공비 침투 사건 1968.11.
1970년대	• 특징: 땅굴 굴착, 소규모 무장간첩 침투 • 문세광의 대통령 저격 미수 사건 1974, 판문점 도끼 만행 사건 1976
1980년대	• 특징: 국제적 테러 자행 • 전두환 대통령 순방 기간에 미얀마 아웅산 묘지 테러 사건 1983, 김현희의 대한항공기 폭파 1987
1990년대 이후	• 특징: 핵실험, 장거리 미사일 발사, NLL 무력화 시도 • 제1 · 2차 연평해전 1999, 2002, 천안함 피격 2000, DMZ 목함 지뢰 사건 2015

1. 이승만 정부

반공 정책과 북진 통일론 고수, 조봉암의 평화 통일론 탄압(진보당 사건)1958

2. 장면 정부

(1) 정부 측: 선경제 후통일론과 유엔 감시하 남북한 총선거 주장, 시민 사회의 다양한 주장에 반대

(2) 혁신계 측: 민족자주통일중앙협의회 조직, 영세 중립화 통일론 · 남북협상론 주장

(3) 학생 측: 민족통일학생연맹 조직, '가자 북으로, 오라 남으로'를 내세운 학생 회담 시도

3. 박정희 정부

(1) 1960년대: 장면 정부의 선경제 후통일론 계승, 반공 강조, 무장공비 침투 사건으로 남북 간 긴장 심화

(2) 1969년 닉슨 독트린 발표 후: 냉전 완화에 따라 2만여 명의 주한 미군이 감축됨

(3) 8 · 15 선언 발표1970: 선의의 경쟁 제안

(4) 첫 남북 적십자 회담 개최1971: 이산가족 문제 해결을 위한 회담 개최

(5) 7 · 4 남북 공동 성명 발표1972
　① 배경: 미국의 대외 정책 변화: 닉슨 독트린 발표1969, 미군의 베트남 철수, 주한 미군의 2만여 명 철수
　② 경과: 박정희와 김일성의 특사 이후락과 김영주가 비밀 회담을 개최 → 서울과 평양에서 동시에 합의안 발표
　③ 주요 내용: 자주 · 평화 · 민족 대단결의 통일 3대 원칙에 합의
　④ 이후 실무 진행을 위해 남북 조절 위원회를 설치
　⑤ 의의: 남북한 정부가 최초로 통일 방안에 합의함, 이후 전개된 남북 통일 논의의 기본 원칙이 됨
　⑥ 남북한 모두 통일 문제를 독재 정치 강화에 이용: 남한은 10월 유신, 북한은 사회주의 헌법 제정

(6) 6 · 23 평화 통일 선언 발표1973: UN 동시 가입 · 호혜 평등의 원칙하에 모든 국가에 문화 개방 · 내정 불간섭 제안

4. 전두환 정부

(1) KBS 특별 생방송 '이산가족을 찾습니다' 진행1983

(2) 북한이 남한에 수재민 구호 물품을 보내옴1984

(3) 최초의 이산가족 상봉1985

5. 노태우 정부

(1) 배경: 동유럽 사회주의 체제 붕괴, 독일 통일, 소련 해체 → 북방 외교 추진동유럽 · 소련 · 중국과 순차적으로 수교

(2) 남북 고위급 회담 진행

(3) 최초로 남북 단일팀 '코리아' 구성1991.4.: 세계 탁구 선수권 대회 참여해서 여자 단체전 우승 차지

(4) UN 동시 가입1991.9.: 박정희 정부의 6 · 23 선언 실현

(5) 남북 기본 합의서 채택1991.12.

　① 정식 명칭: '남북 사이의 화해와 불가침 및 교류 · 협력에 관한 합의서'

　② 남북 고위급 5차 회담에서 합의문 도출

　③ 합의 내용: 남북 관계를 잠정적인 특수 관계로 규정, 상대방의 실체 인정, 화해 · 불가침 · 교류 협력 추구

　④ 의의: 최초의 남북한 정부 간 공식 합의서, 이후 판문점 남북 연락 사무소 설치1992.9.

(6) 한반도 비핵화 공동 선언1991.12.

6. 김영삼 정부

(1) 북한의 NPT(핵 확산 금지 조약) 탈퇴로 남북 관계 경색1993

(2) 민족 공동체 통일 방안 발표: '1단계 화해 · 협력 → 2단계 남북 연합(1민족 2체제 2정부의 과도기 상태) → 3단계 1민족 1국가 1체제 1정부의 통일 국가 수립' 순서 제안

(3) 경수로 건설 사업 추진1997~2003: 북미 제네바 합의서에서 북한 핵시설 동결과 경수로 발전소 건설 등이 합의됨 → KEDO(한반도 에너지 개발 기구) 설립

7. 김대중 정부

(1) 정주영의 소떼 방북1998: 1,001마리 전달, 이후 남북 경제 협력 본격화

(2) 햇볕 정책(대북 화해 협력 정책) 추진: 금강산 해로 관광 시작1998 → 시드니 올림픽 남북 동시 입장2000

(3) 제1차 남북 정상 회담 개최2000

　① 김대중 대통령과 김정일 국방위원장

　② 6 · 15 남북 공동 선언 발표

　　㉠ 통일 문제의 자주적 해결을 약속

　　㉡ 남측의 연합제 안(과도기로서의 2체제 2정부)과 북측의 낮은 단계의 연방제 안(통일된 국가로서의 1국가 2체제)의 공통성 인정

　　㉢ 이산가족 문제의 조속한 해결 약속: 이후 이산가족의 서울 · 평양 동시 상봉 성사

　　㉣ 경제 협력과 사회 · 문화 등 교류 활성화 약속: 이후 금강산 육로 관광 · 개성공단 조성 · 경의선 복구 사업 추진

8. 노무현 정부

(1) 햇볕 정책 계승: 금강산 육로 관광 시작, 경의선 복구, 개성공단 준공, 개성 관광 시작

(2) 제2차 남북 정상 회담 개최2007

　① 노무현 대통령과 김정일 국방위원장

　② 10 · 4 남북 공동 선언(남북 관계의 발전과 평화 번영을 위한 선언) 발표: 6 · 15 남북 공동 선언 이행 천명

9. 이명박 정부

남한 관광객 피격 사건으로 금강산 관광 사업 중단, 핵 실험과 연평도 포격 사건2010으로 관계 경색

10. 문재인 정부

제3차 남북 정상 회담 개최2018, 4 · 27 판문점 선언(한반도의 평화와 번영, 통일을 위한 판문점 선언) 발표

진보당의 평화 통일론

우리는 민족의 비원인 남북 통일을 평화적으로 단시일 내에 성취시키겠다. 전 세계 인류의 시대적 요구가 전쟁 반대일 뿐만 아니라, 우리 농포늘도 이 이상 피 흘리기를 설대로 원지 않는다. 세네바에서 뱅화 세안했넌 정부나 민주낭은 시종 무력 통일을 운운하지만, 이것은 현실에서 고립되는 주장일 뿐만 아니라 결과적으로 통일을 단념하는 거와 다름이 없다. 왜냐하면 무력 통일론은 불가능한 옛이야기에 속하기 때문이다. 우리는 민주 역량을 공고히 하여 그 토대와 주동 밑에 민주 승리의 평화 통일을 쟁취하기 위하여 국가적 총력을 여기에 경주할 것이다.

7 · 4 남북 공동 성명

쌍방은 다음과 같은 조국 통일 원칙들에 합의를 보았다.

첫째, 통일은 외세에 의존하거나 외세의 간섭을 받음이 없이 자주적으로 해결하여야 한다.

둘째, 통일은 상대방을 반대하는 무력행사에 의거하지 않고 평화적 방법으로 실현하여야 한다.

셋째, 사상과 이념, 제도의 차이를 초월하여 우선 하나의 민족으로서 민족적 대단결을 도모하여야 한다.

남북 조절 위원회

가. 합의된 조국 통일 원칙에 기초하여 나라의 자주적 평화 통일을 실현하는 문제를 협의, 결정하며 그의 실행을 보장한다.

나. 남북의 정당, 사회 단체 및 개별적 인사들 사이의 광범함 정치적 교류를 실현하는 문제를 협의, 결정하며 그의 실행을 보장한다.

남북 사이의 화해와 불가침 및 교류 · 협력에 관한 합의서(남북 기본 합의서)

남과 북은 7 · 4 남북 공동 성명의 원칙을 재확인하고, … 무력에 의한 침략과 충돌을 막고 긴장 완화와 평화를 보장하며, 다각적인 교류 · 협력을 실현하여 공동의 이익과 번영을 도모하며, 쌍방의 관계가 나라와 나라 사이의 관계가 아닌 통일을 지향하는 과정에서 잠정적으로 특수 관계라는 것을 인정하고, 평화 통일을 성취하기 위한 공동의 노력을 기울일 것을 다짐하면서, 다음과 같이 합의하였다.

제1조 남과 북은 서로 상대방의 체제를 인정하고 존중한다.

제4조 남과 북은 상대방을 파괴 · 전복하려는 일체 행위를 하지 아니한다.

제9조 남과 북은 상대방에 대하여 무력을 사용하지 않으며 상대방을 무력으로 침략하지 아니한다.

제15조 남과 북은 민족 경제의 통일적이며 균형적인 발전과 민족 전체의 복리 향상을 도모하기 위하여 자원의 공동 개발, 민족 내부 교류로서의 물자 교류, 합작 투자 등 경제 교류와 협력을 실시한다.

6 · 15 남북 공동 선언

1. 남과 북은 나라의 통일 문제를 그 주인인 우리 민족끼리 서로 힘을 합처 자주적으로 해결해 나가기로 하였다.

2. 남과 북은 나라의 통일을 위한 남측의 연합제 안과 북측의 낮은 단계의 연방제 안이 서로 공통성이 있다고 인정하고 앞으로 이 방향에서 통일을 지향시켜 나가기로 하였다.

3. 남과 북은 올해 8 · 15에 즈음하여 흩어진 가족, 친척 방문단을 교환하며, 비전향 장기수 문제를 해결하는 등 인도적 문제를 조속히 풀어 나가기로 하였다.

4. 남과 북은 경제 협력을 통하여 민족 경제를 균형적으로 발전시키고, 사회, 문화, 체육, 보건, 환경 등 제반 분야의 협력과 교류를 활성화하여 서로의 신뢰를 다져 나가기로 하였다.

남북 관계 발전과 평화 번영을 위한 선언(10 · 4 선언)

1. 6 · 15 공동 선언을 고수하고 적극 구현해 나간다.

4. 현 정전 체제를 종식시키고 항구적인 평화 체제를 구축하기 위한 종전 선언을 협력해 추진하기로 하였다.

5. 경제 협력 사업을 적극 활성화하기로 하였다.

• 서해 평화 협력 특별 지대를 설치하여 공동 어로 구역과 평화 수역 설정, 민간 선박의 해주 직항로 통과, 한강 하구 공동 이용 등을 추진해 나가기로 하였다.

• 개성–신의주 철도와 개성–평양 고속 도로를 공동으로 이용하기 위해 개보수 문제를 협의 · 추진하기로 하였다.

6. 역사, 언어, 교육, 과학 기술, 문화 예술, 체육 등 사회 문화 분야의 교류와 협력을 발전시켜 나가기로 하였다.

CHAPTER 05

독도, 유네스코 세계 유산

01 독도

1. 일본의 주장

(1) 한국이 옛날부터 독도를 인식하고 있었다는 근거가 없음

(2) 당시 독도는 무주지(無住地)였기 때문에 러·일 전쟁 중 시마네 현 고시로 일본 영토에 편입 1905.2.

(3) 1951년 샌프란시스코 강화 조약에서 독도는 일본 영토로 인정받음

(4) 2005년 시마네 현 의회가 '다케시마의 날' 지정

(5) 국제 사법 재판소에서 독도 문제를 처리하고 싶으나 한국이 거부하고 있음

2. 우리나라의 반박 근거

(1) 신라 지증왕 때 이사부가 울릉도를 복속한 사실이 『삼국사기』에 기록됨: 독도와 관련된 가장 오래된 기록

(2) 조선 태종의 공도 정책(쇄환 정책, 수토 정책)은 섬을 포기한 것이 아니라, 섬 주민들을 안전하게 보호하려는 조치임

(3) 단종 때 편찬된 『세종실록지리지』에 독도가 기록되어 있음: '울진현의 동쪽 바다에 울릉도와 독도가 있는데, 두 섬의 거리가 가까워 맑은 날이면 볼 수 있다.'

(4) 숙종 때 안용복이 일본에 건너가 일본 어부의 도해 금지령을 얻어냄

(5) 17세기에 제작된 일본의 『은주시청합기』에 독도 기록 없음: '일본의 서북쪽 경계는 오키섬을 한계로 한다.'

(6) 18세기에 제작된 「삼국접양지도」에서 울릉도와 독도를 우리 영토로 표기함

(7) 1869년에 작성된 일본의 『조선국교제시말내탐서』에 울릉도와 독도를 조선 영토로 규정함

(8) 1877년에 발표된 일본의 태정관 지시문에 울릉도와 독도를 조선 영토로 규정함: '문의한 취지의 죽도(울릉도) 외 일도(독도)의 건은 우리나라(일본)와 관계없다는 것을 명심할 것'

(9) 1882년에 고종은 공도 정책을 폐기하고, 울릉도의 이주를 장려함

(10) 1900년에 대한제국 칙령 제41호를 반포하여 울릉도와 독도 지배를 강화함: 초대 군수로 배계주 파견

(11) 1946년에 발표된 연합국 최고 사령관 각서(SCAPIN) 제677호에서 독도를 한국 영토로 인정함: "일본의 영토에서 울릉도, 리앙쿠르암(독도)과 제주도는 제외된다."

(12) 1951년에 샌프란시스코 강화 조약을 비준할 때 일본 국회가 제출한 '일본 영역 참고도'에 독도를 한국 영토로 표기

(13) 1952년에 이승만 대통령이 '평화선'을 설정: 독도가 한국 영토임을 국제적으로 선포, 일본의 불법적인 어로 활동 금지

(14) 1953년에 울릉도 주민들이 독도 의용 수비대를 조직

(15) 1954년부터 경찰(독도 경비대)이 상주하며 경비 담당

(16) 일본이 국제 사법 재판소에 제소하려는 것은 독도를 분쟁 지역화하여 국제 사회의 관심을 끄려는 의도에 불과함

> **사료더하기**
>
> 대한제국 칙령 제41호
> 제1조 울릉도를 울도라고 개칭하여 강원도에 부속하고 도감을 군수로 개정하여 관제 중에 편입하고 군의 등급은 5등으로 할 것
> 제2조 군청의 위치는 태하동으로 정하고 구역은 울릉전도와 죽도·석도(독도)를 관할할 것

> **개념더하기**
>
> • 『은주시청합기』: 일본의 은주(온슈)를 관찰하고 들은 내용을 기록한 보고서
> • 『조선국교제시말내탐서』: 일본 태정관에서 파견한 관리가 울릉도와 독도에 관해 조사한 후 올린 보고서
> • 태정관: 일본 메이지 정부의 최고 의사결정 기관

02 한국의 유네스코 등재 유산

1. 세계 문화 유산

(1) **불국사와 석굴암**: 통일 신라 경덕왕~헌덕왕 때 건립, 각각 현생의 부모와 전생의 부모를 위해 조성

(2) **해인사 장경판전**: 15세기에 건축, 대장경 목판 보관을 위해 지어진 세계 유일의 건물, 자연통풍·온도·습도 탁월

(3) **종묘**: 역대 왕과 왕비의 위패를 모신 사당, 중심 건물인 정전과 영녕전은 좌우로 긴 것이 특징

(4) **창덕궁**: 태종 때 건립, 광해군 때 법궁이 됨, 규장각·주합루·후원 위치

(5) **수원 화성**: 정조 때 건립, 정약용의 설계, 『화성성역의궤』를 바탕으로 6·25 전쟁 이후 복원

(6) **경주 역사지구**: 남산지구(배리석불입상, 나정, 포석정), 월성지구(첨성대, 계림), 대릉원지구(천마총, 황남대총), 황룡사지구(황룡사지, 분황사지), 산성지구

(7) **고창·화순·강화 고인돌 유적**: 세계적인 거석 문화 유적지

(8) **조선왕릉**: 총 40기, 광해군묘와 연산군묘 제외

(9) **하회·양동 역사마을**: 14~15세기에 조성된 씨족 마을, 조선 초기의 유교적 양반 문화를 반영함

(10) **남한산성**: 유사시 조선의 임시 주도 역할 담당, 승군에 의해 축성

(11) **백제 역사 유적지구**: 공주의 공산성·송산리 고분군, 부여의 관북리 유적·부소산성·정림사지·능산리 고분군·나성, 익산의 왕궁리 유적·미륵사지

(12) **산사, 한국의 산지승원**: 양산 통도사, 영주 부석사, 안동 봉정사, 보은 법주사, 공주 마곡사, 순천 선암사, 해남 대흥사

(13) **한국의 서원**: 영주 소수서원, 함양 남계서원, 경주 옥산서원, 안동 도산서원, 장성 필암서원, 달성 도동서원, 안동 병산서원, 정읍 무성서원, 논산 돈암서원

2. 세계 기록 유산

(1) **훈민정음 해례본**: 훈민정음에 대해 집현전 학자들이 쓴 해설서, 현재 간송미술관에 보관

(2) **조선왕조실록**: 사초·시정기·조보·『승정원일기』·『일성록』·『의정부등록』·『비변사등록』 등을 정리하여 편찬

(3) **직지심체요절** : 현존 최고(最古)의 금속 활자본, 우왕 때 청주 흥덕사에서 제작, 현재 프랑스 국립도서관에 보관

(4) **승정원일기**: 승정원에서 왕명출납·행정사무·의례적 사항 등을 기록한 관청일기, 왜란 이후의 기록만 현존

(5) **조선왕조의궤**: 왕실의 공식 행사의 진행 절차를 그림으로 첨부하여 상세하게 기록함, 왜란 이후의 기록만 현존

(6) **고려 대장경판 및 제경판**: 고려대장경은 팔만대장경을 의미, 제경판(약 6,000판)은 해인사에서 대장경을 보완하기 위해 별도로 제작함, 현재 합천 해인사에 보관[법보(法寶)사찰로 지정]

(7) **동의보감**: 선조의 명령에 따라 허준이 편찬, 광해군 때 완성, 동아시아 의학의 집대성, 공공 의료와 예방 의학의 원조

(8) **일성록**: 정조가 세손 시절에 쓴 일기에서 시작, 규장각 관원들이 시정(施政)에 관한 내용을 작성한 후에 왕의 재가를 받은 공식적인 국정 일기로 전환됨. 1910년까지 기록

(9) **5·18 광주 민주화 운동 기록물**

(10) **난중일기**: 이순신이 진중에서 쓴 친필 일기, 개인적 소외뿐만 아니라 전장의 상황이 상세히 기록됨

(11) **새마을 운동 기록물**

(12) **KBS특별 생방송 '이산가족을 찾습니다' 기록물**

(13) **한국의 유교 책판**: 조선 시대에 71종의 책을 판각하기 위해 만든 판목의 총체, 각 문중과 서원으로부터 기탁 받은 총 64,000여 장으로 구성

(14) **국채 보상 운동 기록물**

(15) **조선 통신사에 대한 기록**

(16) **조선왕실 어보와 어책**: 어보는 왕실의 의례용 도장으로 왕실 직계 가족이 사용, 어책은 세자와 세자빈의 책봉, 비와 빈의 직위 하사 때 내린 교서를 의미, 조선 왕조의 정통성을 상징하는 예물

○, ×

01 1943년에 개최된 카이로 회담에서 한국의 독립이 최초로 약속되었다. (○, ×) 17 서울시 9급

02 조선 건국 준비위원회는 이승만을 주석으로 하는 정부 수립을 선포하였다. (○, ×) 21 경찰 2차

03 미 · 소 공동 위원회가 결렬되자 이를 수습하기 위해 모스크바 3국 외상 회의가 열렸다. (○, ×) 16 국가직 9급

빈칸 채우기

04 (   )차 개헌은 임시수도 부산에서 개정되었으며, (   )차 개헌은 '사사오입'의 논리로 통과되었다. 20 지방직 9급

05 4 · 19 혁명으로 과도 정부가 출범하고, (   )와 양원제를 골자로 하는 헌법으로 개정되었다. 14 국가직 9급

06 한일 기본 조약 체결에 반대하여 학생들이 1964년에 (   )를 일으켰다. 18 서울시 9급

07 박정희 정부는 (   )년에 유신 헌법을 제정하여 입법, 사법, 행정 3권을 한 사람의 집권자에게 집중시켰다. 21 국가직 9급

08 6월 민주 항쟁으로 (   )년 단임의 대통령 (   ) 개헌이 이루어졌다. 13 국가직 9급

09 1946년에 미곡수집제의 폐지, 토지개혁 실시를 주장하는 (   )월 총파업이 일어났다. 20 국가직 9급

10 (   ) 정부는 한미 원조 협정을 체결하였다. 21 국가직 9급

11 1980년대 중반 이후에는 저금리, 저유가, 저달러의 이른바 '(   )'에 힘입어 연평균 10%에 가까운 경제 성장률을 기록하였다. 21 계리직

선택하기

12 북조선 임시 인민 위원회는 (유상 매입 유상 분배, 무상 몰수 무상 분배)의 원칙에 따라 (농지 개혁, 토지 개혁)을 실시하였다. 18 서울시 9급

13 (7 · 4 남북 공동 성명, 남북 기본 합의서)에는 남북 조절 위원회를 구성하기로 한 내용이 담겨 있다. 18 지방직 9급

14 일본의 (태정관 지령문, 시마네현 고시)은/는 독도가 대한민국의 영토임을 증명하는 중요 자료이다. 20 국가직 9급

정답확인

01 ○ **02** ○ **03** × **04** 1, 2 **05** 내각 책임제 또는 의원 내각제 **06** 6 · 3 시위 **07** 1972 **08** 5, 직선제 **09** 9
10 이승만 **11** 3저 호황 **12** 무상 몰수 무상 분배, 토지 개혁 **13** 7 · 4 남북 공동 성명 **14** 태정관 지령문

01

한국 국민당을 이끌고 한국 독립당을 결성하였으며 남북 협상을 위한 평양 방문을 한 사실을 통해 제시문의 밑줄 친 '그'가 백범 김구임을 알 수 있다. 김구는 광복 이후 모스크바 3국 외상 회의 결정에 따른 신탁 통치를 이승만과 함께 반대하였으며, 남한만의 단독 정부를 추진한 이승만과 달리 통일 정부 수립을 위해 평양으로 가서 남북 협상까지 시도하였으나 결국 실패하였다(1948.4.).

④ 모스크바 3국 외상 회의에서 신탁 통치 결정이 알려지자 김구는 '신탁 통치 반대 국민 총동원 위원회'를 결성(1945.12.)하여 신탁 통치 반대 운동을 전개하였다.

오답의 이유

① 광복 이후 좌·우 대립이 격화되면서 분단의 위기감을 느낀 중도파 세력들은 여운형, 김규식이 중심이 되어 1946년 7월에 좌·우 합작 위원회를 수립하였다. 이 위원회는 모든 조직이 하나로 통합되어, 중도적 사상의 통일 정부를 수립하는 것을 목표로 삼고 1946년 10월 좌·우 합작 7원칙을 합의하여 제정하였다.

② 조선 건국 동맹의 여운형은 안재홍과 함께 일본인의 안전한 귀국을 보장하는 조건으로 조선 총독부로부터 행정권의 일부를 이양 받아 조선 건국 준비위원회를 결성하였다(1945).

③ 박용만은 하와이에 대조선 국민 군단을 조직하여 독립군 사관 양성을 바탕으로 한 무장 투쟁을 준비하였다(1914).

01 밑줄 친 '그'에 대한 설명으로 옳은 것은?

22 국가직 9급

> 한국 국민당을 이끌던 그는 독립운동 세력을 통합하고자 한국 독립당을 결성해 항일 운동을 주도하였다. 광복 직후 귀국한 그는 정부 수립을 위한 활동을 이어나갔으며, 남한 단독 선거가 결정되자 김규식과 더불어 남북 협상을 위해 평양을 방문하기도 하였다.

① 좌·우 합작 위원회를 구성해 좌·우 합작 7원칙을 발표하였다.

② 광복 직후 안재홍 등과 함께 조선 건국 준비위원회를 만들었다.

③ 무장 항일 투쟁을 위해 하와이로 건너가 대조선 국민 군단을 결성하였다.

④ 모스크바 3국 외상 회의의 결정 사항이 알려지자 신탁 통치 반대 운동을 펼쳤다.

정답 01 ④

02 **(가), (나) 문서에 대한 설명으로 옳은 것은?**

17 서울시 9급

> (가) 조선 인민의 노예 상태에 유의하여 적당한 시기에 맹세코 조선을 자주 독립시킬 것을 결의한다.
>
> (나) 조선 임시정부의 구성을 원조할 목적으로 먼저 그 적절한 방안을 마련하기 위하여 남조선합중국 관구와 북조선 소련 관구의 대표자들로 공동 위원회가 설치될 것이다.

① (가)는 포츠담 회담에서 발표되었다.
② (나)의 결정에는 미국, 영국, 소련이 참여하였다.
③ (나)의 결정에 따라 좌·우 합작 위원회가 만들어졌다.
④ (가), (나)는 8·15 해방 직전에 발표되었다.

02
(가) 카이로 회담(1943.11.)
(나) 모스크바 3국 외상 회의(1945.12.)

② (나) 모스크바 3국 외상 회의는 미국, 영국, 소련이 참여하였는데, 한국에 임시민주정부를 수립하기 위하여 미·소 공동 위원회를 설치하고, 미·영·중·소 4개국에 의한 최고 5년간 한반도를 신탁 통치하에 두기로 결정하였다.

오답의 이유

① 포츠담 회담(1945.7.)은 미국(트루먼), 영국(애틀리), 소련(스탈린), 중국(장제스) 등 연합국 대표가 참여하였다. 일본의 무조건 항복을 요구하였고, 카이로 선언(한국의 독립)을 재확인하였다.
③ 모스크바 3국 외상 회의의 결정에 따라 미·소 공동 위원회가 구성되었다.
④ (가) 카이로 회담은 광복 직전인 1943년 11월에 있었고, (나) 모스크바 3국 외상 회의는 광복 이후인 1945년 12월에 개최되었다.

---

03 **다음은 광복 이후 발표된 글이다. 밑줄 친 '7원칙'의 내용으로 옳은 것은?**

16 사복직 9급

> 조선의 좌·우 합작은 민주 독립의 단계요, 남북통일의 관건인 점에서 3천만 민족의 지상 명령이며, 국제 민주화의 필연적 요청이었음에도 불구하고 저간의 복잡다단한 내외 정세로 오랫동안 파란곡절을 거듭해 오던 바, 10월 4일 좌우 대표가 회담한 결과 좌측의 5원칙과 우측의 8원칙을 절충하여 7원칙을 결정하였다.

① 미·소 공동 위원회의 속개를 요청하는 공동성명 발표
② 신탁통치 반대와 남북한에서 외국 군대의 철수
③ 토지의 유상 분배 및 중요 산업 사유화
④ 유엔감시하의 남북한 총선거 실시

03
① 좌·우 합작 위원회의 7원칙에는 좌·우 합작으로 민주주의의 임시 정부 수립, 미·소 공동 위원회의 속개를 요청하는 공동 성명 발표, 토지 개혁을 통하여 농민에게 토지 무상분배, 친일파 등을 처벌할 조례 제정의 촉구, 입법기구의 설치와 관련된 사항, 언론·집회·결사 등의 자유를 보장하는 등의 내용을 명시하고 있다.

04

- 광복: 1945년 8월 15일
- 모스크바 3국 외상 회의: 1945년 12월
- 5·10 총선거: 1948년 5월 10일
- 대한민국 정부 수립: 1948년 8월
- 6·25 전쟁 발발: 1950년 6월 25일

④ 반민족 행위 처벌법은 대한민국 정부 수립 이후 1948년 9월에 제정되었다.

오답의 이유

① 건국 강령 제정(1941)
② 북한 정부 수립(1948.9.9.)
③ 김구·김규식의 남북협상(1948.4.)

04 연표의 (가)~(라) 시기에 있었던 사실로 옳은 것은? 13 국가직 9급

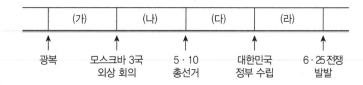

① (가) – 대한민국 임시 정부에서 건국 강령을 제정하였다.
② (나) – 북한 정부가 수립되었다.
③ (다) – 김구·김규식이 남북협상을 위해 북한을 방문하였다.
④ (라) – 국회에서 반민족 행위 처벌법을 제정하였다.

05

제시된 자료에 있는 '일본 정부와 공모하여 한·일 합병에 적극 협력한 자'와 '처벌'을 통해 1948년 제헌 국회에서 제정한 반민족 행위 처벌법의 조항임을 알 수 있다.

② 5·10 총선거를 통해 구성된 제헌 국회는 1948년 9월 반민족 행위 처벌법을 제정하였으며, 다음 해인 1949년 6월 농지 개혁법을 제정하였다.

오답의 이유

①·③ 제헌 국회는 1948년 9월 반민족 행위 처벌법을 제정하였으며, 10월에는 반민족 행위 특별 조사 위원회와 특별 재판부를 설치하여 공소를 제기하도록 하였다.

④ 1949년 6월 특별 조사 위원회가 일제 때 친일 행위를 한 박흥식, 노덕술 등 고위 경찰 간부를 체포하여 조사하였다. 그러나 정부가 간첩 혐의로 반민족 특별 위원회 위원을 구속하는 국회 프락치 사건, 경찰의 반민 특위 습격 사건, 반민족 특별 위원회의 활동 기간 축소에 따른 공소 기간 만료 등으로 반민족 특별 위원회가 해체되어 친일파 청산은 결과적으로 실패하였다.

정답 04 ④ 05 ②

05 다음 조항을 포함한 법률에 대한 설명으로 옳지 않은 것은? 22 지방직 9급

> 제1조 일본 정부와 통모하여 한·일 합병에 적극 협력한 자, 한국의 주권을 침해하는 조약 또는 문서에 조인한 자와 이를 모의한 자는 사형 또는 무기 징역에 처하고, 그 재산과 유산의 전부 혹은 2분의 1 이상을 몰수한다.

① 이 법률은 제헌 국회에서 제정되었다.
② 이 법률은 농지 개혁법이 제정된 후 제정되었다.
③ 이 법률에 의해 반민 특위와 특별 재판부가 구성되었다.
④ 이 법률에 의해 친일 경력을 지닌 고위 경찰 간부가 체포되었다.

06 다음 내용의 헌법 개헌안이 통과한 이후 나타난 사실로 적절한 것을 〈보기〉에서 모두 고른 것은?

20 경찰 1차

> 세31조 입법권은 국회가 행한다. 국회는 민의원과 참의원으로써 구성한다.
>
> 제55조 대통령과 부통령의 임기는 4년으로 한다. 단, 재선에 의하여 1차 중임할 수 있다. 대통령이 궐위된 때에는 부통령이 대통령이 되고 잔임 기간 중 재임한다.
>
> 부칙 이 헌법 공포 당시의 대통령에 대하여는 제55조 제1항 단서의 제한을 적용하지 아니한다.

보기

> ㉠ 조봉암이 진보당을 창당하였다.
> ㉡ 이승만 대통령이 반공 포로를 석방하였다.
> ㉢ 헌법 개정으로 대통령 선출 방식이 국회 간선제에서 국민 직선제 방식으로 바뀌었다.
> ㉣ 정·부통령 선거에서 대통령에 자유당의 이승만, 부통령에 민주당의 장면이 당선되었다.

① ㉠, ㉡
② ㉠, ㉣
③ ㉡, ㉢
④ ㉡, ㉣

---

07 대한민국의 민주화 여정에 대한 설명으로 가장 옳은 것은?

18 서울시 9급

① 1960년대: 장기집권을 획책한 박정희의 사사오입 개헌에 맞서 학생들과 재야인사들이 그 반대투쟁을 전개하였다.
② 1970년대: 유신 개헌을 통해 평화적으로 민주화를 추진할 수 있는 법률적 기틀을 제공하였다.
③ 1980년대: 6월 민주항쟁을 통해 군사정권을 종식시키고 선거를 통해 문민정부가 출범하였다.
④ 1990년대: 대선결과에 따라 평화적 정권교체가 실현되었다.

06
② '민의원과 참의원', '부칙' 내용 등을 통해서 1954년에 통과된 사사오입 개헌안임을 알 수 있다.
㉠ 1956년 제3대 대선에서 이승만은 또 당선되었으나, 무소속의 조봉암 후보가 총 유효 투표의 30%를 획득하며 이승만의 강력한 도전자로 떠올랐다. 이에 이승만 정부는 그에게 간첩 혐의를 씌워 탄압하고, 1959년 그를 처형하였다. 이를 진보당 사건이라 한다.
㉣ 1956년 제3대 대선에서 대통령은 자유당의 이승만, 부통령은 민주당의 장면이 당선되었다. 이 때문에 위기를 느낀 자유당 정부는 진보당 사건, 국가보안법 개정, 경향신문 폐간 등으로 독재를 강화하였다.

오답의 이유
㉡ 6·25 전쟁 막바지인 1953년 6월에 이승만 정부는 휴전 반대 의사를 표현하기 위해 외교적 관례를 깨고 반공 포로를 석방하여 휴전 회담이 한때 위기에 빠졌다.
㉢ 1차 개헌안에 해당하는 내용으로, 1950년 2대 국회 의원 선거에서 무소속 출마자들이 대거 당선되어 이승만의 재선이 어렵게 되자 이승만 정부는 1952년에 대통령 직선제를 골자로 하는 개헌안을 국회에서 기립 표결로 통과시켰다.

07

오답의 이유
① 장기집권을 획책하여 사사오입 개헌을 추진한 인물은 이승만이다.
② 1972년 10월에 추진된 유신 개헌은 박정희가 장기집권을 할 수 있는 법률적 기틀을 제공하였다.
③ 1987년 6월 민주항쟁을 통해 6·29 선언이 발표되고 9차 개헌으로 5년 단임의 대통령 직선제가 수용되었으나 제13대 대통령 선거에서 노태우 후보가 당선되면서 군사정권을 완전히 종식시키지는 못했다. 1992년 제14대 대통령 선거에서 민주 자유당의 김영삼 후보가 당선되면서 군사정권이 완전히 종식되었다. 김영삼 정부는 5·16 군사정변 이후 33년 만에 세워진 문민정부였다.

정답 06 ② 07 ④

08
제시된 자료는 남한의 농지 개혁법 중 일부 내용이다.
④ 1950년 시행된 농지 개혁에서는 영세 농민에게 3절부 한두로 유상분배하여 매년 생산량의 30%씩 5년간 상환하도록 하였다.

오답의 이유
① 농지 개혁은 농경지만이 해당되고, 산림과 임야는 제외되었다.
② 미군정은 1946년 신한공사를 설립하여 동양 척식 주식회사의 재산과 일본인이 소유한 농지를 관리하였으며, 귀속재산의 일부를 개인에게 불하하였다. 신한공사는 대한민국 정부 수립 이전인 1948년 3월에 해체되었다.
③ 미군정은 1948년 신한공사를 중앙토지개혁행정처로 개편하여, 신한공사가 관리하던 업무를 담당하게 하였다.

09
(가) 김종필-오히라 메모(1962)
(나) 브라운 각서(1966)
③ 울산 정유 공장은 1964년에 가동되었다.

오답의 이유
① 경부 고속 국도는 1970년에 개통되었다.
② 경남 마산시와 전북 이리시(지금의 익산)는 1970년 수출자유 지역으로 지정·개발되었다.
④ 충주 비료 공장은 1959년에 설립되었다.

정답 08 ④ 09 ③

---

08 다음 법령과 관련한 설명으로 옳은 것은?

19 지방직 9급

> 제5조 정부는 다음에 의하여 농지를 취득한다.
> I. 다음의 농지는 정부에 귀속한다.
>   (가) 법령 및 조약에 의하여 몰수 또는 국유로 된 토지
>   (나) 소유권의 명의가 분명하지 않은 농지

① 농지 이외 임야도 포함되었다.
② 신한공사가 보유하던 토지를 분배하였다.
③ 중앙토지행정처가 분배 업무를 주무하였다.
④ 분배 받은 농민은 평년 생산량의 30%를 5년간 상환하였다.

09 (가)와 (나)는 외국과 맺은 각서이다. 두 각서 사이에 있었던 사실로 옳은 것은?

18 국가직 9급

> (가) 일본 측은 한국 측에 무상원조 3억 달러, 유상원조(해외경제협력기금) 2억 달러 그리고 수출입은행 차관 1억 달러 이상을 제공한다.
> (나) 미국 정부가 한국과 약속했던 1억 5천만 달러 규모의 차관 공여와 더불어 …(중략)… 한국의 경제 발전을 돕기 위한 추가 AID 차관을 제공한다.

① 경부 고속 국도가 개통되었다.
② 마산에 수출 자유 지역이 건설되었다.
③ 국가 기간 산업인 울산 정유 공장이 가동되었다.
④ 유엔의 지원으로 충주에 비료 공장을 설립하였다.

10 다음은 연대별 인구 정책을 상징하는 표어이다. 각 연대별로 일어난 일에 대한 설명으로 옳은 것만을 〈보기〉에서 모두 고른 것은?

17 생활안전분야 9급

연대	표어
(가)	덮어 놓고 낳다 보면 거지꼴을 못 면한다.
(나)	딸 아들 구별 말고 둘만 낳아 잘 기르자.
(다)	잘 키운 딸 하나 열 아들 안 부럽다.

> **보기**
>
> ㄱ. (가) 군사 정부가 '경제개발 5개년 계획'을 추진하였다.
> ㄴ. (나) 유신 체제가 성립되었고, 2차례의 오일쇼크와 중화학공업 과잉 중복 투자에 따른 경제 불황이 있었다.
> ㄷ. (다) 6월 민주 항쟁과 저금리, 저유가, 저달러의 3저 호황이 있었다.

① ㄱ, ㄴ
② ㄱ, ㄷ
③ ㄴ, ㄷ
④ ㄱ, ㄴ, ㄷ

10

(가)는 1960년대, (나)는 1970년대, (다)는 1980년대의 인구 정책을 상징하는 표어이다.

ㄱ. (가) 군사 정부가 경제개발 5개년 계획을 추진한 것은 1962년의 일이다.

ㄴ. (나) 유신 체제가 성립된 것은 1972년 10월이고, 2차례 오일쇼크는 1973년과 1978~1979년에 있었고, 중화학 공업 과잉 중복 투자가 이루어진 것 역시 1970년대의 일이다.

ㄷ. (다) 6월 민주 항쟁(1987), 3저 호황(1986~1988) 모두 전두환 정부 시절에 해당하는 내용이다.

11

(가) 7 · 4 남북 공동 성명(1972)

(나) 6 · 15 남북 공동 선언(2000)

ㄱ. 1998년, 현대그룹의 정주영 명예회장의 소떼 방북을 계기로 금강산 해로 관광이 시작되었다. 2003년에는 금강산의 육로 관광이 시작되었다.

ㄴ. 1972년 7 · 4 남북 공동 성명의 합의사항을 추진하고 통일 문제를 해결하기 위해 남북 조절 위원회가 설치되었다.

ㄹ. 1991년 제46차 유엔 총회에서 남과 북이 동시에, 그리고 각각 유엔 가입국이 되었다.

오답의 이유

ㄷ. 2000년 6 · 15 남북 공동 선언 이후, 남북분단으로 단절되었던 경의선과 동해선 연결을 위한 복원공사가 착수되었다.

11 〈보기 1〉의 (가)와 (나)가 발표된 시기의 사이에 있었던 사실을 〈보기 2〉에서 모두 고른 것은?　　18 서울시 9급

> **보기 1**
>
> (가) 첫째, 통일은 외세에 의존하거나 외세의 간섭을 받음이 없이 자주적으로 해결하여야 한다.
>
> 둘째, 통일은 서로 상대방을 반대하는 무력행사에 의거하지 않고 평화방법으로 실현하여야 한다.
>
> 셋째, 사상과 이념, 제도의 차이를 초월하여 우선 하나의 민족으로서 민족적 대단결을 도모하여야 한다.
>
> (나) 1. 남과 북은 나라의 통일 문제를 그 주인인 우리 민족끼리 서로 힘을 합쳐 자주적으로 해결한다.
>
> 2. 남과 북은 남측의 연합제 안과 북측의 낮은 단계의 연방제 안이 서로 공통성이 있다고 인정한다.

> **보기 2**
>
> ㄱ. 금강산 관광이 시작되었다.
>
> ㄴ. 남북 조절 위원회를 설치하였다.
>
> ㄷ. 경의선과 동해선 철도가 연결되었다.
>
> ㄹ. 남과 북이 동시에 유엔에 가입하였다.

① ㄱ, ㄴ, ㄷ

② ㄱ, ㄴ, ㄹ

③ ㄱ, ㄷ, ㄹ

④ ㄴ, ㄷ, ㄹ

12

ㄱ. 공주 송산리 고분군에 있는 송산리 6호분과 무령왕릉은 중국 남조의 영향을 받은 벽돌무덤(전축분)이다.

ㄴ. 양산 통도사는 자장이 창건한 절로, 우리나라의 삼보 사찰 중 하나이다. 자장이 중국 유학을 마치고 귀국할 때 가져온 불경과 불사리를 봉안하기 위해 통도사에 금강계단을 조성하였다.

ㄷ. 병자호란 때 인조는 청의 침입을 피해 남한산성으로 피난하였다.

오답의 이유

ㄹ. 왕의 업적을 「실록」에서 뽑아 만든 것은 「국조보감」이다. 「승정원일기」는 조선시대의 왕명 출납 기관인 승정원에서 취급문서 및 사건을 매일 기록한 일기이다.

12 우리나라 세계유산과 세계기록유산에 대한 설명으로 옳은 것만을 모두 고르면?　　21 국가직 9급

> ㄱ. 공주 송산리 고분군에는 전축분인 6호분과 무령왕릉이 있다.
>
> ㄴ. 양산 통도사는 금강계단 불사리탑이 있는 삼보 사찰이다.
>
> ㄷ. 남한산성은 병자호란 때 인조가 피난했던 산성이다.
>
> ㄹ. 「승정원일기」는 역대 왕의 훌륭한 언행을 「실록」에서 뽑아 만든 사서이다.

① ㄱ, ㄴ

② ㄴ, ㄷ

③ ㄱ, ㄴ, ㄷ

④ ㄱ, ㄷ, ㄹ

정답 11 ② 12 ③

MEMO

I wish you the best of luck!

합격의 공식
온라인 강의

잠깐!

혼자 공부하기 힘드시다면 방법이 있습니다.
SD에듀의 동영상강의를 이용하시면 됩니다.
www.sdedu.co.kr → 회원가입(로그인) → 강의 살펴보기

15주 ALL-IN-ONE
한국사

15주 ALL-IN-ONE

한국사

2023

합격의 모든 것!

온라인 동영상 강의
www.sdedu.co.kr

편저 이금수

합격을 위한 모든 것을 담은 단 한 권

ALL IN
ONE

15주 ALL-IN-ONE

한국사 부록편

국가직 · 지방직 등 공무원
채용 대비

SD에듀
(주)시대고시기획

목차

합격의 공식
온라인 강의

혼자 공부하기 힘드시다면 방법이 있습니다.
SD에듀의 동영상강의를 이용하시면 됩니다.
www.sdedu.co.kr → 회원가입(로그인) → 강의 살펴보기

PART

01

단원별 문제

CHAPTER 01

선사 시대 문화와 국가의 형성

.01 구석기 시대~철기 시대

01 ○△×

구석기 시대 유적과 특징을 바르게 연결하지 못한 것은?

① 연천 전곡리 유적 – 아슐리안형 주먹도끼가 아시아에서 처음 발견됨

② 공주 석장리 유적 – 남한 지역에서 최초로 발굴, 조사된 유적

③ 청원 두루봉 동굴 유적 – 어린아이 유골이 출토되어 '흥수아이'로 이름 붙임

④ 단양 수양개 유적 – 바위 그늘 유적으로 남한에서 최초로 인골이 발견됨

정답의 이유

①~④은 우리나라의 대표적인 구석기 유적지이다. 단양 수양개 유적지에서는 주먹도끼, 찍개 등 뗀석기가 대량 출토된 것이 특징이다. 남한에서 인골이 출토된 유적지로는 단양 상시리 바위그늘과 청원 두루봉 동굴이 대표적이다. 이 중 상시리 바위그늘 유적지에서 1981년 남한 최초로 인골이 발견되었다.

오답의 이유

② 북한이 1963년 웅기군 굴포리 유적지를 발굴한 것을 시작으로 한반도 구석기 유적지가 본격 연구되었다. 남한은 이듬해인 1964년에 공주 석장리 유적지를 발굴한 것이 최초이다.

정답 ④

02 ○△×

다음 유물을 사용하던 시대 사람들의 주거 생활에 대한 설명으로 옳은 것을 모두 고르면?

> ㄱ. 강가에 움집을 지었다.
> ㄴ. 취사와 난방을 위해 움집 중앙에 화덕을 설치하였다.
> ㄷ. 대표적인 유적지로는 울산 검단리와 부여 송국리가 있다.
> ㄹ. 집터의 바닥은 대체로 직사각형이며, 점차 지상 가옥으로 바뀌어 갔다.
> ㅁ. 마을 주변에 방어 및 의례 목적으로 환호(도랑)를 두르기도 하였다.

① ㄱ, ㄴ   ② ㄴ, ㄷ
③ ㄷ, ㄹ   ④ ㄹ, ㅁ

정답의 이유

신석기 시대에는 강가와 바닷가에 움집을 지었고 바닥은 원형과 방형이었으며, 중앙에 화덕이 위치한 것이 특징이다. 대표적인 유적지로는 서울 암사동 유적지가 있다.

오답의 이유

ㄷ · ㄹ · ㅁ은 청동기 시대의 움집에 대한 설명이다.

정답 ①

03 ⃞⃟⃠⃢

(가), (나) 유물에 대한 설명으로 옳은 것은?

(가)	(나)
빗살무늬 토기	반달 돌칼

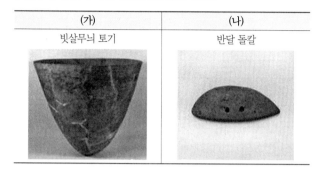

① (가) – 고조선의 문화 범위를 알려준다.
② (가) – 주로 강가나 바닷가에서 발견된다.
③ (나) – 계급이 발생하였음을 알 수 있다.
④ (나) – 실을 뽑는 작업에 사용한 도구이다.

정답의 이유

(가)는 신석기 시대의 빗살무늬 토기이며, (나)는 청동기 시대의 반달 돌칼
이다.
② 신석기 시대에는 강가나 바닷가에서 움집을 지었다.

오답의 이유

① 고조선의 문화 범위를 알려주는 유물, 유적으로는 비파형 동검, 미송리식
　토기, 북방식 고인돌이 있다.
② 계급 발생을 알 수 있는 유물, 유적으로는 군장의 권위와 관련된 청동 도
　구와 고인돌, 돌널무덤 등이 있나.
④ 가락바퀴에 대한 설명이다.

정답 ②

04 ⃞⃟⃠⃢

신석기 시대의 종교와 사상에 대한 설명으로 옳은 것은?

> ㄱ. 영혼 숭배와 조상 숭배의 사상이 나타났다.
> ㄴ. 특정한 동식물을 숭배하는 토테미즘이 나타났다.
> ㄷ. 부족장은 종교와 정치의 지배자로 부족민을 지배하였다.
> ㄹ. 스스로를 하늘의 자손이라 믿는 선민사상이 나타났다.

① ㄱ, ㄴ　　　　　　　　② ㄱ, ㄷ
③ ㄴ, ㄷ　　　　　　　　④ ㄴ, ㄹ

정답의 이유

신석기 시대에는 영혼 숭배, 조상 숭배, 애니미즘, 토테미즘, 샤머니즘 등의
원시 신앙이 나타났다.

오답의 이유

ㄷ. 제정일치는 청동기 시대에 군장이 출현하면서 발생하였다.
ㄹ. 선민사상을 내세운 대표적인 세력으로 고조선의 환웅 세력이 있다.

정답 ①

01 ○△×

'이 시대'에 대한 설명으로 옳은 것을 고른 것은?

> 이 시대의 여주 흔암리 유적에서는 밭이나 화전에서 벼를 재배한 흔적이, 부여 송국리 유적에서는 물을 댄 논에서 벼를 경작한 흔적이 발견되었다.

> ㄱ. 국가가 출현하였다.
> ㄴ. 세형 동검을 제작하였다.
> ㄷ. 정교하고 날카로운 간석기를 제작하였다.
> ㄹ. 덧띠 토기, 검은 간토기 등을 사용하였다.

① ㄱ, ㄴ   ② ㄱ, ㄷ
③ ㄴ, ㄷ   ④ ㄴ, ㄹ

정답의 이유
'이 시대'는 청동기 시대이다.
ㄱ. 한반도 최초의 국가인 고조선은 청동기 문화를 바탕으로 건국되었다.
ㄷ. 청동기는 지배층의 무기와 제사용품으로만 사용되었고, 일상생활 도구는 여전히 간석기를 이용하였다.

오답의 이유
ㄴ·ㄹ. 철기 시대

정답 ②

02 ○△×

다음 사실이 일어난 시기를 연표에서 고른 것은?

> • 철기 문화를 본격적으로 수용하였다.
> • 임둔과 진번을 복속시켜 세력을 확장하였다.

	(가)	(나)	(다)	(라)	
고조선 건국	연나라와 대립	부왕 즉위	위만 집권	왕검성 함락	

① (가)   ② (나)
③ (다)   ④ (라)

정답의 이유
위만 조선은 철기 문화를 적극 수용하여 중앙 정치 조직을 갖춘 강력한 국가로 성장하였다. 이를 바탕으로 주변 지역을 복속하며 영토를 확장하였다.

오답의 이유
(다) 위만은 부왕의 아들인 준왕을 몰아내고 즉위하였다.

정답 ④

03 ○△✕

㉠ 국가에 대한 설명으로 옳은 것은?

> 옛날 [㉠]의 풍속은 가뭄이나 장마가 계속되어 오곡이 잘 익지 않으면 그 허물을 왕에게 돌려 '왕을 마땅히 바꾸어야 한다. 또는 죽여야 한다.'라고 주장하였다.

① 천군이 천신의 제사를 주관하였다.
② 초가지붕의 반움집이나 귀틀집을 지었다.
③ 대가들의 호칭에 말, 소, 돼지, 개 등 가축의 이름을 붙였다.
④ 『삼국유사』, 『제왕운기』, 『세종실록지리지』에 이 나라의 건국 신화가 기록되어 있다.

정답의 이유

㉠은 부여이다. 부여의 가(加)들은 왕을 추대하기도 하고, 수해나 한해를 입어 오곡이 잘 익지 않으면 그 책임을 왕에게 묻기도 하였다. 부여의 마가, 우가, 저가, 구가는 가축 이름에서 비롯되었다.

오답의 이유

① 삼한의 제정분리, ② 삼한, ④ 고조선

정답 ③

04 ○△✕

(가), (나) 국가에 대한 설명으로 옳은 것은?

> (가) 사람들이 체격이 매우 크고 성품이 강직 용맹하며 근엄하고 후덕해 다른 나라를 노략질하지 않는다.
> – 「삼국지」 위서 동이전 –
> (나) 큰 산과 깊은 골짜기가 많고 넓은 들은 없다. 좋은 전지(田地)가 없어 부지런히 농사를 지어도 식량이 넉넉하지 못하다.
> – 「삼국지」 위서 동이전 –

① (가), (나) – 중앙집권적 고대 국가로 발전하였다.
② (가) – 신지, 읍차라고 불리는 군장이 다스렸다.
③ (나) – 다른 부족의 생활권을 침범하며 책화라 하여 노비, 소, 말로 변상하였다.
④ (나) – 왕 아래 상가, 고추가 등의 가(加)들이 각자 관리를 거느렸다.

정답의 이유

(가)는 부여, (나)는 고구려에 대한 사료이다.
고구려의 상가, 고추가 등은 각기 사자, 조의, 선인 등 관리를 거느렸다.

오답의 이유

① 부여는 중앙집권국가로 발전하지 못했다.
② 삼한, ③ 동예

정답 ④

CHAPTER 02

고대 사회

01 삼국의 정치

01 ○△×

고구려의 발전 과정 중 3번째에 해당하는 사실은?

> (가) 율령을 반포하고 불교를 수용하였다.
> (나) 남진 정책을 추진하여 평양으로 천도하였다.
> (다) 계루부 고씨가 왕위를 독점적으로 세습하였다.
> (라) 낙랑군을 축출하고 대동강 유역을 확보하였다.
> (마) 후연을 공격하여 요동 땅을 차지하였다.

① (가) ② (나)
③ (라) ④ (마)

정답의 이유

(가는 4세기 소수림왕, (나)는 5세기 장수왕, (다)는 1세기 후반 태조왕, (라)는 4세기 초 미천왕, (마)는 4세기 후반 광개토대왕에 해당한다.
따라서 (다) → (라) → (가) → (마) → (나) 순이다.

정답 ①

02 ○△×

백제의 수도 변천 과정이다. (가), (나) 시기에 있었던 사실로 옳은 것은?

한성	→	(가)	→	(나)

> ㄱ. (가) - 지방에 22담로를 설치하였다.
> ㄴ. (가) - 남쪽으로 마한을 복속하고 전라남도 해안까지 확장하였다.
> ㄷ. (나) - 이벌찬 비지의 딸을 왕비로 맞이하였다.
> ㄹ. (나) - 수도와 지방을 5부와 5방으로 조직하였다.

① ㄱ, ㄴ ② ㄱ, ㄹ
③ ㄴ, ㄷ ④ ㄷ, ㄹ

정답의 이유

ㄱ은 무왕(웅진 시대), ㄹ은 성왕(사비 시대)에 해당한다.

오답의 이유

ㄴ. 근초고왕(한성 시대), ㄷ. 동성왕(웅진 시대)

정답 ②

03 ○△✕

(가)와 (나) 사이에 삼국의 항쟁 모습을 상징하는 유물은?

> (가) (백제는) 고구려와 더불어 근원이 부여에서 나왔습니다. …(고구려가) 점차 강성해져 드디어는 우리가 능멸과 핍박을 당하게 되었습니다. …… 속히 한 장수를 보내어 신의 나라를 구해 주십시오.
> — 개로왕이 북위에 보낸 국서 —
>
> (나) 521년 여륭이 사신을 보내 글을 올렸는데, 고구려를 잇달아 격파하였다고 한다. …… 모두 22담로가 있는데, 왕실 자제들에게 나누어 다스리게 하였다.
> — 양직공도 —

① 호우명 그릇
② 충주 고구려비
③ 서울 석촌동 고분
④ 울진 봉평 신라비

[정답의 이유]
(가)는 5세기 장수왕과 개로왕 시기, (나)는 6세기 무령왕 시기(재위 501~523)에 해당한다. 이후 장수왕은 5세기 후반에 죽령 일대로부터 남양만을 연결하는 선까지 영토를 확장하였다. 충주 고구려비(중원 고구려비)가 이를 증명해준다.

[오답의 이유]
① 광개토 대왕, ③ 백제 초기, ④ 6세기 중 법흥왕(524년)

정답 ②

04 ○△✕

다음 왕의 시기와 관련 있는 비문은?

> ○○왕
>
> 62년 중국의 북위와 송에 사신을 보냈다.
> 63년 왕이 군사 3만 명을 이끌고 백제에 침입하여, 백제의 수도인 한성을 함락하고 백제왕 부여경을 죽이고 남녀 8천 명을 사로잡아 돌아왔다.

① 적성의 야이차에게 교(敎)하시기를, 옳은 일을 하는 데 힘을 쓰다가 죽게 되었으므로 이 까닭으로 이후 그의 처에게는 이로움을 허한다.

② 왜가 신묘년에 침입해오자, (고구려가) 바다를 건너 (왜를) 격파하였다. 그런데 백제가 (왜와 연결하여) 신라를 침략하여 그의 신민으로 삼았다.

③ 5월에 고구려 대왕이 영(令)을 내려 신라의 매금을 만나 영원토록 우호를 맺기 위해 중원에 왔으나 … 매금의 의복을 내리고 상하에게 의복을 내리라는 교를 내리셨다.

④ 교(敎)에서 명령하시기를, 거벌모라와 남미지는 본래 노인(奴人)이었다. … 그런데 임무를 수행하지 못하여 이에 대노촌(大奴村)은 오(五)를 부담케 하고 나머지 일들은 모두 노인법(奴人法)에 따라 조처하라.

[정답의 이유]
제시된 사료는 장수왕이 백제의 한성을 점령하고 개로왕을 처형한 것을 기록한 것이다.
③ 충주 고구려비의 내용으로, 신라왕을 '동이 매금'이라고 한 것과 신라왕에게 의복을 내려 화친을 도모한다는 점을 주목해야 한다.

[오답의 이유]
① 단양 적성비의 내용으로, 적성 점령에 공을 세운 야이차 등을 포상한 기록이 수록되어 있다.
② 광개토대왕릉비의 '신묘년' 기록이다.
④ 울진 봉평 신라비로, 지방민을 '노인'으로 부른 것이 특징적이다.

정답 ③

05 ⃞ ⃞ ⃞

(가)에 들어갈 내용으로 옳은 것은?

> 6세기 말 남북조로 분열되었던 중국이 통일되면서 동아시아 정세에 변화가 일어났다. 고구려는 방어체제를 강화하고 요서 지방을 공격하였다. 이후 수양제가 113만 대군을 이끌고 고구려를 공격해 왔는데, 이에 고구려는 _____(가)_____

① 장문휴를 보내 산둥 반도를 공격하였다.
② 천리장성을 축조하여 침입에 대비하였다.
③ 청천강 부근에서 중국 군대를 격퇴시켰다.
④ 요동성을 비롯한 여러 성을 빼앗기게 되었다.

정답의 이유

고구려의 을지문덕은 수 양제와 별동대의 공격을 살수대첩(현재의 청천강 부근)에서 막아냈다.

오답의 이유

① 발해 무왕, ② 영류왕과 연개소문, ④ 645년 여·당 전쟁(당 태종의 군대는 요동성, 백암성, 비사성을 점령했으나 안시성에서 고전을 면치 못했음)

정답 ③

06 ⃞ ⃞ ⃞

㉠~㉣에 들어갈 이름을 순서대로 옳게 짝 지은 것은?

> • 백제 왕족인 ㉠ 은/는 일본에 있던 의자왕의 아들을 왕으로 추대하고 주류성에서 부흥 운동을 전개하였다.
> • ㉡ 도 임존성에서 군사를 일으켜 백제의 부흥을 꾀하고자 하였다.
> • ㉢ 이/가 오골성에서 고구려 부흥 운동을 전개하였다.
> • ㉣ 은/는 고구려 유민을 이끌고 신라에 투항하여 금마저에 보덕국을 세웠다.

	㉠	㉡	㉢	㉣
①	복신	흑치상지	고연무	안승
②	복신	흑치상지	안승	검모잠
③	도침	흑치상지	고연무	안승
④	도침	흑치상지	안승	검모잠

정답의 이유

복신과 도침은 주류성에서, 흑치상지는 임존성에 백제 부흥 운동은 일으켰다. 반면 고연무가 오골성에서, 검모잠은 한성에서, 안승은 금마저에서 고구려 부흥 운동을 전개하였다.

정답 ①

07 ⃞ ⃞ ⃞

(가)~(라) 시기에 일어난 사실로 옳은 것은?

	554	648	660	668	
	(가)	(나)	(다)	(라)	
	관산성 전투	나·당 동맹 체결	백제 멸망	고구려 멸망	

① (가) - 익산 천도를 시도하며 미륵사를 창건하였다.
② (나) - 대가야가 신라에 병합되었다.
③ (다) - 상대등 비담이 염종 등과 함께 반란을 일으켰다.
④ (라) - 신라는 고구려 안승을 보덕국왕으로 임명하였다.

정답의 이유

진흥왕은 '한강 상류 → 한강 하류 → 대가야 → 함경도' 순으로 영토를 확장하였다. 562년 대가야를 복속하였다.

오답의 이유

① (가) → (나) : 7세기 무왕은 미륵사와 미륵사지 석탑을 건립하였다.
③ (다) → (나) : 선덕여왕 말기에 비담의 난이 일어났으며, 나·당 동맹은 진덕여왕 때 성사되었다.
④ (라) → 670년 : 문무왕은 고구려 부흥 운동 세력을 포섭하기 위해 안승을 금마저로 불러들여 보덕국의 왕으로 임명하였다.

정답 ②

08 ◇△✕

(가)에 들어갈 일로 옳지 않은 것은?

나·당 동맹	→	사비성 함락	→	(가)	→	기벌포 전투

① 신라가 사비성을 탈환하고 소부리주를 설치하였다.

② 당은 평양성을 함락시킨 후 안동도호부를 설치하였다.

③ 신라군이 20만의 당나라 군대를 매소성에서 크게 물리쳤다.

④ 가야가 국제적 고립을 벗어나기 위해 신라와 결혼 동맹을 맺었다.

[정답의 이유]

(가)는 사비성을 함락한 660년과 기벌포 전투에서 승리하여 삼국 통일을 이룩한 676년 사이에 해당한다.

④ 대가야의 이뇌왕은 6세기 초에 신라 법흥왕과 결혼 동맹을 맺었다.

[오답의 이유]

① 671년. ② 668년. ③ 675년

정답 ④

---

01 ◇△✕

(가) 왕에 대한 설명으로 옳은 것은?

> _____(가)_____ 께서 백성의 참혹한 죽음을 불쌍히 여겨 임금의 귀중한 몸을 잊으시고 바다 건너 당에 가서 황제를 뵙고 친히 군사를 청하였다. 그 본의는 두 나라를 평정하여 영구히 전쟁을 없애고, 여러 해 동안 깊이 맺혔던 원수를 갚고 백성의 죽게 된 목숨을 보전코자 함이다.

① 집사부를 설치하였다.

② 사비성을 탈환하고 소부리주를 설치하였다.

③ 나·당 연합군의 공격으로 사비성이 함락되었다.

④ 나·당 동맹 체결을 계기로 신라 고유 연호의 사용을 중단하였다.

[정답의 이유]

'바다 건너 당에 가서 황제를 뵙고 친히 군사를 청하였다.'를 통해, (가)는 나·당 동맹을 성사시킨 무열왕(김춘추)임을 알 수 있다. 무열왕은 660년 백제를 멸망시켰다.

[오답의 이유]

① 진덕여왕 시기에 품주를 개편해 집사부와 창부를 설치하였다.

② 문무왕은 671년 당과의 전쟁으로 사비성을 되찾았나. 이로써 웅진노독부가 폐지되고 소부리주가 설치되었다.

④ 진덕여왕은 나·당 동맹 체결 후 당 고종에게 태평송을 지어 보내고, 당 연호를 사용하였다.

정답 ③

02 ○△✕

(가) 왕이 실시한 정책으로 옳은 것을 고른 것은?

> 심음놀은 자신의 딸을 태자에 시집보내어 권력 상악을 노렸으나 여의치 않자 난을 일으켰다. 이 사실을 안 ___(가)___ 은/는 연루된 귀족들을 철저히 탄압함으로써 왕권 강화의 계기로 삼았다.

> ㄱ. 독서삼품과를 실시하였다.
> ㄴ. 녹읍을 폐지하고 관료전을 지급했다.
> ㄷ. 태학을 설립하여 유교 정치 이념을 구현하였다.
> ㄹ. 공장부와 예작부가 설치됨으로써 14관부의 중앙 행정 체제가 마련되었다.

① ㄱ, ㄴ   ② ㄱ, ㄹ

③ ㄴ, ㄷ   ④ ㄴ, ㄹ

정답의 이유

(가)왕은 신문왕이다. 신라의 행정 조직은 법흥왕 때 병부를 설치한 것에서 시작되어 신문왕 때 총 14부가 마련되었다.

오답의 이유

ㄱ. 원성왕. ㄷ. 소수림왕

정답 ④

03 ○△✕

㉠~㉣에 대한 설명으로 옳지 않은 것은?

> • 682년 ㉠ 국학을 세우고 경(卿) 1인을 두었다.
> • 685년 청주(靑州)를 설치하니 비로소 ㉡ 9주가 갖추어졌다. 서원 소경과 남원 ㉢ 소경을 설치하였다.
> • 687년 백제의 남은 백성으로 청금 ㉣ 서당을 설치하였다.

① ㉠ – 국립 학교를 세워 『논어』, 『효경』을 교육하였다.

② ㉡ – 안찰사를 파견하여 도내의 지방을 순찰하게 하였다.

③ ㉢ – 수도가 국토의 동남부에 치우친 것을 보완하고자 총 5개 지역을 소경으로 지정하였다.

④ ㉣ – 신라인은 물론 옛 고구려와 백제인, 말갈인까지 편성하였다.

정답의 이유

신라는 '주'에 총관(도독)을 파견하였다.

② 안찰사는 고려의 5도를 담당하는 지방관으로 상설직이 아닌 임시직이었다.

오답의 이유

③ 통일 전에는 2소경만 있었으나, 통일 직후에 5소경으로 확대하였다.

정답 ②

04 ○△✕

다음 자료에 나타난 상황과 관련 있는 것은?

> 도적이 서남쪽에서 일어나 붉은 바지를 입고 특이하게 굴어 사람들이 붉은 바지 도적이라 불렀다. 그들이 주와 현을 무찌르고 서울 서부 모량리까지 와서 민가를 약탈하여 갔다.

① 성주, 장군이라 자칭하는 지방 세력이 등장하였다.

② 임꺽정은 황해도를 기반으로 세력을 조직화하였다.

③ 김사미와 효심은 경상도 운문과 초전을 중심으로 봉기하였다.

④ 평안도의 상인과 향임층, 무반, 광산 노동자 등이 난을 일으켰다.

정답의 이유

제시문의 '적고적'은 신라 하대 진성여왕 시기의 농민 봉기와 관련 있다. 적고적은 금성을 위협할 정도로 규모가 컸다. 이 시기에 지방에서는 호족이 성장하여 스스로를 성주, 장군이라 칭했다.

오답의 이유

② 조선 명종. ③ 고려 무신 정권기(이의민 시기). ④ 조선 순조(홍경래의 난)

정답 ①

05 ◯△✕

(가), (나)에 해당하는 역사적 사실로 옳은 것은?

	(가)	(나)	
신라의 삼국 통일	96각간의 난	발해 멸망	

① (가) – 시장을 감독하는 관청인 동시전을 신설하였다.
② (가) – 각간 위홍과 대구화상이 『삼대목』을 편찬하였다.
③ (나) – 궁예는 철원으로 천도하고 국호를 태봉으로 고쳤다.
④ (나) – 진골의 반대로 달구벌 천도 계획이 무산되었다.

정답의 이유

혜공왕 시기인 768년에 96각간의 난이 일어났으며, (가)를 신라 중대, (나)를
신라 하대 시기라고 한다. 발해는 926년에 거란의 공격으로 멸망하였다.
③ 궁예는 905년에 철원으로 천도하였고, 911년에 국호를 태봉으로 변경
했다.

오답의 이유

① 6세기 지증왕, ② 진성여왕[(가) → (나)], ④ 신문왕[(나) → (가)]

정답 ③

06 ◯△✕

다음 사건들을 시기순으로 바르게 나열한 것은?

> ㄱ. 국호를 진국에서 발해로 바꾸었다.
> ㄴ. 대흥이라는 독자적인 연호를 사용하였다.
> ㄷ. 요동으로 진출하여 최대 영토를 확보했다.
> ㄹ. 장문휴를 보내 당의 산둥 반도를 공격하였다.

① ㄱ → ㄴ → ㄹ → ㄷ
② ㄱ → ㄹ → ㄴ → ㄷ
③ ㄹ → ㄷ → ㄱ → ㄴ
④ ㄹ → ㄴ → ㄱ → ㄷ

정답의 이유

ㄱ. 고왕(대조영)은 처음에는 국호를 진국이라 했으나, 당나라 현종이 고왕
을 발해군왕으로 책봉한 뒤 발해로 변경했다.
ㄱ(고왕) → ㄹ(무왕) → ㄴ(문왕) → ㄷ(선왕) 순이다.

정답 ②

07 ◯△✕

다음 사건과 관련된 설명으로 옳지 않은 것은?

> 10년 뒤에 무예가 대장 장문휴를 파견하여 해적을 거느리고
> 등주를 치니, 현종은 급히 문예를 파견하여 유주의 군사를 동
> 원시켜 이를 공격하는 한편, 태복경 김사란을 사신으로 신라
> 에 보내어 군사를 독촉하여 발해의 남부를 치게 하였다. 마침
> 날씨가 매우 추운데다 눈이 한 길이나 쌓여서 군사들이 태반
> 이나 얼어 죽으니, 공을 거두지 못하고 돌아왔다.

① 돌궐 및 일본 등과 우호 관계를 형성했다.
② 당은 신라를 이용하여 발해를 견제하려는 이이제이의 방책
   을 썼다.
③ 이 사건을 계기로 당은 대동강 이남 지역에 대한 신라의 통
   치를 인정하였다.
④ 이 시기 신라왕은 일길찬 백어를 이 나라에 파견하여 외교
   적 해결책을 모색하였다

정답의 이유

제시문의 '무예', '장문휴', '등주를 치니'를 통해 무왕 시기임을 알 수 있다.
① 발해는 대조영 때 돌궐에 사신을 파견하였고, 무왕 때는 일본과 교류를
   시작하였다.
② 당의 요청으로 신라 성덕왕도 발해를 공격하였으나 추위로 실패하였다.
   이 사건으로 나당 전쟁 이후의 긴장 관계가 청산되고 당은 대동강 이남
   에 대한 신라의 통치를 인정하였다.

오답의 이유

신라가 발해에 사신을 파견한 것은 원성왕(발해 문왕)과 헌덕왕(발해 정왕)
시기이다. 이 중 ④은 발해 문왕 시기에 해당한다.

정답 ④

08

밑줄 친 국가에 관한 설명으로 옳지 <u>않은</u> 것은?

> 일본 천황은 삼가 <u>고려</u> 국왕에게 문안한다. … 지금 보내온 글을 보니 … 천손이라는 참람한 칭호를 써 놓았다. … 아무런 이유도 없이 함부로 구생[장인－사위] 관계를 칭하였으니, 이는 예를 잃은 것이다.
>
> －『속일본기』－

① 지방에 도독과 자사 등의 관리를 파견하였다.
② 촌락은 수령이 자치적으로 다스리도록 하였다.
③ 중앙 정치 조직은 정당성을 중심으로 운영되었다.
④ 중정대는 신라의 집사부와 비슷한 기능을 수행하였다.

정답의 이유
사료는 발해와 일본 간 외교 문서로, '고려'는 발해를 의미한다.
④ 발해의 중정대는 관리 감찰 조직으로, 신라의 사정부, 고구려의 어사대, 조선의 사헌부와 비슷한 역할을 담당했다.

오답의 이유
② 발해에서는 말갈족 토착 세력을 수령이라 불렀고, 이들은 중앙에서 파견된 관리(도독, 자사)를 보좌하여 지방 실무를 담당하였다.

정답 ④

03　고대의 경제

01

삼국 시대의 경제 상황에 대한 설명으로 옳지 <u>않은</u> 것은?

① 가축을 이용한 우경을 장려하였다.
② 시비법을 적극 보급하여 휴경지가 급감하였다.
③ 황무지를 개척하고 보, 저수지 등 수리 시설을 확충했다.
④ 철제 농기구가 보급되면서 농업 생산성은 크게 높아졌다.

정답의 이유
② 시비법은 고려 후기에 보급되었다.

오답의 이유
③ 개간과 수리 시설 확충은 전 시대에 걸쳐 진행되었다.

정답 ②

02

(가)~(다)에 해당하는 내용으로 옳은 것은?

신문왕 : (가) 지급
↓
신문왕 : (나) 폐지
↓
성덕왕 : (다) 지급
↓
경덕왕 : (라) 부활

① (가)는 인신을 지배할 권한을 부여하였다.
② (나)는 귀족들이 조세를 거둘 권한을 없앤 땅이다.
③ (다)의 지급으로 국가의 역역(力役) 파악이 강화되었다.
④ (라)는 전쟁에서 큰 공을 세운 사람에게 공로의 대가로 지급하였다.

정답의 이유
(가)는 관료전, (나)·(라)는 녹읍, (다)는 정전이다.
③ 정전 지급으로 국가는 토지와 인정 파악이 가능해져 수취 능력이 향상되었다.

오답의 이유
① '인신을 지배할 권한'은 녹읍의 노동력 수취에 해당한다.
② 녹읍 폐지로 관리들은 지급받은 토지에서 조세의 수취만 가능하였다. 따라서 '조세를 거둘 권한을 없앴다'는 표현은 틀렸다.
④ 공을 세운 사람에게 지급한 토지는 식읍이다.

정답 ③

04 ○△✕

밑줄 친 '그 나라'에 대한 설명으로 적절한 것은?

> <u>그 나라</u>는 사방 2전 리에 이른다. 그 넓이는 2,000리이고, 곳곳에 마을이 있는데, 대다수가 말갈의 마을이다. 백성은 말갈인이 많고 토인은 적다.

> ㄱ. 회역사, 견당매물사 등의 교역 사절을 파견하였다.
> ㄴ. 금속공예, 직물, 도자기 등의 수공업이 발달하였다.
> ㄷ. 목축과 수렵이 발달하여 말, 모피, 녹용 등을 수출하였다.
> ㄹ. 상경을 중심으로 거란도, 영주도, 신라도, 일본도 등의 교통망을 정비하였다.

① ㄱ, ㄴ ② ㄷ, ㄹ
③ ㄱ, ㄷ, ㄹ ④ ㄴ, ㄷ, ㄹ

정답의 이유
ㄴ. 발해는 금, 은, 철, 구리 등 금속 가공업과 직물업, 도자기업 등이 발달하였다.
ㄷ. 솔빈부의 말은 발해의 대표적인 수출품이다.
ㄹ. 수도 상경에서 당, 신라, 거란, 일본으로 가는 길을 발해 5도라고 한다. 발해는 육로와 해로를 통해 주변국과 교류하였다.

오답의 이유
ㄱ. 회역사와 견당매물사는 장보고가 각각 일본과 당에 파견한 교역 사절단이다.

정답 ④

03 ○△✕

다음 문서가 작성된 시기의 경제 상황으로 옳은 것은?

> 4개의 촌락에 대해 조사한 문서로 각 촌락의 인구, 토지의 종류와 면적, 소와 말의 수, 수목의 종류와 수 등이 기록되어 있다.

① 상평통보가 주조되어 유통되었다.
② 벽골제를 축조하여 물을 저장하였다.
③ 관리들에게 전지와 시지를 지급하였다.
④ 왕경에 서시와 남시가 새로이 설치되었다.

정답의 이유
제시문은 통일신라에서 작성된 '민정문서'에 관한 내용이다.
④ 효소왕 때 수도에 서시와 남시가 설치되었다.

오답의 이유
① 조선 숙종, ② 백제 비류왕, ③ 고려의 전시과

정답 ④

01 ○△×

다음과 같은 법률을 제정한 국가의 사회 모습으로 옳은 것은?

- 반역자나 전쟁터에서 물러난 군사 및 살인자는 목을 벤다.
- 도둑질한 자는 귀양 보내고 2배를 배상한다.
- 뇌물을 받거나 횡령한 관리는 3배를 배상하게 하고 종신토록 금고형에 처한다.

① 연맹 왕국 단계에서 멸망하였다.
② 서옥제라는 혼인 풍습이 있었다.
③ 삼국 중 중앙 집권 국가로의 발전이 가장 늦었다.
④ 중국 남조와 교류하면서 세련된 귀족 문화가 발달하였다.

정답의 이유

제시문은 백제의 주요 율령으로, 백제는 일찍부터 중국 남조와 교류하며 나라의 체계를 잡았다. 특히 뇌물 받은 관리에게 3배를 배상하게 함으로써 관료 사회를 정비한 것이 특징이다.

오답의 이유

① 부여와 가야, ② 고구려, ③ 신라

정답 ④

02 ○△×

다음 자료에 나타난 통일 신라 시대의 신분층과 관련된 설명으로 옳은 것은?

(그들의) 집에는 녹(祿)이 끊이지 않았다. 노비가 3천 명이며, 비슷한 수의 갑병(甲兵)이 있다. 소, 말, 돼지는 바다 가운데 섬에서 기르다가 필요한 때 활을 쏘아 잡아먹는다. 곡식은 남에게 빌려 주어 늘리는데, 기간 안에 갚지 못하면 노비로 삼아 부린다.

－「신당서」－

ㄱ. 관등 승진에서 중위제를 적용받았다.
ㄴ. 도당 유학생의 대부분을 차지하였다.
ㄷ. 중앙 관부의 최고 책임자를 독점하였다.
ㄹ. 자색, 비색, 청색, 황색의 공복을 착용하였다.

① ㄱ, ㄴ
② ㄷ, ㄹ
③ ㄱ, ㄷ, ㄹ
④ ㄴ, ㄷ, ㄹ

정답의 이유

사료는 신라 귀족의 화려한 생활에 관한 것이다.
ㄷ. 신라는 골품제로 인해 1~5관등은 진골만 부여받았다. 이로 인해 중앙과 지방의 장관은 진골이 독점하였다.
ㄹ. 자색 관복은 1~5관등의 복장으로, 진골만 입을 수 있었다.

오답의 이유

ㄱ. 신라는 골품제로 인한 승진 제한을 보완하기 위해 중위제를 실시하였다. 6두품이 올라갈 수 있는 최고 관등은 아찬은 4등급의 중위를 부어 특진의 기회를 부여하였다.
ㄴ. 도당 유학생의 대다수는 골품제의 한계를 피해 유학을 선택한 6두품이었다.

정답 ②

03 ○△×

밑줄 친 인물이 속한 신분층에 대한 설명으로 옳은 것을 모두 고른 것은?

> 설계두는 신라 사람이다. 일찍이 친구와 술을 마시며 말하기를 "신라는 사람을 쓰는데 골품을 따져서 그 족속이 아니면 비록 뛰어난 재주와 큰 공이 있어도 한도를 넘지 못한다. 나는 중국에 가서 출중한 지략을 발휘하고 비상한 공을 세워 영화를 누리며 높은 관직에 어울리는 칼을 차고 천자 곁에 출입하기를 원한다."라고 하였다. 그는 621년 몰래 배를 타고 당으로 건너갔다.

> ㄱ. 화랑으로 활동하며 낭도를 거느렸다.
> ㄴ. 신라 중대 시기에 왕의 개혁에 적극 참여하였다.
> ㄷ. 고려 성종 때에는 이들 출신의 유학자들이 국정을 주도하며 유교 정치를 펼쳤다.
> ㄹ. 신라 하대에 중앙 정부의 통제에서 벗어나 반독립적인 세력으로 성장하였다.

① ㄱ, ㄴ 　　　　② ㄱ, ㄹ
③ ㄴ, ㄷ 　　　　④ ㄷ, ㄹ

정답의 이유

설계두는 진평왕 시기의 인물로 6두품이다.

ㄴ. 6두품은 신라 중대 시기에 왕의 개혁에 적극 참여하여 정치적 위상을 강화하였다.

ㄷ. 신라 말에 6두품은 새로운 사회 건설을 시도하며 후백제와 후고구려, 고려에 합류하였다. 고려의 최언위, 최승로는 대표적인 6두품 출신 학자이다.

오답의 이유

ㄱ. 화랑은 진골만 가능했다.
ㄹ. 호족에 대한 설명이다.

정답 ③

04 ○△×

다음 자료와 관련 있는 제도에 관한 설명으로 옳은 것은?

> 나라에 현묘한 도(道)가 있으니, 풍류라고 한다. 가르침의 근원은 곧 삼교(三敎)를 포함하여 뭇 백성을 교화하는 것이다.

① 만장일치제로 운영되었다.
② 경당에서 학문과 무술을 배웠다.
③ 왕족인 부여씨와 8성의 귀족으로 구성되었다.
④ 원광은 세속 5계를 지어 행동 규범을 제시하였다.

정답의 이유

사료 속 '현묘한 도'는 화랑도를 의미한다. 화랑도는 원시 사회의 청소년 집단에서 기원하며 진흥왕 시기에 국가 조직으로 개편되었다. 이들은 세속 5계를 따랐다.

오답의 이유

① 화백회의. ② 고구려의 지방 교육 기관. ③ 백제의 귀족

정답 ②

01 ⊙△✕

다음을 주장한 인물의 활동으로 옳은 것은?

> 하나 가운데 일체의 만물이 다 들어 있고, 만물 속에는 하나 가 자리 잡고 있으니, 하나가 곧 일체의 만물이고, 만물은 곧 하나에 귀속되어 있는 것이다.

① 화엄 사상을 정립하고 부석사를 건립하였다.

② 아미타 신앙을 전도하며 불교 대중화의 길을 열었다.

③ 구체적인 실천 수행을 통하여 마음속에 내재된 깨달음을 중시하였다.

④ 당, 인도, 중앙아시아를 순례한 뒤 "왕오천축국전"을 지었다.

[정답의 이유]
사료는 의상의 '화엄일승법계도'로, 의상은 당에서 지엄의 가르침을 받고 화엄 사상을 정립하였다. 귀국 후 부석사를 창건하고 제자 육성에 힘을 쏟았다.

[오답의 이유]
② 원효, ③ 선종, ④ 혜초

정답 ①

02 ⊙△✕

(가), (나)의 영향으로 옳은 것을 모두 고른 것은?

> (가) 그는 모든 진리는 한마음에서 나온다는 일심사상을 불교 의 핵심으로 여겼다. 이를 바탕으로 화쟁사상을 주장해 종파 간 논쟁을 조화롭게 승화시키려고 하였다.
>
> (나) 승려 도의가 서쪽으로 바다를 건너가 당나라 서당의 깊 은 뜻을 보고 지혜의 빛이 스승과 비슷해져서 돌아왔으 니, … 메추라기의 작은 날개를 자랑하는 무리들이 큰 봉 새가 남쪽으로 가려는 높은 뜻을 헐뜯고, 기왕에 공부했 던 경전 외우는 데만 마음이 쏠려 선종을 마귀 같다고 다 투어 비웃었다.

> ㄱ. (가) - 노비 출신인 지통을 제자로 받아들였다.
> ㄴ. (가) - 백성에게는 아미타 신앙을 적극 전파하였다
> ㄷ. (나) - 지방 호족의 이념적 지주가 되었다.
> ㄹ. (나) - 저잣거리에서 '무애가'를 부르면서 대중을 교화하 였다.

① ㄱ, ㄴ   ② ㄴ, ㄷ

③ ㄱ, ㄴ, ㄷ   ④ ㄱ, ㄷ, ㄹ

[정답의 이유]
(가)는 원효, (나)는 선종 승려 도의에 관한 내용이다.

ㄴ. 원효는 '나무아미타불'을 외우는 아미타 신앙을 전파하여 불교 대중화에 기여하였다.

ㄷ. 도의는 헌덕왕 때 중국에서 귀국하여 선종을 보급하였다. 이후 호족의 지원으로 선종은 신라 말에 9산을 성립하였다.

[오답의 이유]
ㄱ. 의상(신분을 가리지 않고 다양한 제자를 양성함), ㄹ. 원효

정답 ②

03

다음 인물의 활동으로 옳은 것은?

> 그는 성덕왕 때 한산주 총독을 지냈는데, 뛰어난 학자이자 문
> 장가로 명성을 얻었다. 책의 제목이나 부분적으로 남아 있는
> 내용을 보면, 그는 신라의 역사, 인물, 지리, 음악 등에 관심
> 을 가지고 신라 문화를 주체적으로 인식하려 했던 것으로 보
> 인다.

① 신문왕에게 '화왕계'를 올렸다.

② 도당 유학생 출신으로, '대견훤기고려왕서'를 작성했다.

③ 뛰어난 한문 실력을 바탕으로 '청방인문표', '답설인귀서'를
작성했다.

④ 진골 출신으로 『화랑세기』, 『고승전』, 『한산기』 등을 저술하
였다.

정답의 이유

김대문에 관한 내용으로, 그는 진골 출신의 유학자였다. 그는 6두품이 당 유
학으로 친당적 경향을 보이는 것에 반발하여 신라 문화를 주체적으로 파악
하고자 하였다.

오답의 이유

① 설총. ② 최승우(신라 말 인물로 당에서 귀국 후 견훤의 휘하에 들어갔
다.). ③ 강수('청방인문표'는 무열왕의 둘째 아들인 김인문의 귀국을 당에 요
청하는 글로, 강수는 뛰어난 한문 실력으로 당과의 외교 문서 작성에서 큰
활약을 하였다.)

정답 ④

04

**삼국 시대의 문화 유산 중 도교의 영향을 받은 것은 모두 몇 개
인가?**

(가) 칠지도	(나) 사신도
(다) 임신서기석	(라) 백제금동대향로
(마) 산수무늬벽돌	(사) 무령왕릉의 묘지권

① 2개   ② 3개

③ 4개   ④ 5개

정답의 이유

사신도, 백제금동대향로, 산수무늬 벽돌, 무령왕릉의 묘지권은 도교 사상의
영향을 받은 것이다.

(사) 토지의 신(도교의 많은 신 중 하나)에게 무덤 터를 매입한 증서를 묘지
권이라 한다.

오답의 이유

(가) 칠지도는 백제의 금속 제작 기술과 일본과의 관계를 알려주는 유물이다.

(다) 임신서기석은 신라에 유학이 전래되었음을 알려준다.

정답 ③

05

밑줄 친 '이 사상'의 의미가 다른 하나는?

① 발해는 이 사상의 덕목을 6부의 명칭을 삼았다.

② 발해의 문왕은 이 사상에 심취해 스스로를 전륜성왕으로
표방하였다.

③ 임신서기석을 통해 신라의 청소년들이 이 사상을 공부했다
는 사실을 알 수 있다.

④ 세속 5계 중 사군이충, 사친이효, 교우이신 등의 덕목에
이 사상이 반영되어 있다.

정답의 이유

①·③·④의 이 사상은 '유학'을 의미한다.

오답의 이유

② 전륜성왕은 불교의 이상적인 왕으로, 발해 문왕은 독실한 불교 신자였다.

정답 ②

06 ⊙△✕

(가)~(다)에 해당하는 내용으로 옳은 것은?

> 발해는 (가) 고구려 문화의 토대 위에 (나) 당의 문화를 수용하였으며, (다) 말갈인의 토착 문화를 존중하여 복합적인 문화를 발전시켰다.

> ㄱ. (가) – 상경의 주작대로
> ㄴ. (가) – 이불 병좌상
> ㄷ. (나) – 영광탑
> ㄹ. (다) – 정효공주 묘의 모줄임 천장 구조

① ㄱ, ㄴ   ② ㄱ, ㄹ
③ ㄴ, ㄷ   ④ ㄷ, ㄹ

정답의 이유

- 고구려 문화 계승 : 정혜공주의 굴식 돌방무덤, 모줄임 천장 구조, 이불 병좌상, 온돌, 연꽃무늬 기화, 석등
- 당나라 문화 계승 : 상경의 구조, 정효공주의 벽돌무덤, 영광탑(벽돌탑)

정답 ③

07 ⊙△✕

다음은 '일본 속 우리 고대 문화를 찾아서'란 주제의 답사 계획이다. ⊙~② 에 대한 설명으로 옳은 것만을 모두 고르면?

일본 답사 계획서		
○월 ○일 요전	나라	⊙ 호류사 방문
○월 ○일 오전	나라	ⓒ 다카마쓰 고분 관람
○월 ○일 오후	오사카	ⓒ 왕인의 무덤으로 알려진 곳 탐방
○월 ○일 오전		교토로 이동
○월 ○일 오후	교토	② 고류사 방문

> ㄱ. ⊙ – 담징이 그렸다고 전해지는 금당 벽화가 있다.
> ㄴ. ⓒ – 고구려 사신들의 모습이 그려진 벽화가 있다.
> ㄷ. ⓒ – 일본에 천자문과 논어를 전수하였다.
> ㄹ. ② – 국보 83호 금동 미륵보살 반가사유상과 매우 흡사한 불상이 있다.

① ㄱ, ㄴ   ② ㄴ, ㄷ
③ ㄱ, ㄴ, ㄷ   ④ ㄱ, ㄷ, ㄹ

정답의 이유

일본 호류사에는 담징의 금당 벽화와 백제 광음상이 있고, 고류사에는 목조 미륵보살 반가 사유상이 있다.

오답의 이유

ⓒ 다카마쓰 고분 벽화는 고구려 수산리 고분 벽화와 흡사한 복식이 그려져 있다. 반면 고구려 사신들의 모습이 그려진 벽화는 우즈베키스탄의 아프라시아브 궁전 벽화이다. 이 벽화는 고구려와 서역 간에 교류가 있었음을 알려준다.

정답 ④

08 ○△✗

(가), (나)에 대한 설명으로 옳은 것은?

(가)	(나)
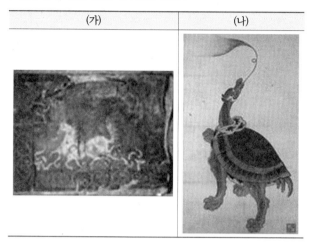	

① (가) – 삼국 통일 이후에 제작되었다.

② (가) – 굴식 돌방무덤에서 발견되었다.

③ (나) – 도교 사상이 전래되었음을 알 수 있다.

④ (나) – 중국 남조의 영향을 받아 조성된 고분에서 발견된다.

정답의 이유

(가)는 신라 천마총의 천마도, (나)는 고구려 강서대묘의 현무도이다.

③ 고구려 고분 벽화에는 죽은 자의 사후 세계를 지켜 준다는 도교의 방위 신인 사신도가 그려져 있다.

오답의 이유

① 신라는 주로 5~6세기에 대규모 돌무지 덧널무덤을 조성했다.

② 천마도는 돌무지 덧널무덤에서 발견된 유물이다.

④ 공주 송산리의 무령왕릉에 해당한다.

정답 ③

CHAPTER 03 중세 사회

01 고려의 정치

01 ◯△✕

밑줄 친 '국왕'이 추진한 정책으로 옳은 것은?

> 노비를 조사해서 옳고 그름을 분명히 밝히도록 명령하였다. 이 때문에 주인을 배반하는 노비들을 도저히 억누를 수 없었으므로, 주인을 업신여기는 풍속이 크게 유행하였다. 사람들이 모두 수치스럽게 여기고 원망하였다. 왕비도 간절히 말렸지만 국왕은 받아들이지 않았다.

① '인안'이라는 독자적인 연호를 사용하였다.
② 국왕의 권위를 높이기 위해 황제의 칭호를 사용하였다.
③ 유교적 소양을 갖춘 인재를 양성하고자 국학을 설치하였다.
④ 전시과 제도를 실시하여 중앙 관료의 경제 기반을 보장해 주었다.

정답의 이유
제시문은 광종의 노비안검법에 관한 글이다.

오답의 이유
① 발해의 무왕. ③ 통일 신라의 신문왕. ④ 고려의 경종. 목종. 문종

정답 ②

02 ◯△✕

고려 시대 관원의 역할에 대한 설명으로 옳지 <u>않은</u> 것은?

① 문하시중 – 종1품으로 국정을 총괄하였다.
② 낭사 – 어사대 관원과 함께 대간으로 불렸다.
③ 재신 – 중서문하성의 고위 관원으로, 도병마사와 식목도감의 구성원이 되었다.
④ 승선 – 중서문하성의 하위 관원으로, 정치의 잘못을 비판하였다.

정답의 이유
승선 → 낭사 : 낭사의 역할은 조선 시대 태종 때에 사간원으로 독립하였다.

오답의 이유
① 고려는 정1품이 없기 때문에. 최고 직위인 문하시중은 종1품이었다.
② 고려 시대에는 낭사와 어사대 관원이 대간으로 불렸고, 조선 시대에는 사헌부와 사간원의 관원이 그 역할을 담당했다.
③ 도병마사와 식목도감에는 중서문하성의 고관인 재신과 중추원의 고관인 추신이 참여하였다

정답 ④

03 ◯△✕

고려의 지방제도가 개편된 순서대로 바르게 나열한 것은?

> (가) 5도 양계 체제의 지방제도가 정비되었다.
> (나) 지방관이 없는 속군에 감무를 파견하였다.
> (다) 최승로의 건의에 따라 12목을 설치하였다.
> (라) 주현공부법을 실시하여 호족의 과다 징수를 경계하였다.

① 다 – 나 – 가 – 라
② 다 – 가 – 나 – 라
③ 라 – 다 – 가 – 나
④ 라 – 다 – 나 – 가

정답의 이유

(가)는 현종, (나)는 예종, (다)는 성종, (라)는 광종 시기에 해당한다.

정답 ③

04 ○△×

( ) 안에 들어갈 말을 순서대로 나열한 것은?

최충헌에 이어 집권한 최우는 ( )을/를 통하여 정치 권력을 행사하였고, ( )을 설치하여 인사권을 장악하였다. 또한 ( )을 설치하여 문학과 행정 능력을 갖춘 문신들이 정책을 자문하도록 하였다.

① 중방 – 정방 – 서방
② 중방 – 서방 – 정방
③ 교정도감 – 정방 – 서방
④ 교정노감 – 서방 – 성방

정답의 이유

교정도감은 최씨 정권 시기에 최고의 국정 운영 기관이었다. 여기에 인사 업무를 담당하는 정방과 문인을 등용한 서방이 함께 운영되었다.

오답의 이유

중방은 2군 6위의 상장군과 대장군이 참여한 최고 군사 회의이며, 무신 정권 초기에 국정을 주도하였다.

정답 ③

05 ○△×

(가)와 (나) 사이에 일어난 역사적 사실로 옳은 모두 몇 개인가?

(가) 도방을 설치하여 군사적 기반으로 삼고 교정도감이라는 권력 기구를 설치하여 국정을 운영하였다.
(나) 처인성에서는 승려 김윤후가 부곡민과 합세하여 몽골 장수 살리타를 사살하였다.

ㄱ. 무신들이 중방을 통해 권력을 행사하였다.
ㄴ. 고려군이 귀주성 전투에서 몽골에게 승리하였다.
ㄷ. 천민 출신의 이의민이 최고 권력자로 대두하였다.
ㄹ. 최우가 강화도로 천도하여 장기 항전에 대비하였다.
ㅁ. 삼별초가 배중손의 지휘 아래 강화도에서 반기를 들었다.

① 2개   ② 3개
④ 4개   ⑤ 5개

정답의 이유

(가)는 최충헌 집권기에, (나)는 몽골의 2차 침입에 일어난 일이다.
ㄴ. 몽골의 1차 침입 때 박서는 귀주성에서 항전하였다.
ㄹ. 몽골이 1차 침입하자 최우는 서둘러 강화를 맺은 뒤, 수도를 강화도로 옮기고 장기 항전에 돌입하였다.

오답의 이유

ㄱ. 최씨 무신 정권이 들어서기 전까지는 중방이 최고 권력 기구로 기능했다.
ㄷ. 최충헌은 이의민을 죽이고 권력을 장악하였다.
ㅁ. 삼별초는 개경 환도 이후에도 강화도에 남아 대몽항쟁을 지속하였다.

정답 ①

06

(가) 세력과 고려와의 관계에 대한 설명으로 옳은 것은?

> 13세기 초에 주변의 여러 세력들을 통합한 ___(가)___ 출신 테무진이 칭기즈칸이라 칭하고 정복 전쟁을 계속했다. 이들 민족은 중국의 금, 송을 멸하고 원을 세웠으며 서쪽으로 동유럽까지 진출하여 유라시아 대륙에 걸친 대제국을 건설하였다.

① 최영은 (가)의 압박에 맞서 요동 정벌을 시도했다.
② (가)와의 전쟁으로 황룡사 9층 목탑이 소실되었다.
③ (가)의 침략이 거세어 고려 국왕이 안동으로 피난하였다.
④ (가)의 침입을 대비하여 천리장성과 나성을 축조했다.

정답의 이유
(가)는 몽골족이며, 대몽 항쟁 과정에서 부인사에 보관되어 있던 초조대장경과 경주의 황룡사 9층 목탑이 소실되었다.

오답의 이유
① 고려 말 명나라와의 영토 분쟁에 대한 내용이다.
③ 홍건적의 침입으로 공민왕은 안동(복주)까지 피난하였다.
④ 고려는 거란의 3차례 침입을 격퇴하는 과정에서 나성과 천리장성을 축조하였다.

정답 ②

07

밑줄 친 '이 지역'에 대한 설명으로 옳은 것만을 모두 고른 것은?

> 당나라는 이 지역에 안동도호부를 두어 전체 한반도에 대한 지배를 획책했으나, 신라의 저항으로 안동도호부는 얼마 되지 않아 요동으로 철수했다.

> ㄱ. 원이 동녕부를 설치하였다.
> ㄴ. 이 지역을 기반으로 한 정치 세력이 천도를 주장하였다.
> ㄷ. 김윤후가 부곡민을 이끌고 이곳에서 살리타를 사살하였다.
> ㄹ. 김위제의 건의에 따라 개창도감을 설치하고 이곳에 궁궐을 건설하였다.

① ㄱ, ㄴ
② ㄱ, ㄹ
③ ㄴ, ㄷ
④ ㄷ, ㄹ

정답의 이유
'이 지역'은 서경(평양)이다.
ㄱ. 원은 서경에 동녕부를, 제주도에 탐라총관부를, 화주에 쌍성총관부를 설치하였다.
ㄴ. 서경 천도 운동을 의미한다.

오답의 이유
ㄷ. 처인성(경기도 용인), ㄹ. 한양(문종 때 남경으로 승격된 후, 예종은 이곳에 궁궐을 조성하였음)

정답 ①

08

(가)에 있었던 사실로 볼 수 없는 것은?

쌍성총관부 공격
↓
(가)
↓
위화도 회군

① 정방을 폐지해 국왕이 인사권을 장악했다.
② 조반 사건을 계기로 이인임을 축출하였다.
③ 전제 개혁을 단행하여 과전법을 마련하였다.
④ 나세와 최무선이 진포에서 왜군을 격퇴하였다.

정답의 이유
(가)는 공민왕 집권 중반 이후부터 우왕 시기에 해당한다.
① 공민왕은 집권 초반에는 반원 개혁에 중점을 두었고, 홍건적의 침입을 소탕한 이후에는 왕권 강화를 위한 권문세족 약화에 집중하였다.
② 우왕 집권 초기에는 이인임 일파가 권력을 장악했다. 조반은 자신의 토지를 이인임 일파에게 빼앗기자 격분해 관련자를 죽였고, 이것이 계기가 되어 최영과 이성계는 이인임 일파를 숙청했다.

오답의 이유
③ 공양왕

정답 ③

02 고려의 경제

01 ◯△✕

다음 시기의 모습으로 적합하지 않은 것은?

> 사행을 마치고 돌아온 문익점은 고향으로 내려가 장인인 정천익과 씨앗을 나누어 목면나무의 재배를 시험하였다. 그가 심은 것은 모두 재배에 실패했지만, 정천익이 심은 씨앗 가운데 하나에서 꽃이 피어 100여 개의 씨앗을 얻었다. 해마다 재배량을 늘려서 향리 사람들에게 씨앗을 나누어주며 심어 기르도록 권장하였다.

① 경원과 경성에 무역소를 설치하였다.
② 지폐인 교초가 유입되어 지배층에서 사용하였다.
③ 국가 재정 수입을 늘리기 위해 소금의 전매제가 실시되었다.
④ 개경, 서경, 동경 등 대도시에 주점, 다점 등 관영상점이 설치되었다.

정답의 이유
① 조선 태종 때 여진과의 무역을 위해 국경 지역인 경원과 경성에 무역소를 설치하였다.

오답의 이유
② 교초(보초)는 원나라의 지폐로 고려에 유입되었다.
③ 충선왕은 각염법을 실시하였다.

정답 ①

02 ◯△✕

다음은 고려의 수취 제도이다. (가)~(나)에 대한 설명으로 옳은 것은?

> (가) 토지를 논과 밭으로 나누어 부과하였다.
> (나) 지방의 특산물을 바치게 하였다.

> ㄱ. (가) - 토지의 비옥도에 따라 3등급으로 나누어 부과하였다.
> ㄴ. (가) - 공전의 경작자는 생산량의 1/2을 소유자에게 지급하였다.
> ㄷ. (나) - 향리가 집집마다 수취하였다.
> ㄹ. (나) - 공정한 수취를 위해 30년 마다 양안과 호적을 작성하였다.

① ㄱ, ㄴ   ② ㄱ, ㄷ
③ ㄴ, ㄷ   ④ ㄷ, ㄹ

정답의 이유
(가)는 조세, (나)는 공납이다.
ㄱ. 토지는 휴경 정도에 따라 3등급으로 구분되었고, 자영농은 생산량의 1/10을 조세로 납부하였다.
ㄷ. 공납은 각 집마다 납부액이 할당되었다.

오답의 이유
ㄴ. 공전의 경작자는 생산량의 1/4을 바치며, 사전의 경작자는 생산량의 1/2을 소유자에게 바쳤다.
ㄹ. 고려와 조선은 양안은 20년마다, 호적은 3년마다 작성하는 것을 원칙으로 삼았다.

정답 ②

03 ◯△✕

(가)~(다)에 대한 설명으로 옳은 것은?

시정 전시과		개정 전시과		경정 전시과
(가)	→	(나)	→	(다)

① (가)는 후삼국 통일 후 공신들에게 지급되었다.
② (나)는 관리가 퇴직하면 수조지를 반납하였다.
③ (다)는 토지를 받은 자가 죽으면 수조지를 반납하였다.
④ 전시과의 개정은 수조권 지급량을 축소하고 국가 재정을 확대하는 방향으로 이루어졌다.

정답의 이유

관료에게 줄 토지가 부족해지자 목종 때에는 지급량을 줄이고, 문종 때에는 지급 대상을 현직 관료로 제한하였다.

오답의 이유

① 역분전에 대한 설명이다. ② 경정 전시과(현직에 있을 때만 전시과를 지급함)에 대한 설명이다. ③ 시정 전시과와 개정 전시과까지는 퇴직자와 산직자에게도 수조권을 지급하였다.

정답 ④

04 ○△×

(가)~(다)에 해당하는 수조지의 설명으로 옳은 것은?

> [(가)] 군인은 나이 20세가 되면 비로소 땅을 받고 60세가 되면 반환하였다. 자손이나 친척이 있으면 땅을 물려받게 하고, 없으면 감문위(성문을 지키는 부대)에 소속되었다. 70세 이후에는 [(나)]을/를 지급하고 나머지 땅은 반환하였다. 후계자가 없는 자와 전사한 자의 아내에게도 모두 [(다)]을/를 지급하였다.
>
> — 『고려사』 —

> ㄱ. (가)는 군인전으로 세습이 가능하였다.
> ㄴ. (나)는 세습이 허용된 한인전이다.
> ㄷ. (다)는 구분전이다.
> ㄹ. (가)는 개정 전시과, (나)와 (다)는 경정 전시과 때 설치되었다.

① ㄱ, ㄴ
② ㄴ, ㄷ
③ ㄱ, ㄴ, ㄹ
④ ㄱ, ㄷ, ㄹ

정답의 이유

(가)는 군인전, (나)·(다)는 구분전이다. 구분전은 하급 관리와 군인의 유가족, 가족이 없는 퇴역 군인에게 지급되었다.

ㄱ. 세습 가능한 토지를 영업전이라 하는데, 공음전, 군인전, 외역전 등이 해당한다.

ㄹ. 군인전은 개정 전시과 때 신설되었으며, 공음전, 구분전, 한인전, 외역전 등은 경정 전시과 때 마련되었다.

오답의 이유

ㄴ. 직역을 계승할 자손이 없으면 국가에서는 토지를 회수하고 대신 유가족의 생활을 보호하기 위해 구분전을 지급하였다. 한인전은 6품 이하 관리의 자제 중 관직에 오르지 못한 자에게 지급되었다.

정답 ④

03 고려의 사회

01 ○△×

고려의 (가)와 (나)에 해당하는 설명으로 옳은 것은?

귀족
(가)
(나)
천민

> ㄱ. (가)는 서리, 향리, 서얼 등이 있었다.
> ㄴ. (가)는 직역을 세습하였고, 그 대가로 수조지를 지급 받았다.
> ㄷ. (나)는 백정이라 불리며, 과거 응시의 자격이 부여되었다.
> ㄹ. (나)의 일부는 다른 지역으로 이주가 제한되었다.

① ㄱ, ㄴ, ㄷ
② ㄱ, ㄷ, ㄹ
③ ㄴ, ㄷ, ㄹ
④ ㄱ, ㄴ, ㄷ, ㄹ

정답의 이유

(가)는 중류층, (나)는 양민이다.

ㄴ. 직역에 대한 대가로 서리는 과전, 상층 향리는 외역전, 군반은 군인전을 지급 받았다.

ㄷ. 고려 시대의 농민은 백정으로 불렸으며, 잡과에 응시할 자격이 있었다.

ㄹ. 하층 양민이었던 향, 부곡, 소 거주민은 타지역으로의 이주가 제한되었고, 과거에 응시할 수 없었으며, 더 많은 조세를 부담했다.

오답의 이유

ㄱ. 조선의 중인에 해당한다. 고려 중류층에는 서리, 남반, 향리, 군반 등이 있다.

정답 ③

02 ○△×

고려 시대 노비에 대한 설명으로 옳은 것은 모두 몇 개인가?

> ㄱ. 모든 노비는 60세에 역이 면제되었다.
> ㄴ. 솔거 노비는 몸값인 신공을 납부하였다.
> ㄷ. 외거 노비는 개인 노력에 따라 부를 축척할 수 있다.
> ㄹ. 노비 중 일부는 군공을 세워 양인 신분으로 상승하기도 했다.
> ㅁ. 노비의 소유권은 어머니 쪽 소유주에게 귀속되는 것이 원칙이었다.

① 2개
② 3개
③ 4개
④ 5개

정답의 이유
ㄷ. 평량과 같은 외거 노비는 재산을 축적하여 신분 상승을 이루기도 하였다.
ㄹ. 이의민 등은 군공을 세워 무관이 되었다.
ㅁ. 천자수모법의 원칙에 따랐다.

오답의 이유
ㄱ. 모든 노비 → 공노비
ㄴ. 솔거 노비 → 외거 노비 (또는) 신공 → 신역

정답 ②

03 ○△×

밑줄 친 주장의 근거가 되는 내용으로 적절하지 않은 것은?

> 고려는 귀족 · 중류층 · 양민 · 천민으로 구분되는 엄격한 신분제 사회였지만, 폐쇄적인 신라의 골품제 사회보다 개방적이었다.

① 이의민은 군공을 세워 장군이 되었다.
② 이자겸은 음서를 통해 관직에 올랐다.
③ 외거 노비 평량은 재산을 모아 양민이 되었다.
④ 정도전의 부 정운경은 향리 집안 출신이었지만 과거로 중앙 관리가 되었다.

정답의 이유
고려는 과거, 군공 등을 통해 신분을 상승할 기회가 신라보다 많았다.

오답의 이유
음서는 5품 이상의 관료를 배출하는 문벌 귀족에게만 주어지는 특권으로, 공음전과 더불어 고려가 귀족 사회임을 알 수 있다.

정답 ②

04 ○△×

(가), (나)와 관련된 시기의 설명으로 가장 적절한 것은?

> (가) 어머니가 재산을 분배할 때 나익희에게 따로 노비 40명을 물려주려고 하였다. 나익희는 "제가 6남매의 외아들이라 해서 사소한 것을 더 차지하여 여러 자녀들로 하여금 화목하게 살게 하려 한 어머니의 거룩한 뜻을 어찌 더럽히겠습니까?"라고 하며 사양하였다. 그러자 어머니가 그 말을 옳게 여기고 따랐다.
> – 『고려사』 –
> (나) 우리 집안은 일찍이 사위와 외손자가 제사를 지내지 않는 것을 원칙으로 하였다. 딸은 부모를 모시지 않고 제사를 지내지 않으니 어찌 재산을 아들과 똑같이 나눌 수 있겠는가? 딸은 삼분의 일만 주어도 된다.
> – 「조선 시대 부안 김씨 고문서」 –

① (가) – 가부장적 종법 질서가 확립되었다.
② (가) – 사위나 외손자에게 음서의 혜택을 부여하였다.
③ (나) – 호적에는 자녀 차별 없이 나이순으로 기재하였다.
④ (나) – 여성이 이혼을 요구할 수 있었고 남편이 세상을 떠난 후에는 재혼할 수도 있었다.

정답의 이유
(가)의 '외아들에게 더 많은 재산을 상속하는 것을 거부'하는 것에 주목한다. 이는 고려 시대~조선 초기의 가족 질서에 해당한다. 반면 아들과 딸의 상속액이 다른 (나)는 조선 중기 이후의 사회 모습이다.

오답의 이유
① 조선 중기 이후, ③ · ④ 고려와 조선 초기

정답 ②

01 ○△×

다음 승려에 대한 설명으로 옳은 것은?

> 1158년 황해노 서흥 출생
> 1182년 승과 급제, 보제사 담선법회에서 정혜결사 결성 약속
> 1210년 입적, 시호는 불일보조

① 무신 정권으로부터 억압을 받았다.
② 간화선을 통한 깨달음을 추구하였다.
③ 선종 입장에서 교종 통합을 주장하였다.
④ 대장경에 대한 주석서를 모아 교장을 편찬하였다.

정답의 이유
지눌에 관한 내용이다. 그는 선종 중심으로 교종을 포용하는 선교일치를 주장하였다.

오답의 이유
① 교종, ② 보우(공민왕 시기에 원으로부터 선종의 일파인 임제종을 들여와 전파함), ④ 의천

정답 ③

02 ○△×

(가), (나) 승려에 대한 설명으로 옳은 것은?

> (가) 나는 여러 스승을 두루 참배하다가 정원법사 밑에서 교(敎)와 관(觀)을 배웠다. 내가 교와 관에 마음을 오로지 두는 까닭은 그의 가르침에 감복하였기 때문이다.
> (나) 정(定)은 본체이고 혜(慧)는 작용이다. 작용은 본체를 바탕으로 해서 있게 되므로 혜가 정을 떠나지 않고, 본체는 작용을 가져오게 하므로 정은 혜를 떠나지 않는다.

① (가) – 돈오점수를 강조하였다.
② (가) – 교·선의 대립을 극복하고자 천태학을 연구하였다.
③ (나) – 염불 중심의 수행 운동을 전개하였다.
④ (나) – 일심(一心) 사상을 주장하며 불교 교리의 대립을 극복하고자 하였다.

정답의 이유
(가)는 의천의 교관겸수, (나)는 지눌의 정혜쌍수에 대한 글이다.

오답의 이유
① 지눌, ③ 요세, ④ 원효

정답 ②

03 ○△×

(가)~(라)를 시기순으로 나열했을 때 세 번째에 해당하는 것은?

> 가. 성균관을 유교 교육 기관으로 확대, 개편하였다.
> 나. 사학 12도가 등장하여 관학 교육이 위축되었다.
> 다. 최충은 9재 학당을 설립하여 제자를 양성하였다.
> 라. 중앙에 국자감을 세우고 지방에는 향교를 설립하였다.

① 가   ② 나
③ 다   ④ 라

정답의 이유
가.는 공민왕, 나.는 문종 이후, 다.는 문종, 라.는 성종 때에 해당한다.
즉, 라-다-나-가 순이다.

정답 ②

04 ○△×

고려 시대에 편찬된 역사서에 대한 설명으로 옳지 않은 것은?

① 『삼국사기』 – 괴력난신의 내용을 담고 있다.
② 『해동고승전』 – 왕명에 의해 편찬된 편찬 역사서이다.
③ 『제왕운기』 – 단군을 우리 민족의 기원으로 수록하였다.
④ 『사략』 – 대의명분을 강조하는 성리학적 역사관이 나타난다.

정답의 이유
『동명왕편』과 『삼국유사』는 신이사관(신비롭고 기이한 힘에 의해 국가가 건국되었다는 관점)에 따라 주몽과 단군 등의 탄생 이야기를 수록하였다.
① 『삼국사기』는 신이사관(괴력난신을 말함)이 아니라 유교적 합리주의 사관을 가지고 집필하였다.

오답의 이유
왕명에 따라 집필된 책으로는 『삼국사기』와 『해동고승전』이 있다.

정답 ①

05

다음과 같은 목차의 역사서가 편찬된 계기를 밝혀주는 사료는 무엇인가?

1. 신라 본기	2. 고구려 본기
3. 백제 본기	4. 연표
5. 지	6. 열전

① 삼국의 시조가 모두 신비스럽고 기이한 데서 나왔다는 것이 어찌 괴이하다 할 수 있겠는가! 이것이 신이(神異)로써 다른 편보다 먼저 놓는 까닭이다.

② 성상 폐하께서는 "중국 역사서에 삼국의 기록이 있으나 자세하지 않고, 예부터 전해오던 고기(古記)의 내용은 빠진 내용이 많아 후대에 교훈을 주기 어렵다. 이에 후대에 남겨 줄 역사서를 만들어야겠다."라고 말씀하셨습니다.

③ 중국은 반고부터 금국에 이르기까지, 동국은 단군으로부터 본조에 이르기까지 처음 일어나게 된 근원을 간책에서 다 찾아보아 같고 다른 것을 비교하여 요점을 취하고 읊조림에 따라 장을 이루었습니다.

④ 동명왕의 일은 변화의 신기롭고 이상한 것으로 여러 사람의 눈을 현혹한 것이 아니고 실제 나라를 창시한 신기한 사적이니 이것을 기술하지 않으면 뒷사람들은 앞으로 어떻게 볼 것인가? 그러므로 시를 지어 기록하여 우리나라가 본래 성인의 나라라는 것을 천하에 알리고자 하는 것이다.

정답의 이유
『삼국사기』의 편찬 순서를 정리한 것으로, 김부식은 인종의 명령을 받고 삼국의 정치사 위주로 역사서를 편찬하였다.
② 진삼국사기표(『삼국사기』를 올리는 글)의 일부분이다. '고기의 내용은 빠진 부분이 많아'는 기존의 삼국 역사 기록이 부실한 점을 언급하며 새로운 역사서를 주문한 인종이 한 말이다.
오답의 이유
① 『삼국유사』, ③ 『제왕운기』('중국과 동국의 같고 다른 것을 비교하여, '읊조림'에 주목), ④ 『동명왕편』

정답 ②

06

(가)에 대한 설명으로 옳지 않은 것은?

(가) 은/는 고려에서 매우 중요하게 여긴 국가적인 불교 의례였다. (가) 을/를 시행하는 목적은 하늘의 신령과 5악(岳), 명산(名山), 대천(大川)과 용신(龍神)을 섬기는 것이었다.

① 예종은 이 행사를 위해 복원궁을 건립하였다.
② 태조 왕건이 '훈요 10조'에서 이것의 시행을 강조하였다.
③ 불교, 유교, 풍수지리설, 민간 신앙 등이 융합된 행사였다.
④ 이것의 시행을 통해 국가 의식을 고취하고, 고려가 황제국임을 드러내었다.

정답의 이유
(가)는 팔관회로, 토착 민간 신앙과 불교가 융합한 행사.
④ 팔관회에는 주변 여러 상인과 사신들이 와서 조공을 바치고 답례품을 받아가는 형식의 무역이 이루어졌다.
오답의 이유
① 예종은 초제를 주관하기 위해 복원궁을 건립하였다.

정답 ①

07

고려 시대의 문화유산에 대한 설명으로 옳지 않은 것은?

① 하남 하사창동에서는 우리나라 최대의 불상이 제작되었다.
② 강진군 일대에서는 독창적 기법의 상감청자가 제작되었다.
③ 산청군에서 우리나라 최초로 면화 재배가 성공하였다.
④ 청주시 흥덕사에서 세계 최고(最古)의 금속활자본을 인쇄하였다.

정답의 이유
하남 하사창동에서 대형 철불이 발견되었다. 반면 우리나라 최대의 불상은 높이 18m의 논산 관촉사 석조미륵보살입상이다.
오답의 이유
② 상감청자의 대표적인 생산지는 강진과 부안이다.
③ 문익점은 경남 산청에서 면화 재배를 시도하였다.
④ 청주 흥덕사에서 직지심체요절을 간행하였다.

정답 ①

08 ⓞ △ ⨉

다음의 문화유산에 대한 설명으로 옳은 것은?

> 현종 2년에 거란 군주가 크게 군사를 일으켜 와서 정벌하자
> … 현종은 여러 신하와 함께 더할 수 없는 큰 서원을 발하여
> 대장경 판본을 판각해 이룬 뒤에 거란 군사가 스스로 물러갔
> 습니다. 그렇다면 대장경도 한가지고, 전후 판각한 것도 한가
> 지고, 군신이 함께 서원한 것도 또한 같은데, 어찌 그때에만
> 거란 군사가 스스로 물러가고 지금의 몽골군은 그렇지 않겠
> 습니까?

① 현재 해인사 장경판전에 보관되어 있다.
② 세계 최초의 금속 활자본이나, 현존하지 않는다.
③ 불국사 3층 석탑을 복원하는 과정에서 발견되었다.
④ 세계에서 가장 오래된 금속 활자본으로 현재 프랑스 국립
　도서관에 소장되어 있다.

정답의 이유
사료는 거란족을 격퇴하기 위해 대장경을 조판했듯이, 몽골족 격퇴를 위해
다시 대장경을 판각하자는 내용을 담고 있다.

오답의 이유
② 상정고금예문, ③ 무구정광대다라니경, ④ 직지심체요절

정답 ①

CHAPTER 04

근세 사회

01 조선의 정치

01 ○△×

㉠ 시기에 일어난 사실로 바른 것은?

> 위화도 회군 → (㉠) → 조선 건국

① 과전법을 단행하여 국가 재정을 확보하였다.
② 이성계가 4불가론을 내세우며 최영과 대립하였다.
③ 한양에 경복궁을 비롯한 종묘, 사직 등이 세워졌다.
④ 진포에서 세계 최초로 화포를 이용해 승리를 거두었다.

[정답의 이유]
(가)는 1388년 위화도 회군과 1392년 조선 건국 사이에 해당한다. 급진파 사대부는 공양왕 말기인 1391년에 과전법을 실시하였다.

[오답의 이유]
② 위화도 회군 직전, ③ 조선 건국 후(1394), ④ 우왕(진포 대첩)

정답 ①

02 ○△×

(가)~(라) 시기에 해당하는 사실로 옳은 것은?

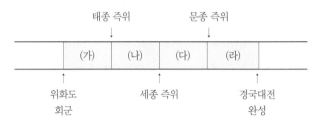

① (가) – 공신과 왕족의 사병이 혁파되었다.
② (나) – 왕은 인사와 군사에 관한 일만 직접 맡았다.
③ (다) – 홍문관이 설치되어 경연을 담당하였다.
④ (라) – 김종서 등 대신에게 권력이 집중되었다.

[정답의 이유]
문종 사후 어린 단종이 즉위하자 정치 실권이 김종서 등 재상에게 집중되며 왕권이 약화되었다.

[오답의 이유]
① 태종(나), ② 세종의 의정부 서사제(다), ③ 성종(라), 성종 9년에 홍문관이 설립되었고, 성종 16년(1485)에 경국대전이 완성되었다.

정답 ④

03 ⃞⃤⃠

(가), (나) 인물에 대한 설명으로 옳은 것은?

인물	(가)	(나)
내용	• 개국 일등 공신 책봉 • 한양을 도읍지로 결정 • 1차 왕자의 난으로 사망	• 현량과 실시 • 소격서 폐지 • 공신들의 위훈삭제 추진

- ㄱ. (가) - 6조 직계제를 추진하였다.
- ㄴ. (가) - 요동 정벌을 추진하며 '진법'을 집필하였다.
- ㄷ. (나) - 내수사 장리의 폐지를 주장하였다.
- ㄹ. (나) - 『경국대전』, 『동문선』, 『동국통감』 등의 편찬에 주도적으로 참여하였다.

① ㄱ, ㄴ
② ㄱ, ㄷ
③ ㄴ, ㄷ
④ ㄴ, ㄹ

정답의 이유

(가)는 정도전, (나)는 조광조이다.
- ㄴ. 정도전은 재상 중심의 정치와 요동 정벌을 주장하며 이방원과 갈등을 빚었다.
- ㄷ. 조광조의 개혁안 중에는 내수사(왕실 재정 기구)의 장리(고율의 이자)를 폐지해야 한다는 주장도 있다.

오답의 이유

ㄱ. 태종과 세조, ㄹ. 서거정과 노사신

정답 ③

04 ⃞⃤⃠

다음 인물들에 대한 설명으로 옳은 것은 모두 몇 개인가?

> 김종직, 김일손, 정여창, 김굉필

- ㉠ 향사례·향음주례의 보급과 사창제의 실시를 주장하였다.
- ㉡ 도덕과 의리를 바탕으로 하는 왕도 정치를 강조하였다.
- ㉢ 중앙의 권력을 바탕으로 향촌 사회를 장악하려고 하였다.
- ㉣ 공신과 외척의 비리와 횡포를 성리학적 명분론에 입각하여 비판하였다.
- ㉤ 관학파의 학풍을 계승하여 문물제도 정비에 크게 기여하였다.
- ㉥ 주나라의 제도를 기록한 경전인 주례를 국가의 통치 이념으로 중요하게 여겼다.

① 2개
② 3개
③ 4개
⑤ 5개

정답의 이유

제시된 인물은 사림파로, 이들과 관련된 것은 ㉠·㉡·㉣이다.
- ㉠ 사림파는 성종 때 향사례, 향음주례와 더불어 유향소 복설 운동을 전개하였다.
- ㉣ 사림파는 훈구 세력의 비리와 권력 독점을 비판하였다.

오답의 이유

㉢·㉤·㉥은 훈구와 관련 있다.
- ㉢ 훈구 세력은 15세기에 조선의 문물제도를 정비하면서 중앙집권 체제를 강화하는 데 앞장섰다.
- ㉥ 정도전은 조선의 통치 규범을 제시할 때 '주례'를 모범으로 삼았다.

정답 ②

05

(가)에 대한 설명으로 옳은 것을 모두 고른 것은?

> _____(가)_____은/는 시정을 담당하고, 모든 관원을 살피며, 풍속을 바로잡고, 원통하고 억울한 일을 풀어주고, 건방지고 거짓된 행위를 금하는 등의 일을 맡는다.

> ㄱ. (가) 소속 관원을 대관이라 한다.
> ㄴ. 고려의 어사대를 계승한 조직이다.
> ㄷ. 노비 문서의 관리와 노비 소송을 맡아보았다.
> ㄹ. 임금님께 간쟁하고 정치적 사안의 잘못을 논박하는 직무를 수행한다.

① ㄱ, ㄴ   ② ㄱ, ㄹ
③ ㄴ, ㄷ   ④ ㄴ, ㄹ

정답의 이유

(가)는 사헌부로, 이곳의 관원을 대관이라 한다. 사간원의 관리인 간관과 묶어 대간이라 불렀다.

오답의 이유

ㄷ. 장례원, ㄹ. 사간원

정답 ①

06

조선 시대 지방 통치 제도에 대한 설명으로 옳은 것만을 모두 고른 것은?

> ㄱ. 모든 군현에 수령을 파견하였다.
> ㄴ. 향, 소, 부곡은 향리들이 직접 통치하였다.
> ㄷ. 8도에 관찰사를 파견하여 수령의 비리를 견제하였다.
> ㄹ. 향리들은 군역을 면제 받는 대신 잡색군에 소속되었다.
> ㅁ. 관찰사는 병마절도사를 겸하여 지방 병권까지 장악하였다.

① ㄱ, ㄴ, ㄹ   ② ㄱ, ㄷ, ㄹ
③ ㄱ, ㄴ, ㄹ, ㅁ   ④ ㄱ, ㄷ, ㄹ, ㅁ

정답의 이유

ㄱ. 조선은 전국 330여 개의 모든 군현에 부윤, 목사, 군수, 현령 등의 수령을 파견하였다.
ㄷ·ㅁ. 관찰사(종2품)는 수령 감찰권, 행정권, 사법권뿐만 아니라 병마절도사·수군절도사도 겸하여 지방 병권까지 장악하였다.
ㄹ. 잡색군은 조선 초기의 예비군으로, 서리, 향리, 신량역천인, 노비 등이 포함되었다.

오답의 이유

ㄴ. 고려의 향, 부곡, 소는 조선 시대에 일반 군, 현으로 승격되었다.

정답 ④

07

다음 사건이 일어났던 시기의 상황으로 볼 수 <u>없는</u> 것은?

> 임꺽정은 양주골 백성이다. … 경기에서 황해에 이르는 사이의 아전과 백성들이 그들과 은밀히 결탁하여 관에서 잡으려 하면, 번번이 먼저 알려 주었으므로 이 때문에 기탄없이 횡행하여 관에서 막지 못하였다.
>
> - 「연려실기술」 -

① 방납의 폐단으로 농민의 부담이 늘어났다.
② 제천행사를 주관하던 소격서를 폐지하였다.
③ 왕의 외척들의 권력 다툼으로 사화가 일어났다.
④ 을묘왜변을 계기로 비변사가 상설 기구가 되었다.

정답의 이유

임꺽정의 난은 명종 시기에 일어났다. 이때에는 16세기의 사회 문제가 총체적으로 나타난 시기로, 정치적으로는 을사사화, 경제적으로는 방납의 폐단, 외교적으로는 을묘왜변으로 일본과의 국교가 단절되었다.
② 소격서는 조광조의 제안으로 중종 때 폐지되었다.

오답의 이유

④ 비변사는 중종 때 삼포왜란을 겪으며 처음으로 신설되었다. 이때에는 군무를 담당하는 임시 기구에 머물렀으나, 명종 때 을묘왜변이 일어나자 상설 기구로 자리잡았다.

정답 ②

08 ○△×

다음 사건을 발생한 순서대로 바르게 나열한 것은?

> ㄱ. 이순신은 명량에서 왜군을 크게 무찔렀다.
> ㄴ. 조·명 연합군은 직산에서 일본군을 물리쳤다.
> ㄷ. 이순신은 한산도에서 학익진 전법을 펼쳐 승리했다.
> ㄹ. 권율이 이끄는 관군과 백성이 행주산성에서 승리했다.

① ㄴ → ㄷ → ㄱ → ㄹ
② ㄴ → ㄷ → ㄹ → ㄱ
③ ㄷ → ㄴ → ㄱ → ㄹ
④ ㄷ → ㄹ → ㄴ → ㄱ

정답의 이유

임진왜란(ㄷ → ㄹ)과 정유재란(ㄴ → ㄱ) 순으로 정리하면 된다.
ㄴ. 직산(지금의 천안)에서 조명 연합군은 정유재란을 일으킨 일본군의 북상을 막았다. 직산 전투 직후에 명량해전이 일어났다.

정답 ④

02 조선의 경제

01 ○△×

조선 전기의 농업 기술에 대한 설명으로 옳은 것은 모두 몇 개인가?

> (가) 시비법이 발달하여 휴경을 하지 않아도 되었다.
> (나) 목화 재배가 확대되어 의생활의 개선을 가져왔다.
> (다) 모내기가 전국적으로 실시되어 이모작이 행해졌다.
> (라) 쌀의 수요가 늘면서 밭을 논으로 바꾸는 현상이 활발하였다.
> (마) 여러 지역 농민들의 실제 경험을 수집하여 정리한 『농사직설』이 편찬되었다.

① 2개   ② 3개
③ 4개   ④ 5개

정답의 이유

(가) 조선 전기에 연작 상경이 보편화 되었다.
(나) 목화가 전국적으로 재배되어, 무명을 화폐처럼 이용하기도 하였다.
(마) 세종은 정초 등에게 명해 『농사직설』을 편찬하게 하였다.

오답의 이유

(다) 모내기법은 조선 후기에 이르러 전국적으로 확산되었다.
(라) 조선 후기에는 상품 화폐 경제가 발달하여, 쌀, 담배, 채소 등이 장시에서 거래되었다. 이로 인해 밭을 논으로 바꾸는 현상이 활발했다.

정답 ②

02 ◯△✗

(가), (나)에 대한 설명으로 옳지 않은 것은?

> (가) 정부는 종로에 상가를 만들어 이들로 하여금 독점 영업
> 을 하게 하고 세금을 거두었다.
> (나) 정부는 이들을 공장안에 등록시켜 관청에 필요한 물품을
> 제조하게 하였다.

① (가) – 난전을 금지할 수 있는 권리를 가졌다.

② (가) – 왕실이나 관청에 물품을 공급하며 경시서의 통제를
받았다.

③ (나) – 부역으로 동원되어 물품을 만들었다.

④ (나) – 소에 거주하며 상공과 별공의 형태로 국가에 납부하
였다.

[정답의 이유]

(가)는 시전 상인으로, 이들은 금난전권을 행사했으며, 특정 상품에 대한 독
점적 판매권을 인정받았다. 경시서는 시전의 불법적인 상행위와 도량형 등
을 감독하였다.

(나)는 수공업자(공장)로, 이들은 관청에 동원되어 일정량의 물품을 생산하
였다.

[오답의 이유]

④ 고려의 소 수공업에 대한 설명이다.

정답 ④

03 ◯△✗

조선 시대의 조운 제도에 대한 설명으로 옳지 않은 것은?

① 전라도, 충청도, 황해도는 바닷길을 사용하였다.

② 강원도는 한강을, 경상도는 낙동강과 남한강을 이용하였다.

③ 평안도와 함경도의 조세는 그 지역의 사신접대비와 군사비
로 사용되었다.

④ 삼사에서 조세로 거둔 곡식의 출납 상황을 관리하였다.

[정답의 이유]

④ 삼사는 고려 시대의 회계 조직이다. 조선 시대의 재정·회계 기구로는
호조가 있다.

[오답의 이유]

③ 평안도와 함경도는 잉류 지역으로 지정되어 현지에서 조세를 사용하
였다.

정답 ④

04 ◯△✗

다음의 토지 제도와 관련한 설명으로 옳지 않은 것은?

> 경기는 전국의 근본이니 마땅히 여기에 과전을 설치하여 사
> 대부를 우대한다. 대체로 서울에 살면서 왕실을 호위하는 자
> 는 현직과 산직을 막론하고 저마다 등급에 따라 토지를 받는
> 다. (가) 땅을 받은 자가 죽은 뒤 아내에게 자식이 있고 절개
> 를 지키면 남편의 과전 전부를 물려받는다. 자식이 없이 수절
> 한 자는 절반을 물려받는다. (나) 부모가 다 죽고 자식이 어리
> 면 가엾게 여겨 마땅히 부양해 주어야 한다.
>
> — 『고려사』 —

① (가)는 수신전, (나)는 휼양전이다.

② 신진 사대부의 경제적 기반을 확보하기 위해 실시되었다.

③ 토지를 지급받은 사람이 죽으면 국가에 반환하도록 하였다.

④ 관계(官階)만 있고 관직이 없는 사람들은 수조권을 갖지 못
하게 되었다.

[정답의 이유]

'관계만 있고 관직이 없는 사람들'은 유향품관을 일컫는다. 이들은 고려 말
향리 신분으로서 군공으로 첨설직을 얻거나 조선 건국시 중앙에 진출해 관
리가 되었던 인물들로, 이후 중앙에 더 머무를 필요가 없자 향촌으로 내려와
유향소를 조직하여 영향력을 행사하였다. 이들에게는 군전이 지급되었다.

정답 ④

01 ○△×

(가)∼(라) 계층에 관한 설명으로 옳지 않은 것은?

고려	조선
(가) 군 · 현민	(다) 농민 · 장인 · 상인
(나) 향 · 소 · 부곡인	(라) 노비

① (나)는 (가)보다 공물 부담이 무거웠다.

② (나)와 (다)는 과거 응시 자격이 없었다.

③ (다) 중에는 천역을 담당하고 있는 사람들이 있었다.

④ 고려의 백정은 (가)에, 조선의 백정은 (라)에 속했다.

정답의 이유

(가)∼(라) 중 (가)와 (다)는 양민(평민)으로 양인이었기 때문에 과거 응시가 가능했다. 반면 (나)는 하층 양민이었기 때문에 거주 이전과 과거 응시가 불가능했으며, 조세 부담이 (가)보다 컸다.

오답의 이유

③ 신량역천은 하층 양민으로 천역을 담당하였다. 수군, 조례(관청의 잡역 담당), 나장(형사 업무 담당), 일수(지방 고을 잡역), 봉수군, 역졸 등 힘든 일에 종사한 계층이 이에 속한다.

정답 ②

02 ○△×

(가)에 대한 설명으로 옳은 것은?

내가 고을에 부임한 지 얼마 되지 않아 있었던 일이다. 자신을 유향소의 약정으로 소개한 고을 사람에게 마을의 자치 규약인 _____ (가) 에 대해 물어보았더니, "매년 봄과 가을에 구성원들이 모두 모입니다. 사람들은 섬돌 아래에서 북쪽을 향해 꿇어앉습니다. 한 사람이 대표로 덕업상권, 과실상규, 예속상교, 환난상휼의 항목을 읽고, 쉬운 말로 풀어서 알려줍니다."라고 답하였다.

ㄱ. 수령을 보좌하고 향리를 감찰하였다.

ㄴ. 중종 때 조광조가 시행한 이후 확산되었다.

ㄷ. 향촌의 풍속 교화와 질서 유지에 기여하였다.

ㄹ. 신앙적 특징과 공동체 조직의 성격을 함께 가지고 있었다.

① ㄱ, ㄴ　　　　　② ㄱ, ㄹ

③ ㄴ, ㄷ　　　　　④ ㄷ, ㄹ

정답의 이유

(가)는 향약으로, 조광조가 중국의 여씨 향약을 도입한 것이 시작이다.

ㄷ. 향약은 지방 사족의 주도로 운영되었으며, 그 결과 지방 사족의 향촌 지배가 공고해졌다. 또한 향약을 통해 백성들에게 성리학적 윤리를 전파하여 향촌 사회의 교화에 기여하였다.

오답의 이유

ㄱ. 유향소(향청), ㄹ. 향도

정답 ③

03 ◎△✗

(가), (나) 국가의 법률 제도에 대한 설명으로 옳지 <u>않은</u> 것은?

	(가)	(나)
특징	귀양형을 받은 사람이 부모상을 당했을 때 7일 간의 휴가를 제공함	신문고나 징을 울려 국왕에게 재판의 불만을 호소할 수 있었음
	형벌의 종류로는 태, 장, 도, 유, 사가 있었음	

① (가) – 죄를 지은 관리는 본관지로 돌아가게 하였다.

② (나) – 당률을 참고한 법률이 있었으나 대부분의 경우 관습법을 따랐다.

③ (나) – 반역죄와 강상죄를 가장 무겁게 처벌하였다.

④ (가), (나) – 사형은 3심제로 결정하였다.

정답의 이유

(가)는 고려, (나)는 조선 법률이다.

② 조선은 경국대전과 대명률에 따라 처벌하였다. 당률과 관습법을 따른 것은 고려의 모습이다.

오답의 이유

① 귀양형 이외에도 고려는 범죄를 저지른 귀족을 본관으로 내려 보내는 귀향형이 있었다.

정답 ②

04 ◎△✗

다음 글과 관련된 시기의 생활 모습으로 옳은 것은?

> 각 도에서 중앙의 관청에 납부하는 공물을 해당 관리들이 매우 정밀하게 살피면서 모두 품질이 나쁘다 하여 받아들이지 않고, 대신 도성 안에서 사들인 물품을 납부할 때에만 받아들입니다. 따라서 각 관청 아전들이 이 과정에서 이득을 노려 다투어 대납을 하면서 원래 공물 가격의 몇 배를 요구하고 있습니다.

① 동·서 대비원은 환자 치료를 담당하였다.

② 양반과 일반민이 함께 향약에 참여하였다.

③ 제위보를 두어 빈민 구제와 질병 치료비로 사용하였다.

④ '좌간대식기 목간'의 발견으로 곡식 대여가 이루어졌음이 알려졌다.

정답의 이유

제시문은 조선 16세기의 방납에 대한 것이다.

오답의 이유

① 고려의 동서 대비원이 조선에서는 동서 활인서로 변경되었다.

③ 고려는 기금을 마련한 뒤 이자로 빈민을 구하는 제위보를 운영하였다.

④ '좌간대식기'는 부여에서 발견된 목간(먹으로 글을 쓴 나무 조각)으로, 좌관이라는 정부 관직에 있는 사람이 누군가에게 각종 곡물을 대여했다는 기록이 적혀있다.

정답 ②

01 ▢△✕

(가), (나) 인물에 대한 설명으로 옳지 않은 것은?

> (가) 『주자서절요』, 『성학십도』 등을 저술하였으며, 주자의 이론에 조선의 현실을 반영시켜 나름대로의 체계를 세우려고 하였다.
> (나) 『동호문답』, 『성학집요』 등의 저술에서 16세기 조선 사회의 모순을 극복하는 방안으로 통치 체제의 정비와 수취 체제의 개혁 등 다양한 방안을 제시하였다.

① (가) – 일본의 성리학 발전에 영향을 끼쳤다.
② (가) – 불교와 노장 사상에 대해서도 개방적이었다.
③ (나) – 서경덕의 주기론을 계승하여 집대성하였다.
④ (나) – 수미법, 10만 양병설 등 현실 개혁적 주장을 하였다.

정답의 이유
(가)는 이황, (나)는 이이다. 이황은 성리학 이외의 불교, 노장 사상, 양명학에 대해서 비판적이었다.
②은 서경덕에 관한 내용이다.

오답의 이유
① 임진왜란을 계기로 이황의 사상이 일본으로 많이 건너갔다.
③ 주기론의 기원자는 서경덕이며, 이이에 의해 발전되었다.

정답 ②

02 ▢△✕

'그'에 대한 설명으로 옳은 것은?

> 그는 '경'의 상징으로는 성성자(惺惺子)라는 방울, '의'의 상징으로는 칼을 찼다. 그 칼에는 "안으로 밝히는 것은 경이요, 밖으로 결단하는 것은 의이다"라고 새겨 놓았다.

① ㄱ, ㄴ ② ㄱ, ㄷ
③ ㄴ, ㄷ ④ ㄴ, ㄹ

정답의 이유
'그'는 조식으로, 경상 우도를 대표하는 유학자이며, 경(敬)과 의(義)를 중시하였다.

ㄱ. 조선 전기의 대표적인 처사로는 서경덕과 조식이 있다. 조식은 지리산 부근의 산청에서 처사로 지내며 관직에 나가지 않았다.
ㄴ. 조식의 실천지향적 사상은 그의 제자들로 이어져, 임진왜란 때 다수의 의병장을 배출하는 데 이르렀다.

오답의 이유
ㄷ. 이황의 사단칠정 논쟁, ㄹ. 이이의 『성학집요』

정답 ①

03 ▢△✕

'이 책'에 대한 설명으로 옳지 않은 것은?

> • 이 책은 조선왕조의 시조인 태조로부터 [(가)] 까지의 역사를 연월일 순서에 따라 기록한 책이며 방대한 양의 역사서이다.
> • 사관이 기록한 사초와 (나) 여러 관청의 기록물 등을 모아 만들어졌다.

① 본기, 세가, 지, 열전 등으로 구성되었다.
② 임금이라 해도 함부로 열어볼 수 없도록 비밀이 보장되었다.
③ (가)는 철종이며, 일제 때 편찬된 고종~순종 시기의 것은 포함하지 않는다.
④ (나)에는 시정기, 승정원일기 등이 포함된다.

정답의 이유
'이 책'은 『조선왕조실록』이며, (가)는 철종, (나)는 시정기, 사초, 승정원일기, 비변사등록, 일성록 등이 해당된다.
① 기전체 형식으로 집필된 책으로는 고려의 『삼국사기』, 조선 전기의 『고려사』, 조선 후기의 『동사』와 『해동역사』 등이 있다. 반면 조선왕조실록은 대표적인 편년체 사서이다.

오답의 이유
④ 각 관청의 문서들을 모아 1년마다 종합 정리한 기록한 것을 시정기라 한다.

정답 ①

04 ○△✕

다음과 같은 시대적 배경에서 편찬된 역사서로 묶여진 것은?

> • 새 왕조 건설의 명분을 밝히고, 정통성을 세우기 위한 역사서 편찬이 중요시되었다.
> • 유교적 관점과 함께 새 왕조의 시각에서 과거 역사를 정리하고자 하였다.

① 사략 – 『본조편년강목』

② 고려사 – 『고려사절요』

③ 삼국유사 – 『제왕운기』

④ 동국통감 – 『동사강목』

[정답의 이유]

정도전이 『고려국사』를 개찬하여 고려사를 새롭게 정리하려는 노력이 세종 시기에 추진되었다. 그 결과 『고려사』가 편찬되었고, 연이어서 부족한 점을 보완하기 위해 문종 시기에 『고려사절요』를 편찬하였다.

[오답의 이유]

『사략』은 고려 말, 『본조편년강목』은 원 간섭기, 『삼국유사』와 『제왕운기』는 원 간섭기(충렬왕) 때 편찬되었다.

『동사강목』은 조선 후기에 집필되었다.

정답 ②

05 ○△✕

'이 책'에 대한 설명으로 옳은 것은?

> 대개 지나간 흥망의 자취는 앞날의 교훈이 되기에 이 책을 편찬하여 올리는 바입니다. … 이 책을 편찬하면서 범례는 사마천의 『사기』를 따랐고, 대의(大義)는 직접 왕에게 물어서 결정했습니다. 본기라고 하지 않고 세가라고 한 것은 명분의 중요함을 보인 것입니다. 신돈의 자식인 우왕과 창왕을 세가에 넣지 않고 열전으로 내려놓은 것은 왕위를 도적질한 사실을 엄히 밝히려 한 것입니다.

① 내용을 축약하여 『고려사절요』로 간행하였다.

② 고려의 역사를 자주적 입장에서 재정리하였다.

③ 구삼국사를 기본으로 유교적 합리주의 사관에 기초하여 서술하였다.

④ 서거정, 노사신 등이 참여하여 고조선에서부터 고려 말까지의 역사를 정리하였다.

[정답의 이유]

제시문의 '범례는 '사기'를 따랐고', '우왕과 창왕을 열전에 내려놓았다'는 부분을 통해 『고려사』의 일부분임을 알 수 있다. 『고려사』는 기전체의 역사서로, 고려 왕(우왕과 창왕 제외)을 세가에 수록한 점이 특징적이다.

[오답의 이유]

① 『고려사절요』는 고려사를 축약한 역사서가 아니라, 『고려사』가 기전체 형식인 점으로 인해 연람이 불편한 것을 개선하기 위해 편찬되었다.

③ 『삼국사기』, ④ 『동국통감』

정답 ②

06 ○△✕

(가)~(라) 시기에 해당하는 사실로 옳지 않은 것을 모두 고르면?

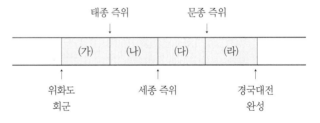

① (가) – 동양에서 현존하는 가장 오래된 세계지도인 '혼일강리역대국도지도'가 제작되었다.

② (나) – 전국 지도로서 팔도도가 처음으로 제작되었다.

③ (다) – 『세종실록지리지』에서 독도를 언급하였다.

④ (라) – 조선 전기를 대표하는 '동국지도'가 제작되었다.

[정답의 이유]

① '혼일강리역대국도지도'는 태종 때 제작되었다.

③ 『세종실록지리지』에는 "맑은 날이면 울릉도에서 독도가 보인다."라는 기록이 있으나, 단종 초에 완성되었기 때문에 (라)에 해당한다.

[오답의 이유]

② · ④ 조선 시대에 제작된 전국 지도로는, 태종과 세종 시기의 팔도도, 세조 시기의 동국지도, 명종 시기의 조선방역지도가 있다.

정답 ①, ③

07 ○△✕

16세기의 문화적 움직임으로 볼 수 <u>없는</u> 것은?

① 사림에 의해 『동몽선습』 등이 간행 · 보급되었다.

② 서울의 원각사 안에 대리석 10층탑을 건립하였다.

③ 황진이, 윤선도 등이 인간 본연의 감정을 드러낸 시조를 남겼다.

④ 이정의 묵죽도와 어몽룡의 월매도는 선비의 정신세계를 표현하였다.

[정답의 이유]

세조(15세기)는 원각사를 설립하고, 원각사지 10층 석탑을 건립하였다.

[오답의 이유]

① 『동몽선습』, 『격몽요결』 등은 16세기에 편찬된 아동용 유학 입문서로, 각각 박세무와 이이가 집필하였다.

정답 ②

08 ○△✕

조선 전기의 과학 기술에 해당하는 것을 모두 고르면?

> ㄱ. 세종 시기 세미자와 집인자가 주조하였다.
> ㄴ. 밀랍 대신 식자판을 조립하는 방법이 활용되었다.
> ㄷ. 홍역에 관한 치료법을 정리한 『마과회통』이 저술되었다.
> ㄹ. 고구려 천문도를 바탕으로 돌에 '천상열차분야지도'를 새겼다.
> ㅁ. 합천 해인사의 장경판전에는 이 시기 과학기술이 집약되어 있다.

① ㄱ, ㄴ, ㄷ

② ㄴ, ㄷ, ㄹ

③ ㄴ, ㄹ, ㅁ

④ ㄱ, ㄴ, ㄹ, ㅁ

[정답의 이유]

ㄴ. 세종 때에는 밀랍으로 활자를 고정시키는 방법 대신 식자판을 조립하는 방법을 창안하여 종전보다 2배 정도의 인쇄 능률을 올리게 되었다.

ㅁ. 해인사 장경판전은 대장경 보관을 위해 15세기에 건설되었으며, 온도와 습도 조절 기능이 탁월하다.

[오답의 이유]

ㄱ. 태종 때에는 계미자를, 세종 때에는 경자자와 갑인자를 주조했다.

ㄷ. 정약용은 홍역 치료서인 『마과회통』을 편찬하였다. 이 책의 부록에 종두법을 소개한 점이 특징이다.

정답 ③

01 근대 태동기의 정치

01 ○△×
(가), (나)에 대한 설명으로 옳은 것은?

> 김효원이 과거에 장원으로 합격하여 이조전랑의 물망에 올랐으나 그가 윤원형의 문객이었다 하여 심의겸이 반대하였다. 그 후에 심의겸의 동생 심충겸이 장원 급제를 하여 이조전랑으로 천거되었으나 외척이라 하여 김효원이 반대하였다. 이에 양편 친지들이 각기 다른 주장을 내세우며 서로 배척하여 (가) 동인, (나) 서인이라는 말이 여기에서 비롯하였다. 효원의 집은 동쪽 건천동에 있고 의겸의 집은 서쪽 정릉동에 있었기 때문이다.

> ㄱ. (가) – 척신 정치의 철저한 청산을 주장하였다.
> ㄴ. (가) – 조선 초기 문물 제도 정비에 기여하였다.
> ㄷ. (나) – 정여립 모반 사건을 계기로 정치적 실권을 장악하였다.
> ㄹ. (나) – 강경파인 북인과 온건파인 남인으로 나뉘었다.

① ㄱ, ㄴ
② ㄱ, ㄷ
③ ㄴ, ㄷ
④ ㄴ, ㄹ

정답의 이유
동인은 신진 사림을 중심으로 구성되었으며, 척신 정치에 대한 철저한 청산과 정치의 도덕성을 강조하였다. 반면 기성 사림이 참여한 서인은 척신이라도 믿을 만한 인물과는 협력할 것을 주장하였다.
ㄷ. 서인은 동인이었던 정여립을 역모죄로 몰며 이를 계기로 정치적 실권을 갖게 되었다.

오답의 이유
ㄴ. 훈구파, ㄹ. 동인에서 분파된 북인

정답 ②

02 ○△×
'이 법'을 처음 실시한 왕 대의 붕당 정치의 전개 양상으로 옳은 것은?

> 이 법이 처음 경기도에 실시되자 토호와 방납인들은 그 이익을 모두 잃게 되었다. 이에 온갖 수단을 동원하여 저지하려 하고 왕에게 폐지하도록 건의하였으나, 백성들이 이 법의 편리함을 말하므로 계속 실시하였다.

① 북인이 정국을 주도하였다.
② 이인좌의 난으로 소론이 위기에 처했다.
③ 서인이 우세하고 남인이 참여하면서 상호 견제와 균형을 추구하였다.
④ 남인이 축출되고 노론과 소론이 정국을 주도하였다.

정답의 이유
'이 법'은 대동법이며, 광해군 때에 처음 실시되었다.

오답의 이유
② 영조, ③ 인조~효종, ④ 숙종(경신·갑술환국 이후)

정답 ①

03 ☐△☒

조선 후기에 대한 설명으로 옳은 것만을 모두 고르면?

> ㄱ. 이조 전랑권은 흥선 대원군 시기에 혁파되었다.
> ㄴ. 도성 수비를 목적으로 금위영을 설치함으로써 5군영 체제가 완성되었다.
> ㄷ. 비변사가 고위 관직의 인사 문제까지 관여하였다.
> ㄹ. 비변사 회의에는 전·현직 정승, 공조를 제외한 5조 판서, 5군영 대장 등이 참여하였다.

① ㄱ, ㄴ   ② ㄴ, ㄷ
③ ㄱ, ㄴ, ㄹ   ④ ㄴ, ㄷ, ㄹ

정답의 이유

ㄱ. 이조전랑의 3사 관원 선발권(통청권)과 후임자 추천권(자대권)은 영조와 정조 대에 혁파되었다.

오답의 이유

ㄴ. 훈련도감과 어영청, 금위영은 한양과 궁궐을 방어하고, 총융청과 수어청은 경기 지역을 수호하였다.

ㄹ. 비변사에는 6조 중 공조만 참여하지 않는다.

정답 ④

04 ☐△☒

(가)~(라)에 대한 설명으로 옳은 것은?

(가) 보법	→	(나) 군적수포제	→	(다) 속오군	→	(라) 균역법

> ㄱ. 양인 장정을 정군과 보인으로 편성하였다.
> ㄴ. 대립제가 성행하자 세조 때 (나)를 시행되었다.
> ㄷ. 양반을 비롯한 양인과 천민을 모두 포함하였다.
> ㄹ. 군포 부담이 양반층까지 확대되었다.

① ㄱ, ㄴ   ② ㄱ, ㄷ
③ ㄴ, ㄷ   ④ ㄴ, ㄹ

정답의 이유

왜란 전에는 양민을 대상으로 정군과 보인을 편성하여 지방군을 운영했으나, 왜란 이후에는 양반에서 천민까지 모두 포함하여 속오군으로 편성하였다.

오답의 이유

ㄴ. 세조 → 중종

ㄹ. 호포제에 대한 설명이다.

정답 ②

05 ☐△☒

(가)~(라)에 대한 설명으로 옳은 것은?

> ㄱ. (가) : 김효원을 지지하던 세력이다.
> ㄴ. (나) : 갑인 예송에서 1년 상복설을 주장했다.
> ㄷ. (다) : 중종 반정을 계기로 몰락하였다.
> ㄹ. (라) : 소론에 비해 대의명분을 중시하고 민생 안정을 강조하는 경향을 보였다.

① ㄱ, ㄴ   ② ㄱ, ㄹ
③ ㄴ, ㄷ   ④ ㄴ, ㄹ

정답의 이유

(가)는 동인, (나)는 서인, (다)는 북인, (라)는 노론이다.

ㄱ. 김효원을 지지하던 사람들은 동인, 심의겸을 지지하던 사람들은 서인을 형성하였다.

ㄹ. 노론은 송시열을 중심으로 결집하여 대의명분을 존중하고 민생 안정을 강조하였지만, 소론은 윤증을 중심으로 결집하여 실리를 중시하고 적극적인 북방 개척을 주장하였다.

오답의 이유

ㄴ. 갑인 예송 때 서인은 9개월설, 남인은 1년설(기년설)을 주장하였다.

ㄷ. 중종 반정 → 인조 반정

정답 ②

06 ○△✕

다음 중 그 시기가 <u>다른</u> 것은 무엇인가?

① 복수설치(復讐雪恥)를 주장하는 산림이 정국을 주도하였다.

② 김육의 건의로 대동법을 충청도와 전라도 지역으로 확대하였다.

③ 조선과 청의 대표가 백두산 일대를 답사하고 정계비를 세웠다.

④ 청과 러시아 사이에 국경 분쟁이 일어나자 2차례에 걸쳐 청에 지원군을 보냈다.

정답의 이유

제시된 ① · ② · ④는 효종 시기에 관한 일이다.

③ 숙종 때 조선과 청의 관리들은 백두산 일대를 답사하고 서쪽으로는 압록강, 동쪽으로는 토문강을 경계로 국경선을 확정하여 백두산정계비를 세웠다.

오답의 이유

① 청에 당한 수모를 복수하고 설욕하자는 주장을 '복수설치'라 한다. 효종 때는 송시열, 송준길과 같은 산림이 정국을 주도하며 북벌을 준비했다.

② 대동법은 광해군 때 경기도에서 처음으로 시행되었고, 인조 때는 강원도, 효종 때는 충청도와 전라도로 확장되었고, 숙종에 이르러 잉류지역을 제외한 전국에서 시행되었다.

④ 효종 시기의 나선정벌에 관한 내용이다.

정답 ②

07 ○△✕

예송과 관련된 (가), (나)의 설명이 옳지 <u>않은</u> 것은?

> (가) 왕과 사족, 서민의 예가 같아야 한다고 주장하였다.
> (나) 왕과 사족, 서민의 예가 같을 수 없다고 주장하였다.

① (가)를 주장한 인물로는 송시열, 송준길 등이 있다.

② (가)는 '주자가례'를 근거로 왕사동례를 주장하였다.

③ (나)는 기해 예송 때 기년설을 주장하였다.

④ 기해 예송에서는 (가)의 주장이, 갑인 예송에서는 (나)의 주장이 채택되었다.

정답의 이유

(가)는 '주자가례'를 근거로 '왕사동례'를 주장한 서인, (나)는 '국조오례의'를 근거로 '왕사부동례'를 주장한 남인에 해당한다.

③ 남인의 기해 예송 때는 3년설을, 갑인 예송 때에는 1년설(기년설)을 주장했다.

정답 ③

08 ○△✕

다음 중 영조 때 편찬된 것을 모두 고르면?

(가) 『홍재전서』	(나) 『속대전』
(다) 『속병장도설』	(라) 『탁지지』
(마) 『동국문헌비고』	(바) 『동문휘고』

① 2개　　　　　　　② 3개

③ 4개　　　　　　　④ 5개

정답의 이유

영조는 『속대전』, 『속오례의』, 『속병장도설』, 『동국문헌비고』 등을 편찬하여 문물제도 정비에 힘썼다.

오답의 이유

(가) 『홍재전서』는 정조의 시가와 산문을 엮어 간행한 시문집이며, (라) 『탁지지』는 정조 때에 호조의 기능을 정리한 관찬서이며, (바) 『동문휘고』는 조선의 외교 관계를 정리한 외교서이다. 모두 정조 시기에 편찬되었다.

정답 ②

01 ○△×

조선 후기에 (가)의 확산으로 나타난 결과를 모두 고른 것은?

> ___(가)___ 을/를 하는 셋은 세 가지 이유가 있다. 김매기의 노력을 더는 것이 첫째요, 두 땅의 힘으로 하나의 모를 기르는 것이 둘째요, 좋지 않은 것을 솎아 내고 싱싱하고 튼튼한 것을 고를 수 있는 것이 셋째이다.
>
> – 『임원경제지』 –

> • 자영 농민의 증가
> • 벼와 보리의 이모작
> • 2년 3작 윤작법 확산
> • 1인당 경작 가능 면적의 확대
> • 두레, 품앗이 등 공동 노동 방식의 확대

① 2개   ② 3개
③ 4개   ④ 5개

정답의 이유

(가)는 모내기법이다.
자영 농민의 증가 (×), 벼와 보리의 이모작(○), 2년 3작의 윤작법 확산(×), 1인당 경작 면적의 확대(○), 공동 노동 방식의 확대(○)
모내기는 짧은 시간에 끝내야 하기 때문에 두레와 품앗이 등의 공동 노동 방식이 확대되었다.

오답의 이유

• 모내기법의 확산으로 자작농과 일부 소작농은 광작을 통해 부농층으로 성장하였지만, 대다수 농민은 빈농으로 몰락하였다.
• 2년 3작의 윤작법은 밭농사에 활용되었다.

정답 ②

02 ○△×

다음 자료와 같은 현상이 나타난 시기의 모습으로 옳은 것을 모두 고른 것은?

> 서도 지방 담배, 한산 모시, 전주 생강, 강진 고구마, 황주 지황 밭에서의 수확은 모두 상상등전의 논에서 나는 수확의 10배에 이른다.
>
> – 정약용, 『경세유표』 –

> ㄱ. 쌀의 상품화가 이루어졌다.
> ㄴ. 개간을 장려하기 위해 사패전을 분급하였다.
> ㄷ. 기근을 대비하기 위하여 『구황촬요』를 발간하였다.
> ㄹ. 외래 작물이 유입되어 담배는 '남초', 고구마는 '감자'로 불렸다.

① ㄱ, ㄴ   ② ㄱ, ㄹ
③ ㄴ, ㄷ   ④ ㄴ, ㄹ

정답의 이유

ㄱ. 도시 인구가 증가하면서 쌀의 상품화가 활발히 진행되었다.
ㄹ. 담배는 일본에서 전래되어 '남초'라 불렸다.

오답의 이유

ㄴ. 대몽 항쟁 이후 토지 황폐화로 인해 수조지 부족해지자, 토지 개간 장려와 수조지 확대를 위해 사패전을 나눠주었다. 권문세족은 이를 악용하여 농장을 확대하였다.
ㄷ. 『구황촬요』는 영양실조 등으로부터 사람들을 구할 수 있는 대처법을 정리한 것으로 명종 시기에 편찬되었다.

정답 ②

03 ☐○△☒

밑줄 친 '이들'에 대한 설명으로 옳은 것을 모두 고른 것은?

> 이들은 종루, 칠패, 이현 등에 근거지를 마련하고 종래의 시전과 대립하기도 하였으며, 시전 상인의 금난전권에 대응하여 새로이 점포를 세우기도 하였다.

> ㄱ. 일부 상인은 도고로 성장할 수 있었다.
> ㄴ. 대표적인 상인은 경강상인, 송상 등이 있다.
> ㄷ. 장시들을 하나의 유통망으로 연결하는 역할을 하였다.
> ㄹ. 관청에서 공가를 미리 받아 필요한 물품을 사서 납품하였다.

① ㄱ, ㄴ   ② ㄱ, ㄷ
③ ㄴ, ㄷ   ④ ㄴ, ㄹ

> **정답의 이유**
> '이들'은 사상으로, 사상에는 한양의 난전에서 활동하는 상인, 한강 일대의 경강상인, 의주의 만상, 평양의 유상, 개성의 송상, 포구에서 활동하는 객주와 여각 등이 있다. 공인과 사상은 조선 후기의 상업 발달을 주도하면서 부를 축적했고, 이를 바탕으로 독점적 도매 상인인 도고로 성장해 갔다.

> **오답의 이유**
> ㄷ. 보부상(관허 상인), ㄹ. 공인(관허 상인)

정답 ①

04 ☐○△☒

조선 후기의 광업에 대한 설명으로 적절하지 않은 것은?

> 황해도 관찰사의 보고에 의하면, 수안에는 본래 금광 다섯 곳이 있었다. …… 근년 여름 새로이 39개소의 금광을 팠는데, 550여 명의 광꾼이 모여들었다. 이들은 일부가 도내의 무뢰배들이지만, 대부분은 사방에서 이득을 쫓아 몰려온 무리들이다.
>   – 비변사등록 –

① 몰락한 농민이 광산 노동자로 유입되었다.
② 효종 때 제언사를 설치하여 광산 개발을 지원하였다.
③ 청과의 무역이 활발해지면서 은의 수요가 증가하였다.
④ 덕대는 광산 경영인으로 물주로부터 자본을 조달받았다.

> **정답의 이유**
> 조선 시대에는 수리 시설을 설립, 관리하는 관청을 운영했는데, 이를 제언사라 한다. 광산 개발은 호조에서 담당하였다.

정답 ②

05 ☐○△☒

(가)~(다)는 어느 시대의 수취 제도를 설명한 것이다. 이를 시기순으로 바르게 배열한 것은?

> (가) 전국의 토지를 비옥도에 따라 6등급으로 나누고, 그 해의 풍흉에 따라 9등급으로 나누어 조세를 거두었다.
> (나) 사전(私田)은 수조권자가, 공전(公田)은 관아에서 각각 그 해의 작황을 결정하여 수확량의 1/10을 조세로 거두었다.
> (다) 농민의 부담을 줄이기 위하여 모든 토지에 1결당 6~4두의 조세를 거두었다.

① (가) – (나) – (다)   ② (나) – (가) – (다)
③ (가) – (다) – (나)   ④ (나) – (다) – (가)

> **정답의 이유**
> (가)는 세종의 공법, (나)는 과전법 하의 답험손실법, (다)는 인조의 영정법이다. (나) 답험손실법은 수령과 수조권자가 그 해 농사의 작황 상황을 조사한 후 세액을 결정하는 것이 특징이다.

정답 ②

06 ☐○△☒

다음은 조선 후기의 자영농 가족의 경제 상황을 상상한 것이다. 이 가족이 국가에 납부해야 할 미곡과 군포는 각각 얼마인가?

> • 토지: 자기 소유의 토지로 직접 경작하는 토지 5결
> • 가족: 할아버지 69세, 아버지 52세, 어머니 49세, 큰 아들 27세, 둘째 아들 22세, 막내 아들 12세
> (단, 영정법, 대동법, 균역법에서 내야 할 세금과 결작을 포함하고, 삼수미세는 포함하지 않는다.)

① 80두, 4필   ② 80두, 5필
③ 90두, 3필   ④ 90두, 5필

정답의 이유
토지 5결: ×(영정법의 4두+대동법의 12두+결작의 2두)=미곡 90두
군포 1필: ×(아버지, 큰 아들, 둘째 아들)= 군포 3필
군역은 16~59세 양인 남성에게 부과되기 때문에 할아버지와 막내 아들
은 군포 부담에서 제외된다.

정답 ③

07 ○△×

다음의 문제점을 해결하기 위한 제도에 대해 옳은 것은?

각 고을에서 공물을 상납하려 할 때 각 관청의 방납인들이 여러 가지로 농간을 부려 좋은 것도 불합격 처리하기 때문에 바칠 수가 없습니다. 이리하여 방납인들은 자기가 갖고 있는 물품으로 관청에 대신 내고 그 고을 농민들에게는 자기가 낸 물건값을 턱없이 높게 쳐서 열 배의 이득을 취하니 이것은 백성의 피땀을 짜내는 것입니다.

ㄱ. 토지 1결당 쌀 4두를 징수하였다.
ㄴ. 관청에서 필요한 물품은 공인이 마련하였다.
ㄷ. 징수 기준을 토지 면적에서 가호로 바꾸었다.
ㄹ. 토지가 많은 지주들의 세금 부담이 증가하였다.

① ㄱ, ㄴ   ② ㄴ, ㄹ
③ ㄱ, ㄴ, ㄷ   ④ ㄴ, ㄷ, ㄹ

정답의 이유
사료는 방납의 폐단을 지적한 것으로, 광해군은 이를 해결하기 위해 경기도에서부터 대동법을 추진하였다.
ㄷ·ㄹ. 대동법은 토지 1결당 쌀 12두를 내도록 규정하였기 때문에, 토지가 없는 농민은 부담이 줄어든 반면 토지가 많은 지주들은 부담이 증가하였다.

오답의 이유
ㄱ. 영정법

정답 ④

08 ○△×

다음의 문제를 해결하고자 실시한 정책에 대한 설명으로 옳은 것은?

현재 10여 만 호로써 50만 호가 져야 할 양역을 감당해야 합니다. 한 집안에 비록 남자가 4, 5명 있어도 모두 군역에서 벗어나기 못합니다. 군포를 마련할 길이 없어 마침내 죽거나 도망을 가게 되고, 이러한 자의 몫을 채우기 위해 백골징포, 황구첨정의 폐단이 생겨나는 것입니다.

－『영조실록』－

① 양반들에게도 군포를 거두었다.
② 백골징포, 황구첨정 등의 폐단이 사라졌다.
③ 재정을 보충하기 위해 선무군관포를 거두었다.
④ 민호에 부과하던 세금을 토지 결수에 따라 쌀, 포목, 돈으로 징수하였다.

정답의 이유
제시문은 조선 후기 군포 부담을 언급한 것으로, 영조는 이를 해결하기 위해 균역법을 시행하였다. 더불어 이에 따른 재정부족을 보충하기 위해 선무군관포와 결작을 신설하였다.

오답의 이유
① 흥선 대원군의 호포제, ② 사라졌다 → 여전히 피해가 심각하였다.
④ 대동법

정답 ③

03 근대 태동기의 사회

01 ⬡△✕
밑줄 친 '이들'에 대한 설명으로 옳은 것은?

> • 서족(庶族)이라고 불린 <u>이들</u>은 경국대전의 규정에 따라 문과 응시가 금지되었다.
> • <u>이들</u> 중 일부는 정조 때 규장각 검서관으로 활약했다.

① 조례나 나장 등이 포함되었다.
② 신분 상승을 위해 집단 상소 운동을 전개하였다.
③ 광작을 통해 부를 축적하여 양반으로 신분 상승을 꾀하기도 하였다.
④ 향촌 사회 지배권을 확보하기 위해 향안을 만들어 결속을 강화하였다.

정답의 이유
'이들'은 서얼이다. 서얼은 청요직 진출을 요구하는 상소를 지속적으로 올려 철종 시기에 신해허통으로 완전한 허통을 이루었다.

오답의 이유
① 조선의 신량역천, ③ 부농, ④ 양반

정답 ②

02 ⬡△✕
조선 후기 신분제의 동요와 관련된 내용으로 옳은 것은 모두 몇 개인가?

> • 서얼은 여러 차례 집단 상소 운동을 벌여 홍문관과 같은 청요직으로 진출이 가능해졌다.
> • 기술직 중인은 19세기 중엽 관직 진출의 제한을 없애 달라는 대규모 소청운동을 벌여 큰 성과를 거두었다.
> • 철종 때 노비종모법을 확정하여 노비의 신분 상승 기회를 넓혀 주었다.
> • 고종은 중앙 관서에 소속되어 있던 6만 여명의 공노비를 해방하였다.
> • 부유한 상민은 공명첩을 사거나 족보를 구매 또는 위조하는 불법적인 방법으로 양반 신분을 취득하였다.

① 2개   ② 3개
③ 4개   ④ 4개

정답의 이유
• 서얼은 여러 차례 집단 상소 운동을 벌여 홍문관과 같은 청요직으로 진출이 가능해졌다. (○)
• 기술직 중인은 19세기 중엽 관직 진출의 제한을 없애 달라는 대규모 소청운동을 벌여 큰 성과를 거두었다. (✕): 서얼의 신분 상승에 자극을 받아 대규모 상소를 올렸으나 실패했다.
• 철종 때 노비종모법을 확정하여 노비의 신분 상승 기회를 넓혀 주었다. (✕): 철종 → 영조
• 고종은 중앙 관서에 소속되어 있던 6만 여명의 공노비를 해방하였다. (✕) : 고종 → 순조
• 부유한 상민은 공명첩을 사거나 족보를 구매 또는 위조하는 불법적인 방법으로 양반 신분을 취득하였다. (○)

정답 ①

03 ○△✕

(가)~(라)의 신분을 바르게 선택한 것은?

성종 9년, 오생원택 노 개똥은 양인 여자와 결혼하여 (가) 딸을 낳았고, 7월에는 비 유월이 양인 남자와 결혼하여 (나) 아들을 낳았다.

↓

영조 6년, 양민이 날로 줄어든 폐단이 오로지 여기에 연유한 것이니, 공·사노비가 양인 처를 맞이하여 낳은 자녀는 한결같이 어미의 역을 따르게 하라.

↓

정조 10년, 이진사댁 노 쇠똥은 양인 여자와 결혼하여 (다) 아들을 낳았고, 8월에 비 시월은 양인 남자와 결혼하여 (라) 딸을 낳았다.

* 노: 남자종, 비: 여자종

	(가)	(나)	(다)	(라)
①	양인	양인	천인	양인
②	양인	천인	양인	천인
③	천인	천인	양인	천인
④	천인	천인	천인	천인

정답의 이유

영조 이전에는 일천즉천의 원칙에 따라 부모 중 한 사람이 노비이면 자식은 노비가 되었다. 따라서 (가), (나)는 노비(천인)이다. 반면 영조는 노비종모법을 시행해 양인 수를 늘리고자 하였다. (다)는 양인 여자의 자식이므로 양인, (라)는 노비 여자의 자식이므로 천인이 된다.

정답 ③

04 ○△✕

(가)~(다)의 조선 후기 활동에 대한 설명으로 옳은 것은?

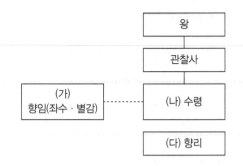

① (가) - 구향과 신향의 갈등을 완화하는 역할을 하였다.
② (가) - (나)가 세금을 부과할 때 물어보는 자문기구로 구실이 변하였다.
③ (나) - 조선 후기에 권한이 점차 약화되었다.
④ (다) - 서원과 사우를 세우고 촌락 단위로 동약을 시행하였다.

정답의 이유

향회는 조선 전기까지만 하더라도 사족이 모여 결속을 다지는 수단이었으나, 조선 후기에는 수령이 세금을 부과할 때 의견을 묻는 자문 기구로 전락하였다.

오답의 이유

① 전통적으로 향회와 향임직은 사족이 장악하였으나, 조선 후기에 이르러 신향은 수령과 결탁해 향회에 참여하고, 향임직에 진출하였다. 이로 인해 향전이 발생하였다.
④ 사족(구향)에 대한 설명이다.

정답 ②

05

다음 주제를 뒷받침하는 내용으로 적절한 것은?

> 조선 중기 이후 부계 중심의 가족 제도가 강화되었다.

> ㄱ. 친영 제도가 정착되었다.
> ㄴ. 여성의 이혼이나 재혼이 비교적 자유로웠다.
> ㄷ. 재산 상속에서 큰 아들이 우대를 받았다.
> ㄹ. 같은 성끼리 모여 사는 동성 마을이 형성되었다.
> ㅁ. 아들이 없을 경우 딸이 제사를 지내고 외손이 물려받았다.

① ㄱ, ㄷ, ㄹ
② ㄴ, ㄷ, ㄹ
③ ㄱ, ㄴ, ㄷ, ㄹ
④ ㄴ, ㄷ, ㄹ, ㅁ

정답의 이유

17세기 이후로 부계 중심의 가족 질서가 강화되었다. 이에 따라 재산 상속과 제사는 장자 중심으로 이루어졌고, 아들이 없을 때는 양자를 들이는 것이 일반화되었다.

오답의 이유

ㄴ · ㅁ. 고려~조선 초

정답 ①

06

(가)에 들어갈 사상에 대한 설명으로 옳지 않은 것은?

> 사간이 말하기를, "제사를 금하는 (가) 의 요술(妖術)이 나라 안에 유입되어 민심을 미혹시킬 염려가 없지 않으니, 청컨대 역관을 엄중히 타일러 경계하고 금지하는 조칙을 만들어 요사한 서책을 무역해 오는 폐단을 끊으소서."라고 하였다.

① 안정복은 『천학문답』을 통하여 이 종교를 비판하였다.
② 정하상은 『상재상서』에서 포교의 정당함을 주장하였다.
③ 대체로 노론의 집권자들에 의해 신앙으로 받아들여졌다.
④ 안동 김씨의 세도기에 탄압이 완화되면서 활발하게 전파되었다.

정답의 이유

(가)는 서학(천주교)이다. 천주교는 남인 계열의 일부 실학자에 의해 신앙으로 받아들이기 시작하여, 점차 민간으로 확산되었다.

오답의 이유

④ 세도 정치 시기의 천주교 박해로는 순조 초의 신유박해, 헌종의 기해박해와 병오박해가 있다. 안동 김씨가 집권한 시기에는 천주교 탄압이 완화되었다.

정답 ③

07

다음 사건에 대한 설명으로 옳은 것은?

> 평서 대원수는 급히 격문을 띄우노니 관서의 부로자제(父老子弟)와 공사천민(公私賤民)은 모두 이 격문을 들으라. 무릇 관서는 성인기자의 옛터요 단군 시조의 옛 근거지로서 의관(衣冠)이 뚜렷하고 문물이 아울러 발달한 곳이다. … 그러나 조정에서는 관서를 버림이 분토(糞土)와 다름없다. 심지어 권세 있는 집의 노비들도 서토 사람을 보면 반드시 '평안도 놈'이라고 말한다. 어찌 억울하고 원통하지 않은 자 있겠는가.

> ㄱ. 수습 과정에서 정부는 삼정이정청을 설치하였다.
> ㄴ. 안핵사 이용태를 파견하여 주동자를 찾아내어 처벌하였다.
> ㄷ. 농민을 위한 개혁안을 제시하는 데까지 나아가지 못하였다.
> ㄹ. 영세 농민, 광산 노동자, 상인 세력 등이 합세하였다.

① ㄱ, ㄴ
② ㄱ, ㄷ
③ ㄴ, ㄷ
④ ㄷ, ㄹ

정답의 이유

ㄷ. 홍경래의 난은 세도 정권과 지방 수령의 경각심을 불러 일으켰으나 농민을 위한 개혁안을 제시하지 못한 한계가 있었다.
ㄹ. 평안도 지역은 중국 무역의 통로에 위치하고 있어 상공업이 발달하고, 광산촌에 몰린 농민이 많았다.

오답의 이유

ㄱ. 임술 농민 봉기
ㄴ. 고부 농민 봉기(1894년)

정답 ④

01 ⃞ⓞⓓⓧ
밑줄 친 내용과 관련 있는 것을 고른 것은?

> 인조반정으로 정권을 장악한 서인은 명분론에 입각한 성리학적 질서를 더욱 강화하였다. 특히 서인 가운데서도 송시열과 같은 노론은 주자의 학설을 절대적 가치로 내세웠다. 하지만 17~18세기에 들어와 성리학 연구에 새로운 움직임이 나타났다.

> ㄱ. 송시열은 실학을 '사문난적'으로 몰아 비난하였다.
> ㄴ. 지행합일의 실천성을 강조하는 양명학이 연구되었다.
> ㄷ. 윤휴, 박세당 등은 원시 유학에서 사회 모순의 해결책을 모색하였다.
> ㄹ. 서인은 청과의 교류를 통해 성리학의 단점을 보완해나갔다.

① ㄱ, ㄴ   ② ㄱ, ㄷ
③ ㄴ, ㄷ   ④ ㄷ, ㄹ

정답의 이유
ㄷ. 박세당과 윤휴 등은 조선 후기의 사회 모순을 해결할 수 있는 실마리를 6경과 제자백가 등 원시 유학에서 찾으려고 노력하였다.

오답의 이유
ㄱ. 실학 → 박세당과 윤휴, ㄹ. 서인 → 실학자 중 이용후생학파

정답 ③

02 ⃞ⓞⓓⓧ
다음 내용을 주장한 인물의 사회 개혁론으로 옳은 것은?

> 국가는 마땅히 한 집의 생활에 맞추어 재산을 계산해서 토지 몇 부를 한 집의 영업전으로 하여 당나라의 제도처럼 한다. 땅이 많은 자는 빼앗아 줄이지 않고 모자라는 자도 더 주지 않는다. 돈이 있어 사고자 하는 자는 비록 1,000결이라도 허락해 준다. 오직 영업전 몇 부 안에서 사고파는 것만을 철저히 살핀다.

① 영농 방법의 혁신, 상업적 농업의 장려 등에 관심을 기울였다.
② 생산을 자극하기 위해 절약보다 소비를 권장할 것을 역설하였다.
③ 토지는 국유의 원칙하에 신분에 따라 차등 지급을 언급했다.
④ 양반제도, 노비제도, 사치, 미신 등의 폐단을 지적하고 화폐 폐지를 주장했다.

정답의 이유
사료는 이익의 한전론이며, ④은 이익이 지적한 나라를 좀먹는 6가지 폐단이다.

오답의 이유
① 박지원, ② 박제가, ③ 유형원의 균전론

정답 ④

03 ⃞ⓞⓓⓧ
다음을 주장한 학자에 대한 설명으로 옳은 것은?

> 여(閭: 마을)에는 여장을 두고 1여의 농토를 여에 사는 사람들로 하여금 함께 다스리고 같이 농사짓게 하되, 내 땅 네 땅의 구별 없고, 오직 여장의 명령에 따르게 하는 것이다.

> ㄱ. 배다리를 설계하였다.
> ㄴ. '탕론'에서 백성이 나라의 근본임을 강조하였다.
> ㄷ. 지전설을 통해 중국 중심의 세계관을 비판하였다.
> ㄹ. 토지 제도의 개혁을 통해 자영농을 육성하고자 하였다.

① ㄱ, ㄹ   ② ㄴ, ㄷ
③ ㄱ, ㄴ, ㄹ   ④ ㄴ, ㄷ, ㄹ

정답의 이유

제시문은 '탕론'에서 주장한 정약용의 여전론이다.

ㄴ. 정약용은 '탕론'에서 민본적 왕도 정치를 강조하며 백성이 나라의 근본이기 때문에 천명을 거부하면 역성 혁명이 일어날 수 있다고 주장하였다.

ㄹ. 유형원, 이익, 정약용은 농촌 사회의 안정을 위하여 토지 제도의 개혁이 우선되어야 한다고 주장하였다.

오답의 이유

ㄷ. 홍대용

정답 ③

04 ○△✓

다음 내용을 주장한 인물의 사회 개혁론으로 옳은 것은?

> 중국은 서양과 180도 정도 차이가 난다. 중국인은 중국을 중심으로 삼고 서양을 변두리로 삼으며, 서양인은 서양을 중심으로 삼고 중국을 변두리로 삼는다. 그러나 실제는 하늘을 이고 땅을 밟는 사람은 땅에 따라서 모두 그러한 것이니 중심도 변두리도 없이 모두가 중심이다.

① 『한민명전의』에서 한전론을 주장하였다.
② 청에 다녀온 후 기행문인 『연기』를 집필하였다.
③ 청과의 국제 무역에 참여해야 한다고 주장하였다.
④ 국영농장의 경영을 내용으로 하는 둔전론을 주장하였다.

정답의 이유

사료는 홍대용의 『의산문답』 속 일부분으로, 그는 지전설과 무한우주론을 주장하며 중국 중심의 세계관을 비판하였다.

② 홍대용의 대표적인 저서로는 『임하경륜』과 『의산문답』, 『주해수용』, 『연기』가 있다.

오답의 이유

① 박지원, ③ 박제가, ④ 서유구

조선 후기에 제기된 다양한 토지 개혁론을 정리하면 다음과 같다.

• 균전론 주장: 유형원, 홍대용
• 한전론 주장: 이익(토지 소유의 하한 설정), 박지원(토지 소유의 상한 설정)
• 여전론과 정전론: 정약용
• 둔전론: 서유구(국가가 주체가 되는 국영농장제를 운영하자는 주장)

정답 ②

05 ○△✕

다음에서 설명하고 있는 역사서를 바르게 말한 것은?

> 실학의 실사구시 학문 연구 방식은 국학의 발달을 가져왔다. 만주 지역을 무대로 활동하였던 우리 고대사에 대한 역사 연구는 한반도 중심의 협소한 사관을 극복하는 데 기여하였다.

① 동사 – 『발해고』
② 동사강목 – 『동사』
③ 연조귀감 – 『규사』
④ 해동역사 – 『연려실기술』

정답의 이유

이종휘의 동사는 고구려사를, 유득공의 발해고는 발해 역사를 중심으로 민족사를 서술하였다. 이들의 노력은 한반도 중심의 사관을 극복하는 데 이바지하였다.

오답의 이유

『동사강목』과 『해동역사』는 조선 후기에 집필된 대표적인 통사이며, 『연조귀감』과 『규사』는 중인의 역사를 담고 있다.

정답 ①

06 ○△✕

국학을 연구한 인물과 저서 및 주장에 대해 옳지 않은 것은?

① 안정복: 『동사강목』에서 민족사의 독자적 정통성을 내세웠다.
② 김정호: 『금석과안록』에서 북한산비가 진흥왕 순수비임을 밝혔다.
③ 이중환: 『택리지』에 각 지방의 자연환경, 인물, 풍속 등을 자세히 수록하였다.
④ 한치윤: 『해동역사』에서 고조선부터 조선까지의 역사를 실증적으로 서술하였다.

정답의 이유

김정희는 『금석과안록』을 저술하였다.

정답 ②

07 ○△✕

(가)에 들어갈 내용으로 옳은 것은 무엇인가?

> 법수사에 있는 이 탑은 우리나라 유일의 목조 5층탑으로 내부가 하나로 통한다. 이 탑이 건립된 시기에는 [(가)]

① 원각사지 10층 석탑이 건립되었다.
② 정철의 가사 문학 작품이 뛰어났다.
③ 『삼강행실도』와 『국조오례의』가 편찬되었다.
④ 「장화홍련전」, 「흥부전」 등 권선징악을 다룬 소설이 널리 읽혔다.

정답의 이유

법주사의 팔상전은 17세기에 건립되었으며, 화엄사 각황전, 금산사 미륵전과 함께 조선 후기의 대표적인 건축물이다.
④ 조선 후기에는 문학의 저변이 서민층에까지 확산되면서 한글 소설이 널리 유행하였다.

오답의 이유

① 세조, ② 16세기(정철은 선조 시기에 활동함), ③ 15세기

정답 ④

08 ○△✕

조선 후기의 문화유산으로 옳은 것은?

① 해인사 장경판전 – 수원 화성
② 법주사 팔상전 – 금산사 미륵전
③ 화엄사 각황전 – 부석사 무량수전
④ 담양 소쇄원 – 법주사 쌍사자 석등

정답의 이유

조선 후기에는 불교의 사회적 지위가 재고되어 사원 건축물이 많이 세워졌다. 금산사 미륵전, 화엄사 각황전, 법주사 팔상전 등 규모가 큰 다층 건물이 대표적이다.

오답의 이유

• 해인사 장경판전 – 15세기
• 부석사 무량수전 – 고려 후기
• 담양 소쇄원 – 16세기, 양산보가 전남 담양에 건립한 정원으로, 그는 기묘사화로 스승 조광조가 사사되자 이 곳에 정착하여 처사로 살아감
• 법주사 쌍사자 석등 – 통일 신라

정답 ②

근대 사회의 진전기

01 1860~1870년대

01 ○△×

(가)~(라)에 대한 설명으로 옳지 않은 것은?

> 1863년 흥선 대원군 집권
> 1865년 (가) 경복궁 중건 공사
> 1866년 (나) 병인양요
> 1867년 (다) 사창제 실시
> 1871년 (라) 서원 철폐

① (가) – 자금 부족을 해결하기 위해 원납전을 거두었다.
② (나) – 양헌수 부대가 정족산성 전투에서 승리했다.
③ (다) – 사족의 횡포를 막기 위해 향리가 곡식 대여 업무를 맡았다.
④ (라) – 조세 부담층이 늘어 재정이 확충되었다.

정답의 이유

사창제는 향촌에서 덕망 있고 경제적 여유가 있는 사람에게 운영을 맡김으로써 지방관과 아전(향리)의 횡포를 막고자 한 제도이다.

오답의 이유

④ 조선 시대의 서원 중 상당수는 면세·면역 특권을 누렸다. 흥선 대원군의 서원 철폐는 양반을 조세 대상에 포함시켜 국가 재정을 확충하는 효과를 거두었다.

정답 ③

02 ○△×

아래의 조약에 포함된 조항이 아닌 것은?

> 제4조 조선국 부산항은 이 외에 두 곳을 개항하여 일본국 인민이 왕래 통상함을 허가한다.

① 일본 공사관에 군사 약간을 두어 경비를 서게 한다.
② 조선국은 자주국으로서, 일본국과 평등한 권리를 가진다.
③ 조선국은 일본국 항해자가 자유로이 해안을 측량하도록 허가한다.
④ 양민의 인민들은 각자 임의로 무역하며 양국 관리들은 조금도 간섭할 수 없고, 제한하거나 금지할 수도 없다.

정답의 이유

제시된 조항은 '조일 수호 조규(강화도 조약)'의 일부분이다. 여기서 합의된 사항으로는 '제1조 조선의 자주국으로 규정', '제4조와 5조 3개 항구의 개항', '제7조 해안 측량권', '제9조 자유로운 무역 활동 보장', '제10조. 치외법권' 등이다.
① 임오군란 직후에 체결된 '제물포 조약'의 내용으로, 조선은 이때 공사관 경비를 위한 일본 군대 주둔을 허용했다.

정답 ①

03 ◯△✕

다음 주장의 영향을 받아 체결된 조약에 대한 설명으로 옳은 것은?

> 오늘날 조선의 책략은 러시아를 막는 일보다 더 급한 것이 없을 것이다. 러시아를 막는 책략은 무엇인가? 중국과 친하고 일본과 맺고, 미국과 연결힘으로써 자강을 도모힐 따름이다.

> ㄱ. 해안 측량권이 포함되었다.
> ㄴ. 청의 알선으로 수교하였다.
> ㄷ. 일본의 포함 외교로 맺은 조약이다.
> ㄹ. 조선이 최초로 최혜국 대우를 인정하였다.

① ㄱ, ㄴ   ② ㄱ, ㄷ
③ ㄴ, ㄷ   ④ ㄴ, ㄹ

정답의 이유

제시된 사료는 『조선책략』의 일부분으로, 이 책의 전래로 조·미 수호 통상 조약이 체결되었으며, 한편으로는 위정척사 운동이 격렬해졌다.
ㄴ. 청은 러시아와 일본을 견제하기 위해 조선과 미국의 수교를 적극 알선했다.
ㄹ. 최혜국 대우는 조·미 수호 통상 조약과 조·일 통상 장정 순으로 허용되었다.

오답의 이유

ㄱ·ㄷ. 조·일 수호 조규(강화도조약)

정답 ④

04 ◯△✕

다음 주장에 대해 반발한 사람들의 입장으로 볼 수 있는 것은?

> 오늘날 조선의 책략은 러시아를 막는 일보다 더 급한 것이 없을 것이다. 러시아를 막는 책략은 무엇인가? 중국과 친하고 일본과 맺고, 미국과 연결함으로써 자강을 도모할 따름이다.

① 저들이 왜인이라고 하나 실은 오랑캐와 같습니다. 강화가 한 번 이루어지면 서학의 서적과 천주의 초상화가 들어올 것입니다.

② 미국은 우리가 본래 모르던 나라입니다. 잘 알지 못하는데 공연히 타인의 권유로 불러들였다가 … 장차 어떻게 응할 것입니까?

③ 배·수레·군사·농사·기계의 편민이국(便民利國)하는 것은 외형적인 것으로서, 기(器)가 됩니다. 신이 변혁을 꾀하고자 하는 것은 기(器)이지, 도(道)가 아닙니다.

④ 양이의 화가 금일에 이르러 홍수나 맹수의 해로움보다도 더 심합니다. 안으로는 사학의 무리를 잡아 베게 하시고, … 적을 정벌하게 하소서.

정답의 이유

제시문은 1880년에 들어온 『조선책략』의 내용 중 일부분이다. 이만손, 홍재학 등 보수적 유생들은 상소문을 올리며 개화와 서양과의 수교에 적극 반대하였다.
② '미국은 알지 못하는데 타인의 권유로 불러들였다'는 부분을 통해 미국과의 수교를 주장하는 『조선책략』에 반대하는 상소임을 알 수 있다.

오답의 이유

① 최익현은 강화도 조약에 반대하며 왜양일체론을 주장하였다. '왜인이라고 하나 실은 오랑캐와 같다'는 부분을 주목해야 한다.
③ '신이 꾀하는 것은 기이지, 도가 아닙니다.'를 통해 서양의 기술을 받아들이자는 동도서기론의 주장임을 알 수 있다.
④ '안으로는 사학의 무리를 잡아 베고'는 천주교 신자를 박해하자는 주장이다. 따라서 1860년대 이항로의 척화주전론을 반영한 글이다.

정답 ②

01 ◎△✕

다음은 어느 인물의 약력이다. 이 인물에 대한 설명으로 옳은 것은?

> 1867년 문과 급제
> 1880년 일본에 수신사로 파견됨
> 　　　　 황준헌의 「조선책략」을 국내에 소개
> 1884년 전권대신으로 한성 조약 체결
> 1894년 총리대신으로 갑오개혁 주도
> 1896년 아관 파천 직후 군중들에게 피살됨

① 동학 농민 운동을 이끌었다.
② 문명 개화론을 수용하여 개화당을 이끌었다.
③ 흥선 대원군의 통상 수교 거부 정책을 지지하였다.
④ 민씨 세력과 더불어 점진적 개화 정책을 추진하였다.

정답의 이유

'수신사', '조선책략 소개', '총리대신', '갑오개혁 주도' 등을 통해 김홍집임을 알 수 있다. 그는 김윤식, 어윤중과 더불어 온건 개화파에 속한다. 이들은 동도서기론에 기반하여 점진적 개화를 주장했으며, 민씨 정권과 함께 개화 정책을 주도하였다.

오답의 이유

① 전봉준. ② 급진 개화파(김옥균, 박영효, 홍영식, 서광범). ③ 위정척사파 (이항로, 기정진)

정답 ④

02 ◎△✕

(가)~(다)에 대한 설명으로 옳은 것은?

> (가) 일단 상화를 맺고 나면 서들은 물화를 교역하는 데 욕심을 낼 것입니다. 저들의 물화는 모두 지나치게 사치스럽고 기이한 노리개로, 손으로 만든 것이어서 그 양이 무궁합니다. 저들이 비록 왜인이라고 하나 실은 양적(兩敵)입니다.
> (나) 지금 국론은 주화(主和)와 주전(主戰) 양론으로 나뉘어 있습니다. 서양 세력을 공격해야 한다는 것은 우리나라 사람들이 마땅히 가져야 할 생각이고, 서양 세력과 화친해야 한다는 것은 적과 내통한 사람들의 주장입니다.
> (다) 김홍집이 가지고 온 『조선책략』이라는 책이 유포된 것을 보니 저도 모르게 머리털이 곤두서고 가슴이 떨렸으며 … 그들 사이에 누구는 후하게 대하고 누구는 박하게 대하기가 어려운 일입니다.

① (가)를 주장한 인물은 의병장으로 활동하였다.
② (나)는 '제폭구민', '보국안민'의 구호를 내세웠다.
③ (다)는 흥선 대원군의 대외 정책을 뒷받침하였다.
④ (가) – (나) – (다)의 순서로 작성되었다.

정답의 이유

(가) '물화를 교역하는 데 욕심을 낸다', '왜인이라고 하지만 실은 양적'을 통해 최익현이 강화도 조약 체결에 반대하며 내세운 왜양일체론임을 알 수 있다. 그는 을사의병을 일으켰다.
(나) '서양 세력을 공격해야 한다'는 주장은 1860년대 이항로, 기정진 등이 내세운 척화주전론이다.
(다) 『조선책략』에 대한 강한 거부감을 '머리털이 곤두서고'라고 표현한 이 글은 홍재학의 만언척사소이다.

오답의 이유

② '제폭구민, 보국안민'은 동학의 구호이다.
③ 이항로, 기정진 등은 흥선 대원군의 통상 수교 거부 정책을 뒷받침하였다.
④ (나) – (가) – (다) 순으로 발표되었다.

정답 ①

03 ⭕△✕

(가) 시기에 추진된 개화 정책으로 옳은 것은 모두 몇 개인가?

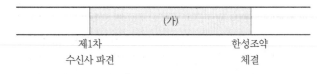

	(가)	
제1차		한성조약
수신사 파견		체결

- 소학교를 설치하였다.
- 과거제를 폐지하였다.
- 박문국을 설치하였다.
- 미국에 보빙사를 파견하다.
- 일본에 조사시찰단을 파견하였다.
- 개화 정책을 총괄하는 통리기무아문을 설치하였다.

① 2개 ② 3개
③ 4개 ④ 5개

정답의 이유

제1차 수신사는 1876년에 파견되었으며, 한성 조약은 1884년에 체결되었다. 따라서 개항 직후에 추진된 초기 개화 정책을 찾아야 한다.

- 1895년(을미개혁): 소학교 설치
- 1894년(1차 갑오개혁): 과거제 폐지
- 1883년: 박문국 설치
- 1883년: 미국에 보빙사 파견
- 1881년: 일본에 조사시찰단 파견
- 1880년: 통리기무아문 설치

정답 ③

04 ⭕△✕

다음 중 옳은 것만을 고른 것은?

- ㄱ. 수신사 – 민영익 등은 일본에서 새로운 문물과 제도를 시찰하였다.
- ㄴ. 조사 시찰단 – 일본 방문 후 『조선책략』을 가지고 돌아왔다.
- ㄷ. 영선사 – 김윤식 등이 청에서 무기 제조 기술과 군사 훈련법을 배웠다.
- ㄹ. 보빙사 – 미국에서 귀국한 후 우정총국과 육영공원 설립을 건의하였다.

① ㄱ, ㄴ ② ㄱ, ㄹ
③ ㄴ, ㄷ ④ ㄷ, ㄹ

정답의 이유

- ㄷ. 김윤식이 이끈 영선사는 청의 톈진 기기국에서 신식 무기 제조법을 배웠으며, 귀국 후 기기창을 설립하였다.
- ㄹ. 보빙사에 참여한 민영익은 고종에게 육영공원 설립을 건의했으며, 우정총국의 초대 총판에는 함께 다녀온 홍영식이 임명되었다.

오답의 이유

- ㄱ. 수신사: 제1차 수신사는 김기수, 제2차 수신사는 김홍집이 이끌었다. 민영익 등이 파견된 사절단은 보빙사이다.
- ㄴ. 『조선책략』은 제2차 수신사였던 김홍집이 국내에 들여왔다. 반면 조사 시찰단에 참여한 사람으로는 박정양, 어윤중, 윤치호, 홍영식 등 60여 명이 있다.

정답 ④

밑줄 친 '변란'에 대한 설명으로 옳지 않은 것은?

> 난병들이 대궐을 침범하니 왕비는 밖으로 피신하고 이최응, 민겸호, 김보현은 모두 살해되었다. … 고종은 변란이 일어났다는 소식을 듣고 급히 대원군을 불렀으며, 대원군은 난병을 따라 들어갔다. … 대원군은 명령을 내려 2영을 폐지하고 5영의 군제를 복구하였다.

① 사건 이후 제물포 조약이 체결되었다.
② 사건 이후 묄렌도르프가 외교 고문에 임명되었다.
③ 사건 이후 일본과 청나라의 군대가 철수하였다.
④ 민씨 세력의 요청으로 청나라가 군대를 파견하였다.

정답의 이유

제시된 사료의 '왕비는 밖으로 피신하고', '대원군은 2영을 폐지하고' 등을 통해 임오군란의 상황임을 알 수 있다.
③ 임오군란 후 청군과 일본군 모두 조선에 주둔하였다. 청은 위안 스카이를 파견해 군사권을 장악했으며, 일본은 공사관 보호를 명분으로 경비병을 파병하였다.

오답의 이유

② 개화기에 활동한 서양인 외교 고문은 크게 2명이다. 이 중 묄렌도르프는 임오군란 직후에, 스티븐슨은 제1차 한일협약으로 임명되었다.

정답 ③

(가), (나) 조약에 대한 설명으로 옳은 것은?

(가)	제9관 입항하거나 출항하는 각 화물이 세관을 통과할 때는 응당 본 조약 세칙에 따라 관세를 납부해야 한다. 제37관 조선국에서 가뭄과 홍수, 전쟁 등의 일로 인하여 국내에 양식이 결핍할 것을 우려하여 잠시 쌀 수출을 금지하려고 할 때에는 1개월 전에 지방관이 일본 영사관에게 통지하여야 한다.
(나)	제1조 청의 상무위원을 서울에 파견하고 조선 대관을 톈진에 파견한다. 청의 북양 대신과 조선 국왕은 대등한 지위를 가진다. 제4조 조선의 양화진, 한성에 영업소를 개설할 경우를 제외하고, 각종 화물을 내지로 운반하여 상점을 차리고 파는 것을 허가하지 않는다.

> ㄱ. (가)는 청의 종주권을 차단하려는 정치적 의도가 담겨 있다.
> ㄴ. (가)로 인해 일본 상품에 관세 부과가 가능해졌다.
> ㄷ. (나)는 갑신정변 이후에 체결되었다.
> ㄹ. (나)로 인해 청 상인이 내륙에서 활동할 수 있게 되었다.

① ㄱ, ㄴ   ② ㄱ, ㄷ
③ ㄴ, ㄷ   ④ ㄴ, ㄹ

정답의 이유

(가)는 관세와 방곡령 조항을 담고 있는 조·일 통상 장정(1883)이며, (나)는 청 상무위원의 파견과 양화진 개방을 담고 있는 조·청 상민 수륙 무역 장정(1882)이다.

오답의 이유

ㄱ. 일본은 강화도 조약에서 청의 종주권을 부정하기 위해 '조선은 자주국이다.'라는 조항을 삽입했다.
ㄷ. 조·청 상민 수륙 무역 장정은 임오군란 직후 체결되었다.

정답 ④

07 ○△✕

다음 중 갑신정변 당시 급진 개화파가 주장한 내용으로 옳지 않은 것은?

① 왕실 사무와 국정 사무를 모름지기 나누어 서로 혼합하지 아니할 것

② 지조법을 개혁하여 관리의 부정을 막고 백성을 보호하며 재정을 넉넉히 할 것

③ 문벌을 폐지하며 인민이 평등한 권리를 갖는 제도를 마련하고, 능력에 따라 관리를 임명할 것

④ 대신과 참찬은 매일 합문 안의 의정소에서 회의하여 완전히 결정한 다음에 정령을 반포·시행할 것

정답의 이유

① 홍범 14조의 내용으로, 궁내부를 설치해 왕실과 정부의 사무를 분리하여 왕권을 제한하고자 하였다.

오답의 이유

갑신정변을 주도한 급진 개화파는 정치적으로는 입헌 군주제, 경제적으로는 조세 제도의 개혁, 사회적으로는 신분제 폐지를 시도하였다. 이것은 각각 ④·②·③에 반영되어 있다.

정답 ①

---

03   1890년대

01 ○△✕

다음은 어느 인물의 약력 중 일부이다. ㉠~㉣에 대한 설명으로 옳은 것은?

1890년경	동학에 입교
1894년 1월	㉠ 고부 농민 봉기 주도
1894년 4월	㉡ 황토현 전투 지휘
1894년 5월	㉢ 전주 화약 체결 주도
1894년 9월	농민군 재봉기 결정
1894년 10월	㉣ 우금치 전투 지휘
1894년 12월	순창에서 체포됨

① ㉠ – 안핵사 이용태가 농민을 계속 탄압하여 발생하였다.

② ㉡ – 홍계훈이 이끄는 중앙군을 상대로 승리를 거두었다.

③ ㉢ – 폐정 개혁을 약속받고 중추원 설립을 추진하였다.

④ ㉣ – 이후 농민군 중 일부는 의병과 활빈당에 가담하였다.

정답의 이유

제시된 글은 동학 농민 운동을 이끈 전봉준의 약력이다.

④ 동학 농민군의 잔여 세력은 을미의병에 가담하거나 영학당, 활빈당 등 무장 결사를 조직하여 투쟁을 계속하였다.

오답의 이유

㉠ 안핵사 이용태가 아니라 고부 군수 조병갑의 폭정 때문에 고부 농민 봉기가 일어났다. 이용태는 고부 농민 봉기를 수습하는 과정에서 농민을 자극하여 제1차 봉기를 일으키는 단초를 제공한 인물이다.

㉡ 황토현 전투에서는 전라도 감영군을 물리쳤고, 장성의 황룡촌에서 홍계훈이 이끄는 중앙군을 격파하였다.

㉢ 동학 농민군은 집강소를 조직하였다.

정답 ④

02

(가), (나) 사이 시기에 있었던 사실로 옳은 것은?

> (가) 정부에서 파견한 안핵사가 봉기에 참여한 농민들을 가혹하게 탄압하자 전봉준은 이웃 고을의 동학 지도자인 손화중과 손잡고 무장에서 대규모로 봉기하였다.
> (나) 일본은 조선 정부의 철병 요구를 거부하고 경복궁을 기습 점령하여 조선 정부를 장악하였다.

① 공주 우금치 전투에서 격돌하였다.
② 전봉준 등은 사발통문을 돌려 사람을 모은 뒤, 고부 관아를 습격하여 점령하였다.
③ 농민군은 백산에 진을 치고 제폭구민, 보국안민의 구호를 내걸고 4대 강령을 발표하였다.
④ 보은에서 동학교도와 민중들이 탐관오리 처벌과 외세 배척 등을 요구하는 집회를 열었다.

정답의 이유

(가)와 (나)는 모두 제1차 농민 봉기에 해당한다.
③ 안핵사 이용태가 고부 농민 봉기 참여자들을 처벌하자 전봉준은 사발통문을 돌려 손화중, 김개남 등과 연합하였다. 이들은 고부 백산에서 보국안민과 제폭구민을 기치로 내걸고 봉기하였다.

오답의 이유

① 제2차 농민 봉기에 해당한다.
② 고부 농민 봉기에 해당한다.
④ 동학 농민 운동이 일어나기 1년 전인 1893년의 상황이다.

정답 ③

03

(가)~(라) 시기에 일어난 사실을 모두 고르면?

	(가)	(나)	(다)	(라)	
갑신 정변		청·일 전쟁	을미 사변	아관 파천	대한국 국제

① (가) – 영국이 거문도를 불법 점령하였다.
② (나) – 청과 일본 사이에 톈진 조약이 체결되었다.
③ (다) – 청이 조선의 내정과 외교 문제에 간섭하였다.
④ (라) – 독립문이 건립되고 독립협회가 창립되었다.

정답의 이유

① 영국의 거문도 점령 사건(1885~1887)은 갑신정변 이후인 (가)에 해당한다.
④ 독립신문 발행·독립협회 조직·독립문 건립은 아관파천 직후인 1896년에 이뤄졌다.

오답의 이유

② 갑신정변 직후에 톈진 조약이 체결되었기 때문에 (가)에 해당한다.
③ 청·일 전쟁 이후 청은 한반도에 대한 영향력을 상실했다.

정답 ①, ④

04

밑줄 친 '이 학교'가 설립된 직접적인 배경으로 옳은 것은?

> 이 학교는 당시 조선 정부가 초등 교육 기관인 소학교를 널리 보급할 목적으로 세운 국내 최초 관립 교원 양성 학교이다. 이 학교의 학과는 본과와 속성과로 나뉘었는데, 정원은 본과가 100명, 속성과가 60명, 수업 연한은 본과가 2년, 속성과가 6개월이었다.

① 일제가 사립 학교령을 발표하였다.
② 고종이 교육 입국 조서를 반포하였다.
③ 신민회가 대성학교, 오산학교를 세웠다.
④ 한성의 일부 양반 여성들이 '여권통문'을 발표하였다.

정답의 이유

이 학교는 1895년에 설립된 한성 사범학교이다. 정부는 2차 갑오개혁의 일환으로 교육 입국 조서를 발표한 후 한성 사범학교를 설립하여 교원 양성을 시도하였고, 동시에 소학교 건립에 힘썼다.

오답의 이유

① 1908년, ③ 1908년과 1907년, ④ 1898년

정답 ②

05 ○△✕

밑줄 친 '개혁'의 내용으로 옳은 것은 모두 몇 개인가?

> 청·일 전쟁에서 승기를 잡은 일본은 조선의 내정에 적극 간섭하기 시작하였다. 흥선 대원군을 축출하고, 일본에 망명 중이던 박영효를 귀국시켜 그가 참여한 연립정부가 <u>개혁</u>을 추진하였다.

> - 궁내부를 설치하였다.
> - 경무청이 신설되었다.
> - 신분제를 폐지하였다.
> - 교육입국조서가 반포되었다.
> - 재정 기관을 탁지아문으로 일원화하다.
> - 재판소를 설치하여 사법권을 독립시켰다.

① 2개   ② 3개
④ 4개   ⑤ 5개

정답의 이유

제1차 갑오개혁은 김홍집 내각과 군국기무처가 주도한 것에 반해, 제2차 갑오개혁은 김홍집-박영효 연립 내각이 추진하였다.

> - 궁내부를 설치하였다.: 제1차 갑오개혁
> - 경무청이 신설되었다.: 제1차 갑오개혁
> - 신분제를 폐지하였다.: 제1차 갑오개혁
> - 교육 입국 조서가 반포되었다.: 제2차 갑오개혁
> - 재정 기관을 탁지아문으로 일원화하였다.: 제1차 갑오개혁
> - 재판소를 설치하여 사법권을 독립시켰다.: 제2차 갑오개혁

정답 ①

06 ○△✕

(가) 시기에 있었던 사실로 옳은 것은?

> 일본에서 귀국한 박영효가 김홍집과 연립 내각을 수립하여 제2차 갑오개혁을 추진하였다.

↓

> (가)

↓

> 김홍집 내각이 수립되어 단발령 실시, 태양력 사용, 종두법 시행, 소학교 설치 등의 내용을 담은 을미개혁을 추진하였다.

> ㄱ. 춘생문 사건
> ㄴ. 을미사변 발생
> ㄷ. 대한제국 수립
> ㄹ. 시모노세키 조약 체결

① ㄱ, ㄴ   ② ㄱ, ㄷ
③ ㄴ, ㄷ   ④ ㄴ, ㄹ

정답의 이유

(가)는 을미개혁 직전의 상황에 해당한다. 이 시기는 청·일 전쟁 직후로, 한반도를 둘러싼 일본과 러시아 간의 갈등이 본격화되었다. 일본은 청과 시모노세키 조약을 맺어 배상금 지불과 요동반도, 타이완의 할양을 약속받았다. 반면 러시아는 독일, 프랑스와 함께 삼국 간섭으로 일본을 견제하였다. 이러한 과정에서 민씨 세력은 일본의 간섭에서 벗어나기 위해 러시아와 연결하려 하였고, 일본은 약화된 영향력을 만회하고자 을미사변을 저질렀다.

오답의 이유

ㄱ. 춘생문 사건(1895)은 을미사변으로 경복궁에 갇혀 있던 고종을 미 공사관으로 피신시키려 했던 계획이다.
ㄷ. 고종은 아관파천에서 돌아와 1897년에 대한제국을 수립하였다.

정답 ④

07

다음은 개화기 시기에 제시된 경제 관련 개혁안이다. 시기순으로 나열했을 때 3번째에 해당하는 것은?

> (가) 무명잡세를 거두지 말고 기왕의 공사채를 무효화할 것
> (나) 조세의 부과와 징수, 경비 지출은 모두 탁지아문에서 관할할 것
> (다) 국가 재정은 탁지부가 전관하고 예산과 결산을 인민에게 공포할 것
> (라) 지조법을 개정하여 관리의 부정을 막고 백성을 구제하며 국가 재정을 충실케 할 것

① 가
② 나
④ 다
⑤ 라

정답의 이유

(가)는 동학 농민 운동의 '폐정 개혁안'(1894)이며, (나)는 2차 갑오개혁의 '홍범 14조'(1895), (다)는 관민 공동회의 '헌의 6조'(1898), (라)는 갑신정변 때 발표된 '14개조 정강'(1884)에 속한다.
따라서 (라) – (가) – (나) – (다)순이다.

정답 ②

08

다음 자료를 반포한 정부가 추진한 '개혁'에 대한 설명으로 옳지 않은 것은?

> **제1조** ○○국은 세계 만국이 공인한 자주독립국이다.
> **제2조** ○○국의 정치는 만세에 걸쳐 불변할 전제 정치이다.
> **제3조** ○○국 대황제는 무한한 군권(君權)을 누린다.
> **제6조** ○○국 대황제는 법률을 제정하여 그 반포와 집행을 명령하고, 대사·특사·감형·복권을 명령한다.

① 지방 행정 조직을 23부로 개편하였다.
② 황제 직할의 원수부를 설치하여 군 통수권을 장악하였다.
③ 지계아문을 설치하고 토지 소유자에게 지계를 발급하였다.
④ 황실 재정 담당 기관인 내장원을 설치하여 수익 사업을 관할하였다.

정답의 이유

제시문은 대한제국이 1899년에 제정한 대한국 국제이다.

① 기존의 8도 체제는 제2차 갑오개혁 때에 23부로 개편되었으나, 광무개혁 때에 다시 13도로 변경되었다.

오답의 이유

④ 내장원은 1894년에 설치된 조직으로 황실 재정과 재산을 담당하는 조직이었다. 대한제국은 내장원의 기능을 확대하여 화폐 주조권, 광산과 인삼 수입 관리권 등을 부여하며 강력한 재정 기관으로 승격시켰다.

정답 ①

01 ◯△✕

다음 조약을 근거로 일본이 한국에서 실시한 정책으로 옳은 것은?

> 1. 대한 정부는 대일본 정부가 추천하는 일본인 1명을 재정 고문으로 하여 대한 정부에 초빙하고 재무에 관한 사항은 일체 그 의견을 물어 시행할 것.
> 2. 대한 정부는 대일본 정부가 추천하는 외국인 1명을 외교 고문으로 하여 외부에 초빙하고 외교에 관한 중요한 업무는 일체 그 의견을 물어 시행할 것.

① 대한제국의 군대를 해산하였다.
② 조선 통감이 대한제국의 외교권을 행사하였다.
③ 전략상 필요한 지역을 군사 기지로 확보하였다.
④ 재정 고문 메가타가 화폐 정리 사업을 추진하였다.

정답의 이유

제시문은 제1차 한·일 협약(1904)의 일부분이다. 일본은 이 조약에 따라 외교 고문에 스티븐스를 임명하였고, 재정 고문에 메가타를 앉혀 화폐 정리 사업을 추진하였다.

오답의 이유

① 1907년 한·일 신협약의 부속 조치, ② 1905년 을사조약, ③ 1904년 한·일 의정서

정답 ④

02 ◯△✕

다음은 일본의 한국 침탈 과정을 나타낸 자료이다. 시기순으로 옳게 나열한 것은?

> (가) 한국 정부는 통감이 추천하는 일본인을 한국 관리에 임명할 것
> (나) 한국 황제 폐하는 한국 정부에 관한 일체 통치권을 완전히, 또 영구히 일본 황제 폐하에게 양여한다.
> (다) 한국 정부는 지금부터 일본국 정부의 중개를 거치지 않고서는 국제적 성질을 가진 어떤 조약이나 약속을 맺지 않을 것을 서로 약속한다.
> (라) 제3국의 침해 또는 내란으로 인해 대한 제국 황실의 안녕과 영토의 보전에 위험이 있을 경우에 일본 제국 정부는 곧 필요한 조치를 취한다.
> (마) 대한 제국 정부는 일본 정부가 추천하는 외국인 1명을 외교 고문으로 외부에 초빙하여 외교에 관한 중요한 업무는 모두 그의 의견을 물어 시행할 것

① (다) - (마) - (라) - (가) - (나)
② (다) - (마) - (다) - (나) - (나)
③ (라) - (마) - (다) - (가) - (나)
④ (마) - (라) - (가) - (다) - (나)

정답의 이유

(가)는 1907년의 한·일 신협약, (나)는 1910년의 한·일 병합 조약, (다)는 1905년의 을사조약, (라)는 1904년의 한·일 의정서, (마)는 1904년의 제1차 한·일 협약의 일부분이다.

정답 ③

03 ○△✕

(가)에 대한 우리의 대응으로 옳은 것은?

전쟁에서 승리한 일본은 대한 제국에 특사를 파견하여 '보호 조약' 체결을 강요하였다. 일본은 궁궐을 군대로 포위하고 을사 5적을 앞세워 일방적으로 ___(가)___ 의 발효를 선포하였다.

ㄱ. 대한 제국 칙령 제41호를 발표하였다.
ㄴ. 나철과 오기호는 자신회를 조직하였다.
ㄷ. 헤이그 만국평화회의에 특사를 파견하였다.
ㄹ. 13도 창의군을 결성하여 서울 진공 작전을 시도했다.

① ㄱ, ㄴ　　　　　② ㄱ, ㄷ
③ ㄴ, ㄷ　　　　　④ ㄴ, ㄹ

정답의 이유
(가)는 을사조약이다.
ㄴ. 자신회는 을사 5적을 처단하기 위해 조직한 단체이다.
ㄷ. 고종은 1907년에 을사조약의 부당성을 알리기 위해 헤이그에 이상설, 이준, 이위종을 특사로 파견하였다.

오답의 이유
ㄱ. 1900년에 대한 제국은 칙령 41호를 반포하여 울릉도를 울도군으로 승격하고 독도를 울도군 안에 포함시켰다.
ㄹ. 13도 창의군은 군대 해산과 고종 강제 퇴위에 직접적인 영향을 받았다.

정답 ③

04 ○△✕

자료에 나타난 사건을 계기로 일어난 의병 활동과 관련된 내용으로 옳은 것은?

작년 10월에 저들이 한 행위는 만고에 없던 일이다. 억압으로 한 조각의 종이에 조인하여 5백 년 전해 오던 종묘사직이 망하였으니 … 살아서 원수의 노예가 되기보다는 죽어서 충의의 혼이 되는 편이 나을 것이다.
　　　　　　　　　　　　　　　　－ 의병장 ○○○의 격문 －

① 평민 출신의 신돌석이 의병장으로 활약하였다.
② 국제법상 교전 단체로 승인받고자 노력하였다.
③ 이인영을 총대장으로 서울 진공 작전을 전개하였다.
④ 고종이 단발령을 취소하자 대부분 활동을 중단하였다.

정답의 이유
제시문의 '10월', '한 조각의 종이에 조인하여'를 통해 을사조약 체결에 항의하는 글임을 알 수 있다.

오답의 이유
②·③ 정미의병, ④ 을미의병

정답 ①

05 ○△✕

다음의 상황에 대응하여 일어난 구국 운동에 대한 설명으로 옳은 것은?

1. 한국 궁내부는 전국 13도의 관유·민유 외에 산림·천택·진황지(陳荒地)의 개간을 일본인 나가모리에게 허가할 것
2. 나가모리는 그 특허에 기인하야 자기가 계산하여 전조의 황무지를 개척하되, 개간일로부터 만 5개년 후부터 궁내부에 세금을 납부할 것
3. 합동 기한은 50개년으로 정하되, 사후에 다시 약정할 것

① 대구에서 시작되어 전국으로 확산되었다.
② 곡물 유출을 막기 위해 방곡령을 선포하였다.
③ 시전 상인들이 황국 중앙 총상회를 조직하였다.
④ 보안회를 설립하여 거국적인 반대 투쟁을 전개하였다.

정답의 이유
제시문은 일제의 황무지 개간권 요구에 관한 내용이다. 이에 저항하여 보안 회를 조직하고, 농광회사를 설립하여 우리 손으로 황무지 개간을 시도했다.

오답의 이유
① 국채 보상 운동. ② 1880년대. ③ 1898년

정답 ④

06 ⊙△×
(가) 단체에 대한 설명으로 옳은 것은?

> ┌────────────────────────────┐
> │   (가)   의 설립 취지문 │
> └────────────────────────────┘
> 우리의 전략은 오직 나라를 위하는 한 길뿐이다. 우리 대
> 한인은 남녀를 불문하고 모두 하나로 단결하여 힘껏 독립
> 자유의 한 길로 나아가는 것, …(중략)… 간단히 말하면
> 오직 신정신을 불러 깨우쳐서 신단체를 조직한 후에 신국
> 가를 건설할 뿐이다.

> ㄱ. 비밀결사로 운영되었다.
> ㄴ. 입헌군주제 수립을 주장하였다.
> ㄷ. 만주에 독립군 기지를 마련하였다.
> ㄹ. 사회 진화론을 이념적 기반으로 삼았다.

① ㄱ, ㄷ
② ㄴ, ㄷ
③ ㄷ, ㄹ
④ ㄱ, ㄷ, ㄹ

정답의 이유
(가)는 '신정신', '신단체', '신국가'를 주장한 신민회이다.
ㄴ. 공화정 체제를 주장한 것으로는 신민회, 대한 광복회, 대동단결선언 등
　이 있다.

오답의 이유
ㄹ. 애국 계몽 사상가들은 당시 국제 관계를 약육강식과 적자생존의 원리가
　지배하는 것으로 인식하여 민족의 실력을 양성하는 것이 급선무라 생각
　하였다. 이는 강자의 약자 지배를 수용하는 사회 진화론의 논리를 수긍
　하는 측면을 보여준다.

정답 ④

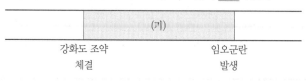

05 　개항 이후의 경제 · 사회 · 문화 변화

01 ⊙△×
(가) 시기의 경제 상황에 대한 설명으로 옳지 않은 것은?

	(가)	
강화도 조약 체결		임오군란 발생

① 개항장 객주들은 큰 이익을 봤다.
② 일본 상인에게는 관세가 적용되지 않았다.
③ 일본 상인들은 주로 일본산 면직물을 조선에 팔았다.
④ 개항장에서 일본 상인들은 일본 화폐를 사용할 수 있었다.

정답의 이유
(가) 시기는 조 · 청 상민 수륙 무역 장정이 체결되기 직전으로, 이 시기에는
일본이 한반도 무역을 선점하고 있었다.
③ 일본은 자국의 면직물이 아니라 영국산 면직물을 팔아 수익을 얻었다.

오답의 이유
① 이 시기에는 개항장에서만 양국 간 무역이 이루어졌기 때문에 거류지 무
　역이라 한다. 일본 상인과 조선 소비자 사이에서 조선 상인이 중개를 통
　해 이익을 얻었다.
② 일본은 1883년 조 · 일 통상 장정이 체결되기 전까지 무관세 혜택을 누
　렸다.
④ 1876년에 체결된 조 · 일 수호 조규 부록에 포함된 내용이다.

정답 ③

02 ⊙△×
다음의 정부 조치에 대한 설명으로 옳은 것은?

> 질이 나쁜 백동화는 바꿔 주지 않는다. 상태가 매우 양호한
> 갑종 백동화는 개당 2전 5리의 가격으로 새 돈과 교환하여
> 주고, 상태가 좋지 않은 을종 백동화는 개당 1전의 가격으로
> 정부에서 매수하며, … 단 형질이 조악하여 화폐로 인정하기
> 어려운 병종 백동화는 매수하지 않는다.

① 은화를 발행하여 본위화로 삼고자 하였다.
② 보안회를 중심으로 반대 운동이 전개되었다.
③ 제일 은행권이 대한 제국의 법화 역할을 하게 되었다.
④ 동양 척식 주식회사를 세워 사업을 주관하게 하였다.

정답의 이유

제시문은 1905년에 전개된 화폐 정리 사업에 관한 것이다.

③ 일제는 화폐 정리 사업을 통해 당시 사용되던 상평통보, 백동화를 제일 은행권으로 바꾸도록 하였다. 이로써 제일 은행이 사실상 한국의 중앙 은행이 되었으며, 제일 은행권이 대한 제국의 법화가 되었다.

오답의 이유

① 제1차 갑오개혁의 내용이다.

② 보안회는 1904년에 설립되어 황무지 개간 반대 운동을 전개하였다.

④ 동양 척식 주식회사는 1908년에 설립되었다.

정답 ③

04 ○△✕

다음의 주장이 제기된 시기의 모습으로 옳은 것은?

> 지금 우리는 정신을 새로이 하고 충의를 떨칠 때이니, 국채 1천 3백만 원은 우리 대한(大韓) 제국의 존망에 직결된 것입니다. 이것을 갚으면 나라가 보존되고 이것을 갚지 못하면 나라가 망할 것은 필연적인 사실이나, 지금 국고에서는 도저히 갚을 능력이 없으니 …

① 부산에 기차를 타고 가는 상인

② 방곡령 시행을 알리는 함경도 관찰사

③ 여권통문을 발표하는 북촌 여성들

④ 원각사에서 '은세계' 공연을 관람하는 시민

정답의 이유

제시문은 1907년에 일어난 국채 보상 운동이다.

① 경부선은 러일 전쟁 중 건설되어 1905년에 개통되었다.

오답의 이유

② 1880년대, ③ 1898년, ③ 1908년

정답 ①

03 ○△✕

밑줄 친 '이 신문'에 대한 설명으로 옳은 것을 모두 고르면?

> 이 신문은 영국인 베델이 발행인으로 참여하였기 때문에 일제의 검열을 받지 않고 민족 운동을 활발하게 전개할 수 있었다.

> ㄱ. 박문국에서 발간하였다.
> ㄴ. '독사신론'을 게재하였다.
> ㄷ. 주로 유학자층의 계몽에 앞장섰다.
> ㄹ. 양기탁 등 애국지사들이 운영하였다.
> ㅁ. 국채보상운동을 전국으로 확산시켰다.

① ㄱ, ㄴ ㄹ   ② ㄴ, ㄷ, ㄹ

③ ㄴ, ㄹ, ㅁ   ④ ㄷ, ㄹ, ㅁ

정답의 이유

이 신문은 대한매일신보(1904~1910)이다.

ㄴ. 신채호는 친일 사관을 비판하며 대한매일신보에 '독사신론'을 연재하였다(1908).

ㅁ. 대한매일신보는 황성신문, 제국신문 등과 함께 국채보상운동에 앞장섰다.

오답의 이유

ㄱ. 한성순보, ㄷ. 황성신문

정답 ③

CHAPTER 07 일제 강점기

01 일제의 식민 통치

01 ○△×

다음 중 조선 총독과 총독부에 대한 설명으로 옳은 것은?

> ㄱ. 초대 조선 총독으로 이토 히로부미가 취임하였다.
> ㄴ. 조선 총독은 일왕에 직속되어 일본 내각의 통제를 받지 않았다.
> ㄷ. 한국인을 정치에 참여시킨다는 구실로 군국기무처를 설치하였다.
> ㄹ. 총독 아래에 행정을 담당하는 정부 총감과 치안을 담당하는 경무 총감을 두었다.

① ㄱ, ㄴ ② ㄱ, ㄷ
③ ㄴ, ㄷ ④ ㄴ, ㄹ

[정답의 이유]
ㄴ. 조선 총독은 행정권, 입법권, 사법권, 군 통수권을 포함한 절대 권력을 가졌으며, 일왕에게 직속되어 일본 의회와 내각의 통제를 거의 받지 않았다.

[오답의 이유]
ㄱ. 이토 히로부미는 초대 통감이었다. 초대 총독은 데라우치였다.
ㄷ. 일제는 한국인을 정치에 참여시킨다는 명분으로 중추원을 설치했으나, 친일 매국로로 구성했을 뿐만 아니라 3·1 운동 때까지 한 번도 소집하지 않았다.

정답 ④

02 ○△×

일제가 실시한 다음 정책의 결과로 옳은 것은?

> 토지 소유자는 조선 총독이 정하는 기간 내에 그 주소, 성명·명칭 및 소유지의 소재, 지목, 자 번호, 사방의 경계표, 등급, 지적, 결수를 임시 토지 조사 국장에게 신고하여야 한다.

① 일본인 농업 이주 감소
② 조선 총독부의 지세 수입 감소
③ 소작인의 경작권 부정으로 지주의 권한 강화
④ 해당 정책 추진을 위한 동양 척식 주식회사 설립

[정답의 이유]
토지 조사 사업(1910~1918)으로 농민들은 관습적인 경작권을 인정받지 못해 계약제 소작농으로 전락하고 말았다. 반면 지주의 토지 소유권과 권리를 강화하였는데, 이는 지주를 포섭하여 일제의 협력자로 만들기 위해서였다.

[오답의 이유]
① 토지 조사 사업으로 살기 어려워진 농민은 화전민이 되거나 만주, 연해주 등지로 이주하였다.
② 총독부는 전국의 토지 소유권을 조사하여 식민 통치에 필요한 재정을 확보하였다.
④ 동양 척식 주식회사는 1908년에 설립되었다.

정답 ③

03 ○△✗

다음 정책이 발표되어 운영된 시기에 일제가 추진한 경제 약탈 정책은 모두 몇 개인가?

> 조선인의 임용 및 대우 등에 관해서도 더욱 고려하여 각자 그 소임을 얻게 하고, 또한 조선 문화 및 옛 관습으로 진실로 채택할 만한 것이 있다면 이를 통치의 자료로 제공하게 하겠다.
> – 조선 총독부, 「사이토 마코토 문서」–

> - 인삼 전매제를 실시하였다.
> - 남면북양 정책이 실시되었다.
> - 산미 증식 계획을 실시하였다.
> - 조선 소작 조정령을 발표하였다.
> - 회사의 설립을 신고제로 전환하였다.
> - 일본 상품에 대한 관세를 폐지하였다.

① 2개   ② 3개
③ 4개   ④ 5개

정답의 이유

'조선 문화 ~ 통치의 자료로 제공하게 하겠다.'를 통해 1920년대 문화 통치에 관한 자료임을 알 수 있다.

> - 1910년대: 인삼 전매제를 실시
> - 1930년대: 남면북양 정책이 실시
> - 1920~1934년: 산미 증식 계획을 실시
> - 1932년: 조선 소작 조정령을 발표
> - 1920년: 회사의 설립을 신고제로 전환
> - 1923년: 일본 상품에 대한 관세를 폐지

정답 ②

---

02   3·1 운동~대한민국 임시 정부

01 ○△✗

다음의 강령과 관련 있는 단체에 대한 설명으로 옳은 것은?

> 1. 부호의 의연 및 일본인이 불법 징수하는 세금을 압수하여 무장을 준비한다.
> 2. 남북 만주에 사관학교를 설치하여 독립 전사를 양성한다.
> 3. 종래의 의병 및 만주 이주민을 소집하여 훈련한다.
> 4. 중국과 러시아에 의뢰하여 무기를 구입한다.
> 5. 일인 고관 및 한인 반역자를 수시 수처에서 처단하는 행형부를 둔다.

> ㄱ. 공화정체를 지향하였다.
> ㄴ. 105인 사건으로 해체되었다.
> ㄷ. 총독부에 국권 반환 요구서 제출을 계획하였다.
> ㄹ. 박상진을 총사령관으로 군대식 조직을 갖추었다.

① ㄱ, ㄴ   ② ㄱ, ㄹ
③ ㄴ, ㄷ   ④ ㄴ, ㄹ

정답의 이유

'부호의 의연', '만주에 사관학교를 설치', '무기를 구입한다' 등을 통해 1915년에 조직된 대한 광복회의 강령임을 알 수 있다.

박상진과 김좌진이 이끌었던 대한 광복회는 1910년대 국내에서 가장 활발하게 활동한 항일 단체였다. 이들은 독립 의군부와 달리 공화정체를 지향했으며, 친일파를 처단하고 만주에 무관학교를 설립하기 위해 군자금을 모았다.

오답의 이유

ㄴ. 신민회, ㄷ. 독립 의군부

정답 ②

02 ⃝△✕

다음 두 단체가 활동한 지역에서 일어난 사실로 옳은 것은?

> • 대통령 이상설, 부통령 이동휘를 중심으로 대한광복군 정부가 조직되었다.
> • 전로 한족회 중앙 총회를 정부 형태로 개편하여 출발하였으며 손병희를 대통령으로 하는 정부안을 내놓았다.

① 신한촌을 건설하고 권업회를 결성하였다.
② 중광단을 만들어서 독립군 양성에 힘썼다.
③ 독립군 간부를 양성하기 위한 신흥 무관 학교가 설립되었다.
④ 장인환과 전명운의 의거로 동포사회에 애국심이 고조되었다.

정답의 이유

자료 속 대한 광복군 정부와 대한 국민 의회는 연해주에서 설립되었다. 19세기 말부터 많은 동포가 이주한 연해주에는 블라디보스토크 교외에 독립 운동 기지인 신한촌이 건설되었고, 자치 단체인 권업회가 조직되어 동포 사회를 이끌었다.

오답의 이유

② 북간도, ③ 서간도, ④ 미국

정답 ①

03 ⃝△✕

다음은 박은식이 저술한 『한국독립운동지혈사』의 일부분이다. 여기에서 언급한 사건에 관한 것으로 볼 수 없는 것은?

> 만세 시위가 확산되자, 일제는 헌병 경찰은 물론이고 군인까지 긴급 출동시켜 시위군중을 무차별 살상하였다. 정주, 사천, 맹산, 수안, 남원, 합천 등지에서는 일본 군경의 총격으로 수십명의 사상자를 냈으며, 화성 제암리에서는 전 주민을 교회에 집합, 감금하고 불을 질러 학살하였다.

① 윌슨의 민족 자결주의의 영향을 받아 일어났다.
② 대한민국 임시 정부가 수립되는 계기가 되었다.
③ 비폭력 평화시위에서 무력 투쟁으로 발전해갔다.
④ 조선 공산당과 천도교, 학생 단체들이 만세 시위를 기획했다.

정답의 이유

제시문은 3·1 운동에 관한 것이다. 3·1 운동은 종교계 인사와 학생들이 주도적으로 이끌었다.

④ 1926년에 있었던 6·10 만세 운동에 대한 설명이다.

정답 ④

04 ⃝△✕

밑줄 친 부분에 들어갈 내용으로 가장 적절한 것은?

> 임시 정부 초기의 주요 정책이었던 외교 독립론이 강대국의 무관심으로 성과를 거두지 못하자 독립운동의 방법을 둘러싸고 지도자 사이에 대립이 심해졌다. 이에 새로운 활로를 찾기 위해 _____

① 국민 대표 회의를 개최하였다.
② 임시 의정원을 두어 임시 헌법을 공포하였다.
③ 이승만이 윌슨에게 위임 통치 청원서를 제출하였다.
④ 광복군 사령부를 조직하여 군사 활동을 적극 전개하였다.

정답의 이유

임시 정부의 1920년대 초반의 노력들이 성공하지 못하자, 이 국면을 타개하기 위해 임시 정부는 1923년에 국민 대표 회의를 열어 독립운동의 새로운 방향을 모색하였다.

오답의 이유

② 1919년, ③ 1919년, ④ 1920년

정답 ①

01 ⃞⃞⃞

다음 선언을 활동 지침으로 삼았던 단체에 대한 설명으로 옳지 않은 것은?

> 우리는 민중 속으로 들어가서 그들과 손을 맞잡아 끊임없는 폭력, 암살, 파괴, 폭동으로써 강도 일본의 통치를 타도하고, 우리 생활에 불합리한 일체의 제도를 개조하여, 인류로써 인류를 압박하지 못하며, 사회로써 사회를 수탈하지 못하는 이상적 조선을 건설할 지니라.

① 조선 총독부에 폭탄을 투척하였다.
② 3·1 운동 이후 만주 지역에서 조직되었다.
③ 타이완에서는 조명하가 육군 대장을 암살했다.
④ 단원들이 중국 황푸 군관 학교에 입학하여 군사 훈련을 받았다.

[정답의 이유]

제시문은 신채호가 작성한 '조선 혁명 선언'으로, 의열단의 목표가 잘 드러나 있다.
③ 조명하는 1928년 중국 타이완에서 단독으로 일본 왕족이자 육군 대장이었던 구니노미야를 암살하였다.

[오답의 이유]

② 의열단은 1919년에 만주 지린에서 김원봉 등의 주도로 조직되었다.
④ 의열단은 1920년대 후반부터 개인 폭력 투쟁에 한계를 느끼고 무장 투쟁 노선으로 전환하였다. 이에 단원들은 중국의 황푸 군관 학교에 입교하였다.

정답 ③

02 ⃞⃞⃞

(가) 단체에 대한 설명으로 옳은 것은?

> 물론 한두 명의 상급 군인을 살해한다고 해서 독립이 쉽게 될 리는 없다. 따라서 이번 사건과 같은 것도 독립에 직접적인 효과가 없다는 것은 충분히 알고 있으며, 단지 기대하는 것은 이로 인하여 조선인의 각성을 촉구하고, 나아가 세계로 하여금 조선의 존재를 명료하게 하는 데 있다.
> － ⃞(가)⃞ 소속 윤봉길 신문조서 －

① 2·8 독립선언서를 발표했다.
② 김상옥, 김지섭 등이 소속되어 활동하였다.
③ 중국 국민당 정부의 지원을 받아 결성되었다.
④ 임시 정부의 침체를 극복하기 위해 조직되었다.

[정답의 이유]

(가)는 한인 애국단이다. 1923년 국민 대표 회의가 결렬된 이후 임시 정부의 위상이 약해졌다. 더불어 1930년대 들어 만보산 사건과 만주 사변으로 중국내 한국인에 대한 감정까지 나빠졌다. 이에 임시 정부는 가장 적은 희생으로 큰 성과를 얻을 수 있는 투쟁 방법을 모색한 결과 한인 애국단을 조직하였다.

[오답의 이유]

① 조선 청년 독립단, ② 의열단, ③ 조선 의용대

정답 ④

03 ⃞⃞⃞

(가), (나) 사건 사이에 있었던 사건으로 옳은 것은?

> (가) 왜적이 우리를 포위하기 위하여 백운평 뒷산에 올라갔다. 그러나 우리 북로 군정서군은 포위망을 벗어나서 천수평 쪽으로 빠져나갔다. … 우리 군대의 복장이나 낀 모자가 비슷함으로 완루구 전투에서는 안개가 잔뜩 낀 가운데 무분별로 저희끼리 싸워 죽기도 하였다.
> (나) 조선 총독부의 경무국장과 만주 군벌 장쭤린 사이에 맺어진 협정이다. 일본은 한인 독립 운동가를 인계받는 대가로 포상을 지불하고 장쭤린은 포상 중 일부를 체포한 관리에게 주도록 할 것 등을 규정하였다.

① 훈춘 사건　　　　② 만보산 사건
③ 자유시 참변　　　④ 영릉가 전투

정답의 이유
(가)는 1920년의 청산리 대첩, (나)는 1925년의 미쓰야 협정이다.

오답의 이유
① 훈춘 사건은 1920년 여름에 일제가 만주에 군대를 보낼 명분을 만들기 위해 조작한 사건이다. 중국 마적단을 매수하여 일본 영사관을 불태우게 한 후 이를 핑계로 대규모 군대를 파병해 청산리 일대를 공격하였다.
② 만보산 사건은 1931년에 한중 농민 간에 발생한 수로 마을에서 일본 경찰이 조선 농민을 편들며 중국 농민에게 발포한 것을 계기로 두 민족 사이에 일어난 유혈 충돌을 말한다. 그 결과 중국인의 반한 감정이 확산되어 만주 지역의 독립군 활동에 큰 어려움을 겪었다.
④ 조선 혁명군과 중국 의용군은 1932년에 영릉가 전투에서 일본군을 격퇴하였다.

정답 ③

04 ○△×
다음 사건들을 일어난 순서대로 바르게 나열한 것은?

> ㄱ. 일제가 만주 군벌과 미쓰야 협정을 맺었다.
> ㄴ. 자유시에 집결한 독립군이 대거 희생되었다.
> ㄷ. 만주에 참의부, 정의부, 신민부가 성립되었다.
> ㄹ. 서일을 총재로 한 대한 독립군단이 조직되었다.
> ㅁ. 홍범도의 대한 독립군이 봉오동에서 일본군을 격파하였다.

① ㅁ - ㄴ - ㄹ - ㄷ - ㄱ
② ㅁ - ㄴ - ㄹ - ㄱ - ㄷ
③ ㅁ - ㄹ - ㄴ - ㄱ - ㄷ
④ ㅁ - ㄹ - ㄴ - ㄷ - ㄱ

정답의 이유
ㅁ. 봉오동 전투(1920) → ㄹ. 대한 독립군단 결성(1921) → ㄴ. 자유시 참변(1921) → ㄷ. 3부 정비(1925) → ㄱ. 미쓰야 협정(1925) 순이다.
자유시 참변으로 와해되었던 독립군이 3부를 성립시키며 진열을 재정비하자 일제는 만주 군벌과 미쓰야 협정을 맺고 독립군의 활동을 방해하였다.

정답 ④

05 ○△×
(가)와 (나)에 들어갈 독립군에 대한 설명으로 옳은 것은?

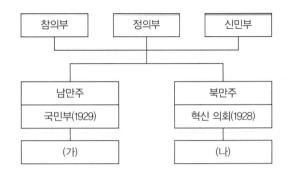

> ㄱ. (가)는 한국 독립군이다.
> ㄴ. (가)는 쌍성보 전투에서 승리하였다.
> ㄷ. (나)는 양세봉이 이끌었다.
> ㄹ. (나)는 중국 호로군과 연합하였다.

① ㄱ, ㄴ
② ㄱ, ㄹ
③ ㄴ, ㄷ
④ ㄴ, ㄹ

정답의 이유
(가)는 양세봉이 이끄는 조선 혁명군으로, 이들은 중국 의용군과 연합하여 영릉가 전투와 흥경성 전투에서 일본군을 격퇴하였다.
(나)는 지청천이 이끄는 한국 독립군으로, 이들은 중국 호로군과 연합하여 쌍성보 전투, 사도하자 전투, 동경성 전투, 대전자령 전투에서 승리하였다.

정답 ④

06 ○△×
한국 광복군의 활동을 시대순으로 나열했을 때 세 번째에 해당하는 것은?

> ㄱ. 대한민국 임시 정부의 대일 선전 포고
> ㄴ. 대한민국 임시 정부의 한국 광복군 창설
> ㄷ. 국내 정진군을 통한 국내 진공 작전 좌절
> ㄹ. 조선 의용대 일부 병력의 한국 광복군 합류

① ㄱ
② ㄴ
③ ㄷ
④ ㄹ

정답의 이유
ㄱ은 1941년, ㄴ은 1940년, ㄷ은 1945년, ㄹ은 1942년이다.

정답 ④

07

다음과 같은 체제 개편 이후 대한민국 임시 정부의 활동으로 보기 어려운 것은?

> 7당 통일 대회가 개최되었다. 그러나 민족 혁명당, 조선 민족 전위 동맹 등 4개 당이 통일 방법에 이견을 보이면서 이탈하였다. 결국 한국 국민당, 한국 독립당, 조선 혁명당이 통일을 위한 회의를 계속 열어 새로이 한국 독립당이 탄생되었다.
>
> –『백범일지』–

① 한인 애국단을 결성하였다.
② 주석 지도 체제를 채택하였다.
③ 대일 선전 성명서를 발표하였다.
④ 삼균주의에 입각한 건국 강령을 발표하였다.

정답의 이유

'한국 국민당, 한국 독립당, 조선 혁명당'을 한국 독립당으로 통합한 부분을 통해 1940년의 상황임을 알 수 있다.
대한민국 임시 정부는 1940년에 충칭에 도착한 후로 한국 독립당을 결성하고(1940.5), 한국 광복군을 창설했으며(1940.9), 건국 강령을 발표하고(1941.11), 대일 선전 포고를 선언했다(1941.12).

오답의 이유

① 1931년

정답 ①

08

아래의 건국 강령을 발표한 단체에 대한 설명으로 옳지 않은 것은?

> 1. 각인 각파를 대동단결하여 거국일치로 일본 제국주의 모든 세력을 몰아내고 조선 민족의 자유와 독립을 회복할 것
> 3. 건설 부면에 있어서 일체의 시정을 민주주의적 원칙에 의거하고, 특히 노농 대중의 해방에 치중할 것

① 조선 건국 준비 위원회로 개편되었다.
② 중앙과 지방 10여 지역에 체계적 조직을 갖추었다.
③ 군사 조직으로 조선 의용군을 창설하여 항일전에 참가하였다.
④ 국내에서 여운형이 민족주의자, 사회주의자를 모두 포함하여 비밀리에 만들었다.

정답의 이유

'각인 각파를 대동단결하여', '노농 대중의 해방'은 조선 건국 동맹이 1944년에 발표한 건국 강령 속 내용이다.
① 조선 건국 동맹은 1945.8.15.에 조선 건국 준비 위원회로 개편되었다.
② 전국 10개 도에 조직망을 형성하고, 산하에 농민 동맹을 조직하였다. 이를 통해 징용과 징병 시행을 방해하고, 전쟁 물자 수송을 방해하였다.
④ 여운형이 중심이 되어 민족주의자와 사회주의자가 대거 참여하였다.

오답의 이유

③ 조선 독립 동맹

정답 ③

01 ○△✕

밑줄 친 '이 운동'에 대한 설명으로 옳지 **않은** 것은?

> 이 운동의 선봉이 된 것은 중산 계급이 아닌가? … 저들은 민족적, 애국적 감상적인 말로 노동 계급의 후원을 갈구하는 것이다. 그러나 노동자에게 있어서는 저들도 외래 자본가와 조금도 다를 것이 없다.

① 조만식 등이 중심이 되어 시작되었다.

② 대구에서 시작되어 전국적으로 확산되었다.

③ 자본가와 상인의 이익만 추구한다고 비판을 받았다.

④ 회사령 폐지와 일본 상품에 대한 관세 철폐 움직임이 배경이 되었다.

정답의 이유

'이 운동'은 물산 장려 운동으로, 초기에는 민중으로부터 큰 호응을 얻었다. 하지만 국산품 가격이 크게 올라 상인과 자본가에게 이익이 집중되자 사회주의 계열의 운동가들과 일부 민중들로부터 비난을 받았다.

오답의 이유

② 대구 → 평양

정답 ②

02 ○△✕

다음의 사회 운동과 관련 있는 표어는 무엇인가?

> 학생 여러분, 여러분은 여름 방학에 고향의 동포를 위하여 공헌하지 아니하시렵니까? 가령 글을 모르는 이에게 글을 가르쳐 주지 아니하시렵니까? 당신이 일주일만 노력하면 당신의 고향에 문맹이 없어질 것입니다.
> – 동아일보(1931) –

① 아는 것이 힘, 배워야 산다!

② 배우자! 가르키자! 다함께 브나로드!

③ 조선의 자매들아, 미래는 우리 것이다!

④ 공평은 사회의 근본, 모욕적 칭호를 폐지하자!

정답의 이유

동아일보는 '민중 속으로'라는 뜻을 지닌 브나로드 운동을 전개했다.

오답의 이유

① 조선일보의 문자 보급 운동, ③ 근우회, ④ 형평 운동

정답 ②

03 ○△✕

(가), (나) 사건에 대한 설명으로 옳은 것은?

> (가) 전라남도 신안군 암태도에서 고율의 소작료를 징수한 지주 문재철의 횡포에 소작인들이 1년여에 걸쳐 맞서 싸웠다.
> (나) 원산의 문평 라이징 선 석유 회사에서 일본인 감독이 조선인 노동자를 구타한 사건이 발단이 되어, 해당지역 노동자들이 총파업에 돌입하였다.

① (가) – 조선 노농 총동맹의 지원을 받았다.

② (가) – 혁명적 농민 조합이 주도하여 전개하였다.

③ (나) – 프랑스 등 국외 노동 단체의 지지를 받았다.

④ (나) – 강주룡은 을밀대에 올라가 고공농성을 펼쳤다.

정답의 이유

(가)는 1923년에 일어난 암태도 소작 쟁의이며, (나)는 1929년에 일어난 원산 총파업이다.

③ 원산 총파업에 대해 일제가 경찰과 군대, 깡패까지 동원하여 노동자를 탄압했지만 노동자들의 항쟁은 지속되었다. 이들의 투쟁 소식이 알려지자 중국, 소련, 프랑스의 노동자들이 격려 전문을 보냈고, 이에 힘입어 4개월 동안 지속할 수 있었다.

오답의 이유

① 조선 노농 총동맹은 1924년에 조직되었다.

② 1920년대 초반의 농민 운동은 소작료 인하와 농민에게 부과된 각종 부담을 없애 달라는 것이었다. 1930년대 들어 일제가 농민 운동에 대한 탄압을 강화하자, 농민들은 사회주의자들과 연대하여 혁명적 농민 조합을 조직하였다.

④ 강주룡은 평양평원고무공장 노동자로, 1931년에 회사가 일방적으로 임금 삭감을 발표하자 이에 항의하며 을밀대 위에 올라가 항의 농성을 펼쳤다.

정답 ③

04 ☐△☒

(가), (나) 선언 사이에 있었던 사실로 옳지 않은 것은?

> (가) 융희 황제가 삼보를 포기한 8월 29일은 바로 우리 동지가 삼보를 계승한 8월 29일이니, 그간에 한순간도 멈춘 적이 없음이라. 우리 동지는 완전히 상속자니 저 황제권이 소멸한 때가 민권이 발생한 때이요, 구한국 최후의 날은 곧 신한국 최초의 날이다.
>
> (나) 우리는 정치적 · 경제적 각성을 촉진한다.
> 　우리는 단결을 공고히 한다.
> 　우리는 기회주의를 일체 부인한다.

① 가갸날을 제정하였다.
② 상하이에 대한민국 임시 정부를 수립하였다.
③ 순종 인산일에 대규모 만세 시위를 준비하였다.
④ 조선일보의 주도로 문자 보급 운동이 진행되었다.

정답의 이유

(가)는 1917년의 대동단결 선언으로, 사료 속 '융희 황제가 삼보를 포기한'은 순종이 국권 강탈에 조인한 것을 말한다. 민족 지도자 14명은 대동단결 선언을 통해 '주권재민'과 '공화정 체제의 임정 수립'을 주장하였다.
(나)는 1927년에 조직된 신간회의 강령이다.

오답의 이유

①은 1926년, ②은 1919년, ③은 1926년, ④은 1929년이다.

정답 ④

05 ☐△☒

아래의 민족 운동에서 발표된 격문으로 볼 수 없는 것은?

> 1929년 10월 나주역에서 발생한 한국인 학생과 일본인 학생 간의 충돌로 시작되었다. 경찰이 한국인 학생들을 탄압하자, 민족 차별에 분노한 광주 지역 학생들이 대규모 시위를 벌였다.

① 동양 척식 주식회사를 철폐하라.
② 언론, 출판, 집회의 자유를 획득하자.
③ 식민지적 노예 교육 제도를 철폐하라.
④ 검거된 학생을 즉시 우리 손으로 탈환하자.

정답의 이유

광주 학생 항일 운동에 관한 문제로, 검거된 학생의 석방이나 조선인 본위의 교육 실시를 주장하는 내용의 격문을 발표하였다.
① 6 · 10 만세 운동은 사회주의 운동가들이 처음에 계획을 하였기 때문에 경제 투쟁의 지침이 격문 속에 반영되어 있다. '납세 거부', '노동자 총파업', '소작료 납부 거부', 그리고 '동양 척식 주식회사의 철폐' 등이 그 증거이다.

정답 ①

06 ☐△☒

다음 선언을 계기로 하여 만들어진 단체의 활동으로 옳지 않은 것은?

> 우리가 승리를 향해 구체적으로 전진하기 위해서는 현실적으로 가능한 모든 조건을 충분히 이용하지 않으면 아니 될 것이다. 따라서 민족주의적 세력에 대해서는 그 부르주아 민족주의적 성질을 분명히 인식함과 동시에 … 그것이 타락한 형태로 나타나지 않는 것에 한해서는 적극적으로 제휴하여, 대중의 개량적 이익을 위해서도 종래의 소극적 태도를 버리고 분연히 싸워야 할 것이다.

① 민족 유일당 운동의 성과로 결성되었다.
② 소작 · 노동 쟁의와 동맹 휴학을 지원하였다.
③ 민족주의 세력이 앞장서 해소를 주장하였다.
④ 광주 학생 항일 운동에 진상 조사단을 파견하였다.

정답의 이유

제시문의 '그것이 타락한 형태로 나타나지 않는 것에 한해서는 적극적으로 제휴하며'는 정우회 선언의 핵심 내용으로, 사회주의 계열이 비타협적 민족주의 세력과 적극 연합하겠다는 의지를 드러낸다. 따라서 이를 계기로 만들어진 단체는 신간회이다.
③ 광주 학생 항일 운동 때에 대규모 민중 대회를 개최하려다 일제의 탄압을 받았다. 이후 새롭게 구성된 집행부가 타협론자와 협력하려 하자, 사회주의 계열은 신간회 해소를 주장하였다.

정답 ③

다음 자료와 관련된 시기의 상황으로 옳은 것은?

> 반쯤 쓰러진 초막에 토굴 같이 컴컴한 방. 세간이라고는 귀 떨어진 냄비 한 개. 깨진 항아리 한 개. 쭈그러진 양철 대야 한 개. 석유 상자 하나. 일가의 전 재산을 다 팔아도 오십 전도 못 될 듯하다 … 15세 된 손자 하나를 데리고 초막에서 괴로운 세월을 보내는데, 그 손자가 양철 쓰레기통을 주워 다가 그럭저럭 실낱같은 목숨을 이어 간다고 한다.

① 대다수의 서민은 문화 주택에 살고 있었다.
② 서울의 북촌에는 일본인 거리가 형성되었다.
③ 농촌 진흥 운동이 실시되어 농민의 삶이 개선되었다.
④ 모던 걸과 모던 보이와 같이 서양식 문화를 따르는 부류가 생겨났다.

[정답의 이유]
자료 속 '초막', '토굴 같은'은 일제 강점기 때 등장한 도시 빈민가의 토막집을 설명한 것이다.
④ '모던 걸', '모던 보이'는 1920년대 말에 서양식 옷차림을 즐기는 젊은 남녀를 부르는 표현이었다.

[오답의 이유]
① 문화 주택은 2층 양옥으로 상류층이나 일본인이 거주하였다. 반면 영단 주택은 서민 주택이었다.
② 청계천을 경계로 남쪽은 일본인 거리인 남촌이, 북쪽은 한국인 거리인 북촌으로 나눠졌다.
③ 일제는 토지 조사 사업과 산미 증식 계획, 그리고 대공황으로 농민층이 몰락하자 1932년에 농촌 진흥 운동을 전개하였다. 농촌의 가난을 '게으르고 무지한 한국인의 민족성' 때문으로 몰아갔다.

정답 ④

다음 주장을 펼친 인물에 대한 설명으로 옳은 것은?

> 우리 조선의 역사적 발전의 전 과정은 … 다소의 차이는 인정되더라도, 다른 문화 민족의 역사적 발전 법칙과 구별되어야 하는 독자적인 것이 아니다. 세계사적인 일원론적 역사 법칙에 의해 다른 민족과 거의 같은 궤도로 발전 과정을 거쳐 온 것이다.

① '진단 학보'를 발행하였다.
② 고대사 연구에 주력하여 '조선 상고사'를 서술하였다.
③ 조선학 운동을 전개하며 '여유당 전서'를 간행하였다.
④ '조선사회경제사'를 저술하여 식민 사관의 정체성론을 반박하였다.

[정답의 이유]
제시문은 백남운의 주장으로, 그는 우리 역사도 서양이나 일본처럼 '고대 노예제, 중세 봉건제, 근대 자본주의 사회'의 단계를 거치면서 발전했다고 주장하며 일본의 식민 사관을 비판하였다.

[오답의 이유]
① 박은식. ② 신채호. ③ 정인보 · 문일평 · 안재홍

정답 ④

CHAPTER 08

현대 사회

---

01 대한민국의 수립(1945~1948년)

01 ○△×

(가) 단체의 활동으로 옳은 것은?

> ___(가)___ (은)는 신국가 건설 운동의 주도권을 잡기 위해 미군이 한반도에 진주하기 전에 조선 인민 공화국의 수립을 선포하였다.

① 안재홍 등의 우익이 주도하였다.
② 치안대를 창설하여 사회 질서를 유지하였다.
③ 미군정의 지휘 아래 치안과 행정을 담당하였다.
④ 조선 인민 공화국의 주석에는 김구, 부주석에는 여운형이 선임되었다.

정답의 이유
(가)는 조선 건국 준비 위원회(건준)이다. 건준은 전국에 지부를 설치하고 치안대를 조직하여 질서를 유지하였다.

오답의 이유
① 건준은 광복 당일에 여운형이 안재홍 등과 함께 좌·우익을 통합하여 조직했다. 하지만 이후 좌익이 건준의 주도권을 장악하자 안재홍 등의 우익은 건준을 탈퇴하였다.
③ 미군정은 직접 통치를 시도하며 일체의 조직을 인정하지 않았다.
④ 조선 인민 공화국의 주석에는 이승만, 부주석에는 여운형이 선임되었다. 하지만 이승만은 취임을 거부하였다.

정답 ②

02 ○△×

다음 인물의 광복 이후 활동으로 옳은 것은?

> • 1886 출생
> • 1919 대한민국 임시 정부 외무부 차장 취임
> • 1944 조선 건국 동맹 결성
> • 1945 조선 인민당 창당

> ㄱ. 남조선 과도 입법 의원의 의장을 맡았다.
> ㄴ. 김규식과 함께 좌우 합작 운동을 전개하였다.
> ㄷ. 안재홍과 함께 조선 건국 준비 위원회를 결성하였다.
> ㄹ. 중국 난징에서 좌·우 합작 성격의 민족 혁명당을 결성하였다.

① ㄱ, ㄴ
② ㄱ, ㄷ
③ ㄴ, ㄷ
④ ㄴ, ㄹ

정답의 이유
위 인물은 조선 건국 동맹과 조선 건국 준비 위원회를 조직한 여운형이다.
ㄴ. 제1차 미소 공동 위원회가 결렬되자, 여운형과 김규식 등 중도파는 미군정의 지지 아래 좌·우 합작 위원회를 조직하였다.
ㄷ. 건준은 광복 당일에 여운형이 안재홍 등과 함께 좌·우익을 통합하여 조직했다.

오답의 이유
ㄱ. 김규식, ㄹ. 김원봉

정답 ③

03 ◯△✕

모스크바 3국 외무 장관 회의에서 결정된 내용에 해당하는 것은 모두 몇 개인가?

> ㄱ. 한국의 독립 약속
> ㄴ. 한국의 임시 정부 수립
> ㄷ. 미·소 공동 위원회 설치
> ㄹ. 최대 5년간의 신탁 통치 결의
> ㅁ. 인구 비례에 의한 남북 총선거

① 1개   ② 2개
③ 3개   ④ 4개

[정답의 이유]
ㄴ. 한국의 임시 정부 수립: 모스크바 3국 외상 회의(1945)
ㄷ. 미·소 공동 위원회 설치: 모스크바 3국 외상 회의
ㄹ. 최대 5년간의 신탁 통치 결의: 모스크바 3국 외상 회의

[오답의 이유]
ㄱ. 한국의 독립 약속: 카이로 회담(1943), 포츠담 회담(1945)
ㅁ. 인구 비례에 의한 남북 총선거: 유엔 총회(1947)

정답 ③

04 ◯△✕

다음 주장을 한 인물의 활동으로 옳은 것은?

> 이제 우리는 무기 휴회된 미·소 공동 위원회가 재개될 기색도 보이지 않으며, 통일 정부가 고대하나 여의치 않게 되었다. 우리는 남한만이라도 임시 정부 또는 위원회 같은 것을 조직하여 38도선 이북에서 소련이 물러나도록 세계 여론에 호소하여야 할 것이니 여러분도 결심하여야 할 것입니다.

① 좌·우 합작 7원칙을 지지하였다.
② 독립 촉성 중앙 협의회를 이끌었다.
③ 광복 직후 한국 민주당을 결성하였다.
④ 탁치 반대 국민 총동원 위원회를 조직하였다.

[정답의 이유]
제시문의 '무기 휴회된 미·소 공동 위원회', '남한만이라도 임시 정부를 조직하여'는 이승만의 정읍 선언에서 나온 내용이다.
② 이승만은 귀국 후 독립 촉성 중앙 협의회를 조직하여 반탁 운동에 적극 참여하였다.

[오답의 이유]
① 이승만과 한국 민주당 등 우익은 좌·우 합작 운동을 거부하였다.
③ 송진우, 김성수 등에 관한 내용이다.
④ 김구는 탁지 반대 국민 총동원 위원회를 조직하여 신탁 통치 반대 운동을 전개하였다.

정답 ②

05 ◯△✕

밑줄 친 '위원회'에 대한 설명으로 옳지 않은 것은?

> 본 위원회의 목적을 달성하기 위하여 기본 원칙을 아래와 같이 의정함
> 2. 미·소 공동 위원회의 속개를 요청하는 공동 성명을 발표할 것
> 3. 토지를 개혁하여 농민에게 분배하고, 중요 산업을 국유화할 것
> 4. 친일파와 민족 반역자를 처리할 조례를 본 위원회가 입법 기구에 제안하여 결정하게 할 것

① 여운형과 김규식 등의 중도 세력이 주도하였다.
② 제2차 미·소 공동 위원회가 결렬된 후 조직되었다.
③ 남조선 과도 입법 의원과 남조선 과도 정부 수립에 이바지하였다.
④ 트루먼 독트린 발표 이후 미군정이 지지를 철회하였다.

[정답의 이유]
제시문은 좌우 합작 7원칙의 일부분이다.
② 제1차 미·소 공동 위원회의 결렬과 이승만의 정읍 선언에 자극을 받아 좌·우 합작 위원회가 조직되었다.

[오답의 이유]
① 제1차 미·소 공동 위원회가 결렬되자, 여운형과 김규식 등 중도파는 미군정의 지지 아래 좌·우 합작 위원회를 조직하였다.
③·④ 미군정은 신탁 통치 문제를 둘러싼 좌우 대립과 혼란을 막기 위해 좌·우 합작 운동을 지지하였고, 나아가 과도 체제로 남조선 과도 입법 의원과 남조선 과도 정부를 수립하였다. 하지만 트루먼 독트린이 발표된 이후 냉전이 심화되면서 미국은 좌·우 합작 운동에 대한 지지를 철회하였다.

정답 ②

06 ○△×

(가)~(라)에 일어난 사건으로 볼 수 <u>없는</u> 것은?

(가)	(나)	(다)	(라)	
모스크바 3국 외상회의	제1차 미·소 공동 위원회	좌·우 합작 위원회	5·10 총선거	대한민국 수립

① (가) – 김구와 이승만이 반탁 운동을 전개하였다.

② (나) – 이승만이 정읍에서 남한 단독 정부 수립을 제기했다.

③ (다) – 김구, 김규식 등이 남북 정치 회담을 제의하였다.

④ (라) – 여수에 주둔한 군부대 내 좌익 세력이 무장봉기하였다.

정답의 이유

제주 4·3 사건은 정부 수립 이후에도 지속되었다. 이에 이승만 정부는 한라산에 들어가 있는 유격대를 소탕하기 위해 여수에 주둔하던 군인들에게 제주도로 출동하라는 명령을 내렸다. 하지만 여수 지역 부대 내의 좌익 세력들이 주동이 되어 무장봉기하였다. 이를 여수·순천 10·19 사건(1948)이라 한다.

오답의 이유

① 모스크바 3국 외상 회의에서 신탁 통치안이 제기되자 곧장 반탁 운동이 전개되었다.

② 이승만은 제1차 미·소 공동 위원회가 결렬되자 정읍 선언에서 남한 단독 정부 수립을 주장하였다.

③ 김구와 김규식은 유엔에서 한반도 문제가 논의되는 동안 김일성과 김두봉에게 남북 협상을 제의하여 1948년 4월에 평양에서 회의를 열었다.

정답 ④

07 ○△×

(가), (나)에 대한 설명으로 옳은 것은?

> (가) 5·10 총선거 실시
> (나) 대한민국 헌법 제정

> ㄱ. (가)에 좌익과 남북협상파는 참여하지 않았다.
> ㄴ. (가)는 남한의 모든 선거구에서 투표가 진행되었다.
> ㄷ. (나)는 대한민국 정부가 대한민국 임시 정부를 계승한 민주 공화국임을 밝혔다.
> ㄹ. (나)는 직선제로 대통령을 선출하도록 규정하였다.

① ㄱ, ㄴ   ② ㄱ, ㄷ

③ ㄴ, ㄷ   ④ ㄴ, ㄹ

정답의 이유

ㄱ. 김구와 김규식 등 남북 협상파와 좌익 세력은 단독 선거를 반대하여 선거에 참여하지 않았다.

오답의 이유

ㄴ. 남한 지역에 배정된 200개의 선거구 중 제주도의 2개 선거구를 제외한 198곳에서 선거가 진행되었다.

ㄹ. 제헌 헌법에서는 대통령을 국회에서 간선제 방식으로 선출한다고 규정하였다.

정답 ②

08 ○△×

다음 사건들을 순서대로 바르게 나열한 것은?

> ㄱ. '반민족 행위 처벌법'을 제정하였다.
> ㄴ. 역사상 최초로 총선거가 실시되었다.
> ㄷ. 제헌 국회는 대통령 간선제 등을 내용으로 하는 헌법을 공포하였다.
> ㄹ. 제주도에서 남한만의 단독 선거 반대를 주장하는 무장 봉기가 시작되었다.

① ㄱ－ㄴ－ㄷ－ㄹ   ② ㄴ－ㄹ－ㄷ－ㄱ

③ ㄷ－ㄴ－ㄹ－ㄱ   ④ ㄹ－ㄴ－ㄷ－ㄱ

정답의 이유

ㄹ. 제주 4·3 사건 시작 → ㄴ. 5·10 총선거(1948.5) → ㄷ. 헌법 공포(1948.7) → ㄱ. 반민족 행위 처벌법 제정(1948.9) 순이다.

정답 ④

01 ○△×

(가), (나)에 들어갈 사건으로 적절한 것은?

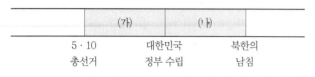

	(가)	(나)	
5·10 총선거	대한민국 정부 수립	북한의 남침	

```
ㄱ. (가) – 김구 암살
ㄴ. (가) – 여수·순천 사건
ㄷ. (나) – 농지 개혁법 제정
ㄹ. (나) – 반민족 행위 특별 조사 위원회 설치
```

① ㄱ, ㄴ   ② ㄱ, ㄷ
③ ㄴ, ㄷ   ④ ㄷ, ㄹ

정답의 이유

ㄷ. 제헌국회는 1948년에 반민족행위처벌법을 제정하고, 1949년에 농지개혁법을 제정하였다.

ㄹ. 정부 수립 후 국회 직속의 반민족 행위 특별 조사 위원회가 구성되어 친일파에 대한 조사와 체포에 나섰다. 하지만 이승만 정부와 경찰의 방해로 1949년에 해체되었다.

오답의 이유

ㄱ. (가) → (나): 김구는 1949년에 암살되었다.

ㄴ. (가) → (나): 제주 4·3 사건은 정부 수립 이후에도 지속되었다. 이에 이승만 정부는 한라산에 들어가 있는 유격대를 소탕하기 위해 여수에 주둔하던 군인들에게 제주도로 출동하라는 명령을 내렸다. 하지만 여수 지역 부대 내의 좌익 세력들이 주동이 되어 무장봉기하였다. 이를 여수·순천 10·19 사건(1948)이라 한다.

정답 ④

02 ○△×

(가)에 들어갈 내용으로 볼 수 없는 것은?

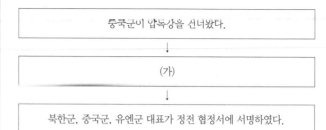

중국군이 압록강을 건너왔다.

↓

(가)

↓

북한군, 중국군, 유엔군 대표가 정전 협정서에 서명하였다.

① 소련이 정전 협상을 제의하였다.
② 이승만 정부가 반공 포로를 석방하였다.
③ 한·미 상호 방위 원조 협정이 체결되었다.
④ 흥남에서 대대적인 철수 작전에 전개되었다.

정답의 이유

한미 상호 방위 원조 협정은 6·25 전쟁이 끝난 후인 1953년 10월에 체결되었다.

오답의 이유

① 전쟁이 38도선 부근에서 교착 상태를 보이자 소련은 휴전 회담을 제안하였다.

② 휴전 협상 과정에서 양측은 군사 분계선 설정과 포로 교환 방식을 둘러싸고 갈등을 빚었다. 이승만은 휴전 반대 의사를 표현하기 위해 유엔과의 상의 없이 1953년 6월에 거제도 수용소에 있던 반공 포로 27,000여 명을 석방하였다.

④ 중국군의 갑작스러운 개입으로 국군과 미군은 북한 지역에서 철수를 시작하였다. 이때 흥남 부두에 고립되었던 총 22만 명의 군인과 피난민은 해상으로 철수하였다.

정답 ③

03 ○△×

(가)~(라) 시기의 헌법의 내용으로 옳은 것은?

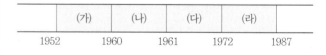

	(가)	(나)	(다)	(라)	
1952		1960	1961	1972	1987

① (가), (나) – 국회는 단원제로 구성되었다.
② (가), (다) – 대통령 중임이 가능하였다.
③ (나), (다) – 국회에서 대통령을 선출하였다.
④ (다), (라) – 대통령이 국회의원 일부를 추천하였다.

정답의 이유

(가)는 이승만 정부, (나)는 장면 정부, (다)는 박정희 정부, (라)는 유신 체제와 전두환 정부 시기이다.

② (가)와 (다) 시기에는 대통령 재임 기간이 4년이었으며, 중임이 가능했다.

오답의 이유

① 국회가 단원제였던 시기로는 (가), (다), (라)이며, 장면 정부 시기인 (나) 시기에는 양원제로 운영되었다.

③ 대통령 간선제는 초대 대통령 선출과 (나), (라) 시기이다. 초대 대통령과 (나) 시기에는 국회에서 선출한 반면, (라) 시기에는 통일 주체 국민 회의와 대통령 선거인단이 담당하였다.

④ 유신 체제에 해당한다.

정답 ②

04 ○△×

(가) 시기에 있었던 사실은 모두 몇 개인가?

	(가)	
5 · 16 군사정변		유신체제 성립

- 경향 신문이 폐간되었다.
- 조봉암이 간첩 혐의로 처형되었다.
- 국가 재건 최고 회의가 구성되었다.
- 개헌 요구 1백만 인 서명운동을 전개하였다.
- 굴욕적 한 · 일 회담에 반대하는 6 · 3 시위를 벌였다.
- 청와대 습격 사건을 계기로 향토예비군이 창설되었다.

① 2개　　　　　　② 3개
③ 4개　　　　　　④ 5개

정답의 이유

(가)는 1961~1972년에 해당한다.

- 경향 신문이 폐간되었다.: 1958년
- 조봉암이 간첩 혐의로 처형되었다.: 1958년
- 국가 재건 최고 회의가 구성되었다.: <u>1961년</u>
- 개헌 요구 1백만인 서명운동을 전개하였다.: 1973년
- 굴욕적 한 · 일 회담에 반대하는 6 · 3 시위를 벌였다.: <u>1964년</u>
- 청와대 습격 사건을 계기로 향토예비군이 창설되었다.: <u>1968년</u>

정답 ②

05 ○△×

다음 내용의 헌법이 시행된 시기에 있었던 사건으로 옳지 <u>않은</u> 것은?

> 대통령은 통일주체국민회의에서 토론 없이 무기명 투표로 선거한다. 대통령은 천재지변 또는 중대한 재정, 경제상의 위기에 처하거나 국가의 안전보장 또는 공공의 안녕 질서가 중대한 위협을 받거나 받을 우려가 있어 신속한 조치를 할 필요가 있다고 판단할 때에는 내정, 외교, 국방, 경제, 재정, 사법 등 국정 전반에 걸쳐 필요한 긴급 조치를 할 수 있다.

① 3 · 1 민주 구국 선언이 발표되었다.

② 장기 집권을 위한 3선 개헌이 강행되었다.

③ 제2차 석유 파동이 일어나 경제가 어려워졌다.

④ YH 무역 사건으로 인해 김영삼 의원을 제명하였다.

정답의 이유

제시문은 유신 헌법이다.

② 박정희 정부는 국가 안보와 경제 성장을 빌미로 1969년에 3선 개헌을 통과시켰다.

오답의 이유

① 1976년, ③ 1978년, ④ 1979년

정답 ②

06 ☑△☒

(가)~(라) 노래의 배경이 되었던 상황에 대한 설명으로 옳은 것은?

> (가) 돌아오네, 돌아오네, 고향산천 찾아서
>   얼마나 그렸던가. 무궁화 꽃을,
>   얼마나 외쳤던가, 태극 깃발을
>   갈매기야 울어라, 파도야 춤춰라,
>   귀국선 뱃머리에 희망도 크다.
> (나) 눈보라가 휘날리는 바람찬 흥남부두에
>   목을 놓아 불러봤다. 찾아를 봤다.
>   금순아! 어디를 가고 길을 잃고 헤매었더냐.
>   피 눈물을 흘리면서 일사이후 나 홀로 왔다.
> (다) 이제 우리 폭정에 견딜 수 없어
>   자유의 그리움으로 분노를 뱉는다.
>   아! 총칼에 뚫린 4월 그 가슴 위로
>   넋 되어 허공에 흐르는 아! 자유여 만세.
> (라) 월남에서 돌아온 새까만 김상사, 이제서 돌아왔네.
>   월남에서 돌아온 새까만 김상사, 너무나 기다렸네.
>   굳게 닫힌 그 입술 무거운 그 철모 웃으며 돌아왔네.

① 인천 상륙 작전의 성공으로 서울을 수복하였다.
② 일제가 징용과 징병으로 한국인을 강제 동원하였다.
③ 긴급 조치를 통해 국민의 기본권을 제한하였다.
④ 한미 간에 브라운 각서를 체결하였다.

정답의 이유

(가)는 광복, (나)는 흥남 철수 작전(1950. 12), (다)는 4·19 혁명(1960), (라)는 베트남 파병(1965~1973)과 관련 있다.
④ 미국은 브라운 각서를 통해 베트남 파병의 대가로 우리나라에 경제적, 군사적 지원을 해 주겠다고 약속하였다.

정답 ④

07 ☑△☒

다음 민주화 운동을 진압한 정권과 관련 있는 것을 바르게 연결한 것은?

> 우리는 왜 총을 들 수밖에 없었는가? 그 대답은 너무나 간단합니다. 너무나 무자비한 반행을 더 이상 보고 있을 수만 없어서 너도나도 총을 들고 일어선 것입니다 . 계엄 당국은 18일 오후부터 공수 부대를 대량 투입하여 시내 곳곳에서 학생, 젊은이들에게 무차별 살상을 자행하였으니 …….

① 금융실명제, 중국과의 수교
② 언론인 해직, 야간 통행금지 해제
③ 삼청교육대 운영, 국민 기초 생활 보장법 시행
④ 진보당 사건, 천주교 정의구현 사제단 발족

정답의 이유

제시문의 '계엄군', '18일 오후'를 통해 1980년의 5·18 민주화 운동임을 알 수 있다.
전두환 정부는 학원 자율화, 교복 자율화, 해외여행 자율화, 통행금지 해제, 프로 야구단 창설 등과 같은 유화 정책을 폈다. 동시에 언론 통폐합, 삼청 교육대 운영 등으로 국민을 억압하였다.

오답의 이유

- 금융실명제: 김영삼 정부, 1993년
- 중국과의 수교: 노태우 정부, 1992년
- 국민 기초 생활 보장법: 김대중 정부, 1999년
- 진보당 사건: 이승만 정부, 1958년
- 천주교 정의구현 사제단 발족: 박정희 정부, 1974년

정답 ②

08 ☑△✕

(가)~(다) 정부에 대한 설명으로 옳지 <u>않은</u> 것은?

> (가) 대한민국 정부 역사상 처음으로 평화적인 선거를 통해 여야 간의 정권 교체가 이루어졌다.
>
> (나) 3당 합당으로 성립한 민주 자유당의 후보가 당선되어, 5·16 군사 정변 이후 33년 만에 민간인 출신 대통령이 등장하였다.
>
> (다) 19○○년 이후 17년 만에 대통령 직선제를 시행하여 대통령을 뽑았다. 하지만 국회의원 선거에서 야당이 다수의 의석을 차지하여 여소야대의 정국이 되었다.

① (다) - (나) - (가) 순서로 등장하였다.

② (가) 정부는 외환위기 극복을 위해 강력한 구조 조정을 단행했다.

③ (나) 정부는 지방 자치제를 전면 시행하였다.

④ (다) 정부는 공직자의 재산등록을 실시하였다.

정답의 이유

(가) 김대중 대통령은 1997년에 치러진 대선에서 평화적인 선거로는 최초로 야당 후보로서 당선되었다.

(나) 노태우 정부는 출범 직후 치러진 총선에서 야당이 대거 당선되어 여소야대 정국이 되자 김영삼의 통일 민주당, 김종필의 신민주 공화당과 합당하여 민주 자유당을 창당하였다. 이를 3당 합당이라 한다. 이후 1992년 선거에서 김영삼이 대통령으로 당선되었다. 전직 두 대통령과 달리 민간인 출신이어서 이 시기를 문민 정부라 부른다.

(다) 6·29 민주화 선언에 따라 그해 가을에 대통령 직선제와 5년 단임제를 골자로 하는 개헌안이 통과되었다. 새로운 헌법에 따라 치러진 선거에서 노태우가 대통령으로 당선되었다.

따라서, 순서는 (다) - (나) - (가) 순이다.

④ 김영삼 정부는 1993년에 공직자 재산 등록과 금융실명제를 추진하였으며, 1995년에는 지방 자치제를 전면 시행하였다.

정답 ④

---

03 경제 발전

01 ☑△✕

다음 자료에 나타난 개혁에 대한 설명으로 옳은 것은?

> **제5조** 정부는 다음에 의하여 농지를 취득한다.
> 다음의 농지는 정부가 매수한다.
> - 농가 아닌 자의 농지
> - 경작하지 않는 자의 농지
> - 본법 규정의 한도를 초과하는 부분의 농지
>
> **제6조** 다음의 농지는 본법으로써 매수하지 않는다.
> 농가로서 자경 또는 자영하는 1가호당 총면적 3정보 이내의 소유 농지

> ㄱ. 6·25 전쟁 직전에 개혁이 시작되었다.
> ㄴ. 개혁의 결과 대부분 자영농으로 전환되었다.
> ㄷ. 친일 반민족 행위자의 토지를 몰수하도록 규정하였다.
> ㄹ. 농지를 받은 농민은 연간 소출량의 300%를 15년간 분할 상환해야 하였다.

① ㄱ, ㄴ

② ㄱ, ㄷ

③ ㄴ, ㄷ

④ ㄴ, ㄹ

정답의 이유

제시된 자료는 1949년에 제정된 농지 개혁법의 일부분이다.

ㄱ. 농지 개혁은 1950년 3월부터 시행되었으나 6·25 전쟁으로 중단되었고, 전쟁 이후 재개되어 1957년에 완료하였다.

오답의 이유

ㄷ. 농지를 제외한 토지가 개혁 대상에서 제외되었으며, 반민족 행위자의 토지 몰수 조항도 포함되지 않았다.

ㄹ. 제시된 선지는 미군정의 중앙 토지 행정처에서 귀속 농지를 처분하는 원칙이다. 이승만 정부는 평년 생산량의 30%를 5년간 상환하는 방식으로 농지 개혁을 진행하였다.

정답 ①

02 ○△✕

다음은 같은 인물이 발표한 성명서이다. (가)를 발표한 때부터 (나)를 발표한 때까지 있었던 사실로 옳은 것은?

> (가) 이제 정전이 조인되었음에 정전의 결과에 대한 나의 그 동안의 판단이 옳지 않았던 것이 되기를 바란다.
>
> (나) 나는 국회의 결의를 존중하여 대통령직을 사임하고 물러 앉아 국민의 한 사람으로서 나의 여생을 국가와 민족을 위하여 바치고자 하는 바이다.

① 울산 정유 공장이 가동되었다.
② 경제 개발 5개년 계획을 수립하였다.
③ 원조 물자를 가공하는 삼백 산업이 발달하였다.
④ 신한공사를 설립하여 귀속 농지를 관리하였다.

정답의 이유

(가)는 이승만이 휴전 협정이 체결되었던 1953년 7월에 발표한 성명이며, (나)는 4 · 19 혁명으로 대통령직에서 물러나며 발표한 하야 성명서이다.
③ 이승만 정부 때에는 미국으로부터 들어온 원조 물자를 가공하는 제분, 제당, 면방직이 삼백 산업이 발달하였다.

오답의 이유

① 1964년. ② 장면 정부. ④ 미군정기

정답 ③

03 ○△✕

미국의 경제 원조와 그 영향에 대한 설명으로 옳지 <u>않은</u> 것은?

① 국내 농산물 가격이 상승하였다.
② 쌀만을 경작하는 단작화 현상이 나타났다.
③ 무상 원조 물자의 판매로 대충 자금을 조성하였다.
④ 1950년대 후반 들어 무상 원조에서 유상 차관으로 변경되었다.

정답의 이유

미국의 경제 원조로 생필품 부족난이 많이 해소되었지만. 잉여 농산물의 초과 도입으로 농산물 가격이 내려가고 농가 소득이 줄어들어 농민의 피해가 발생한 측면이 있다.

오답의 이유

② 미국에서 대량의 밀이 유입되어서 밀농사가 대폭 축소되어 쌀 위주의 경작이 이뤄졌다.
③ 이승만 정무는 원조 불사로 벌어늘인 논늘 한국은행에 대충자금으로 적립하였다. 대충자금은 미국과 협의하여 주한 미군의 유지비, 한국군의 국방비, 정부의 재정 등으로 사용되었다.
④ 미국의 경제 상황이 나빠지면서 1950년대 말경부터 한국에 대한 원조가 감소하고, 무상 원조가 유상 차관으로 바뀌었다. 이에 따라 원조에 크게 의존하고 있던 한국경제가 불황에 빠지며 많은 기업이 도산하고 실업률이 상승하였다.

정답 ①

04 ○△✕

(가) 시기의 경제 상황으로 옳은 것은 모두 몇 개인가?

	(가)	
7 · 4 남북 공동 성명 발표		부 · 마 민주 항쟁

- 경부 고속 국도가 개통되었다.
- 중화학 공업을 적극 육성하였다.
- 마산에 수출 자유 지역을 설정하였다.
- 통일벼의 보급으로 쌀 자급이 가능해졌다.
- 산유국의 건설 투자에 참여하여 1차 석유 파동을 극복하였다.
- 부족한 전력을 해결하기 위해 고리 원자력 발전소를 건설하였다.

① 2개　　　　　② 3개
③ 4개　　　　　④ 5개

정답의 이유

(가)는 1972~1979년 사이의 유신 체제 시기에 해당한다.

- 경부 고속 국도가 개통되었다. : 1968년
- 중화학 공업을 적극 육성하였다. : 1972년
- 마산에 수출 자유 지역을 설정하였다. : 1970년
- 통일벼의 보급으로 쌀 자급이 가능해졌다. : 1972년
- 산유국의 건설 투자에 참여하여 1차 석유 파동을 극복하였다. : 1973년
- 부족한 전력을 해결하기 위해 고리 원자력 발전소를 건설하였다. : 1977년

정답 ③

05 ○△✓

다음과 관련된 노동 운동에 대한 설명으로 옳은 것은?

> 존경하는 대통령 각하! 저희들은 근로 기준법의 혜택을 조금
> 도 못 받으며, 더구나 2만여 명을 넘는 종업원의 90% 이상이
> 평균 연령 18세의 여성입니다. 1일 14시간의 작업 시간을 10
> 시간~12시간으로 단축하십시오. 1개월 휴일 2일을 일요일
> 마다 휴일로 쉬기를 희망합니다.

① 유신 체제가 몰락하는 계기가 되었다.

② 노사정 위원회 결성의 계기가 되었다.

③ 성장 위주의 경제 정책에 대항하여 일어났다.

④ 이 사건 이후 노동조합과 노동 쟁의에 규제가 대폭 완화되
었다.

정답의 이유

제시문은 1970년에 사망한 전태일의 편지이다. 정부의 수출주도형 경제 개
발 정책으로 인해 저곡가 정책과 저임금 정책이 지속되었다. 이로 인해 빈
부 격차가 심화되었으며, 노동자는 장시간 노동에 시달렸다. 이러한 상황에
서 전태일은 노동자의 권리를 요구하며 분신하였다.

오답의 이유

① 1979년에 일어난 YH 무역 사건은 유신 체제 몰락의 계기가 되었다.

② 외환위기를 극복하는 과정에서 2001년에 노사정 위원회가 설립되었다.

④ 노동 운동은 1980년대 군사 정부의 등장으로 주춤하였지만, 1987년 6월
민주 항쟁을 계기로 활발해졌다.

정답 ③

06 ○△×

(가)~(라) 시기에 나타난 경제 상황으로 옳지 않은 것은?

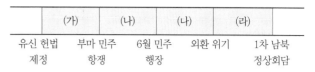

	(가)	(나)	(다)	(라)	
유신 헌법 제정	부마 민주 항쟁	6월 민주 행장	외환 위기	1차 남북 정상회담	

① (가) – 포항 제철소를 준공하였다.

② (나) – 저유가, 저달러, 저금리 상황을 배경으로 3저 호황
을 맞이하였다.

③ (다) – 경제 협력 개발 기구(OECD)에 가입하였다.

④ (라) – 미국과 자유 무역 협정(FTA)을 체결하였다.

정답의 이유

노무현 정부는 2004년에 한·칠레 FTA 체결을 시작으로, 2007년에는 미국과
FTA를 체결하였다. 따라서 (라)가 아니라 1차 남북 정상 회담 이후이다.

오답의 이유

① 1973년. ② 전두환 정부. ③ 1996년 김영삼 정부

정답 ④

01 ◯△✕

김일성의 독재 체제 확립 과정에 대한 설명으로 옳지 않은 것은?

① 6 · 25 전쟁 후 남로당, 연안파, 소련파 등 김일성 반대 세력이 숙청되었다.

② 1950년대에 생산성 향상을 위해 군중을 동원하여 '천리마 운동'을 전개하였다.

③ 1972년에 사회주의 헌법에 따라 김일성이 국가 주석에 취임하였다.

④ 1990년대에는 모든 분야에서 군의 선도적인 역할을 강조한 선군 사상이 부상하였다.

[정답의 이유]

김일성은 주체 사상을 내세워 독재 정치를 진행한 반면, 김정일은 선군 사상을 주장했다. 선군 사상은 군대가 사회를 이끈다는 것으로, 1998년 김정일의 국방위원장 취임과 함께 북한의 핵심적 통치방식으로 정착하였다.

[오답의 이유]

① 북한은 연합 정권의 성격을 띠고 출발했으나, 6 · 25 전쟁과 1956년 8월 종파 사건을 거치면서 김일성은 반대파를 숙청하고 독재 체제의 기반을 마련하였다.

② 천리마 운동은 하루에 천 리를 달리는 천리마처럼 주민들의 증산 의욕을 고취하려는 노동 경쟁 운동이다.

③ 북한은 1972년 7 · 4 남북 공동 성명을 발표한 후에 사회주의 헌법을 공포하였다. 이 헌법에서는 국가 주석제를 신설하고 주체사상이 공식적인 통치 이념으로 규정하였다.

정답 ④

02 ◯△✕

(가)~(라)에 들어갈 내용으로 옳지 않은 것은?

이승만 정부	(가)
장면 정부	유엔 감시하의 남북 총선거를 통한 통일 주장
박정희 정부	(나)
전두환 정부	최초의 이산 가족 고향방문 성사
노태우 정부	(다)
김영삼 정부	경수로 원자력 발전소 건설 지원
김대중 정부	(라)
노무현 정부	개성 공단 사업 실현, 남북 교류 확대

① 휴전 반대

② '선 건설, 후 통일' 주장

③ 한민족 공통체 통일 방안 제시

④ 한반도 비핵화 선언 합의

[정답의 이유]

한반도 비핵화 선언은 노태우 정부 시기인 1991년 겨울에 해당한다.

[오답의 이유]

① 이승만 정부는 '평양에서 점심을, 신의주에서 저녁을'이라는 구호를 내세우며 북진 통일을 주장하였다. 또한 휴전에 반대하여 정전 협정에 조인하지 않았다.

② 박정희 정부는 1972년 7 · 4 남북 공동 성명 전까지 '선 건설, 후 통일'을 내세우며 북한과의 관계 개선보다는 반공에 중점을 두었다.

③ 노태우 정부는 1989년에 통일 방안 3단계(화해와 협력 → 남북 연합 → 통일 국가 수립)를 담은 한민족 공동체 통일 방안을 제시하였다. 이는 현재까지 우리 정부의 통일 방안의 기본 원칙이다.

정답 ④

03 ⓞ△✕

(가)~(다)를 순서대로 바르게 나열한 것은?

> (가) 남과 북은 … 쌍방의 관계가 나라와 나라 사이의 관계가 아닌 통일을 지향하는 과정에서 잠정적으로 형성되는 특수 관계라는 것을 인정하고, 평화통일을 성취하기 위한 공동의 노력을 경주할 것을 다짐하면서, 다음과 같이 합의하였다.
>
> (나) 1. 남과 북은 나라의 통일문제를 그 주인인 우리 민족끼리 서로 힘을 합쳐 자주적으로 해결해 나가기로 하였다.
>   2. 남과 북은 나라의 통일을 위한 남측의 연합제 안과 북측의 낮은 단계의 연방제 안이 서로 공통성이 있다고 인정하고 앞으로 이 방향에서 통일을 지향시켜 나가기로 하였다.
>
> (다) 첫째, 통일은 외세에 의존하거나 외세의 간섭을 받지 않고 자주적으로 해결해야 한다. 둘째, 통일은 상대를 반대하는 무력행사에 의거하지 않고 평화적 방법으로 실현해야 한다. 셋째, 사상과 이념, 제도의 차이를 초월하여 하나의 민족으로서 대단결을 도모하여야 한다.

① (가) – (나) – (다) ② (나) – (가) – (다)
③ (다) – (가) – (나) ④ (다) – (나) – (가)

[정답의 이유]

(다) 1972년에 발표된 7 · 4 남북 공동 성명의 일부분으로, '자주 – 평화 – 민족 대단결'의 통일 3대 원칙이 명시되어 있다.

(가) '남북은 특수 관계'를 통해 1991년에 합의한 남북 기본 합의서 중 일부분임을 알 수 있다.

(나) '남측의 연합제 안과 북측의 낮은 연방제 안이 서로 공통성이 있다'는 내용은 2000년 제1차 남북 정상 회담의 결과물인 6 · 15 남북 공동 선언의 내용이다.

정답 ③

04 ⓞ△✕

다음 자료에 나타난 선언에 따른 실천 내용으로 옳은 것은?

> 남과 북은 경제 협력을 통하여 민족 경제를 균형적으로 발전시키고 사회, 문화, 체육, 보건, 환경 등 제반 분야의 협력과 교류를 활성화하여 서로 신뢰를 도모한다.

> ㄱ. 개성공단을 조성하였다.
> ㄴ. 남북 적십자 회담을 처음 개최하였다.
> ㄷ. 끊어진 경의선 복원공사에 착수하였다.
> ㄹ. 현대그룹의 정주영 명예회장이 500마리의 소를 이끌고 북한을 방문하였다.

① ㄱ, ㄴ ② ㄱ, ㄷ
③ ㄴ, ㄷ ④ ㄴ, ㄹ

[정답의 이유]

제시문은 2000년에 합의된 6 · 15 남북 공동 선언의 일부분이다. 여기서는 남북간 경제 협력과 사회 · 문화 교류의 활성화, 이산가족의 교환 방문 등을 합의하였다.

ㄱ. 개성공단은 노무현 정부 때 준공되어 운영을 시작하였다.

ㄷ. 경의선 복구 사업은 6 · 15 남북 공동 선언 이후 추진되어 노무현 정부 때인 2007년에 시험 운행에 성공했다. 하지만 이명박 정부에 들어서 남북 관계가 경색되며 사업이 중단되었다.

[오답의 이유]

ㄴ. 1971년에 처음으로 남북 적십자 회담이 개최되어 이산가족 상봉에 대한 논의가 시작되었다.

ㄹ. 김대중 정부 출범 직후인 1998년에 정주영은 소떼를 몰고 방북하였다.

정답 ②

PART

02

최종모의고사

CHAPTER 01

최종모의고사 1회

01 ○△✕

밑줄 친 내용의 근거로 적절한 것을 고른 것은?

기원전 5세기경부터 우리나라에서 철기가 사용되었다. 철제 농기구와 무기의 보급으로 농업 생산력이 크게 향상되어 경제 기반이 확대되었고, 정복 전쟁도 활발해졌다. 이에 따라 부족 간의 교역이 널리 확대되었으며 중국과도 활발하게 교류하였다.

ㄱ. 사천 늑도 유적에서 출토된 반량전
ㄴ. 경남 창원 다호리 유적에서 출토된 붓
ㄷ. 비파형 동검에서 세형동검으로의 변화
ㄹ. 부산 동삼동에서 출토된 흑요석제 석기

① ㄱ, ㄴ   ② ㄱ, ㄷ
③ ㄴ, ㄷ   ④ ㄴ, ㄹ

02 ○△✕

진흥왕에 대한 설명 중 옳은 것은 모두 몇 개인가?

(가) 금관가야를 병합하였다.
(나) 화랑도를 국가 조직으로 개편하였다.
(다) 신주를 설치하고 김무력을 군주에 임명하였다.
(라) 불교 교단을 정비하여 사상적 통합을 도모하였다.
(마) 김춘추를 고구려에 보내 군사적 도움을 요청하였다.
(바) 영토 확장 후 '순수관경'을 새긴 비석을 곳곳에 건립하였다.

① 1개   ② 2개
③ 3개   ④ 4개

03 ○△✕

다음 정치 조직을 갖춘 나라에 대한 설명으로 옳은 것은?

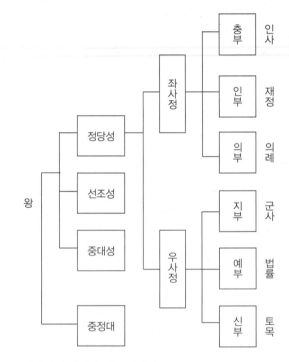

① 백성에게 정전을 지급하였다.
② 대간이 서경권, 간쟁권 등을 행사했다.
③ 5부에는 욕살, 성에는 처려근지를 파견하였다.
④ 중앙군으로 10위를 두고 왕궁과 수도의 경비를 담당하게 하였다.

04 ☐○△✕

다음 자료에 대한 설명으로 옳은 것은 모두 몇 개인가?

> 본 고을 사해점촌은 넓이가 5,725보이나. 호수는 모두 11호이다. 사람 수는 모두 147명이다. … 지난 3년 사이에 다른 마을에서 이사 온 사람은 모두 2명인데, … 말은 모두 25마리이다. … 논은 모두 102결이다. 뽕나무는 모두 1,004그루이다.

> ㄱ. 지방관이 3년마다 작성하였다.
> ㄴ. 수목의 종류와 수 등도 기록되었다.
> ㄷ. 비옥도에 따라 토지는 6등급으로 나누었다.
> ㄹ. 서원경 부근 4개 촌락에 대한 경제 상황을 보여준다.
> ㅁ. 인구는 남녀를 연령에 따라 6단계로 구분하여 조사하였다.

① 2개   ② 3개
③ 4개   ④ 5개

05 ☐○△✕

다음 고분에 대한 설명으로 옳은 것은?

무령왕릉 내부 사진

> ㄱ. 중국 남조의 영향을 받아 만들어졌다.
> ㄴ. 왕릉 주위 둘레돌에 12지 신상을 조각하였다.
> ㄷ. 건국 세력이 고구려와 관련 있다는 건국 신화를 뒷받침한다.
> ㄹ. 묘지석이 발견되어 피장자와 제작 시기를 확실히 알 수 있는 무덤이다.

① ㄱ, ㄴ   ② ㄱ, ㄹ
③ ㄴ, ㄷ   ④ ㄷ, ㄹ

06 ☐○△✕

다음 자료를 남긴 왕의 업적으로 옳은 것은?

> 1조 불교의 힘으로 나라를 세웠으므로, 사찰을 세우고 주지를 파견하여 불도를 닦도록 하라.
> 2조 도선의 풍수사상에 따라 사찰을 세우고, 함부로 짓지 말라.
> 4조 우리나라와 중국은 지역과 사람의 인성이 다르므로 중국의 문화를 반드시 따를 필요가 없으며, 거란은 짐승과 같은 나라이므로 그들의 의관 제도는 따르지 말라.

> ㄱ. 사심관, 기인 제도를 통해 호족을 견제하였다.
> ㄴ. 민족을 통합하고자 발해의 유민을 적극 받아들였다.
> ㄷ. 음서제를 마련하여 문벌 귀족의 특권을 인정하였다.
> ㄹ. 북진 정책을 통해 대동강에서 원산만에 이르는 지역까지 영토를 확장하였다.

① ㄱ, ㄴ
② ㄱ, ㄴ, ㄷ
③ ㄱ, ㄴ, ㄹ
④ ㄱ, ㄴ, ㄷ, ㄹ

07 ◯△✕

(가)와 (나) 사이의 시기에 있었던 사실로 적절하지 <u>않은</u> 것은?

> (가) 『향약구급방』이 편찬되었다.
> (나) 정도전이 『불씨잡변』을 집필하였다.

① 송의 사신 서긍이 『고려도경』을 지었다.
② 이암이 『농상집요』가 원에서 들어왔다.
③ 개성에 경천사지 10층 석탑을 건립하였다.
④ 대장도감을 설치하고 고려대장경을 제작하였다.

08 ◯△✕

㉠~㉣에 대한 설명으로 옳지 <u>않은</u> 것은?

> 우리나라가 중국 조정을 섬겨 온 것이 2백여 년이다. 의리로
> 는 군신이며, 은혜로는 부자와 같다. ㉠ 임진년에 입은 은혜
> 는 만세토록 잊을 수 없는 것이다. … ㉡ 이 왕은 배은망덕하
> 여 천명을 두려워하지 않고, 속으로 다른 뜻을 품고 ㉢ 오랑
> 캐에게 성의를 베풀었다. 기미년(1619) 오랑캐를 정벌할 때
> 에는 ㉣ 은밀히 장수를 시켜 동태를 보아 행동하게 하였다.

① ㉠ - 조·명 연합군은 평양과 직산에서 왜군을 격퇴하였다.
② ㉡ - 계해약조를 체결하여 부산포, 제포, 염포를 개방하였다.
③ ㉢ - 오랑캐는 여진족을 말하며, 이들은 후금을 건국하였다.
④ ㉣ - 강홍립이 이끄는 조·명 연합군이 후금에 패배하였다.

09 ◯△✕

빈칸에 들어갈 용어로 옳은 것은?

> • 16세기에 이르러, 중앙 관청의 서리가 대신 공물을 국가에
> 내고 그 대가를 비싸게 책정하여 농민에게 받아내는 (㉠)
> 의 폐단이 나타났다.
> • 중종 때에는 군포 수취를 양성화하여 매년 군포 2필을 받
> 고 군역을 면제하여 주는 (㉡)을/를 시행하였다.

	㉠	㉡
①	방납	대립제
②	방납	군적수포제
③	진상	대립제
④	진상	군적수포제

10 ◯△✕

밑줄 친 '이 인물'에 대한 설명으로 옳은 것은?

> • 천원 권에 등장하는 <u>이 인물</u>은 우리나라 성리학 발달에 크
> 게 기여하였습니다.
> • 안동에 있는 도산 서원은 <u>이 인물</u>의 학문과 덕행을 추모하
> 기 위해 세워졌습니다.

> ㄱ. 이통기국론을 주장하였다.
> ㄴ. 인간의 도덕적 행위의 근거로서 심성을 중시하였다.
> ㄷ. 『성학십도』와 『주자서절요』 등의 저서를 남겼다.
> ㄹ. 서리망국론을 부르짖으며 당시 서리의 폐단을 강력하게
> 비판하였다.

① ㄱ, ㄴ   ② ㄱ, ㄷ
③ ㄴ, ㄷ   ④ ㄴ, ㄹ

11

밑줄 친 왕의 재위 기간에 해당하는 내용으로 옳은 것은 몇 개인가?

> 농사는 천하의 대본이다. 우리 주상 전하께서는 정사에 힘을 써 더욱 백성 일에 마음을 두셨다. 지방마다 풍토가 같지 아니하여 곡식을 심고 가꾸는 법이 각기 맞는 게 있어, 옛글과 다 같을 수 없다 하여, 여러 도의 감사에게 명하여 고을의 늙은 농부들에게 물어 이미 그 효과가 입증된 것을 아뢰게 하시고 …

> (가) 한글로 『용비어천가』를 간행하였다.
> (나) 『농상집요』를 편찬하여 보급하였다.
> (다) 4군과 6진을 설치하여 영토를 확장하였다.
> (라) 한양 기준의 역법서인 『칠정산』을 편찬하였다.
> (마) 연분 9등법을 시행하여 전세를 차등 있게 거두었다.
> (바) 고조선에서 고려 말까지의 전쟁사를 정리하여 『동국병감』을 간행하였다.

① 2개   ② 3개
③ 4개   ④ 5개

12

㉠~㉣ 정치 세력에 대한 설명으로 옳지 <u>않은</u> 것은?

시기	선조	광해군	인조 ~ 현종
내용	사림 ㉠	㉡	
		㉢	
			㉣

① ㉠ – 갑인 예송을 계기로 강경파인 ㉡과 온건파인 ㉢으로 분당되었다.
② ㉡ – 임진왜란 때 의병장을 많이 배출하였다.
③ ㉢ – 두 차례 예송에서 국왕의 권위를 일관되게 주장하였다.
④ ㉣ – 북벌 운동을 통해 그들의 군사적 기반을 강화하였다.

13

(가) 종교에 대한 설명으로 옳지 <u>않은</u> 것은?

> 내가 또한 동방에 대이니서 동방의 가르침을 받았으니, 도는 비록 천도이나 학은 ___(가)___ (이)니라. … 우리 도는 이 땅에서 받았으니 이 땅에서 먼저 펴 나가면 자연히 온 세계로 퍼져 나갈 것이니, 어찌 이것을 서학의 이름으로 말할 수 있겠는가.
>
> – 『동경대전』 –

① 백서 사건으로 정부와 갈등을 빚었다.
② 19세기에 삼남 지방을 중심으로 급속히 교체가 확산되었다.
③ 삼례와 보은에서 대규모 집회를 열고 포교의 자유를 요구하였다.
④ 이용구 등 친일파와 결별하고 1906년에 천도교로 개편하였다.

14

(가), (나) 사이의 시기에 있었던 사실로 옳은 것은?

> (가) 오페르트가 무장한 선원을 동원하여 남연군의 묘를 도굴하려 하였다.
> (나) 전국 각지에 척화비를 세워 통상을 거부한다는 의지를 널리 알렸다.

① 운요호가 초지진을 포격하였다.
② 5군영을 무위영, 장어영으로 통합하였다.
③ 초지진이 함락되고 어재연은 광성보에서 항전하였다.
④ 평안감사 박규수는 화공작전을 펴서 제너럴셔먼호를 격침하였다.

15 ◯△✕

다음 자료와 관련이 있는 단체에 대한 설명으로 옳은 것은?

> 1. 외국인에게 의지하지 아니하고 괸민이 협력하여 전제 황권을 공고히 할 것
> 2. 외국과의 이권에 관한 계약과 조약은 각 대신과 중추원 의장이 함께 서명할 것
> 3. 국가 재정은 탁지부에서 모두 관리하고, 예산과 결산을 인민에게 공포할 것

> ㄱ. 공화정체의 근대 국가를 수립하려고 하였다.
> ㄴ. 설립 초기 관료와 지식인을 중심으로 운영되었다.
> ㄷ. 의회 설립 운동을 통해 박정양 내각 수립에 성공했다.
> ㄹ. 민족 산업을 육성하기 위하여 자기 회사 등을 운영하였다.

① ㄱ, ㄴ ② ㄱ, ㄷ
③ ㄴ, ㄷ ④ ㄴ, ㄹ

16 ◯△✕

(가) 시기에 있었던 사실로 옳은 것은?

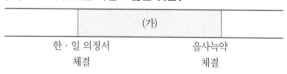

한·일 의정서 체결 ――― (가) ――― 을사늑약 체결

> ㄱ. 대한제국의 고종황제는 국외 중립을 선언하였다.
> ㄴ. 일본과 미국은 가쓰라·태프트 밀약을 체결하였다.
> ㄷ. 일본이 추천하는 고문이 외교와 재정 정책에 영향력을 행사하였다.
> ㄹ. 한성의 여러 나라 공사관이 폐쇄되었고 외국 주재 한국 공사가 소환되었다.

① ㄱ, ㄴ ② ㄱ, ㄷ
③ ㄴ, ㄷ ④ ㄴ, ㄹ

17 ◯△✕

다음과 같은 법령이 제정, 시행되었던 시기의 모습으로 옳은 것은?

> 제1조 조선에 있는 조선인의 교육은 본령에 따른다.
> 제4조 교육은 크게 나누어 보통 교육, 실업 교육 및 전문 교육으로 한다.
> 제5조 보통 교육은 보통의 지식 기능을 부여하고, 특히 국민된 성격을 함양하며, 국어(일본어)를 보급함을 목적으로 한다.
>
> – 조선 총독부 관보 제304호 –

> ㄱ. 면 협의회에 참여하는 한국인 재력가
> ㄴ. 치안유지법 위반으로 체포당하는 독립 운동가
> ㄷ. 4년간의 공부를 마치고 보통학교를 졸업하는 학생
> ㄹ. 정식 재판 없이 범죄즉결례에 의해 처벌 받는 농민

① ㄱ, ㄴ ② ㄱ, ㄷ
③ ㄴ, ㄷ ④ ㄷ, ㄹ

18 ◯△✕

밑줄 친 조직에 대한 설명으로 옳은 것은?

> 이 부대는 중국 관내 최초의 한국인 무장 부대로서 일본군에 대한 심리전이나 후방 공작 활동을 전개하였다.

① 영흥가, 흥경성 전투에서 승리하였다.
② 총사령에 지청천, 참모장에 이범석을 선임하였다.
③ 중국 공산당 군대와 함께 대일 항전을 수행하였다.
④ 중국 국민당 정부의 지원을 받아 우한에서 창설되었다.

19 ⊙△✕

(가), (나)에 대한 설명으로 옳은 것은?

가. 1952년 정부의 개헌안과 국회에 제출된 개헌안의 일부 내용을 절충한 헌법 개정안을 무리하게 통과시켰다.

나. 초대 대통령에 한해 연임 횟수 제한을 없앤다는 내용의 개헌안을 통과시켰다.

ㄱ. (가) – 국민투표를 통해 개헌이 확정되었다.

ㄴ. (가) – 절충 개헌안은 대통령 직선제가 주요 골자였다.

ㄷ. (나) – 사사오입의 논리가 강제로 적용되었다.

ㄹ. (나) – 진보당 사건으로 인한 민심 악화 상황을 극복해 보려는 정부의 의도가 반영되었다.

① ㄱ, ㄴ   ② ㄱ, ㄷ
③ ㄴ, ㄷ   ④ ㄴ, ㄹ

20 ⊙△✕

다음은 우리나라 경제 성장의 성과를 정리한 것이다. 순서대로 옳게 나열한 것은?

ㄱ. 수출 100억 달러를 달성했다.

ㄴ. 최초로 무역 흑자를 달성했다.

ㄷ. 1인당 국민 소득 1만 달러를 달성했다.

ㄹ. 개발도상국 지원을 위해 한국 국제 협력단(KOICA)를 설립했다.

① ㄱ – ㄴ – ㄷ – ㄹ   ② ㄴ – ㄱ – ㄷ – ㄹ
③ ㄱ – ㄴ – ㄹ – ㄷ   ④ ㄴ – ㄷ – ㄱ – ㄹ

01 ○△×

(가)에 들어갈 사건이나 상황으로 옳은 것은?

위만이 준왕의 신임을 받아 서쪽 변경을 수비하는 임무를 맡게 되었다.

↓

(가)

↓

한 사신인 섭하가 패수에서 고구려 관리를 살해했다.

① 철기 무기를 이용하여 세력을 확장하였다.

② 왕 아래에는 상, 대부, 장군 등의 관직을 두었다.

③ 중국 세력과의 전쟁에서 서쪽의 영토 2,000여 리를 빼앗겼다.

④ 한이 누선장군 양복과 좌장군 순체 등을 앞세워 고조선을 침략하였다.

02 ○△×

다음에 제시된 역사적 사건들을 시간 순서대로 옳게 나열한 것은?

ㄱ. 신라가 우산국을 정복하였다.

ㄴ. 관산성 전투에서 성왕이 전사하였다.

ㄷ. 가야 연맹의 맹주가 금관가야에서 대가야로 변경되었다.

ㄹ. 대야성을 함락시켜 낙동강 서쪽의 옛 가야 지역을 대부분 차지하였다.

① ㄱ → ㄷ → ㄴ → ㄹ

② ㄴ → ㄱ → ㄷ → ㄹ

③ ㄷ → ㄴ → ㄱ → ㄹ

④ ㄷ → ㄱ → ㄴ → ㄹ

03 ○△×

이 나라에 대한 설명으로 옳은 것은?

큰 산과 깊은 골짜기가 많고 평원과 연못이 없어서 계곡을 따라 살며, 골짜기 물을 식수로 마셨다. 좋은 밭이 없어서 힘들여 일구어도 배를 채우기는 부족하였다. …(중략)… 백성들은 노래하며 유희를 즐긴다. 큰 창고는 없고 집집마다 조그만 창고가 있는데 이름을 부경이라 한다.

– 『삼국지』 위서 동이전 –

ㄱ. 일반 농민은 연수유전·답을 소유하고 경작하였다.

ㄴ. 죄를 지으면 본관지로 귀향시키는 형벌이 적용되었다.

ㄷ. 봄에 곡식을 빌려 주고 가을에 갚도록 하는 진대법을 시행하였다.

ㄹ. 형이 죽으면 동생이 형수와 같이 사는 혼인제도의 풍습에 따라 고국천왕 사후 왕비는 왕의 동생과 결합하였다.

① ㄱ, ㄴ

② ㄱ, ㄹ

③ ㄴ, ㄷ

④ ㄷ, ㄹ

04

□△×

ㄱ~ㄹ에 관한 설명으로 옳은 것을 모두 고르면?

> ㄱ. 발해관 – 당과의 교역을 위해 상성에 설치한 기관이나.
> ㄴ. 법화원 – 일본 승려 엔닌이 신라인을 위해 세운 절이다.
> ㄷ. 청해진 – 흥덕왕이 장보고의 요청을 받아들여 완도에 설치하였다.
> ㄹ. 울산항 – 이슬람 상인들이 들어와 무역을 하였다.

① ㄱ, ㄴ

② ㄱ, ㄹ

③ ㄴ, ㄷ

④ ㄷ, ㄹ

05

□△×

다음 시를 지은 시기의 정치 상황으로 옳은 것은?

> "가을바람에 괴롭게 읊조리나니
> 세상에 날 알아주는 이 적구나.
> 창밖에는 밤 깊도록 비만 내리는데
> 등불 앞 마음은 만 리(萬里) 밖을 내닫네."
>
> – 가을밤 빗속에서(秋夜雨中) –

① 조광조 일파는 기묘사화로 몰락하였다.

② 연이는 환국으로 정국이 혼란에 빠졌다.

③ 무신정변으로 문신의 등용이 사실상 막혔다.

④ 원종과 애노가 정부의 조세 독촉에 저항해 봉기하였다.

06

□△×

(가), (나) 사이에 있었던 사실로 옳은 것은?

> (가) 어느 날 왕이 보현원에서 술을 마시고 있다가 대장군 이소응으로 하여금 수박희를 시켰다. … "이소응이 비록 무관이나 벼슬이 3품인데 어찌 이렇게 심한 모욕을 주는가." 왕이 정중부의 손을 잡고 달래서 말렸다.
> (나) 나라 안에 도적이 많은 것을 근심하여 용사를 보내 매일 밤 순행하며 폭행을 막게 하고 야별초라고 불렀다. 도적이 여러 도에서 일어나자 별초를 나누어 보내 잡게 하였는데 군사가 많아지니 좌 · 우별초로 나누었다.

① 봉사 10조의 개혁안이 제시되었다.

② 금속 활자로 『상정고금예문』을 인쇄하였다.

③ 광덕, 준풍이라는 독자적 연호를 제정하였다.

④ 국호를 대위, 연호를 천개라 정한 세력들이 중앙 정부에 반기를 들었다.

07

□△×

전시과 제도에서 지급된 토지에 대한 설명으로 옳은 것은?

> ㄱ. 과전 – 문무 관리에게 지급되었다.
> ㄴ. 공음전 – 자손에게 세습할 수 있었다.
> ㄷ. 한인전 – 중앙 군인에게 지급되었다.
> ㄹ. 구분전 – 하급 관리의 유가족과 가족이 없는 퇴역 군인에게 지급되었다.

① ㄱ, ㄴ

② ㄴ, ㄷ

③ ㄱ, ㄴ, ㄹ

④ ㄱ, ㄷ, ㄹ

08

□△×

고려 가족 질서에 대한 설명으로 옳지 않은 것은?

① 친족 용어에서 부계와 모계를 구분하지 않았다.

② 고려 초에 왕실에서는 친족 간의 혼인이 성행하였다.

③ 여성의 재가를 금지하고 과부에 대해 정절을 강요하였다.

④ 호적에는 연령순으로 기재하였고, 여성도 호주가 가능하였다.

09 ◯△✕

(가)에 들어갈 사건으로 옳은 것은?

조서은 후금과 형제 관계를 맺었다.

↓

(가)

↓

인조는 남한산성으로 피신하였으나 결국 청과 강화하였다.

① 중강 개시가 재개되었다.

② 정봉수와 이립 등이 의병을 일으켰다.

③ 국방력 강화를 위해 어영청과 총융청을 설치하였다.

④ 송시열, 송준길, 이완을 중용하여 군대를 양성하였다.

10 ◯△✕

아래의 건축물과 관련된 설명으로 옳은 것은?

이 건축물은 주택, 사원, 정자의 건축 양식이 배합된 것으로 강당을 중심으로 좌우에 기숙사인 재를 배치하고, 강당 북쪽에 선현의 제사를 모시는 사당을 두었다.

① 이곳에 소속된 회원들의 명부를 단안이라 한다.

② 붕당 정치가 전개될 때 붕당의 근거지 역할을 하였다.

③ 규모와 지역에 따라 중앙에서 교수 또는 훈도를 파견하였다.

④ 최고 학부 구실을 하였고 입학자격은 생원, 진사를 원칙으로 하였다.

11 ◯△✕

정조가 실시한 정책을 모두 고른 것은?

가. 준론 탕평
나. 초계문신제 실시
다. 중앙 관청의 노비 해방
라. 규장각을 정치 기구로 육성
마. 산림(山林)의 존재 부정
바. 군주도통론에 입각한 '의리주인(義理主人)' 강조

① 가, 다, 바   ② 나, 라, 마

③ 가, 나, 라, 바   ④ 나, 다, 라, 바

12 ◯△✕

(가)와 관련된 상황으로 옳지 않은 것은?

숙종 4년 1월 을미, 대신과 여러 신하들을 접견하고 비로소 이 일을 정하였다. 허적과 권대운 등이 시행하기를 청하였다. 왕이 여러 신하에게 물으니, 신하들이 모두 그 편리함을 말하였다. 왕이 그대로 해당 관청에 명하여 (가)을/를 주조하여 돈 4백문을 은 1냥 값으로 정하여 시중에 유통하게 하였다.

① 이익은 (가)의 유익함을 주장하였다.

② 대동법의 실시로 조세의 금납화가 확대되었다.

③ (가)이/가 재산 축적에 이용되면서 18세기 전반에 전황이 발생하였다.

④ 호조뿐만 아니라 각 관청이나 군영에서도 (가)을/를 주조할 수 있었다.

13

다음 건축물의 공통점으로 옳은 것은?

법주사 팔상전

금산사 미륵전

① 선종 중심으로 교종을 통합하는 과정에서 건립되었다.

② 간경도감을 설치하는 등의 불교 진흥책이 추진되었다.

③ 불교의 사회적 지위와 양반 지주층의 경제력이 향상이 반영되었다.

④ 사회적으로 크게 성장한 부농과 상인의 지원을 받아 건립되었다.

14

1876년에 체결된 조약의 내용으로 옳은 것은?

```
ㄱ. 영사 재판권 허용
ㄴ. 거중 조정 포함
ㄷ. 최혜국 대우 허용
ㄹ. 양곡의 무제한 유출 허용
ㅁ. 외국 상인의 내륙 진출 허용
ㅂ. 개항장 내 일본 화폐 유통 허용
```

① ㄱ, ㄷ, ㄹ
② ㄱ, ㄹ, ㅂ
③ ㄴ, ㄷ, ㅁ
④ ㄷ, ㄹ, ㅁ

15

이 조약에 대한 설명으로 옳은 것은?

> **제3조** 조선국은 5만 원을 내어 해를 당한 일본 관리들의 유족 및 부상자에게 주도록 한다.
> **제5조** 일본 공사관에 군인 약간을 두어 경비한다. 그 비용은 조선국이 부담한다.

① 메가타와 스티븐스가 고문으로 파견되었다.

② 이 조약에 따라 박영효가 사죄사 명목으로 파견되었다.

③ 일본에게 최혜국 대우를 인정함에 따라 내지통상을 허용받았다.

④ 민씨 정권은 일본 공사관 신축 비용 부담과 배상금 지급을 약속하였다.

16

(가)~(라) 시기의 경제 상황에 대한 설명으로 옳은 것은?

	(가)	(나)	(다)	(라)	
강화도 조약		임오 군란	청·일 전쟁	아관 파천	정미 7조약

① (가) – 청·일 상인들이 한성에 점포를 개설하였다.

② (나) – 경인선 등 주요 철도 부설권이 열강에 넘겨졌다.

③ (다) – 조선에 대한 청과 일본의 수출 총액이 거의 비슷해졌다.

④ (라) – 황국 중앙 총상회가 상권 수호 운동을 하였다.

17 ☐○△✕

(가), (나)에 대한 설명으로 옳은 것은?

> (가) 우리들의 운명을 이렇게 개척될까? 그 기초가 되고 요긴
> 이 되며 가장 급무가 되고 가장 선결의 필요가 있으며 가
> 장 필요한 수단은 교육이 아니면 불능하도다. 교육은 우
> 리의 진로를 개척함에 있어 유익한 방편이요, 수단임이
> 분명하다. 대학의 설립을 빼고는 다시 다른 길이 없도다.
>
> (나) 전 인구의 1천분의 20밖에 문자를 이해하지 못하고, 학
> 령 아동의 3할 밖에 취학할 수 없는 현하 조선 상태에 있
> 어서, 간단하고 쉬운 문자의 보급은 민족이 가질 최대의
> 긴급사라 하겠다.

> ㄱ. (가) 제2차 조선교육령이 배경이 되었다.
> ㄴ. (가) 경성 제국 대학의 설립에 맞서 전개되었다.
> ㄷ. (나) 조선일보는 '한글원본'을 제작, 배포하였다.
> ㄹ. (나) 교육 기관의 설립을 위해 모금 운동을 전개하였다.

① ㄱ, ㄴ   ② ㄱ, ㄹ
③ ㄴ, ㄷ   ④ ㄴ, ㄹ

18 ☐○△✕

(가)와 (나) 사이의 시기에 전개된 대한민국 임시 정부의 활동으로 옳은 것은?

> (가) 상하이에서 설립한 제도와 인선은 없는 것으로 하고 한
> 성 정부의 집정관 총재 제도와 그 인선을 채용하되, 상하
> 이에서 정부 수립 이래 실시한 행정은 그대로 유효를 인
> 정할 것이다.
>
> (나) 본 국민대표 회의는 2천만 민중의 공정한 뜻에 바탕을
> 둔 국민적 대회합으로 최고의 권위를 가지고 국민의 완
> 전한 통일을 공고하게 하며 광복 대업의 근본 방침을 수
> 립하여 우리 민족의 자유를 만회하며 독립을 완성하기를
> 기도하고 이에 선언하노라.

① 박은식이 대통령제를 국무령제로 바꾸었다.
② 한인 애국단을 조직하여 의열 투쟁을 전개하였다.
③ 총판, 독판, 군감, 면감으로 구성된 연통제를 운영하였다.
④ 상하이를 떠나 중국 각지를 이동하다가 충칭에 정착하였다.

19 ☐○△✕

ㄱ~ㄹ을 순서대로 옳게 나열한 것은?

> ㄱ. 김구와 김규식이 평양에서 남북 협상을 신생하였나.
> ㄴ. 북한과 소련이 유엔 한국 임시 위원단의 입북을 거부하였다.
> ㄷ. 이승만이 '정읍 발언'을 통해 남한 단독정부 수립을 주장
> 하였다.
> ㄹ. 유엔 소총회에서 선거가 가능한 지역에서만 총선거를 실
> 시하는 안이 결의되었다.

① ㄴ - ㄷ - ㄱ - ㄹ   ② ㄴ - ㄹ - ㄱ - ㄷ
③ ㄷ - ㄴ - ㄹ - ㄱ   ④ ㄷ - ㄱ - ㄹ - ㄴ

20 ☐○△✕

(가)에 대한 설명으로 옳지 않은 것은?

> 세계 경제 상황이 악화되고 닉슨 독트린이 발표되면서 남북한
> 당국은 통일 정책에 대한 변화를 모색하였다. 이에 따라
> (가) 이(가) 발표되고 남북통일과 평화 유지, 교류와 협
> 력을 추진하기 위한 기구로 남북 조절 위원회가 설치되었다.

① 서울과 평양에서 동시에 발표되었다.
② 정부 간의 비밀 회담을 통해 성사되었다.
③ 남북한 정부 간에 최초로 공식 합의된 문서이다.
④ 자주, 평화, 민족대단결이라는 통일의 3대 원칙을 제시하
  였다.

| 빠른 정답 | | | | | | 나의 점수 | | | 점 |

01	02	03	04	05	06	07	08	09	10
①	④	④	②	②	①	①	②	②	③
11	12	13	14	15	16	17	18	19	20
③	①	①	③	③	③	④	④	③	③

01 ◯△✕ 정답 ①

영역 여러 나라의 성장>고조선 난도 **중**

[정답의 이유]
중국과의 교류를 알려주는 유물로는 명도전, 반량전, 오수전, 다호리 출토 붓 등이 있다.

[오답의 이유]
ㄷ. 세형동검은 한반도 청동기가 독자적으로 발전했음을 알려준다.
ㄹ. 부산 동삼동에서 출토된 흑요석제 석기는 일본 규슈에서 전래된 것으로, 선사 시대에 원거리 교류가 이뤄졌음을 알려준다.

02 ◯△✕ 정답 ④

영역 고대의 정치>신라 난도 **중**

[정답의 이유]
(다) 진흥왕은 553년에 한강 하류를 점령하고 신주를 설치하였다. 이로 인해 나제 동맹은 결렬되었고, 백제 성왕은 대규모 군대를 동원하였으나 554년에 관산성 전투에서 패배하였다.
(라) 진흥왕은 불교 교단을 정비하여 국통–주통–군통으로 체계화시켰고, 국통에 고구려 출신 승려인 혜량을 임명했다.
(바) 창녕비를 제외한 북한산비, 황초령비, 마운령비에는 진흥왕의 순수를 기념하여 "순수 관경"이라는 문구가 기록되어 있다. 하지만 통상적으로 위 4개의 비석을 묶어 진흥왕 순수비라 부른다.

[오답의 이유]
(가) 법흥왕은 532년에 금관가야를 정복했으며, 진흥왕은 562년에 대가야를 복속하였다.
(마) 선덕여왕 때 백제의 공격으로 대야성을 비롯한 다수의 성을 빼앗기자, 김춘추를 고구려에 보내어 군사적 도움을 요청하였다.

03 ◯△✕ 정답 ④

영역 고대의 정치>발해 난도 **하**

[정답의 이유]
발해의 중앙군은 10위, 통일신라의 중앙군은 9서당이다.

[오답의 이유]
① 통일신라는 성덕왕 시기에 정전을 백성에게 지급하였다.
② 고려의 낭사와 어사대 관원, 그리고 조선의 사헌부와 사간원의 관원을 대간이라 부른다. 이들은 서경권, 간쟁권, 봉박권을 행사하며 왕권을 견제하였다.
③ 고구려의 지방관은 욕살과 처려근지, 백제는 방령과 군장, 신라는 군주와 태수라고 한다. 반면 발해의 지방관은 도독과 자사라 불렀다.

04 ◯△✕ 정답 ②

영역 고대의 경제>민정 문서 난도 **중**

[정답의 이유]
사료는 통일신라에서 작성한 '민정 문서'의 일부분이다.
ㄴ. 뽕나무, 잣나무 등의 수가 기재되어 있어 이것이 과세의 대상임을 알 수 있다.
ㄹ. 사해점촌, 살하지촌 등 서원경 부근의 4개 촌락에 대한 정보를 담고 있다.
ㅁ. 인구를 연령과 성별에 따라 6등급으로 구분하고, 호구는 상상호에서 하하호까지 9등급으로 나누었다.

[오답의 이유]
ㄱ. 민정문서는 지방관이 아닌 촌주가 3년마다 작성하였다.
ㄷ. 비옥도에 따라 6등급으로 구분한 것은 조선 세종 때의 전분 6등법에 해당한다.

05 ⃝△✕

영역 고대의 문화>고분   난도 **중**

정답의 이유

사진은 무령왕릉 내부 모습이다.

ㄹ. 무령왕릉은 왕과 왕비의 지석이 출토되어 무덤의 주인공과 축조 연대가 확실히 밝혀졌다.

오답의 이유

ㄴ. 통일 신라 시대에는 규모가 작은 굴식 돌방무덤을 조성하였다. 무덤의 봉토 주위에는 둘레돌을 두르고, 그 둘레돌에 12지 신상을 조각하였다.

ㄷ. 서울 석촌동 돌무지 무덤에 대한 설명이다.

06 ⃝△✕

정답 ①

영역 중세의 정치>태조   난도 **중**

정답의 이유

사료는 왕건의 훈요 10조이다.

ㄱ. 태조는 호족을 견제하고 지방 통치를 보완하기 위해 사심관과 기인 제도를 활용하였다.

ㄴ. 대광현을 비롯한 발해 유민이 남하하자 태조는 그들을 받아들였다.

오답의 이유

ㄷ. 음서제는 성종 때 처음 실시되었으며, 목종 때 제도화되었다.

ㄹ. 대동강~원산만은 신라가 삼국 통일한 북방 한계선이다. 태조는 북진 정책의 결과 청천강~영흥만까지 영토를 확장하였다.

07 ⃝△✕

정답 ①

영역 중세의 문화>원의 영향   난도 **하**

정답의 이유

(가) 강화도 천도 직후인 1236년(추정)에 『향약구급방』을 편찬하였다. (다) 정도전은 조선 건국 직후인 1398년에 『불씨잡변』을 집필하였다. 따라서 대몽항쟁 시기~고려 말 시기의 문화 활동에 해당하지 않는 것을 찾는 문제이다.

① 서긍은 예종의 장례식에 참여하기 위해 온 송 사신으로, 인종 시기에 『고려도경』을 지어 고려에 관한 소식을 전했다. 여기에는 청자에 대한 극찬이 수록되어 있다.

오답의 이유

②·③ 원나라에 영향을 받은 것으로는 '수시력 도입, 성리학의 전래, 경천사지 10층 석탑, 목화, 농상집요의 수용, 불화 제작' 등이 있다.

④ 고려대장경(팔만대장경, 재조대장경)은 1236~1251년 사이에 제작되었다.

08 ⃝△✕

정답 ②

영역 조선 전기의 정치>광해군   난도 **상**

정답의 이유

사료는 『인조실록』의 내용으로, '이 왕'은 광해군이다. 광해군은 1609년 일본과 기유약조를 체결하여 국교를 재개하였고, 이때 부산포만 개항하였다.

오답의 이유

① 조명 연합군은 임진왜란 때 평양성을 탈환했으며, 정유재란 때 직산에서 승리하며 왜군의 북상을 막아냈다.

④ 조명 연합군에 참여한 강홍립은 후금군에 패배하자 후금에 항복하였다.

09 ⃝△✕

정답 ②

영역 조선 전기의 경제>16세기의 수취 제도   난도 **하**

정답의 이유

중앙 관청의 서리들이 공물을 대신 내고 그 대가를 많이 챙기는 행위를 방납이라 한다.

군역에 복무해야 할 사람에게 포를 받고 군역을 면제하는 것을 방군수포라 하고, 다른 사람을 사서 군역을 대신하게 하는 것을 대립이라 한다. 이러한 불법이 행해지자, 중종 때 군적수포제를 도입하여 군포 징수를 법제화하였다.

오답의 이유

진상은 지방의 토산물을 임금에게 바치던 일로, 공납의 한 형태다.

10 ⃝△✕

정답 ③

영역 조선 전기의 문화>성리학자   난도 **중**

정답의 이유

'이 인물'은 이황으로, 그는 도덕적 행위의 근거로서 인간의 심성을 중시하여 근본적이며 이상주의적인 성격이 강했다.

오답의 이유

ㄱ. 이이는 이(理)가 보편적이고, 기(氣)는 특수한 것으로 보았다. 또한 이(理)가 스스로 활동, 작용하는 것이 아니라 기(氣)가 활동, 작용하는 원인이 될 뿐이므로 스스로 활동하는 것은 기(氣)뿐이라고 주장했다. 이를 이통기국론이라 한다.

ㄹ. 조식은 경(敬)과 의(義)를 중시한 학자로, 방납과 관련된 서리의 부정을 비판하며 서리망국론을 주장하였다.

11 ◯△⊠   정답 ③

영역 조선 전기의 문화>세종   난도 **중**

정답의 이유

사료는 『농사직설』의 일부분으로, 세종 시기에 관한 문제이다.
(마) 세종을 공법을 실시해 전세를 1결당 4~20두씩 징수하였다.

오답의 이유

(나) 고려 충정왕 때 이암은 원에서 『농상집요』를 들여왔다.
(바) 세종 때는 화약 무기의 제작과 사용법을 정리한 『총통등록』을 편찬하였
　　고, 문종 때에는 김종서의 주도하에 전쟁사를 정리한 『동국병감』을 간
　　행하였다.

12 ◯△☒   정답 ①

영역 조선 후기의 정치>붕당 정치   난도 **중**

정답의 이유

㉠은 동인, ㉡은 북인, ㉢은 남인, ㉣은 서인이다.
동인은 선조 시기에 정여립의 사건과 건저 사건을 거치면서 서인에 대한 처
벌 수위를 둘러싸고 강경파인 북인과 온건파인 남인으로 분화되었다.

오답의 이유

③ 남인은 예송에서 왕실의 예는 사대부의 예와 다르다는 '왕사부동례'를 주
　　장하며 왕권 강화를 추구하였다.
④ 북벌을 주장한 세력으로는 서인과 남인이 있다. 서인(송시열, 송준길)은
　　효종 시기에, 남인(윤휴)은 숙종 초에 각각 주장하였다.

13 ◯△☒   정답 ①

영역 조선 후기의 사회>동학   난도 **중**

정답의 이유

(가)는 동학이다.
백서 사건은 신유박해를 피해 숨어 있던 황사영이 프랑스에게 도움을 요청
한 것이 사전에 적발된 사건이다.

오답의 이유

② 평등과 사회 개혁을 주장한 동학은 하층민을 중심으로 빠르게 확산되었
　　고, 특히 삼남 일대의 농촌 사회에서 넓은 공감을 얻었다.
④ 동학의 제3대 교주인 손병희는 동학을 천도교로 개칭하고 동학 내 친일
　　세력을 몰아냈다.

14 ◯△◹   정답 ③

영역 개화기>흥선 대원군   난도 **하**

정답의 이유

(가)는 1868년의 오페르트 도굴 사건, (나)는 1871년 신미양요 이후에 척화
비를 건립한 것이다.
③ 1871년 미국은 5년 전에 있었던 제너럴셔먼호 사건을 구실삼아 강화도
　　를 침략하며 통상을 요구하였다. 이를 신미양요라 한다.

오답의 이유

①은 1875년의 운요호 사건, ②은 1881년의 2영 설치, ④은 1866년에 일
어난 제너럴셔먼호 사건이다.

15 ◯△☒   정답 ③

영역 개화기>독립협회   난도 **하**

정답의 이유

제시문은 관민 공동회에서 채택된 '헌의 6조' 중 일부분이다.
ㄴ. 서재필은 개혁적 관료 및 개화 지식인들과 함께 독립 협회를 창립하였
　　다. 하지만 토론회가 확장될수록 관료 중심에서 벗어나 민중 중심의 단
　　체로 변모하였다.
ㄷ. 독립 협회는 국민 참정 운동을 전개해 보수적 내각을 퇴진시키고, 진보
　　적인 박정양 내각을 수립하는 데 성공하였다.

오답의 이유

ㄱ. 입헌 군주제를 시도한 세력으로는 갑신정변 참여자, 독립협회가 있다.
　　공화정 체제를 중한 세력으로는 신민회가 대표적이다.
ㄹ. 신민회의 활동이다.

16 ◯△⊠   정답 ③

영역 개화기>1900년대   난도 **중**

정답의 이유

ㄴ. 일본은 러·일 전쟁이 종료되기 직전에 미국, 영국과 조약을 체결하여
　　한반도에 대한 지배권을 인정받았다.
ㄷ. 제1차 한·일 협약(1904. 8)의 결과이다. 한·일 의정서는 1904년 2월
　　에 체결되었다.

오답의 이유

ㄱ. 러·일 전쟁 직전인 1904년 1월에 대한제국은 중립을 선언하였다.
ㄹ. 을사조약 체결로 외교권이 박탈당한 상황에서 일어난 일이다.

17 ⊙△☒

정답 ④

영역 일제강점기>일제의 식민 통치　　　　난도 중

정답의 이유

제시문은 1911년에 발표된 제1차 교육령의 내용이다. 제1차 교육령은 일제의 식민 통치에 순응하는 인간 육성을 목표로 하는 교육을 시행할 것을 분명히 하고 있다. 이에 따라 일본어 위주로 교과목을 편성하고, 한국인에게는 고등 교육의 기회를 거의 두어지지 않아 전문학교까지만 허용하였다.

ㄷ. 제1차 교육령에서는 조선인과 일본인의 초등 교육 기간을 각각 4년과 6년으로 차별하였다.

ㄹ. 헌병 경찰은 즉결 심판권인 범죄 즉결례를 이용하여 정식 법 절차나 재판을 거치지 않고서도 한국인에게 벌금, 구류 등의 처벌을 내릴 수 있었다.

오답의 이유

ㄱ. 3·1 운동 이후 일제는 지방 자치제를 실시하는 것처럼 도 평의회와 부·면 협의회 등을 설치하였다. 하지만 이 기구는 의결 기구가 아닌 단순 자문 기구로 일본인이나 친일 인사가 회원이 다수를 차지하였다.

ㄴ. 일제는 1925년에 치안 유지법을 만들어 사회주의자를 탄압하였다.

18 ⊙△☒

정답 ④

영역 일제강점기>국외의 무장 투쟁　　　　난도 하

정답의 이유

'이 부대'는 1938년에 민족 혁명당이 중국 우한에서 창설한 조선 의용대이다. 조선 의용대는 중국 국민당 정부의 지원을 받으며, 일본군에 대한 심리전이나 후방 공작 활동을 전개하였다. 하지만 중국 국민당 정부가 항일 투쟁에 소극적인 태도를 보이자, 조선 의용대의 일부 세력은 조선 의용대 화북 지대를 결성하고 화북 지방으로 이동하였다.

오답의 이유

①은 조선 혁명군, ②은 한국 광복군에 대한 설명이다.

③은 조선 의용군에 대한 설명으로, 조선 의용대 화북 지대가 조선 의용군으로 개편하였다. 이들은 중국 공산당의 팔로군과 연합 전선을 형성하여 대일 항전을 수행하였다. 조선 독립 동맹과 조선 의용군의 핵심 인물들은 일제가 패망한 뒤 북한 인민군에 편입되었는데, 이들은 연안파라 불렸다.

19 ⊙△☒

정답 ③

영역 현대사>이승만 정부　　　　난도 중

정답의 이유

(가)는 1차 개헌(발췌 개헌, 1952)이며, (나)는 2차 개헌(사사오입 개헌, 1954)이다.

ㄴ. 제1차 개헌은 대통령 직선제와 양원제를 골자로 하는 정부안과 내각 책임제를 골자로 하는 국회안이 절충되어 통과되었다.

ㄹ. 이승만은 3선에 성공한 후에 조봉암을 간첩죄로 몰아 제거하였다. 이를 진보당 사건(1958)이라 한다.

오답의 이유

ㄱ. 국민투표는 1962년 5차 개헌에서 처음 시행되었다. 군사 정권 신임 투표의 성격을 가진 첫 국민투표에서 투표자의 약 79%가 개헌에 찬성하였다. 이로써 의원내각제가 폐지되고 대통령 직선제로 변경되었다.

20 ⊙△☒

정답 ③

영역 현대사>경제 성장　　　　난도 상

정답의 이유

ㄱ. 수출 100억 달러 달성(1977년, 박정희 정부) → ㄴ. 최초의 무역 흑자 달성(1986년, 전두환 정부) → ㄹ. KOICA 설립(1991년, 노태우 정부) → ㄷ. 1인당 국민 소득 1만 달러 달성(1995년, 김영삼 정부) 순이다.

01 ○△✕

정답 ①

영역 여러 나라의 성장>고조선

난도 **중**

정답의 이유

위만은 기원전 194년에 준왕을 몰아내고 스스로 왕이 되었다. 이후 위만 조선은 발달한 철기 문화를 적극 수용하였다.

오답의 이유

② 고조선은 기원전 3세기에 부왕, 준왕과 같은 강력한 왕이 등장하여 왕위를 세습하였고, 상, 대부, 장군 등의 관직을 두었다.

③ 기원전 3세기 초, 연나라 진개의 침입으로 서쪽 영토를 상실했다.

④ 섭하 살해 사건 이후 한 무제는 5만 여 명을 동원하여 고구려를 침공하였다. 고조선과 우거왕은 1년여 동안 완강히 저항하였으나, 지배층의 내분으로 왕검성이 함락되었다.

02 ○△✕

정답 ④

영역 고대의 정치>6세기

난도 **하**

정답의 이유

ㄷ은 5세기 초 광개토대왕의 금관가야 공격 이후, ㄱ은 6세기 초 지증왕, ㄴ은 6세기 중 진흥왕, ㄹ은 7세기 중 의자왕과 선덕여왕 시기에 해당한다.

03 ○△✕

정답 ④

영역 고대의 사회>고구려

난도 **하**

정답의 이유

사료의 '좋은 밭이 없어서'와 '부경'을 통해 고구려에 관한 글임을 알 수 있다.

ㄷ. 고구려의 진대법은 우리나라 곡식 대여의 원조로, 고려에서는 의창을 두고 이를 계승하였다.

ㄹ. 고국천왕의 왕비 우씨는 왕이 사망하자 시동생(훗날 산상왕)을 찾아가 왕위를 제안하고 다시 왕비에 올랐다. 이는 형사취수제의 전통으로 볼 수 있다.

오답의 이유

ㄱ. 연수유전답은 통일신라 시대에 일반 농민이 소유한 민전이다.

ㄴ. 고려는 귀향형이라는 독특한 형벌을 시행하였다.

04 ○△✕

정답 ④

영역 고대의 경제>무역

난도 **하**

정답의 이유

ㄷ. 장보고는 흥덕왕 시기에 청해진을 설치하고 해적을 소탕하였다. 이곳을 기반으로 당에는 견당매물사를, 일본에는 회역사를 파견하며 국제 무역을 장악하였다

ㄹ. 울산항은 통일신라 시대에 국제 무역항으로 번성하였다.

오답의 이유

ㄱ. 상경 → 산둥반도의 덩저우

발해는 해로와 육로를 이용해 당과 무역을 하였다. 당은 산둥 반도의 덩저우에 발해관을 설치하고 발해 사람들이 이용하게 하였다.

ㄴ. 엔닌 → 장보고

장보고는 당의 산둥 반도에 법화원이라는 절을 설립하였다.

05 ⃝△✕

영역 고대의 정치>신라 하대   **난도** 상

[정답의 이유]

제시된 시조는 최치원의 작품으로, 골품제의 한계를 절감하는 그의 괴로운 마음을 엿볼 수 있다.

④ 최치원이 관리 생활을 하던 진성여왕 시기는 농민 봉기가 전국에서 일어나던 혼란기였다.

[오답의 이유]

①은 조선 중종, ②은 조선 숙종 때에 해당한다.

③ 무신 정권기의 문인으로는 이규보, 최자 등이 있다.

06 ⃝△✕

정답 ①

영역 중세의 정치>12세기   **난도** 중

[정답의 이유]

(가)는 무신정변 당시의 상황이며, (나)는 몽골 침입 전(1219년)에 최우가 삼별초를 조직한 것과 관련 있다. 처음에는 좌·우별초만 있었으나, 대몽 항쟁 과정에서 몽골군에서 탈출한 사람들이 중심이 된 신의군이 추가되었다.

① 최충헌은 무신 정권 초기의 혼란을 극복하기 위하여 봉사 10조와 같은 개혁안을 제시하였다.

[오답의 이유]

② '상정고금예문'은 강화도로 천도한 후에 제작되었다.

③ 노비안검법과 과거제로 왕권을 강화시킨 광종은 독자적인 연호를 사용하고 황제라 칭하였다.

④ 서경 천도 운동에 관한 내용이다.

07 ⃝△✕

정답 ③

영역 중세의 경제>전시과   **난도** 중

[정답의 이유]

ㄴ. 세습 가능한 토지를 영업전이라 하는데, 공음전, 군인전, 외역전 등이 해당한다. 군인전과 외역전은 군역과 향리직이 세습됨에 따라 자손에서 세습되었다.

ㄹ. 가족이 없는 퇴역 군인도 구분전의 지급 대상이 되었다.

[오답의 이유]

ㄷ. 한인전 → 군인전: 한인전은 6품 이하 관리의 자제로 관직에 오르지 못한 자에게 지급되었다.

08 ⃝△✕

정답 ③

영역 중세의 사회>여성의 지위   **난도** 하

[정답의 이유]

고려 시대에는 가족 내에서 여성의 지위는 남성과 대등한 수준이었다. 반면 ③은 성리학적 가족 질서가 강화된 16세기 이후에 해당한다.

[오답의 이유]

① 아버지와 어머니의 아버지는 모두 '한아비(할아비)'라고 하였다. '이모, 고모', '삼촌, 외삼촌'과 같은 호칭을 사용하지 않았다.

② 고려 전기에는 근친혼 내지 동성혼이 성행하였으나, 후기에는 이에 대한 금지령이 여러 번 내려졌다. 충선왕이 복위 교서에서 재상지종을 언급한 것이 그 예다.

09 ⃝△✕

정답 ①

영역 조선 후기의 정치>호란   **난도** 상

[정답의 이유]

(가)는 정묘호란 직후부터 병자호란의 마지막 시기에 해당한다.

① 중강 개시는 왜란 중에 식량 확보를 위해 처음 개설되었으며, 정묘호란 후 청의 요청으로 재개되었다. 병자호란 이후에는 회령과 경원에서도 개시가 열렸다.

[오답의 이유]

① 정봉수와 이립은 정묘호란 때 의병을 이끌었다.

③ 인조는 즉위 초반에 한양과 경기도 방어를 위해 어영청, 총융청 등을 설치하였다. 즉 정묘호란 이전에 마련되었다.

④ 효종이 북벌을 준비하는 상황에 대한 설명이다.

10 ⃝△✕

정답 ②

영역 조선 전기의 문화>서원   **난도** 중

[정답의 이유]

제시문은 서원에 관한 내용으로, 청금록(향안)이라는 유생 명부에 속한 사람들이 이곳에 모여 선현 제사와 학문 연구를 진행했다.

[오답의 이유]

① 단안은 향리의 명부이다. 사족의 명부로는 향안, 청금록 등이 있다.

③ 조선 시대에 한양의 4학(學)과 지방의 향교에서 교육을 담당한 교관을 교수와 훈도라고 한다. 이들은 중앙 정부에서 파견하였다.

④ 성균관에 관한 설명이다

11 ⊙△✕

영역 조선 후기의 정치>정조　　　　　　　　　　난도 **상**

정답의 이유

가. 탕평의 시시비비를 명백히 가리는 정조의 적극적인 탕평 정책을 준론 탕평이라 한다.

바. 정조는 '모든 도는 나에게로 통한다'는 군주도통론에 입각하여 '조선 성리학의 적통은 송시열과 같은 산림이 아니라 군주에게 이어졌다'는 '의리주인'을 주장하였다.

오답의 이유

다. 순조는 1801년에 중앙 관서의 노비 66,000여 명을 해방시켰다. 이는 공노비의 노비안이 도망과 합법적인 신분 상승으로 인하여 이름만 있을 뿐 신공을 받을 수 없게 된 현실을 반영한 것이다.

마. 인조반정 이후 시골에 은거해 있던 학자 가운데 국가의 부름을 받아 특별대우를 받는 사람들이 등장하였다. 이들은 산림이라 불리며 재야에서 여론을 주도하였다. 하지만 영조는 붕당의 뿌리는 제거하기 위하여 공론의 주자로 인식되던 산림의 존재를 인정하지 않았고, 그들의 본거지인 서원을 대폭 정리하였다.

12 ⊙△✕

정답 ①

영역 조선 후기의 경제>상평통보　　　　　　　난도 **중**

정답의 이유

(가)는 상평통보로, 이익은 전황으로 화폐 가치가 상승하고 물가가 하락하여 농촌 경제에 어려움이 가중되자 동전 폐지론을 주장하였다.

오답의 이유

② 대동법의 실시와 상평통보의 전국 유통으로 조세 및 소작료의 금납화가 확대되었다.

③ 화폐를 고리대나 재산 축적의 수단으로 이용하는 사람이 늘자, 시중에 동전이 부족한 전황이 발생하였다.

④ 상평통보는 호조, 상평창, 진휼청, 어영청, 훈련도감 등에서 발행할 수 있었다.

13 ⊙△✕

정답 ③

영역 조선 후기의 문화>불교　　　　　　　　　난도 **상**

정답의 이유

법주사 팔상전, 금산사 미륵전, 화엄사 각황전은 17세기에 건립된 건축물로, 모두 규모가 큰 다층 건물로 내부는 하나로 통하는 구조이다. 왜란 때 불탄 건물을 다시 지은 것으로, 불교의 사회적 지위가 향상된 점과 양반 지주층의 경제력이 향상되고 있음이 반영되어 있다.

오답의 이유

① 지눌은 송광사를 짓고 선종을 중심으로 교종을 포용하며 조계종을 번성시켰다.

② 조선 세조의 불교 후원과 관련 있다.

④ 18세기의 경제적 성장이 반영된 사찰로는 논산 쌍계사, 부안 개암사, 안성 석남사 등이 있다.

14 ⊙△✕

정답 ②

영역 개화기>1876년　　　　　　　　　　　　　난도 **중상**

정답의 이유

1876년에 체결된 조약으로는 '조·일 수호 조규(강화도 조약)'과 '조·일 수호 조규 부록', '조·일 무역 규칙'이 있다.

> **Key 답**
>
> ㄱ. 영사 재판권 허용: '조·일 수호 조규'
> ㄴ. 거중 조정 포함: '조·미 수호 통상 조약'
> ㄷ. 최혜국 대우 허용: '조·미 수호 통상 조약', '조·일 통상 장정'
> ㄹ. 양곡의 무제한 유출 허용: '조·일 무역 규칙'
> ㅁ. 외국 상인의 내륙 진출 허용: '조·청 상민 수륙 무역 장정', '조·일 수호 조규 속약'
> ㅂ. 개항장 내 일본 화폐 유통 허용: '조·일 수호 조규 부록'

15 ⊙△✕

정답 ②

영역 개화기>임오군란　　　　　　　　　　　　난도 **중**

정답의 이유

제시된 사료의 '해를 당한 일본 관리'는 임오군란 때 사망한 일본인 교관을 의미하며, '일본 공사관에 군인을 두어'는 일본군이 국내에 최초로 주둔하게 된 상황을 말한다. 따라서 임오군란 직후의 상황이다.

오답의 이유

①은 1차 한일 협약(1904)의 결과, ③은 조·일통상장정(1883)의 결과, ④은 갑신정변 직후 체결된 한성 조약(1884)의 주요 내용이다.

16 ⊙△✕

정답 ④

영역 개화기>외세의 경제 침탈　　　　　　　　난도 **중**

정답의 이유

1898년 시전 상인들은 황국 중앙 총상회를 조직하여 외국 상인들의 불법적인 상업 활동을 중단시켜 달라고 요구하였다. 독립협회와 함께 상권 수호 운동을 전개하였으나, 1898년 해산되었다.

오답의 이유

① 가 → 나: 조·청 상민 수륙 무역 장정으로 청 상인의 한성 진출이 가능해졌다.

② 나 → 라: 아관파천으로 이권이 헐값에 열강으로 넘겨졌다.

③ 다 → 나: 청나라 상인들은 조·청 상민 수륙 무역 장정 체결 이후 조선 내에서 상권을 확대하였다. 이로 인해 1890년대 초반에는 수입액 비율에서 일본과 거의 대등한 수준까지 올라왔다. 하지만 청·일 전쟁 패배로 한반도에 대한 영향력을 상실하게 되었다.

CHAPTER 04 최종모의고사 2회 정답 및 해설　**105**

17 ◇△✕

정답 ①

영역 일제강점기>국내의 민족 운동   난도 **상**

정답의 이유

(가)는 민립 대학 설립 운동, (나)는 문맹 퇴치 운동이다.

ㄱ. 제2차 조선교육령에 따라 고등 교육이 가능해지자 대학을 설립하려는
시도가 나타났다.

ㄷ. 조선일보와 동아일보는 각각 문자 보급 운동과 브나로드 운동이라는 이
름을 내걸고 문맹 퇴치에 앞장섰다.

오답의 이유

ㄴ. 일제는 민립 대학 설립 운동을 방해하고 한국인을 회유하기 위해 1924
년에 경성 제국 대학을 설립하였다.

ㄹ. '한민족 1,000만이 한 사람 1원씩'의 구호를 내걸고 모금 운동을 전개한
것은 민립 대학 설립 운동이다.

18 ◇△✕

정답 ③

영역 일제강점기>대한민국 임시 정부   난도 **하**

정답의 이유

(가)는 대한민국 임시 정부로 상하이에서 통합되는 과정을 보여주는 자료이
며, (나)는 1923년의 국민 대표 회의에 관한 것이다.

③ 임시 정부는 초기에 연통제를 마련하여 임시 정부의 재정을 확보하고,
제정되는 법령이나 공문 등을 국내에 전파하였다.

오답의 이유

① 국민 대표 회의가 해산된 후에 대한민국 임시 정부는 이승만을 탄핵하였
고 박은식이 대통령에 취임했다(1925.3). 박은식은 곧장 헌법을 고쳐 국
무령 중심의 집단 지도 체제로 전환하였다(1925.7).

② 한인 애국단은 1931년에 조직되었다.

④ 일본은 1932년에 상하이를 점령하였다. 이에 대한민국 임시 정부는 상
하이를 떠나 항저우, 광저우 등을 거쳐 1940년에 충칭에 정착하였다.

19 ◇△✕

정답 ③

영역 현대사>대한민국 정부 수립 과정   난도 **중**

정답의 이유

ㄷ. 이승만의 정읍 발언(1946) → ㄴ. 유엔 한국 임시 위원단의 입북 거부
(1948.1) → ㄹ. 남한 단독 선거 결정(1948.2) → ㄱ. 남북 협상(1948.4) 순이다.

20 ◇△✕

정답 ③

영역 현대사>통일을 위한 노력   난도 **하**

정답의 이유

(가)는 1972년에 발표된 7·4 남북 공동 성명이다. 박정희와 김일성의 비밀
특사들이 남북을 오고 간 결과, 서울과 평양에서 동시에 발표되었다.

③ 7·4 남북 공동 성명은 남북한 정부가 최초로 합의한 평화 통일 원칙이
다. 반면 여러 차례에 걸친 고위급 회담을 통해 도출된 남북 기본 합의서
(1991)가 남북한 정부 간에 합의된 최초의 공식 문서이다.

좋은 책을 만드는 길
독자님과 함께하겠습니다.

도서나 동영상에 궁금한 점, 아쉬운 점, 만족스러운 점이
있으시다면 어떤 의견이라도 말씀해 주세요.
SD에듀는 독자님의 의견을 모아 더 좋은 책으로 보답하겠습니다.

www.sdedu.co.kr

2023 ALL-IN-ONE 한국사

개정3판1쇄 발행	2023년 01월 05일 (인쇄 2022년 10월 25일)
초 판 발 행	2020년 01월 10일 (인쇄 2019년 11월 04일)
발 행 인	박영일
책 임 편 집	이해욱
편 저	이금수
편 집 진 행	신보용 · 전소정
표지디자인	조혜령
편집디자인	김예슬 · 박서희
발 행 처	(주)시대고시기획
출 판 등 록	제 10-1521호
주 소	서울시 마포구 큰우물로 75 [도화동 538 성지 B/D] 9F
전 화	1600-3600
팩 스	02-701-8823
홈 페 이 지	www.sdedu.co.kr
I S B N	979-11-383-3535-5 (13350)
정 가	27,000원

※ 이 책은 저작권법의 보호를 받는 저작물이므로 동영상 제작 및 무단전재와 배포를 금합니다.
※ 잘못된 책은 구입하신 서점에서 바꾸어 드립니다.

혼자 공부하기 힘드시다면 방법이 있습니다.
SD에듀의 동영상강의를 이용하시면 됩니다.
www.sdedu.co.kr → 회원가입(로그인) → 강의 살펴보기

SD에듀 지텔프 문법 시리즈

YouTube 강의로 지텔프 시험 한번에 끝내기!

1주일 만에 끝내는 지텔프 문법

10회 만에 끝내는 지텔프 문법 모의고사

✓ 기초부터 확실하게 강의만 들어도 정답이 보이는 마법

✓ 도서의 내용을 바로 설명해주는 동영상 강의로 실력 향상

✓ 단기완성을 위한 왕초보 핵심이론

▶ YouTube   SD에듀 지텔프   🔍

유튜브 검색창에 시대에듀 지텔프를 검색하세요!

합 격 을 위 한 모 든 것 을 담 은 단 한 권

2023 SD에듀

적중률x합격률 UP!

15주 ALL-IN-ONE

한국사

 시대교와그룹

(주)시대고시기획 시대교와(下)	고득점 합격 노하우를 집약한 최고의 전략 수험서 www.sidaegosi.com
시대에듀	자격증 · 공무원 · 취업까지 분야별 BE3T 온라인 강의 www.sdedu.co.kr
이슈&시사상식	한 달간의 주요 시사이슈 논술 · 면접 등 취업 필독서 **매달 25일 발간**
	외국어 · IT · 취미 · 요리 생활 밀착형 교육 연구 **실용서 전문 브랜드**

꿈을 지원하는 행복…

여러분이 구입해 주신 도서 판매수익금의 일부가
국군장병 1인 1자격 취득 및 학점취득 지원사업과
낙도 도서관 지원사업에 쓰이고 있습니다.

15주 ALL-IN-ONE
한국사

15주 ALL-IN-ONE

한국사